KB011488

사기열전

史記列傳

上

사마천 지음

이상옥 옮김

明文堂

사기열전

史記列傳

해 설

1.《사기》와 사마천

한 권의 위대한 고전(古典)이라고 불리는 저작(著作)에는 그 저작에「무엇인가」가 걸려 있다고 한다. 또 반대로 그 저작에「무엇인가」가 걸려 있음으로써 오랜 시대의 파도에 씻긴 후에도 그것이 위대한 고전으로 존속되는 것이리라.

《사기》도 결코 그 예외는 아니다. 아니,《사기》만큼 절실하게 그 저자인 사마천의「무엇인가」가 걸려 있는 저작은 거의 없다고 해도 과언은 아닐 것이다.

사마천은 자를 자장(子長)이라 했다. 좌풍익하양(左馮翊夏陽 : 섬서성 관중도 한성현) 사람이며, 여러 설이 있기는 하지만 한나라 경제(景帝) 중원(中元) 5년(B.C. 145)에 태어났다. 무제 원삭(元朔) 3년(B.C. 126)인 20세 때 장강(長江 : 양자강)의 남북에 걸친 긴 여행을 시도했고, 돌아와서 낭중관(郎中官)에 올랐다.

원봉(元封) 원년(B.C. 110)에 태사령(太史令)의 벼슬에 있었다. 무제의 봉선(封禪) 의식에 참여할 수 없었던 아버지 사마담(司馬談)은 분사(憤死)했다. 사마천은 이때에 아버지의 유지(遺志)로서《사기》를 논술토록 부탁을 받았다. 같은 해 38세 때 아버지의 뒤를 이어 태사령이 되었으며,《사기》의 자료수집에 착수했다.

태초(太初) 원년(B.C. 104) 42세 때《사기》를 저술하기 시작했으나, 천한(天漢) 3년(B.C. 98)에 그 유명한「이능(李陵)의 사건」에 연좌되어 죄를 짓고 부형(腐刑 : 거세형)에 처해졌다. 그러나 그 이후에도《사기》의 저술에 전념하여 정화(征和) 연간(B.C. 92~B.C. 89)에 이르러 마침내《사기》1백 30권을 완성했다. 실로 20년이라는 장구한 세월이 그 때문에 소비된 것이다.

그런데 사마천이 사망한 해는 소상하지는 않지만, 소제(昭帝) 즉위 후(B.C. 88) 얼마 되지 않을 것으로 추정하고 있다.

그 밖의 사마천의 전기(傳記)나 혹은 사적(事跡)에 대한 것은「연보」에 나타나기도 하려니와 그의《사기》논술에 관련하여 기억해 둘 일은, 아버지 사마담의 분사사건과「이능의 화(禍)」에 조우되었던 사건이다. 즉 전기한 장강 남북에 걸친 긴 여행이나 자료 수집을, 그의《사기》논술에 있어 이른바「바깥쪽」에서 밀어준 일이라고 한다면, 사마천에게 내려진 가혹한 이 두 사건은 그것을 이른바「안쪽」에서 밀어준 것이라 하겠다.

그것은「태사공자서(太史公自序)」및「임안(任安)에게 보내는 글」을 일독하면 알 수 있듯이, 아버지 사마담의 분사와 그 때 아버지의 유지로서《사기》의 논술 사업을 눈물로 부탁받은 사실은 그 중도에 쇠해졌을망정 멀리는 주왕실(周王室)의 태사였던 사마씨에게 맥맥이 흐르는 역사가의 전통상 중요성을 사마천은 무겁게 느꼈을 것이며, 또 그때까지는 막연했을지도 모를 그의 역사가로서의 자각을 보다 새롭게 하기도 했으리라.

또 아버지 사마담이 죽은 직접적 원인이 되었던 것은 태사령 벼슬에 있으면서 무제가 행한 국가의 대례(大禮), 곧 봉선 의식에 참여할 것을 거부당한 그 「분함」도 사마천은 꾹 참지 않으면 안 되었을 것이다. 그리고 그것은 중국 역대의 제왕 중에서도 가장 위대한 한 사람으로 꼽히는 무제에 대하여, 나아가서는 그 통치의 융성이 극을 이룬 대한제국(大漢帝國)에 대하여 「각성의 눈」을 뜨게 한 것이 아니었을까? 그와 같은 그의 「각성의 눈」이 이능이 흉노에게 항복한 사건에 연좌되어 부형에 처해진다는, 문자 그대로 치욕에 빠짐으로써 처참하기까지 한 냉철을 띠게 된다. 즉 그것은 오직 아버지 담에게서 부탁을 받은 「울분」뿐만이 아니라, 그 자신의 내면(內面)에서 우러나오는 「울분」을 간직한 것이었다. 그리하여 「태사공자서」와 「임안에게 보내는 글」에서 사마천은 말한다.

「옛날 서백(西伯)은 유리(羑里)에 갇혀 있었기 때문에 《주역(周易)》을 부연했고, 공자는 진(陳)·채(蔡)나라에서 고생을 겪음으로써 《춘추(春秋)》를 지었으며, 굴원(屈原)은 쫓겨나서 귀양살이를 함으로써 『이소(離騷)』를 지었고, 좌구명(左丘明)은 눈이 멀었기 때문에 《국어(國語)》를 지었으며, 손자(孫子)는 다리의 무릎 뼈가 잘림으로써 《병법(兵法)》을 논했고, 여불위(呂不韋)는 촉(蜀)으로 쫓겨남으로써 《여람(呂覽)》을 세상에 전했으며, 한비(韓非)는 진(秦)나라에 갇힌 몸이 되어 『세난(說難)』과 『고분(孤憤)』을 지었다. 《시(詩)》3백 편도 대개는 현인·성인의 발분에 의하여 만들어진 것이다.」

이 모든「분노」는 사마천에게 냉철한 역사가로서의 눈을 뜨게 해줌과 동시에 더 나아가서 역사의 절대 재단자(裁斷者)인「하늘」에 대한 불신도 가지게 했다. 즉 열전의 총서(總序)로서, 어떤 의미로는《사기》의 총서라고도 할 수 있는「백이열전(伯夷列傳)」에서는 의(義)를 행하고도 그 보답으로 아사(餓死)한 백이 · 숙제에 대한 깊은 동정과「하늘」에 대한 회의가 나타나 있다. 사마천 자신이 의를 행하고도 옥에 갇히고 치욕을 받았던 그 이능의 사건을 체험한 것으로써 백이 · 숙제의 운명과 사마천의 운명을 굳게 관련 지웠으며, 이에 따라 그 동정은 깊고「하늘」에 대한 회의의 절규는 통절한 것으로 나타나 있다.

「하늘」에의 회의는 백이의「일시(逸詩)」를 읽고 공자의 백이 · 숙제에 대한 말에 의심을 가지게 되는 것으로부터 시작된다.

「공자의 말에『백이 숙제는 남의 지나간 잘못을 염두에 두지 않았고, 남을 원망하는 일이 없었다〔不念舊惡 怨是用希〕. 그들은 인(仁)을 구했고 인을 얻었다. 그러니 무엇을 원망할 것이 있겠는가』라는 구절이 있는데, 나로서는 백이의 심경이 슬퍼서 견딜 수가 없다.『일시』를 읽으면 흡사 원시(怨詩)와 같아서 백이의 진의가 의심되기 때문이다.」

「일시」란 채미(采薇)의 시(詩)를 말함이다. 백이 숙제가 무왕에게 간할 뿐 그의 뜻을 받아들이지 않았는데, 마침 온 천하가 주(周)나라를 따르게 되자, 이를 부끄러이 여기며 「의(義)」로서 주나라의 녹속을 먹지 않으며, 수양산(首陽山)에 숨으려 할 때 다음과 같은 노래를 불렀다.

저 서산(西山 : 수양산)에 올라 고사리를 캐노라.
포악한 것으로 포악한 것을 바꾸고도
그 그릇됨을 알지 못하더라.
신농·우·하의 시대는 홀연히 지나갔으니,
나는 어디로 돌아갈 거나? 아아, 이젠 가리라.
운명의 기박함이여!

이 시를 실은 다음 사마천은 이렇게 말했다.

「이 노래로 미루어보아, 과연 백이 숙제는 남을 원망하는 일이 없었다고 하겠는가?」

채미의 시로서 백이의 심경을 슬픈 것이라 보고, 그 마음에는 하늘에 대한 「원망」이 있다고 느낀 사마천은 공자가 말한 것처럼 「그들은 인을 구하고 인을 얻었다〔求仁得仁〕. 그러니 무엇을 원망할 것이 있겠는가?」라고 해석할 수는 없었던 것이다. 이에 이르러 「하늘」에 대한 불신을 분명히 말할 수 있을 것으로 생각된다.

사마천은 또 이렇게 말하고 있다.

「천도(天道)가 공평무사하고 항상 선인(善人) 편에 있다고 한다면, 인덕(仁德)을 쌓고 행위를 정결하게 했는데도 아사한 백이 숙제는 선인이 아니었더란 말인가?」

그리고 공문(孔門)의 수석 제자인 안회(顔回)가 쌀겨도 넉넉히 먹지 못하다가 요절하고 만 것과, 이와 반대로 포학무도하기 극에 이르렀던 최대의 대도적인 도척(盜跖)이 마침내는 천수(天壽)를 다했던 예를 들면서, 공평무사하고 항상 선인 편에 있다고 하는 「하늘」이 현실에 있어서는 전연 반대임을 말하며 「하늘」에 대한 불신을 표명하기에 이르고 있다.

「이상은 가장 그 모순이 두드러진 것들의 예이다. 그 밖의 근세에 이르러서는 그 하는 짓들이 방종하여 남에게 못할 짓을 마음대로 하고도 종신토록 호강하며 살고, 부귀가 자손에게까지 이어지는 예도 적지 않다. 이런 일에 비하여 걸음 한 번을 내딛는데도 땅을 가려서 밟고, 말을 한 마디 하는데도 적당한 때에 당해서만 말하며, 길을 가는데도 지름길을 가지 않고, 공정한 일이 아니면 분발하지 않았음에도 불구하고 오히려 재앙을 만나는 일이 헤아릴 수 없이 많다. 이런 일은 나를 아주 당혹케 만든다. 이른바 하늘의 도리라고 하는 것은 과연 옳은 것인가, 그른 것인가〔天道是也非也〕?」

그러나 사마천이 「하늘」에 대한 불신을 갖게 되었다고 해서 마음 약하게 굽히고 마는 인간은 결코 아니었다. 같은 「백이열전」에서 그는 이에 다음과 같이 말하고 있다.

「군자는 죽은 다음의 이름을 더럽히지 않으려고 조심한다. 가자(賈子)는 이렇게 말했다. 『탐욕을 하는 자는 재물 때문에 죽고, 열사(烈士)는 이름을 위해서 죽으며, 권세를 부리는 자는 권세 때문에 목숨을 잃고, 평범한 서민은 오로지 생활에 매달린다』 같은 광명(光明)은 서로 비추어 주고, 같은 무리는 서로 어울리기를 마치 구름이 용을 따르고, 바람이 범을 따르는 것과 같이 성인이 이 세상에 나타나고서야 만물도 빛을 얻게 되는 것이다. 백이 숙제는 현인이지만 공자의 붓을 통해서 비로소 그 이름이 드러나게 되었고, 안회(顏回)는 학문에 충실하였지만 공자의 기미(驥尾)에 붙음으로써 그 조출한 품행이 더욱 더 돋보이게 되었던 것이다. 함께 동굴에 숨어 사는 선비더라도 나가고 들어감에 때의 이로움과 이롭지 못한 점이 있기 마련이니, 허유(許由)·무광(務光)과 같은 사람의 이름이 높이 나지 않은 것은 슬픈 일이라 하겠다. 촌구석에 살면서 품행을 닦고 입신하고자 하는 사람은 청운의 선비를 만나지 못하는 한 어찌 그 이름을 후세에 전할 수가 있겠는가!」

여기에는 「천도(天道)」에 대한 회의로부터 「천도」의 긍정으로 사상의 변전이 기록된 것으로 생각된다. 그 전환의 계기는 그가 성인의 출현을 생각하는 데에 있을 것이다. 즉 성인의 출현에 의해 모든 인인(仁人)·현사(賢士)·의사(義士) 등의 행위가 드러나게 되고 이름이 후세에 빛나게 될 것으로 그는 생각했다.

이를테면 백이 숙제와 같은 현인도 공자의 찬양이 없었더라면 그 이름은 후세에 나타났을 리 없었을 것이고, 안회도 공자에게서 배웠기 때문에 그 행위가 점점 드러나게 된 것이다. 만약 성인에 의하여 그 행위가 드러나지 않는다면 아무리 훌륭한 일을 했다고 하더라도 그 이름은 묻히고 말 것이며 찬양되지 못할 것이다. 그리고 군자(君子)는 후세에 이름이 드러나지 못하는 것을 부끄러워할 것이다.

그렇다면「하늘」에 의해 이름이 드러나지 못한 사람이더라도 성인에 의해 후세에 이름이 드러날 수 있다면 그는 구원받은 사람이 될 것이다. 일견 천도의 모순된 갖가지 실상은「하늘」의 명령을 받고「하늘」의 대행자인 성인의 출현에 의하여 그 모순이 해결될 것으로 사마천은 생각했다. 그것은 모든 군자의 행위를 후세에 써서 남겨 그 이름을 드러나게 하는 것, 곧 그것이 성인의 일이다. 바꾸어 말하면, 성인의 이런 행위는 곧 역사가의 그것이다. 사마천은 이와 같이 생각했을 때 이른바「하늘」에 대한 불신을 초월할 수 있어서 스스로「하늘」의 회복을 목표로 하여 힘차게 일어섰던 것이다. 그리하여 이 52만 수천 마디에 이르는 방대한 양을 자랑하는《사기》1백 30권이 논술되기에 이른 것이다.

2. 《사기》의 체제

《사기》는 위로는 황제(黃帝)로부터 아래로는 한(漢)나라 무제시대 태초(太初, B.C. 104)에 이르는 약 2천 수백 년간의 역사를 포괄하는 통사(通史)이며, 모두 1백 30편으로 이루어졌다. 그 체제는 「본기(本紀」 12권, 「서(書)」 8권, 「표(表)」 10권, 「세가(世家)」 30권, 「열전(列傳)」 70권의 5부로 나누어진다. 이 5부의 형식은 사마천의 사학사상(史學史上) 창조적인 견해라고 해도 좋다.

「본기」는 「태사공자서(太史公自序)」에서 이렇게 말하고 있다.

「산일(散逸)된 천하의 구문(舊聞)들을 망라하고, 왕자(王者)·사적(事跡)의 흥성에 대하여 그 전말을 탐구함으로써 그 성쇠를 관찰하고 논증하며, 대충 3대를 추정하고 진(秦)과 한(漢)을 기록하되 위로는 헌원(軒轅 : 黃帝)으로부터 시작하여 아래로는 현재에 이르기까지 2본기(本紀)를 지었다.」

전국시대로부터 진·한 때에 이르는, 봉건의 질서가 혼란하고 군웅(群雄) 흥기(興起)의 뒤를 잇는 역사상 제왕의 계보를 정리하고 순서를 짓기 위하여 「본기」가 만들어졌다. 「본기」는 왕자(王者)의 계보를 중심으로 하는 연대적 기술이기는 하지만, 사마천이 생각하는 제왕의 계보란, 요컨대 천하를 움직이고 세계의 중심이 된 자의 계보이다. 예를 들면 「진본기(秦本紀)」가 「진시황본기(秦始皇本紀)」와는 별도로 그 앞에 있는 것은 주

(周)나라가 쇠미해진 후 전국시대를 통하여 오로지 진나라를 중심으로 천하의 정세가 움직이고 있었기 때문이다.

또 항우(項羽)는 《한서(漢書)》에는 「진승・항적열전(陳勝項籍列傳)」에 진승과 함께 열전 제1에 있는 것에 비하여 《사기》에는 제위에 오르지 못한 항우가 그 위치를 「본기」 속에 주어지게 된 것은, 한 차례 패왕(霸王)이라 칭하며 천하를 호령한 까닭에 「본기」 속에 넣고 제왕과 함께 열거한 것이리라. 또 「여후본기(呂后本紀)」가 있는데도 「효혜본기(孝惠本紀)」가 없는 것도, 여후가 제후에 오르지는 못했다 해도 효혜제가 정치적으로는 아수 무력하여 천하의 정령(政令)이 모두 여후에게서 나왔음이리라. 요컨대 사마천은 「본기」에 있어서는 천하 중심적이었고, 세상을 움직인 인간과 그 사적을 쓴 것으로서 결코 기계적인 제왕의 연대기는 아니라고 할 수 있겠다.

「표(表)」는 「태사공자서」를 인용한 「본기」에 이어 이렇게 설명하고 있다.

「앞에서 이것을 조목별로 나누어 설명했는데, 그 사적(事蹟)에는 시대를 같이하는 것이 있는가 하면 시대를 달리하는 것도 있어 연대의 차가 분명하지 않으므로 10표(表)를 만들었다.」

표는 역사에 있어서의 사건 연차(年次)를 상세히 설명했다. 「본기」, 「세가(世家)」의 기술이 시간적으로 역사적 사실을 나열한 것이어서 거기에는 공간의 관념이 결여되어 있는데, 그것을 보완하기 위하여「표」가 만들어진 것이다.

예를 들면「육국연표(六國年表)」,「십이제후연표(十二諸侯年表)」등의 공간의 관념과「본기」,「세가」가 가지는 시간적인 기술에 의하여 역사적 사실을 상호 관련시킴으로써 파악하고자 한 것이다.

사마천이「표」를 창시한 것은 역사를 유기적으로 이해하고자 했기 때문이며, 주(周)나라 왕실이 쇠해져 역사세계의 중심이 되지 못하게 되고, 세계의 중심이 수많은 제후로 분열된 춘추전국시대의 역사적 사실의 상호 관련을 유기적으로 파악하기 위해서는「표」의 작성은 꼭 필요했을 것이다.

「서(書)」는「태사공자서」에,

「또 시대에 따라 예악(禮樂)의 증감 변천한 것,『예서(禮書)』,『악서(樂書)』, 율력(律曆)이 고쳐진 것『율서(律書)』,『역서(歷書)』, 산천(山川)에 관한 것『하거서(河渠書)』, 귀신에 관한 것『봉선서(封禪書)』, 천인관계(天人關係)『천관서(天官書)』, 시폐(時弊)를 이어 세변(世變)에 통하는 것『평준서(平準書)』를 취사하여『팔서(八書)』를 만들었다」고 한 것처럼, 사회·문화상 가장 중요한 문제를 들어 그것을 역사적으로 논한 것이며, 그것에 선정된 여덟 가지 문제는 그 어떤 것도 빼놓을 수 없는 것이라고 말할 수 있겠다. 그것은《한서》이하 후대의 정사(正史)나 서지(書志)에도 기본적 문제로 다루고 있는 점으로 보아도 분명한 것인데, 사마천이 「팔서(八書)」를 작성한 것은 중국에서의 문화사가 여기서 성립되었다고도 말할 수 있을 정도다.

「세가」는 제후의 계보를 논한 것으로서 「본기」와 그 성격이 똑같다. 그러나 「세가」에서 문제가 되는 것은 「공자세가」와 「진섭세가」를 넣은 것인데, 이 점 이의(異議)가 있으나, 이것은 사마천이 다음과 같이 생각했기 때문이다. 즉 그는 전대(前代)에 백성들에게 공덕을 끼친 집안은 제왕이 되기도 하고 혹은 제후가 되어 오래 계속될 것으로 생각했고, 또 백성에게 공덕을 끼친 사람들은 그 때문에 당연히 세가가 될 자격을 갖는 것으로 생각했던 것이다. 그런 까닭에 공자는 제후는 아니었으나 천하에 법을 제정하고, 육예(六藝)를 전하여 후세에 이르게 했다는 의미와, 또 진승이 일어난 지 6개월 만에 멸망하기는 했어도 폭진(暴秦)을 쓰러뜨리는 데 선봉이 되었으며, 한왕조 성립의 터전을 마련했다는 의미로 「세가」에 넣었던 것이다. 어쨌든 세가는 「태사공자서」에,

「또 28수(宿)가 북신(北辰)을 중심으로 하여 돌고 30폭(輻)은 한 개의 바퀴를 향하고 있어 그 운행이 무한한데, 보필(輔弼)·고굉(股肱)의 신하들을 이것에 비유하여 충신(忠信)으로 도(道)를 행하며 주상(主上)을 받들고 있는 상황에 대하여 『30세가』를 지었다.」

라고 한 것처럼 「세가」는 역사 세계의 중핵(中核)을 놓고 움직

이는 역사의 소핵(小核)이다.

「열전」은 개개의 인간 행사를 중심으로 하는 기술이며, 사마천이 창시한 역사 기술방법이다. 「백이열전」은 여러 가지 의미를 가진 편(篇)으로서, 앞에서 기록한 것과 마찬가지로 단지 백이 숙제의 전기로만 씌어진 것이 아니라, 일면에는 「열전」 70편의 총서(總序)로서의 성격을 가지고 있는데, 사마천은 「열전」을 만든 의도를 말하고, 천자나 제후가 아니라 자기 자신의 힘으로 역사에 참가한 인간의 행위와 언사를 전하는 사람이 없다면 그 이름은 후세에 전해지지 않으며, 그것을 전하는 것이 역사가가 할 일이라고 말하고 있다.

열전에 거론된 인물은 주로 전국시대 이후의 인물로서, 전국시대로 접어들면서 종래의 봉건제도가 깨지고 인간의 활동이 자유 활발하게 되었으며, 그 활동범위도 확대되었고, 국가·사회에 영향을 크게 끼쳤기 때문이다. 그리고 열전에 등장하는 사람은 유세객·정치가·학자·장군·자객·유협(游俠)·화식(貨殖) 등 모든 부류의 인간들인데, 열전의 집필 방법도 한 사람의 전기이기도 하고, 몇 사람의 전기가 하나로 정리되기도 했으며, 혹은 유형별로 나누어 「자객열전」이라든가 「유림열전」, 「혹리열전」, 「유협열전(游俠列傳)」 등으로 저술하기도 하고, 또 「흉노·남월(南越)·조선(朝鮮)·서남이(西南夷)·대원(大宛) 열전」에서는 개개의 인간 기술이 아니라 외국의 실정을 기술하고 있다. 또 열전 각 권의 문제의식도 각양각색이다.

이상 《사기》의 다섯 종류 형식에 대하여 설명을 했는데, 사마천은 이 다섯 종류의 형식에 의하여 「본기」를 역사세계의 중심으로 하고, 「세가」는 「본기」를 따라가는 소중심(小中心)이라 생각하였으며, 그 사이에 있으면서 역사의 움직임에 참여한 인간들을 「열전」에서, 그리고 인간의 사회 · 문화의 근저에 가로놓여 있는 문제를 「서(書)」에서 논하고, 그곳에서 생성(生成) 유동하는 역사 사실을 「표」에서 정리하고, 순서를 만들어 하나의 웅대한 역사 세계를 구성하고자 했다고 생각할 수 있겠다.

또 《한서예문지(漢書藝文志)》에는 《사기》 1백 30편 가운데 10권이 빠져 있다고 기재되어 있고, 《한서》의 장안(張晏) 주(註)에는 그 10권의 이름이 보인다. 즉 「효경 · 효무본기(孝景孝武本紀)」, 「예(禮) · 악(樂) · 율서(律書)」, 「한흥이래장상명신연표(漢興以來將相名臣年表)」, 「삼왕세가(三王世家)」, 「부근괴성(傅靳蒯成) · 일자 · 귀책열전(日者龜策列傳)」의 10권이다. 장안은 다시 이 10권 중 「효무본기」, 「삼왕세가(三王世家)」, 「일자 · 귀책열전」의 4권은 저소손(褚少孫)이 보완한 것으로 그 언사는 조잡한데, 사마천의 본뜻은 아닐 것이라고 말한다.

이 장안의 설에 따르면 이상의 10권은 사마천의 손에 의하여 된 것이 아니라고까지 한다. 그러나 제설이 있어서 함부로 단정할 수는 없다. 예를 들면 「효무본기」 등은 틀림없는 「봉선서(封

禪書)」에서 발췌한 것으로서 사마천의 손에 의해 씌어진 것이 아니라 해도 좋겠지만, 「예교 · 악서(樂書)」 등은 전반은 사마천의 손에 의해 만들어졌고, 후반은 후인(後人)에 의하여 부가되었을 것으로 생각되기도 한다. 그 밖에 저소손이 보충하여 이은 부분은 「저선생(褚先生) 왈(曰)」이라 하여 《사기》의 여러 곳에서 볼 수 있다.

또 후세인의 보완에 의한 부분에 대해서는 최적(崔適)의 「사기탐원(史記探源)」 설이 가장 극단적인 것인데, 원수(元狩) 원년(B.C. 122) 겨울 10월 이후에 기록된 기사는 모두 후세인의 보완이라고 하지만 이에 따를 수는 없다.

사기열전 史記列傳 〈上〉 차 례

사기열전 〈下〉 차 례

사기열전

史記列傳

백이 열전 제1

대체로 학문(學問)에는 재적(載籍 : 문헌)이 많은데, 참으로 믿을 만한 것은 육예(六藝)[1]를 중심으로 한 일이다. 그 중에서도 《시경 (詩經)》과 《서경(書經)》[2]은 없어진 부분이 있어서 완전치는 않지만 그런대로 우(虞)·하(夏)[3] 시대의 일을 알 수 있다. 요(堯)는 나이가 많아지자 제위를 물러나 순(舜)에게 양위했다. 순은 또 우(禹)에게 양위했는데, 모두 악목(岳牧)[4]들의 추천에 따랐으며, 대개 관직에서 인품과 능력을 시험하기 수십 년, 각기 공적을 올렸기 때문에 제위를 물려주었던 것이다.

---

1) 육예(六藝)…시(詩)·서(書)·예(禮)·악(樂)·역(易)·춘추(春秋)의 육경(六經).

2) 《서경》…한대의 사람들에 의하면 《서경》은 본래 3,000여 편이 있는데, 공자에 의해 100편으로 정리되었고, 진나라의 분서갱유가 있은 뒤로 28편만이 남게 되었다고 한다. 또한 공자는 《시경》을 305편으로 정리하기도 했다.

3) 우(虞)·하(夏)…중국 고대의 나라 이름이다. 《서》 즉 《상서》에는 「요전(堯典)」「순전(舜典)」「대우모(大禹謨)」등의 편이 실려 있고, 거기에는 당요(唐堯)·우순(虞舜)·하우(夏禹)에 관한 고사가 상세히 기재되어 있다.

4) 악목(岳牧)…4악(岳)과 12주목(州牧)을 합쳐서 부르는 말. 사악은 요순 시대 사방 부락의 수령이라고 전해진다. 후세의 공경제후(公卿諸侯).

이렇게 한 것은, 천하는 막중한 것이며, 왕자(王者)는 대통(大統)으로 만기(萬機)를 보살펴야 하는 책임이 있기 때문에 천하를 계승하는 일이 얼마나 어려운 것인가를 말해 주는 것이다. 그런데 이설(異說)을 주장하는 자도 있어 이렇게 말했다.

「요(堯)는 천하를 허유(許由)[5]에게 물려주려고 했으나, 허유는 받지 않았을 뿐만 아니라, 그런 이야기를 들은 것조차 부끄러이 생각하여 도망쳐서 숨었다. 하(夏)시대에는 변수(卞隨)·무광(務光)[6]이란 사람들이 있었는데, 그들도 허유와 마찬가지로 도망쳤다.」

이 일은 도대체 어떠한 근거에 의한 것이란 말인가?

지나간 잘못은 염두에 두지 않는다

태사공(太史公)은 말한다.

「나는 일찍이 기산(箕山 : 하남 등봉의 동남쪽)에 올랐는데, 그 산꼭대기에 허유의 무덤이 있다는 말을 들었다. 그러나 공자는 고래(古來)의 인인(仁人)·성인(聖人)·현인(賢人)을 차례를 세워 오(吳)의 태백(太伯)·백이(伯夷)의 사적을 자세히 밝혀 놓았다. 그런데 나는 허유·무광에 대하여 고결하였다고 들었는

5) 허유(許由)…요임금 때의 은자. 전설에 의하면 요임금이 그에게 양위하자, 그는 기산(箕山)으로 도망가서 농사지으며 생활하였다고 한다. 그 뒤 요임금은 또 구주(九州)의 장이 되어달라고 불렀으나 그는 이 말을 들은 귀조차 더럽다고 영수(潁水) 물가로 달려가서 그 귀를 씻었다고 한다. 허유에 대해서는 《장자》 소요유편 등에서 볼 수 있다.

6) 변수(卞隨)·무광(務光)…모두 상(商)나라 때의 은자. 상의 탕왕이 하의 걸왕을 멸하고 군주의 자리를 아들에게 물려주려고 하자, 이 두 사람은 이를 치욕이라고 생각하고 강물에 뛰어들어 죽었다고 전해진다.

데, 이 두 사람에 대한 문사(文辭)는 《시》와 《서》에 전연 보이지 않는다.」

또 공자의 말에, 「백이와 숙제는 지나간 잘못을 염두에 두지 않았다. 그래서 원망이 적었다〔不念舊惡 怨是用希〕. 그들은 인(仁)을 구함으로써 인을 얻었다〔求仁得仁〕. 또 무엇을 원망하리오」라고 했는데, 나로서는 백이의 뜻이 슬프기만 하다. 일시(逸時)[7]를 읽자면 원망하는 시구와 마찬가지로 백이의 참뜻이 의심스럽기 때문이다. 예로부터 내려오는 전(傳)에 의하면 이렇게 되어 있다.

백 이

백이와 숙제는 고죽(孤竹)[8]의 임금의 아들이다. 아버지는 막내인 숙제를 후사(後嗣)로 삼으려고 했으나, 아버지가 죽은 다음 숙제는 형인 백이에게 양보하려고 했다. 백이는 아버지의 명령을 따르지 않을 수 없다며 임금의 자리를 받지 않고 마침내는 나라 밖으로 도망을 쳤다. 숙제도 또한 군주 자리에 앉지 않고 형의 뒤를 따랐던 까닭에 나라 백성들은 둘째아들을

7) 일시(逸詩)…逸은 佚과 통하고, 이것은 없어졌다는 뜻이다. 《시경(詩經)》에 빠져 있는 시로, 채미(采薇)의 시를 가리킴.

8) 고죽(孤竹)…고죽국은 은·주 시대에 있었던 제후국으로, 탕(湯)임금이 봉한 나라이다. 고죽국 군주의 성은 묵태(墨胎)이고 이름은 초(初)이며 자는 조(朝)이다. 그는 청렴하고 고상한 지조를 지킨 백이와 숙제의 아버지로 알려져 있다.

세워 임금을 삼았다.

채미가(采薇歌)

숙제

그리하여 백이·숙제는 서백(西伯) 창(昌)[9]이 늙은이들을 잘 보살핀다는 말을 듣고 주(周)나라에 가서 서백에게 의탁하려고 했다. 그런데 주나라에 가 보니 서백은 이미 죽었고, 이어서 왕위에 오른 무왕(武王)은 선왕의 시호를 문왕(文王)이라 일컬으며 나무로 만든 위패를 수레에 싣고 동쪽에 있는 은(殷)나라 주왕(紂王)을 치려고 하는 판이었다.

백이와 숙제는 왕의 말을 붙잡아 세우고 간했다.

「부왕께서 돌아가시어 아직 장례도 모시기 전에 무기를 드는 것은 효(孝)라 할 수 없습니다. 신(臣)의 몸으로 군(君)을 죽이려고 하는 것은 인(仁)이라 할 수 없습니다.」

왕을 좌우에서 모시던 사람들이 두 사람을 죽이려고 하자, 태공(太公)[10]이 말했다.

---

9) 서백(西伯) 창(昌)…주문왕(周文王). 이름은 창. 서백은 서쪽 제후란 뜻.

10) 태공…본명은 강상(姜尙)이다. 그의 선조가 여(呂)나라에 봉하여졌으므로 여상(呂尙)이라 불렸고, 속칭 강태공으로 알려져 있다. 주나라 문왕(文王)의 초빙을 받아 그의 스승이 되었고, 무왕(武王)을 도와 상(商)나라 주왕(紂王)을 멸망시켜 천하를 평정하였으며, 그 공으로 제(齊)나라에 봉함을 받아 그 시조가 되었다. 동해(東海)에 사는 가난한 사람이

「이 사람들은 의인(義人)이니라.」

그리고는 그들을 살려서 돌려보냈다. 그 뒤 무왕은 은나라를 평정하여 천하는 주나라를 종주(宗主)로 했는데, 백이·숙제는 이것을 부끄럽게 여기고 끝까지 신의(信義)를 지키기 위하여 주나라의 녹속(祿粟)을 먹지 않고 수양산(首陽山)[11]에 숨어서 채약(採藥)으로 고비를 캐서 팔아먹으며 연명을 했다. 아사지경에 빠지게 되었을 때 노래 「채미가(采薇歌)」를 지었는데, 그 구절은 다음과 같다.

저 서산(西山 : 수양산)에 올라 고사리를 캐도다〔登彼西山兮采其薇矣〕.

모진 것으로 모진 것을 바꾸고도〔以暴易暴兮〕[12],

그 잘못을 알지 못한다〔不知其非矣〕.

신농(神農)과 우(虞), 하(夏)의 시대는 가고〔神農虞夏忽然沒兮〕,

나는 장차 어디로 돌아갈 것인가〔我安適歸矣〕?

아아, 이젠 가리라〔于嗟徂兮〕,

운명의 기박함이여〔命之衰矣〕!

었으나, 위수(渭水)에서 낚시질을 하다가 문왕을 만나게 되었다는 등 그에 대한 전기는 대부분이 전설적이지만, 전국시대부터 한(漢)나라 시대에는 경제적 수완과 병법가(兵法家)로서의 그의 재주가 회자되기도 하였다. 병서(兵書) 《육도(六韜)》(6권)는 그의 저서라 하며, 뒷날 그의 고사를 바탕으로 하여 낚시질하는 사람을 태공망 혹은 태공이라 하는 속어가 생겼다.

11) 수양산(首陽山)…산서(山西) 영제(永濟)현에 있는 뇌수산(雷首山)을 가리킨다. 소재에 대해서 여러 설이 있다.

12) 앞의 포악한 것은 주(周) 무왕(武王)을, 뒤의 포악한 것은 상(商) 주왕(紂王)을 가리킨다.

수양산의 백이 숙제

그리고 마침내 수양산에서 아사하고 말았는데, 이 가사(歌辭)를 깊이 생각해 본다면 과연 원망함이 없었을 것인가?

천도시비(天道是非)

어떤 사람은 말했다.

「천도(天道)에는 공평무사해서 항상 선인(善人)을 돕는다.」

그렇다면 백이·숙제는 과연 선인이 아니었단 말인가? 인덕(仁德)을 쌓고 행위를 올바르게 하고도 그들은 굶어 죽었다.

공자의 문하에 있던 70제자[13] 가운데 중니(仲尼)는 유독 안연을 가리켜 배움을 즐기는 사람이라고 칭찬을 했다. 그런데 회(回 : 안연의 이름)는 이따금 끼니를 잇지 못할 정도로 궁하여 쌀겨로조차 배를 채우기도 어려워 일찍 죽고 말았다. 하늘이 선인(善人)에게 은혜를 베푼다는 것은 과연 사실일까? 도척(盜跖)[14]

13) 70제자…전하는 말에 의하면 공자의 제자는 3,000명이나 되었고, 그 가운데 현인은 70명이나 되었다고 한다. 「공자세가(孔子世家)」에는 72명으로 되어 있고, 「중니제자열전」에는 77명으로 되어 있다. 따라서 70제자라고 한 것은 대략의 숫자이다.

은 날마다 무고한 인명을 죽이고 사람의 간(肝)을 회쳐서 먹으며, 포학무도한 수천 명의 도당을 모아서 천하를 횡행했건만, 끝내 아무런 천벌도 받지 않고 천수를 다 누렸다. 이것은 대체 어찌 된 일이란 말인가?

이상은 모순 가운데도 가장 명백하고 현저한 예다. 근세에 와서는 품행(品行)이 방탕하여 남에게 못할 짓을 마음껏 하고도 그 자신은 종신토록 호강하며, 그 자손에 이르기까지 부귀가 이어지는 예가 적지 않다. 이런 일에 비하여 걸음을 한 번 내딛는 데도 땅을 골라서 딛고, 한 마디 하는 데도 말해야 할 때만 말을 하며, 길을 가는 데도 지름길을 택하지 않고〔行不由徑〕, 대의명분(大義名分)이 서지 않는 일이면 분발하지 않았음에도 오히려 재앙을 만나는 일이 헤아릴 수 없이 많이 있을 정도다. 이와 같은 현실은 나를 아주 당혹하게 만든다. 그렇다면 이른바 천도(天道)란 것은 과연 옳은 것인가 그른 것인가〔天道是也非也〕?

파리는 천리마의 꼬리에 붙어 천리를 간다

공자는 말한다.

「사람은 각기 실천(實踐)의 도(道)가 같지 않으면 서로 꾀하는 바도 같지 않다.」

이 말은 각기 자기의 의사를 좇아서 행해야 함을 말한 것이다. 그러므로 다시 이렇게도 말했다.

「만약 부귀가 뜻대로 얻어지는 것이라면 천한 채찍잡이〔執

14) 도척…춘추시대 귀족의 우두머리에게 반항한 이로 이름은 척(跖)이다. 역대 통치자들은 그를 대도(大盜)라고 했고, 역사에서는 도척(盜跖)이라고 했다.

鞭之士]15)의 직분일지라도 나는 맡을 것이다. 만약 얻어질 수 없는 것이라면 자기가 좋아하는 것을 좇아 할 일이다.」

또 이렇게 말하기도 했다.

「날씨가 추워져서야 비로소 소나무와 잣나무가 시들지 않는다는 것을 안다.」

세상이 모두 혼탁할수록 청렴한 선비가 눈에 띄는 법이다. 이것은 부귀를 중하게 여기는 속인(俗人)의 처사와, 부귀를 가볍게 여기는 청렴한 선비의 처사는 그 대비가 극단적이기 때문이다.

군자는 죽은 다음에 명성을 더럽히지 않으려고 조심한다. 가자(賈子 : 가의)는 말한다.

「탐욕하는 사람은 재물 때문에 죽고〔貪夫殉財〕, 열사는 명성을 위해 죽으며, 권세를 자랑하는 사람은 권세를 위해 죽고, 평범한 서민은 생활을 탐한다.」

같은 광명은 서로 비추고 같은 무리는 서로 어울리기를 마치 구름이 용(龍)을 따르고 바람이 범을 따르는 것같이, 성인이 나타나야만 수많은 인재도 나타나는 법이다.

백이와 숙제는 현인이지만, 공자의 붓으로 인하여 그 이름이 점차 드러났고, 안연은 학문에 충실하였지만 파리가 천리마의 꼬리에 붙어 천리를 갈 수 있는 것처럼〔蒼蠅附驥尾而致千里〕 공자의 기미(驥尾)16)에 붙음으로써 그 품행이 더욱 나타나게 되었

---

15) 채찍잡이〔執鞭之士〕…채찍질하는 직업을 말한다. 당시 이런 유의 직업은 세 가지가 있는데, 하나는 수레를 모는 사람, 또 하나는 왕이나 제후가 행차할 때 길을 정리하는 사람, 그리고 시장의 질서를 유지하는 사람이었다.

16) 기미(驥尾)…기(驥)는 기(騏)・화(驊)・유(騮)와 같이 어느 것이나 하루에 천리를 달린다는 명마(名馬)를 말한다. 파리가 천리마의 꼬리에 붙어 하루

던 것이다.

수양산 백이숙제 묘

동굴에 숨어서 사는 은자(隱者)들에게는 출처진퇴(出處進退)에 때의 우(遇)와 불우(不遇)가 있다. 허유와 무광과 같은 사람도 이름이 높이 드러나지 못한 것은 슬픈 일이다. 시골에 숨어서 사는 처사로 품행을 닦고 이름을 세우고자 하는 사람은, 덕이 높고 이름이 있는 명사를 만나지 못하는 한 어찌 그 이름을 후세에 전할 수 있단 말인가?

에 천리를 간다는 말이다. 큰 인물에게 인정을 받은 뒤에야 비로소 참된 가치가 드러나거나, 또는 큰 인물의 힘을 빌려 출세하거나 능력을 발휘하는 것을 「부기미(付驥尾)」라고 한다.

관·안 열전 제2

관중(管仲 : 仲은 자) 이오(夷吾 : 관중의 이름)는 영수(潁水 : 안휘 영상) 근처의 사람이다. 젊었을 때 포숙아(鮑叔牙)와 교유했는데, 포숙은 그의 현명함을 알고 있었다. 관중은 가난한 나머지 포숙을 속이기를 잘 했는데[1], 포숙은 언제까지고 그를 버리지 않았으며 그가 하는 일에 이러니저러니 따지는 일도 없었다.

마침내 포숙은 제(齊)나라 공자인 소백(小白)[2]을 섬기게 되었고, 관중은 공자 규(糾 : 소백의 형)를 섬겼는데, 소백이 아버지의 후사(後嗣)를 이어 환공(桓公)이 되자 경쟁자였던 공자 규는 싸움에 패하여 죽고 관중은 붙잡힌 몸이 되었다. 그러나 포숙이 끝까지 관중을 천거[3]했던 까닭에 관중은 등용되어 제나라의 국정

---

1) 관중과 포숙이 남양에서 함께 장사하여 번 돈을 나눌 적에 관중이 포숙을 속여 더 많이 차지하였으나, 포숙은 노모를 모시고 있는 가난한 관중을 탐욕하다고 탓하지 않았다.

2) 소백(小白)…제나라 환공의 이름이 소백이다. 제 양공이 아무런 이유도 없이 사람들을 무수히 죽이자, 소백과 규를 비롯한 그의 동생들은 다른 나라로 도망쳤다. 소백의 형인 규는 노나라로, 소백은 고(高)로 달아났다. 얼마 뒤 양공이 피살되었다는 소식을 듣고 소백이 먼저 돌아와 임금의 자리에 올랐다.

3) 당시 포숙은 관중을 천거해 말하기를, 「당신이 제나라만을 다스리고자

을 담당하게 되었다.

이 때문에 제나라의 환공은 패자(霸者)가 될 수 있었던 것이다. 제후를 규합하여 천하를 일광(一匡)[4]한 것은, 실은 관중의 계략에 의한 것이었다.

나를 낳아준 이는 부모지만, 나를 알아준 이는 포숙이다

관중은 말했다.

「지난 날 내가 곤궁한 지경에 있었을 때, 포숙과 같이 장사를 한 일이 있는데, 그 이익금을 나눌 때 내가 몫을 더 많이 갖곤 했으나 포숙은 나를 욕심쟁이라고 말하지 않았다. 내가 가난한 것을 그는 알고 있었기 때문이다. 지난 날 나는 포숙을 위해 사업을 경영하다 실패해 다시 곤궁하게 되었건만 포숙은 나를 어리석다고 하지 않았다. 시운(時運)에는 이(利)와 불리(不利)가 있다는 것을 알았기 때문이다. 지난 날 나는 벼슬길에 세 번 나갔다가 세 번 모두 임금에게 쫓겨났지만 포숙은 나를 무능하다고 하지 않았다. 내가 아직 때를 만나지 못했음을 알았기 때문이다. 지난 날 나는 세 번 싸웠으나 세 번 모두 패하여 도망쳤건만 포숙은 나를 비겁하다고 하지 않았다. 나에게는 노모(老母)가 있는 것을 알았기 때문이다. 공자 규(糾)가 왕의 자리를 놓고 벌인 싸움에서 졌을 때 친구인 소홀(召忽)은 스스로

하면 고혜(高傒)와 숙아(叔芽)가 있으면 됩니다. 당신이 천하의 패자(霸者)가 되고자 한다면 관이오가 아니면 안 됩니다. 이오는 어느 나라에 있든 그 나라에서 소중하게 쓰일 인물이니 잃어서는 안 됩니다」라고 했다.

4) 일광(一匡)…한 차례 바로잡다. 주왕실(周王室)을 받들어 이적(夷狄)을 치는 등의 일.

목숨을 끊었으나 나는 붙잡혀서 욕된 몸이 되었건만, 포숙은 나를 부끄럼을 모르는 사람이라고 하지 않았다. 내가 작은 일을 부끄러워하는 것보다 천하에 공명(功名)을 떨치지 못하는 것을 부끄러워함을 알고 있었기 때문이다. 나를 낳아준 이는 부모이지만 나를 알아준 이는 포자(鮑子)이다〔生我者父母 知我者鮑子也〕.」

창고가 가득 차야 예절을 안다

춘추시대 청동제 악기. 위에는 포숙의 공적을 새겨 놓았다.

관중을 천거한 다음, 포숙은 관중의 아랫자리에 있으면서 경의를 표했다. 포숙의 자손은 대대로 제나라의 봉록을 받고 봉읍(封邑)을 영유하기 10여 대(代), 항상 명대부(名大夫)로서 세상에 널리 알려졌다. 그리고 세상 사람들은 관중의 현명함을 칭찬하기보다 오히려 포숙의 사람을 알아보는 총명함을 칭찬했다.

관중이 제나라의 재상(宰相)이 되어 국정을 담당하자, 변변치 못하던 제나라지만 바다를 낀 지리의 이로움을 살려 해산물을 팔아서 재물을 쌓고, 나라를 부하게 하여 군비(軍備)를 튼튼히 하고, 민중과 고락을 같이하게 되었다. 그러므로 그가 저술한 책에도 이런 구절이 있다.

「창고가 가득 차야만 백성은 예의를 알고, 의식(衣食)이 풍부해야만 사람은 영욕(榮辱)을 안다〔倉廩實而知禮節 衣食足而知榮辱〕. 위에 있는 사람이 절도가 있으면 육친(六親 : 부・모・형・제・처・자)의 결합은 견고하고, 사유(四維[5])가 느슨해지면 나라는 멸망한다.」

명령을 내리면 마치 물이 낮은 곳으로 흐르는 것처럼 민심을 순응시켰다. 따라서 그가 의논하는 것은 비근해서 행하기가 쉬웠고, 대중이 바라는 대로 잘 들어 주었으며, 싫어하는 것은 제거하여 주었다. 정책은 설령 화(禍)가 되는 일일지라도 그것을 잘 이용하여 복이 되게 하고, 실패를 돌이켜서 성공으로 이끌었으며, 대체로 일의 경중을 잘 헤아려서 균형을 얻는 데 신중을 기했다.

주는 것이야말로 빼앗는 수단

예컨대, 실제로는 환공이 부인인 소희(小姬)의 일로 노하여 남쪽의 채(蔡)나라를 쳤는데 관중은 일의 경중을 가려서, 그 기회에 채나라 가까이에 있는 초(楚)나라를 쳤다. 그리고 초나라가 제사용 포모(包茅[6])를 주(周)나라 왕실에 공물로 바치지 않는 것을 책망하여 대의명분을 세웠다.

또 실제로는 환공이 북쪽에 있는 산융(山戎)을 쳤는데, 관중은 일의 균형을 얻고자 연(燕)나라에 은혜를 베풀게 된 기회를 타서 연나라를 누르고 그 조종(祖宗)인 소공(召公)을 다시 부활시켰다.

---

5) 사유(四維)…사대강령(四大綱領), 곧 예(禮)・의(義)・염(廉)・치(恥).
6) 포모(包茅)…억새의 일종. 제주(祭酒)를 거르는 데 썼음.

제환공과 관중

또 가(柯 : 하남 내황의 동북쪽)의 회합에서 환공은 노(魯)나라의 자객 조말(曹沫)에게 강요당하여 앞서 노나라로부터 빼앗은 토지를 돌려주기로 약속했음에도 이를 이행치 않았는데, 관중은 화를 복으로 돌리기 위하여 환공을 설득해서 약속을 이행시킴으로써 제후들을 제나라에 복종시켰다. 그러므로「주는 것이야말로 빼앗는 수단임을 아는 것이 정치의 비결」이라고 하는 것이다.

관중의 사재(私財)는 제나라 왕실의 재산과도 필적하여 삼귀(三歸)[7]·반점(反坫)[8]이 모두 갖춰져 있었으나, 제나라 사람은 그것을 분에 넘치는 사치라고 생각하지 않았다. 관중이 죽은 다음에도 제나라에서는 관중의 정책을 따랐으므로 제후 사이에서 항상 강국이었다. 그 후 1백여 년 만에 안자(晏子)가 나

---

7) 삼귀(三歸)…이에 대해서는, 조정에서 퇴청하여 돌아가는 집이 세 군데가 있다는 뜻으로, 또는 성이 각기 다른 세 명의 여자를 세 집에서 아내로 거느리는 것. 또는 누각의 이름, 채읍의 명칭, 혹은 부고(府庫)의 이름 등 여러 가지 설이 있다.

8) 반점(反坫)…제후가 회견(會見)할 때 헌수(獻酬)의 예(禮)가 끝나면 술잔을 엎어두는 받침대로서, 당시의 계급사회에서는 제후 이외의 일반인이 소유할 수 없는 물건이다.

타났다.

뜻과 생각이 깊어도 몸은 낮춘다

안평중(晏平仲 : 평중은 자) 영(嬰 : 이름)은 내(萊 : 산동 교동 지방)나라 이유(夷維 : 고밀) 사람이다. 제(齊)나라의 영공(靈公)·장공(莊公)·경공(景公)을 받들어 절검(節儉)과 역행(力行)으로 제나라에서 중용되었다.

제나라의 재상이 된 다음에도 식탁에는 두 가지 이상의 고기를 놓지 않았고, 아내에게는 비단을 입히지 않았으며, 조정에서 임금으로부터 물음이 있을 때는 직언으로 응답했고, 물음이 없을 때는 품행을 고결하게 했다. 나라에 질서가 있으면 임금의 명령을 잘 따랐지만, 나라에 질서가 없으면 임금의 명령에 옳고 그름과 득실을 분별하여 행할 일만 행했다. 그 때문에 영공·장공·경공의 3대에 걸쳐서 제나라는 제후 사이에 명성을 떨쳤다.

월석보(越石父)는 현인이었지만 이따금 죄를 범하여 죄수[9]의 무리에 있었다. 안자는 외출 도중에 그와 만났는데, 자기 마차의 왼쪽 말을 풀어서 속죄금으로 바치게 하고 월석보를 마차에 태워 집으로 돌아왔다.

그런데 안자가 아무런 인사도 없이 그대로 안방으로 들어가자, 월석보는 절교하기를 청했다. 안자는 깜짝 놀라서 의관을 갖추고 사과하며 말했다.

「영(嬰)은 인정이 없는 사람이긴 하지만, 그대를 재앙에서

---

9) 죄수…당시 가벼운 죄를 지은 죄수는 노역에 종사하거나 외출할 수도 있지만, 저녁이면 반드시 감옥으로 돌아가야 한다.

구해 주었는데, 어찌하여 그대는 이처럼 성급하게 절교를 하자는 것입니까?」

월석보가 말했다.

「그냥 절교하자는 뜻이 아니오. 『군자는 자기를 알아주지 않는 사람에게는 굴복을 하지만, 자기를 알아주는 사람 앞에서는 자신의 뜻을 편다』고 하는데, 내가 죄수들 가운데 있을 때 나에게 죄를 씌운 사나이는 나를 알지 못하던 사람이었소. 그렇지만 당신이 나를 풀어준 것은 느끼는 바가 있어서였거늘, 다시 말해서 나를 아는 지기(知己)요. 이미 지기이면서도 예가 없다면 오히려 나는 죄수 가운데 있는 편이 나을 것 같소이다.」

안자는 그 뜻에 느낀 바 있어 안으로 불러들여서 상객(上客)으로 모셨다.

의기양양(意氣揚揚)

안자가 제나라 재상이었을 때 하루는 외출을 하게 되었는데, 마부의 아내가 문틈으로 내다보니 그의 남편이 재상의 마부로서 커다란 일산을 받쳐 들고 네 마리의 말에 채찍을 가하며 의기양양하게 흐뭇한 모습이었다〔意氣揚揚 甚自得也〕. 얼마 뒤에 남편이 집에 돌아오자, 그 아내는 남편에게 이혼을 하자고 했다. 남편인 마부가 사연을 물으니 아내가 대답했다.

「안자는 그 키가 6척도 안 되건만 그의 몸은 제나라 재상으로서 제후 사이에도 이름이 높소이다. 그렇지만 아까 그가 외출하는 모습을 내가 보니 매우 침착하고 모든 사람에게 겸손합디다. 그런데 당신은 키가 8척이나 되면서 남의 마부가 되었고, 거기에다 만족스런 모습입디다. 제가 당신 곁을 떠나고 싶다는 것은 이 때문입니다.」

그 일이 있은 후로, 마부는 자신을 억제하여 겸손한 사람이 되었다. 안자가 이상하게 여겨 그 마부에게 물으니 마부가 사실대로 말했다. 안자는 느낀 바 있어 그를 천거하였는데, 그는 대부(大夫)가 되었다.

나아가서는 충성을 다하고, 물러나서는 허물을 바로잡는다

태사공은 말한다.

「나는 관중이 쓴 《관자》의 목민(牧民)·산고(山高)·승마(乘馬)·경중(輕重)·구부(九府) 등 《관자(管子)》의 여러 편(篇), 그리고 《안자춘추(晏子春秋)》를 읽었는데, 그 내용들이 아주 상세했다. 그 저서들을 본 다음에는 사적(事績)을 알고 싶었기 때문에 전기를 정리했다. 저서에 대해서는 세상에 널리 알려져 있으므로 여기서는 그것들을 빼고 알려져 있지 않은 것만 기록하였다.

주대(周代) 술을 담았던 용기

관중은 세상에서 흔히 말하듯이 현인이다. 그러나 공자는 그를 소인배라고 했다. 이것은 주(周)나라 왕도가 쇠미하여 통솔력이 없어졌을 때, 제나라 환공은 현명했건만 그를 도와 왕자(王者)의 도를 도모하지 않고 단지 패자(覇者)의 이름만을 이룩했기 때문일까? 옛말에 「그 임금의 장점을 더욱 길러주고 단점을 고쳐주는 것이야말로 상하상친(上下相親)하는 것이다」 라고 한 것은 관중을 두고 한 말일 것이다.

역신(逆臣)으로 인해 죽음을 당한 제나라 장공(莊公)의 시신[10] 앞에서 안자는 눈물 흘려 운 다음 그대로 가버렸을 뿐 적(賊)을 치려하지 않았다. 그는 이른바 의(義)를 보고도 행하지 않은 비겁한 사람이었던가? 그러나 그가 임금에게 간할 때 임금의 안색에 조금도 구애받지 않았음은 이른바 『나아가서는 충성을 다할 것을 생각하고 물러나서는 허물을 바로잡기를 생각한다』는 것으로 받아들여야 할 것인가? 만약 안자가 오늘날 살아 있다고 하면 나는 그를 위해 채찍을 들고 마부가 되어 그를 받들 만큼 흠모하고자 한다.」

---

10) 장공(莊公)의 시신…제나라 대부 최저(崔杵)가 반역하여 자기 집에서 장공을 시해하자, 안영은 최저의 집에 가서 장공의 시신을 부여안고 통곡하여 군신의 예를 올렸다고 한다.

노자·한비 열전 제3

노자(老子)는 초(楚)나라의 고현(苦縣 : 하남 녹읍) 여향(厲鄕) 곡인리(曲仁里) 사람으로 이름을 이(耳), 자(字)를 담(聃), 성을 이(李)라 했으며, 주(周)나라의 장서고(藏書庫) 기록관이었다. 공자가 주나라에 갔을 때 노자와 만나서 예(禮[1])에 대하여 물으니 노자는 이렇게 말했다.

「당신이 흠모하는 옛날의 성인도 그 몸은커녕 뼈까지 썩어 빠져서 지금은 다만 덧없이 그 말만이 남아 있을 뿐이오. 아무튼 군자란 때를 만나게 되면 수레를 타는 귀한 몸이 되지만, 때를 만나지 못하면 하잘것없는 몸이 되오. 『훌륭한 장사치는 물건을 깊이 간직하여 밖에서 보기에는 아무것도 없는 것 같고〔良賈深藏若虛〕, 군자는 훌륭한 덕(德)을 몸 속 깊이 간직하여 외모는 어리석은 것처럼 보인다〔君子盛德容貌若愚〕』는 말을 들었소이다. 당신의 고만(高慢)함과 다욕(多欲)함과 산만한 생각은 모두

1) 예(禮)…주나라의 「예」를 말한다. 일반 귀족들의 모든 행위를 규범화한 합리적인 형식을 이르는 말로서 「의(儀)」와 통하며, 「인(仁)」의 출발점이자 귀결점으로, 공자에게 있어서는 이상적인 지배의 질서이며, 한 나라의 근본원리였다.

버리시오. 그것들은 당신에게 아무런 이익도 없는 것이오. 내가 당신에게 말하고 싶은 것은 단지 이것뿐이오.」

용(龍)은 그 실체를 알 수가 없다

노자를 찾은 공자

공자는 돌아가서 제자에게 말했다.

「새라면 잘 날고, 물고기라면 잘 헤엄치며, 짐승이라면 잘 달린다는 것은 나도 잘 알고 있다. 달리는 것은 그물을 쳐서 잡고, 헤엄치는 것은 실을 담가 낚고, 나는 것은 주살을 가지고 맞춰서 떨어뜨릴 수가 있다. 그러나 용(龍)에 이르러서는 바람과 구름을 타고 하늘에 오른다고 하니 나로서는 그 실체를 알 길이 없다. 나는 오늘 노자를 만났는데, 마치 용 같다고나 할까, 전혀 잡히는 바가 없더라.」

노자는 허무청정(處無淸靜)의 도인 덕을 닦았으며, 그 학문은 스스로 재능을 감추어 무명(無名)으로 있기를 그 요지(要旨)로 했다. 오랫동안 주(周)나라에 있었는데, 주나라가 쇠미해지자 마침내 그곳을 떠나서 관(關 : 함곡관)에 이르렀다. 관의 관리 윤희(尹喜)가 청했다.

「선생은 이제 은둔하실 몸, 애오라지 저를 위해 글을 지어

주십시오.」

길이 같지 않으면 꾀하는 바도 같지 않다

노자는 상하 2편의 글을 지어서 도덕의 뜻을 5천 자 남짓하게 써 냈는데, 그 후 노자의 최후를 본 사람은 아무도 없었다. 어떤 사람에 의하면 노래자(老萊子)[2]는 초나라 사람으로 15편의 글을 지어 도가(道家)의 깊은 뜻을 밝혔는데, 공자와는 동시대 사람이라고 한다.

노자는 향년(享年) 160여 세라 했고 또는 200세라고도 했다. 장수한 것은 도덕을 닦고 양생(養生)을 했기 때문이리라.

공자가 세상을 떠난 지 129년, 사관은 이렇게 기록하고 있다.

「주(周)나라 태사(太史) 담(儋 : 노자의 별명, 담聃과 같은 음)이 진(秦)나라 헌공(獻公)을 알현하고 말하기를, 『진나라는 처음 주나라와 합하고, 합한 지 5백 년에 갈라지며, 갈라진 지 70년에 패왕될 자가 나타날 것이다』라고 하였다.」

어떤 사람은 이 담이야말로 노자라고 하고, 또 어떤 사람은 이것을 부정하여 세상에 진위를 아는 사람은 없다고 했다. 요는 노자는 은군자(隱君子)이다. 노자의 아들은 이름을 종(宗)이라 했으며, 위(魏)나라의 장군이 되었고, 봉함을 받아 단간(段干 : 위나라의 읍명)을 영지로 받았다. 종(宗)의 아들은 이름을 주(注)라 했고, 주의 아들은 궁(宮), 궁의 현손(玄孫)은 가(假)로서, 가는 한

2) 노래자(老萊子)…사마천은 노자와 노래자가 같은 사람일 것이라는 의심이 들어 이곳에 기록한 것이다. 《열선전(列仙傳)》에 의하면 노래자는 춘추시대 말기 초나라의 은사로서, 당시 세상이 혼란스러워 몽산(蒙山) 남쪽에서 농사를 지으며 숨어 살았는데, 효행이 뛰어나 초나라 왕이 이곳까지 와서 그를 맞이했다고 한다.

노 자

(漢)나라 문제(文帝)를 섬겼다. 가의 아들 해(解)는 교서왕(膠西王) 앙(卬)의 태부(太傅)가 되었으며, 그 이후 제(齊)나라에 정주했다.

세상에서는 노자를 배우는 사람은 유학을 배척하고, 유학도는 또 노자학을 배척한다.

「길이 같지 않으면 서로 꾀하는 바도 같이 하지 않다」라고 한 것은 아마 이런 일을 두고 한 말일 것이리라.

차라리 더러운 진흙 속에서 꼬리를 끌고 다니겠다

장자(莊子)는 몽(蒙 : 하남 상구의 동북) 사람으로 이름은 주(周). 일찍이 몽의 칠원(漆園)의 관리가 되었다. 양(梁)나라 혜왕(惠王)이나 제나라 선왕(宣王)과 시대를 같이한다. 박학하여 모든 서적에 막히는 것이 없었으며, 학문의 근본은 노자의 설에 귀착한다.

그런 까닭에 저서는 10여만 자에 미치는 대저(大著)가 있는데, 대개가 노자의 도(道)를 더 설명한 우화이다.「어부」「도척」「거협(胠篋)」등 여러 편을 지은 것은 그것으로 공자의 제자를 비난하고, 노자의 학설을 밝히고자 한 것이다. 외루허(畏累虛), 원상자(元桑子) 등 여러 책을 쓴 것은 모두 가공의 이야기로 그 실상은 없다. 그러나 문장리 매우 훌륭하며, 세상일을 지시하고 인정을 추찰(推察)하며, 이런 것들에 의하여 유가(儒家)나 묵가(墨家)를 공격하였으므로 당시의 석학(碩學)이란 학자들도 예봉(銳鋒)을 피할 수 없었다.

그 말은 대해(大海)와 같아서 끝이 없었고 멈춤이 없이 분방했다. 그런 까닭에 왕공(王公), 대인(大人)들에게는 훌륭한 인물로서 대우를 받지 못했지만, 오직 초나라의 위왕(威王)은 장주(莊周)의 현명함을 듣고 사신을 보내 예물을 후히 하여 그를 맞아 재상 자리에 모셔도 좋다고 말했다. 장주는 웃으면서 초나라의 사신에게 말했다.

「천금이라고 하면 거금이며, 재상이라고 하면 높은 벼슬자리요, 그대는 교제(郊祭)[3]에 제물로 드리는 희생의 소를 모르고 있지는 않을 것이오. 몇 년씩이나 걸려서 기르고 무늬가 있는 옷을 입히지만 결국에는 태묘(太廟)에 바치게 되는 것이오. 그 때가 되어 새끼돼지를 부러워해 본들 어쩔 수 없는 것이 아니겠소. 그대는 빨리 돌아가시오. 나를 더럽히지 마시오. 더럽혀질 바에야 나는 차라리 살아서 더러운 진흙 속에서 꼬리를 끌고 다니겠소〔寧其生而 曳尾塗中〕. 나라의 주권자에게 구속을 받고 싶지는 않소이다. 종신토록 벼슬자리에 나아가지 않고, 내 뜻대로 쾌적하게 지내고 싶을 뿐이라오.」

신불해(申不害 : 전국시대 법가의 대표 인물)는 경(京 : 하남 형양의 동남) 사람이다. 원래 정(鄭)나라의 천신(賤臣)이었으나 법술(法術)을 배워 한(韓)나라의 소후(昭侯)에게 쓰이기를 바랐는데, 마침내 그에게 기용되어 재상이 되었다. 안으로는 정치 · 교

---

3) 교제(郊祭)…고대의 제왕이 매년 동짓달에 도성의 남쪽 교외에서 하늘에 제사를 지내는 의식.

장자의 「호접몽」

육에 힘쓰고 밖으로는 제후에게 응접하기 15년, 이 때문에 신자(申子 : 신불해)가 죽기까지 나라는 잘 다스려졌고 군사는 강했으며 한나라를 침범하는 자도 없었다. 신자의 학문은 황노(黃老)[4]의 학설에 바탕을 두고 형명(刑名)의 술(術)을 주로 했다. 1서(書) 2편을 지었으며 《신자(申子)》라고 제목을 붙였다.

한비(韓非)는 한(韓)나라 여러 공자 중 한 사람으로, 형명(刑名)[5] · 법술을 배우기를 즐겼는데, 귀착하는 것은 황제 · 노자의 학문이었다. 비(非)는 태어날 때부터 변설에는 서툴렀지만 저술을 잘했다. 이사(李斯)[6]와 함께 순경(荀卿 : 순자)에게 사사했고, 재능

4) 황노(黃老)…黃은 황제(黃帝)를, 老는 노자를 가리킨다. 황노는 황노지학(黃老之學)을 말하며, 이것은 도가학파의 한 유파로서 황제와 노자를 존숭하였기 때문에 붙여진 이름이다.

5) 형명(刑名)…형명(形名)이라고도 하는데, 원래 형체(실제)와 명칭을 지칭하였다. 선진(先秦)시대의 법가(法家)들은 형명(刑名)과 법술(法術)을 연결시켜서 법령 · 명분 · 언론 등을 폈다. 명분을 따르고 실질을 질책하여 상을 신중히 내리고 벌을 밝힐 것을 주장하였다.

면에서는 이사 자신도 비(非)에게는 따를 수 없다고 생각했다.

국가가 위급할 때에는 갑주를 걸친 무인을 임용할 일

한(韓)나라의 국토가 깎이고 힘이 약해져 가는 것을 보고 한비는 자주 서간문으로 한왕(韓王)에게 간했지만, 한왕 안(安)은 한비를 등용할 수가 없었다. 이런 일로 해 한비는, 위정자가 나라를 다스리는 데에 관한 법제를 밝히고 권력으로 신하를 부려서 나라를 부하게 하고 군사를 강하게 하며, 인재를 구하여 현인을 등용하려고 애쓰지 않을 뿐 아니라, 오히려 부박음미(浮薄淫靡)한 소인을 쓰면서도 그들을 실질적 공로[7]가 있는 사람 위에다가 앉히는 것을 괴롭게 생각했다. 그리고 이렇게 생각했다.

「유자(儒者)는 문학으로 국법을 혼란시키고, 유협(游俠)하는 무리는 무력으로 나라의 법을 범하고 있다. 태평무사한 때에는 명성 있는 문민을 총용(寵用)하는 것도 괜찮지만, 국가가 위급할 때에는 갑주(甲冑)를 걸친 무인을 임용할 일이다. 이제 국가가 위급한 때 녹을 주며 기르는 사람은 나라에 도움이 될 자가 아니

---

6) 이사(李斯)…전국시대 말기의 상채(上蔡 : 지금의 하남성 상채현) 사람. 진(秦)나라의 승상이 되어 진시황이 6국을 통일하는 것을 보좌하였다. 또한 군현제도(郡縣制度)를 정비하고 대나무에다 쓰던 글을 전문(篆文)으로 바꾸었다. 또 시황제에게 사상을 통일시키기 위해 전적을 태우도록 하였고, 학자 410명을 생매장하도록 건의했다. 이것이 「분서갱유(焚書坑儒)」다. 진시황이 죽자 이사는 조고(趙高)의 꾐에 빠져 그와 모의하여 진시황의 장자인 부소(扶蘇)를 살해하고 부소의 동생 호해(胡亥)를 옹립하였다. 그러나 나중에 반란을 꾀하였다는 조고의 모함에 의하여 처형당했다. ☞ 「이사열전」

7) 실질적 공로…한비의 주장에 따르면 실속 없는 소인배는 학자나 변설가 같은 사람을 말하며, 실질적인 공로자는 농부나 병사 같은 사람을 가리킨다.

고, 도움을 줄 자는 국가에서 쓰이지 않는구나.」

그리하여 한비는 청렴 강직한 인물이 사악한 간신 때문에 등용되지 못함을 슬퍼하고, 옛날 왕자(王者)의 정사(政事)에 있어 성패득실(成敗得失)을 생각하여, 「고분(孤憤)」「오두(五蠹)」「내외저(內外儲)」「세림(說林)」「세난(說難)」등 여러 편에 10여만 자의 문장을 엮었다.

유세의 어려움〔說難〕

한 비

그런데 한비가 유세(遊說)의 곤란함을 알고 지은 세난편은 아주 완벽한 것이었는데도 불구하고 그 자신은 끝내 유세의 공을 이루지 못하고 진(秦)나라에서 죽었고, 스스로 그 화를 면할 수도 없었다. 세난편에는 다음과 같이 씌어져 있다.

「무릇 유세의 곤란이란 나의 지식으로써 상대방을 설득하기 곤란한 것이 아니다. 또 나의 변설(辯舌)에 의하여 상대방이 내 뜻을 철저히 하거나 자기가 말할 바를 종횡무진 다 말하기가 곤란한 것도 아니다. 대체로 유세의 곤란이란 상대방의 심정을 통찰하여 상대방의 심정에 나의 말하고자 함을 잘 맞추어 끼우는 일의 어려움을 가리킨다. 상대방이 명예욕에 마음을 빼앗기고 있을 때, 이익을 가지고 이야기한다면 속물이라고 비웃을 것이며, 경원당하고 만다. 상대방이 이익을 바랄 때, 명예를 가지고 이야기한다면 몰상식하고 세상사에 어둡다고 하여 소용없는 사람이란 인정을 받을 것은 당연한 일이다. 상대방이 내심으로는 이익을 바라면서 표면으로는 명예를 바랄 때, 그런 사람에게 명예를 말하면 표면으로는 좋은 체하면서도 내심으로는 은근히 꺼려하게 된다. 만약 이런 사람들에게 이익에 관해 이야기하면 내심으로는 은근히 그 설명을 채용하면서도 표면으로는 그것을 경원한다. 그런 기미야말로 잘 알아두지 않으면 안 된다.

무릇 일이란 것은 비밀을 유지함으로써 성취하고, 말의 누설에 의해서 실패한다. 그렇지만 유세하는 사람은 어쨌든 군주가 마음속에 숨기고 있는 사건에 대하여 언급하는 수가 있다. 그러한 사람은 생명이 위험하다. 또 유세하는 사람이 귀인 중에서 과실의 단서를 잡아내어 명백한 정론(正論)을 펴면서 그 허점을 추궁한다고 하면 역시 그 생명이 위험하다. 유세하는 사람이 아직 군주의 두터운 정을 받지 못하고 있는데도 언설(言說)에 함축이 있는 지혜를 번득이는 것은, 그 설이 효과를 올리고 공을 세운다 하더라도 별로 덕을 세운 것으로 인정을 받지 못하며, 효과를 올리지 못하고 실패한다면 엉뚱한 일까지 의심을 받게 된다. 그런 사람의 생명도 위험하다.

대체로 귀인이 남에게서 계교를 얻고 그로 인하여 자기의 공을 세우고자 생각할 때, 유세하는 사람의 의도를 알아차린 다음에는 그 유세자의 생명은 위험하다. 군주가 겉으로는 딴 일을 하는 체하면서 안으로는 다른 일을 하려고 생각할 때, 유세하는 사람이 아는 체하면 그 생명은 위험하다. 군주에 대하여 도저히 손이 미치지 못할 일을 강요하거나 기호(騎虎)의 세(勢)로도 도저히 막을 수 없는 일을 막으려고 해도 그 생명은 위험하다. 그러므로 군주와 함께 명군(明君) 현주(賢主)를 논하면 속으로 군주를 비방하는 것으로 의심을 받고, 미천한 자를 논하면 군주를 파는 것으로 오해받게 되며, 군주가 총애하는 사람을 논하게 되면 그를 이용하려는 줄로 알고, 군주가 미워하는 사람을 논하면 이로써 군주를 시험하려는 줄로 오해받고, 말을 꾸미지 않고 생략해 단적으로 표현하면 무식한 사람이라 하여 업신여김을 받으며, 여러 학설을 인용하면서 말을 해박하게 하면 말이 많다고 오해받는다. 일에 순응하여 의견을 말하면 겁쟁이로서 말을 모두 하지 못하는 사람이라 하고, 일의 앞뒤를 재어 이러니저러니 따져 말을 하면 방자하고 예의가 없다고 한다. 이것이 유세의 곤란한 이유이니 유념해 두어야 할 점들이다.

대체로 유세의 요령은 상대방 군주의 긍지를 만족시키고 그의 부끄러워하는 문제를 건드리지 않는 데 있다. 상대방이 자신의 계교를 지모(智謀)라며 자신이 있어 하거든 그 결점을 지적하지 말고, 자신의 결단을 용감한 줄 알고 있으면 항거하여 상대방을 노하게 하지 말아야 하며, 또 스스로 자부하고 있으면 그 어려움을 들어 그 용기를 꺾어서는 안 된다. 어떤 일에 군주가 계획하는 일과 같은 계획을 가진 자가 있으면 그 사람을 칭찬하여 주고, 어떤 사람이 군주가 하는 일과 같은 일을 하는 사람이 있으면 그 사람의 하는 일을 다치게 하지 말며, 군주와 같은 실패를 하는 사람이 있으면 그것을 실패가 아니라고 두둔해 줄 일이다. 큰 충성이란 순수한 것으로 다른 뜻이 없는 것이니 군주에게 거슬림이 없어야 하며, 군주로 하여금 느껴서 깨닫게 해야 하므로 배격함이 없어야 하고, 그러한 범위 안에서 자기의 변재(辯才)와 지력(智力)을 발휘할 일이다. 이것이 군주에게 신임을 받고 의심을 받지 않는 일이 되며, 자기의 변설을 다하는 것이다. 오랜 시간이 지나서 임금의 은정(恩情)이 두텁게 된 다음에는 깊이 들어가서 계획을 실천해도 의심을 받지 않을 것이며, 분명히 이해를 타산하여 자신의 공적을 세우고 옳고 그름을 바로 말해서 자신의 몸에 비단으로 장식한다. 이와 같이 해서 임금과 신하가 서로 손상당하지 않는 것이 유세의 성공인 것이다.

이 윤

은(殷)나라 탕왕(湯王)의 재상 이윤(伊尹)[8]이 일찍이 요리사였고, 진나라 목공(穆公)의 재상 백리해(百里奚)[9]가 포로였던 것도 모두 이런 일을 수단으로 하여 군주에게 임용의 길을 구했던 것이다. 이 두 사람은 모두 성인이면서도 세상을 살아가는 데 그처럼 몸을 수고롭게 하여 천한 일을 하지 않고는 견딜 수가 없었던 것이다. 그러한 것을 본다면 재능이 있는 인사라 할지라도 그런 수고로운 일을 부끄러워할 게 아니다. 송(宋)나라에 부자 한 사람이 있었다. 비가 내려서 토담이 무너졌을 때 그 아들이 말했다

『다시 고쳐 쌓지 않으면 머지않아 도둑이 들 것입니다.』

---

8) 이윤(伊尹)…은(殷) 탕왕(湯王)의 재상으로 尹은 관직 이름이다. 탕임금을 도와 어진 정치를 펼쳤으며, 하나라의 걸왕을 멸망시켰다. 이윤은 본래 요리사 출신으로, 솥을 지고 가서 음식을 만들어 탕임금에게 바치고는 그의 신임을 받아 재상으로 등용되었다고 한다.

9) 백리해(百里奚)…춘추시대 우(虞)나라의 대부로서 진(晉)나라가 우나라를 멸망시키고 백리해는 포로가 되었다. 그 후 진(晉) 헌공은 딸을 진(秦)나라에 시집보낼 때 그를 사신으로 딸려 보냈는데, 그는 진(秦) 목공에게 재능을 인정받아 재상이 되었다.

이웃집 주인도 똑같은 말로 충고해 주었다. 밤이 되자 과연 도난을 당해 많은 재보를 잃었는데, 그 집에서는 그 아들을 참으로 현명하다 생각하고 이웃집 주인에게는 의심을 품었다.

정(鄭)나라의 무공(武公)이 호(胡)나라를 치려고 자기 딸을 호의 임금에게 시집보냈다. 그런 다음 여러 신하들을 향하여 이렇게 물었다.

『출병하고자 하는데, 누구를 쳐야 한단 말인가?』

이때 관기사(關其思)란 자가 대답했다.

『호를 쳐야 합니다.』

무공은 관기사를 주살했다. 그리고 무공은 말했다.

『호는 형제와 같은 의가 있는 나라다. 그대가 호를 치라니 그건 무슨 뜻의 말인가?』

호의 임금은 이 말을 전해 듣자, 정나라는 자기 나라와 친한 나라로 판단하고 아무런 준비도 하지 않았다. 정나라 군사는 그 틈을 타서 호를 습격하여 그 나라를 빼앗았다. 이 두 사람이 말한 것은 지혜란 점에서 본다면 모두 타당했건만 실은 주살을 당했고, 또는 적어도 혐의를 받게 되었다. 이런 일은 지혜를 내는 일이 곤란한 것이 아니라, 지혜를 쓰는 방법이 곤란한 것이다.

여도지죄(餘桃之罪)

옛날 미자하(彌子瑕)란 사나이가 위(衛)나라의 임금에게 총애를 받았다. 위나라 법률로는, 임금의 수레를 몰래 타는 자는 월죄(刖罪 : 다리를 자르는 형벌)에 처하게 되어 있었다. 미자하의 어머니가 병이 났으므로 어떤 사람이 밤에 미자하에게로 가서 이런 사실을 알려 주었다. 미자하는 감히 임금의 수레를 타고 궁문을 나왔다. 위나라 임금은 나중에 이 말을 듣고 그를 현명하다고 칭찬했다.

『얼마나 효성스런 일인가. 아무리 어머니의 병환이라고는 하지만 월죄도 대수롭게 생각지 않았으니!』

또 어느 때 미자하는 과수원에서 임금과 놀았다. 미자하가 복숭아를 한 입 베어 먹으니 그 맛이 매우 좋아서 임금에게 먹던 것을 바쳤다. 위나라 임금이 말했다.

『얼마나 애정이 깊은 일인가. 자기가 입을 대었다는 사실까지도 잊고 짐을 위해 주었으니!』

미자하가 늙고 임금의 사랑도 금이 간 다음 어떤 일로 임금에게 꾸지람을 듣게 되었다. 이때 위나라 임금이 말했다.

『미자하는 지난날 나를 속이고 내 수레를 탔으며, 또 일찍이 제가 먹던 것을 나에게 주어서 먹게 했다. 괘씸한 녀석이다.』

미자하의 행위는 처음이나 나중이나 변함이 있을 수 없건만, 처음에는 현명하다는 말을 들었고, 나중에는 죄가 있다는 말을 들은 것은 애증(愛憎)이 격변했기 때문이다. 따라서 주군에게 사랑을 받고 있을 때는 지혜가 주군의 마음에 들어 점점 친해지지만, 반대로 미움을 받을 때는 죄를 범한다고 해서 더욱 더 성기어지는 것이다. 그러므로 간언 유세를 하는 선비는 주군의 애증의 정도를 통찰한 다음에 말하지 않으면 안 된다.

역린(逆鱗)

용(龍)이라고 하는 그 파충(爬蟲)은 길을 잘 들이면 그 등에도 탈 수 있지만, 그 목덜미에 직경이 한 자나 되는 역린(逆鱗)[10]이 있어 사람이 이것에 닿으면 반드시 그 사람을 죽인다고 한다. 주군에게도 이러한 역린이 있다. 유세하는 사람으로서 주군의 역린에 닿지만 않는다면 우선은 성공에 가깝다 하겠다.」

어떤 사람이 한비의 책을 가지고 진(秦)나라에 와 퍼뜨렸다. 진나라 왕은 그 「고분(孤憤)」 「오두(五蠹)」의 제편(諸篇)을 보고 말했다.

「아! 이 책의 저자와 만나서 사귈 수만 있다면 죽어도 한이 없겠다.」

진나라 왕은 한비와 만나는 한 방법으로 갑자기 한(韓)나라를 쳤다. 한나라 왕은 처음에는 한비를 등용하지 않았지만, 위급하게 되어서야 한비를 사신으로 하여 진나라로 보냈다. 진나라 왕은 한비를 만나자 순간 마음에 들었지만, 아직 그를 신용하여 등용할 수는 없었다. 이사(李斯)·요가(姚賈) 등은 한비가 등용되면 자기들이 불리할 것으로 생각하고 그를 헐뜯어 말했다.

「한비는 한나라 공자(公子)의 말류(末流)입니다. 이제 임금께서 제후 병합의 대망을 이루고자 하시는 이 마당에 한비를 등용하더라도 종국은 한나라를 위해 계교를 꾸밀 뿐 진나라를 위하려 하지는 않을 것입니다. 이것은 진정입니다. 지금 임금께서 비를 등용하지 않으시고 오랫동안 머물러 있게만 하시다가 돌려보내신다면 후일 화를 입게 될 것입니다. 가혹한 법을 적용하여 주살하는 것이 제일 좋습니다.」

진나라 왕은 과연 그렇겠다고 생각하고 한비를 관리의 손에

---

10) 역린(逆鱗)…임금의 노여움을 「역린」이라 한다. 거슬러 난 비늘을 말한다. 용(龍)의 턱밑에 있는 이 비늘은 건드리기만 하면 사람을 죽이기 때문에 임금의 노염을 사는 것을 「역린에 부산친다」고 했다. 《한비자》 세난편(說難篇)에 나오는 말이다.

넘겨 처치시켰다. 이사는 사자를 시켜 비에게 독약을 보내 자살할 것을 강력히 요구했다. 한비는 자신이 임금을 만나서 진언하겠다고 했으나 알현할 수가 없었다. 진나라 왕은 후에 이 일을 후회하고 사자를 보내 사면하고자 했으나 이미 한비는 죽고 없었다.

신불해와 한비는 모두 책을 썼는데, 후세에 전해져서 이것을 배우는 사람이 많았다. 한비가 「세난(說難)」 한 편을 지어내었건만 그 자신은 그 화를 면하지 못했음이 슬플 따름이다.

태사공은 말한다.

「노자가 귀하게 여긴 도(道)라는 것은 허무(虛無)[11]하여 실체가 없고 자연에 의하여 변화를 따르며 무위(無爲)한 중에 천변만화한다. 그러므로 그 저서의 언사는 미묘하여 이해하기 어렵다고 한다. 장자는 노자의 도덕을 부연(敷衍)하고 분방하게 의논하고 있으나, 요지는 도덕을 자연의 도에 귀결시키는 것이다. 신불해의 학문은 낮고도 가까운 곳으로 도덕을 형명(刑名), 법술(法術)에 비추어 시행한 것이다. 한비는 이것을 법률에 의해 재단하기를 먹줄을 그어 놓은 것과 같게 해서 사정에 절실하게 하고 이비곡직(理非曲直)을 명확하게 했는데, 그 결과는 잔혹하여 인간미를 결했다. 이상의 학설은 어느 것이나 도덕의 지의(旨意)를 근본으로 하는 것인데, 심원한 것은 단지 노자뿐이다.」

---

11) 허무(虛無)…도(道)의 본체는 어디라도 존재하지 않는 곳이 없지만, 단지 형체가 없어 보이지 않으므로 「虛無」 라고 하는 것이다.

사마양저 열전 제4

사마양저(司馬穰苴)[1]는 전완(田完[2])의 후예이다. 제(齊)나라 경공(景公)때 진(晋)나라가 아(阿)·견(甄)을 치고 연(燕)나라가 하상(河上 : 황하 남안지방)을 침범했다. 제나라 군사가 패배했기 때문에 경공은 몹시 근심했다. 그때 안영(晏嬰)은 전양저(田穰苴)를 공(公)으로 추천하면서 말했다.

「양저는 전씨 첩의 소생이지만, 글에 있어서는 뭇사람의 마음을 끌고 무(武)에 있어서는 적을 무찌를 수 있는 인물입니다. 원하옵건대 임금께서 친히 시험해 보십시오.」

경공은 양저를 불러서 병사(兵事)에 대해 이야기했는데, 아주 마음에 들어 장군으로 등용했다. 군사를 이끌고 연나라와 진나라의 군사를 막으라고 하니 양저는 말했다.

「저는 원래 신분이 낮습니다. 임금께서 이러한 저를 병졸들

---

1) 사마양저(司馬穰苴)…司馬는 서주(西周)시대에 개설된 관직 이름으로 대사마라고도 하였다. 사마양저는 본래 성이 田氏였으나 병법에 정통하여 사마를 지냈기 때문에 사마양저로 불렸다.

2) 전완(田完)…춘추시대 사람으로, 진(陳) 여공(厲公)의 아들이다. 정변으로 인해서 제(齊)나라로 도망쳐 田으로 성을 바꾸었으며, 후에 제나라의 정권을 탈취하여 역사상 전제(田齊)로 불린다.

중에서 뽑아내어 대부의 윗자리에 앉히셨지만, 아직 병졸들에게 신임을 받지 못하며 또 서민들에게도 신뢰를 받지 못하고 있습니다. 그러므로 인물에 무게가 없고 권위 또한 없습니다. 원하옵건대 임금의 총애도 받고 백성들에게도 존경을 받는 사람에게 군사를 감독하도록 하십시오.」

경공은 이러한 청원을 허락하고 장고(莊賈)란 사람을 동행시키기로 했다. 양저는 경공에게 인사를 드린 다음 장고와 약속을 했다.

「내일 정오에 군영(軍營)에서 만나세.」

이튿날, 양저는 우선 군영에 달려가서 해시계를 세우고 물시계를 장치해 놓은 다음 장고를 기다렸다. 장고는 평소 교만했는데, 이때도 장군이 군영에 있는 이상 감찰관인 자기는 서두를 필요가 없다면서 친척과 친지들의 송별을 받으며 머물러서 술을 마셨다. 정오가 되어도 장고가 오지 않자, 양저는 해시계를 엎어 버리고 물시계도 쏟아 버린 다음 군영을 순시하고 병사를 정돈시키며 군령을 시달했다.

장수는 진중에 있는 한 군명(君命)보다 군명(軍命)을 우선한다

군령도 모두 마친 저녁 무렵이 되어서야 장고가 나타났다. 양저가 물었다.

「어찌하여 시간에 늦었는가?」

장고가 말했다.

「죄송합니다. 대부와 친척들이 송별해 주는 까닭에 늦었습니다.」

양저가 말했다.

「장군 된 자는 출진 명령을 받게 되면 그날부터 집을 잊어야 하고, 군에 임해서 군령을 내리게 되면 어버이를 잊어야 하며, 채를 들어 군고(軍鼓)를 급히 치게 되면 자신을 잊어야 하는 법이다. 지금 적이 깊이 침입하여 국내가 소란하고 사병들은 국경을 지키면서 몸을 풍우에 내던지고 있다. 임금은 잠자리에 누워서도 편한 잠을 못 이루고, 음식을 먹어도 그 맛을 모르며, 백성들의 목숨이 모두 임금의 한 몸에 매여 있는데, 이런 때에 송별 따위가 무엇이란 말인가!」

양저는 곧 군정(軍正 : 군의 법무관)을 불러 놓고 물었다.

「군법에 시간을 어겼을 때의 죄는 어떤 것인가?」

군정이 말했다.

「참형입니다.」

장고는 두려워서 종자를 시켜 말을 타고 달려가 경공에게 고하여 구해달라고 청을 넣었다. 양저는 그 종자가 아직 돌아오기 전에 장고를 참하고, 이 사실을 널리 삼군(三軍)에게 알려 경계로 삼으니 사졸들은 모두 무서워서 떨었다.

얼마 뒤에 경공은 사자를 보내 부절(符節)을 보이고 장고를 사면하려 했다. 사자가 말을 달려 군영 안으로 들어오자, 양저는 사자에게 말했다.

「장군 된 자는 진중에 있는 한 군명(君命)일지라도 듣지 않는 수가 있다.」

그리고 군정을 향하여 물었다.

「군영 안에서 말을 달리는 것은 허락되어 있지 않다. 지금 사자는 군영 안에서 말을 달렸는데, 그 죄는 어떠한가?」

「참형에 해당합니다.」

군정이 대답하자, 사자는 무서워 벌벌 떨었다. 그러나 양저는 이렇게 말했다.

「임금의 사자는 죽이는 법이 아니야.」

그리고는 그 마부와 수레 왼쪽의 부(軵)와 왼쪽 부마(副馬)[3]를 참하고 삼군에게 널리 알렸다. 한편, 경공에게는 사자를 보내서 보고하고 비로소 출동했다.

연회 · 수렵 · 수상전 · 육상전의 모습이 그려진 병

사졸의 숙사(宿舍) · 우물 · 부엌 · 음식 등을 위시하여 병문안, 의약(醫藥)에 이르기까지 모두 몸소 마음을 기울이고, 장군으로서의 급여(給與)는 모두 사졸들에게 베풀어 주고 자신은 사졸과 식량을 똑같게 했으며, 그 중에도 가장 허약한 사졸의 분량과 마찬가지로 했다.

이렇게 한 덕택으로 3일째에 병사는 정비되었고, 환자도 모두 동행하기를 바랐으며, 앞 다투어 떨치고 일어나 일선으로 향했다. 진(晋)나라 군사는 이 말을 듣고 싸움을 포기하고 퇴각했으며, 연(燕)나라 군사도 이 말을 듣고 황하를 건너 해산했다. 거기서 이들을 추격하여 앞서 잃었던 땅을 탈환하고 군사를 이끌고 돌아왔다. 국도(國都) 귀환에 앞서 대오를 정비하고 군령을 풀었으며, 임금에 대한 충성을 맹세시킨 다음 도읍에 들어왔다. 경공은 대부들과 함께 교외까지 출영하여 출정의 수고를 위로하

---

3) 부마(副馬)…고대에는 수레 한 대에 말 세 필 혹은 네 필을 매었는데, 가운데 위치한 말을 복마(服馬)라 하고, 양쪽 옆에 맨 말을 참마(驂馬)라고 불렀다. 부마는 참마를 말한다.

고 개선의 예를 행했다. 이어서 정침(正寢)으로 돌아와 양저를 인견하고 대사마(大司馬)로 임명했다.

그리하여 전씨는 제나라에서 날로 존경을 받게 되었는데, 얼마 후에 대부인 포씨(鮑氏)·고조씨(高照氏)·국혜자(國惠子) 등의 무리가 양저를 미워하여 경공에게 참언을 했다. 그 까닭에 경공은 양저를 물리쳤고 양저는 병을 얻어 죽었다. 일족인 전걸(田乞)·전표(田豹) 등은 이 사건으로 고(高)와 국(國) 등을 원망하게 되었다.

그 후 전상(田常)이 제나라 간공(簡公)을 죽일 적에 고·국의 일족을 모두 멸망시켰다. 전상의 증손(曾孫) 전화(田和)에 이르러 자립하고 그 손자 전인(田因)은 마침내 즉위하여 제나라의 위왕(威王)이 되었다. 군사를 움직여 위력을 나타내는 일에는 거의 양저의 방법을 본떴다. 그래서 제후는 모두 제나라에 입조(入朝)했다. 위왕은 대부에게 명하여 옛날의 사마병법을 연구시키고 그것에 양저의 법을 더하여 저술하게 하고 이름하여《사마양저병법》이라 하였다.

태사공은 말한다.

「나는 사마양저의 병법을 읽었는데, 그 논하는 범위가 광대하고 사상이 심원하여 하(夏)·은(殷)·주(周)의 3대 성왕의 전쟁도 이만큼 심원한 의의를 선양했다고는 말할 수 없다. 그러나 그 문장을 보면 과장된 점도 없지 않다. 더욱이 양저가 하찮고 작은 나라인 제나라를 위하여 군사를 움직이는 데 어느 겨를에 사마병법에서 말하는 겸양의 예절을 지킬 겨를이 있었겠는가? 세상에는 일찍부터 사마병법이 수많이 전해져 오고 있기에 여기서는 논하지 않고 단지 양저의 열전만을 기록했다.」

손자 · 오기열전 제5

손자(孫子)는 이름이 무(武), 제(齊)나라 사람이다. 병법에 밝았기 때문에 오왕(吳王) 합려(闔廬)를 알현할 수가 있었다. 합려는 손자에게 말했다.

「그대의 저서 13편[1]을 내가 모두 읽어 보았는데, 시험삼아 그 실제의 연병(練兵)을 좀 보여주지 않겠소?」

「좋습니다.」

「아녀자들로도 가능하겠소?」

「좋습니다.」

그래서 왕은 명해서 궁중의 미녀 180명을 투입했다. 손무는 이들을 두 대(隊)로 나누고 왕의 총희(寵姬) 두 명을 각기 대장으로 삼아 모두에게 극(戟 : 좌우에 가지가 있는 창)을 들린 다음 명령을 내렸다.

「그대들은 자기의 가슴과 양쪽 팔과 등을 알고 있는가?」

부인들이 대답했다.

---

1) 13편…《손자병법》을 말한다.《손자병법》에는「시계(始計)」「작전(作戰)」「모공(謀攻)」「군형(軍形)」「병세(兵勢)」「허실(虛實)」「군쟁(軍爭)」「구변(九變)」「행군(行軍)」「지형(地形)」「구지(九地)」「화공(火攻)」「용간(用間」의 13편이 있다.

「알고 있습니다.」

손무는 다시 말했다.

「『앞으로!』하고 구령을 하거든 가슴을, 『좌로!』하면 왼팔 쪽을, 『우로!』하면 오른팔 쪽을, 『뒤로!』하면 등 쪽을 돌아보아야 한다!」

부인들이 대답했다.

「예!」

손무는 군령을 펴고 형벌용 부월(斧鉞)을 준비한 뒤 세 번 군령을 내리고 다섯 번 거듭 말했다〔三令五申〕. 그리고 북을 치며 구령을 내렸다.

「우로!」

그러자 부인들은 크게 웃었다. 손무가 말했다.

「군령이 명료하지 못하고 구령이 철저하지 못한 것은 장군된 자의 죄이다.」

그는 다시 세 번 군령을 내리고 다섯 번 이를 설명했다. 그리고 북을 치면서 구령을 내렸다.

「좌로!」

그러자 부인들은 또 크게 웃었다.

손무가 말했다.

「군령이 명료하지 못하고 구령이 철저하지 못한 것은 장군된 자의 죄이다. 그러나 군령이 이미 명료한데도 규정대로 되지 않는 것은 대장(隊長)의 죄이다.」

그리고는 좌우 두 사람의 대장을 참하려고 했다. 오왕은 대(臺) 위에서보고 있다가, 손자가 당장에 자기의 총회를 참하려 들자 놀라서 즉시 전령을 보내 뜻을 전했다.

「나는 장군이 용병에 뛰어난 사람임을 벌써 알았소. 나에게는 이 두 부인이 없으면 무엇을 먹어도 맛있을 것 같지가 않구려. 참하는 것만은 참아주시오.」

그러나 손무는 단호하게 말했다.

「나는 이미 명령을 받은 장군입니다. 장군 된 자는 진중(陣中)에 있는 한 군명(君命)이라 할지라도 듣지 않는 수가 있습니다.」

손무자정

마침내 두 명의 대장을 베어 모두에게 본보기로 보인 다음, 임금이 그 다음으로 사랑하는 두 부인을 세워 대장을 삼았다. 그리고 또 북을 치자 부인들은 왼쪽이건 오른쪽이건, 앞이건 뒤건, 꿇어앉는 것이건 서는 것이건 모두 규정된 법대로 하였고, 목소리 하나 들리지 않았다. 그러자 손무는 전령을 시켜 왕에게 보고했다.

「이미 군사의 훈련은 끝났습니다. 임금께서는 시험삼아 대(臺) 아래로 내려오셔서 보시도록 하십시오. 임금께서 보내고 싶다고 생각만 하신다면 그곳이 비록 물 속이건 불 속이건 따르지 않는 자가 없을 것입니다.」

왕이 대답했다.

「장군, 그만 휴식을 하고 숙사에 들도록 하오. 나는 대 아래까지 가서 볼 생각은 없소.」

손무가 말했다.

「왕은 단지 병법에 대한 의논만을 좋아하실 뿐, 저의 진정한 능력을 사용하실 줄은 모르십니다.」

그리하여 합려는 손무가 용병에 뛰어난 것을 알았고 마침내는 그를 장군으로 임명했다. 오나라는 서쪽에 있는 강국 초나라를 무찔러 그 도읍 영(郢 : 호북 강릉)에 입성했고, 또 북쪽에 있는 제(齊)·진(晋)나라를 위협하며 제후 사이에 명성을 올렸는데, 이렇게 된 것은 손무의 힘이 컸다. 손무(孫武)가 죽은 다음 백여 년 만에 손빈(孫臏[2])이란 사람이 나타났다.

빈(臏)은 아(阿)·견(甄) 가까이에서 태어났으며 손무의 자손이다. 손빈은 일찍이 방연(龐涓)과 함께 병법을 배웠다. 방연은 위(魏)나라에서 벼슬을 했고, 후에 혜왕(惠王)의 장군이 되었는데, 자신의 재능이 빈보다 뒤진다고 생각하고 은밀히 사자를 보내 빈을 초대했다. 빈이 위나라에 오자 방연은 빈이 자기보다 훨씬 뛰어남을 두려워하고 질투하여 죄를 뒤집어씌웠다. 그리고 양 다리를 자르고 문신을 넣은 다음 감춰 두어서 사람의 눈에 띄지 않도록 했다.

그런데 마침 제(齊)나라의 사신이 위나라 도읍 양(梁 : 대량大梁을 가리킴)에 왔다. 빈은 죄 지은 몸으로 은밀하게 사신과 만나서 이야기했다. 사신은 빈을 재능이 있는 사람이라 생각하여 비밀리에 자기 수레에 태워 제나라로 돌아왔다. 제나라 장군 전기(田忌)는 빈의 사람 됨됨이를 알아차리고 빈객으로 대우했다. 전기는 이따금 제나라의 여러 공자(公子)들과 경마(競馬)로 큰 도박을 하곤 했다. 손빈은 그 말들의 주력(走力)에는 별 차이가 없

2) 손빈(孫臏)…본명은 전해지지 않는다. 빈형(臏刑 : 무릎 뼈를 잘라내는 형벌)을 받았기 때문에 붙여진 이름이나, 실제로는 두 다리를 자르는 월형(刖刑)을 받은 것이다.

으나, 말에 상중하의 등급이 있음을 알고는 전기에게 말했다.

「당신은 가능한 한 큰 돈을 거십시오. 내가 틀림없이 당신이 이기도록 하겠소.」

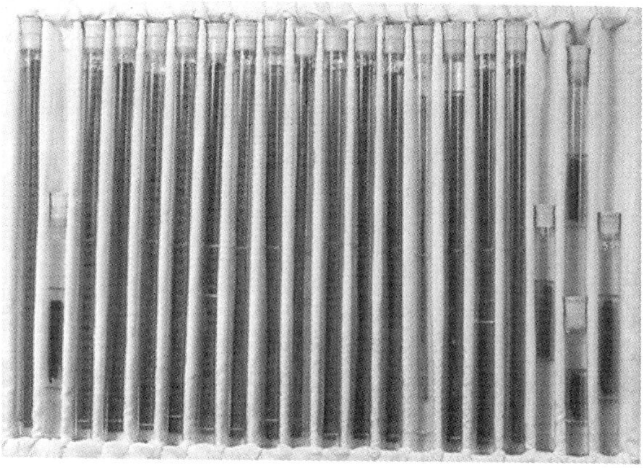

손빈병법의 죽간

전기는 이 말을 믿고 왕과 여러 공자와 천금을 걸고 내기를 하기로 했다. 전기가 마장(馬場)의 살받이 담으로 갈 때 손빈이 말했다.

「이제 당신의 하급 말을 상대방의 상급 말과 달리게 하고, 당신의 상급 말을 상대의 중급 말과 달리게 하며, 당신의 중급 말을 상대의 하급 말과 달리게 하시오.」

이렇게 하여 세 등급의 겨루기가 끝난 결과는 첫 번째는 지고 두 번째 세 번째는 이겨 전기는 천금을 얻었다. 그래서 전기는 손빈을 위왕(威王)에게 추천했다. 위왕은 그와 병법을 문답한 다음 마침내 그를 스승으로 추앙했다. 그 후 위나라가 조(趙)나라를 치자 위급하게 된 조나라는 제나라에 구원을 청했다. 제나라의 위왕은 손빈을 장군으로 삼으려고 했으나 빈은 사양하며 말했다.

「형벌을 받은 자가 장군이 될 수는 없습니다.」

위왕은 전기를 장군으로 임명하고 손빈은 군사(軍師)로 삼아 손빈으로 하여금 치중차(輜重車)[3]에 앉아서 작전을 지휘하도록 했다.

❀손빈과 방연의 지혜 다툼〔孫龐智鬪〕

손 빈

전기는 군사를 이끌고 조나라로 가려고 하자, 손빈이 말했다.

「실이 엉클어진 것을 푸는 사람은 주먹으로 두들기지 않으며, 싸움을 돕는 사람은 맨 주먹으로 행동치 않습니다. 급소를 치고 허를 찔러서 형세를 뒤집어 놓으면 저절로 풀리게 됩니다. 지금 위나라와 조나라가 싸움을 벌이고 있는데, 위나라의 민첩 정예한 병졸들은 틀림없이 나라 밖에 나가서 싸움에 임했을 것인즉 국내에는 노약자만이 남아 있을 것입니다. 장군께서는 군사를 이끌고 위나라 도읍인 대량(大梁)으로 급행하여 가로에 포진하고 위나라의 허를 찌르는 것이 좋겠습니다. 그렇게 하면 위나라는 틀림없이 조나라를 포기하고 스스로 방위하기를 꾀할 것입니다〔圍魏救趙〕. 이것이야말로 한 주먹으로 조나라의 포위를 풀고 위나라를 피폐하게 만드는 방책입니다.」

전기는 이 말에 따랐다. 과연 위나라는 조나라의 도읍 한단(邯鄲)을 버리고 제나라 군사와 계릉(桂陵 : 제나라의 읍)에서 싸

3) 치중차(輜重車)…포장리 있는 수레. 직접 전투에 종사하지 않는 사람이 탄다.

웠는데, 제나라 군사는 위나라 군사를 크게 깼다.

13년 뒤에 위나라와 조나라는 한(韓)나라를 공격했다. 한나라는 위급함을 제나라에 통고했다. 제나라는 전기를 장군으로 임명하여 파견키로 했고 대량(大梁)으로 직행시켰다. 위나라 장수 방연은 이 정보를 듣고 한나라를 떠나 제나라로 향했다. 제나라 군사는 이미 국경을 넘어서서 서쪽에 있는 위나라 땅에 접어들었다.

손빈이 말했다.

「저들 삼진(三晋)의 군사는 원래 용맹스러울 뿐 아니라 제나라를 경멸하고 있습니다. 그리고 제나라 군사를 가리켜 겁쟁이라고 한답니다. 그러나 전쟁을 잘하는 사람은 상대방의 형세에 따라 스스로를 유리하게 이끌어 가는 것입니다. 병법에도 『백 리 먼 곳을 이(利)에 끌려가는 군사는 상장군(上將軍)을 잃고, 50리를 이에 끌려가는 군사는 절반밖에 목적지에 닿지 못한다』고 되어 있습니다.」

위나라 땅에 들어가자 제나라 군사에게 첫날에는 10만 명분의 솥을 걸어서 밥을 지은 자리를 남겨 놓고 진군하고, 다음날은 5만 명 분, 그리고 사흘째는 2만 명분, 하는 식으로 솥을 걸었던 자리의 숫자를 점점 줄여 갔다

이것을 본 방연은 크게 기뻐했다.

「나는 처음부터 제나라 군사가 겁쟁이인 줄 알고 있었지만, 과연 우리 영토에 들어서자 사흘 동안에 적병의 과반수는 도망을 쳤구나!」

그래서 보병을 따로 떼어 놓고 가볍게 장비한 정예 기병만을 이끌고 이틀 가야 할 거리를 하루에 달려 제나라 군사를 바짝 뒤따랐다. 손빈은 방연의 행정(行程)을 계산해 보고 바로 저

대군출정도〔圍魏救趙〕

녁때쯤에는 마릉(馬陵 : 산동 박현의 동북쪽)에 도착할 것으로 추정했다. 마릉은 길이 좁고 양쪽에는 험한 산이 많아서 복병을 두기에 안성맞춤인 곳이었다. 손빈은 큰 나무를 골라서 그 껍질을 벗긴 다음 흰 부분에 이렇게 써 놓았다.

「방연은 이 나무 아래서 죽을 것이다.」

한편 사격을 잘 하는 군사를 뽑아서 1만 정의 쇠뇌를 가지고 길 양쪽에 매복시킨 다음 약속을 정하고 명령했다.

「밤에 불빛이 오르거든 일제히 발사하라.」

날이 저물자, 과연 방연은 그 껍질을 벗긴 나무 아래에 도착하여 흰 줄기에 글자가 씌어 있는 것을 보았다. 불을 비추어 그것을 다 읽기를 마치자마자 제나라 군사의 많은 쇠뇌가 일제히 발사되었다. 위나라 군사는 크게 혼란하고 사상자도 많았다. 방연은 자신의 지혜가 궁하여 군사가 패배한 것을 깨닫고 스스로 목을 찔러 죽었다. 죽음에 임하여 방연은 이렇게 술회했다.

「기어코 그 녀석〔손빈〕의 이름을 떨치게 만들었구나.」

제나라 군사는 승세를 몰아서 위나라 군사를 전멸시키고 위나라 태자 신(申)을 사로잡아 가지고 돌아왔다. 손빈의 이름은 이 일로 인하여 천하에 드러났고 그 병법[4]은 세상에 전해졌다.

명예를 위해서는 아내까지

오기(吳起)는 위(衛)나라 사람으로 용병의 술을 좋아했다. 일찍이 증자(曾子)에게서 배우고, 노(魯)나라 임금을 섬겼다. 제(齊)나라 군사가 노나라를 공격했다. 노나라 임금은 오기를 장군으로 삼고 싶었지만, 오기는 제나라 여자를 아내로 맞았기 때문에 노나라에서 신용을 얻지 못하고 있었다. 그래서 오기는 명성을 떨치기 위하여 아내를 죽임으로써 제나라와 상통하지 않음을 분명히 했다.

노나라는 마침내 오기를 장군으로 기용하여 제나라를 공격해서 크게 깨뜨렸다. 노나라 사람 중에는 오기를 욕하는 사람도 있었다.

「오기란 사나이는 시기심이 강하고 잔인한 사람이야. 젊었을 때만 하더라도 집에는 천금이나 되는 재산이 있었지만, 벼슬을 얻기 위하여 사방으로 돈을 써서 가산을 파산하고 말았지. 동네 사람들이 비웃자 오기는 자기를 조롱했다 하여 30여 명을 죽이고 동쪽으로 도망쳐서 위나라 성문을 나갔었어. 그 어머니에게 작별을 고한 다음 자기 팔을 깨물면서 『대신이나 재상이 되지 못한다면 두 번 다시 위나라 땅을 밟지 않겠다』고 맹세했지. 그 후 증자에게 사사했는데, 그러는 동안에 어머니가 죽었건만 오기는 돌아오지 않았어. 증자는 오기를 보고 박정한 놈이라 하

4) 병법…손빈의 병법은 한나라 때 유전(流傳)되어 육조시대 이후 전해지지 않아 사람들의 의구심을 자아내다가 1972년에 한묘(漢墓)에서 발굴되었다.

여 쫓아냈지. 그 후 오기는 노나라에 와서 병법을 배워 노나라 임금을 모시게 되었지. 그런데 노나라 임금이 오기를 의심하자, 오기는 서슴지 않고 처를 죽이고 장군이 되게 해달라고 했어. 대체적으로 보아 노나라는 작은 나라이기 때문에 『전승국(戰勝國)』이란 이름이 붙게 되면 제후들은 다투어 노나라를 칠 거야. 게다가 노나라와 위(衛)나라는 형제의 나라[5]인데 노나라 임금이 오기를 등용하면 이것은 곧 위나라를 버리는 셈이 될 거야.」

연저지인(吮疽之仁)[6]

노나라 임금은 오기를 의심하고 멀리했다. 그래서 오기는 위(魏)나라 문후(文侯)가 현명하다는 말을 듣고 그를 섬길 생각을 했다. 문후가 재상 이극(李克)에게 물었다.

「오기는 어떤 인물인가?」

이극이 대답했다.

「오기는 탐욕하고 호색(好色)하는 자이나 용병의 술에는 사마양저도 그를 따르지 못합니다.」

위나라 문후는 오기를 장군으로 기용했다. 오기는 진(秦)나라를 쳐서 다섯 성을 빼앗았다. 오기는 장군인데도 졸병과 똑같이 먹고 입었으며, 누울 때도 자리를 깔지 않았고, 행군할 때도 수

5) 형제의 나라…노나라의 시조 주공 단(旦)과 위나라의 시조 강숙봉(康叔封)은 문왕(文王)의 아들로 친형제간이다. 때문에 역사에서는 노나라와 위나라를 형제의 나라라고 한다.

6) 연저지인(吮疽之仁)…여기서 「연저지인」은 남의 종기를 입으로 빠는 것 같은 비정상적인 착한 행동을 말하는 것으로, 그것이 정상적인 성의에 의한 것이 아니고 어떤 목적을 달성하기 위한 가면적인 것을 뜻한다.

레에 타지 않았다. 또한 자기가 먹을 양식은 자기가 가지고 다니는 등 병졸과 고락을 함께 했다. 종기를 앓는 병졸이 생겼을 적에 오기는 그를 위해 고름을 빨았다. 그 병졸의 어머니가 이 이야기를 듣고 탄식하며 슬퍼하자, 어떤 사람이 그에게 물었다.

「당신의 아들은 일개 병졸에 지나지 않소. 그런데도 장군이 친히 종기를 낫게 해주기 위하여 고름을 빨았다는데, 어찌 탄식을 하여 슬퍼한단 말이오?」

어머니가 대답했다.

「그런 것이 아닙니다. 지난 날 내 남편이 종기로 고생할 때 오기 장군이 그 고름을 빨아준 일이 있답니다. 그 일에 감격한 남편은 도망칠 생각을 감히 하지 못했지요. 그는 끝내 전사하고 말았답니다. 그런데 이제 또 오기 장군이 내 아들의 고름을 빨아주었다고 하는군요. 나는 그 아이가 틀림없이 또 전사할 것을 생각하니 슬퍼지는 것이랍니다.」

산하의 험준함이 덕에는 미치지 못한다

문후는 오기가 용병에 능할 뿐 아니라, 청렴하고 공평하여 유능한 사람이라면 누구나 기용해서 병졸들에게 인망을 얻고 있는 것을 알아차리자, 그를 서하(西河 : 섬서의 동쪽) 태수로 임명하고 진(秦)나라와 한(韓)나라를 막게 했다. 위나라의 문후가 죽은 다음 오기는 그의 아들 무후(武侯)를 섬겼다. 어느 땐가 무후가 서하에 배를 띄우고 중류에까지 내려왔을 때 오기를 돌아보고 말했다.

「참으로 아름답구려. 이 험준한 산하(山河)야말로 위나라의 보배로구려.」

그러자 오기가 대답했다.

「나라의 보배는 임금의 덕망에 있는 것이지 험준한 산하에 있는 것은 아닙니다〔在德不在險〕. 옛날 삼묘씨(三苗氏)의 나라는 동정(洞庭)을 왼쪽으로 끼고 팽려(파양)를 오른쪽에 끼고 있었지만 임금이 덕을 쌓지 못했기 때문에 우(禹)에게 멸망했습니다. 하(夏)나라의 걸왕(桀王)이 도읍한 곳은 하(河)·제(濟)를 왼쪽에 끼고 태(泰)·화(華)를 오른쪽에 끼고 이궐(伊闕)이 그 남쪽에 있으며, 양장리 그 북쪽에 있었습니다. 그러나 정치가 불인(不仁)했기 때문에 은(殷)나라 탕왕(湯王)에게 쫓겨났습니다. 은나라 주왕(紂王)의 나라는 맹문(孟門)을 왼쪽에 끼고 태행(太行)을 오른쪽에 끼고 상산(常山 : 항산)이 북쪽에 있었으며, 대하(大河 : 황하)가 남쪽에 돌고 있건만 정치가 부덕하였던 까닭에 주(周)나라 무왕(武王)에게 죽었습니다. 이런 것으로 보아도 나라의 보배는 임금의 덕에 있는 것이지 험준한 요새에 있는 것이 아님을 알 수 있습니다. 만약 임금이 덕을 쌓지 않으신다면 이 배 안에 있는 사람들도 모두 적국인이 되는 것입니다〔若君不修德, 舟中之人盡爲敵國也〕.」

무후는 옳은 말이라며 오기에게 계속 서하 태수를 맡게 했다. 이때부터 오기의 명성은 날로 높아졌다.

전문이 오기의 윗자리에 있는 이유

위나라에 새 재상 전문(田文)이 임명되었다. 오기는 이 인사에 불만이 있었다. 그는 전문을 향해 말했다.

「내 당신과 공로를 비교하고 싶은데, 괜찮겠소?」

「좋소이다.」

오 기

「3군의 장수로서 병졸들로 하여금 기꺼이 사지(死地)에 뛰어들게 함으로써 적국이 두려워하여 우리 위나라를 넘보지 못하게 하는 점에서 당신과 나, 어느 쪽이 능력이 있다고 보오?」

「당신에게는 따르지 못하겠소.」

「백관(百官)을 통솔하고 만민을 가까이 친하게 하며 국고를 충실하게 하는 점에서 당신과 나, 어느 쪽이 나을 것 같소?」

「당신을 따를 수 없소이다.」

「서하 태수가 되어 진(秦)나라 군사가 감히 동쪽을 향해 우리 위나라를 넘보지 못하게 하고, 한(韓)나라와 조(趙)나라를 위나라에 복종시키는 점에서 당신과 나, 어느 쪽이 나을 것 같소?」

「당신을 내 어찌 따르겠소.」

「이 세 가지 점에서 당신은 모두 나에게 미치지 못하면서 그런데도 나보다 높은 자리에 앉아 있는 것은 어찌 된 까닭인가요?」

「나라 임금이 아직 나이가 어려서 백성은 불안해하고, 대신도 아직 임금에게 친숙하지 않고 있소. 또 백성들도 아직 믿지 못하고 있소. 이 시기에 재상의 자리를 당신에게 위탁해야 하겠소, 아니면 나에게 위탁해야 하겠소?」

오기는 묵묵히 대답이 없다가 드디어 말했다.

「당신에게 위탁해야겠지요.」

전문이 말했다.

「이 점이야말로 내가 당신보다 윗자리에 있는 이유요.」

오기는 자신이 전문에게 미치지 못함을 깨달았다. 전문이 죽은 다음 공숙(公叔)이 재상 자리에 앉았다. 위나라 공주를 맞이하여 아내를 삼은 공숙은 오기를 미워했다 공숙의 부하가 공숙에게 말했다.

「오기를 쫓아내기는 쉬운 일입니다.」

「어떻게 하면 되겠나?」

공숙이 묻자 부하가 대답했다.

「오기는 절조가 굳고 청렴한 사람이지만, 명예를 대단히 좋아하는 사나이입니다. 그러하오니 우선 무후께 이렇게 여쭈십시오. 『오기는 현인입니다. 그런데도 우리나라는 소국입니다. 이웃나라 진(晋)나라는 강하며 우리와는 그 경계를 접하고 있습니다. 신이 생각하기에는 오기가 언제까지나 위나라에 머물 생각은 없을 것 같습니다. 이 점이 두렵습니다』 그러면 아마 무후께서는 그 자리에서 『그렇다면 어떻게 해야 하오?』라고 물어 오실 겁니다. 그렇게 물어 오시면 이렇게 대답하십시오. 『시험삼아 공주를 시집보내 보십시오. 만약 오기가 머물러 있을 생각이 있으면 반드시 받아들일 것이지만, 머물러 있을 생각이 없다면 반드시 거절할 것입니다. 이 일을 가지고 판단하시면 좋겠습니다』 그러는 한편 오기를 초대하여 조정에서 함께 댁으로 돌아가신 다음, 공주로 하여금 상공을 푸대접하는 모습을 보여 주십시오. 오기는 공주께서 상공을 푸대접하는 것을 보게 되면 공주에게 장가갈 생각이 없어질 것입니다. 그렇게 되면 오기는 무후의 청을 거절하는 결과가 될 것입니다.」

이리하여 오기는 무후에게서 공주를 아내로 맞이하라는 말을 들었지만, 공주가 위나라 재상을 깔보는 것을 보고 무후의 청을 거절하고 말았다. 무후는 오기를 의심하고 신용하지 않게 되었다. 오기는 벌 받을 것을 두려워하여 마침내 위나라를 떠나 그 길로 초(楚)나라로 갔다.

초나라의 도왕(悼王)은 일찍부터 오기의 현명함을 듣고 있었기 때문에 그가 오자 바로 초나라 재상에 임명했다. 오기는 법률을 분명하게 만들고 명령 계통을 세운 다음, 급하지 않은 관직을 폐하고 촌수가 먼 왕족에게는 봉록을 주지 않기로 했다. 그리고 그 비용으로는 군사의 양성에 힘썼다. 그 취지는 군대를 강하게 함으로써 합종(合縱)이니 연횡(連衡)이니 하는 유세객의 논리를 무시해 버리기 위함이었다.

이렇게 하여 남쪽으로는 백월(百越 : 고대 남방 각지에 흩어져 살던 월족)을 평정하고 북쪽으로는 진(陳)나라와 채(蔡)나라 등 두 나라를 병합했다. 또 삼진(三晋 : 韓 · 魏 · 趙)을 격퇴하였고 서쪽으로는 진(秦)을 쳐서 제후들에게 초나라의 강대함을 과시했다.

그런데 촌수가 먼 초나라 왕족들은 모두 오기를 원망하여 죽이려고 했기 때문에 도왕이 죽자, 왕족과 대신들은 내란을 일으켜서 오기를 공격했다. 오기는 도망치다가 임금의 시체 위에 엎드렸다. 오기를 뒤쫓던 무리가 오기에게 화살을 쏘니 화살은 동시에 임금의 시체에 꽂혔다.

도왕의 장례를 지낸 다음 태자가 즉위하자 영윤(令尹 : 초나라 최고의 관직으로 상국에 해당)에게 명하여 오기와 임금의 시신에 활을 쏜 사람을 모두 주살했다. 오기를 쏜 죄로 연좌되어 일족 모두 죽음을 당한 자가 무려 70여 집안에 이르렀다.

말 잘하는 자가 능히 행하는 자는 아니다

태사공은 말한다.

「항간에 군사를 논하는 사람은《손자(孫子)》13편을 운운하고, 또《오기병법》[7]도 세상에 많이 전해지고 있다. 그러므로 여기서는 그것들은 논하지 않고, 두 사람의 행적과 시행 설계의 사적을 논했다. 옛말에 이르기를,『말 잘하는 자가 반드시 능히 행하는 자는 아니다〔能言之者 未必能行〕』라고 했다. 손빈이 방연을 속여서 죽인 것은 사실이다. 그러나 자신이 형벌을 당할 것을 미리 방지하지는 못했다. 오기는 무후(武侯)에게 산하의 험준함이 덕에는 미치지 못한다고 설명하면서도 자신이 초나라에서 행한 정치는 각박하고 몰인정한 것이었다. 그 때문에 그는 자신의 몸을 잃었다. 이 얼마나 슬픈 일인가.」

---

7)《오기병법》…《한서》예문지에《오기병법》48편이 실려 있는데, 현존하는 것은「도국(圖國)」「요적(料敵)」「치병(治兵)」「논장(論將)」「변화(變化)」「여사(勵士)」6편이다.

오자서 열전 제6

오자서(伍子胥)는 초(楚)나라 사람으로 이름은 운(員)이다. 아버지는 오사(伍奢), 형은 오상(伍尙)이며, 선조에 오거(伍擧)란 사람이 있었다. 오거는 초나라 장왕(莊王)을 섬겨 언제나 직간(直諫)했기 때문에 명성을 떨쳤다. 그리하여 그 자손도 초나라에서 유명했다.

초나라의 평왕(平王)에게는 태자가 있었는데 이름을 건(建)이라 했다. 오사는 그 태부(太傅)가 되었고, 비무기(費無忌)는 소부가 되었는데, 비무기는 태자 진을 정성껏 섬기지 않았다. 평왕이 태자비를 진(秦)나라에서 맞아들이기 위해 무기를 진나라에 보냈는데, 진나라 공주가 너무나 예뻤기 때문에 무기는 말을 달려 돌아와서 평왕에게 보고했다.

「진나라 공주는 절세의 미인입니다. 그러하오니 임금께서 맞아 비를 삼으시고 태자에게는 다른 아가씨를 맞아주도록 하는 것이 좋겠습니다.」

평왕은 마침내 스스로 진나라 공주를 맞아 총애를 끊이지 않았으며, 아들 진(軫)을 낳았다. 그리고 태자에게는 다른 여자를 아내로 맞이해 주었다. 이와 같이 무기는 진나라 공주를 평왕 비로 맞도록 하였기 때문에 태자 옆을 떠나서 평왕을 받들게 되었는데, 평왕에게 무슨 일이 일어나서 태자가 즉위하는 날에는 자기의 생명이 위험할 것을 알아차리고 태자 건을 참소했다.

건의 어머니는 채(蔡)나라 사람으로 이미 평왕의 총애를 잃었으므로 평왕은 이로부터 건을 멀리하다가 마침내는 성보(城父)의 태수로 보내 국경에서 적을 막으라고 시켰다. 얼마 후에 무기는 또 밤낮으로 왕에게 태자의 욕을 해댔다.

「태자는 진나라 공주의 일로 반드시 원한을 품고 있을 것입니다. 임금께서는 태자를 아주 경계하셔야 됩니다. 태자는 성보에 살면서 군사를 거느린 이후 밖으로는 제후들과 사귀고 있는데, 머지않아 초읍으로 들어와 난을 일으킬 것입니다.」

그리하여 평왕은 건의 태부인 오사(伍奢)를 불러 물었다. 오사는 무기가 평왕에게 태자를 참언한 것이라고 알아차리고 왕에게 말했다.

「임금께서는 어찌하여 참적(讒賊) 소신(小臣)의 말을 믿으시고 골육의 정을 멀리하려고 하십니까?」

그러나 무기는 다시 왕에게 말했다

「임금께서 이제라도 그들을 제지하지 않으시면 음모는 성공할 것이니, 임금께서는 잡힌 몸이 되실 것입니다.」

평왕은 노하여 오사를 체포하고 또 성보(城父)의 사마(司馬) 분양(奮揚)에게 명하여 태자를 죽이라고 했다. 분양은 도착하기에 앞서 태자에게 사자를 보내 고했다.

「태자께서는 급히 피하십시오. 그렇지 않으면 당장 죽게 될 것입니다.」

그래서 태자는 송(宋)나라로 망명했다.

무기는 평왕에게 말했다.

「오사에게는 두 아들이 있는데 모두 현인들입니다. 죽이지 않으면 머지않아 초나라의 화근이 될 것입니다. 그 아비를 인질로 삼아 두 아들을 불러들이도록 하십시오.」

왕은 사신을 보내 오사에게 말했다.

「너의 두 아들을 불러들이면 너를 살려 주겠다. 그 일을 할 수 없다면 너는 살려 줄 수가 없다.」

오사가 말했다.

「큰아들 상(尙)은 날 때부터 속이 깊었으니 부르면 틀림없이 올 것입니다. 그러나 작은아들 운(員 : 오자서)은 날 때부터 마음이 굳세어 욕을 참아내며, 큰 일을 이룰 아이입니다. 이곳에 오면 포로로 잡힐 것을 알 터이니 부른다 해도 오지 않을 것입니다.」

왕은 이 말을 믿지 않고 두 사람에게 사신을 보내 말했다.

「오면 너희들의 아버지를 살려 줄 것이지만, 오지 않으면 바로 너희 아버지를 죽이고 말겠다.」

상(尙)이 이 말을 듣고 가려 했으나 운(員)이 말했다.

「초나라에서 우리 형제를 오라고 하는 것은 우리 아버지를 살리기 위해서가 아닙니다. 우리 가운데 도망치는 사람이 있으면 나중에 화가 될 것을 두려워하여 아버지를 인질로 삼고 우리 형제를 잡으려고 하는 것입니다. 우리가 가게 되면 삼부자 모두 죽게 될 뿐이지 아버지에게는 아무 도움도 되지 않습니다. 가면 아버지의 원수도 갚을 수 없게 될 것입니다. 차라리 다른 나라로 도망을 쳐서 그 힘을 빌려 가지고 아버지의 원수를 갚는 것이 나을 것입니다. 삼부자가 모두 함께 죽는다면 아무 일도 할 수 없습니다.」

상이 말했다.

오자서

「가 보았자 아버지의 목숨을 구하지 못할 것은 나도 잘 알고 있다. 아버지가 나를 불러서 도움을 청하려 하는데 가지도 않고, 그리고 후일에 아버지의 원수도 갚을 수 없게 된다면 결국은 세상에서 웃음거리가 될 것인즉, 나는 그것이 마음에 걸린다. 운아, 너는 도망을 치는 것이 좋겠다. 너는 아버지의 원수를 갚도록 해라. 나는 사지(死地)에 가야겠다.」

초나라의 군신들, 머지않아 병란에 시달리게 될 것이다

이렇게 하여 상은 묶인 몸이 되었으며, 사자가 자서 곧 운을 잡으려고 하자 자서는 화살을 겨누었다. 그리고 사자가 우물쭈물하는 동안에 도망쳤다. 자서는 태자 건이 송나라에 있다는 말을 듣고 송나라에 가서 건을 섬겼다. 오사는 자서가 도망쳤다는 말을 듣자 이렇게 말했다.

「초나라의 군신들, 머지않아서 병란(兵亂)에 시달리게 될 것이다.」

상이 초나라에 끌려오자 초나라에서는 오사와 오상 두 사람을 죽였다.

자서가 송나라에 도착한 후, 송나라에 화씨(華氏)의 난[1]이 있었기 때문에 태자 건과 함께 정(鄭)나라로 달아났다. 정나라 사람들은 태자 건에게 대단한 대우를 해 주었으나 태자 건은 정나라가 작은 나라로서 힘이 되지 못한다 하여 진(晋)나라로 떠나갔다.

진나라 경공(頃公)이 말했다.

「태자는 이미 정나라와 친하고 또 정나라에서 신용을 얻고 있소. 만약 태자가 정나라를 배반하고 진나라에 내응한다면, 우리 진나라는 밖에서 공격을 하여 정나라를 멸망시킬 수 있을 것이오. 정나라를 멸망시키면 태자를 봉하여 영읍을 주리다.」

그리하여 태자 건은 정나라로 돌아갔는데, 건은 자기의 종자를 비밀리에 죽이려 했다. 그 종자는 건의 음모를 알고 있었기 때문에 정나라에 밀고하였으며, 정나라의 정공(定公)은 자산(子產)과 의논하여 태자 건을 주살했다. 건에게는 아들이 있었는데 이름을 승(勝)이라고 했다. 자서는 무서워서 승과 함께 오(吳)나라로 도망쳤다.

소관(昭關 : 오나라와 초나라의 경계)에 도착하자 관문을 지키는 관원에게 잡힐 뻔했기 때문에 마침내는 승과 헤어져서 단신으로 도망쳤다. 추격자에게 쫓기면서 장강(長江 : 양자강)의 하안(河岸)에 이르렀다. 우연히도 그곳에는 강물 위에 한 어부가 배를 띄우고 있었는데, 자서의 위급한 사정을 듣자 자서를 배에 태워서 강을 건네주었다.

강을 건너자 자서는 자기의 패검(佩劍)을 끌러서 어부에게 주며 말했다.

「이 검은 값이 백 금이나 되지만 예의로 당신에게 주겠

---

1) 화씨의 난…B.C. 522년 송(宋)나라 대부 화정(華定)·상영(向寧)·화해(華亥) 등이 원공(元公)을 죽이려고 일으킨 반란이다. 이들은 실패하여 진(陳)나라로 달아났다.

소.」

그러나 어부는 이렇게 말하며 받지 않았다.

「초나라에서는 오자서를 잡는 자에게는 곡식 5만 석과 집규(執珪)의 작위를 준다고 했소. 내가 그런 욕심이 있다면 백 금이 문제겠소?」

자서는 오나라로 가는 도중에 병에 걸렸고 도중에서 걸식을 하며 겨우 오나라에 도착했다. 오나라에는 오왕 요(僚)가 있었고 공자 광(光)이 장군으로 있었다. 자서는 공자 광을 통해 왕에게 알현을 청했다.

그 후 얼마 안 되어 초나라 변경의 읍 종리(鍾離)와 오나라 변경의 읍 비량씨(卑梁氏)에서 싸움이 일어났다. 이 두 읍은 모두 양잠을 하는 읍인데, 양쪽 아낙네 사이에 뽕 시비가 일어나서 읍민이 서로 싸우게 된 것이다. 초나라 평왕은 크게 노하여 마침내는 오·초 양국이 출병하게 되어 전쟁이 되었다.

오나라에서는 공자 광에게 초나라를 치도록 했다. 광은 초나라의 종리와 거소(居巢)를 깨고 돌아왔다. 자서는 오왕 요에게 말했다.

「초나라는 쳐부술 수 있습니다. 다시 공자 광을 보내도록 하십시오.」

공자 광이 오왕에게 말했다.

「그 오자서는 아버지와 형을 초나라에게 빼앗겼습니다. 임금에게 초나라를 치라고 권하는 것은 그렇게 해서 제 원수를 갚자는 속셈입니다. 지금 초나라를 친다고 해도 결코 이긴다는 보장은 없습니다.」

자서는 공자 광이 모반을 꾀하여 왕을 죽이고 자립하려는 것을 알아차리고, 이런 때에 외정(外征) 따위 말을 꺼내는 것이 아

자객 전제가 공자 광의 명에 따라 오왕 요를 암살하려 하고 있다

니었다고 후회하며, 전제(專諸)란 사람을 공자 광에게 추천하고 자신은 은퇴하여 태자 건의 아들인 승(勝)과 시골에 묻혀서 밭을 갈며 때가 오기를 기다렸다.

5년 후에 초나라의 평왕이 죽었다. 앞서 평왕이 태자 건에게서 빼앗은 진(秦)나라 공주가 아들 진(軫)을 낳았기 때문에 왕이 죽자 결국 진이 그 뒤를 이었다. 이 사람이 소왕(昭王)이다. 오왕 요는 초나라가 상중임을 기화로 두 공자[2]에게 군사를 내주어 초나라를 습격하라고 명했다. 초나라에서는 군사를 동원하여 오나라 군사의 배후를 차단했기 때문에 오나라 군사는 후퇴하려고 해도 할 수 없었다.

이럴 때 공자 광은 군사가 국내에 없음을 기화로 전제에게 명하여 오왕 요[3]를 죽이게 하고 스스로 왕위에 올랐다. 이 사람이 오왕 합려(闔廬)이다. 합려는 왕이 되자 바로 오자서를 불러 행인(行人)에 임명하고 함께 나라 일을 의논했다. 때마침 초나라

2) 두 공자…오왕 요의 동모(同母) 아우인 개여(蓋余)와 촉용(燭庸).

3) 오왕 요…전제는 오왕 요의 암살을 위해 오자서가 공자 광에게 추천한 자객이다. 전제는 공자 광이 오왕 요를 위해 마련한 연회장에서 물고기 뱃속에 칼을 숨겨 들여와 오왕 요를 찔러 죽이고 그 자리에서 죽임을 당했다. ☞「자객열전」

에서는 대신인 극완(郤宛)과 백주려(白州犁)가 주살당하고, 백주려의 손자 백비(伯嚭)[4]가 오나라로 도망쳐 왔다. 오나라에서는 백비를 대부로 임명했다.

앞서 오왕 요가 초나라를 치기 위해 장군으로 파견했던 두 공자는 퇴로를 끊겨서 돌아올 수가 없었는데, 그 후에 합려가 오왕 요를 죽이고 자립했다는 말을 듣자 군사를 이끌고 초나라에 귀순했다. 초나라는 두 공자를 서(舒 : 안휘 서성)란 곳에 봉했다. 합려는 즉위한 지 3년 만에 군사를 일으켜 자서, 백비와 함께 초나라를 쳐서 서란 곳을 빼앗고 마침내 오나라의 반장(叛將)인 두 공자를 사로잡았다. 다시 영(郢)으로 진격하려 할 때 장군 손무(孫武)가 말했다.

「백성은 지쳐 있습니다. 아직 그럴 시기가 아닙니다. 잠시 기다리도록 하십시오.」

합려는 군사를 거두어 되돌아왔다.

즉위한 지 4년, 오나라는 초나라를 쳐서 육(六 : 안휘 육안)과 잠(潛 : 안휘 잠산)을 공략하고 5년에는 월(越)나라를 쳐서 이를 깼다. 6년에는 초나라 소왕(昭王)이 낭와(囊瓦)를 장군으로 삼아 오나라를 쳤는데, 오나라는 자서로 하여금 맞아서 싸우게 하여 예장(豫章 : 강서 남창)에서 초나라 군사를 크게 깨고 초나라의 거소(居巢)를 공략했다. 9년에 오나라 왕 합려는 자서와 손무에게 말했다.

「작년에 그대들은 아직 영(郢)에 침입할 때가 아니라고 말했는데, 지금은 어떻소?」

---

4) 백비(伯嚭)…오나라의 대부로, 왕의 비위를 잘 맞추어 총애를 받았다. 그는 오나라가 멸망하자 월나라로 투항했는데, 일설에는 구천에 의해서 죽었다고도 한다.

두 사람이 대답했다.

「초나라의 장군 낭와는 탐욕이 많은 사람이기 때문에 당(唐)·채(蔡) 두 나라는 모두 초나라를 원망하고 있습니다.[5] 임금께서 꼭 초나라를 치실 생각이시라면 먼저 당나라와 채나라 등 두 나라를 우리 편으로 끌어들이십시오. 그렇게 한 다음에는 초나라를 쳐도 괜찮겠습니다.」

합려는 이 말을 받아들여 전군을 몰아 당·채나라와 함께 초나라로 쳐들어가서 한수(漢水)를 사이에 두고 대진했다. 오나라 왕의 동생인 부개(夫槪)는 군사를 이끌고 종군하고 싶어 했으나 허락되지 않았으므로, 사병(私兵) 5천을 이끌고 초나라 장수 자상(子常 : 낭와의 자)을 쳤다. 자상은 패주하여 정(鄭)나라로 도망쳤다. 오나라는 이 승세를 타고 전진하여 다섯 번 싸운 끝에 마침내 초나라의 도읍인 영에 육박했다.

기묘일(己卯日), 초나라의 소왕은 도망을 치고 이튿날인 경진일(庚辰日)에 오나라 왕은 영에 입성했다. 소왕은 도읍 영을 탈출하자 운몽(雲夢 : 호북 천문의 서쪽)으로 갔는데 밤에 도둑의 습격을 받고 운(鄖 : 호북 안륙지방)나라로 도망쳤다. 운공(鄖公)의 동생 회(懷)가 말했다.

「평왕은 우리 아버지를 죽였다오. 내가 그 아들 소왕을 죽이는 것은 잘못일까?」

운공은 자기 동생이 소왕을 죽일까 겁이 나서 소왕과 함께 수(隧 : 호북 수현)나라로 도망쳤다. 오나라 군사는 수나라를 포위하고 수나라 사람에게 선전했다.

---

5) 당나라와 채나라는 초나라 변경에 근접한 나라였는데, 두 작은 나라의 군주가 초나라를 방문했을 때, 낭와는 이들을 억류하여 두고 재물을 요구하여 3년 뒤에나 풀어주었다. 이 일로 두 나라는 낭와에 대해 원한을 품었다.

오왕 합려의 묘

「한천(漢川 : 호북)에 있던 주(周)나라 자손은[6] 모두 초나라 때문에 멸망했다.」

수나라 사람들은 소왕을 죽이려고 했다. 그러자 소왕의 아들 기(綦)는 부왕(父王)을 감춰두고 자신이 소왕인 체 행세하다가 죽어갔다. 수나라에서는 왕의 시체를 오나라에 넘겨주는 것이 좋을 것인지 점을 쳤으나, 점괘가 불길하게 나왔기 때문에 넘겨주지 않았다.

지난 날 자서가 초나라에 있었을 때 신포서(申包胥)와 친했다. 그런데 자서가 초나라에서 도망칠 때 포서에게 이렇게 말한 일이 있다.

「나는 기필코 초나라를 뒤엎고 말 것이다.」

그 말에 포서는 이렇게 대답했다.

「나는 기어코 초나라를 존속시킬 것이다.」

날은 저물고 갈 길은 멀다

이제 오나라 군사가 초나라 도읍인 영(郢) 에 입성하자 자서는 소왕을 찾았으나 찾지 못하자, 그 대신 초나라 평왕의 묘를 파고 그 시체를 꺼내 3백 번 매질했다〔掘墓鞭屍〕. 포서는 산 속으로 도망쳤다가 사람을 보내 자서에게 말했다.

---

6) 오(吳)나라 · 수(隨)나라 공히 성은 희(姬)로, 주(周)와 동성.

「그대의 복수 방법은 좀 지나치지 않은가. 나는 이런 말을 들은 일이 있네. 『사람은 그 수가 많을 때 한때는 천도(天道)를 이길 수가 있으나, 천도가 결정을 내리면 능히 사람을 깨뜨린다』 그대는 원래 평왕의 신하로서 몸소 북면(北面)[7]하여 평왕을 섬겼던 그대가 이제 그 시체를 욕보이고 있네그려. 이쯤 되면 순환(循環)되는 바 있어 천도의 규정으로 사람을 깨뜨리는 시기가 오지 않았다고 누가 말하겠는가?」

자서가 대답했다.

「친구인 신포서에게 이렇게 전해라. 『나는 날이 저물고 갈 길이 멀어서, 그렇기 때문에 거꾸로 걸으며 거꾸로 일을 했다〔吾日暮途遠 吾故倒行而逆施之〕』 라고.」

신포서는 진(秦)나라로 달려가서 초나라의 위급함을 고하고 구원을 청했으나 진나라 왕은 듣지 않았다.

포서는 진나라 궁의 광장에 서서 주야로 눈물을 흘리며 울었는데, 7일 7야 그 목소리가 그치지 않았다. 진나라의 애공(哀公)이 측근을 불러 말했다.

「초나라가 무도하기는 하지만 이런 신하가 있으니 망하게까지야 할 수 있겠는가?」

그래서 전차 5백 승을 보내 초나라를 구하고 오나라를 쳐서 10년 6월에 오나라 군사를 직(稷)에서 깨뜨렸다.

한편, 오나라 왕 합려는 오랫동안 초나라에 머물러 있으면서 소왕을 찾았는데, 그 동안에 그의 동생 부개(夫概)는 오나라로 먼저 돌아가서 왕이 되었다. 합려는 이 사실을 알고는 급히 초나

---

7) 북면(北面)…고대에는 남쪽을 가장 존귀한 방향으로 여겨 군왕은 북쪽에 앉아 남쪽을 향하였으므로 「南面而王」 이라고 하였다. 따라서 신하는 자연 북쪽을 향하여 있었으므로 「北面而朝」 라고 하였으니 北面이란 신하가 되어 군왕을 섬기는 것을 말한다.

라를 버리고 귀국하여 동생 부개를 쳤다.

부개가 패하여 초나라로 도망치니 초나라의 소왕은 오나라에 내란이 일어난 것을 알게 되었다. 그는 도읍 영(郢)으로 돌아와서 부개를 당계(堂谿 : 하남 수평의 서쪽)에 봉하고 당계씨라 불렀다. 초나라는 다시 오나라와 싸워서 이겼으므로 오나라 왕은 곧 귀국하고 말았다. 그로부터 2년 뒤 합려는 태자 부차(夫差)를 장군으로 임명하여 초나라를 치게 하여 파(番)를 점령했다. 초나라는 오나라가 다시 쳐들어오는 것에 겁을 먹고 도읍 영(郢)을 버리고 약(鄀 : 호북 선성)으로 옮겼다.

당시 오나라는 자서와 손무의 계책에 의하여 서쪽으로는 강한 초나라를 깨뜨리고 북쪽으로는 제(齊)나라와 진(晋)나라를 위협했으며 남쪽으로는 월(越)나라를 복종시켰다.

회계지치(會稽之恥)

그 후 4년째는 공자가 노(魯)나라의 재상이 된 해이며, 다시 5년 오나라는 월나라를 쳤다. 월나라 왕 구천(句踐)은 오나라 군사를 맞아 싸워 고소(姑蘇 : 소주)에서 깨고 합려의 손가락에 상처를 입혔다. 오나라 군사는 패퇴하고 합려의 상처는 악화되어 중태가 되었다. 합려는 죽음에 임박해지자, 태자 부차에게 말했다.

「구천이 네 아비를 죽인 사실을 잊을 수 있겠느냐?」

부차가 대답했다.

「어찌 잊을 수 있겠습니까.」

그날 밤 합려가 죽었고, 부차가 왕위에 올랐다. 부차는 백비를 태재(太宰)로 임명하고 병사에게 활 쏘는 훈련을 시켰다.

구천의 와신상담

2년 후, 월나라를 공격하여 월나라 군사를 부초산(夫㰳山)에서 깨뜨렸다. 월나라 왕 구천은 잔병 5천을 거느리고 회계산(會稽山) 꼭대기에 머무르면서 대부 종(種)을 사자로 오나라 태재 백비에게 후한 선물을 보내고 강화하기를 청했다.

이때 월나라는 나라를 바치는 동시에 스스로 오나라의 신하가 되고 자신의 아내는 그의 첩이 되기를 청했다. 오나라 왕은 이 청을 들어주려고 했으나 자서가 간했다.

「월나라 왕의 사람됨은 고통을 잘 견디어 내는 점이 있습니다. 이때에 없애지 않는다면 후일에 반드시 후회하게 될 것입니다.」

그러나 오나라 왕은 듣지 않고 태재 백비의 진언을 받아들여 월나라와 화친했다. 그 후 5년, 오나라 왕은 제(齊)나라의 경공(景公)이 죽자, 새 임금은 아직 나이가 어린데 대신들이 세력다툼을 한다는 이야기를 듣자, 군사를 일으켜 북쪽에 있는 제나라를 치려고 했다. 이때 자서가 나서서 간했다.

「구천이 식사 때에 두 가지 나물을 놓지 못하게 하고, 죽은 병사를 조문하며, 아픈 병사를 위문하는 것도 뒷날 그들을 요긴하게 써먹으려는 뜻이 있는 것입니다. 이 구천이 죽지 않는 한 반드시 오나라는 화를 입게 될 것입니다. 지금 오나라에게 월나라가 있다는 사실은 마치 사람에게 속병이 있는 것과 비슷합니다. 이제 월나라의 일을 먼저 처리하지 않고 제나라를 치려는 것은 아무리 생각해도 잘못된 처사입니다.」

오나라 왕은 이 말을 받아들이지 않고 제나라를 공격해서 제나라 군사를 애릉(艾陵 : 산동 태안)에서 크게 깨뜨린 다음 추(芻)나라와 노(魯)나라 임금을 위협하고 돌아왔다. 왕은 그 후로부터 점점 자서의 계책을 멀리했다.

월나라는 오나라의 속병과 같다

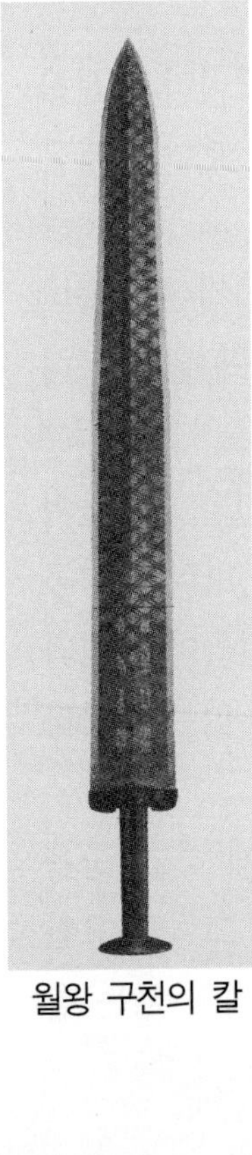
월왕 구천의 칼

그 후 4년, 오나라 왕은 다시 북쪽에 있는 제나라를 치려고 했다. 월나라 왕 구천은 자공(子貢 : 공자의 제자)의 계책에 따라 군사를 이끌고 오나라를 도우며, 오나라 태재 백비에게 막대한 보물을 선물로 바쳤다. 태재 백비는 벌써부터 자주 월나라의 뇌물을 받아오던 터이므로 다시 없이 월나라를 좋아하고 신임하여 월나라를 밤낮으로 오나라 왕에게 두둔했다. 그렇게 되어 오나라 왕은 백비의 말을 신용하게 되었다. 이때에 자서가 간했다.

「이 월나라는 속병과 마찬가지입니다〔越在我 心腹之疾也〕. 지금 월나라의 아부에 가득한 거짓말을 믿고 제나라를 탐내고 있지만, 제나라를 깨뜨리고 그 땅을 빼앗는다 해도 그것은 자갈밭과 같은 것이어서 아무런 이용가치도 없습니

오왕 부차의 잔

다. 반경(盤庚)의 고(誥 : 《서경》의 편명)에 『시비(是非)를 전도(顚倒)하여 법도를 넘는 불근신자(不謹愼者)가 있으면, 이를 코를 베는 형에 처하고, 또 절멸시켜 살아남는 자가 없게 하라. 그 자손을 이 읍(邑)에서 번식하지 못하게 하라』고 했습니다. 이것이야말로 은(殷)나라가 흥륭하게 된 연유입니다. 바라옵건대 왕께서는 제나라를 버리시고 월나라를 먼저 치도록 하십시오. 그러시지 않으면 후일에 후회를 하셔도 미칠 수가 없을 것입니다.」

그러나 오나라 왕은 듣지 않고 자서를 제나라 사신으로 보냈다. 자서는 떠나기에 앞서 아들에게 말했다.

「나는 수시로 임금에게 옳은 말로 간해 보았지만, 내 말을 듣지 않았다. 나는 머지않아 오나라가 망하는 것을 보려니와, 너까지도 오나라와 함께 죽는다는 것은 참을 수 없는 일이로구나.」

자서는 제나라에 가자마자 그 아들을 제나라의 포목(鮑牧)에게 위탁하고, 돌아와서 오나라에 보고했다.

오나라 태재 백비는 원래 자서와는 사이가 나빴기 때문에 임금에게 참언했다.

「자서는 그 성질이 강포하고 인정이 없으며 시기심이 많고 남을 해치려는 마음이 강한 사람입니다. 임금에게 대한 원한 또한 깊어서 큰 화를 끼칠 사람입니다. 앞서 왕께서 제나라를 치려

하셨을 때 자서는 이를 반대했습니다. 그러나 결국 왕께서는 제나라를 쳐서 크게 이기셨습니다. 자서는 자기의 주장리 받아들여지지 않음을 부끄러이 여겨 임금을 원망했습니다. 이번에도 왕께서 또다시 제나라를 치려하시는데 자서는 강력히 반대하며 출병을 막으려 하고 있습니다. 이것은 오나라가 패함으로써 자기의 주장리 옳았다는 것을 증명하기 위해서입니다. 이제 왕께서 친히 출정하시고 국내의 모든 군사가 총동원되어 제나라를 치게 되면 자서는 자신의 의견이 받아들여지지 않은 데 대한 불만에서 함께 따라가기를 꺼려하며 병을 핑계 삼아 출정하지 않으려고 할 것입니다. 왕께서는 이에 대한 대비책을 강구하셔야 합니다. 이런 상황 아래서 자서가 화를 일으키는 것은 그다지 어려운 일은 아닙니다. 그리고 신이 사람을 시켜 알아본 결과, 자서는 제나라에 사신으로 갔을 때 그 아들을 제나라 포씨에게 맡기고 왔다고 합니다. 이런 점으로 보아 자서는 신하의 몸으로서 안으로 뜻을 얻지 못한 관계로 밖으로 제후들을 의지하려 하고 있으며, 자신은 선왕(先王)의 모신(謀臣)이었는데도 지금은 저버림을 당하고 있다 하여 언제나 앙심을 품고 있는 형편입니다. 왕께서는 빨리 조치를 취하시기 바랍니다.」

오나라 왕이 말했다.

「그대의 충언이 없었더라도 나는 이미 자서를 의심하고 있었던 터요.」

내 눈을 빼어 오나라의 동문에 걸어두어라

그리하여 사자를 자서에게 보내 촉루(屬鏤)란 칼을 내리고 명했다.

오월 지방의 귀족이 사용했던 세면기

「그대는 이 칼로 자결하라.」

자서는 하늘을 우러러 한탄했다.

「아아, 슬프도다! 참신(讒臣) 백비가 내란을 일으키려 하고 있는데 임금은 오히려 나를 죽이려 하는구나. 나는 임금의 아버지를 도와서 패자(霸者)를 만들었는데, 임금이 아직 태자가 되기 전, 여러 왕자들이 태자 자리를 놓고 싸울 때 그는 태자 자리에 오를 가망이 전혀 없었다. 나는 그를 위해 목숨을 걸고 선왕과 싸웠다. 그는 태자 자리에 오를 수만 있다면 오나라를 나누어 나에게 주겠다고 했었다. 그러나 나는 그것을 바라지도 않았다. 그런데 지금 그는 아첨하는 무리들의 말을 듣고 장자(長者 : 자서 자신을 가리킨다)를 죽이려 하는구나!」

그리고 자서는 사인(舍人)에게 이렇게 말했다.

「내 무덤 옆에 반드시 가래나무를 심어라. 그리고 그 나무로 오나라 왕의 관(棺)을 만들도록 하라. 또 내 눈을 빼어 오나라의 동문에 걸어두어라. 월나라 오랑캐 놈들이 들어와서 오나라를 쳐부수는 것을 볼 수 있도록.」

그리고 스스로 목을 찔러서 죽었다. 오나라 왕은 이 말을 듣고 크게 노하여 자서의 시체를 말가죽으로 만든 술자루에 넣어서 장강(長江) 물에 띄웠다. 오나라 사람들은 불쌍히 여겨 강가

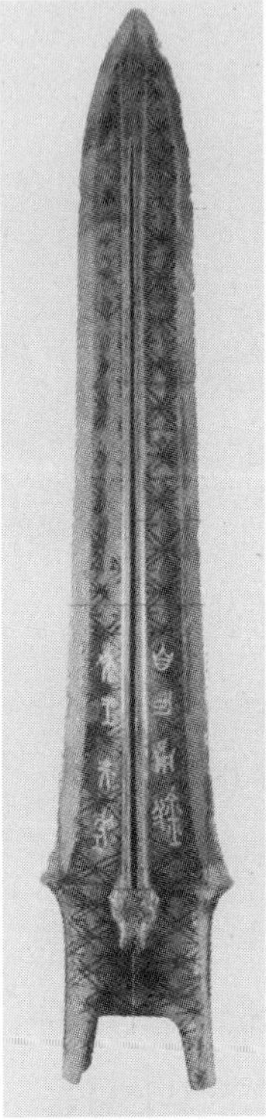
오왕 부차의 창

에 사당을 세우고 이름하여 서산(胥山)이라 했다.

오나라 왕은 자서를 죽인 다음 마침내 제나라를 쳤다. 그때 제나라에서는 포씨(暴氏)가 임금인 도공(悼公)을 죽이고 양생(陽生)을 임금으로 세우고 있었다. 오나라 임금은 역적을 무찌른다는 명분을 세우기는 했지만 오히려 패하여 군사를 되돌렸다.

2년 후, 오나라 왕은 노(魯)나라와 위(衛)나라 임금을 불러 탁고(橐皐 : 안휘 소현의 서북쪽)에서 회합을 가졌다. 이듬해에는 북쪽 제후들과 황지(黃地 : 하남 기현의 서쪽)에서 회합하여 주(周)나라 왕실의 명령을 따르게 하였다. 이 사이에 월나라 왕 구천은 오나라 태자를 기습하여 죽였고 오나라의 군사를 깨뜨렸다. 오나라 왕은 이 말을 듣자 서둘러서 귀국하여 사신에게 패늘을 듬뿍 들려 보내어 월나라와 화친했다.

그로부터 9년, 월나라 왕 구천은 마침내 오나라를 쳐부수고 왕인 부차(夫差)를 죽이고 태재 백비를 주살했다. 백비가 왕에게 불충했고 다른 나라로부터 많은 뇌물을 받으며 구천과 내통했기 때문이다.

지난 날 오자서와 함께 도망쳤던 초(楚)나라 태자 건(建)의 아들 승(勝)은 오나라에 있었는데, 부차가 오나라 왕으로 있을 때 초나라의 혜왕(惠王)은 승을 초나라에 불러들이려 했다. 섭공(葉公 : 섭의 영주)이 혜왕에게 간했다.

「승은 용맹을 좋아하여 은밀하게 결사대를 모으고 있는데, 이것은 무슨 음모를 꾸미고 있는 것이 분명합니다.」

혜왕은 이 말을 받아들이지 않고, 마침내 승을 불러 초나라 변경에 있는 읍 언(鄢 : 호북 선성)에 머물러 살게 하고 백공(白公)이란 호를 내렸다.

백공이 초나라에 돌아온 지 3년째에 오나라에서는 자서가 주살당했다. 백공 승은 초나라에 돌아온 다음 정(鄭)나라의 정공(定公)이 자기 아버지를 죽인 것에 원한을 품고 은밀하게 결사대를 길러서 정나라에 보복해야겠다고 생각했다. 승은 초나라에 돌아온 지 5년, 정나라를 치겠다고 간청했는데 초나라의 영윤 자서(子西)는 이를 허락했다. 그러나 출진하기에 앞서 진(晋)나라가 정나라를 공격했다. 정나라는 초나라에 구원을 청했다. 그래서 초나라는 자서를 파견했는데 자서는 정나라와 친선하기를 서약하고 돌아왔다. 이것을 본 백공 승은 성을 내며 말했다.

「이젠 정나라가 나의 원수가 아니다. 자서야말로 나의 원수다.」

승이 칼을 스스로 가는 것을 보고 어떤 사람이 말했다.

「그것으로 무엇을 하려는 겁니까?」

승이 대답했다.

「자서(子西)를 죽이려고 하오.」

자서가 이 말을 듣자 웃으면서 말했다.

「승은 새알에 지나지 않는다. 제까짓 놈이 무엇을 하겠단 말인가?」

4년 후, 백공 승은 석걸(石乞)과 함께 초나라의 영윤 자서와 사마 자기(子綦)를 습격하여 조정에서 이들을 죽였다. 석걸이 말했다.

「아무래도 왕을 죽이지 않으면 안 되겠다.」

그리고는 혜왕을 위협하여 고부(高府 : 초나라 도읍에 있던 창고 이름)에 가두었다. 석걸의 종자 굴고(屈固)는 혜왕을 업고 소왕의 부인의 궁으로 도망쳤다. 섭공은 백공이 난을 일으켰다는 말을 듣고 자기 사람을 동원하여 백공을 공격해서 그를 깨뜨렸다. 백공은 산속으로 들어가서 자살했고 석걸은 붙잡힌 몸이 되었다. 석걸에게 백공의 시체가 있는 곳을 대라고 심문했으나 자백을 하지 않으므로 기름 가마에 넣어 삶아 죽이려고 했다. 석걸이 말했다.

「일이 성취되었더라면 나는 경(卿)이 되었으리라. 성공하지 못하여 기름 가마에 삶겨 죽게 되는 것은 내 직분 때문이리라.」

그리고는 최후까지 백공의 시체가 있는 곳을 대지 않았다. 마침내 석걸은 기름 가마 안에서 삶겨 죽게 되었고, 혜왕은 다시 왕의 자리에 올랐다.

태사공은 말한다.

「원한이 사람에게 끼치는 해독은 그 얼마나 처참한가? 임금일지라도 그 신하에게 원한을 사는 일이 있어서는 안 된다. 하물며 동등한 지위에 있는 사람들이야…… 만약 오자서가 일찍이 그 아버지 오사의 부름에 따랐고 아버지와 함께 죽었더라면 땅강아지나 개미와 다를 바가 무엇이었겠는가. 작은 의(義)를 버리고 큰 치욕을 씻음으로써 그 이름을 후세에 남겼도다. 그 뜻은 참으로 비장한 것이었다. 자서가 초나라에 쫓기는 몸이 되어 장강의 기슭에서 오도 가도 못하는 지경에 빠졌을 때는 걸식도 하였지만, 그 뜻이야 잠시나마 초나라 도읍 영(郢)을 잊을 수 있었겠는가. 그렇게 함으로써 그는 참고 견뎌 공명을 이룰 수 있었던 것이 아닌가. 열렬한 장부가 아니고서야 그 누가 이런 일을 해내겠는가. 백공도 만약 자신이 초나라 임금이 되고자 하지만 않았더라면 그의 공적이나 계략 등에 볼 만한 것이 많았을 것이다.」

중니제자 열전 제7

공자[1]는 이렇게 술회했다.

「내 제자 가운데 육예(六藝)에 통달한 자는 77명이 있는데, 모두 뛰어난 재능을 지닌 선비들이다. 덕행에는 안연(顔淵)·민자건(閔子騫)·염백우(冉伯牛)·중궁(仲弓)이 있고, 정치로는 염유(冉有)·계로(季路 : 자로)가 있으며, 언변으로는 재아(宰我)·자공(子貢)이 있고, 문학으로는 자유(子游)·자하(子夏)가 있다. 그러나 그들 가운데서 자장(子張)은 편벽되고, 증삼(曾參)은 지둔한 데가 있으며, 자고(子羔)는 우직하고, 자로(子路)는 거친 데가 있으며, 안연은 가난하여 이따금 뒤주가 텅텅 빈 경우가 있었다. 자공은 내 가르침에 따르지 않고 화식(貨殖)에 열중했지만, 그 판단은 그런 대로 세상의 흐름에 적중했다.」

공자가 존경한 인물로는 주(周)나라의 노자(老子),[2] 위(衛)나

---

1) 공자(孔子)…공자(B.C. 551~B.C. 479)는 이름이 구(丘)이고 자는 중니(仲尼)다. 춘추시대 말기의 사상가·정치가·교육가이며 유가(儒家)의 창시자이다. 약 3,000여 명의 제자가 있었다고 하는데, 그 중에 저명한 자가 대략 70여 명이다.

2) 노자(老子)…노담(老聃). 성은 李이고 이름은 耳이며 자는 백양(伯陽)이다. 전해지기로는 춘추시대의 사상가이자 도가(道家)의 창시자라고 한

공 자

라의 거백옥(蘧伯玉), 제(齊)나라의 안평중(晏平仲 : 안영), 초(楚)나라의 노래자(老萊子), 정(鄭)나라의 자산(子產), 노(魯)나라의 맹공작(孟公綽)이 있다. 또 이따금 장문중(臧文仲)·유하혜(柳下惠), 동제(銅鞮 : 산서 필현 남쪽)의 백화(伯華), 개산(介山)의 자연(子然 : 개자추)을 칭찬했다.

그러나 뒤의 네 사람은 모두 공자보다 앞선 시대의 사람들로서 같은 시대를 살던 사람은 아니었다.

일단사일표음(一簞食一瓢飲)

안회(顏回)는 노(魯)나라 사람으로 자를 자연(子淵)이라 했으며, 공자보다 30세 아래다. 안연이 인(仁)에 대하여 묻자, 공자가 대답했다.

「자신의 사욕(私欲)과 싸워 이기고 스스로 예(禮)에 올바르게 서게 되면 천하의 사람들은 그 사람의 인덕을 사모하게 될 것이다.」

공자는 또 안회에 대하여 이렇게 말한 적이 있다.

「어질도다, 회(回)여! 한 도시락밥과 한 바가지 물〔一簞食一瓢飲〕로 누추한 뒷골목에 안주(安住)하고 있도다. 보통 사람이라

다. 주(周)나라에서 장서(藏書)를 관리하는 사관(史官)을 지냈으며, 공자가 일찍이 그에게 예에 대해서 물었다고 한다. ☞「노자·한비열전」

면 근심 걱정에 잠길 일이건만, 회는 도락(道樂)으로 삼을 뿐 고치려고 하지 않는도다. 회와 이야기를 하노라면 일견 어리석은 것처럼 보이지만 내 앞을 물러난 다음, 그 사생활을 관찰하노라면 역시 도의(道義)를 계발(啓發)하는 점이 보인다. 회는 결코 어리석은 사람이 아니다. 등용(登用)하면 일을 찾아 처리하고, 내보내면 조용히 물러나서 은신한다. 이런 일은 나와 너 두 사람만이 할 수 있는 일이다.」

회는 29세의 젊은 나이로 머리가 희끗희끗했으며 젊은 나이에 죽었다. 공자는 소리 내어 울면서 탄식했다.

「회를 얻은 다음부터 다른 제자들까지도 나와 차츰 친해지게 되었는데……」

노나라의 애공(哀公)이 공자에게 물었다.

「제자 가운데 누가 학문을 좋아하는지요?」

공자가 대답했다.

「안회라는 제자가 있는데, 그는 배우기를 좋아하고, 노여움을 남에게 옮기는 일이 없으며, 같은 잘못을 두 번 다시 되풀이하는 일이 없었는데, 불행하게도 단명(短命)하여 죽었습니다. 이제는 그런 특출하게 배우기를 좋아하는 자가 있다는 것을 들은 일이 없습니다.」

민손(閔損)은 자를 자건(子騫)이라 했으며, 공자보다 15세 아래다. 공자의 말에 이런 구절이 있다.

「효행스럽도다, 민자건이여! 부모 형제가 그의 효행을 자랑해도 누구 한 사람 잘못이라고 말할 사람이 없도다.」

유력한 대부(大夫)가 그를 등용하려 할 때, 악덕한 자의 녹을 받기가 싫어서 이렇게 말했다.

「만약 또다시 나를 불러 벼슬을 준다고 말하면 이 나라를 떠나서 문수(汶水 : 제나라와 노나라 국경에 있는 강) 근처에 숨어 버리겠다.」

염경(冉耕)은 자를 백우(伯牛)라고 했다. 공자는 그를 덕행이 있는 인물이라고 했는데, 백우에게는 태어나면서부터 악질(惡疾)이 있었다. 공자가 그를 찾아가서 창을 사이에 두고 그의 손을 잡고 이렇게 말했다.

「운명이라고나 할까, 이 사람에게 이런 병이 있다는 것은, 운명이라고나 할까!」

염옹(冉雍)은 자를 중궁(仲弓)이라고 했다. 중궁이 정치의 요체에 대하여 물었을 때 공자는 이렇게 말했다.

「내 집 문을 나가서 사람과 교제하는 데는 귀빈을 대하듯 하고, 백성을 부릴 때는 큰 제사를 지내듯이 정중하게 한다면, 왕후의 나라에서 벼슬을 하더라도 원한을 사는 일이 없으며, 경대부(卿大夫)의 집에서 일을 보더라도 원한을 사는 일이 없다.」

또 공자는 중궁을 덕행이 있는 사람이라며 이렇게 말하기도 했다.

「옹(雍)은 임금의 자리에 앉음이 어울리겠도다.」

중궁의 아버지는 신분이 천한 사람이었다. 공자가 말했다

「이우(犁牛 : 제사 때 쓸 수 없는 얼룩소)의 새끼라도 털이 붉고 뿔이 곧다면 사람들이 제사에 희생으로 쓰지 않으려 할지라도 신령들이 이것을 내버려둘 리가 없을 것이다.」

염구(冉求)는 자를 자유(子有)라고 했다. 공자보다 29세 아래

염 구

다. 그는 노(魯)나라의 대부인 계씨(季氏)의 재(宰)[3]가 되었는데 계강자(季康子)가 공자에게 물었다.

「구(求)는 인자(仁者)인가요?」

공자가 대답했다.

「구(求)는 1천 호의 고을과 백승지가(百乘之家)[4]의 집에서 부세(賦稅)는 다룰 수 있겠지만, 그 사람이 어진지는 알 수 없습니다.」

계강자가 공자에게 또 물었다.

「자로는 인자(仁者)인가요?」

공자가 대답했다.

「구(求)와 마찬가지입니다.」

구(求)가 공자에게 물었다.

「의로운 일은 듣는 즉시로 행해야 합니까?」

공자가 대답했다.

「행함이 좋도다.」

자로(子路)가 공자에게 물었다.

「의로운 일은 듣는 즉시로 행해도 좋습니까?」

공자가 대답했다.

「상의해야 할 부형(父兄)이 있는데, 어찌 상의도 없이 행할 수 있으리오.」

이에 자화(子華)가 이상히 여겨, 공자 앞으로 다가와서 물었

---

3) 재(宰)…대부의 집안일을 총관(總管)하였던 가신.

4) 백승지가(百乘之家)…제후가 경(卿)·대부에게 분봉한 채읍을 가리킨다.

다.

「똑같은 질문에 대답하심이 틀리는 것은 어떤 이유에서인가요?」

공자가 대답했다.

「구는 신중하고 소극적이기 때문에 용기를 불어넣어 준 것이며, 유(由 : 자로의 이름)는 용감하고 서두르는 성격이 있기에 억제했을 뿐이노라.」

자 로

중유(仲由)는 자를 자로(子路 : 계로라고도 한다)라 했고 변(卞 : 노나라의 읍. 산동 사수)에서 태어났으며 공자보다 9세 아래다. 자로는 성질이 거칠고 용감했으며 의지가 굳건했다. 수탉의 깃털로 만든 관(冠)을 쓰고 수퇘지 가죽으로 만든 칼집을 찼으며, 공자를 업신여기며 폭행조차 하려고 했다. 그러나 공자가 예로써 점차 중유를 유도했던 까닭에 나중에는 유가(儒家)의 옷을 입고 폐백을 드린 다음 문인(門人)들을 통해 공자의 제자가 되기를 원했다. 자로가 정치에 대하여 물었을 때 공자는 이렇게 대답했다.

「스스로 앞장서서 행하고 스스로 수고를 아끼지 말지니라.」

자로가 듣기에 그 대답이 너무나 간단하기에 한 마디 더 가르쳐 달라고 했다. 그러자 공자가 대답했다.

「지금 한 말을 게을리 하지 말고 행할 일이다.」

자로가 다시 물었다.

「군자에게는 용기가 필요합니까?」

공자가 대답했다.

「의(義)가 더 소중하다. 군자에게 용기가 있더라도 의가 없으면 세상은 소란해지며, 소인에게 용기가 있되 의가 없으면 도둑이 될 것이다.」

자로는 좋은 말을 들은 다음 그것을 실행하지 못하는 동안에는 좋은 말일지라도 더 듣지 않기로 했다. 공자가 말했다.

「단 한 마디로 소송을 판결할 수 있는 사람은 유(由)이리라. 유는 용기를 좋아하는 점에서는 나보다 더하지만, 분별력이 없어 도리에 어긋난다. 유와 같은 사람은 천수(天壽)를 다 누릴 수 없을지도 모른다. 해진 두루마기를 입고 여우나 담비 가죽으로 만든 갖옷을 걸친 사람과 함께 있으면서도 부끄러워하지 않는 사람은 유(由)이리라. 유는 학문과 덕행에 있어 이미 우리 대청마루에까지 올라와 있지만, 아직 우리 방안에까지는 들어오지 못하고 있다.」

계강자가 공자에게 물었다.

「중유(仲由)는 인자(仁者)인가요?」

공자가 대답했다.

「천 승(乘)의 나라에서 부세(賦稅)를 다스릴 수는 있으나, 그 인불인(仁不仁)은 알 수 없습니다.」

자로는 공자의 제국(諸國) 출유(出遊)에 기꺼이 따라다녔는데, 장저(長沮)·걸익(桀溺)[5]·하조장인(荷蓧丈人)[6]들을 만난 일이 있었

5) 장저(長沮)·걸익(桀溺)…모두 농부로서 은자(隱者). 《논어》 미자편을 보면 하루는 공자와 그의 제자들이 이곳저곳을 떠돌아다니다가 장저

나루터를 묻는 자로

다. 자로가 계씨(季氏)의 재상이 되었을 때, 계손이 공자에게 물었다.

「자로는 대신(大臣)의 자격이 있다고 보십니까?」

공자가 대답했다.

「보통 신하라고 해야 할 것입니다.」

자로가 포(蒲)의 대부가 되어 공자에게 작별인사를 하러 오자, 공자가 말했다.

「포(蒲)에는 장사가 많고 또 다스리기 어려운 곳이다. 그래서 너에게 말해 두겠다. 스스로 겸손을 잊지 말고 상대방을 존경하면 장사의 용기도 내 손에 넣을 수 있는 법이다. 스스로 관대하고 정직하면 대중을 나와 친하게 만들 수 있는 법이다. 겸손하고 올바르며 백성을 안정시키면 위로 군은(君恩)에 보답할 수 있으리라.」

와 걸익이 밭을 갈고 있는 곳을 지나게 되어 자로를 시켜 나루터가 있는 곳을 물었는데, 그들은 공자가 도(道)를 실행할 수 없는 세상을 돌아다니는 일을 부질없는 행동이라고 풍자했다.

6) 하조장인(荷蓧丈人)…삼태기를 맨 노인이라는 뜻이다. 그가 누구인지는 분명하지 않지만, 당시 초야에 묻혀 살던 선비임은 분명하다. 그는 공자가 위나라에서 경쇠를 치자, 「마음이 담겨 있구나, 저 경쇠 소리에는!」이라고 하고, 「세상이 알아주지 않으면 그만둘 일이다. 물이 깊으면 벗고 건너고, 얕으면 걷고 건너리라고 했는데」 라고 하며 공자가 세상을 돌아다니며 유세하는 것을 못마땅하게 여겼다.

이보다 앞서, 위(衛)나라 영공(靈公)에게는 남자(南子)라고 하는 총비(寵妃)가 있었다. 영공의 태자 괴외(蒯聵)는 남자에게 죄를 범했었기 때문에 주살당할 것을 무서워한 나머지 나라 밖으로 도망을 쳤다. 영공이 죽자 부인인 남자는 공자 영(郢)을 위나라 군주에 앉히고 싶었으나 영은 받아들이지 않았다.

「망명한 태자의 아들 첩(輒)이 있지 않습니까?」

그래서 위나라에서는 첩을 세워 군주의 자리에 앉혔다. 이 사람이 출공(出公)이다. 출공이 즉위하고 나서 12년간, 아버지인 괴외는 나라 밖에 있으면서 고국에 들어올 수가 없었다. 자로는 위나라 태부(太夫) 공회(孔悝 : 위나라의 읍)의 영읍(領邑) 재(宰)가 되었다. 괴외는 공회와 함께 반란을 꾀하기로 합의하고 공회의 집에 들어왔고 마침내 그들과 함께 출공을 습격했다. 출공은 노(魯)나라로 망명을 했고, 괴외가 궁중으로 들어가서 군주에 오르니, 이 사람이 장공(莊公)이다.

공회가 반란을 일으켰을 때 마침 자로는 밖에 나가 있었는데, 소문을 듣고 달려오던 중 같은 제자인 자고(子羔)가 성문에서 나오는 것을 만났다. 자고가 자로에게 말했다.

「출공은 망명했고 성문은 이미 닫혀졌다네. 자네는 돌아가게. 쓸데없이 화를 당하지 말게.」

자로가 말했다.

「봉록을 먹은 이상 주군(主君)의 환란을 못 본 체할 수는 없어.」

자고는 그대로 떠났다. 알지 못하는 나라에서 온 사자가 성안에 들어가기 위해 성문이 열리자, 자로도 그 사람을 따라서 들어갔다. 괴외 앞에 나아가니 괴외는 공회와 함께 대(臺) 위에 있었다. 자로가 말했다.

「군주께서는 어찌하여 공회를 쓰시려고 하십니까? 그 사람을 저에게 넘겨주시어 죽이게 해 주십시오.」

괴외는 듣지 않았다. 그래서 자로가 대(臺)를 불태우려고 하자, 괴외는 겁을 집어먹고 석걸(石乞)과 호염(壺黶)을 시켜 자로를 치라고 했다. 자로는 관(冠)의 끈이 그들의 칼에 잘려나갔는데도 「군자는 죽는 한이 있어도 관을 벗지 않는 법이다」 하면서 끝내 잘려진 끈을 붙잡아매고 죽어갔다. 공자는 위(衛)나라의 내란에 대한 이야기를 듣고 이렇게 말했다.

「아아, 유(由)는 죽었을 것이다!」

과연 그의 말은 맞았다.

공자는 과거를 회상하면서 말했다.

「용기가 있는 유(由)를 제자로 삼은 다음에는 나를 욕하는 사람이 없었는데[7]……」

재여(宰予)는 자를 자아(子我)라고 했고 변설에 능했다. 공자에게서 배운 그는 공자에게 이렇게 물어 본 일이 있다.

「부모가 죽으면 3년 상을 입는 것은 너무 길지 않을까요? 군자가 3년 동안이나 예(禮)를 닦지 않는다면 예는 무너지고 말 것입니다. 또 3년 동안 음악을 버려둔다면 음악은 반드시 무너지고 말 것입니다. 묵은 곡식을 다 먹게 되면 첫 곡식이 결실하고, 부시를 쳐서 불을 다시 붙이면 네 계절은 일순(一巡)합니다. 3년 상도 이와 같이 1년만으로 충분하리라 생각합니다만……」

공자가 말했다.

---

7) 자로는 용맹하였기 때문에, 어떤 사람이 공자를 욕하면 곧장 달려가서 그 사람을 혼내주었다. 따라서 공자의 문하에 자로가 있은 다음부터는 사람들이 감히 공자를 욕하지 못했다.

「너 자신 그것으로 만족하겠는가?」

「만족할 수 있습니다.」

「네가 만족할 수 있다면 그렇게 하는 것이 좋을 것이다. 그러나 군자는 어버이의 상을 당하면 맛있는 음식을 먹더라도 맛이 있지 않고, 음악을 듣더라도 즐겁지가 않다. 그러므로 귀나 혀의 즐거움을 바라지 않는 법이다.」

썩은 나무에는 조각을 할 수 없다

재여가 물러가자, 공자는 이렇게 말했다.

「여(予)에게는 인(仁)의 마음이 없다. 자식은 낳은 지 3년이 되어야 겨우 부모의 품에서 나올 수 있는 것. 그러므로 3년 상은 천자에 통용되는 도리일 것이다.」

재여가 학문을 게을리 하고 낮잠을 잤다. 이것을 보고 공자가 말했다.

「썩은 나무에는 조각을 할 수가 없고, 썩은 흙으로 만든 토담에는 흙손으로 바를 수가 없는 법이다〔朽木不可雕也 糞土之墻 不可杇也〕.」

재아가 오제(五帝)[8]의 덕에 대하여 묻자, 공자가 말했다.

「여(予)는 오제의 덕을 논할 자격이 없다.」

하나를 듣고 열을 안다

단목사(端木賜)는 위(衛)나라 사람으로 자를 자공(子貢)이라

8) 오제(五帝)…고대의 다섯 제왕으로, 황제(黃帝)·전욱(顓頊)·고신(高辛)·요·순을 말한다.

했고, 공자보다 31세나 아래다. 자공은 변설에 재주가 있었는데, 공자는 늘 그 변재(辯才)를 경계했다. 공자가 물었다.

「너와 회(回 : 안연)는 어느 쪽이 훌륭하다고 생각하는가?」

자공이 대답했다.

「저 같은 것이 어찌 회(回)와 동렬에 넣어 논할 수 있겠습니까? 회는 하나를 들으면 열을 아는 사람이요, 저는 하나를 듣고 둘을 알 뿐입니다〔賜也何敢望回 回也聞一以知十 賜也聞一以知二〕.」

자공이 학업을 받고 나서 공자에게 물었다.

「저를 어떤 사람으로 보십니까?」

공자가 대답했다.

「너는 그릇이다.」

「어떤 그릇입니까?」

자공이 묻자 공자가 대답했다.

「호련(瑚璉 : 종묘의 제사에 쓰는 그릇)이다.」

진자금(陳子禽)이 자공에게 물었다.

「중니는 누구에게 배웠습니까?」

자공이 대답했다.

「문왕(文王)·무왕(武王)의 도(道)는 아직 땅에 떨어지지 않았으며 민간에게 남아 있소. 현명한 사람은 그 도(道)가 큰 것임을 알고 현명하지 못한 사람도 그 도의 작은 부분을 알고 있다오. 어쨌든 문·무(文武)의 도(道)가 없는 곳이 없듯이 부자(夫子)가 배우고자 하시면 배우지 못할 곳이 있겠소? 그런 까닭에 일정한 스승이 있을 리가 없소.」

다시 자공에게 물었다.

「공자께서는 어떤 나라에 가더라도 국정(國政)의 상담을 받게 되는데, 그러한 지위는 이쪽에서 요구하는 것입니까? 아니면 저쪽에서 주는 것입니까?」

자공이 대답했다.

「부자(夫子)는 온(溫)·양(良)·공(恭)·검(儉)·양(讓)의 성격이기 때문에 자연히 얻어지는 것이오. 부자가 요구하는 것은 다른 사람이 요구하는 것과 다르다오.」

자공이 공자에게 물었다.

「부유하더라도 교만하지 않고, 가난하더라도 비굴하지 않으며 아첨하지 않는 것을 어떻게 생각하십니까?」

공자가 대답했다.

「참으로 훌륭하도다. 그러나 가난하면서도 도(道)를 즐기고 부하면서도 예를 좋아하는 것에는 미치지 못하느니라.」

전상(田常)은 제(齊)나라에서 내란을 일으키고자 했으나, 제나라 경대부인 고(高)·국(國)·포(鮑)·안(晏) 등 제씨(諸氏)가 두려워서 병(兵)을 밖으로 돌려 노(魯)나라를 치려고 했다. 공자가 이 말을 듣고 제자들에게 말했다.

「노(魯)나라는 우리들의 조상의 분묘가 있는 땅, 곧 부모의 나라이다. 이제 나라가 위태로운데 어찌하여 그대들은 나아가서 나라를 구하려고 하지 않는단 말이냐?」

자로가 가려고 하자 공자가 말렸다. 자장(子張)과 자석(子石)이 나가려 해도 공자는 허락하지 않았다. 그런데 자공이 가려고 하자 바로 허락했다. 자공은 마침내 나아가서 제(齊)나라에 갔고 전상(田常)을 만나서 말했다.

「상공이 노(魯)나라를 치려는 것은 잘못된 생각이오. 노나라는 아주 치기 힘든 나라입니다. 그 성벽은 얇고 얕으며, 성을 둘러싼 못은 좁고 얕은가 하면 군주는 어리석고 각박하고 대신들은 위선에 가득 차 있으며, 선비와 백성은 또 전쟁을 몹시 싫어 한답니다. 그러므로 노나라와 싸워서는 안 됩니다. 임금께서는 오히려 오(吳)나라를 치는 편이 좋을 것입니다. 오나라는 성벽이 높고 두터우며 그 성지는 넓고 깊을 뿐 아니라, 무기는 튼튼하고 새로우며 병사들은 정예로 뽑은 데다가 양곡 또한 풍부합니다. 또 훌륭한 장수와 대부가 성을 지키고 있습니다. 이런 나라야말로 치기가 쉬운 법입니다.」

전상은 화를 내면서 말했다.

「그대가 곤란하다고 하는 곳은 남들이 쉽다고 하는 곳이고, 그대가 쉽다고 하는 곳은 남들이 곤란하다고 하는 곳이구려. 이렇게 상반되는 말을 나에게 하는 것은 무슨 까닭이오?」

자공이 말했다.

「나는 『근심거리가 국내에 있는 사람은 강국(强國)을 치고, 근심거리가 국외에 있는 사람은 약국을 치라』는 말을 들었습니다. 지금 임금의 근심거리는 안에 있습니다. 듣건대 제나라 임금께서는 상공을 세 번씩이나 군(君)에 봉하려 했는데도 세 번 모두 성공하지 못했던 것은, 대신 가운데 찬성치 않는 사람이 있었기 때문이라고 합니다. 지금 상공께서는 노나라를 깨고 제나라의 영토를 넓히고자 하십니다만, 그 싸움에서 이기면 임금의 교만만 더하게 하고 고(高)·국(國)·포(鮑)·안(晏) 등의 무리들 위세만 더해주는 결과가 됩니다. 더구나 상공의 공로에 대한 보답이 없을 경우 주군과의 우의는 날로 소원하게 되고 맙니다. 이는 위로는 주군의 마음을 교만에 빠지게 하고 아래로는 뭇 신하들의 위세만 키워주고 마는 결과로서, 상공께서 바라시는 대사성취(大事成就 : 영달榮達)는 곤란할 것입니다. 임금이 교만해지면 방자한 일을 하게 되고, 신하가 교만해지면 권력을 다투게 되고 맙니다. 그렇게 되면 상공은 위로는 임금과 그 사이가 벌어지게 되고, 아래로는 대신들과 맞서게 됩니다. 그런 까닭에 『오나라를 치는 편이 좋을 것』이라고 말씀드린 것입니다. 오나라를 쳐서 이기지 못하게 되면 백성은 나라 밖에서 전사(戰死)하고 대신은 나라 안에서 허탈감에 빠지게 될 것입니다. 이렇게 되면 상공에게는 위로는 대신들의 적도 없어지게 되고, 아래로는 백성의 비난도 받지 않으면서 주군을 고립시킴으로써 제나라를 제어하는 사람은 상공 단 한 사람이 될 수 있을 것입니다.」

전상이 말했다.

「좋소. 그러나 나는 이미 군사를 노나라로 돌리고 있는 중이오. 지금 노나라를 떠나 오나라로 군사를 돌리게 되면 대신들은 나를 의심할 것이오. 이는 어찌하면 좋겠소?」

자공이 대답했다.

「상공께서는 군사를 더 진군시키지 말고 억제시키십시오. 그리고 노나라를 치지 마십시오. 그 사이에 저를 오나라로 파견하시어 오나라가 노나라를 도와 제나라를 치도록 하는 겁니다. 그렇게 되면 오나라 군사가 제나라로 쳐들어올 것이니 상공께서는 그 오나라 군사를 맞이하시어 깨면 되는 것입니다.」

전상은 이 계교를 받아들이고 자공을 남쪽으로 보내 오나라 왕을 만나게 했다. 자공은 오왕에게 말했다.

「신은 『왕자(王者)는 다른 나라의 후사(後嗣)를 끊는 일이 없고 패자(覇者)는 적국을 강하게 만들지 않는다』고 들었습니다. 천 균(鈞 : 30근)의 무게이더라도 불과 한 수(銖 : 20푼)나 한 량(兩 : 24수)의 무게만 더해도 저울눈은 옮겨지게 되는 법입니다. 이제 만 승(乘)의 대국인 제(齊)나라가 천 승의 노나라를 병합하여 오나라와 자웅을 가리려고 하는데, 슬며시 임금을 위해 걱정이 되지 않을 수가 없습니다. 그러므로 노나라를 구하는 것은 틀림없는 명예이며, 제나라를 치는 것은 큰 이득입니다. 사수(泗水) 주위에 있는 제후들을 내 편으로 끌어들이고 포학한 제나라를 무찌른 다음 강한 진(晋)나라를 굴복시킨다면 이보다 더 큰 이익이 또 어디에 있겠습니까? 그리고 명분은 망해가는 노나라를 존속시키는 데 있고, 내실(內實)은 강한 제나라를 괴롭히는 데 있으니 현명한 사람이라면 아무도 의심할 사람이 없을 것입니다.」

오왕이 말했다.

「좋소. 그런데 나는 일찍이 월(越)나라와 싸워서 월나라 왕을 회계(會稽)에 몰아넣은 일이 있소이다. 그 후 월나라 왕은 제 몸에 채찍질을 가하면서 병사를 길러 나에게 보복을 하려고 노리고 있소. 그런 까닭에 내가 월나라를 치기까지 기다려야겠소. 그런 다음에 그대의 계략에 따르겠소.」

자공이 말했다.

「월나라가 힘으로는 노나라보다 낫지 못하고 오나라의 힘도 제나라 이상이라고는 말할 수가 없습니다. 대왕께서 제나라를 버리고 월나라를 친다면 제나라는 그 사이에 노나라를 멸망시킬 것입니다. 이렇게 되면 대왕께서는 멸망 단절에 빠지는 노나라의 보전 계속을 명분으로 하실 수 없습니다. 강한 제나라를 두려워하여 약한 월나라를 치신다면 용기가 있다고는 말할 수 없습니다. 대체로 용자(勇者)란 난(難)을 피하지 않고, 인자(仁者)란 곤고(困苦)한 자를 궁지에 밀어 넣지 아니하며, 지자(智者)란 시기를 잃지 않고, 왕자(王者)란 나라의 후사를 절단시키지 않습니다. 이렇게 함으로써 각각 의리를 세우는 법입니다. 이제 월나라를 존속시킴으로써 제후의 인(仁)을 나타내고, 노나라를 구하고 제나라를 침으로써 진나라에 위압을 가하면, 제후들은 반드시 모두 오나라에 입조(入朝)하고 오나라의 패업은 성취될 것입니다. 만약 대왕께서 월나라가 아무래도 마음에 걸리신다면 소신을 동쪽으로 보내 월나라 왕을 만나게 하시어, 월나라로부터 군사를 내어 오나라 왕을 따라 함께 제나라 정벌에 나서게 하십시오. 이 방책은 실질적으로 월나라 국내를 공허하게 만들면서 명분은 제후를 따라 제나라를 정벌하는 것이 됩니다.」

입술이 타고 혀가 마른다

오나라 왕은 크게 기뻐하면서 자공을 월나라에 파견했다. 월나라 왕은 길을 깨끗이 쓸고 교외에까지 출영하여 몸소 자공의 수레를 몰아 숙사로 안내한 다음 물었다.

「이곳은 오랑캐 땅인데 대부께서는 무슨 까닭에 위의(威儀)를 바로 하시고 왕림하시었습니까?」

자공이 대답했다.

「이번에 나는 오왕에게 노나라를 구하고 제나라를 치도록 권유했던 바, 오왕은 마음속으로 그렇게 하기를 바라면서도 월나라를 두려워하여 『내가 월나라를 칠 때까지 기다려달라』고 했습니다. 그렇게 말하는 것을 들으니 월나라를 칠 것은 당연한 일입니다. 그런데 남을 보복할 의사도 없으면서 그런 의심을 받는 것은 졸렬합니다. 또 보복할 의사가 있다 하더라도 남이 눈치채게 하는 것은 위험한 일이며, 또한 일을 시작하기도 전에 남에게 들킨다는 것은 더욱 위험한 일입니다. 이 세 가지는 큰일을 일으킴에 있어 크게 마음을 써야 할 일들입니다.」

월나라 왕 구천은 돈수재배하면서 말했다.

자 공

「일찍이 나는 자신의 힘도 모르면서 오나라와 싸움을 하여 패했고, 회계로 들어와서 고생을 하고 있습니다. 그 통한은 골수를 쪼개는 듯합니다. 그래서 밤낮없이 입술이 타고 혀가 마르도록〔焦脣乾舌〕 스스로를 채찍질해가며, 오왕에게 죽음으로써 설욕하려고 합니다. 이것이 나의 유일한 소원입니다.」

그는 마침내 자공에게 그 방책을 물었다. 자공이 말했다.

「오왕은 사람 됨됨이가 광폭해서 군신은 견디어내기 힘들고, 국가는 거듭되는 전쟁으로 피폐하여 병사들은 참아내기 힘들어하오. 백성은 왕을 원망하고 대신은 마음이 변하여 왕에게 충성을 하지 못합니다. 오자서는 간언을 하다가 죽었고, 태재(太宰) 백비는 정치를 위임받고 있지만, 단지 임금의 잘못에 순응해가며 사리(私利)를 꾀할 뿐입니다. 이것은 나라를 좀먹는 정치입니다. 그러므로 이제 대왕께서 병사를 내어 오나라를 돕겠다고 오왕의 뜻을 받아들이고 예물을 바치며 오왕을 즐겁게 해주고 정중하게 예를 갖추기만 하면 오나라는 제나라를 치게 될 것입니다. 오나라가 만약 패한다면 이는 대왕께서 바라던 바요, 또 승리한다면 이번에는 반드시 진(晋)나라를 칠 것입니다. 그렇게 될 경우 대왕께서는 나를 북쪽 진나라로 보내시어 진나라 임금을 설득해서 월나라와 함께 오나라를 치도록 하십시오. 그렇게 하면 오나라를 약하게 만들 수 있을 것입니다.

오나라의 정병(精兵)은 제나라에서 지치게 만들고, 중장비를 갖춘 군사를 진나라에서 괴롭히면 됩니다. 그러고 나서 이런 피폐한 틈을 타서 제압한다면 오나라는 틀림없이 멸망시킬 수 있습니다.」

월나라 왕은 크게 기뻐하며 승낙했다. 자공에게 황금 백 일(鎰 : 24냥), 검(劍) 한 자루, 좋은 창 두 자루를 선사했으나 자공은 받지 않았다. 자공은 월나라를 떠나와 오왕에게 보고했다.

「소신은 삼가 대왕의 말을 월왕에게 전했습니다. 월왕은 심히 송구스러워하며 『저는 불행하게도 젊었을 때 아버지를 잃고 자신의 분수도 알아차리지 못하면서 오나라에 큰 죄를 범했습니다. 저의 군사는 패했고 저의 몸은 욕을 당했으며 회계산에 은거하게 되었고, 나라는 폐허화했으며 잡초가 무성히 자라게 되었습니다. 그러나 다행스럽게도 대왕께서 관용을 베푸시어 조상의 제사를 지내게 해주신 것은 이 몸의 행운입니다. 그 은혜는 죽어도 잊을 수가 없을 것이니 어찌 이 몸이 음모를 꾸밀 수가 있겠습니까?』라고 말했습니다.」

5일이 지난 뒤 월나라에서는 대부 종(種)을 보냈는데, 그는 오왕에게 절하고 이렇게 말했다.

「동해(東海 : 동해 가까이에 있던 월나라를 말함)의 역신(役臣) 구천의 사자 신 종(種)이 삼가 대왕께 예물을 바치고 측근의 신하들을 통해 대왕의 안부를 여쭈옵니다. 삼가 듣자옵건대, 대왕께서는 이번에 정의의 군사를 일으키시어 강국을 무찌르고 약국을 구원하기 위하여 포학한 제(齊)나라를 치고 주(周)왕실을 안정시킨다고 합니다. 바라옵건대 우리 월나라 군사 3천을 동원하여 월나라 왕이 스스로 갑옷을 입고 무기를 들어 앞장서서 적의 화살과 돌을 직접 맞고자 하옵니다. 월나라의 천신(賤臣) 종

(種)은 조상으로부터 물려받은 갑옷 스무 벌과, 굴로(屈廬 : 창을 잘 만들었다는 장인)의 창, 보광(步光)의 칼을 바치고 군리(軍吏)로서 출진을 경하하는 바입니다.」

오왕은 대단히 기뻐하면서 자공에게 말했다.

「월나라 왕은 스스로 나를 따라서 제나라를 치겠다고 해 왔는데 이를 허락해도 괜찮겠소?」

자공이 대답했다.

「그건 안될 일입니다. 남의 나라를 텅텅 비게 해 놓고 그 병사를 있는 대로 모두 동원시키면서 그 군주까지 종군시키는 것은 무리입니다. 왕께서는 단지 예물만 받으시고 출병을 허락하시되 그 군주의 종군은 거절하십시오.」

오왕은 이 말을 받아들여 월나라 왕의 종군을 거절했다. 이렇게 해서 오왕은 마침내 아홉 고을의 군사를 징발하여 제나라를 쳤다. 자공은 오나라를 떠나 진(晋)나라에 가서 진왕에게 말했다.

「저는, 계략이 미리 정해져 있지 않으면 급격한 변(變)에 응할 수 없고, 군비가 미리 정돈되어 있지 않으면 적과 싸워 이길 수 없다고 들었습니다. 지금 제(齊)나라와 오(吳)나라는 서로 싸우려고 하고 있는데, 만약 오나라가 패하면 월나라는 오나라를 어지럽게 할 것이 분명합니다. 또 만약 오나라가 이긴다면 군사를 진나라로 몰아 쳐들어올 것입니다.」

진왕은 깜짝 놀라서 자공에게 물었다.

「어떻게 하면 좋겠소?」

자공이 대답했다.

「군사를 정비하고 휴양시키면서 대기하는 것이 좋겠습니다.」

진왕이 이 말을 받아들이기로 했기 때문에 자공은 진나라를 떠나 노(魯)나라로 돌아왔다.

오왕은 군사를 몰아 제나라 군사와 애릉(艾陵 : 산동성 내무현 동북쪽)에서 싸워 크게 이기고 일곱 장수가 이끄는 군사들을 포로로 했는데, 본국에 되돌아오지 않고 과연 군사를 몰아 진(晋)나라로 향했다. 진나라 군사와 황지(黃池 : 하남 봉구의 서남)에서 만나 오・진 양군은 자웅을 다투었는데, 마침내 진군은 오군을 대파했다.[9] 월나라 왕은 이 소식을 듣자 강을 건너 오나라에 침입하여 도성(都城)에서 70리 떨어진 곳에 포진했다. 오왕은 이 보고를 받자 진나라를 떠나 귀국하여 월나라와 오호(五湖 : 태호太湖)에서 싸웠다. 세 번을 싸웠는데 세 번 모두 이기지 못했고, 성문의 수비가 깨지자 월나라 군사는 마침내 왕궁을 포위하여 오왕 부차를 죽이고 재상 백비를 목 베었다. 오나라를 깬 다음 3년, 월나라는 동방제후의 패자가 되었다.

이와 같이 자공이 한 번 출동함으로써 노(魯)를 존속시키고 제(齊)를 동란시켰으며, 오(吳)를 깨고 진(晋)을 강하게 했으며, 월(越)을 패자로 만들었다. 또 자공이 한 번 사자로 나섬으로써 상호 세력의 균형을 깨고 10년 동안에 5개국에 각기 전변(轉變)이 일어났다. 게다가 자공은 장사하기를 좋아하여 때에 맞는 물건을 매매함으로써 자본을 늘렸다. 기꺼이 남의 장점을 칭찬했지만, 남의 잘못을 나무라는 법이 없었다. 일찍이 노나라와 위나라의 재상을 지낸 일이 있으며 집에는 천금의 부(富)를 쌓았다. 마지막에는 제나라에서 생애를 마쳤다.

---

9) 애릉 전투 2년 뒤, 오왕 부차(夫差)는 진(晉) 정공(定公)과 패주(霸主)를 쟁탈하여 황지에 모이게 하였는데, 역사상 이를 「황지의 회동(黃池之會)」이라고 부른다. 오나라와 진나라는 황지에서 결코 싸우지 않았다.

닭 잡는 데 굳이 소 잡는 칼을 쓰리오?

언언(言偃)은 오나라 사람으로 자를 자유(字游)라 했고 공자보다 45세 아래다. 자유는 공자에게서 배운 다음 무성(武城)[10]의 재(宰)가 되었다. 공자가 무성을 찾았을 때 현가(絃歌)의 소리가 들려오자 빙그레 웃으며 말했다.

「닭을 잡는 데 굳이 소 잡는 칼을 쓸 필요가 있을까〔割鷄焉用牛刀〕?」

자유가 말했다.

「지난 날 저는 선생님에게서 『예악(禮樂)의 도(道)를 배우면 군자는 사람을 사랑하게 되고, 소인은 온순하게 되어 부리기 쉽게 된다』고 들었습니다.」

그러자 공자가 수행하던 제자들에게 말했다.

「너희들 들어라. 언(偃)이 지금 한 말은 옳은 말이다. 아까 내가 한 말은 농담에 지나지 않는다.」

공자는 자유를 문학(文學)에 습숙(習熟)하도록 했다.

복상(卜商)은 자를 자하(子夏)라 했으며, 공자보다 44세 아래다. 자하가 공자에게 물었다.

「《시경》에 『예쁘게 웃는 입 언저리의 아름다움이여, 아름다운 눈동자의 맑게 갠 움직임이여, 흰 바탕으로써 그 아름다움을 이루었네』란 구절이 있는데, 그것은 어떤 의미입니까?」

공자가 대답했다.

---

10) 무성…노(魯)나라의 읍(邑). 당시 노나라에는 남북에 두 무성이 있었는데 이것은 남무성을 가리킨다.

「모양을 그리는 데는 채색을 한 다음에도 흰 물감으로 다듬질하는 것과 같은 뜻이니라.」

「그렇다면 충신(忠信)이 먼저이고, 예(禮)는 그 다음이란 뜻입니까?」

공자가 대답했다.

「상(商)은 이제 시를 함께 논할 수 있게 되었도다.」

지나침은 미치지 못함과 다를 바 없다

자공이 다시 공자에게 물었다.

「사(師 : 자장)와 상(商 : 자하)은 어느 쪽이 낫습니까?」

「사는 지나친 점이 있고, 상은 좀 모자라는 점이 있다.」

「그렇다면 사가 낫다는 말씀이신가요?」

「지나침은 미치지 못함과 다를 바가 없느니라〔過猶不及〕.」

공자가 자하에게 물었다.

「너는 도(道)를 밝히는 군자의 선비가 될 일이지, 이름만을 위한 소인의 선비가 되어서는 안 된다.」

자 하

공자가 세상을 떠난 뒤에 자하는 서하(西河)에 살면서 제자를 가르치며 위(魏)나라 문후(文侯)의 스승이 되었다. 그는 자식의 죽음에 너무 슬퍼 소리 높여 운 나머지 눈이 멀고 말았다.

전손사(顓孫師)는 진(陳)나라 사람으로 자를 자장(子張)이라 했으며, 공자보다 48세 아래다. 자장리 봉록을 받는 마음가짐을 묻자, 공자가 대답했다.

「널리 듣고 의심나는 점은 말하지 않으며, 납득한 것일지라도 더욱 말에 신중을 기하면 과오가 적다. 또 널리 보고 위험하다고 생각되는 것은 행하지 않으며, 확실한 것일지라도 더욱 신중하게 행동하면 후회가 적다. 언어에 과오가 적고 행동에 후회가 적다면 봉록은 요구하지 않더라도 자연히 얻어지는 법이다.」

그 후 공자를 수행하여 진(陳)·채(蔡)에서 곤궁에 빠졌을 때 어떻게 하면 자신의 말이 세상에서 행해질 수 있겠느냐고 물었다. 공자가 대답했다.

「말에 진심이 있고 행동이 조심스러우면 야만국에서도 행해지지만, 말에 진심이 없고 행동이 조심스럽지 못하다면 가까운 고을이나 마을에서도 행해지지 않는 법이니라. 언제나 진심을 떠나는 일 없이, 일어서면 눈앞에 있는 것처럼, 수레에 올라타면 가로대에 기대있는 것처럼 보여야만 그 말이 행해지는 법이니라.」

자장은 잊지 않기 위해서 허리띠에 적어두었다. 자장리 또 공자에게 물었다.

「선비는 어떻게 해야 이것을 이루었다 할 수 있습니까?」

「네가 말하는 그 이루었다는 것은 무슨 뜻이냐?」

「제후의 나라에서 일을 맡아 보더라도 경대부의 집에서 일을 하더라도, 반드시 좋은 평판을 듣게 되는 것입니다.」

공자가 말했다.

「그것은 평판일 뿐 달성했다고는 할 수 없다. 달성이란 질

박정직(質朴正直)하여 의(義)를 좋아하고, 말을 알아듣고, 얼굴빛을 살필 줄 알며, 겸손하고 남에게 양보할 줄 알게 되면 제후의 나라든 경대부의 집이든 일을 함에 있어 그 명예는 이미 이른 것이니라. 이와 반대로 평판이란 것은 얼굴 생김새는 인자(仁者) 비슷하지만 행동은 도(道)에 어긋나면서도 그것이 잘하는 양 의심을 받지 않게 되면 국가나 집에 고용되어 평판이 좋아지기 마련이다.」

증삼(曾參)은 남무성(南武城) 사람으로 자를 자여(子輿)라 했고, 공자보다 46세 아래다. 공자는 그를 효성이 지극하다고 여겨 가르침을 베풀었다. 《효경(孝經)》을 지었고 노(魯)나라에서 삶을 마쳤다.

길을 걸어도 지름길로 가지 않는다

담대멸명(澹臺滅明)은 무성(武城) 사람으로 자를 자우(子羽)라 했으며 공자보다 29세 아래다. 용모는 아주 추했고 공자에게 사사(師事)코자 했을 때 공자는 그를 우둔하여 재능이 없을 것으로 생각했다. 그러나 학업을 받은 다음 은퇴하여 행실을 닦고, 길을 걸음에도 지름길을 가는 일이 없었으며〔行不由徑〕, 공용이 아니면 경대부를 만나는 일이 없었고, 남쪽으로 내려가서 장강(長江)에 이르렀다. 제자 백 명을 거느리고 물품의 수수나 관직의 거취 등 모든 일을 의(義)에 따라 하기를 가르쳐 그 이름이 제후들 사이에 전해졌다. 공자가 이 이야기를 듣고 탄식했다.

「나는 말로써 사람을 취하였다가 재여(宰予)에게서 실수했고, 용모로 사람을 판단하였다가 자우(子羽)에게 실수하였다.」

복부제(宓不齊)는 자를 자천(子賤)이라 했으며, 공자보다 30세 아래다. 공자는 자천에 대하여 말했다.

「군자라 하겠다. 그러나 만약 노(魯)나라에 군자가 없었다면 이 사나이가 어찌 군자의 도를 닦을 수 있었겠는가?」

자천이 선보(單父 : 산동 선현)의 읍재(邑宰)가 되었을 때 공자를 만나 이런 말을 했다.

「이 나라에 저보다 현명한 사람이 다섯 분이 있어서 저에게 치국의 방법을 가르쳐주었습니다.」

공자가 말했다.

「안타깝다, 부제(不齊)의 다스리는 토지가 좁은 것이! 만약 넓었다면 훌륭한 정치를 펼 수 있었을 것을.」

원헌(原憲)은 자를 자사(子思)라고 했다. 자사가 공자에게 부끄럼에 대하여 묻자, 공자가 대답했다.

「나라가 도(道)로 다스려질 때는 봉록을 받는 법이지만, 나라가 도로 다스려지지 않을 때 봉록을 받는 것은 부끄러운 일이다.」

자사가 다시 물었다.

「승벽(勝癖) · 자만(自慢) · 원한 · 탐욕 따위 악덕을 행치 않으면 인(仁)이라고 할 수 있겠습니까?」

공자가 대답했다.

「그것도 대단히 어려운 일임에 틀림없지만, 그것으로 인(仁)이라고 할 수 있을지 어떨지는 나로서도 모를 일이다.」

공자가 죽은 뒤에 원헌은 풀이 우거진 시골에 숨었다. 자공이 위(衛)나라 재상이 되자 수레에 네 마리의 말을 매고, 말 탄 종자를 거느려 명아주가 우거진 가난한 마을로 원헌을 찾아 인

공자가 제자들을 거느리고 노자를 만나고 있다

사했다. 원헌은 의관을 바로잡고 자공을 맞이했다. 자공은 그 초라한 모습을 안타까워하며 말했다.

「무슨 병이 있으시오?」

원헌이 대답했다.

「나는 『재산이 없는 사람을 빈(貧)이라 하고, 도(道)를 배우고도 행치 않는 사람을 병(病)이라 한다』 고 들었소. 나 같은 경우는 빈(貧)이지 병(病)은 아니라오.」

자공은 몹시 부끄러워하며 그곳을 떠났고, 평생 동안 자신의 실언(失言)을 부끄러워했다.

공야장(公治長)은 제(齊)나라 사람으로 자를 자장(子長)이라 했다. 공자는,

「장(長)은 내 딸을 주어도 좋을 만한 사나이다. 지난 날 오라에 묶여서 옥에 갇힌 일이 있었으나 그의 죄는 아니었지.」

하며 사위를 삼았다.

남궁괄(南官括)은 자를 자용(子容)이라 했다. 그는 공자에게 이렇게 물었다.

「옛날 예(羿)는 활 쏘는 재주가 대단했고, 오(奡)는 땅에서도 배를 움직일 만큼 큰 힘을 가지고 있었는데도 모두 죽음을 당하여 천수를 누릴 수 없었습니다. 그런데도 하(夏)의 우왕(禹王)과 주(周)의 후직(后稷)은 몸소 경작을 하면서 마침내 천하를 소유하였습니다.」

공자는 대답을 하지 않았다. 자용이 나가자 공자가 말했다.

「군자로다, 저 사람은. 덕(德)을 소중히 아는도다, 저 사람은.」

또 공자는 이렇게 말하기도 했다.

「자용은 나라에 도(道)가 있을 때는 등용될 것이고, 나라에 도가 없을 때라도 형사(刑死) 당할 사람이 아니지.」

자용은 시를 읽다가 「흰 구슬의 흠은 갈아서 없앨 수가 있지만, 말의 흠은 어찌할 도리가 없도다」 란 구절을 세 번이나 암송함으로써 말은 신중히 해야 함을 깨달았다. 공자는 그를 조카사위로 삼았다.

공석애(公晳哀)는 자를 계차(季次)라고 했다. 공자가 계차에 대하여 말했다.

「천하에는 도(道)를 행하는 자가 적도다. 대개의 사람들은 대부의 가신(家臣)이 되어 도성에서 벼슬살이하고 있다. 그러나 계차만은 아직 벼슬살이한 일이 없다.」

증점(曾點)은 자를 석(晳)이라 했고 공자를 모셨다. 공자가 말했다.

「너의 이상을 말해 보라.」

점이 대답했다.

「봄옷을 갖추고 관자(冠者)[11] 5, 6명과 동자(童子) 6, 7명과 함께 기수(沂水 : 노나라 성남의 강)에서 목욕한 다음 무우(舞雩)[12]의 언덕에서 봄바람을 쐬며 시를 읊고 돌아오는 일입니다.」

공자는 찬탄하며 말했다.

「나는 증점과 동감이다.」

안무요(顔無繇)는 자를 노(路)라 했다. 노는 안회의 아버지다. 이 부자는 일찍이 때는 같지 않았지만 공자에게 사사(師事)했다. 안회가 일찍 죽었는데 안노는 가난했기 때문에 공자에게 말하여 그의 수레를 팔아서 장사를 지내려고 했다. 공자가 말했다.

「재(才)와 부재(不才)의 상위는 있지만, 누구나 자식을 생각하는 어버이 마음은 변함이 없는 법이다. 내 아들 이(鯉)를 잃었을 때 관(棺)은 있었으나 곽(槨)은 없었다. 나는 수레를 팔고 걸어다니면서까지 곽을 장만하려고 하지는 않았다. 나는 대부의 말석에 있는 처지에서 걸어갈 수는 없었기 때문이다.」

상구(商瞿)는 노나라 사람으로 자를 자목(子木)이라 했고 공자보다 29세 아래다. 공자는 역(易)을 구에게 전수했다. 구는 이것을 초나라 사람 간비자홍(馯臂子弘 : 《한서》 「유림전」에는 馯臂子弓이라고 했다)에게 전수했고, 홍(弘)은 강동 사람 교자용자(矯子庸疵)에게, 자(疵)는 연(燕)나라 사람 주자가수(周子家竪)에게, 수(竪)는 순우(淳于) 사람 광자승우(光子乘羽)에게, 우(羽)는

11) 관자(冠者)…성인(成人)을 말한다. 고대에는 남자는 20세에 관례를 거행하였다.

12) 무우(舞雩)…노(魯)나라가 기우제를 지내던 곳. 지금의 산동성 곡부시 남쪽.

제(齊)나라 사람 전자장하(田子莊何)에게, 하(何)는 동무(東武) 사람 왕자중동(王子中同)에게, 동(同)은 치천(菑川) 사람 양하(湯河)에게 각각 전수하였고, 양하는 한(漢)의 무제 원삭(元朔) 연간에 역(易)에 통달함으로써 한나라의 중대부가 되었다.

고시(高柴)는 자를 자고(子羔)라고 했으며, 공자보다 34세 아래다. 자고는 키가 다섯 자밖에 되지 않았다. 공자에게서 가르침을 받았는데 공자는 그를 우물(愚物)이라고 했다. 자로가 자고를 후(郈 : 산동 동평)의 읍재(邑宰)를 시켰을 때 공자가 자로에게 말했다.

「후읍의 읍민을 해칠 것이다.」

자로가 대답했다.

「후에도 다스릴 백성이 있고 모셔야 할 사직(社稷)의 신령이 있습니다. 글을 읽는 것만이 학문은 아닐 것입니다.」

공자가 말했다.

「너처럼 강변(强辯)을 하기 때문에 말만 잘하는 무리가 미움을 받는 거다.」

칠조개(漆彫開)는 자를 자개(子開)라 했다. 공자가 개에게 벼슬을 시키고자 하자,

「저에게는 아직 그런 자격이 있다고 믿어지지 않습니다.」

라고 대답했다. 공자는 그 말을 듣고 기뻐했다.

공백요(公伯繚)는 자를 자주(子周)라고 했다. 자주는 자로를 주군인 계손(季孫)에게 참소했다. 노(魯)나라 대부 자복경백(子服景伯)은 공자에게 이렇게 말했다.

「계손은 참언(讒言)을 진실하다고 믿고 있습니다. 저의 힘으로도 공백요 따위는 죽여서 시장거리에 그 시체를 내다 버릴 수도 있습니다만 어찌하여야 좋겠습니까?」

공자가 대답했다.

「자로의 생명은 나의 도(道)를 펴는 데 중요하지만, 도가 행해지는 것도 천명이겠고, 도가 막히는 것도 천명이요, 공백요의 힘으로는 천명을 어찌할 수 없을 것이다.」

사마경(吏馬耕)은 자를 자우(子牛)라 했다. 우(牛)는 말이 많고 성질이 급한 사람이었다. 인(仁)에 대하여 공자에게 묻자, 공자가 대답했다.

「인자(仁者)는 말을 함부로 하지 않는다.」

「말만 함부로 하지 않으면 그것만으로 인자라고 할 수 있겠습니까?」

「인(仁)을 행하기란 어렵다. 그러니 그것을 함부로 할 수 있겠느냐.」

우(牛)가 다시 군자에 대하여 묻자, 공자가 대답했다.

「군자는 무엇이든 걱정도 하지 않고 두려워하지도 않는다.」

「걱정도 하지 않고 두려워도 하지 않으면 군자라고 할 수 있겠습니까?」

「스스로 마음속을 반성해 보아서 꺼림칙한 것이 없으면 무엇을 걱정하고 무엇을 두려워하겠느냐?」

번수(樊須)는 자를 자지(子遲)라 했고 공자보다 36세 아래다. 번수가 곡물 심는 법을 배우겠다고 청하자, 공자가 말했다.

「나는 늙은 농사꾼만 못하다.」

다시 채소 가꾸는 법을 배우겠다고 청하자,

「나는 늙은 농사꾼의 밭갈이를 따를 수 없다.」

고 대답했다.

번수가 나가자 공자가 말했다.

「번수는 소인이로다. 위에 있는 사람이 예(禮)를 좋아하면 그 백성들은 그를 존경하지 않을 수 없다. 위에 있는 사람이 의(義)를 좋아한다면 복종하지 않는 백성이 없는 법이다. 위에 있는 사람이 신(信)을 좋아하면 백성들은 정성껏 모시게 된다. 위에 있는 사람이 이러하면 사방의 백성은 어린 자식을 등에 업고 사모하여 모여들게 될 것이다. 어찌 스스로 경작을 배워서 백성을 가르치겠는가?」

번수가 인(仁)에 대하여 묻자 공자는,

「백성을 사랑하는 일이다.」

라고 대답했고, 또 지(智)에 대하여 묻자,

「백성을 아는 것이다.」

라고 대답했다.

유약(有若)은 공자보다 43세 아래다.

유약이 말했다.

「예(禮)의 작용은 조화(調和)가 중요하다. 선왕(先王)의 도(道)에서도 조화를 아름답게 여겨서 큰 일이건 작은 일이건 모두 이것을 따랐다. 그러나 조화만으로는 잘 행해지지 않을 때가 있다. 그것은 단지 조화가 중요하다는 것만을 알고 조화에만 치우쳐 예(禮)로써 조절하지 않는다면 시행될 수 없다.」

유약은 또 이렇게 물었다.

상(喪)을 치르는 공문의 제자들

「약속이 도리에 가깝다면, 그 말을 이행할 수가 있고, 공손함이 예에 가깝다면 치욕을 멀리할 수 있다. 의지할 때에도 친할 만한 사람을 잃어버리지 않는다면 역시 그를 존경할 수 있다.」

공자가 세상을 떠났어도 제자들은 사모함을 그치지 않았다. 유약의 용모가 공자와 비슷했던 까닭에 제자들은 모두 유약을 스승으로 추대하고 공자의 생전과 똑같이 했다. 어느 날 한 제자가 다가와서 물었다.

「지난 날 선생님께서 외출하실 때 제자에게 우산을 준비시켜 들고 다니게 하셨습니다. 그런데 도중에서 과연 비가 왔기에 제자가 『선생님께서는 비가 올 것을 어떻게 미리 아셨습니까?』 라고 묻자, 선생님께서는 『《시(詩)》에 나와 있지 않느냐. 달이 필(畢 : 별 이름)에 걸리면 큰비가 내린다고. 어젯밤은 달이 필에 걸려 있었다』 라고 대답하셨습니다. 그런데 어느 날 달이 필에 걸렸는데도 끝내 비는 내리지 않았습니다. 또 상구(商瞿)는 나이가 많았는데도 아들이 없었습니다. 그래서 구의 어머니는 다시 아내를 맞이하라고 했습니다. 선생님께서 구를 제(齊)나라에 보내려고 했을 때 그의 어머니는 뒷날로 미뤄 달라고 부탁했습니다. 그러자 선생님께서 말씀하셨습니다. 『걱정할 것 없소. 구는 마흔 살 이후에 다섯 아들을 낳을 것이오』 라고. 그 후 과연 선생님의 예언대로 되었습니다. 삼가 묻겠는데, 선생님은 어떻게 이런 일을 미리 아실 수 있었습니까?」

유약은 대답을 하지 못하고 묵묵히 있었다. 그러자 제자가 일어나서 말했다.

「유자(有子)여, 그 자리를 떠나시오. 그곳은 당신이 앉을 자리가 아니오.」

공서적(公西赤)은 자를 자화(子華)라고 했으며, 공자보다 42세 아래다. 자화가 제(齊)나라에 심부름을 가게 되었을 때, 공자의 집안일을 맡은 염유(冉有)가 자화의 어머니를 부양하고자 곡식을 청하니 공자는,

「1부(釜)[13])를 주라.」

고 말했다. 염유는 공자의 뜻을 알아차리지 못하고 더 달라고 청하니 공자는,

「1유(庾 : 16두斗)를 주라.」

고 대답했다. 염자(冉子)가 자기의 재량으로 곡식 5병(秉)을 주자 공자가 말했다.

「자화는 제나라에 갈 때 살찐 말을 타고 가벼운 가죽옷을 입고 떠나 부유한 모습이었다. 나는 『군자는 가난한 사람을 구제하고 부유한 사람에게 보태주지 않는다』고 들었다.」

무마시(巫馬施)는 자를 자기(子旗)라 했으며 공자보다 30세 아래다. 진(陳)나라의 사패(司敗 : 사법관)가 공자에게 물었다.

「노나라의 소공(昭公)은 예(禮)를 분별하고 있습니까?」

---

13) 1부(釜)…6두(斗) 4승(升). 1유(庾)는 16두(斗)이다. 또 1병(秉)은 16곡(斛)이므로 5병은 80곡이다. 1곡은 10두이므로 따라서 5병은 800두가 된다. 당시의 1승은 오늘날의 약 1홉(合).

공자가 말했다.

「분별하고 있습니다.」

사패는 물러나와 무마시에게 읍하고 말했다.

「군자는 편애를 하지 않는다고 들었습니다만, 군자이더라도 편애를 하는 것 같습니다. 왜냐하면 노나라의 소공은 오왕의 딸을 맞이하여 부인을 삼고 이름을 맹자(孟子)라고 불렀습니다. 그것은 원래 맹자의 성이 희(姬)였으므로 같은 성을 피하기 위하여 맹자라고 부른 것이지요. 그러니 노(魯)나라 임금이 예를 안다고 한다면 세상에 누가 예를 모르는 자가 있겠습니까?」

시(施)가 그대로 공자에게 말하자, 공자가 대답했다.

「나는 다행이로다. 소소한 과실이 있더라도 사람들은 반드시 그것을 알려 준다. 그러나 신하는 임금의 나쁜 점을 이야기하는 것이 아니며, 이것을 숨기는 것이 예(禮)이니라.」

양전(梁鱣)은 자를 숙어(叔魚)라 했고 공자보다 29세 아래다.

안행(顔幸)은 자를 자류(子柳)라 했고 공자보다 46세 아래다.

염유(冉孺)는 자를 자로(子魯)라 했고 공자보다 50세 아래다.

조흘(曹卹)은 자를 자순(子循)이라 했고 공자보다 50세 아래다.

공손용(公孫龍)은 자를 자석(子石)이라 했고 공자보다 53세 아래다.

자석까지 이상 35명은 모두 연령과 성명이 명료하며, 학업을 공자에게서 받고 공자와 문답한 것이 문헌에 보인다. 그러나 이하 42명은 연령이 불명하고 서전(書傳)에도 보이지 않는 사람을 기록하면 다음과 같다.

염계(冉季)의 자는 자산(子產).

공조구자(公祖句玆)의 자는 자지(子之).

진조(秦祖)의 자는 자남(子南).

칠조치(漆雕哆)의 자는 자렴(子斂).

안고(顏高)의 자는 자교(子驕).

칠조도보(漆雕徒父).

양사적(壤駟赤)의 자는 자도(子徒),

상택(商澤).

석작촉(石作蜀)의 자는 자명(子明).

임부제(任不齊)의 자는 선(選).

공양유(公良孺)의 자는 자정(子正).

후처(后處)의 자는 자리(子里).

진염(秦冉)의 자는 개(開).

공하수(公夏首)의 자는 승(乘).

해용점(奚容蒧)의 자는 자석(子晳).

공견정(公肩定)의 자는 자중(子中).

안조(顏祖)의 자는 양(襄).

교선(鄡單)의 자는 자가(子家).

구정강(句井疆).

한보흑(罕父黑)의 자는 자색(子索).

진상(秦商)의 자는 자비(子丕).

신당(申黨)의 자는 주(周).

안지복(顏之僕)의 자는 자숙(子叔).

영기(榮旂)의 자는 자기(子祈).

현성(縣成)의 자는 자기(子祺).

좌인영(左人郢)의 자는 행(行).

연급(燕伋)의 자는 자사(子思).
정국(鄭國)의 자는 자도(子徒).
진비(秦非)의 자는 자지(子之).
시지상(施之常)의 자는 자항(子恒).
안쾌(顏噲)의 자는 자성(子聲).
보숙승(步叔乘)의 자는 자거(子車).
원항적(原亢籍).
악해(樂欬)의 자는 자성(子聲).
염결(廉潔)의 자는 용(庸).
숙중회(叔仲會)의 자는 자기(子期).
안하(顏何)의 자는 염(冉).
적흑(狄黑)의 자는 석(晳).
방손(邦巽)의 자는 자렴(子斂).
공충(孔忠).
공서여여(公西輿如)의 자는 자상(子上).
공서잠(公西箴)의 자는 자상(子上).

태사공은 말한다.

「세상의 학자들은 공자의 70명의 제자에 대하여 이따금 말한다. 칭찬하는 사람은 실제 이상으로 추켜세우고, 비방하는 사람은 실제 이하로 평하지만 모두 그 용모조차 보지 않고 논평하고 있는 것이다. 제자의 명부는 공씨(孔氏)의 벽 속에서 나온 고문(古文)의 기록에 근거한 것으로서 거의 정확하다. 나는 제자의 성명이나 문사(文辭)를 모두 《논어(論語)》의 공자와 제자의 문답에서 땄고, 순서대로 이 한 편을 만들었다. 의심스러운 것은 생략하고 싣지 않았다.」

상군 열전 제8

상군(商君)은 위왕(衛王)의 여러 첩들이 낳은 공자들 가운데 한 사람으로 이름은 앙(鞅), 성은 공손씨이다. 그의 조상은 원래 희씨(姬氏)였다. 앙은 젊었을 때 형명(刑名)의 학(學)[1]을 좋아하여, 위(魏)의 재상 공숙좌(公叔痤)를 섬겨 그 중서자(中庶子)[2]가 되었다. 공숙좌는 그의 현명함을 알고 있었지만 아직 왕에게 추천할 기회가 없었다. 우연하게 공숙좌가 병에 걸렸을 때, 위나라의 혜왕(惠王)은 친히 병상을 찾아와서 공숙좌에게 말했나.

「그대의 병이 만일의 경우를 당하게 된다면 사직(社稷)[3]을

---

1) 형명(刑名)의 학(學)…「형명(刑名)」은「형명(形名)」이라고도 한다. 원래는 형체(혹은 실체)와 명칭을 가리킨다. 선진(先秦) 법가(法家)는 오히려「형명(刑名)」과「법술(法術)」을 연계시켜「명(名)」을 법령·명분·언론 등으로 인식시키고, 순명책실(循名責實)·신상명벌(愼賞明罰)하는 것이라고 주장하였다. 그래서 후대 사람들은 그들의 학설을「형명(刑名)」혹은 「형명지학(刑名之學)」이라고 불렀다.

2) 중서자(中庶子)…대부 집안의 집사로, 지위는 사인(舍人)보다 약간 높았다.

3) 사직(社稷)…고대 제왕이나 제후가 제사 지낸 대상이 토신(土神 : 社)과 곡신(穀神 : 稷)이기 때문에 흔히 사직(社稷)으로 국가를 대신 지칭하기도 한다.

누구에게 맡기는 것이 좋겠소?」

공숙이 대답했다.

「소신의 중서자(中庶子) 공손앙은 연소하지만 기재(奇才)가 있는 인물입니다. 임금께서는 국정 모두를 그에게 물으시는 것이 좋을 줄 압니다.」

쓰지 않을 바엔 죽여라

왕은 묵묵히 있다가 드디어 가려고 하자, 공숙좌는 사람을 물리친 다음 말했다.

「임금께서 혹 앙을 쓰기 꺼리신다면 반드시 그를 죽이실 일이지 나라 밖으로 나가게 해서는 안 됩니다.」

왕이 고개를 끄덕이고 나가자, 공숙좌는 공손앙을 불러놓고 사과했다.

「조금 전에 임금께서 누군가 재상(宰相)이 될 만한 인물이 없겠느냐고 물으시기에 나는 너를 추천했는데, 임금의 얼굴 표정을 보자니 나의 말을 받아들이시지 않는 것 같더라. 나로서는 임금이 첫째이고 신하는 그 다음으로 생각하는 처지이기에 임금에게 말씀드리기를, 『만약 앙을 쓰지 않으시려거든 죽이는 것이 좋을 것입니다』 라고 했더니 임금은 끄덕거리시며 나가셨다. 그러니 너는 빨리 도망을 치는 것이 좋겠다. 언제 붙잡힐지 모른다.」

앙이 말했다.

「임금께서 저를 쓰는 것이 좋겠다는 상공의 말씀을 듣지 않으신다면 또 어찌하여 저를 죽이라는 상공의 말씀을 들으시겠습니까?」

앙은 끝내 도망치지 않았다. 혜왕은 공숙의 집을 나서자, 따라 온 신하들에게 말했다.

「공숙의 병이 아주 중한가 보오. 슬프게도 국가의 정사를 공손앙에게 물으라고 나에게 권하다니. 아무래도 병이 중하여 망령이 든 모양이오.」

공숙이 죽은 뒤에 공손앙은 진(秦)나라의 효공(孝公)이 나라 안에 영을 내려 현자를 구하여 선조 목공(穆公)의 위업을 재건하고 동쪽의 실지(失地)를 회복코자 한다는 말을 듣고, 마침내 서쪽으로 가서 진나라에 입국하여 효공의 총신 경감(景監)의 소개로 효공을 알현하게 되었다. 효공은 위앙(衛鞅 : 상앙 즉 공손앙)을 인견하고 장시간에 걸쳐 이야기했다. 그런데 효공은 이따금 졸면서 잘 듣지 않는 것 같아서 공손앙은 나와 버렸다. 효공은 화가 나서 경감에게 말했다.

「그대의 손은 망령된 사람인가 보구려. 어디에 쓸모가 있다는 거요?」

경감이 이 일로 위앙을 책망하자, 위앙이 말했다.

「나는 공에게 오제(五帝)의 도리[4]를 설명했는데, 공은 마음속에 깨닫는 바가 없었소. 5일 후에 다시 공에게 나를 인견하시도록 부탁해 주시오.」

그렇게 하여 앙은 다시 효공을 알현하고 반복하여 설명했으나 이번에도 공의 마음에 들지 못하였다. 앙이 나가자 효공은 또 경감을 불러 책망하였고, 경감도 또 앙을 책망했다. 앙이 말했다.

「나는 공에게 왕도(王道)를 설명했는데, 아직도 공의 마음에 들질 못했소. 어떻게든 다시 한 번 나를 공에게 알현시켜 주시

---

4) 오제(五帝)의 도리…오제는 전설 속의 다섯 제왕. 즉 황제(黃帝)·전욱(顓頊)·제곡(帝嚳)·요(堯)·순(舜)을 가리킨다. 오제(五帝)의 도리는 특히 요임금과 순임금의 도(道)를 말한다.

상 앙

오.」

앙이 다시 효공을 알현하자, 효공은 처음으로 앙의 인물을 착하다고 했다. 그러나 아직 등용하지는 않았다. 앙이 물러가자 효공이 경감에게 말했다.

「그대의 손은 이야기를 해볼 만한 사람이더군.」

앙은 경감에게 말했다.

「나는 공에게 오패(五覇)의 도리[5]를 설명했던바 공의 뜻이 움직여 나의 설명을 받아들이려 했소. 어떻게든 다시 한 번 공을 알현할 수 있도록 해주시오. 나도 이제 공의 뜻이 어디에 있는지 알아차렸소.」

앙은 다시 효공을 알현할 수 있었는데, 이번에는 공이 이야기에 열중하여 무릎이 의자 밖으로 나오는 것도 모르는 채 며칠을 두고 이야기해도 귀찮아하지 않았다. 경감이 앙에게 물었다.

「그대는 어떻게 하여 우리 임금의 뜻을 맞추었소? 임금이 기뻐하는 바는 대단하오.」

앙이 대답했다.

「나는 공에게 제왕(帝王)의 도(道)를 설명하면서 삼대(三代 : 하・은・주) 성왕(聖王)과 어깨를 나란히 하는 이상정치의 실현을 이야기했지만, 공은 『그것은 먼 미래의 꿈이오. 나는 그 실현

---

5) 오패(五覇)의 도리…오패는 일반적으로 춘추시대의 제(齊) 환공(桓公)・진(晉) 문공(文公)・진(秦) 목공(穆公)・초(楚) 장왕(莊王)・송(宋) 양왕(襄王)을 가리킨다. 여기에서의 오패의 도리는 특히 제 환공과 진 문공의 도를 말한다.

을 기다릴 수 없소. 현군(賢君)이란 당대에 이름을 천하에 나타내는 법이오. 어찌 유유하게 수십 수백 년 제왕의 도를 성취하도록 기다린단 말이오?』 라고 말씀하셨소. 그래서 나는 다시 강국책(强國策)을 설명했던바 공이 대단히 기뻐했을 뿐이오. 그런데 임금께서는 왕자로서의 덕에 대해서는 은(殷)·주(周)의 성왕의 발꿈치에도 미치지 못하오.」

효공이 앙을 등용한 다음, 국법을 고치고자 생각하면서도 세상 사람들이 자기를 비방할 것을 두려워했다. 앙이 말했다.

「확신이 없는 행위는 명예가 될 수 없고, 확신이 없는 사업은 공적이 될 수 없습니다. 그리고 또 보통사람보다 뛰어난 식견을 가진 사람은 세상에서 비난을 받기 쉽고, 독특한 생각을 하는 사람은 반드시 백성에게서 비방을 받기 마련입니다. 어리석은 사람은 일의 성과조차 모르지만, 지혜 있는 사람은 아직 싹수도 보기 전에 알아차립니다. 그러므로 백성들은 일의 시초에 의견을 따르는 것이 아니라 성공한 다음에 그 즐거움을 함께 하는 법입니다. 지덕(至德)을 논하는 자는 속설(俗說)에 대답을 하지 않으며, 대공(大功)을 이루는 자는 윗사람들과 의논을 함께 하지 않습니다. 그런 까닭에 성왕(聖王)은 적어도 나라를 강하게 만들 수 있는 길이 있으면 결코 선례를 따르지 않으며, 적어도 백성에게 이익이 될 수 있는 길이 있으면 결코 예제(禮制)에 따르지 않는 것입니다.」

효공이 앙의 뜻을 받아들였으나, 감룡(甘龍)은 이를 반박했다.

「그렇지 않습니다. 성인은 민속을 바꾸지 않고 교화하며, 지자(智者)는 국법을 바꾸지 않고 통치하는 법입니다. 민속을 바꾸지 않고 교화시킨다면 수고롭지 않고도 성공하며, 국법을 그대로 두고 통치하면 관리는 이것에 길들여지고 백성은 그곳에 안주하는 법입니다.」

그러자 앙이 말했다.

「감룡이 말하는 것은 속론(俗論)입니다. 평민은 구속(舊俗)으로 안정하고자 하고, 학자는 습문(習聞)에 빠지기 마련입니다. 이런 처지에 관직에 있으면서 법을 지키는 것도 좋지만, 그것만으로 국법・예제(禮制)를 초월한 큰 문제를 논할 수는 없습니다. 3대(하・은・주)는 예(禮)를 똑같이 갖추지 않았지만 모두 왕자가 되었고, 오백(五伯 : 춘추 오패)은 법을 똑같이 제정하지 않았지만 모두 패자(覇者)가 되었습니다. 지자(智者)가 법을 만들고 우자(愚者)는 그것에 의해 억제당하며, 현자가 예제를 고치고 불초한 자는 그것에 의해 억제당하는 법입니다.」

그러자 두지(杜摯)라는 자가 다시 반박했다.

「이익이 백 배가 나지 않으면 법을 바꾸지 않고, 효과가 열 배 나지 않으면 기(器 : 禮란 뜻)를 바꿀 수 없습니다. 옛 것을 따르면 과오가 없고 예를 따르면 사악(邪惡)은 없습니다.」

앙이 말했다.

「세상을 다스리는 도(道)는 한 가지가 아니며, 국가에 이익이 된다면 반드시 옛 것을 따를 필요는 없습니다. 실제로 은(殷)의 탕왕, 주(周)의 무왕은 옛 것을 따르지 않고도 왕이 되었으며, 하・은은 예제(禮制)를 바꾸지 않았어도 멸망했습니다. 옛 것을 뜯어고친다 하여 반드시 나쁜 것만은 아니며, 예를 따른다고 해서 반드시 좋다고만은 할 수 없습니다.」

효공이 말했다.

「좋소.」

그리고는 앙을 좌서장(左庶長)[6]에 앉히고 마침내 개법(改法)

의 영을 정했다.

약속은 반드시 지킨다

민간(民間)에 다섯 집 내지 열 집을 한 조로 묶어 상호 감시하며 연좌하기로 하고, 위범자를 신고하지 않는 자는 요참(腰斬 : 허리를 벰)의 형(刑)에 처하며, 신고한 자에게는 적의 목을 벤 것과 똑같은 상을 주고, 은폐하는 자는 적에게 항복한 것과 똑같은 죄를 내리기로 했다. 백성 중 한 집에 남자가 두 명 이상이 있는데도 분가(分家)하지 않는 경우에는 부세(賦稅)를 2배로 하고, 군공이 있는 자는 각각 차등에 따라 상급의 작(爵)을 주고, 사사로이 싸움을 일삼는 자는 각기 경중에 따라 처벌된다.

어른이건 아이건 힘을 합쳐서 밭갈이와 길쌈을 본업으로 하고, 곡식이나 비단을 많이 납세하는 자에게는 부역을 면제해 주고, 말리(末利)에 종사하는 자[7]나 태만하여 가난한 자는 모두 색출하여 종을 삼았다. 종실(宗室)의 일족이라 하더라도 군공이 없으면 조사하여 공족(公族)의 적을 빼앗고, 존비봉록(尊卑俸祿)의 등급을 분명하게 하여 각기 차등을 두었다.

한 가정이 점유하는 전택(田宅)의 넓이와, 신첩노비(臣妾奴婢)의 수, 그리고 의복의 제도도 집안의 작위의 등급에 따라 차별이 있었다. 공로가 있는 사람은 영화로운 생활을 하고, 공로가

---

6) 좌서장(左庶長)…진(秦)나라의 작위는 총 20등급인데, 좌서장은 그 중 11번째 등급이다.

7) 말리(末利), 즉 상업에 종사하는 사람들은 떠돌아다니며 장사를 하므로 일정한 거주지를 중심으로 생활하는 농민들과는 달리 전쟁과 같은 위기 상황이 발생하면 그 집이나 마을을 지키는 것이 불가능하기 때문에 이렇게 한 것이다.

없는 사람은 부유하더라도 화려한 생활이 허락되지 않았다.

이와 같이 신법령은 만들어졌는데, 아직 공포하지는 않았다. 백성이 믿지 않을 것을 두려워했던 까닭이다. 그리하여 한 방책을 생각해냈는데, 높이 세 발 되는 나무를 성중 저자의 남문에 세우고 표면에 이렇게 써 놓았다.

「이 나무를 북문으로 옮기는 사람에게는 10금(金)을 준다.」

그러나 누구나 이상하다고 생각했던지 옮기려는 사람이 없어서 다시 이렇게 썼다.

「이 나무를 북문으로 옮기는 사람에게는 50금(金)을 준다.」

그러자 어떤 사람이 이 나무를 북문으로 옮겼다. 그는 그 즉시로 50금을 받았다. 이렇게 해서 백성을 속이지 않고 약속은 반드시 지킨다〔徙木之信〕는 굳은 믿음을 갖게 한 다음 법령을 공포했다. 그러나 이 법령이 시행되자 1년 사이에 진(秦)나라 서울에 나와서 신법령의 불편을 호소한 백성이 천 명에 이를 정도였다. 그러는 동안에 태자가 법을 범했다. 위앙은 이렇게 말했다.

「법이 제대로 지켜지지 않는 것은 윗사람부터 법을 범하기 때문이다.」

그는 법에 따라 태자를 처벌하려고 했다. 그러나 태자는 임금의 뒤를 이을 사람인 까닭에 처벌하기 곤란하다 하여 태자의 태부(太傅)인 공자 건(虔)을 처벌하고, 스승인 공손고(公孫賈)를 자자형(刺字刑 : 이마에 글자를 넣는 형)에 처했다. 그 이튿날부터 진나라 사람들은 모두 법을 따랐다.

도불습유(道不拾遺)

법을 시행한 지 10년, 진나라 백성들은 크게 기뻐했으며, 길

위에 떨어진 유실물조차 주우려는 자가 없었다〔道不拾遺〕. 산속에도 도둑이 없었으며, 집집마다 생활이 넉넉했고, 사람마다 만족했다. 또 백성들은 나라를 위한 싸움에 용감했고, 사사로운 싸움에는 겁을 냈으며, 향읍(鄕邑)도 잘 다스려졌다. 일찍이 법령에 불만을 호소했던 사람들 중에는 이제 법령의 편리함을 상소하러 온 사람도 있었다.

위앙은 이렇게 말했다.

「이러한 자들은 모두 교화를 어지럽히는 자이다.」

그리고는 그들을 남김없이 변경으로 내쫓았다. 그 뒤로는 감히 새로운 법에 대해서 이러쿵저러쿵 말하는 자가 없었다.

이에 왕은 위앙을 대량조(大良造[8])로 삼았다. 또 앙은 군사를 이끌고 위(魏)나라의 안읍(安邑 : 산서 하현의 북쪽)을 포위하고 항복을 받았다. 3년 후, 함양에 누문(樓門)·궁전·정원을 조영(造營)하고, 진나라는 옹(雍)으로부터 이곳으로 천도했다. 백성에게 명령하여 부모형제가 한 집안에 함께 사는 것을 금하고, 또 소읍과 취락(聚落)을 모아 현으로 했으며, 현의 관리로 영(令)·승(丞)을 두었다. 현은 모두 31현이 있었다.

전지(田地)의 경계를 개방하여 경작을 자유화했고, 부역과 조세를 평균화하고, 도량형을 통일했다. 그런 지 4년 후 공자 건이 다시 법을 범했기 때문에 코를 베는 형에 처했다. 다시 5년에는 진나라가 부강하게 되었기 때문에 주(周)나라 천자는 효공에게 조육(胙肉 : 조상의 제사에 쓰일 고기)을 하사하고 제후는 모두 이를 경하했다. 이듬해, 제(齊)나라는 위(魏)나라 군사를 마릉(馬

---

8) 대량조(大良造)…즉 대상조(大上造)를 말한다. 진(秦)나라의 15번째 등급의 작위로, 지위는 재상에 상당한다. 진나라는 효공(孝公) 10년(B.C. 352년)에 상앙(商鞅)을 대량조로 임명하였다.

陵 : 산서 복현의 동북쪽)에서 깨고 위나라 태자 신(申)을 사로잡았으며, 장군 방연을 죽였다. 이듬해 앙이 효공에게 말했다.

「진(秦)과 위(魏)의 관계는 마치 사람에 비유한다면 내장(內藏)에 병이 있는 것과 마찬가지여서, 위가 진을 병합하지 않는다면 진이 위를 병합해야 합니다. 왜냐하면 위는 험준한 산령 서쪽에 있어 안읍에 도읍을 하고, 진과는 황하를 사이에 두고 있으면서 산동의 이익을 독점하고 있어, 유리하다고 생각되면 서쪽의 진을 침략하고 피폐하면 동쪽의 땅을 침략하기 때문입니다. 지금 우리나라는 임금의 성은으로 말미암아 번영하고 있는데, 위나라는 지난해 제(齊)나라에게 크게 패했고 제후들도 위를 배반하고 있습니다. 지금이야말로 위를 쳐부술 좋은 기회입니다. 위나라는 진나라의 공격을 막아내지 못하게 되면 틀림없이 동쪽으로 옮기게 될 것입니다. 동쪽으로 옮기게 되면 진은 산하자연(山河自然)의 요새지를 차지하게 되며, 동쪽의 제후들을 제압할 수 있게 됩니다. 이것은 제왕의 사업입니다.」

효공은 이 말을 이치에 맞는다고 생각하고 앙을 장수로 삼아서 위나라를 쳤다. 위나라는 공자(公子) 앙(卬)을 장수로 삼아 진나라를 맞아 싸웠으나 앙(鞅)은 위의 공자 앙(卬)에게 편지를 보내 말했다.

「나는 원래 공자와 절친한 사이였는데 지금 양군의 장수로 헤어져서 싸우게 되는 것은 참을 수 없는 일이오. 공자와 만나서 휴전을 서약하고 즐겁게 술을 마시며 진나라와 위나라의 평화를 의논하고 싶소.」

위나라의 공자 앙은 잘 되었다고 생각하고 회담을 연 다음 술을 마셨다. 그러자 앙(鞅)은 무장한 복병을 감춰두었다가 별안간 습격하여 공자 앙을 사로잡았다. 그리고 위세를 얻어 위군을 쳐서 위나라를 깨고 진나라로 귀환했다. 위(魏)의 혜왕(惠王)은 위의 군사가 이따금 제(齊)·진(秦)의 군사에게 패하여 국내의 재력과 병력이 줄어들고 국토가 날로 줄어드는 것을 겁내어 사자를 파견해서 황하 서쪽의 땅을 진에게 바치고 화목하기로 했다. 그리고 위나라는 마침내 수도인 안읍을 버리고 대량으로 천도했다. 위나라 혜왕은 이렇게 술회했다.

「나는 공숙좌(公叔座)의 간언을 듣지 않은 것을 후회한다.」

탐위(貪位)와 탐명(貪名)

앙(鞅)이 위(魏)를 깨고 귀환하자, 진나라에서는 앙을 어(於)·상(商)의 15읍에 봉하고 호(號)를 상군(商君)이라고 했다. 상군이 진나라 재상의 자리에 있기 10년, 그 사이에 진나라 군주의 일족과 외척들은 그를 원망하는 자가 많았다. 조양(趙良)이 상군과 만났을 때 상군이 말했다.

「내가 당신을 만날 수 있었던 것은 맹난고(孟蘭皐)의 소개에 의한 것이오. 나는 앞으로도 계속 당신과 교제하기를 원하는데 어떠하오?」

조양이 대답했다.

「나는 군이 사귀기를 원치 않습니다. 공구(孔丘 : 공자)는 『현자(賢者)를 추대하여 받드는 자는 입신(立身)하고, 불초(不肖)하는 자를 모아 그 왕 노릇하는 자는 몰락한다』 고 했습니다. 나는 불초인 까닭에 당신의 명령을 따를 수 없다고 생각합니다. 나는 『있을 자리가 아닌데도 그 자리에 있는 것을 탐위(貪位)라 하고, 받아야 할 명예가 아닌데도 그것을 받는 것을 탐명(貪名)이라』 고 들었는데, 만약 당신의 말을 따른다면 아마 탐위와 탐

명의 비난을 받게 될 것입니다. 그런 까닭에 군이 당신의 명령을 따를 수 없을 것으로 생각합니다.」

「그렇다면 그대는 나의 진(秦)나라 통치를 마땅치 않게 생각하는 거요?」

「남이 하는 말을 듣고 반성을 하고 경청하는 것을 총(聰)이라 하며, 심복(心服)하고 사물을 밝혀 보는 것을 명(明)이라 했으며, 자신을 극기하는 것을 강(强)이라고 했습니다. 우순(虞舜)의 말씀에 『스스로 겸손하면 존경을 받는다』는 말이 있는데, 우순의 도를 논할 생각이 없으시다면 나에게 물을 필요가 없을 줄 압니다.」

천 명의 순순한 복종도 한 선비의 직언에는 미치지 못한다

상앙이 말했다.

「진(秦)나라에는 종래로 융적(戎狄)의 풍습이 있어 부자의 분별이 없이 처를 공유했는데 지금 나는 그 풍습을 고쳐서 남녀의 구별을 두었고, 또 크게 누문(樓門)을 지음으로써 조영(造營)을 노(魯)·위(衛)처럼 했소. 당신은 나의 진나라 통치를 보고 오고대부(五羖大夫)[9] 백리해(百里奚)와 비교하여 어느 쪽이 현명하다고 생각하오?」

---

9) 오고대부(五羖大夫)…진(晉)나라 대부 백리해(百里奚)를 가리킨다. 백리해는 본래 진(秦)나라의 대부였다. 진(晉)나라가 우(虞)나라를 멸망시켰을 때 포로가 되었는데, 후에 진(秦) 목공(穆公) 부인의 배가(陪嫁) 노예로 진(秦)나라로 보내졌다. 백리해는 이를 치욕스럽게 생각하고 진(秦)나라에서 초(楚)나라로 도망쳐 왔는데, 초나라 변방 지역에서 초나라 사람에게 체포되었다. 그 후 그가 재능 있는 사람임을 알아본 진 목공이 다섯 장의 양가죽을 주고 그를 사서 돌아오게 하여 대부로 삼았으므로 오고대부라고 불리게 되었다.

조양이 대답했다.

「1천 마리의 양가죽이 있더라도 한 마리 여우의 겨드랑이 밑 가죽만 못하고, 1천 명의 순순한 복종도 한 선비의 직언에는 미치지 못합니다〔千羊之皮 不如一狐之腋 千人之諾諾不如一士之諤諤〕. 주(周)의 무왕은 신하의 직언에 의해 번영했고, 은(殷)의 주왕은 신하의 순순한 맹종에 의해 멸망했습니다. 당신께서 만약 무왕을 비난하지 않을 수 있다면 내가 온종일 당신에게 직언하더라도 그 불손함을 처벌하지 않기 바랍니다.」

상군이 말했다.

「옛말에도 『모언(貌言 : 겉치레하는 말)은 화려하고, 지언(至言)은 열매가 있다. 고언(苦言)은 약이 되며, 감언(甘言)은 병이라』 고 했소. 만약 당신이 온종일 직언을 해준다면 그것은 나에게 약이 될 것이오. 앙(鞅)은 빨리 당신을 스승으로 삼고자 하는데, 당신은 어찌하여 아직도 사양하고만 있는 것이오?」

조양이 말했다.

「그 오고대부는 초나라의 미천한 출신입니다. 진(秦)나라 목공의 현명함을 듣고 알현하고자 했으나, 가고자 하니 여비가 없어 부득이 자기 몸을 진나라 여객(旅客)에게 팔아 진나라에 데리고 가게 했으며, 허름한 옷을 걸치고 소를 치고 있었습니다. 1년 후 일약 목공은 그의 현명함을 알고 천한 소치기에서 재상으로 기용했지만 진에서는 아무도 허물치 않았습니다. 진나라 재상으로 있기 6, 7년 사이에 동쪽으로는 정(鄭)나라를 쳤고, 세 차례나 진(晋)나라의 임금을 세웠으며, 한 차례 초(楚)나라의 화(禍)를 구해냈습니다. 또 교령(敎令)을 국내에 반포하여 백성을 감화시킴으로써 파인(巴人 : 사천)도 공물을 바쳐왔고, 은덕을 제후들에게 베풂으로써 팔융(八戎)도 귀순해 왔습니다. 서융(西戎) 사람

유여(由余)[10]도 명성을 듣고 관문을 두드려 회견을 청했습니다. 재상이 된 이후에는 지쳐도 수레에 타는 일이 없고 더워도 수레에 차일을 치지 않았으며, 국내를 순행하는 데는 행차의 수레를 따르게 하지 않았고, 무장한 호위를 거느리지 않았으며, 공적은 기록하여 조정의 서고(書庫)에 보존시키니, 덕행은 영원히 후세에 전해지게 되었습니다. 죽었을 때 진나라의 남녀는 눈물을 흘렸고, 아이들은 노래를 부르지 않았으며, 방아 찧는 사람까지도 방아타령을 부르지 않았습니다. 이것은 오고대부의 덕에 의한 것입니다. 그런데 상군께서 진왕(秦王)을 알현하게 되었던 것은 임금의 총신인 경감(景監)의 소개에 의해서이며, 경감을 주인으로 모셨기 때문인데, 그것은 명예는 아닙니다. 또 진나라 재상이 되어서 백성의 이익을 돌보지 않고 누문만 화려하게 짓는 것은 공적이 아닙니다. 태자의 사부(師傅)를 자자형에 처하고 백성을 가혹하게 처벌하는 것은 원한을 쌓고 화를 쌓는 일입니다. 위정자가 솔선수범하여 백성을 감화시키는 힘은 명령보다 깊은 법이며, 백성이 윗사람의 하는 일을 보고 배우려는 것도 명령하는 것보다 빠른 법입니다. 지금 상군께서 세운 제도는 도리에 등진 것이며, 변경시킨 국법은 도리에 어긋나는데, 이것으로 백성을 교도할 일은 결코 아닙니다. 또 상군께서는 봉읍 상(商)・오(於)에 군림하여 국왕과 마찬가지로 과인(寡人)[11]이라 칭하고 날마다 진

---

10) 유여(由余)…본래는 진(晉)나라 사람인데, 서융(西戎 : 서방 민족)으로 도망갔다. 융왕(戎王)은 그를 진(秦)나라로 파견하여 그곳의 허실을 관찰하도록 하였다. 진(秦) 목공(穆公)은 그가 재능이 있음을 알아보고 놓아주지 않고 머물도록 하였으며, 아울러 융왕에게는 여자와 가무단을 보내 유여와의 관계를 끊게 하였다. 유여는 서융으로 돌아온 후, 여러 차례 간언을 하였지만 융왕은 들어주지 않았다. 그래서 유여는 융을 떠나 진(秦)나라로 투항하여 목공을 도와서 서융을 정벌할 계획을 세웠으며, 12국(國)을 합병하여 패서융(覇西戎)이라고 하였다.

나라의 귀공자의 죄를 규탄하고 계십니다.

상군의 목숨은 아침이슬과 같다

《시경》에 『쥐에게도 예의가 있는데 사람이면서 예의가 없네. 사람이면서 예의가 없다면 어찌 속히 죽지 않는가』라는 구절이 있거니와, 이 시구에서 보더라도 상군께서 하시는 일은 천수를 누릴 수 없을 것입니다. 공자 건(虔)은 코를 잃은 것을 부끄럽게 생각하며 문을 닫고 밖에 나오지 않기〔杜門不出〕8년에 이르렀습니다. 상군께서는 또 축환(祝懽 : 태자의 사부?)을 죽였고, 공손가를 자자형에 처했습니다. 《시》에도 『인심을 얻는 자는 흥하되 인심을 잃는 자는 붕괴한다』는 구절이 있습니다만, 상군께서 저지른 몇 가지 사건은 아무래도 인심을 얻을 수 없습니다. 상군은 외출을 할 때 후차(後車) 수십 대, 종차(從車)에는 갑옷 입은 병사를 태우고 그 위에 힘센 종자들을 함께 태우며, 창을 들고 극(戟)을 든 자의 호위 속에 달리십니다. 이 가운데 한 가지라도 갖추어지지 않으면 상군께서는 절대로 외출을 하지 않으려고 하십니다. 《서경(書經)》에 『덕을 의지하는 자는 번영하되 힘을 의지하는 자는 멸망한다』는 구절이 있습니다만, 상군의 목숨은 정말로 아침이슬과 같이 위험합니다〔朝露之危〕. 그렇지만 더 살고 천수를 다하고 싶으시다면 오(於)·상(商)의 15읍을 반납하고 시골에 묻혀 은거하며 전원(田園)에서 물을 대는 생활을 하지 않으시렵니까? 아니면 진왕에게 권하여 바위굴에 숨은 현자를 나오게 하고 노인을 공경하며, 고아를 돌보고 부형(父

---

11) 과인(寡人)…상앙이 상군으로 봉해진 것을 말한다. 춘추전국시대에는 군(君)으로 봉해지면 모두 「과인」이라고 할 수 있었다.

兄)을 존경하며, 공이 있는 자에게 벼슬을 주고 덕이 있는 자를 존경하면 조금은 안정될 것입니다. 만약 당신께서 앞으로도 상(商)・오(於)의 부(富)를 탐내고 진나라의 변법(變法)을 영예롭게 생각하여 백성의 원한을 쌓아나간다면 진왕이 일단 당신을 남겨두고 죽었을 때 진나라가 당신을 체포할 것은 너무나 당연한 일입니다. 당신을 죽이는 것은 한쪽 발을 들고 기다리는 것만큼이나 빠른 시간일 것입니다.」

그러나 상군은 이 말을 따르지 않았다.

내가 만든 법에 내가 걸려들었구나!

그 후 5개월 만에 진나라 효공은 죽었으며, 태자가 왕위에 올랐다. 공자 건(虔)의 일당이 상군은 반란을 획책하고 있다고 보고하자, 관리를 시켜 상군을 사로잡으려고 했다. 상군은 도망을 쳐 관소(關所) 근처에까지 와서 여인숙에 들려고 했다. 여인숙 주인은 이 손님이 상군임을 알지 못하고 말했다.

「상군의 법률에 의하면 여행증명서가 없는 손님을 재우게 되면 똑같은 죄가 됩니다.」

상군은 탄식하며 말했다.

「아, 신법(新法)의 피해는 급기야 내 몸에까지 미쳤구나〔作法自斃〕!」

진나라를 떠나 위(魏)나라로 갔다. 위나라 사람들은 상군이 공자 앙(卬)을 속여서 위나라 군사를 깼던 것을 원망하며 그를 받아들이지 않았다. 상군이 다른 나라로 가려고 하자, 위나라 사람들은 이렇게 말했다.

「상군은 진나라의 국적(國賊)이다. 진나라는 강국으로 그 적

(賊)이 위나라에 들어온 이상 진나라로 돌려보내지 않으면 안 된다.」

그러면서 마침내 상군을 진나라로 되돌려 보냈다. 상군은 다시 진나라로 들어가자 상읍(商邑)으로 가서 따르는 무리들과 봉읍의 군사를 일으켜 북쪽 정(鄭)나라를 쳤다. 진나라에서는 군사를 내어 상군을 공격했고, 정나라 면지(하남 면지)에서 그를 죽였다. 진혜왕(秦惠王)은 그의 시체를 거열형(車裂刑)[12]으로 다스리고 백성들에게 보이면서 경고했다.

「상앙과 같은 모반자가 되지 말라!」

그리고는 마침내 상군의 일족을 멸했다.

태사공은 말한다.

「상군은 천성이 각박한 사람이다. 효공에게 등용되기를 청하기 위하여 제왕의 도리를 설명한 경위를 더듬어보건대, 마음에도 없는 헛소리를 지껄였을 뿐 그 본심에서 나왔던 것은 아니다. 더욱이 주선을 해주었던 사람은 총애를 받고 있던 태감(太監)이었는데, 등용되자 공자 건(虔)을 처형했고, 위나라 장군인 공자 앙(卬)을 속였으며, 조양의 간언을 듣지 않았다. 이 또한 상군이 각박한 자였음을 증명하는 것이라 하겠다. 나는 일찍이 상군이 지은 《상군서(商君書)》의 『개색(開塞)』 『경전(耕戰)』 등을 읽었는데, 그 사상은 그 사람의 행동과 아주 합치하고 있다. 악명을 진나라에서 얻고 높였던 것도 까닭이 있는 일이라 하겠다.」

---

12) 거열형(車裂刑)…사람의 머리와 사지를 다섯 수레에 나누어 묶고 다섯 필의 말로 하여금 끌어당기게 하여 찢어 죽이는 잔혹한 형벌. 속칭 「오마분시(五馬分尸)」 라고도 한다.

소진 열전 제9

소진(蘇秦)은 동주(東周)의 낙양(雒陽) 사람이다. 동쪽에 있는 제(齊)나라에 가서 스승을 찾아 귀곡(鬼谷)선생[1]에게서 배웠다. 방랑하기 몇 년, 크게 곤궁을 당하다가 고향에 돌아왔다. 형제자매, 처첩들은 은근히 조소(嘲笑)하며 말했다.

「주나라의 관습으로는 전지(田地)를 경작하거나 상공업에 힘을 써서 십이(什二 : 2할割)의 이익을 좇는 것이 사람의 할 일로 되어 있는데, 지금 당신은 본업을 버리고 혀끝의 이론에나 힘을 쓰고 있으니, 그렇게 하고 곤궁하게 지내는 것은 당연한 일이지 않습니까?」

소진은 이 말을 듣고 마음속에 부끄럽게 여긴 나머지 혼잣말로 중얼거렸다.

「도대체 남자로 태어나서 남에게 고개를 숙이면서 학문을 해가지고 아무런 영달을 얻지 못한다면, 제아무리 독서를 한들 무슨 소용이 있으리오.」

---

1) 귀곡(鬼谷)선생…전국시대 활동한 종횡가 중 한 사람이다. 그는 귀곡(鬼谷)에서 살았기 때문에 귀곡선생 혹은 귀곡자(鬼谷子)라고 불렸다. 귀곡은 지금의 하남성 등봉(登封)현 동쪽이다.

그리고 자기의 장서를 꺼내 두루 훑어보다가 그 중에서 주서(周書)의 음부(陰符 : 병서의 이름)를 찾아내어 책상에 머리를 파묻고 읽었다. 1년 만에 췌마술(揣馬術)[2]을 터득한 그는 이렇게 말했다.

「이 술(術)만 가지고 있으면 당대의 군주를 설득시킬 수 있을 것이다.」

그리고는 우선 주나라의 현왕(顯王)에게 설명하려고 했으나, 현왕의 측근들은 원래 소진을 잘 알고 있었던 까닭에 경멸하고 아무도 상대해 주지 않았다. 그래서 그는 서쪽에 있는 진(秦)나라로 갔다. 진나라의 효공은 이미 죽고 난 다음이어서, 왕위를 이어받은 혜왕을 만나서 말했다.

「진은 사방이 험한 요새로 둘러싸인 나라로, 산으로 둘러싸이고 위수(渭水)가 막고 있으며, 동쪽으로는 관(關)·하(河)가 있고, 서쪽에는 한중, 남쪽에는 파·촉, 그리고 북쪽에는 대(代)·마(馬)가 있어 천부의 땅입니다. 이곳에 거하면 천하를 병합하고 제호(帝號)를 드날리게 될 것입니다.」

진왕이 대답했다.

「새라 하더라도 깃털이 자라기 전에는〔毛羽未成〕 높이 날 수가 없는 법이오. 내 나라의 문교(文敎)와 정치가 갖추어지기까지는 다른 나라의 병합[3] 따위는 생각조차 할 수 없는 일이오.」

진에서는 이때 상앙을 죽이고 세객(說客)들을 미워하고 있던

---

2) 췌마술(揣馬術)…남의 마음을 미루어 헤아려서 그 뜻을 번롱(翻弄)하여 자기 수중에 도입하는 술(術).

3) 병합…이것은 진나라 혜왕이 무력의 힘을 빌려 천하를 합병시키려는 소진의 계책에 반대한 것이다. 혜왕은 무력보다는 문리(文理)가 더 중요하다고 본 것이다.

때인지라 소진을 등용하지 않았다. 그래서 그는 동쪽에 있는 조(趙)나라로 갔다.

조나라의 숙후(肅侯)는 동생인 성(成)을 재상으로 하고 그에게 봉양군(奉陽君)이란 호를 주었는데, 봉양군은 소진을 환영하지 않았다. 그래서 다시 조나라를 떠나 연(燕)나라에 유세하기 1년여, 겨우 알현을 허가받아서 연나라 문후에게 말했다.

「연나라는 동쪽으로 조선 · 요동, 북쪽에는 임호(林胡) · 누번(樓煩) 등 제국이 있고, 서쪽에는 운중(雲中) · 구원(九原)이 있으며, 남쪽에는 호타(滹沱) · 역수(易水)가 흐르고 있습니다. 토지는 사방 2천여 리, 무장한 병력이 수십만, 전차 6백 승, 군마 6천필, 군량은 몇 년을 지탱하기에 족합니다. 남에는 갈석(碣石)과 안문(雁門 : 산서의 안문)의 풍요를 끼고 북쪽에는 대추와 밤의 수확이 있어, 백성은 밭을 갈지 않아도 자급할 수 있으니 천부의 땅이라 하겠습니다. 안락 무사하여 전화를 입지 않기로는 연나라를 따를 나라가 없습니다. 이 나라가 어찌하여 무사한지 대왕께서는 아십니까? 원래 연나라가 외적에게 침범당하지 않고 전화를 모르는 것은, 조(趙)나라가 연나라의 장벽이 되어 남쪽에 있기 때문입니다. 진나라와 조나라는 다섯 번 싸워 진이 두 번 이기고 조는 세 번 이겼습니다. 그 때문에 진나라와 조나라는 함께 피폐하게 되었습니다. 그러므로 대왕께서는 연나라를 온전하게 하면서 그 배후를 누를 수 있었습니다. 이것이 연나라가 외적에게 침범당하지 않게 된 까닭이었던 것입니다. 게다가 진나라가 연나라를 치려면 운중(雲中) · 구원(九原)을 넘고 대(代)와 상곡(上谷 : 연경)을 지나지 않으면 안 되는데, 그 길은 수천 리에 이릅니다. 비록 연나라의 성읍을 얻는다 하더라도, 진나라로서는 도저히 이를 지켜낼 수가 없습니다. 그렇고 보면 진나라가 연나라를 침범하지 못하는 까닭도 이해하실 것입니다.

그런데 조나라가 연나라를 치려고 들면 그 명령이 내려진 지 며칠이 안 되어 수십만의 군사가 동원(東垣)에 진을 치고 호타하(滹沱河)와 역수를 건너 4, 5일이 채 되기 전에 연나라 서울에 도달합니다. 그렇기 때문에 『진이 연을 치려면 천리 밖 싸움이고, 조가 연을 치려면 백리 안 싸움』이라고 하는 것입니다. 도대체 백 리 밖의 근적(近敵)을 두고 천리 밖의 원적(遠敵)을 두려워한다는 것은 아주 그릇된 계책입니다. 그러므로 대왕께서는 조나라와 합종(合縱)[4]을 맺으시고 천하의 제후가 한 몸처럼 뭉치는 것이 바람직하며, 그렇게 하신다면 연나라에는 반드시 화가 없을 것입니다.」

문후가 대답했다.

「그대의 말이 옳소. 그러나 우리나라는 작은데다가 서쪽으로는 조나라에 압박되고, 남쪽으로는 제(齊)나라에 가깝소. 제나라와 조나라는 모두 강국인 까닭에 우리나라의 종친은 바라지 않을 것이오. 단 당신이 틀림없이 합종하여 연나라를 안태하게 만든다면 나는 나라를 들어 그대의 말에 따르리다.」

그리하여 거마와 금백(金帛)을 소진에게 주어 조나라로 보냈다. 조나라에서는 봉양군이 이미 죽고 없었기 때문에 소진은 직접 숙후(肅侯)를 알현하고 말했다.

「천하의 대신 · 재상 · 군신(群臣)들로부터 벼슬을 하지 않은 가난한 선비〔布衣之士〕에 이르기까지 모두 임금이 행하시는 것

---

4) 합종(合縱)…전국시대 약소국가가 연합하여 강대국에 대항하는 것을 합종이라고 불렀다. 즉 전국시대 후기에 진(秦)나라가 가장 강대해지자 제(齊) · 초(楚) · 연(燕) · 조(趙) · 한(韓) 등의 나라가 연합하여 진나라에 대항했던 것을 가리킨다.

을 높고 어질다 하며, 모두가 임금의 가르침을 받들어 충언을 올릴 수 있기를 바라는 것은 누구나가 바란 지 오래된 일입니다. 그러나 봉양군이 이를 시기하여 임금께 말씀드릴 수 없었기 때문에, 빈객과 유세하는 선비들은 스스로 임금께 나와서 충언을 말할 염도 가지지 못했습니다. 지금은 봉양군이 이미 죽었고, 임금께서는 사민(士民)과 가까이 하실 수 있게 되셨기에 감히 어리석은 의견을 여쭙게 되었습니다.

조용히 생각해 보건대, 임금을 위한 계책이란 백성을 편안하게 하고 무사태평하게 해주는 것이 최선이며, 백성을 고생시키는 것은 금물입니다. 백성을 안정케 해주는 근본은 국교(國交)를 신중하게 다루는 것이며, 국교의 선택이 제대로 잘 되면 백성이 안정되거니와 국교의 선택이 제대로 안 되면 평생 안정을 기할 수 없는 법입니다. 청컨대 외환(外患)에 대하여 한 말씀드리도록 해주십시오.

제나라와 진나라가 조나라의 양 적(敵)이 된다면 백성은 안정될 수가 없으며, 그렇다고 해서 진나라에 의지하여 제나라를 치더라도 백성은 안정될 수 없습니다. 그러므로 다른 나라의 군주를 꾀어 그 나라를 치도록 하지 않으면 안 되는데, 그럴 경우 정신 차리지 않으면 안 되는 것은 비밀이 누설되는 일입니다. 국교가 단절되기 때문입니다. 임금께서는 듣기만 하시고 제가 드리는 말씀 중에서 이해득실이 아주 상반되는 점을 판별하시기 바랍니다. 문제는 음양(陰陽)의 양 끝, 곧 합종이냐 연횡(連衡)이냐, 그 중 어떤 것이 있을 뿐입니다. 대왕께서 진실로 저의 의견을 따르신다면 연나라는 틀림없이 모직물·갖옷·개·말의 산지(産地)를, 제나라는 틀림없이 생선과 소금이 나는 해변을, 초나라는 틀림없이 귤과 유자의 과수원을 제공하고, 한(韓)·중산(中山

: 나라이름. 하북 정현)에서는 모두 탕목(湯沐)의 땅으로 헌납물을 바치게 되며, 일문(一門)과 육친은 모두 봉읍을 받아 제후가 될 것입니다.

대체로 남의 토지를 빼앗고 이익을 취하는 것은 오백(五伯)이 적군을 쳐부수고 적장을 사로잡은 다음 구하던 목표입니다. 일문(一門)을 봉하여 제후로 만드는 것은 은의 탕왕, 주의 무왕이 그 임금을 내쫓거나 죽이는 방법으로 노리던 목적이었습니다. 지금 임금께서 팔짱을 낀 채 이 두 가지를 함께 얻으시도록 하는 것이 제가 임금을 위하여 권하는 일인 것입니다.

이제 임금께서 진나라와 손을 잡으신다면 진나라는 반드시 한(韓)나라와 위(魏)나라를 약하게 만들 것이고, 제나라와 손을 잡으신다면 제나라는 틀림없이 초나라를 약하게 만들 것입니다. 위나라가 약해지면 하외(河外)의 땅을 진나라에 떼어줄 것이고, 한나라가 약해지면 의양(宜陽 : 하남)을 진나라에 떼어줄 것입니다. 의양이 넘어오면 상군(上郡 : 上黨의 잘못인 듯)의 길은 막히고, 하외가 넘어오면 길은 상군으로 통하지 못합니다. 초나라가 약해지면 조나라는 고립무원하게 될 것입니다. 이 삼방책(三方策)은 숙고하시지 않으면 안 됩니다. 만약 진나라 군사가 지도(軹道 : 섬서 함령)로 내려오면 남양은 위험해지고, 한나라를 위협하여 주(周)나라 안에까지 둘러싸게 되면 조나라는 스스로 무기를 잡지 않을 수 없을 것입니다.

만약 진나라가 위(衛)나라를 근거지로 하여 권(卷 : 하남 원무)을 취하게 되면, 제나라는 틀림없이 진나라에 머리 숙여 그 신하가 될 것입니다. 진나라가 산동(山東[5])을 손에 넣었다고 생

---

5) 산동(山東)…전국시대에는 통칭 효산(崤山) 혹은 화산(華山) 동쪽을 산동이라고 하였다. 당시 이른바「관동(關東)」과 그 의미는 서로 같다.

각되면 틀림없이 군사를 일으켜 조나라로 향하게 될 것입니다. 진나라 군사가 하수(河水)를 건너고 장수(漳水)를 넘어 파오(番吾 : 조나라의 읍)에 근거를 갖게 되면 틀림없이 조나라의 서울 한단(邯鄲)의 성 밑에서 싸우게 될 것입니다. 저는 이것을 임금을 위하여 걱정하는 것입니다.

누에가 뽕잎을 먹듯 먹어 들어간다〔稍蠶食之〕

오늘날 산동에 있는 나라로서 조나라보다 강한 나라는 없습니다. 조나라의 땅은 사방 2천여 리로서 무장 병력 수십만, 병거(兵車) 1천 승, 군마 1만 필, 군량은 몇 년을 지탱하는 데다 서쪽에 상산(常山), 남쪽에 하(河)·장(漳), 동쪽에 청하(淸河), 북쪽에 연나라가 있는데, 원래 연나라는 약국으로서 두려워할 것은 못됩니다. 진나라가 천하에서 대적국을 꼽는다면 조나라가 첫손가락에 꼽힙니다. 그런데도 진나라가 군사를 일으켜 조나라를 치려고 하지 않는 이유는 무엇이겠습니까. 한나라와 위(魏)나라가 그 배후를 칠 것이 두려워서입니다. 그렇다면 한나라와 위나라는 조나라에 있어 남쪽의 방벽입니다. 진나라가 한나라와 위나라를 치는 데는 고산(高山)·대천(大川)의 장애가 없어 누에가 뽕잎을 먹듯 한쪽에서 차츰 먹어 들어가〔稍蠶食之〕 국도(國都)에까지 도달할 것입니다. 한나라와 위나라로서는 진나라 군사를 막을 길이 없으니, 틀림없이 진나라에 숙이고 입조하여 신하가 될 것입니다. 진나라는 한나라와 위나라의 견제가 없어지게 된다면 틀림없이 조나라로 그 화(禍)를 집중하게 될 것입니다. 이

어떤 때에는 광범위하게 진(秦) 이외의 여섯 나라의 영토를 가리키기도 한다.

것이야말로 제가 임금을 위하여 걱정하는 점입니다.

요임금은 삼부(三夫 : 3인분)의 밭조차 없고, 순임금은 지척의 땅조차 없었건만 천하를 보유했고, 우임금도 백 명의 촌락조차 가지지 않았건만 제후의 왕이 되었습니다. 은의 탕왕이나 주의 무왕은 사졸(士卒)이 3천 명에 지나지 않고 병거 3백 승에 지나지 않았지만 일어서서 천자가 되었는데, 이는 진실로 왕자로서의 도를 얻었기 때문이었습니다. 그런 까닭에 명군(明君)이라면 밖으로 적의 강약을 요량하고, 안으로는 군졸의 현불현(賢不賢)을 헤아려서, 양군의 충돌을 기다릴 것도 없이 승패존망의 기틀은 벌써 가슴 속에 떠오르는 법입니다. 어찌하여 자신의 총명을 중인(衆人)의 말로 덮어 가리고, 캄캄한 어둠 속에서 큰일을 결정할 것입니까. 조용히 천하의 지도를 살피건대, 제후의 영토는 진나라의 5배는 되며, 제후의 군졸을 헤아려 보면 진나라의 10배는 됩니다. 여섯 나라가 일체가 되어 힘을 합쳐서 서쪽의 진나라를 친다면 틀림없이 진나라를 깰 수 있을 것입니다. 이것에 반하여 만약 서쪽을 향하여 진나라를 섬긴다면 진나라의 신하가 되고 말 것입니다.

도대체 남을 깨뜨리려는 것과 남으로부터 깨뜨림을 당하는 것, 그리고 남을 신하로 삼는 것과 남의 신하가 되는 것을 어찌 함께 논할 수 있겠습니까. 그 연횡론자는 모두 제후들의 땅을 쪼개서 진나라에게 바치려는 자들뿐입니다. 진나라가 목적을 성취하게 되면 그들은 지붕처마를 높이 하고 궁실(宮室)을 마려하게 꾸민 다음 생황과 거문고의 묘한 소리를 들으면서, 앞에는 누대와 궁궐과 큰 수레를, 그리고 뒤에는 교태가 넘치는 아름다운 여자들을 두고, 고국이 진나라의 화를 입을지라도 자기 스스로는 그 우환에 관계하려 하지 않을 것입니다. 그런 까닭에 그 연횡론자들은 밤낮으로 진나라의 권력을 빌어 제후들에게 공갈을 하고 토지의 할양을 요구하는 것입니다.

그러므로 대왕께서는 이 일을 숙고하시기 바랍니다. 저는 『명군(明君)의 의혹을 갖지 말고 참언을 받아들이지 않으며, 유언(流言)의 길을 제거하고 붕당(朋黨)의 문을 닫는다』고 들었습니다. 그러므로 주군을 존경하고 토지를 넓히며 병력을 강하게 하는 계책에 대하여 충언을 임금의 어전에서 이야기할 수 있는 것입니다. 조용히 대왕을 위하여 생각해 보건대, 한·위·제·초·연·조를 일체로 하여 합종(合縱) 친선하고 진나라에 대항하는 방책 외에 더 좋은 수는 없습니다. 다시 말해서 천하 제후의 장군, 재상을 원수(洹水) 근처에 모이게 하여 인질을 교환하고 백마(白馬)를 잡아 피를 뿌리며 굳게 약속한 다음 이렇게 말하는 것이 좋겠습니다. 『진나라가 만약 초나라를 치면 제나라와 위나라는 각기 정예를 내어 초나라를 돕고, 한나라는 진나라의 양도(糧道)를 끊으며, 조나라는 하(河)·장(漳)을 건너고, 연나라는 상산(常山 : 항산) 북쪽을 칠 것. 진나라가 만약 한나라와 위나라를 치면, 초나라는 진나라의 배후를 끊고, 제나라는 정예를 내어 한나라와 위나라를 돕고, 조나라는 하(河)·장(漳)을 건너며, 연나라는 운중(雲中)을 지킬 것. 진나라가 만약 제나라에 쳐들어오면 초나라는 진나라의 배후를 끊고, 한나라는 성고(城皐)를 지키며, 위나라는 하내로 통하는 길을 막고, 조나라는 하(河)·장(漳)·박관(博關 : 산동 박평)을 건너고, 연나라는 정예를 내어 제나라를 도울 것. 진나라가 만약 연나라를 치면 조나라는 상산을 지키고, 초나라는 무관(武關)에 진을 치며, 제나라는 발해를 건너고, 한나라와 위나라는 모두 정예를 내어 연나라를 도울 것. 또 만약 진나라가 조나라를 치면 한나라는 의양(宜陽)에, 초나라는 무관에, 위나라는 하외에 진을 치고, 제나라는 청하(淸河)를 건너며, 연나라는 정예를 내어 조나라를 도울 것. 제후들 가운데 이 약속을 지키지 않는 나라가 있으면, 5개국의 군사는 공동으로 그 나라를 친다』 6개국이 합종 친선하여 진나라를 멀리하면, 진나라는 필경 함곡관(函谷關)[6]을 나와서 산동을 침범하는 일은 없을 것입니다. 이렇게 하면 패업왕업(覇業王業)은 성취될 것입니다.」

조왕(趙王)이 말했다.

「나는 나이가 젊고 왕위를 물려받은 지도 얼마 안 되므로 지금까지 국가의 장래에 대하여 들은 바가 없었소. 지금 당신에게는 천하를 유지하고 제후를 안심시키고자 하는 뜻이 있구려. 나는 기꺼이 나라를 들어 그대의 말을 따르기로 하겠소.」

이렇게 해서 수레 1백 승, 황금 1천 일(鎰), 백옥(白玉) 1백 쌍(雙), 비단 1천 필을 싸서 묶어 제후에게의 선물로 내놓고, 합종할 것을 약정하기에 이르렀다. 그 무렵 주(周)나라 천자는 선왕인 문왕·무왕의 제사 때 살 고기를 진혜왕(秦惠王)에게 내려주며 진나라를 특별히 대우하였다. 혜왕은 서수(犀首)에게 명하여 위나라를 치고 적장 용고(龍賈)를 사로잡았으며, 위나라의 조음(雕陰 : 섬서 부현) 땅을 빼앗고, 그 다음 군사를 동쪽으로 돌렸다. 소진은 진나라 군사가 초나라에 침입하면 합종의 계책이 깨질 것을 우려하여 즉시 장의(張儀)의 화를 돋워 진나라로 들어가도록 했다.

---

6) 함곡관(函谷關)…지금의 하남성 영보(靈寶)현 동북쪽에 위치하였다. 산의 계곡이 마치 상자처럼 깊고 험하여 붙여진 이름이다. 동쪽으로 효산(崤山)에서 서쪽으로 동진(潼津)에 이르며, 천험(天險)이라고도 부른다.

닭의 부리는 될지언정 쇠꼬리는 되지 마라

그리고 한나라의 혜선왕(惠宣王)을 이렇게 설득했다.

「한나라는 북쪽에 공(鞏 : 하남 공현)·성고(成皐 : 하남 정현의 서북쪽)의 요새지가 있고, 서쪽에 의양(宜陽)·상판(商阪 : 섬서 상현의 동남쪽)의 험한 요새지가 있으며, 동쪽에 완(宛 : 하남 남양)·양(穰 : 하남 등주의 동남)·유수(洧水 : 하남, 신정의 동남쪽을 흐르는 강)가 있고, 남쪽에 형산(陘山 : 하남 신정의 동남쪽)이 있습니다. 그 토지는 사방 9백여 리, 무장 병력 수십만, 천하의 강궁(强弓)과 경노(勁弩 : 강한 석궁)는 모두 한나라에서 만들어지고, 계자(谿子 : 만국蠻國의 이름)에서 만든 쇠뇌, 소부(小府)에서 만든 시력(時力 : 양노良弩의 이름)과 거래(距來 : 양노良弩의 이름) 어느 것이나 6백 보 밖까지 쏠 수가 있습니다. 한나라의 군졸이 다리를 들고 쇠뇌를 밟고 쏘면 백발백중으로 먼 거리일지라도 마치 화살이 파묻히듯이 가슴을 꿰뚫고, 가까운 곳은 화살이 심장 위를 뒤덮습니다. 한나라 군졸의 칼과 창은 모두 명산(冥山)에서 만들어져서 당계(棠谿)·묵양(墨陽)·합부(合膊)·등사(鄧師)·원풍(宛馮)·용연(龍淵)·태아(太阿)[7]는 모두 뭍에서는 소와 말을, 물 속에서는 고니와 기러기를 베고, 적군을 만나서는 견고한 갑옷과 쇠방패를 베며, 혁결(革決 : 가죽 깍지)이나 방패의 끈에 이르기까지 구비되어 있지 않은 것이 없습니다.

한나라 군사의 용감성에 견고한 갑옷을 입고 군센 쇠뇌를 메고 예리한 칼을 차면 혼자서 백 명을 당해내는 것은 문제도 안

---

7) 당계(棠谿)·묵양(墨陽)·합부(合膊)·등사(鄧師)·완빙(宛馮)·용연(龍淵)·태아(太阿)…모두 명검(名劍)의 이름.

되는 일입니다. 이와 같은 한나라의 강세와 대왕의 현명하심을 아울러가면서도 서쪽으로 진나라를 섬기며 두 손을 모아 예를 갖추어 복종하는 것은, 국가를 치욕스럽게 하는 일이자 천하의 웃음거리가 되는 것입니다. 그런 까닭에 대왕께서는 숙고하시기 바랍니다. 대왕께서 만약 진나라를 섬기신다면 진나라는 틀림없이 의양(宜陽)과 성고의 땅을 요구해올 것입니다. 금년에 이 땅을 바치게 되면 내년에 또 다른 땅을 요구해올 것은 자명한 일입니다. 이렇게 요구해 올 때마다 응해 준다면 머지않아 주고자 해도 토지가 없게 될 것이며, 주지 않을 것 같으면 지금까지 준 공덕은 사라지게 되고 후일에 침략의 화를 받게 될 것입니다. 여하튼 대왕의 토지는 점점 줄어들건만 진나라의 요구는 끝이 없게 될 것입니다.

한이 있는 토지를 가지고 한없는 요구에 응한다는 것은 이것이야말로 『원한을 사서 화를 맺는다〔市怨結禍〕』는 것이 되며, 싸움은 해보지도 못한 채 토지는 깎여나가게 됩니다. 속담에 『비록 닭의 부리는 될지언정 쇠꼬리는 되지 말라〔寧爲鷄口無爲牛後〕』고 했는데, 지금 서쪽을 향하여 두 손을 모아 진나라의 신하가 되려는 것은 어찌 쇠꼬리가 되는 것과 다를 바 있겠습니까. 대왕의 현명하심을 가지고 또한 강력한 한나라의 군사를 이끄시는 처지에 쇠꼬리의 오명을 쓰는 것은, 대왕을 위하여 제가 은근히 부끄럽게 생각하는 바입니다.」

한왕(韓王)은 분연히 얼굴빛을 변해 가지고 팔을 걷어붙이며 눈을 부라리고 칼을 쓰다듬으며 하늘을 우러러 탄식했다.

「나는 불초한 몸이지만 단연코 진나라에는 머리를 숙이지 않겠소. 이제 그대에게서 조왕의 가르침으로 나를 깨우쳤소. 주저 없이 이 나라를 들어 그대의 의견에 따르리다.」

소진은 또 위나라 양왕(襄王)에게 말했다

「대왕의 토지는 남쪽에 홍구(鴻溝 : 하남 개봉의 서쪽) · 진(陳 : 하남 회령) · 여남(汝南 : 하남 여양) · 허(許 : 하남 허주) · 언(郾 : 하남 언성) · 곤양(昆陽 : 하남 섭현) · 소릉(召陵 : 하남 언성) · 무양(舞陽 : 하남 무양) · 신처(新郪 : 안휘 태화)가 있으며, 동쪽에 회수(淮水) · 영수(潁水) · 자조(煮棗 : 산동 하택) · 무서(無胥), 서쪽에 장성(長城)의 경계[8], 북쪽에 하외 · 권(卷 : 하남 원무) · 연(衍 하남 정현) · 산조(酸棗 : 하남 연진)가 있습니다. 토지의 넓이는 사방 천 리, 소국이라고는 하지만 전사(田舍) · 여무(廬廡)는 밀집해 있고, 가축을 풀어 기를 만한 땅이 없을 정도며, 백성이 많고 거마도 많아 주야로 왕래가 그치지 않고, 그 울리는 소리는 마치 3군의 대병이 행군하는 것과 다름이 없습니다.

제가 은밀히 생각하옵건대, 대왕의 나라는 결코 초나라에 뒤지지 않습니다. 그런데도 연횡론자(連衡論者)들은 대왕에게 진나라에 대한 공포심을 부채질하고, 호랑이와 같은 진나라와 교제하게 하며, 진나라의 제후 침략을 조장하여, 필경에는 진나라의 화를 불러일으키게 되는 것도 고려하지 않습니다. 대저 그들이 진나라의 세력을 의지하며 자기 나라 군주를 위협하는 일만큼 큰 죄는 없다 하겠습니다.

위나라는 천하의 강국이며 대왕께서는 현명한 군주이십니다. 이제 서쪽을 향하여 진나라를 섬기고, 동번(東藩 : 동쪽의 번병)이라 일컬어 진왕(秦王)의 순찰을 위해 궁전을 지으며, 진나라의 의관(衣冠)과 속대(束帶)를 받아서 진나라 종묘의 춘추대제(春秋大祭)에 봉사코자 하는 생각을 갖는 것은 제가 대왕을 위하여 은

---

8) 장성(長城)의 경계…진(秦)나라와 위(魏)나라의 경계.

근히 부끄러워하는 바입니다.

월왕 구천은 여러 해 훈련을 시킨 군사 3천 명으로 오왕 부차를 간수(干遂 : 강소 오현)에서 사로잡았고, 주나라 무왕은 군사 3천 명, 병거 3백 승으로 은나라 주왕을 목야(牧野)에서 정복하였다고 들었습니다만, 이것은 군사가 많아서 이긴 것은 결코 아닙니다. 단지 그들은 자신들의 위력을 충분히 발휘했기 때문입니다.

이제 그윽이 들은 바, 대왕의 군사는 무사가 20만, 창두(蒼頭)가 20만, 분격(奮擊 : 정예 선봉)이 20만, 사도(厮徒 : 잡역부)가 10만, 병거 6백 승, 기마 5천 필인데, 이 수는 월왕 구천이나 무왕의 군을 훨씬 능가하는 것입니다. 그런데 지금 군신들의 주장을 받아들여서 진나라를 모셔 신하가 된다면, 틀림없이 토지를 나누어서 성의를 표해야 할 것입니다. 그렇게 되면 아직 무력을 써보기도 전에 이미 국토는 이지러지게 되는 것입니다. 무릇 신하된 도리로서 자기 나라를 진나라에 바치려는 자는 모두 간인(姦人)입니다. 결코 충신은 아닙니다.

도대체 신하된 자가 임금의 토지를 쪼개어 외교를 청하고, 한 때의 공을 도둑질하여 뒤를 돌보지도 않으며, 공가(公家)의 파멸로 말미암아 자가(自家)의 영달을 이룩하고, 밖으로는 진나라의 세력을 의지하고 안으로는 임금을 위협하여 토지를 쪼개서 바치기를 요구한다는 것은 어찌된 일입니까? 대왕의 깊은 배려가 있으시기 바랍니다.

《주서(周書)》에 『조그마할 때 끊지 아니하면 커진 다음에는 어찌할 것인가? 털끝만한 적을 베지 않으면 장차 도끼를 쓰지 않을 수 없다〔緜緜不絶 蔓蔓柰何 豪氂不伐 將用斧柯〕. 사전에 잘못되지 않도록 주의하지 않으면 뒤에는 우환이 따르기 마련이다. 실로 어찌하여야 좋을 것인가?』라고 했습니다. 만약 대왕께서 진실로 저의 말을 들어주신다면 6국 합종으로 친교를 맺어서 힘을 합치고 뜻을 모으면 반드시 진나라의 화를 면할 것입니다. 그러므로 우리 조왕께서 저에게 명하여 이 뜻을 올리게 하고 흔들리지 않는 맹약을 맺도록 하신 것입니다. 대왕의 뜻을 말씀해 주십시오.」

위왕(魏王)이 말했다.

「나는 불초한 자로서 지금까지 명백한 가르침을 받을 기회가 없었소. 이제 그대로부터 조왕의 말을 듣고 보니 기꺼이 나라를 들어 삼가 따르고 싶소이다.」

이어서 동쪽에 있는 제(齊)나라로 가서 선왕(宣王)에게 이렇게 말했다.

「제나라는 남쪽에 태산(泰山), 동쪽에 낭야(琅琊)가 있으며, 서쪽에 청하(淸河), 북쪽에 발해가 있습니다. 이것이야말로 4면이 모두 요새지로 막힌 나라입니다. 제나라의 땅은 사방 2천여 리, 무장 병력 수십만, 양곡은 산더미 같고, 3군의 정예는 5국(연·조·한·위·제)의 병사에 상당하여 공격할 때는 날카로운 칼이나 좋은 활로 화살을 쏘는 것과 같고, 싸움을 하기는 우뢰와 같으며, 산개(散開)에는 풍우와 같이 신속합니다. 설사 군역(軍役)의 징발이 있더라도 일찍이 태산을 넘거나 청하를 건너고 발해를 넘어서까지 징병한 일은 없습니다.

제나라의 서울인 임치(臨菑)는 호수가 7만에, 대체로 치더라도 한 가구에 평균 세 사람의 남자가 있습니다. 그렇다고 하면 21만 명이 됩니다. 임치는 매우 부유하고 충실한 토지이며, 주민들은 피리를 불고 거문고를 타며 축(筑 : 5현絃 악기)을 치고, 투계(鬪鷄)와 경견(競犬), 그리고 윷놀이와 공차기 등으로 즐기고 있습니다. 임치의 도로는 번잡하고 수레 바퀴가 서로 부딪치며, 사람의 어깨와 어깨가 맞부딪치고, 옷깃이 이어지면 마치 장막을 친 것 같고, 치마가 날리면 천막 같으며, 땀을 흘리면 비가 오는 것 같습니다. 또 집집마다 번창하고 사람마다 만족하며, 기개가 고양되어 있습니다. 대왕의 현명하심과 제나라의 강력함을 가진다면 천하에 이에 대항할 자는 없습니다.

전국시대 때 손님을 접대하는 의식에 사용한 악기

그런데 지금 서쪽을 향하여 진나라에 고개 숙여 섬기려는 것은 대왕을 위하여 제가 은밀히 부끄러워하는 바입니다. 대체로 한나라와 위나라가 진나라를 두려워하는 것은 진나라와 국경을 접하고 있기 때문인데, 출병하여 대전을 하게 된다면 열흘 안에 승패 존망이 결정될 것입니다. 한나라와 위나라가 진나라와 싸운다면 비록 이긴다 하더라도 병력의 반은 소모될 것이고, 나라의 사방 경계는 지켜낼 수 없습니다. 만약 싸워서 이기지 못한다고 하면 나라는 위태롭게 될 것이고, 마침내는 멸망하게 될 것이 뻔한 일입니다. 그렇기 때문에 한나라와 위나라는 싸움을 두려워하여 쉽사리 진나라를 섬기려고 하는 것입니다.

지금 진나라가 제나라를 친다고 하면 한나라·위나라의 경우와는 달라서, 한나라·위나라를 배후에 두고 위(衛)나라의 양진(陽晋)의 험한 길을 통과하고 항보(亢父)의 험한 땅을 횡단하지 않으면 안 됩니다. 게다가 수레는 두 채를 나란히 세워서 갈 수가 없으며 말도 두 마리가 나란히 갈 수가 없는 까닭에, 백 사람이 험한 땅을 이용하여 지킨다면 천 명의 군사로도 돌파할 수가 없습니다.

진나라는 깊이 침범하고 싶더라도 자꾸만 뒤를 돌아보게 되고, 한나라와 위나라가 배후에서 공격하지 않을까 걱정하게 됩니다. 그러므로 진나라는 겁을 내고 의심하여 허세로만 위협하고 교만하게 거드럭거릴 뿐으로 감히 나아가려고는 하지 못할 것입니다. 그러고 보면 진나라가 제나라를 해치지 못할 것은 명명백백한 일입니다.

이처럼 진나라가 제나라를 어떻게도 할 수 없다는 것을 깊이 생각해 보지도 않고, 다만 서쪽을 향하여 진나라를 섬기려고 하는 것은 군신들의 생각이 잘못된 것입니다. 그러므로 이제 제 말씀에 따라 주신다면 진나라에 굴종하는 오명이 없이도 나라를 강하게 만드는 실리가 있습니다. 그런 까닭에 저는 대왕이 꼭 이 점을 유의하시어 이해를 타산하시기 충심으로 바랍니다.」

제왕(齊王)이 말했다.

「나는 어리석은 사람이오. 멀리 외진 곳에서 바다를 지키며 동쪽 변두리 땅에 있기 때문에 지금까지 그런 말을 한 마디도 듣지를 못했소. 이제 그대로부터 조왕의 충언을 들었으니, 기꺼이 나라를 들어 그 의견에 따르기로 하겠소.」

소진은 그리고 다시 서남쪽으로 가서 초(楚)나라의 위왕(威王)에게 말했다.

「초나라는 천하의 강국이며 왕께서는 천하의 현군이십니다. 서쪽에 검중(黔中)·무군(巫郡 : 사천 무산), 동쪽에는 하주(夏州 : 호남 한구)·해양(海陽), 남쪽에는 동정(洞庭)·창오(蒼悟 : 호남 영릉 등의 땅), 북쪽에는 경새(勁塞)·순양(郇陽)이 있으며, 토지는 사방 5천여 리, 무장 병력 1백만, 병거 1천 승, 기마 1만 필, 곡식은 10년을 지탱할 수가 있습니다. 이것은 패자나 왕자가 되기에 충분한 조건입니다.

초나라의 강세와 임금의 현명이 있다면 천하에서 초나라에 대항할 자가 없을 터인데, 지금 서쪽을 향하여 진나라를 섬기신다면 제후 치고 서쪽을 향하여 함양의 장대궁(章臺宮)에 참조치 않는 자는 없을 것입니다.

진나라가 방해물로 삼고 있는 것은 초나라를 첫째로 꼽고 있습니다. 초나라가 강해지면 진나라는 약해지고, 진나라가 강해지면 초나라가 약해지는데, 그 세력은 양립할 수가 없습니다. 그러므로 대왕을 위하여 이해를 꾀해 보건대, 6국이 종친(縱親)하여 진나라를 고립시키는 것보다 좋은 일은 없습니다. 대왕께서 종친을 하지 않으신다면 진나라는 반드시 수륙(水陸)의 군사를 일으켜서 일군은 무관(武關 : 섬서 상현의 서남쪽)으로 나오고, 일군은 검중으로 내려올 것인즉, 언(鄢)과 영(郢)은 동요할 것입니다. 『흐트러지기에 앞서 다스리고, 일어나기에 앞서 수습하라』는 말이 있습니다만, 화를 만난 후에 걱정한다는 것은 손이 늦어진 것이라고 말할 수밖에 없습니다. 그러므로 대왕께서는 빨리 이 일을 숙고하시기 바랍니다.

원수를 길러 원수를 받든다

만약 대왕께서 진실로 제 의견에 따르신다면, 저는 산동의 제후들에게 네 계절마다 공물을 바치게 하여 대왕의 밝은 가르침을 받들게 하고, 국가를 위탁하며 종묘에 봉사하고 병사를 훈련 격려할 것 등 대왕의 뜻대로 하게끔 할 생각입니다. 대왕께서 진실로 저의 의견을 채용해 주신다면, 한·위·제·연·조·위(衛) 제국의 기묘한 음악과 미인은 왕의 후궁에 가득할 것이고, 연(燕)·대(代)의 낙타와 양마(良馬)는 틀림없이 궁 밖의 마구간에 가득하게 될 것입니다. 합종이 성공되면 초나라가 천하의 왕이 되며, 연횡이 성공되면 진나라가 천하의 황제가 되는 것입니다. 이제 대왕께서 패업왕업을 버리시고 남에게 신하 노릇을 하는 오명을 쓰게 되는 것은 대왕을 위하여 제가 취할 수 없는 일입니다.

무릇 진나라는 호랑이와 이리의 나라로서〔虎狼之國〕천하 합병의 야심을 가지고 있습니다. 진나라는 천하의 원수입니다. 연횡론자들은 모두 제후로 하여금 토지를 쪼개 진나라를 섬기려 하는데, 이것은 『원수를 길러 원수를 받든다〔養仇而奉讎〕』는 결과가 됩니다. 도대체 신하 된 자로서 주군으로 하여금 토지를 쪼개 호랑이와 이리 같은 외국 진나라와 교제하고, 나아가서는 천하를 침략케 하여 진나라의 화를 끌어들임도 돌아봄이 없이, 밖으로 진나라의 힘을 의지하고 안으로 임금을 위협하여 토지를 쪼개 주기를 원한다는 것은 대역 불충함도 이에 더하지 않을 것입니다. 그런 까닭에 만약 합종이 성립된다면 제후는 토지를 바쳐 초나라를 섬기게 될 것이고, 연횡이 성립된다면 초나라는 토지를 바쳐 진나라를 섬기게 될 것입니다. 이 두 계책의 거리는 실로 큰 것입니다. 이 두 가지 가운데 대왕께서는 과연 어느 쪽을 취하시겠습니까? 이런 이유로 우리 조왕은 저에게 계책을 말씀드리게 하여 대왕과 명확한 약정을 맺도록 한 것입니다. 대왕의 뜻을 듣고자 합니다.」

초왕이 말했다.

「내 나라는 서쪽이 진나라와 접하고 있소. 진나라는 파·촉을 취하고 한중을 병합하려는 야심이 있는 호랑(虎狼)의 나라인 까닭에 친해질 수 없소이다. 한나라와 위나라는 진나라의 침략에 위협받고 있으므로 깊은 의논조차도 할 수가 없소. 설령 의논을 한다 하더라도 배신을 하고 진나라에 가서 붙을 염려가 있소. 그런 까닭에 계교를 내기에 앞서 국가는 이미 위험한 처지요. 내 스스로 생각건대 초나라의 힘만을 가지고 진나라에 대항을 해서는 진나라를 이길 수가 없소. 안으로 여러 신하의 계교가 있다 하더라도 믿을 만한 것이 되지 못하오.이런 일을 생각할 때 나는 누워 있어도 마음이 편하지가 않고 음식을 먹더라도 그 맛을 모르며, 마음이 흔들려서 안절부절 못하는 것이 마치 나부끼는 깃발과 같으니 도시 안정이 되지 않는구려. 이제 그대가 세상의 여론을 통일하여 제후들을 모아서 우리나라를 구하고자 한다면, 나는 기꺼이 나라를 들어 그대의 의견을 따르리다.」

6국의 재상이 된 소진

이렇게 하여 여섯 나라는 남북으로 합종하고 협력하게 되었다. 소진은 합종 동맹의 장(長)이 되었으며, 여섯 나라에 동시에 재상이 되었다. 그래서 북쪽의 조왕에게 복명하기 위해 가던 도중 낙양을 통과했는데, 그 거마와 화물은 제후로부터 사자를 시켜 보내온 물건으로 가득 차서 임금의 행차로 잘못 볼 정도였다.

주(周)나라 현왕(顯王)은 이 말을 듣고 두려워하여 길가에 모인 사람들을 해산시키고 사자를 교외로 보내 출영하고 위로하였다. 소진의 형제와 형수들은 곁눈질로 볼 뿐 감히 고개를 들어 쳐다볼 수조차 없었으며, 엎드려 기어서 식사 시중을 들었다. 소진이 웃으면서 형수에게 말했다.

6국의 재상이 되어 금의환향한 소진

「어찌하여 전에는 우쭐대시더니 지금은 이토록 공손하시오〔前倨後恭〕?」

형수는 떨리는 몸을 구부리고 엎드려서 얼굴을 땅에 대고 사과했다.

「계자(季子 : 소진의 자)의 지위가 높아졌고 부자가 된 것을 보았기 때문이랍니다.」

소진은 탄식하면서 말했다.

「똑같은 한 사람이건만 부귀하게 되면 친척까지도 우러러보고 빈천해지면 업신여기는도다. 하물며 남이야 오죽하겠는가. 만약 나에게 낙양의 성곽 가까이에 비옥한 밭 두 이랑만 있었던들 오늘날 내 어찌 여섯 나라 재상의 인수를 찰 수 있었으리요!」

그리하여 1천 금(金)을 끌러 일족과 친구들에게 주었다. 일찍이 소진은 연나라에 갈 때 남으로부터 1백 전(錢)을 꾸어 여비로 쓴 일이 있었는데 부귀한 몸이 된 지금 1백 금으로 갚고, 또 일찍이 은혜를 입었던 일이 있는 모든 사람들에게 모두 보상했다. 그의 종자로서 한 사람 아직 보상을 받지 못한 사람이 그의 앞으로 나와서 자신이 그 사실을 아뢰었다. 소진이 말했다.

「네 일을 잊었기 때문이 아니다. 나와 함께 연나라에 갔을 때, 너는 역수(易水) 근처에서 두 번 세 번 나를 버리고 도망치려고 했었지. 그때 나는 곤란했기 때문에 너를 깊이 원망했다. 그래서 너를 뒤로 미루었지만, 자, 너에게도 보상을 해주마.」

소진은 이미 여섯 나라와 약정을 맺고 합종시킨 다음 조나라로 돌아왔다. 조나라의 숙후(肅侯)는 소진에게 봉읍을 주어 무안군(武安君)이라 호(號)하고 합종의 약속을 진나라에 통보했다. 이 때문에 진나라 군사가 함곡관으로부터 중원을 넘보지 못하기를 15년 동안이나 지속되었다.

그 후 진나라는 서수(犀首)에게 명하여 제나라와 위(魏)나라를 꾀어 함께 조나라를 쳐서 합종의 약정을 깨려고 했다. 제나라와 위나라가 조나라를 치자 조왕은 소진을 꾸짖었다. 소진은 두려워 연나라로 가서 제나라에 보복할 것을 청했다. 그러나 소진이 조나라를 떠나자 합종의 약정은 모두 해소되고 말았다.

전화위복(轉禍爲福)

진나라 혜왕은 딸을 연나라 태자비로 주었다. 그 해 연나라 문후(文侯)가 죽었고 태자가 왕위에 올랐다. 이 사람이 연나라의 이왕(易王)이다. 이왕 즉위 초에 제나라의 선왕(宣王)은 연나라가 국상 중에 있음을 기화로 연나라를 쳐서 10성(城)을 빼앗았다. 이왕이 소진에게 말했다.

「지난 날 선생께서 우리 연나라에 오셨을 때, 선왕 문후께서는 선생에게 여비를 주어서 조왕에게 알현시켰고, 그 결과 마침내 6개국 합종의 약정을 했소. 그런데 지금 제나라는 조나라를 쳤고 마침내 연나라를 치게 되었으니 선생 때문에 연나라는 천하의 웃음거리가 되었소. 선생은 과연 연나라의 실지(失地)를 되돌려 찾게 할 수 있겠소?」

소진은 매우 부끄러워하며 말했다.

「대왕을 위해 되돌려 찾도록 하겠습니다.」

소진은 제나라 왕을 알현하고 재배한 다음 엎드려 경하의 뜻을 표하고 곧 고개를 들어 조의를 표했다. 제왕(齊王)이 말했다.

「아니, 무얼 또 그렇게 경하의 뜻과 조의의 뜻을 연달아 말하는 거요?」

「『굶주리더라도 오훼(烏喙)라는 독초를 먹지 않는 것은 설사 배가 부르더라도 굶어죽는 것과 마찬가지 결과가 되기 때문이라』는 격언이 있습니다. 지금 연나라는 약소국이라고는 하지만 진나라에 있어서는 사위의 나라입니다. 대왕께서는 연나라의 10성(城)을 빼앗으셨는데, 그 대신 장차 오래도록 강국인 진나라의 원수가 될 것입니다. 지금 약국인 연나라로 하여금 선봉이 되게 하고 강국인 진나라가 그 배후에 서서 천하의 정병을 부르는 결과가 된다면, 이것은 곧 굶주렸다고 오훼를 먹는 것이나 마찬가지일 것입니다.」

제나라 왕은 슬픈 빛으로 근심을 띠며 말했다.

「그럼 어찌하는 것이 좋겠단 말이오?」

소진이 말했다.

「저는 이런 말을 들었습니다. 『예로부터 일을 잘 제재하는 사람은 화를 돌려서 복이 되게 하고 실패를 기회로 삼아 성공을 가져온다〔轉禍爲福 因敗爲功〕』는 말입니다. 대왕께서 만약 진실로 저의 계책을 들어 주신다면 즉시 연나라의 10성(城)을 돌려주십시오. 이유 없이 성 열 개를 돌려받는다면 연나라는 틀림없이 기뻐할 것이며, 자기 때문에 10성이 돌려진 것을 알게 되면 진나라 임금께서도 틀림없이 기뻐할 것입니다. 이런 것을 이른바 구수(仇讎)를 버리고 석교(石交 : 굳은 친교)를 얻는다고 하는 것입니다. 연나라와 진나라가 모두 제나라를 한편으로 하게 된다면 대왕의 호령에 따르지 않을 자는 천하에 없을 것입니다. 이것은 공소(空疎)한 외교사령(外交辭令)으로 진나라를 복종시키고 10성의 대가로 천하를 얻는 것인즉, 이것이 곧 패업왕업인 것입니다.」

왕은 알았다고 말하고 연나라의 10성(城)을 반환했다. 소진을 비방하는 사람이 있어 이렇게 말했다.

「이곳저곳에 나라를 팔고 마음에 표리가 있는 신하이다. 머지않아 난을 일으킬 것이다.」

소진은 죄인으로 몰릴 것이 두려워서 제나라에서 연나라로 돌아왔지만, 연왕(燕王)은 그를 원래의 벼슬을 주지 않았다.

미생지신(尾生之信)

소진이 연왕을 만나 말했다.

「저는 동주(東周)의 천한 출신입니다. 일찍이 조그마한 공도 없었건만 대왕께서는 종묘에 배례하고 저를 관직에 등용하시어 조정으로부터 예우를 받았습니다. 그리고 이번에는 대왕을 위하여 제나라 군사를 내쫓고 10성(城)의 회수에 성공했습니다. 그러므로 이제는 더욱 사랑을 받아 마땅할 것으로 생각하고 귀국해 보니, 대왕께서는 저를 복직시키지 않으셨습니다. 이것은 누군가가 틀림없이 대왕께 불신(不信)으로써 저를 중상한 자가 있기 때문임이 틀림없습니다. 그러나 저에 대한 이른바 불신은 실은 대왕의 행복입니다. 저는 이런 말을 들었습니다. 『충신(忠信)은 자신을 위해서 하는 소행이며, 진취(進取)는 남을 위해서 하는 행위다』 라고. 어쨌든 제가 제나라 왕을 설득한 것은 제나라 왕을 속인 것이 아닙니다. 제가 노모를 고향인 동주에 남겨 두었던 것은 원래부터 자신을 위하여 일하지 않고 남을 위하여 진취를 행하려고 했기 때문입니다. 이제 가령 효도하기 증삼(曾參 : 공자의 제자)과 같이 하고, 청렴하기 백이와 같이 하며, 성실하기 미생(尾生) 같은 신의가 있는 사람을 얻어 이 세 사람이 왕을 섬기도록 하면 어떻겠습니까?」

연왕이 말했다.

「만족하겠소.」

소진이 말했다.

「효행을 하기 증삼과 같은 자는 어떤 일이 있더라도 어버이를 떠나서는 하룻밤도 외박을 할 수가 없습니다. 그렇다면 임금께서는 어떻게 해서 그에게 천리의 먼 곳에 와서 약소국인 연나라의 불안정한 왕을 섬기도록 시키실 수 있겠습니까. 청렴한 백이는 어떤 일이 있더라도 고죽군(孤竹君)의 후사(後嗣)가 되지 않고 무왕(武王)의 신하가 되는 것을 승낙하지 않으며, 봉읍을 받아 제후가 되는 것을 깨끗지 못하다 하고 수양산(首陽山) 밑에서 굶어죽었습니다. 청렴하고 곧기 이와 같은 자가 있다 한들, 대왕께서는 어떻게 그를 천리 밖에 보내 제나라에서 연나라 왕을 위한 일을 나아가 추진할 수 있겠습니까. 성실한 미생은 여자와 다리 밑에서 밀회를 하기로 약속했으나, 여자가 오지 않자 만조(滿潮)가 되어 물이 들어와도 그 자리를 뜨지 않고, 마침내 교각(橋脚)을 부둥켜안고 죽었습니다. 성실하기만 한 사람이라면 대왕께서는 어떻게 하시어 그에게 천리 밖까지 보내서 제나라의 강병을 물리칠 수 있겠습니까? 말하자면 저는 충신(忠信)을 다한 까닭으로 대왕으로부터 죄를 얻게 된 것입니다.」

「그대가 충신스럽지 않았기 때문이오. 어찌 세상에서 충신을 다함으로써 죄를 얻는단 말이오?」

「그렇지는 않습니다. 저는 이런 이야기를 들은 적이 있습니다. 어떤 사람이 관리가 되어 먼 곳에 있었을 때, 그의 처가 은밀하게 다른 남자와 정을 통했습니다. 이윽고 남편이 돌아온다는 이야기를 듣자 그 간부(姦夫)가 걱정을 하니 그 여자가 하는 말이 『아무 걱정하지 마시오. 나는 이미 독주(毒酒)를 준비하고 기다리고 있다오』라고 했답니다. 그리고 사흘 후 과연 남편이 돌아왔습니다. 그의 처는 첩에게 약주 잔을 들려서 남편에게 권하도록 했습니다. 그 첩은 술에 독을 탄 사실을 바로 이야기하면 주모(主母)가 쫓겨나게 될 것이고, 이야기하지 않으면 주인이 죽게 될 것을 두려워했습니다. 그래서 일부러 술을 엎지르고 말았는데 주인은 크게 노하여 채찍으로 50번이나 때렸습니다. 한 번 넘어져서 술을 쏟은 첩의 계교는 주인을 보전하고 주부도 보전한 것입니다. 그러면서도 매를 맞는 것은 면할 수가 없었던 것입니다. 충신이라면 죄를 얻지 않는다고 어찌 말할 수 있겠습니까? 대체로 저의 허물도 말하자면 불행하게도 이와 비슷한 일이라고 하겠습니다.」

진의 귀족이 사용한 술병

연나라 왕이 말했다.

「선생, 다시 그 관직에 앉으시오.」

그리고 더욱더 소진을 우대하게 되었다.

연나라 이왕(易王)의 어머니는 문후(文侯)의 부인으로 소진과 사통(私通)하고 있었다. 이왕은 이 사실을 알고 있으면서도 더욱 그를 후하게 대우했다. 소진은 주살당할 것을 두려워하여 연왕에게 말했다.

「제가 연나라에 있으면 연나라를 천하의 강국으로 만들 수 없지만, 제(齊)나라에 있게 되면 연나라는 반드시 강국을 이룰 것입니다.」

연왕이 선생 뜻대로 하라고 대답했기 때문에 소진은 연나라에서 죄를 지었다고 구실을 대고 제나라로 망명했다. 제나라의 선왕(宣王)은 그를 객경(客卿)으로 대우했다. 제나라의 선왕이 죽고 민왕(湣王)이 즉위하자 소진은 민왕에게 아뢰어 장례를 정중하게 치르고 효도를 밝게 한 다음, 객전(客殿)을 높이 짓고 원유(苑囿)도 크게 만들어 왕자(王者)의 뜻한 바를 얻게 되었음을 나타나게 하였다. 이것은 연나라를 위하여 제나라의 재정을 궁핍하게 만들기 위함이었다.

연나라의 이왕이 죽자 쾌(噲)가 왕이 되었다. 그 후 제나라의 대부 가운데는 총애를 소진과 다투는 자가 많아서 자객으로 하여금 소진을 찌르게 했는데, 소진의 목숨이 끊어지기 전에 자객은 도망을 치고 말았다. 제나라 왕은 사객을 찾으라고 명령을 내렸으나 자객은 잡히지 않았다. 소진은 거의 죽게 되어 제나라 왕에게 말했다.

「만약 제가 죽거든 저를 거열형(車裂刑)에 처하시고 장터에서 모든 사람에게 구경을 시키시되 『소진은 연나라를 위하여 제나라에서 모반을 했다』 고 말씀하십시오. 그렇게 하시면 저를 찌른 자객은 틀림없이 나타날 것입니다.」

그래서 그가 말한 대로 했더니 과연 소진을 죽인 사람이 자수했기 때문에 제나라 왕은 그 자를 잡아서 주살했다. 연나라에서는 이 말을 전해 듣자, 이렇게 평했다.

「제나라가 소생(蘇生 : 소진)을 위하여 원수를 갚아줌이 그 얼마나 가혹한가!」

소진이 죽은 다음 그런 일이 모두 세상에 드러났다. 제나라는 후에 이 평을 듣고 연나라를 원망했으며 또한 노했다. 연나라에서는 몹시 두려워했다.

소진의 동생은 대(代)라 했고 대의 동생은 여(厲)라 했다. 형이 성공하는 것을 본 그들은 모두 유세술을 배웠다. 소진이 죽었기 때문에 대는 연나라 왕에게 알현을 청하고 형의 유업을 잇기 위해 이렇게 말했다.

「저는 동주에서 태어난 천한 사람입니다. 그런데 대왕의 덕이 매우 높다는 말을 듣고서 아무 자격도 없습니다만, 감히 괭이를 버리고 관직을 구하고자 찾아왔습니다. 처음에는 조(趙)나라의 도읍 한단을 찾았는데, 그곳에서 보고 들은 것은 제가 동주에서 들은 것보다 훨씬 못하였기 때문에 마음속으로 자못 실망하게 되었지요. 이런 일에 반하여 이제 연나라의 조정에 와서 왕의 뭇 신하와 하급 관리를 살펴보니 대왕은 천하의 명왕이심을 알게 되었습니다.」

연나라 왕이 물었다.

「그대가 말하는 명왕이라 함은 무엇을 뜻하는 것이오?」

이 물음에 대가 대답했다.

「『명왕은 허물을 듣기를 힘쓰고 선하다는 말을 듣기를 즐겨하지 않는다』란 말을 들었습니다. 그러하오니 저로 하여금 대왕의 허물을 말하게 해주십시오. 대체로 제(齊)나라와 조(趙)나라는 연나라의 적국이며, 초나라와 위나라는 연나라 편에 서 있는 나라입니다. 지금 대왕께서 적국을 받들고 내 편의 나라를 치는 것은 연나라를 이롭게 하는 일이 못됩니다. 대왕께서 깊이 통찰하시기 바랍니다. 이런 일은 대왕께서 꾀하시는 계책이 그릇된 것으로서 이런 사실을 대왕께 건의하는 사람이 없는 것은 충신이 아니기 때문입니다.」

연왕이 말했다.

「제나라는 원래 나의 원수로서 쳐부수고 싶은 생각이야 간절하거니와 단지 나라가 피폐하여 힘이 부족한 것이 걱정이오. 만약 그대가 연나라의 병력으로 제나라를 쳐부순다면 나는 이 나라를 들어 그대에게 위임하리다.」

소대가 대답했다.

「대체로 천하에는 무장한 나라가 일곱이 있는데, 그 중에서 연나라는 약소국에 속하므로 단독으로 싸운다면 이길 확률은 없습니다. 그러나 어떤 나라와 손을 잡게 되면 그 나라의 비중은 무거워집니다. 남쪽으로 초나라와 손을 잡으면 초나라가 무겁게 되고, 서쪽의 진(秦)나라와 손을 잡으면 진나라가 무겁게 됩니다. 또 중앙의 한(韓)나라나 위(魏)나라와 손을 잡으면 한나라・위나라가 무겁게 될 것입니다. 손을 잡은 나라가 무거워지면, 그에 따라서 대왕의 지위도 빈드시 무거워질 것입니다. 오늘날 제나라에는 늙은 군주가 있어서 스스로 계책을 짜고 있습니다만, 남쪽으로 초나라를 치기 5년, 그 때문에 저축한 것이 없어지고, 서쪽으로는 진나라에 시달리기 3년, 이 때문에 병사들은 지쳐 있는데도, 북쪽의 연나라와 싸워서 연나라 3군을 뒤집어엎고 두 장군을 사로잡았습니다. 더구나 여력의 병력으로, 남쪽을 향해 5천 승의 병거를 가진 대국 송(宋)나라를 쳐서 제후를 병합했습니다. 이렇게 해서 군주의 욕망은 채웠지만 백성의 힘은 기진했습니다. 이런 일은 결코 채용할 계책이 못됩니다. 『자주 전쟁을 하면 백성은 지치고, 오래 전쟁을 하면 군사는 피폐한다』란 말이 있습니다.」

연나라 왕이 물었다.

「듣자 하니 『제나라에는 밝게 흐르는 제수(濟水)가 있고, 탁하게 흐르는 하수(河水)가 있어, 이는 나라를 지키는 데 이용할 수가 있고, 장성(長城)과 큰 토벽이 있어 요새로 쓰기 족하다』고 하던데 사실로 그러하오?」

대가 대답했다.

「천시(天時)가 제나라에 응하지 않는다면 맑은 제수나 탁한 하수라 할지라도 어찌 나라를 견고하게 하겠습니까. 백성의 힘이 피폐하면 장성이나 큰 토벽도 요새가 되기에는 아무 힘도 없을 것입니다. 그 위에 앞서 제나라가 제서(濟西)에서 모병(募兵)을 하지 않았던 것은 조(趙)나라에 대비하기 위함이었고, 하북(河北)에서 모병을 하지 않았던 것도 실은 연나라에 대비하기 위함이었습니다. 그런데 이제는 제서와 하북의 백성들까지도 차례로 군역(軍役)에 불러내어 온 국내는 피폐되어 있습니다. 더구나 교만한 임금은 반드시 이익을 좋아하고, 망국(亡國)의 신하는 반드시 재물을 탐내는 법입니다. 만약 대왕께서 진실로 아들과 조카를 인질로 하여 제나라에 보내고 보주(寶珠)와 옥백(玉帛)을 선물로 하여 제나라 왕의 측근을 받들게 하는 것이 부끄럽지 않으시다면 제나라는 연나라가 자기편인 것을 덕으로 여기고 가벼이 송(宋)나라를 멸망시키려고 할 것입니다. 그리하여 제나라의 국력이 점점 피폐하여지면 그 때는 제나라를 치기만 하면 멸망시킬 수 있을 것입니다.」

연나라 왕이 말했다.

「나는 마침내 그대의 힘으로 패왕(覇王)이 될 천명을 받았구려.」

그리고 연왕은 아들을 제나라에 인질로 보내고 소려(蘇厲)는 연나라의 질자(質子 : 인질이 된 아들)를 인도해 제나라 왕을 알현할 것을 청했다. 제왕은 소진을 원망하여 소려를 잡아가두려고 했으나 연나라에서 인질로 온 아들이 소려를 위해 빌었고 소려도 예물을 바쳤기 때문에 제나라 신하가 되었다.

연나라의 재상 자지(子之)는 소대와 통혼하고 연나라에서 권력을 굳히기 위해 소대를 제나라에 인질로 간 왕자의 시종으로 보냈는데, 제나라에서는 다시 대를 연나라로 보내 복명케 했다. 연왕 쾌가 소대에게 물었다.

「제나라 왕은 패왕이 될 수 있는 사람입니까?」

소대가 대답했다.

「될 수 없을 것입니다.」

연왕 쾌가 물었다.

「어찌하여?」

소대가 대답했다.

「신하를 믿지 않기 때문입니다.」

그런데 연나라 왕은 국성을 모두 자지에게 맡기고 얼마 후에는 왕위까지 물려주었기 때문에 연나라는 몹시 어지러워졌다. 제나라는 연나라를 쳐서 쾌와 자지를 죽였다. 연나라에서는 소왕을 세워 국왕을 삼았다. 소대와 소려는 연나라에 갈 수가 없었다. 그들은 모두 제나라에 귀속했고 제나라에서는 그들을 후대했다.

소대가 위(魏)나라를 지나갈 때 위나라는 연나라를 위하여 소대를 붙잡아두었다. 그러자 제나라에서는 사람을 보내 위나라 왕에게 말했다.

「제나라가 송(宋)나라의 땅을 경양군(涇陽君 : 진 소왕의 동

금은으로 상감한 술병. 연나라의 보물로서 제나라가 연나라를 정벌하면서 전리품이 되었다.

생)의 영지로 제공하겠다고 나오더라도 진나라는 반드시 받아들이지 않을 것입니다. 진나라에서는 제나라와 교제를 계속하면서 송나라의 땅을 손에 넣는 것을 이익이라고 생각은 하면서도 소자(蘇子 : 소대를 가리킴)를 신용하지 않기 때문이지요. 그러나 지금 제나라와 위나라가 이토록 그 불화가 심하면 제나라는 진나라를 속이지 않을 것입니다. 제나라와 진나라가 합류하고, 경양군이 송나라 땅을 영유하는 것은 위나라의 이익이 될 수 없습니다. 그러므로 대왕께서는 소자를 석방하고 제나라로 돌려보내는 것보다 더 좋은 일은 없을 것입니다. 그렇게 하시면 진나라는 반드시 제나라를 의심하고 소자를 믿지 않겠지요. 제나라와 진나라가 합류하지 않으면 천하에 진나라의 침략은 없을 것이며, 위나라가 제나라를 치는 태세도 갖출 수 있게 되겠지요.」

이렇게 해서 소대는 석방되었다. 소대는 송나라로 갔고, 송나라에서는 그를 후대했다.

제나라가 송나라를 쳐 송나라가 위급하게 되자, 소대는 연나라의 소왕에게 편지를 보냈다.

「연나라가 대국의 지위에 있으면서 인질을 제나라에 보낸 것은 바깥소문이 나쁠 뿐 아니라 위엄도 손상되는 일입니다. 또 제나라를 도와서 송나라를 친다면 백성은 지치게 되고 재물은 낭비됩니다. 한편 송나라를 쳐서 회북(淮北)에 침공함으로써 제나라를 비대하게 만들면 적이 강하게 되어 나라는 해를 입고 말 것입니다. 이 세 가지는 그 어느 것일지라도 국책으로 삼으면 큰 실패가 올 텐데도 이제 대왕께서 이 일을 수행하고자 함은 이 일로 해서 제나라의 신용을 얻기 위함입니다. 그런데도 제나라는 점점 대왕을 믿지 않고 연나라를 미워할 것은 분명한 일입니다. 이것은 대왕의 계략이 잘못되었기 때문입니다.

대체로 송나라가 회북의 땅을 얻게 되면 그 강하기는 만승의 나라에 필적하지만, 만약 이것을 제나라가 합병한다면 또 하나의 제나라를 보태는 것과 같습니다. 북방의 이(夷)는 사방 7백리, 이것에 노(魯)나라와 위(衛)나라를 더하면 그 강하기는 만승 나라에 필적하지만, 만약 이것을 제나라가 합병하면 두 개의 제나라를 보태는 것과 같습니다. 한 개의 강한 제나라에도 연나라는 마음을 놓지 못하고 견제하기 어려운데, 이제 세 개의 제나라로서 연나라를 위협한다면 그 입을 화야말로 이루 짐작조차 하기 어렵겠지요. 그건 그렇고, 지혜로운 사람은 화를 가지고 복을 만들며 실패를 돌려 성공하는 법입니다. 제나라의 보라색 비단은 원래 그 재료가 패소(敗素 : 조잡한 흰 비단)인데, 이것을 보라색으로 물만 들여도 그 값은 10배가 됩니다.

월왕 구천은 회계산(會稽山)으로 쫓겨났지만 오히려 강국 오나라를 쳐부수고 다시 천하의 패왕이 되었습니다. 이런 일들은 모두 화를 가지고 복을 만들고, 실패를 돌려서 성공을 얻은 것입니다. 대왕께서 이제라도 만약 화를 가지고 복을 만들고 실패를 돌려 성공을 얻으려 하신다면, 이쪽에서 제나라를 꾀어 패자로 받드는 것입니다. 사신을 보내 제나라를 맹주(盟主)로 할 것을 주실(周室)에 맹세시키고, 진나라와의 서약서를 불태운 다음 주실에 이렇게 말하는 것이 좋겠습니다. 『최상의 계책은 진나라를 깨는 일이고, 차선의 계책은 진나라를 영구히 배척하는 것입니다』라고. 배척함으로써 진나라가 파멸하기를 기다린다고 하면, 진나라 왕은 틀림없이 근심할 것입니다. 진나라는 5대에 걸쳐서 제후를 쳤지만 오늘날에는 제나라 아래 위치에 서 있습니다. 진나라 왕의 뜻은 어떻게든지 제나라를 괴롭힐 수만 있다면, 국력을 모두 걸고서라도 그 효과를 노리기에 주저하지 않습니다. 그렇다면 대왕께서는 어찌하여 유세객을 보내 이런 논법으로 진왕을 설득하지 않으십니까. 즉 『연나라와 조나라가 송나라를 깨고 제나라를 비대하게 만들며, 제나라를 받들고 그 아랫자리에 서는 것을 달갑게 생각하는 것은, 연나라나 조나라가 그것을 유리할 것으로 생각해서가 아니다. 연나라와 조나라가 유리하지 않은데도 이런 사태를 가져오게 된 것은, 진나라 왕에 대한 불신 때문이다. 그렇다면 왕은 어찌하여 믿을 만한 사람을 보내 연나라와 조나라를 내 편으로 만들지 않는가? 우선 경양군(涇陽君)·고릉군(高陵君)을 연나라와 진나라에 파견하여 진나라가 딴 마음을 품을 경우의 인질로 잡으라 하라. 그렇게 하여 연나라와 조나라는 진나라를 신용하고 진왕을 서제(西帝), 연왕을 북제(北帝), 조왕을 중제(中帝)로 삼아 삼황제(三帝)를 나란히 세워 천하를 호령하라. 만약 한(韓)나라와 위(魏)나라가 이 일에 따르지 않으면 진나라가 치고, 제나라가 따르지 않을 때는 연나라와 조나라가 친다면, 천하에 그 누가 따르지 않을 것인가. 천하가 모두 복종하면 한나라와 위나라를 뒤에서 몰아 제나라를 쳐서 반드시 송나라의 땅을 돌리고, 초나라의 회북(淮北)을 돌려주라고 말한다. 송나라 땅을 돌리고 초나라 땅을 돌려주는 것은 연나라와 조나라의 이익이 된다. 삼제를 나란히 세우는 것은 연나라와 조나라가 원하는 바로, 재물로는 토지를 얻고 지위로는 제왕의 호칭을 얻으면 연나라와 조나라가 제나라를 버리기를 마치 헌신짝 버리듯 할 것이다. 진나라가 일찍 연나라와 조나라를 수습하지 않으면 제나라의 패업(覇業)은 성공할 것이다. 제후는 제나라를 지지하고 임금만이 이에 따르지 않는다면 진나라는 제후에게 정벌당하고 말 것이다. 제후가 제나라를 지지하고 임금이 이를 따르지 아니하면 명예라고는 말할 수가 없다. 이제 연나라와 조나라를 수습하면 나라는 평안해지고 이름은 높아지며, 연나라와 조나라를 수습하지 못하면 나라는 위태로워지고 이름은 낮아진다. 높아지고 평안해지는 것을 버리고 위태롭고 낮아지는 것을 택하는 것은 지혜로운 자의 도리가 아니다』 이렇게 유세하는 것입니다.

신왕이 이런 유세를 듣게 되면 틀림없이 가슴을 찌르는 느낌이 들 것입니다. 그런데 대왕께서는 어찌하여 유세객에게 이런 논법으로 진나라 왕을 설득케 하지 않으시는 것입니까. 유세를 하면 진나라는 반드시 이를 취하겠지요. 그리고 제나라는 틀림없이 정벌당하고 말 것입니다. 진나라를 끌어들이는 것은 두터운 친교가 되는 것이며, 제나라를 치는 것은 올바른 이득입니다. 두터운 친교를 존중하고 올바른 이득에 힘쓰는 것은 성왕(聖王)의 사업입니다.」

연나라의 소왕(昭王)은 이 편지를 받자 이렇게 말했다.

「선왕(先王)은 일찍이 소씨(蘇氏 : 소진)의 합종을 원조했는데, 자지의 내란이 일어나자 소씨는 연나라를 떠났다. 연나라가 제나라에 복수를 하고자 하면 소씨 이외에 적임자는 없다.」

그리하여 소대를 불러서 그를 후대하고 함께 제나라 토벌을 의논했다. 그리하여 마침내 제나라를 쳐부수었고 제나라의 민왕(湣王)은 달아났다.

그 뒤 오랜만에 진나라가 연나라 왕을 초대했다. 연나라 왕은 이에 응하여 가려고 했으나 소대가 연왕을 만류하며 말했다.

「초나라는 지현(枳縣 : 사천 부릉)을 얻었기 때문에 나라가 망했고, 제나라는 송나라를 얻었기 때문에 나라가 망했습니다. 제나라와 초나라가 지(枳)와 송(宋)을 보유하면서 진나라를 받들지 못했던 것은 무슨 까닭일까요? 공업(功業)이 있는 자는 진나라에 있어서는 원한이 깊은 원수이기 때문입니다. 진나라가 천하를 취하는 것은 의를 행하려는 것이 아니라 폭력을 행하려는 것입니다. 진나라가 폭력을 행할 때는 버젓하게 천하에 경고를 합니다. 예컨대 초나라에 고하기를, 『촉(蜀)의 땅 갑옷 입은 군사가 배를 타고 문강(汶江)에 떠서 하수(夏水)를 타고 강(江 : 양자강)을 내려가면 닷새 만에 초나라 도읍 영(郢)에 도착할 수 있으리라. 한중의 갑병이 배에 타고 파수(巴水)에 나가 하수를 따라 한수(漢水)로 내려가면 나흘 만에 오저(五渚 : 초나라 땅)에 도착하리라. 배가 군사를 완(宛)에서 실어 동쪽 수(隨)로 내려가면 어떤 슬기있는 자라도 계략을 쓸 겨를이 없고, 어떤 용사도 성낼 틈이 없기가 독수리가 매를 쫓는 것과 마찬가지일진대, 왕은 제후가 함곡관을 치고 진나라를 치기를 기다리려 하고 있다. 그것은 아득한 일이 아니겠는가』 라고 말입니다. 초왕은 이 때문에 17년간이나 진나라를 섬겼습니다.

또 진나라는 버젓하게 한(韓)나라에 경고하기를, 『우리 쪽에

소진의 묘

서 소곡(少曲 : 하남 의양 부근)으로부터 출병을 하면 하루 만에 대행(大行 : 하남 박애 심양의 북쪽)의 산도(山道 : 韓나라 上堂으로 통한다)를 차단할 것이다. 우리 쪽에서 의양으로부터 출병하여 한나라 평양(平陽 : 산서 임분)을 치면 이틀 만에 한나라 전체가 동요하지 않을 수 없을 것이다. 우리 쪽이 양주(兩周 : 동주와 서주)를 통과하여 정(鄭)나라를 찌르면 닷새 만에 한나라는 멸망할 것이다』라고 말한 것입니다. 한씨(韓氏)는 이 사실을 긍정하고 그 때문에 진나라를 섬겼습니다.

또 진나라는 버젓이 위(魏)나라에 경고하기를, 『우리 쪽이 안읍(安邑)을 떨어뜨리고 여극(女戟 : 태행산 서쪽에 있는 지명)의 길을 막으면 태원(太原)은 석권될 것이다. 우리 쪽이 지도(軹道 : 하남 제원)·남양·봉(封 : 하남)·기(冀 : 산서 하진)로 내려가서 한(韓)나라를 위협하며 양국을 포위하고 하수를 이용해서 경주(輕舟)를 띄워 놓고, 앞에는 강한 석궁, 뒤에는 예리한 창을 갖추어 영택(滎澤 : 하남 성고)의 수문을 깨뜨리면 위나라의 도읍 대량을 물로 공격할 수 있을 것이다. 또 백마진(白馬津 : 하남 활현의 서쪽)의 수문을 깨뜨리면 외황(外黃 : 하남 기현의 동북쪽)·제양(濟陽 : 하남 난봉의 서쪽)을, 숙서진(宿胥津 : 하남 준현)의 수문을 깨뜨리면 허(虛)·돈구(頓丘)를 물로 공격할 수 있을 것이다. 육상에서 공격하면 하내를 치고, 수상에서 공격하면 대량을 멸망시킬 것이다』라고 말했습니다.

위씨(魏氏)는 이 사실을 긍정하고 그 때문에 진나라를 섬겼습니다. 진나라가 위나라의 안읍(安邑)을 치려고 할 때 제나라가 위나라를 돕는 것이 두려워서 송나라의 조치를 제나라에게 떠맡기며 말하기를, 『송나라 왕은 무도한 임금으로서 나와 비슷한 허수아비를 만들어 놓고 그 얼굴에 화살을 쏘면서 기뻐하고 있다. 땅이 멀리 있어 군사를 출동시키려고 해도 곤란하다. 만약 왕이 송나라를 깨고 그 땅을 영유한다면 나 자신이 영유하는 것과 진배가 없다』라고 했습니다. 그런데 안읍을 빼앗고 여극을 에워싸서 목적을 달성하자 진나라는 송나라를 친 것을 제나라의 죄로 돌렸습니다.

또 한나라를 치고자 할 때, 천하의 제후가 한나라를 돕는 것을 두려워하여 제나라를 처치하는 것을 제후에게 맡겼습니다. 『제나라 왕은 네 번씩이나 나와 약속을 했으나, 네 번 모두 나를 배반했다. 또 제후를 이끌고 나를 치기 세 번에 이르렀다. 제나라가 있으면 진나라가 망하고, 진나라가 있으면 제나라가 망할 것이다. 반드시 제나라를 치고, 반드시 제나라를 멸망시키기 바란다』라고 말했습니다. 그런데 뒤에 진나라는 의양(宜陽)·소곡(少曲)을 얻고 인(藺)과 석(石)을 공략하여 목적을 달성하자, 진나라는 제나라를 친 죄를 제후들에게 전가했습니다.

또 진나라가 위(魏)나라를 치려는데 큰 나라가 염려되어 한나라의 옛 땅 남양을 초나라에 맡기며 말하기를, 『나는 본래부터 한나라와 교제를 끊으려고 했다. 만약 초나라가 한나라의 균릉(均陵 : 호북 균현)을 장악하고 맹(鄳)의 요새지를 막아서 그것이 초나라의 이익이 된다면, 나 스스로가 그곳을 점령한 것과 같이 기쁜 일일 것이다』라고 했습니다. 이 때문에 위나라가 친교국인 한나라를 버리고 진나라에 합류하자, 진나라는 맹의 요새지를 막은 것을 초나라의 죄로 돌렸습니다. 진나라 군사는 위나라를 쳐 임중(林中 : 하남 신정의 동쪽)에서 고전했는데, 연나라와 조나라가 적에게 붙을까 겁이 나서 교동(膠東)을 연나라에, 제서(濟西)를 조나라에 떠맡겼습니다. 그런데도 위나라와 화친하게 되자 위나라의 공자 연(延)을 진나라로 잡아다가 인질로 하고, 위나라 장수 서수(犀首)에게 행군할 것을 위촉하여 조나라를 치게 했습니다.

진나라 군사는 조나라의 초석(譙石 : 조나라의 땅)에서 패하고, 양마(陽馬 : 조나라의 땅)에서도 패했는데, 위나라를 염려하여 섭(葉)·채(蔡)를 위나라에게 떠맡겼습니다. 그런데 조나라와 화친을 하자마자, 위나라를 협박하여 섭과 채를 할양하지 않았습니다. 패해서 궁하게 되면 태후의 동생인 양후(穰侯)를 내세워 화목케 하고, 이기게 되면 구(舅 : 위후魏侯)와 모(母 : 태후)를 모두 속였습니다. 연나라를 책망할 때에는 교동을, 조나라를 책망할 때에는 제서를, 위나라를 책망할 때에는 섭(葉)·채(蔡)를, 초나라를 책망할 때에는 맹(鄳)의 요새지를 막은 것을, 제나라를 책망할 때에는 송(宋)을 각각 구실로 삼았는데, 진나라가 그 신하에게 열국을 꾸짖게 하기를 순환과 같이 하여 끝이 없었고, 군사를 움직이는 것도 부추를 쳐 베어 내는 것처럼 했는데, 어머니도 이것을 막지 못했고, 양후도 이것을 막지 못했습니다. 위나라 용고(龍賈)와의 싸움, 한나라와 안문에서의 싸움, 위나라와 봉릉(封陵)에서의 싸움, 고상(高商)에서의 싸움, 조나라 조장(趙莊)과의 싸움에서 진나라가 죽인 삼진(三晋)의 백성은 수백만에 달하며, 지금 살아있는 사람은 모두 진나라로 인하여 죽음을 당한 사람의 고아들뿐입니다. 서하 밖 상락(上雒)의 땅, 삼천 일대에서 이미 진(秦)나라에게 공략당하여 전화(戰禍)를 받은 토지는 삼진의 반을 차지하고 있습니다. 진나라의 화는 이처럼 큰데도 거기에다가 진나라에 가는 연나라와 조나라의 유세객은 모두 앞 다투어 주군(主君)에게 진나라를 섬기라고 권하고 있습니다. 이것이 제가 크게 근심하는 바입니다.」

연나라의 소왕은 진나라의 초청에 응하지 않았고, 소대는 연나라에서 더욱 중용되었다. 연나라는 소진의 때와 마찬가지로 제후에게 합종을 약정시키고자 했다. 제후 중 어떤 사람은 합종을 했고 어떤 사람은 합종치 않았는데, 그러나 천하는 이 일로 인하여 소씨의 종약(縱約)을 중시했다. 대(代)와 여(厲)는 모두 천수를 누리고 죽었는데, 그 이름은 제후들 사이에 드러났다.

태사공은 말한다.

「소진 등 형제 세 사람은 모두 제후에게 유세하여 이름을 드러냈다. 그 술(術)은 권모와 변사(變詐)에 능했는데, 소진은 반간(反間)[9]의 이름을 쓰고 죽어갔기 때문에 천하의 사람은 모두 이를 비웃고, 그 술책 배우기를 꺼렸다. 그러면서도 항간에 소진의 사적을 논하는 자들 가운데 이설(異說)이 많다. 생각건대 이것은 다른 시대의 그 비슷한 사건들을 모두 소진에게 부합시키기 때문이리라. 그러나 소진이 민간에서 몸을 일으켜 여섯 나라를 합종하게 만든 것은, 그 지혜가 중인(衆人)을 능가하는 것으로서, 나는 그의 사적을 열기하고 때의 전후를 간추려, 오직 그 한 사람에게는 악평을 듣게 하지 않으려고 했다.」

---

9) 반간(反間)…첩자를 이용하여 적의 내부를 이간시켜 자기 쪽이 승리하게 하는 것.

장의 열전 제10

장의(張儀)는 위(魏)나라 사람이다. 일찍이 소진과 함께 귀곡선생에게서 유세술(遊說術 : 합종연횡의 술)을 배웠는데, 소진은 스스로 재능이 장의에 미치지 못한다고 생각했다. 장의는 학업을 마치자 제후들에게 유세를 하면서 돌아다녔다.

내 혀가 아직 남아 있소?

어느 날, 장의는 초(楚)나라 재상과 함께 술을 마셨는데, 초나라 재상의 벽옥(璧玉)이 없어졌다. 재상의 빈객들은 장의를 의심하고 이렇게 말했다.

「장의는 가난한데다가 품행도 좋지 못하다. 재상의 벽옥을 훔친 사람은 틀림없이 장의일 것이다.」

그들은 여럿이서 장의를 붙잡아 가지고 수백 대의 매를 때렸다. 그러나 자백을 하지 않으므로 놓아주었다.

장의의 아내가 탄식했다.

「아니, 당신이 글을 읽어 유세만 하지 않았던들 이런 욕은 당하지 않으셨을 겁니다!」

그러자 장의가 대답했다.

「내 혀가 아직 남아 있소〔吾舌尙在〕?」

아내는 기가 막혀 웃으며 말했다.

「혀는 붙어 있네요.」

장의가 말했다.

「그럼 안심이군.」

이 때에 소진은 조(趙)나라 왕을 설득하여 종친(縱親)을 약속할 수 있었다. 그러나 걱정이 되는 것은 진(秦)나라가 제후를 공격하고, 그 때문에 제후들이 맹약을 깨게 되면 결국 자기가 책임을 져야 하는 문제였다. 그래서 진나라가 제후들을 치지 않도록 하기 위하여 적당한 인물을 진나라에 등용시켜야겠다고 생각했다. 그리하여 장의에게 사람을 보내 은근히 그를 충동시키기 위하여 이렇게 말했다.

「선생은 지난 날 소진과 사이가 좋지 않았습니까. 이제 소진은 성공하여 요직에 앉아 있습니다. 어찌하여 선생은 그를 찾아가 선생의 바라는 바를 이룰 수 있도록 부탁을 하지 않소?」

장의는 곧바로 조나라로 가서 이름을 밝히고 소진을 만나보기를 청했다. 소진은 미리 문하(門下) 사람에게 일러 며칠 동안 만나주지 않고, 그렇다고 단념하고 떠나지도 못하도록 만들어 놓은 다음에 그를 만났다. 소진은 장의를 당하(堂下)에 앉혀 놓고 종들과 같은 음식을 주며 여러 말로 꾸짖었다.

「그대처럼 재능을 가진 사람이 이토록 곤궁하다는 것은 보기도 딱하구려. 그대를 추천하여 부귀를 얻게 해주는 일 따위를 나는 할 수가 없소. 그대는 쓰이기에는 부족한 인물이오.」

이렇게 하여 그의 청을 거절하여 떠나가도록 했다.

원래 장의가 찾아왔던 것은 옛 친구를 만나서 출셋길을 부탁하러 왔던 것인데, 오히려 망신만 톡톡히 당하고 말았으니 화가 나지 않을 수 없었다. 그래서 생각하기를, 다른 제후는 섬길 만한 사람이 없으니 진(秦)나라 왕을 섬기다가 조(趙)나라를 괴롭힐 수 있었으면 하였다. 장의는 마침내 진나라를 향하여 길을 떠났다.

한편 소진은 자기 사인(舍人)[1]에게 이렇게 말했다.

「장의는 천하의 현인이다. 나 따위는 도저히 그를 따를 수가 없느니라. 내가 다행스럽게도 한 걸음 앞서 등용되었을 뿐이지. 그런데 진나라의 권력을 자유롭게 휘두를 사람은 장의뿐이다. 단지 그는 가난하여 용돈이나 밑천도 가지고 있지를 못해. 나는 그가 작은 성공에 만족하여 큰 성공을 놓칠까봐 마음이 쓰였던 거다. 그래서 가까이 불러서 모욕을 주어 그의 의지를 격려했던 것이다. 너는 내 뜻을 받들어 슬며시 그에게 거마와 금전을 건네주도록 해라.」

그런 다음 조나라 왕에게 아뢰어 돈과 비단 그리고 수레를 마련해서 부하를 시켜 은밀하게 장의를 따르게 하여 함께 주막에 들도록 하였다. 소진의 부하는 간신히 장의를 가까이 따라가서 거마, 금전을 비롯한 일용품 일체를 제공해 주었는데, 그래도 그 내용은 말하지 않았다. 이렇게 해서 장의는 마침내 진나라의 혜왕(惠王)을 만나게 되었는데, 혜왕으로부터 객경의 대우를 받고 제후 토벌에 관한 일을 의논했다. 그 얼마 뒤에 소진의 사인이 귀국코자 하니 장의가 말했다.

「당신의 힘으로 세상에 드러나게 되어 이제부터는 당신의 은혜를 보답하려고 하는데, 어찌하여 돌아가겠다고 합니까?」

---

1) 사인(舍人)…가신(家臣). 주위에서 가깝게 지내는 문객(門客)으로, 전국시대 왕공과 귀족들은 모두 사인을 두었다.

「당신을 아는 사람은 제가 아닙니다. 소군(蘇君)이야말로 당신의 지기(知己)이십니다. 소군은 진나라가 조나라를 치고 종약(縱約)을 깰까 두려워하는데, 당신이라면 진나라의 권력을 자유롭게 휘두를 수 있을 것으로 보고 당신을 분발케 한 다음, 저에게 명하여 은밀하게 자금을 제공하게 한 것입니다. 모든 것은 소군의 배려에 의한 것인데, 이제 당신은 등용되었으니 저는 돌아가서 소군에게 복명토록 해 주십시오.」

「아아, 이것은 내가 배운 술책 가운데 있었던 것인데, 나는 그것을 미처 깨닫지 못했구려. 나는 분명히 소진에 미치지 못하는 사람이오. 이렇게 되어서는 조나라에 등용된 것이나 마찬가지이니 내 어찌 조나라를 모해할 수 있겠소. 돌아가거든 나를 위해 소군에게 이렇게 말해 주오. 『소군이 살아 있는 동안에는 내가 무슨 말을 할 수 있겠소. 또 소군이 있는 한 이 장의가 무슨 일을 해낼 수 있겠소』 라고.」

그 후 장의는 진나라의 재상에 올랐다. 격문[2]을 써서 보내 초(楚)나라 재상에게 고했다.

「일찍이 그대와 술을 마셨을 때, 그대는 내가 구슬을 훔쳤다 하여 나를 매질했소. 그대는 그대의 성을 잘 지키도록 하오. 나는 이번에야말로 그대의 성(城)을 훔칠 것이오.」

저(苴)와 촉(蜀)이 서로 싸우다가 각기 진나라에 위급함을 고하고 도움을 청했다. 진나라 혜왕은 군사를 내어 촉을 치려고 했는데 길이 좁고 험하여 좀처럼 나아갈 수가 없었다. 이 무렵 한(韓)나라가 또 진나라를 침공해 왔다. 한나라를 친 다음 촉을 치

---

2) 격문…특별히 병사를 모집하거나, 때로는 싸움터에서 적군의 장수를 일깨우거나 힐책하기 위하여 보내는 편지의 일종으로, 보통 짧은 글로 이루어진다.

려면 불리해질 염려가 있으므로 먼저 촉을 치려니 한나라가 진나라의 피폐해진 것을 기화로 침공해올 우려가 있으므로, 진나라 혜왕은 어느 것도 결정짓기가 매우 어려웠다. 사마조(司馬錯)와 장의가 혜왕 앞에서 논쟁을 벌였다. 사마조는 촉을 먼저 쳐야 한다고 했고, 장의는 한나라를 먼저 치는 것이 좋다고 주장했다.

왕이 장의에게 물었다.

「그 까닭을 듣고 싶구려.」

명분은 조정에서, 이익은 저잣거리에서 다투라〔朝名市利〕

장의가 대답했다.

「위(魏)나라・초(楚)나라가 친선하고 군사를 삼천(三川)으로 남하시켜 십곡(什谷 : 하남 공현)의 입구를 막아서 둔류(屯留 : 산서)의 길에 닿도록 합니다. 그리고 위나라로 하여금 남양(南陽 : 하남)을 차단케 하고 초나라를 남정(南鄭)으로 쳐들어가게 하며, 진나라는 신성(新城 : 하남 낙양)과 의양(宜陽 : 하남)을 쳐 이주(二周)의 교외에 임해서 주왕(周王)의 죄를 책하고, 초나라 위나라의 땅을 침공하게 되면 주나라는 이미 구원되지 못할 것을 깨닫고, 반드시 세전(世傳)의 국보 구정보기(九鼎寶器)를 바쳐 항복할 것입니다. 그리하여 구정[3]의 권위를 가지고 도적(圖籍 : 지도와 호적)을 조사하고 천자를 받들어 천하를 호령하면 천하에 따르지 않을 자가 없을 것입니다. 이것이 곧 왕업입니다. 그런데

---

3) 구정(九鼎)…구정은 하(夏)나라 우임금이 만든 것이라고 전해지는데, 구주(九州)를 상징하여 대대로 보물로 받들었다. 탕임금은 하나라를 멸망시키고 그것을 상읍으로 옮겼고, 주 무왕은 상나라를 멸망시키고 구정을 낙읍으로 옮겼다. 진나라는 서주를 멸망시키고 구정을 얻었는데, 하나는 사수(泗水)에 빠뜨리고, 나머지 여덟 개의 소재는 분명치 않다.

저 촉나라는 서쪽으로 멀리 떨어져 있는 나라로서 융적(戎翟)[4]의 한 무리입니다. 촉을 쳤을 경우 군사를 지치게 하고 백성을 지치게 하면 아무런 명예도 되지 않을 것이며, 땅을 얻는다손 치더라도 아무런 이익이 되지 않습니다. 신이 듣건대『명분을 다투는 자는 조정에서 하고, 이익을 다투는 자는 저잣거리에서 하라〔爭名者於朝 爭利者於市〕』는 말이 있습니다만, 삼천(三川)과 주실(周室)이야말로 천하의 조정이자 저자입니다. 임금께서 이를 상대로 다투지 아니하고 오히려 오랑캐 땅을 다투는 것은 왕업과는 거리가 먼 이야기밖에 되지 않습니다.」

사마조가 말했다.

「그렇지는 않습니다.『나라를 부하게 만들기를 욕심내는 사람은 그 땅을 넓히는 일에 힘쓰고, 군사를 강하게 만들기를 욕심내는 사람은 그 백성을 부(富)하게 하는 일에 힘쓰고, 임금의 길을 올바르게 행하기 원하는 사람은 그 덕을 베푸는 데 힘쓴다』고 한 말이 있습니다. 이 세 가지 자격이 갖추어지면 왕업은 그것에 따라 자연히 성취되는 법입니다. 지금 임금의 땅은 협소하고 임금의 백성은 가난합니다. 저는 우선 쉬운 것부터 착수하실 것을 바랍니다. 저 촉나라는 서쪽에 멀리 떨어져 있는 나라로서 오랑캐 중 으뜸입니다. 그 왕에는 걸(桀)·주(紂)에 비할 만한 난행(亂行)이 있습니다. 진나라의 힘을 가지고 이 촉을 친다는 것은 마치 승냥이로 하여금 양떼를 쫓는 것과 같은 것으로, 땅을 얻으면 나라를 넓힐 수 있고 재물을 얻으면 백성을 부하게 해줄 수 있습니다.

---

4) 융적(戎翟)…화하(華夏) 이외의 부족을 총체적으로 이르는 말이다. 戎은 고대 서방 각 부족에 대한 통칭이고, 翟은 狄이라고도 하는데, 이는 고대 북방 소수민족에 대한 통칭이었다. 흔히 동이(東夷)·서융(西戎)·남만(南蠻)·북적(北狄)이라고 한다.

군사에게는 급여를 충분히 주고 백성을 상하지 않게 하면서도 그 나라는 손쉽게 복종시킬 수 있을 것입니다. 게다가 한 나라를 항복받았다고 해서 천하는 이것을 난폭하다고 하지 않을 것이며, 서쪽의 이익을 모두 취했다고 해서 천하는 이것을 탐욕이라고 하지 않을 것입니다. 그뿐 아니라 오히려 폭(暴)을 금하고 난을 그치게 했다는 명예까지 있습니다. 이것이야말로 일거에 명실 공히 양득하는 것이라 할 수 있습니다. 그런데 지금 한(韓)나라를 쳐서 천자를 위협하는 것은 악명을 짊어지는 것이 되며 반드시 이롭지는 못합니다. 또 불의라는 이름을 얻으면서 천하의 누구도 공격하기를 좋아하지 않는 주(周)나라를 치는 것은 위험한 일입니다. 그 이유를 저로 하여금 말씀드리게 해주십시오.

주나라는 천하의 종실입니다. 한(韓)나라는 주나라와 한편인 나라입니다. 주나라가 구정을 잃고 한나라가 삼천을 잃는 것을 알게 되면 두 나라는 힘을 합치고 계략을 모아서 제(齊)나라와 조(趙)나라에 달라붙고, 초(楚)나라와 위(魏)나라에 도움을 청할 것입니다. 만약 주나라가 구정을 초나라에 넘겨주고 땅을 위나라에 준다 하더라도 임금은 이를 막지 못할 것입니다. 이것이 이른바 제가 주장하는 위험이란 것입니다. 촉나라를 치는 방책보다 더 나은 것은 없습니다.」

혜왕이 말했다.

「좋소. 나는 그대의 의견을 따르리다.」

그런 다음 마침내 군사를 일으켜 촉을 치고 10월에 이 땅을 취했다. 촉을 진압하고 촉왕의 자리를 낮추어 후(侯)로 칭호를 고치고, 진장(陳莊)을 촉의 재상으로 기용했다. 촉이 진나라에 예속되니 진나라는 점점 부강하게 되어 제후를 깔보게 되었다.

진나라 혜왕 10년, 공자(公子) 화(華)와 장의에게 명하여 위

(魏)나라 포양(蒲陽 : 산서 습주)을 포위시켜서 항복받았는데, 장의는 진나라 왕에게 건의하여 포양을 위나라에 돌려주고 진나라 공자 요(繇)를 위나라에 인질로 들여보냈다. 이렇게 해놓고 장의는 위왕에게 말했다.

「진나라 왕이 위나라를 대우하는 것이 이렇게도 후하오. 위나라로서도 여기에 보답하는 바가 있어야 되지 않겠소?」

위나라는 상군(上郡)과 소량(少梁 : 섬서 한성)을 진나라에 바치고 혜왕에게 감사했다. 그리하여 혜왕은 장의를 재상으로 등용하고 소량의 지명을 하양(夏陽)이라고 고쳤다. 장의는 재상이 된 지 4년에 지금까지 공(公)으로 칭해오던 혜왕(惠王)을 왕(王)으로 세웠다. 다시 1년 뒤 진나라의 장군이 되어 위(魏)나라 섬(陝 : 하남 섬주)을 취하고 상군에 성채를 쌓았다.

그 후 2년, 장의는 사신이 되어 제(齊)나라 · 초(楚)나라 재상과 설상(齧桑) 동쪽에서 회합하고 돌아와서는 진나라 재상자리를 내놓고 위나라 재상이 되어 진나라를 도울 계략을 짰다. 먼저 위나라로 하여금 진나라에 신하 된 예를 받들게 하고 제후들에게 이를 본받도록 하려 했는데, 위나라 왕은 장의의 뜻을 받아들이지 않았다. 진나라 왕은 노하여 위나라의 곡옥(曲沃 : 산서 곡옥)과 평주(平周 : 산서 개휴)를 치고 은밀하게 장의를 후대하니, 장의는 면목이 없어서 돌아가 복명할 도리가 없었다.

장의가 위나라에 머물러 있기 4년, 위나라의 양왕(襄王)이 죽고 뒤를 이어 애왕(哀王)이 왕위에 올랐다. 장의는 또 애왕에게 설명해 보았으나 애왕도 장의의 뜻을 받아들이지 않았다. 그래서 장의는 비밀리에 진나라에 통보하여 위나라를 치게 했는데, 위나라는 이 싸움에서 패하고 말았다.

사분오열(四分五裂)

이듬해에 제(齊)나라도 다시 쳐들어와서 위나라를 관택(觀澤 : 하북 청풍)에서 깨뜨렸다. 진나라는 다시 위나라를 치려고 먼저 한(韓)나라의 장수 신차(申差)의 군사를 깨뜨리고 목을 베기 8만에 달했는데, 제후들은 떨며 무서워했다. 장의는 또 위나라 왕에게 말했다.

「위나라의 영토는 사방 천 리에 미치지 못하고, 병사는 30만에 지나지 않습니다. 토지는 사방이 평탄하고 제후의 나라와 이어지는 도로는 사통으로 열려 있으며, 명산이나 대천에 의한 경계도 없습니다. 한(韓)나라의 정(鄭)에서 위나라의 대량까지 2백여 리 사이에 수레는 달리고 사람은 뛰어 힘 안들이고 쉽게 대량까지 도달할 수 있습니다. 남쪽으로는 초나라와 경계하고, 서쪽으로는 한나라와 경계를 이루었으며, 북쪽으로는 조나라와 경계하고, 동쪽은 제나라와 경계를 이루고 있는 까닭에, 사방을 지키면 성채를 지킬 군사는 10만도 안됩니다.

위나라의 형세는 참으로 싸움터가 되기에 알맞습니다. 위나라가 남쪽의 초나라와 결탁하여 제나라와 손을 잡지 않으면 제나라는 위나라의 동쪽을 공격할 것입니다. 만약에 동쪽의 제나라와 결탁하여 조나라와 손을 잡지 않으면 조나라는 위나라의 북쪽을 공격할 것입니다. 한나라와 결탁하지 않으면 한나라는 위나라의 서쪽을 공격할 것이며, 초나라와 맺지 않으면 초나라는 위나라의 남쪽을 침범할 것입니다. 이것은 이른바 사분오열의 대세라고 하는 것입니다〔此所謂四分五裂之道也〕. 원래 제후가 합종코자 하는 그 근본은 그렇게 함으로써 사직을 안태하게 하고, 군주를 받들며,

군사를 강하게 하여 이름을 드러내기 위함입니다.

지금 합종론자는 천하의 제후를 하나로 하여 형제의 의를 맺고 백마를 베어서 피를 빨며 원수(洹水 : 하남 안양 부근 안양하安陽河와 같음) 강가에서 맹세하며 서로의 결합을 굳게 하고자 하고 있습니다. 그러나 육친의 형제로 부모를 같이하는 사이에도 재산을 다투는 일이 있는 것을 생각하면 거짓과 속임수를 일삼는 소진의 도가 넘는 꾀는 제아무리 자신을 하더라도 성공치 못할 것은 뻔한 일입니다. 대왕께서 종약에 의하여 진나라를 섬기지 않고, 진나라가 출병을 하여 하외를 공격하고, 권(卷)·연(衍)·산조를 근거지로 삼아 위(衛)나라를 위협하고 양진(陽晋 : 산동 조현의 북쪽)을 취한다면, 조나라는 남쪽에 있는 위(魏)나라와 통할 수 없고, 위나라는 북쪽에 있는 조나라와 통할 수 없게 됩니다.

고침안면(高枕安眠)

조나라가 남쪽에 통하지 못하고 위나라가 북쪽에 통하지 못하게 되면 종약의 길은 단절되고, 종약의 길이 단절되면 대왕의 나라는 아무리 안전하기를 원하더라도 안전을 얻을 수는 없습니다. 또 진나라가 한나라를 제압하여 위나라를 공격하고, 한나라가 진나라를 두려워한 나머지 한나라·진나라가 연합하면 위나라의 멸망은 단숨에 실행될 것입니다. 이것이 제가 대왕을 위하여 걱정하는 점입니다.

대왕의 이해를 생각하여 보건대, 진나라를 섬기는 것보다 더 나은 일이 없습니다. 진나라를 섬기게 되면 초나라와 한나라는 반드시 움직이지 않을 것입니다. 위나라에 있어 초나라와 한나라의 걱정이 없어지면 대왕은 베개를 높이 베고 잠을 편히 잘 수가 있을 것이며, 나라에 걱정이 있을 까닭이 없습니다〔則大王高枕而臥安眠 國必無憂矣〕. 어쨌든 진나라가 약하게 만들고 싶어 하는 것은 초나라가 그 으뜸이며, 초나라를 약하게 만들 수 있는 것은 위나라밖에 없습니다. 초나라는 부강한 나라로 알려져 있지만 실제로는 공허하며, 군사는 많지만 그 움직임이 가볍고 도망하기를 빨리 해서 굳건히 지속해서 싸울 수가 없습니다. 위나라 군사를 모두 일으켜서 남쪽을 향하여 초나라를 친다면 이길 것은 뻔한 일입니다.

초나라 땅을 쪼개어 위나라에 보태고, 초나라 땅을 깎아서 진나라의 뜻을 받아들이는 것은 화근을 다른 나라에 전가시킴으로써 위나라의 안태를 꾀하는 것으로서 참으로 좋은 계책입니다. 대왕께서 만약 저의 건의를 받아들이지 않는다면 진나라에서는 군사를 동원하여 동쪽으로부터 위나라를 칠 것입니다. 이렇게 되면 진나라를 섬기려고 해도 이미 그 때는 늦을 것입니다.

뭇사람의 입은 무쇠도 녹인다

합종론자는 어느 누구를 막론하고 큰 소리를 치는 자가 많아서 믿을 만한 것이 되지 못합니다. 제후 한 사람을 설득하면 봉후(封侯)가 되는 까닭에 천하의 유세자는 밤낮으로 팔을 걷고 눈을 부릅뜨며 이를 악물고 합종의 이로움을 말하고 군주를 설득하고 다닙니다. 군주가 그 변설을 현명한 것이라고 그 말에 끌려서는 현혹됨을 면할 수 없습니다.

『쌓아서 겹치면 가벼운 깃털일지라도 배를 가라앉힐 수 있고, 지나치게 많이 실으면 가벼운 것일지라도 수레바퀴의 축(軸)을 부러뜨리며, 뭇사람의 입은 무쇠도 녹이고, 여러 사람이 헐뜯으면 뼈까지도 녹인다〔臣聞之 積羽沈舟 羣輕折軸 衆口鑠金 積毁銷骨〕』고 했습니다. 대왕께서는 계책을 신중하게 결정하시기 바라며, 그리고 신은 얼마 동안 휴가나 얻어서 위나라를 떠나고자 생각합니다.」

그리하여 애왕(哀王)은 합종의 맹약을 깨고 장의를 사이에 세워 진나라에 화친을 청했다. 장의는 진나라로 돌아와서 다시 재상의 자리에 올랐다. 3년 후, 위나라는 또 진나라를 배반하고 합종에 가세했기 때문에 진나라는 위나라를 쳐서 곡옥(曲沃)을 취하고, 이듬해에 위나라는 다시 진나라를 섬기게 되었다. 진나라가 제(齊)나라를 치려고 하자, 제나라와 초나라는 합종하였기 때문에 장의는 초나라에 갔다. 초나라 회왕(懷王)은 장의가 온다는 말을 듣고 고급 저택을 비우게 하고 몸소 안내하여 그곳에 머무르게 한 다음 장의에게 물었다.

「이처럼 변두리에 있는 나라에 그대는 무엇을 가르치려 오셨소?」

장의가 초나라 왕에게 대답했다.

「대왕께서 정말로 저의 말씀을 받아들이고 관소(關所)를 폐하여 제나라와 합종의 맹약을 끊으신다면 저는 상(商)과 오(於)의 땅 6백 리를 대왕에게 헌납하고 진나라의 공주를 대왕의 첩이 되도록 하겠습니다. 진나라와 초나라가 여자를 시집보내는 사이가 되면 오래 두고 형제의 나라가 될 수 있을 것입니다. 이것은 북쪽에 있는 제나라를 위축시키고 서쪽에 있는 진나라를 이롭게 하는 것입니다. 이 이상 좋은 계교는 없을 줄 압니다.」

초나라 왕은 크게 기뻐하여 이를 승낙하고 군신들도 모두 경하했는데, 홀로 진진(陳軫)만은 잘못이라며 말했다. 초왕은 노하여 진진에게 말했다.

「나는 군사를 일으키지도 않고, 군사를 출동시키지도 않고 6백 리의 땅을 얻은 것이오. 뭇 신하가 모두 경하하는데, 그대 혼자 잘못이라 함은 무슨 까닭인가?」

「그렇지가 않습니다. 제가 보는 바로는 상과 오의 땅을 얻기도 전에 진나라와 제(齊)나라는 연합할 것입니다. 진나라와 제나라가 연합한다면 그 화가 미칠 것은 필연적인 일입니다.」

초나라 왕이 다시 물었다.

「어찌하여 그렇게 된다는 거요?」

「원래 진나라가 초나라를 중시하는 것은 초나라가 제나라와 친선관계에 있기 때문입니다. 지금 관소(關所)를 폐하고 제나라와의 맹약을 깨면 초나라는 고립되고 맙니다. 진나라가 이러한 고립된 나라를 자기편으로 끌어들이기 위해서 상과 오의 땅 6백 리를 줄 것 같으십니까. 장의가 진나라에 돌아가면 임금과의 약속을 배반할 것임에 틀림없습니다. 이렇게 되면 북쪽으로 제나라와 친교를 끊어 화를 서쪽의 진나라로부터 부르는 것이 되므로 제나라와 진나라 두 나라의 군사가 반드시 공격해 들어올 것입니다. 최선의 계책으로는 겉으로는 제나라와 교류를 끊는 척하면서 은밀히 손을 잡고 장의에게 사람을 딸려 보내는 것입니다. 만약 땅을 주지 않는 경우를 생각하여 은밀하게 제나라와 결탁해두는 것은 아주 당연한 일이라 하겠습니다.」

그러자 초나라 왕이 말했다.

「진자(陳子)여, 입을 다물고 말을 더 하지 말라. 그리고 내가 땅을 손에 넣는 것이나 보고 있으라.」

그런 다음 장의에게 재상의 인수를 주고 후한 뇌물을 주었다. 그리고 관소를 닫고 제나라와의 맹약을 끊은 다음, 장군 한 명을 장의에게 수행케 했다. 장의는 진나라로 돌아가자 일부러 수레를 붙

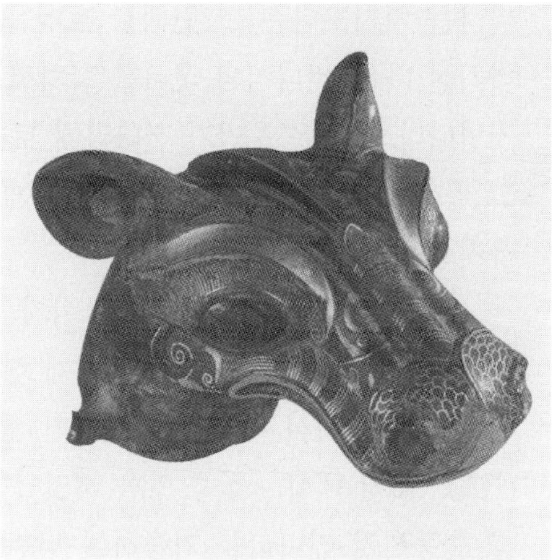
금은으로 장식된 짐승머리 모양의 수레채 장식품

들고 올라가는 줄을 끊어 수레에서 떨어져 석 달 동안 왕궁에 입조하지 않았다. 초나라 왕은 이 말을 듣고 말했다.

「장의는 내가 제나라에 대한 절교가 충분한 것이 아닌 줄로 생각하고 약속을 이행하지 않음인가?」

초나라 왕은 날쌘 용사를 송(宋)나라에 보내 송나라의 부절(符節 : 고대 사신이 지니고 다니던 신표)을 빌려 가지고 제나라에 가서 제나라 왕을 꾸짖도록 했다. 제나라 왕은 크게 노하여 초나라와의 약속 때 나눠 가진 부절을 꺾어버리고 진나라에 무릎을 꿇었다. 이렇게 하여 제나라와 진나라 사이에 국교가 성립되었다. 그러자 장의는 조정에 나아가 초나라 사신에게 이렇게 말했다.

「나에게 봉읍의 땅 6리(里)가 있소. 예로서 대왕께 받쳐 주십시오.」

초나라의 사신이 말했다.

「내가 우리 임금으로부터 받은 명령으로는 상과 오의 땅 6백 리라 했지, 6리라는 말은 들은 일이 없습니다.」

사신이 돌아와서 이 일을 초나라 왕에게 보고하자, 초나라 왕은 크게 노하여 진나라를 치겠다며 출병하려고 했다.

진진(陳軫)이 말했다.

「이제야 진(軫)은 입을 열어 말씀을 드려도 되겠습니까? 진나라를 치기보다는 그 반대로 토지를 쪼개 진나라에게 뇌물로 바치신 다음, 진나라와 군사를 합쳐서 제나라를 치는 편이 나을 것입니다. 이것은 우리가 진나라에 토지를 떼어주고 제나라에서 그 벌충을 하자는 계책입니다. 이렇게 함으로써 임금의 나라는 유지할 수 있을 것입니다.」

초나라 왕은 이 말을 받아들이지 않고 끝내 출병하여 장군 굴개(屈匃)로 하여금 진나라를 치게 했다. 진나라와 제나라는 함께 초나라를 쳐서 목을 자른 자 8만, 굴개를 죽이고 마침내 단양(丹陽 : 하남 내향)·한중 땅을 빼앗았다. 초나라는 더 많은 군사를 출동시켜 진나라를 기습하여 남전(藍田)에서 크게 싸웠는데 대패하고 두 성을 떼어준 다음 진나라와 화친했다. 진나라는 초나라의 검중(黔中) 땅을 얻을 생각으로 무관(武關) 밖의 땅과 교환하자고 초나라에 청했다. 그러자 초나라 왕이 말했다.

「영지를 교환하는 것은 바라지 않으나, 만약 장의를 내준다면 검중 땅을 바치리다.」

진나라 왕은 장의를 주고 싶었으나 입 밖에 내어 말을 할 수는 없었다. 그러자 장의가 스스로 가겠다고 나섰다.

진나라 혜왕이 말했다.

「초나라 왕은 그대가 상·오의 땅을 주겠다고 약속하고 배신한 것을 분하게 생각하고 있소. 그대를 달라고 하는 것은 틀림없이 그대에게 복수하기 위함일 것이오.」

장의가 말했다.

「진나라는 강국이며 초나라는 약국입니다. 그런데다가 저는 근상(靳尙)과 친하며, 상(尙)은 초나라 왕의 부인인 정수(鄭袖)의 신임을 받고 있습니다. 수(袖)가 말하는 것이면 초나라 왕은 무엇이든 들어줍니다. 그리고 저는 임금의 부절을 가지고 초나라에 가는 사신이니 초나라에서는 저를 어찌 죽이겠습니까. 비록 저를 죽인다 하더라도 진나라를 위해 검중의 땅을 얻을 수 있다면 그것이야말로 제가 바라는 바입니다.」

장의는 마침내 사신으로 초나라에 갔다. 초나라의 회왕(懷王)은 장의가 오자 바로 옥에 가두어 죽이려고 했다. 그러자 근상이 정수에게 말했다.

「부인께서도 임금께 천대받게 되리라는 것을 아십니까?」

정수가 되물었다.

「무슨 말씀이오?」

근상이 말했다.

「진나라의 왕은 장의를 아주 총애하고 있는 까닭에, 무슨 수를 써서라도 구해내려고 할 것임에 틀림없습니다. 그 때문에 지금 상용(上庸)의 땅 6현을 초나라에 뇌물로 바치고 미인을 골라서 초나라 왕에게 시집보내며, 궁중의 가희(歌姬)를 궁녀로 보내려 하고 있습니다. 초나라 임금은 땅을 소중하게 여기고 진나라를 받들 것이니, 진나라의 여자는 총애 받게 될 것이고 부인께서는 배척당할 것입니다. 이런 일을 고려하시어 임금께 여쭈어 장의를 석방되도록 하십시오.」

그리하여 정수는 밤낮을 가리지 않고 회왕에게 말했다.

「신하란 누구든지 주군을 위하여 힘을 다하는 것입니다. 이제 약속한 땅(검중의 땅)을 아직도 진나라에 주시지 않으셨는데도 장의를 보낸 것은 대왕을 그만큼 존중하고 있기 때문입니다. 대왕께서 진나라에 답례도 하시기 전에 장의를 죽이시게 되면 진나라에서는 틀림없이 격노하여 초나라를 칠 것입니다. 그러하오니 저희 모자가 강남(江南 : 양자강 남쪽)으로 피하도록 허락해 주십시오. 진나라의 고기밥이 되기는 싫습니다.」

회왕은 후회하고 장의를 용서해 주었으며 그 전과 같이 후대해 주었다. 장의는 석방된 다음에도 초나라를 떠나지 않았다. 그는 소진이 죽었다는 말을 듣고 초나라 왕에게 말했다.

병력이 부치면 싸우지 말고, 식량이 부치면 오래 싸우지 말라

「진나라의 영토는 천하의 반을 점하고, 그 군사는 4개국에 대항할 수 있으며, 험한 요새가 둘러쳐져 있고, 황하를 끼고 사방이 닫혀져 있으므로 그 나라가 견고합니다. 또 정예의 군사가 백여만, 전차 1천 승, 기마 1만 필에 식량을 저장해 놓은 것이 산더미 같고, 법령이 분명하여 군사들은 고생을 잘 견뎌내는가 하면 목숨을 버리기를 가볍게 알고, 임금은 총명하고 엄격한 데다가 장군은 지모가 있고 용감하여 출병을 하지 않고서도 상산(常山)의 험한 산도 석권할 정도입니다. 이는 틀림없이 천하의 척추[5]를 꺾고 말 것입니다. 천하의 제후로서 늦게 진나라에 복종하는 자가 먼저 멸망하게 되는 것입니다. 더욱이나 합종에 참가하는 나라는 일부러 집적거려서 맹호를 치는 양떼와 다를 바 없습니다. 호랑이와 양은 승부가 안 될 것은 뻔한 일입니다.

지금 대왕께서는 맹호와 제휴하지 않고 양떼를 끌어들이는데, 가만히 생각해 보니 대왕의 계략은 잘못되어 있는 것 같습니다. 무릇 천하의 강국은 진나라가 아니면 초나라, 초나라가 아니면 진나라로서 두 나라가 서로 싸운다면 그 세력은 양립하지 못합니다. 대왕께서 만약 진나라와 제휴하지 않으신다면, 진나라는 군사를 풀어 남쪽으로 보내서 의양에 웅거할 것이며, 한(韓)나라 상군 땅은 통로가 끊길 것입니다. 진나라의 군사가 황하의 동쪽을 남하하

---

5) 천하의 척추…상산(常山)은 북쪽에 있으며 천하의 척추를 이룬다.

여 성고를 취하면 한나라는 틀림없이 진나라에 굴복할 것이며, 위(魏)나라는 그 때를 보아 바람처럼 움직일 것입니다. 진나라가 초나라의 서쪽을 치고 한나라와 위나라가 초나라의 북쪽을 치면 초나라의 사직은 도저히 안전을 기할 수 없습니다.

또 합종론자들은 모든 약소국을 모아서 아주 강대한 진나라를 공격하되, 적의 힘을 생각지 않고 함부로 싸우며, 나라가 빈한한데도 전쟁을 자주 하려고 합니다. 이것은 위험과 멸망의 술(術)입니다. 신은『병력이 부치면 싸움을 해서는 안 되고, 식량이 부치면 오래 싸우지 말라』란 말을 들었습니다만, 합종을 주장하는 자들은 자신들의 변설을 꾸며대어 주군이 진나라에 신하된 예로써 섬기지 않는 것이 절조가 높은 것이라며 합종의 이익만을 말하면서도 손해 볼 것은 조금도 말하지 않습니다. 이 때문에 결국은 진나라의 화를 입어 최초의 계획대로 진행이 되지 못할 것입니다. 그러므로 대왕께서는 이 점을 깊이 생각하시기 바랍니다.

진나라는 서쪽에 파·촉의 땅을 영유하고 있습니다. 큰 배에 식량을 싣고 문산(汶山)에서 양자강을 내려오면 초나라까지 대략 3천여 리, 배를 나란히 하여 군사를 태우는데, 한 쌍의 배에 50명과 석 달 치의 식량을 싣고 하루에 3백여 리를 갈 수 있습니다. 그러니 거리가 멀다고는 하지만 우마의 노력을 빌리지 않고도 열흘이 되지 않아서 한관(扞關 : 호북 장양의 서쪽)에 도착할 수 있습니다. 한관이 놀라 흔들리면 초나라의 경릉(竟陵 : 호북 천문의 서쪽) 동쪽은 모두 겁을 집어먹고 농성할 것입니다. 이렇게 되면 검중·무군(巫郡)은 대왕의 영유가 이미 아니며, 진나라가 전군을 몰아 무관으로 나와서 남쪽으로 향하여 공격하면 북지(北地 : 하남 신양 이북)와의 교통은 끊길 것입니다.

큰 공업은 기울어지기 쉽고, 지친 백성은 임금을 원망한다

진나라 군사가 초나라를 공격하면 위난은 3개월 안에 생기는데, 초나라가 제후의 구원을 기다리는 데는 반 년 이상이 걸립니다. 이렇게 되면 그 세력만 가지고도 벌써 당해내지 못하게 됩니다. 도대체 약소국의 구원을 기다리며 강한 진나라의 재앙을 잊어버리는 것을 저는 대왕을 위하여 근심하는 것입니다.

일찍이 대왕께서는 오(吳)나라의 군사와 싸웠는데, 다섯 번 싸워서 세 번 이겼지만 병졸은 전멸하고, 겨우 신성(新城)을 지킴으로써 백성의 고통만 남겼습니다. 『큰 공업은 기울어지기 쉽고, 지친 백성은 임금을 원망한다』라고 했던가요. 기울어지기 쉬운 공업을 지켜 강국인 진나라의 뜻에 거역하는 것, 이것을 저는 대왕을 위하여 은근히 위태롭게 생각합니다.

대체로 진나라가 함곡관에서 출병하여 제나라와 조나라를 치지 않기를 15년이나 된 것은, 천하를 병합하고자 하는 음모의 야심이 있었기 때문입니다. 일찍이 초나라가 진나라와 싸움을 걸어 한중에서 싸웠을 때, 초나라 군사가 패하여 열후(列侯)나 집규(執珪 : 秦나라 최고 작위의 하나) 신분에 있는 사람만도 70여 명이나 죽고, 마침내 한중의 땅을 잃었습니다. 초나라 왕은 크게 노하여 군사를 되돌려서 진나라를 습격하여 남전(藍田)에서 싸웠습니다. 이것은 이른바 양호상박(兩虎相搏)과 같은 것이니 진나라와 초나라가 모두 피로해지고, 가만히 있던 한나라와 위나라가 그 뒤를 제압한다면 초나라의 계략이란 아무 소용이 없을 것이며, 이보다 더 위험한 일이 어디 있겠습니까? 대왕께서는 부디 깊이 생각하시기 바랍니다.

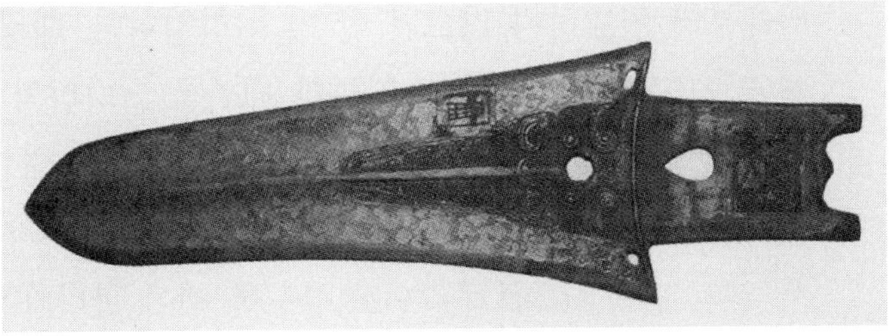

전국시대 파촉 일대에서 제조된 무기

진나라가 출병하여 위(衛)나라의 양진(陽晋)을 공격하면 천하의 가슴을 억누르는[6] 것과 같을 것이며, 대왕께서 전 병력을 이끌고 송(宋)나라를 치면 몇 달도 되기 전에 송나라를 공략할 수 있을 것입니다. 송나라를 공략하고 동쪽을 향해서 공격하면 사상(泗上 : 산동의 남부. 강소 북부의 사수 부근)의 12제후는 차례로 대왕의 영유가 될 것입니다.

무릇 천하의 제후가 약정을 맺고 합종하여 서로 단결을 견고히 한 근본은 소진에게 있었습니다. 소진은 무안군(武安君)에 봉해지고 연(燕)나라의 재상이 된 지 얼마 안 되어 연나라 왕과 함께 은근히 제(齊)나라를 치고 그 땅의 분할을 꾀했습니다. 이 때문에 소진은 연나라에 죄를 지었다고 거짓으로 꾸미고 제나라로 도망쳤는데, 제나라 왕은 그를 받아들여서 재상에 임명했습니다. 2년 후에 그 음모가 발각되자 제나라 왕은 크게 노하여 소진을 장터에서 거열형에 처했습니다.

이와 같은 일개 사기한인 소진에 의하여 천하를 경영하고 제후를 합종코자 하더라도 성공하지 못함은 분명한 일입니다. 지금 진나라와 초나라는 경계를 접하고 지형 면에서 말하더라도

---

6) 진(秦)나라가 위(衛)나라의 양진을 공격하여 함락하고자 한 것은 상산(常山)을 천하의 척추라고 가정한다면 위나라의 양진은 진(秦)・진(晉)・제(齊)・초(楚) 등 여러 나라의 요충이 되는 심장부에 해당되므로 진(秦)나라가 일단 이곳을 점령하게 되면 다른 나라들을 쉽게 제어할 수 있다는 이점이 있었기 때문이다.

원래부터 친교하지 않으면 안 될 나라입니다. 대왕께서 진실로 제 말을 받아들이신다면, 진나라 태자를 초나라의 인질로 잡으시고 초나라에서도 태자를 진나라에 인질로 보내십시오. 또 진나라는 공주를 대왕의 시첩으로 보내고 만 호(戶)의 도읍을 바쳐서 왕의 탕목읍(湯沐邑)[7]으로 삼도록 해야 합니다. 그렇게 함으로써 초나라와 진나라는 형제의 나라가 되어 영원히 서로 공격하고 토벌하는 일이 없을 것입니다. 신의 생각으로는 이 이상의 좋은 계책은 없습니다.」

장의의 말을 듣자, 초나라 임금은 이미 장의를 손안에 넣은 이상, 약속한 검중 땅을 진나라에 주는 것이 아까운 생각이 들어 장의를 용서하고 그의 말을 받아들이려고 했다. 그 때 굴원(屈原)[8]이 말했다.

「앞서 대왕은 장의에게 속으셨습니다. 이번에 또 장의가 온 것을 보고 저는 대왕께서 그를 삶아 죽일 것으로 생각했습니다. 이제 비록 그를 죽이지는 않는다 하더라도 사설(邪說)에 귀를 기울이는 것은 옳지 않다고 생각합니다.」

그러나 회왕(懷王)은 굴원의 말을 듣지 않았다.

「장의를 용서해주고 검중을 갖는 편이 큰 이익이로다. 일단 장의와 약속한 이상 위약함은 안 될 일이오.」

---

7) 탕목읍(湯沐邑)…춘추시대 이전에 천자가 제후들에게 입조(入朝) 때 목욕하여 몸을 깨끗이 할 수 있도록 하사한 장소. 전국시대 이후에도 탕목읍의 명칭은 계속 존재하고 있었으나, 실제적으로는 임금이 대신들에게 여러 가지 비용으로 쓰도록 하사한 봉읍을 가리킨다. 나중에는 황제·황후·공주 등의 개인 소유지를 일컫게 되었다.

8) 굴원(屈原)…전국시대(B.C. 340~B.C. 278년) 초나라 회왕의 대부이다. 정치가이며 시인. 「이소(離騷)」를 비롯한 다수의 초사(楚辭) 작품으로 이름난 애국주의자. 회왕이 참언을 믿고 그를 쫓아내자 멱라강에 몸을 던져 죽었다. ☞「굴원·가생열전」

회왕은 마침내 장의를 용서해주고 진나라와 화친했다.

장의는 초나라를 떠나 한(韓)나라에 들러 한왕에게 말했다.

「한나라의 지세는 험준하여 주민의 대부분은 산에서 거주하고 있습니다. 수확하는 오곡은 콩이 아니면 보리 정도로서 백성의 주식은 콩밥이 아니면 콩죽입니다. 1년만 흉년이 들면 백성들은 등겨 가루조차 충분히 먹을 수가 없습니다. 대왕의 군사를 계산해 보면 모두 동원시키더라도 30만에 불과합니다. 더구나 그 가운데에는 잡역부・짐꾼・취사부가 포함되어 있고, 변경의 역정(驛亭)이라든가 성채의 수비병을 빼면 현역 군사는 20만에 불과합니다. 그런데 진나라는 무장한 병력이 백여만, 전차 1천 승, 기마 1만 필, 맨발로 투구를 쓰지 않고도 돌격한 수 있는 자, 화살이 나는 앞에서도 창을 휘두르며 적에게로 달려가는 자 등, 그 용맹한 군사가 이루 헤아릴 수 없을 정도로 많습니다. 진나라의 말은 훌륭하고 기병은 많습니다. 앞다리를 쳐들고 뒷발로 땅을 차면 단번에 세 길을 내달리는 날랜 말이 이루 헤아릴 수 없을 정도로 많습니다.

산동의 군사는 갑옷을 입고 투구를 쓰고 싸움을 하는데, 진나라 사람은 갑옷을 벗고 적진 가운데로 뛰어들어 왼손으로 적군의 머리채를 붙잡고, 오른손으로는 사로잡아 겨드랑에 낄 만큼 아주 용감합니다. 진나라 군사와 산동의 군사를 비교하면 마치 맹분(孟賁 : 용사의 이름)과 겁쟁이를 나란히 세워 놓은 것 같으니, 진나라 군사가 산동의 군사를 중압하는 것은 마치 오획(烏獲 : 秦 무왕이 거느렸던 역사)이 어린아이를 상대하는 것 같습니다. 맹분・오획 같은 용사로 하여금 복종치 않는 작은 나라를 치는 것은 몇 천 근이나 되는 무게를 새 알 위에 놓는 것과 마찬가지이니, 요행으로 무난하기를 바랄 수는 없는 일입니다.

대개의 제후들은 자기의 영토가 작은 것은 생각하지 않고 합종론자의 감언에 이끌려서 한패가 되어 합종론을 옳다며, 그 말을 그럴 듯하게 꾸미고 기염을 토하면서 『우리의 계략을 들으라. 천하의 강국으로서 승리를 부를 수 있을 것이다』 라고 합니다. 대관절 국가의 영원한 이익을 돌보지 않고 일시적인 경박한 말을 듣는 것은 임금을 그르치게 만드는 것으로, 이보다 더한 일은 없을 것입니다.

만약 대왕께서 진나라를 섬기지 않으신다면 진나라는 군사를 출동하여 의양을 근거지로 삼아 한나라의 위쪽의 땅을 차단하여 동쪽의 성고와 형양을 취할 것입니다. 그렇게 되면 홍대궁(鴻臺宮)・상림원(桑林苑[9])도 이미 대왕의 소유가 아닐 것입니다. 진나라가 성고의 길을 막고 위쪽의 땅을 끊는다면 대왕의 나라는 쪼개지고 말 것은 당연한 일입니다.

그보다 앞서 진나라를 섬기게 되면 태평하겠거니와 그렇지 못하면 위험합니다. 스스로 화를 만들어 그 갚음을 구한다는 것은 계략으로는 얕은 것이며, 진나라의 원한만 깊어질 따름입니다. 진나라를 거스르고 초(楚)나라를 따른다면 망하지 않으려야 망하지 않을 수가 없습니다. 그런 까닭에 대왕을 위해 생각하건대, 진나라에 가담하는 수밖에 좋은 방책은 달리 없다고 여겨집니다.

진나라가 바라는 것은 초나라를 위축시키는 일이 그 첫째이며, 초나라를 위축시킬 수 있기로는 한나라보다 더한 나라가 없습니다. 이것은 한나라가 초나라보다 강해서가 결코 아니고, 지

---

9) 홍대궁(鴻臺宮)・상림원(桑林苑)…모두 한(韓)나라의 궁원이다. 원(苑)은 금수와 각종 식물을 기르는 곳으로, 대부분 제왕과 귀족들이 거닐고 사냥을 하던 경치 좋은 원림(園林)을 말한다. 통상 이곳에는 일반인들의 출입이 통제되어 흔히 금원(禁苑)이라고 부른다.

세가 그렇게 되어 있습니다. 이제 만약 대왕께서 서쪽을 향하여 진나라를 섬기고 초나라를 치신다면 진나라 왕은 반드시 기뻐할 것입니다. 초나라를 쳐서 토지를 빼앗고 화를 돌려서 진나라를 기쁘게 하신다면 더 이상 좋은 계책은 없을 줄 압니다.」

한나라 왕이 장의의 계책을 따르기로 했기 때문에 장의는 진나라로 돌아와서 보고했다. 진나라의 혜왕은 장의를 다섯 읍의 영주(領主)로 봉하고 무신군(武信君)이란 호를 내렸다.

이어서 진 혜왕은 장의를 동쪽에 있는 제(齊)나라로 보내 민왕(湣王)을 설득하게 했다.

「천하의 강국으로 제나라에 미치는 나라는 없습니다. 대신(大臣)과 부형(父兄 : 왕족의 老臣百官)은 모두 살림이 번성하고 부귀와 안락을 누리고 있습니다. 그러면서도 대왕을 위해 계책을 바치는 자는 모두 한 때의 의논에 끌려서 백대(百代)의 이익을 생각하지 않습니다. 합종론자로서 대왕에게 말씀드리는 자는 반드시 이렇게 말합니다. 『제나라는 서쪽에 강국 조(趙)나라가 있고, 남쪽에는 한(韓)나라와 위(魏)나라가 있으며, 배후에는 바다를 끼고 있는 나라입니다. 토지는 넓고 주민은 많으며, 군사는 강하고 용감하여 백 개의 진나라가 있다 하더라도 제나라를 어떻게 할 수는 없다』고 말입니다.

대왕께서는 이 의논을 현명하다고 하면서도 그 실질을 헤아리려고 하지는 않으십니다. 그 합종론자들은 서로 도당을 지어 한패가 되어 가지고 합종을 좋다 하지 않는 사람은 없습니다. 『일찍이 제나라와 노(魯)나라가 세 번 싸웠는데, 노나라는 세 번이나 이겼으면서도 나라가 위태롭게 되더니 마침내 멸망하고 말았다』고 들었습니다. 이것은 왜일까요? 제나라는 대국이었고 노나라는 소국이었기 때문입니다. 전승(戰勝)의 이름은 얻었으나 위망(危亡)의 열매를 땄기 때문입니다.

가까이는 조나라와 진나라의 경우도 실로 제나라와 노나라의 예와 다름이 없습니다. 진나라와 조나라가 황하·장하(漳河 : 장수와 같음) 강가에서 두 번 싸워 조나라가 두 번 이겼습니다. 파오(番吾)의 성 밑에서도 두 번 싸웠는데 또 진나라에게 이겼습니다. 그러나 네 번을 싸운 후에 조나라의 전사자는 수십만에 달했고, 가까스로 도읍인 한단을 존속시킬 뿐이었습니다. 조나라는 전승의 이름은 얻었지만 나라는 이미 파멸되었지요. 이것은 왜 그럴까요? 진나라는 강하고 조나라는 약했기 때문입니다.

이제 진나라와 초나라는 서로 여자를 시집보내고 맞아들여서 형제의 나라가 되어 있습니다. 한나라는 진나라에게 의양 땅을 바치고, 위나라는 하외를 바쳤으며, 조나라는 민지(澠池 : 하남)에서 입조했고, 하간(河間 : 하북)의 땅을 떼어 진나라에 바쳤습니다. 대왕께서 만약 진나라를 받들지 않으신다면, 진나라는 한나라와 위나라를 앞장세워 제나라의 남부를 공격하고, 조나라의 병력을 풀어서 청하(淸河)를 건너 박관(博關)을 향해 공격할 것입니다. 그렇게 되면 임치와 즉묵(卽墨)은 대왕의 소유가 되지 못합니다. 제나라가 일단 진나라를 공격한 다음에는 진나라를 섬기려고 해도 이미 때는 늦게 됩니다. 그러므로 대왕께서는 깊이 생각하시기 바랍니다.」

제나라 왕이 말했다.

「제나라는 벽지에 있는 보잘 것 없는 미개한 나라로서, 나는 동해 근방에 은거하고 있으므로 지금까지 국가 장구(長久)의 이익을 들은 일이 없었구려.」

그리고는 장의의 진언을 받아들였다.

연꽃과 학을 조각한 술병

장의는 제나라를 떠나 서쪽에 있는 조나라 왕[10]을 설득했다.

「우리 진나라 왕께서 저를 사신으로 보내 대왕께 계책을 여쭈라 하였는데, 대왕께서는 천하의 제후들을 영도하여 진나라를 배척하고, 이 일에 대하여 진나라가 군사를 함곡관에 내보내지 않은 지 15년, 대왕의 위령(威令)은 태행산(太行山) 동쪽에 두루 미쳤습니다. 우리 진나라는 이를 두려워하여 갑옷을 수선하고 무기를 갈며, 거마를 갖추고 말 타고 활쏘기를 연마하여, 경작에 힘을 기울여 식량을 비축하고, 국내만을 지키고 나랏일을 걱정하며 감히 다른 일을 꾸미려고 하지 않았습니다. 그도 그럴 것이 대왕께서는 진나라를 깊이 감시하는 조처가 있었기 때문입니다. 이제야 대왕의 덕택으로 파·촉을 공략하여 한중을 병합했고, 양주(兩周)를 포용하여 구정(九鼎)을 돌려주고 백마의 나루를 지키게 되었습니다.

진나라는 비록 변방에 있는 나라지만, 그러나 오랜 세월 마음에 분함과 원한을 품고 있었습니다. 지금 진나라의 군사는 피곤하고 쇠약하다고는 하지만, 민지에 진을 치고 있습니다. 원하

10) 조(趙)나라 왕…당시 조(趙)나라 임금은 무령왕(武靈王)으로, 그는 B.C. 325년에서 B.C. 299년까지 재위하였다. 군사개혁을 시행하여 중산(中山)과 임호(林胡) 등을 잇달아 멸망시키고 국위를 떨쳤다. 후에 내란이 일어나 사구궁(沙丘宮)에서 포위당하여 굶어 죽었다.

옵건대 하수를 건너고 장수(漳水)를 넘어 파오를 근거지 삼아 조(趙)나라의 도읍 한단의 성 아래 모이고, 또 원하옵건대 갑자일(甲子日)[11]에 조나라 군사와 대전하여 은나라 주왕의 고사를 본떠서 사리의 그릇됨을 드러내고자 합니다. 삼가 사신에게 명하여 이 일을 좌우 측근에게 말씀드리게 된 것입니다.

대체로 대왕께서 합종의 유리함을 믿게 된 것은 소진을 믿었기 때문입니다. 소진은 제후를 현혹시켜 옳은 것을 그른 것으로 왜곡시켜 말하고 제나라를 뒤집어엎으려고 하다가 일이 발각되자 스스로 원하여 장터에서 거열형을 받았습니다. 이런 인물에 의하여 천하가 연합할 수 없었던 것은 처음부터 명백한 일이었습니다. 이제야 초나라는 진나라와 형제의 나라가 되었으며, 한나라와 위나라는 동번(東藩)의 신하라고 칭하며 진나라를 섬기고, 제나라는 어염(魚鹽)의 땅을 진나라에 바쳤습니다. 이것은 조나라의 오른팔을 자른 것과 마찬가지입니다. 무릇 오른팔을 잘리어가지고 남과 싸우며, 도당을 잃고 고립하면서 나라의 안태를 구한들 얻어질 수 있는 것일까요?

이제 진나라가 세 장군을 파견한다고 하면, 일군은 오도(午道 : 지명)를 막고 제나라에 통고하여 군사를 내게 하고, 청하(淸河)를 건너 조나라의 한단 동쪽에 진을 치고, 일군은 성고에 진을 친 다음 한나라와 위나라 군사를 일으켜서 하외에 진을 치고, 일군은 민지에 진을 친 다음 진(秦)·제(齊)·한(韓)·위(魏) 네 나라가 일체가 되어 조나라를 공격할 것입니다. 조나라가 패하면 반드시 토지를 네 나라가 분할합니다. 이 일을 구태여 숨기지 않고 미리 좌우에 말씀드리는 것은 제가 대왕을 은근히 생각건대, 진나라 왕과 민지에서 회견하시고, 서로 얼굴을 맞대어 직접 구

---

11) 갑자일(甲子日)…주무왕(周武王)이 주(紂)를 친 날.

두로 서로 친선을 맺는 것보다 더 나은 것은 없기 때문입니다. 그리하여 진나라의 출병을 막고 진나라에서 선공(先攻)하는 일이 없도록 대왕께서는 사전에 방책을 정하시기 바랍니다.」

조나라 왕이 말했다.

「선대인 숙후(肅侯) 때, 동생 봉양군(奉陽君)이 권세를 마음대로 휘둘러서 숙후를 속이고 정치를 독재 전횡했었소. 나는 궁(宮)에 있으면서 사부(師傅)에게 배우며 나라의 계책을 꾸미는 일에 참여하는 일이 없었구려. 선왕이 세상을 떠나자 나는 연소한 몸으로 즉위했고, 종묘의 제사를 봉행한 날은 일천하지만, 합종에 대해서 어떻게 할 것인지 마음속으로 미심쩍어 했었소. 그 후 합종 때문에 진나라를 섬기지 않는 것은 국가 영구의 이익이 아닐 것으로 생각하게 되었으며, 종래의 토지를 나누어 앞서의 과실을 사과하고 진나라를 섬기기를 원했었소. 그리하여 마침 수레에 말을 매어 진나라의 조정을 참례하려고 하는 때에 이처럼 사신을 만나보게 된 것이오.」

이리하여 조나라 왕은 장의의 뜻을 받아들였다.

장의는 조나라를 떠나 북쪽에 있는 연(燕)나라에 가서 연나라 소왕에게 말했다.

「대왕께서 가장 친히 사귀고 있는 나라는 조나라입니다. 그러나 조나라는 옛날 조양자(趙襄子 : 춘추시대 말기 晉나라의 대부) 때 누이를 대(代)나라 왕의 아내로 보냈는데, 그것은 대나라를 병합하고자 하는 야심에서였습니다. 그리하여 대나라 왕과 구주산(句注山 : 산서 안문산)의 성채에서 회견할 것을 약속하고, 한편으로는 대장장리에 명하여 금두(金斗 : 쇠붙이로 만든 술을 푸는 국자와 같은 것)를 만들고 그 자루를 길게 하여 사람을 칠 수 있게 했었지요. 대나라 왕과 만나서 술을 마시게 되었을 때 비밀리에 요리사에게 『주연이 한창 흥겨워졌을 때 금두로 뜨거운 음식을 권하고 그것을 거꾸로 쥐어 대나라 왕을 치라』 고 명했습니다. 그리하여 주연이 무르익었을 무렵, 요리사는 명령을 받은 대로 금두를 거꾸로 잡고 대나라 왕을 쳐 죽였습니다. 왕의 골은 땅바닥에 흩어졌습니다. 조양자의 누이는 이 말을 듣자 비녀를 날카롭게 갈아서〔摩笄〕 스스로 찔러 죽었습니다. 그런 까닭에 지금도 마계(摩笄)라고 이름붙인 산이 있습니다. 대나라 왕의 죽음은 천하에 모르는 사람이 없습니다.

이와 같이 조나라 왕이 무도하고 인정이 없는 것은 대왕께서도 잘 아실 것입니다. 그런데 그 누가 조나라 왕과 친할 생각을 가지겠습니까? 일찍이 조나라는 군사를 출동시켜 연나라를 공격하고, 다시 연나라 도읍을 포위하여 대왕을 위협했으므로 대왕께서는 10개의 성을 떼어 주고 사과하셨습니다. 그런데 조나라 왕은 지금 민지에 참조하여 하간(河間)의 땅을 제공하고 진나라의 신하가 되어 섬기고 있습니다.

이제 만약 대왕께서 진나라를 섬기지 않으신다면 진나라는 군사를 운중(雲中)과 구원(九原)으로 보내 조나라를 끌어내서 함께 연나라를 칠 것입니다. 그렇게 되면 역수와 장성(長城)도 대왕의 소유가 될 수는 없을 것입니다. 오늘날 조나라는 진나라에 대한 관계가 마치 진나라의 고을과 같은즉, 조나라가 함부로 군사를 일으켜 진나라를 치는 일은 있을 수 없습니다. 이제 대왕께서 진나라를 섬기게 되면 진나라 왕은 반드시 기뻐할 것이고, 조나라도 망동하지는 못할 것입니다. 이것은 서쪽에 강한 진나라의 원조가 있게 됨으로써 남쪽의 제나라와 조나라의 화근도 끊어지게 되는 것입니다. 그러므로 대왕께서는 생각을 깊이 하시기 바랍니다.」

연나라 왕이 말했다.

「나는 미개한 변방 오랑캐 땅에 있어서, 그 허우대는 대장부와 같지만 지혜는 어린아이와 같아서 나의 생각 따위는 정당한 계책이라고는 할 수가 없소. 이제 다행히 선생으로부터 가르침을 얻게 되었소. 바라건대 서쪽을 향하여 신하가 됨으로써 진나라를 섬기겠소.」

연나라 왕은 항산(恒山) 기슭에 있는 다섯 개의 성을 진나라에 바치고 장의의 뜻을 받아들이기로 했다.

장의는 보고를 하기 위해 진나라로 돌아갔는데, 함양에 도착하기 전에 진나라 혜왕이 죽고 그 대신 무왕(武王)이 즉위했다.

진 무왕은 태자 시절부터 장의를 달가워하지 않았다. 그래서 그가 즉위하자마자 뭇 신하들은 장의를 참언했다.

「장의는 신용할 수 없는 사람으로서 이곳저곳에 나라를 팔고 자신의 출세만을 꾀하고 있습니다. 만약 진나라가 굳이 그 사람을 등용한다면 아마도 천하의 웃음거리가 될 것입니다.」

제후들은 장의가 무왕과 사이가 나쁘고 틈이 생긴 것을 알아차리자, 모두 연횡을 반대하고 다시 합종을 하기에 이르렀다. 진나라 무왕 원년, 뭇 신하는 밤낮으로 장의를 비방하고 욕하기를 그치지 않았다. 때마침 진나라가 장의를 등용하고 있는 것을 책망하는 사신이 제나라에서 왔다. 장의는 죽음을 당할 것을 겁내어 무왕에게 말했다.

「저에게는 변변치 못하지만 한 방책이 있사오니, 부디 말씀드리게 해주십시오.」

무왕이 물었다.

「어떤 것이오?」

장의가 대답했다.

「진나라의 사직을 위한 계책입니다. 동쪽에 큰 변란이 있어야만 임금께서는 제후의 토지를 많이 거두어들일 수 있습니다. 이제 듣자 하니 제나라 왕은 이 장의를 매우 미워하는 모양입니다. 그렇다면 장의가 있는 나라를 상대로 군사를 일으켜서 틀림없이 치려고 할 것입니다. 그러하오니 불초한 몸에게 틈을 주시어 신으로 하여금 위(魏)나라에 갈 수 있게 하여 주십시오. 제가 그곳에 가기만 하면 제나라는 틀림없이 출병하여 위나라를 칠 것입니다. 그리하여 위나라와 제나라의 군사가 성 아래서 연이어 밀고 당기게 되면 임금께서는 그 틈을 타서 한(韓)나라를 치고 삼천 땅에 들어가서 군사를 함곡관 밖으로 끌어내어 별로 싸울 것도 없이 주(周)나라로 나아가시면 천자의 제기(祭器)를 틀림없이 손에 넣을 수 있게 될 것입니다. 천자를 끼고 천하의 도적(圖籍)을 통할하는 것이야말로 왕자의 사업인 것입니다.」

진나라 왕은 정녕 그럴 것이라는 생각이 들어 수레 30채를 갖추어서 장의를 위나라에 가게 해주었다. 과연 제나라에서는 출병하여 위나라를 쳤다. 위나라의 애왕(哀王)이 이것을 두려워하자 장의가 말했다

「대왕께서는 걱정을 하지 마십시오. 제나라가 싸움을 멈추도록 하겠습니다.」

그리고 장의는 부하 풍희(馮喜)를 초나라에 보내 초나라 사자의 명의를 빌어서 제나라에 들여보내 제나라 왕에게 말했다.

「대왕께서는 장의를 매우 미워하십니다. 그러면서도 대왕께서는 장의를 의탁하는 마음이 진나라가 장의를 의탁하는 것보다 더 큽니다.」

제나라 왕이 말했다.

「나는 장의를 미워하고 있소. 장의가 있는 곳은 어디든지 출병하여 그 나라를 칠 각오를 하고 있다오. 내 어찌 장의를 의탁한다고 말하는 것이오?」

그러자 풍희가 다시 말했다.

「그렇습니다. 대왕께서는 장의를 진나라로 하여금 신뢰하도록 하고 계십니다. 대저 장의가 진나라에서 위나라로 감에 있어 진나라 왕과 약속하기를, 『대왕을 위해 계교를 생각건대, 동쪽에서 큰 변란이 있어야만 대왕께서는 제후의 토지를 많이 거두어들일 수 있겠습니다. 이제 듣자 하니 제나라 왕은 이 장의를 매우 미워하는 모양입니다. 장의가 체류하는 나라에는 반드시 출병하여 그 나라를 칠 것입니다. 그러므로 저는 불초의 몸이오나, 청하옵건대 위나라로 가는 것을 허락해 주십시오. 위나라에 가면 제나라는 틀림없이 출병하여 위나라를 칠 것입니다. 그리하여 제나라와 위나라의 군사가 성 아래에서 밀고 당기게 되면 대왕께서는 그 틈을 타서 한나라를 치고 삼천의 땅에 들어가서 군사를 함곡관으로 내몰아 그대로 주(周)나라에 진격하면 천자의 제기(祭器)는 틀림없이 손에 들어올 수 있을 것입니다. 천자를 끼고 천하의 도적(圖籍)을 통할하는 것이야말로 왕자의 사업입니다』라고 했답니다.

진나라 왕은 정녕 그렇게 될 것으로 생각하고 수레 30채를 갖추어 주어 장의를 위나라로 보냈던 것입니다. 이제 장의는 위나라에 가 있고 과연 대왕께서는 위나라를 치셨습니다. 이것은 대왕께서 안으로는 국력을 소모하고 밖으로는 동맹한 나라를 쳐서 이웃나라를 적으로 만들었으니, 우리 편에서 손을 써서 장의를 진나라 왕이 신용하도록 만든 것입니다. 이것이 곧 장의를 진나라가 신뢰하게 되었다는 연유입니다.」

제나라 왕이 말했다.

「과연 그렇군.」

그리고는 그 즉시로 군사를 퇴각시켰다. 장의는 위나라의 재상이 된 지 1년 만에 위나라에서 죽었다.〔B.C. 309〕

진진(陳軫)은 유세객이다. 장의와 함께 진(秦)나라 혜왕(惠王)을 섬기고 함께 중용되어 임금의 총애를 다투었다. 장의가 진진을 진나라 왕에게 헐뜯어 말했다.

「진진이 예물을 정중하게 장만하여 진(秦)나라와 초(楚)나라 사이에 재빠르게 사신으로 다니는 것은 국교에 공헌을 하려고 하는 일입니다. 그런데도 지금 초나라가 진나라와 친해지지 않고 진진과 친해지는 것은 진진이 자신을 위하여 하는 일이 많고 임금을 위하여 하는 일은 적기 때문입니다. 이제 진진은 진나라를 떠나서 초나라로 가기를 원하고 있는데, 임금께서는 왜 허락을 하지 않으십니까?」

왕은 진진에게 말했다.

「듣자하니 그대는 진나라를 떠나서 초나라에 가기를 원한다던데, 그것이 사실이오?」

「사실입니다.」

왕이 말했다.

「장의가 말한 것이 사실이었구려.」

진진이 대답했다.

「장의만 알고 있는 일이 아닙니다. 길을 가는 사람도 모두 알고 있습니다. 옛날 오자서(伍子胥)는 그의 임금에게 충성을 하여 천하의 제후들이 다투어 자서와 같은 충신을 신하로 맞이하려고 애썼고, 증삼(曾參)은 어버이에게 효도를 하여 천하의 어버이 된 자는 모두 증삼과 같은 아들을 두기 원했습니다. 똑같은 일로서 노비를 팔 때 그 마을을 벗어나기 전에 팔리는 노비는 좋은 노비입니다. 소박대기가 그 마을에서 재혼할 수 있다면 좋은 부인입니다. 지금 제가 임금께 충성을 하지 못한다면 초나라에 간들 저를 어찌 충신이라 생각하겠습니까? 충신은 이제 버림을 받기에 이르렀습니다. 소인은 초나라에 가지 않고서 어디에다 몸을 의탁하겠습니까?」

왕은 그 말을 듣고 과연 그럴 것으로 생각하고 대우를 잘해주었다. 진나라에 있기 1년 만에 진나라의 혜왕은 마침내 장의를 재상으로 임명했다. 진진은 초나라로 도망갔다. 초나라는 아직 진진을 중용하지 않았지만 진나라에 사신으로 보냈다. 도중에 위나라에 들러 서수(犀首)와 면회하려고 했으나 서수는 사절하고 만나주지 않았다. 진진이 말했다.

「나는 그대에게 이야기하고 싶은 것이 있어서 일부러 왔건만 그대는 만나려고 하지 않는구려. 지금 내가 이곳을 떠나게 되면 두 번 다시 만나지 못할지 모르겠소.」

그리하여 서수가 나와서 만나자, 진진이 말했다.

「그대는 어찌하여 술 마시기를 좋아하시오?」

서수가 대답했다.

「할 일이 없기 때문이오.」

진진이 말했다.

「그러면 입을 봉할 정도로 그대를 바쁘게 해주어도 좋겠소?」

서수가 물었다.

「어떻게 한다는 거요?」

그러자 진진이 말했다.

「위나라의 재상 전수(田需)는 제후들에게 합종을 약속시켰는데, 초나라 왕은 그를 의심하며 아직 신용치 않소. 그대는 왕에게 이렇게 말하시오. 『저는 연(燕)나라 · 조나라 왕과 옛부터 알고 지내는데, 사람을 보내 말하기를, 일이 없으면 어찌하여 나에게 오지 않느냐고 합니다. 제가 연나라나 조나라에 가는 것을 허락해 주십시오』 라고. 왕이 허락을 하더라도 그대는 수레를 너무 많이 거느려서는 안 되오. 수레 30대면 족하오. 이것을 뜰에 늘어놓고 연 · 조나라에 간다고 떠벌이시오.」

서수가 그대로 하자, 위나라에 와 있던 연 · 조나라의 유세객들은 이 말을 듣고 수레를 몰아 북쪽으로 달려서 자기 임금에게 보고를 하고 사람을 보내 서수를 영접하게 했다

초나라 왕은 이 말을 듣고 크게 노하여 말했다.

「전수는 과인과 약속을 했는데도, 서수가 연 · 조나라에 가는 것은 과인을 속인 것이다.」

그러면서 분개하여 합종을 승인하지 않았다. 제(齊)나라는 서수가 북쪽으로 긴다는 밀을 듣고 사람을 보내 제나라의 국사를 위임하려고 했다. 서수는 드디어 제나라 · 연나라 · 조나라 3개국 재상의 직무를 맡게 되어 모든 일이 서수의 손에서 결정되었다.

마침내 진진이 진나라에 도착하니 한나라와 조나라가 서로 싸움을 벌여 1년이 지나도 해결이 나지 않고 있었다. 진나라의 혜왕은 이것을 구해 주려고 좌우 근신에게 물었다. 어떤 사람은,

「구해 주는 것이 이익입니다.」

라고 말했고, 또 어떤 사람은,

「구해 주지 않는 것이 이익입니다.」

라고 말했다. 혜왕이 망설이고 있는데, 마침 진진이 진나라에

왔다. 혜왕이 진진에게 물었다.

「그대는 나를 버리고 초나라에 갔었는데, 아직도 나를 생각하고 있는 것이오?」

진진이 말했다.

「대왕께서는 저 월(越)나라 사람 장석(莊舃)의 이야기를 들으신 일이 있습니까?」

혜왕이 대답했다.

「듣지 못했소.」

그래서 진진이 말했다.

「월나라 사람 장석은 초나라에서 벼슬을 하여 집규(執珪)가 되었는데 얼마 안 되어 병에 걸렸습니다. 초나라 왕이 『장석은 원래 월나라의 미천한 사람으로 지금은 초나라에서 집규가 되어 부귀하게 되었는데, 지금도 월나라를 생각하고 있는 것일까?』라고 묻자 중사(中謝 : 시종관)가 대답하기를, 『무릇 인간이 고향을 생각하는 것은 병이 들었을 때입니다. 그가 월나라를 생각한다면 월나라 말로 이야기하고, 월나라를 생각하지 않는다면 초나라말로 이야기할 것입니다』라고 말했습니다. 그리하여 사람을 장석에게로 보내서 시험해본 결과 역시 월나라 말로 이야기하더란 것입니다. 지금 신은 버림받고 쫓겨나서 초나라에 갔던 소인이지만, 어찌 진나라 말을 하지 않을 수 있겠습니까?」

일거양득(一擧兩得)

혜왕이 말했다.

「좋소. 그런데 지금 한나라와 위나라가 맞싸우기 1년이 지났건만 아직 해결이 나지 않고 있소. 어떤 사람은 구해 주는 것이 진나라에 있어 이익이라고 말하고, 또 어떤 사람은 구해 주지 않는 것이 이익이라고 하는데, 어느 것도 결정을 내리지 못하고 있소. 부탁건대 그대는 이 일을 위해 나에게 생각하는 바를 말해 주오.」

「일찍이 변장자(卞莊子)가 호랑이를 찌른 이야기를 대왕께 말씀드린 사람이 없었습니까? 장자가 호랑이를 찔러 죽이려고 생각했는데, 주막집의 심부름하는 아이가 말리면서 말하기를, 『두 마리의 호랑이가 이제 소를 잡아먹으려고 합니다. 먹은 다음 맛이 있으면 틀림없이 다툴 것이고, 다투게 되면 반드시 싸울 것입니다. 그리고 싸우면 큰 놈은 상처를 입을 것이고 작은 놈은 죽겠지요. 상처를 입은 놈을 찔러 죽이면 한 번에 두 호랑이를 잡았다는 명성을 얻을 수 있을 것입니다』라고 했습니다. 변장자는 그럴 것이라고 생각되어 서서 기다렸습니다. 얼마 후, 과연 두 호랑이가 싸움을 했고, 큰 호랑이는 상처를 입었으며 작은 호랑이는 죽었지요. 장자는 상처 입은 호랑이가 지쳐 있는 틈을 타서 찔러 죽임으로써 과연 한 번에 두 호랑이를 잡는 효과를 올리게 된 것입니다.

지금 한나라와 위나라가 맞싸우기 1년이 지나도 해결이 나지 않으니, 틀림없이 큰 나라는 상처를 입고 작은 나라는 멸망하고 말 것입니다. 이렇게 되면 상처 입은 나라를 쳐서 일거에 양득의 효과를 얻을 수 있을 것입니다. 이것은 마치 장자가 호랑이를 찌르는 일과 비슷한 일로서, 제가 임금을 위해 바치는 계교와 초나라 왕을 위해 바치는 계교가 어찌 다를 바가 있겠습니까?」

혜왕(惠王)은 진진의 말을 옳은 것으로 받아들이고 끝내 구해 주지 않았다. 그러자 과연 큰 나라는 상처를 입고 작은 나라는 멸망했다. 진나라는 출병하여 쳐서 크게 이겼는데, 이 일은 진진의 계략에 의한 것이었다.

서수(犀首)는 위(魏)나라 음진(陰晋 : 섬서 화음의 동남쪽) 사람이다. 이름은 연(衍), 성은 공손씨이다. 장의와는 사이가 좋지 않았다. 장의가 진(秦)나라를 위해 위나라에 가자, 위나라 왕은 장의를 재상으로 임명했다. 서수는 이 일을 불리하다고 생각하고 사람을 보내 한(韓)나라 태자 공숙(公叔)에게 이렇게 말했다.

「장의는 이미 진나라와 위나라를 동맹시켰습니다. 그는 『위나라가 한나라의 남양을 치고 진나라가 한나라의 삼천을 치면 한나라는 틀림없이 멸망할 것』이라고 말하고 있습니다. 위나라 왕이 장의를 중히 여기는 것은 한나라의 땅을 얻고 싶어 하기 때문입니다. 한나라의 남양은 이제 곧 공략을 받을 위기에 놓여 있습니다. 당신은 어찌하여 나에게 한나라의 국사를 맡겨 위나라에 공을 세우게 하지 않으십니까. 그렇게 하면 진나라와 위나라의 친교를 끊어버릴 수 있을 것입니다. 그러면 위나라는 틀림없이 진나라를 도모할 생각으로 장의를 버리고 한나라를 자기편으로 하여 나를 재상으로 삼을 것입니다.」

공숙은 이 방책이 옳다고 생각하여 남양의 땅을 서수에게 맡겨 공을 세우게 하였다. 결국 서수는 위나라의 재상이 되었으며 장의는 위나라를 떠났다.

의거(義渠)의 왕이 위(魏)나라에 입조했다. 서수는 장의가 다시 진나라의 재상이 되었다는 이야기를 듣고 불리할 것으로 생각하여 의거의 왕에게 말했다.

「귀국은 길이 멀어 두 번 다시 우리 위나라를 찾기는 어려울 것입니다. 그래서 어느 정도의 비밀 이야기를 해두겠습니다. 그것은 중국(中國)[12]의 제후가 진나라를 치지 않으면 진나라는

---

12) 중국…진(秦)나라에 대하여 함곡관 이동(以東)의 6개국.

귀국을 쳐서 집을 불사르고 재물을 약탈할 것입니다. 그런데 제후가 진나라를 치게 되면 진나라는 서둘러 사신들 편에 많은 뇌물을 들려서 귀국을 섬길 것이란 이야기입니다.」

그 후 다섯 나라가 진나라를 쳤다. 그러자 진진이 진나라 왕에게 말했다.

「의거의 왕은 오랑캐의 현군(賢君)입니다. 뇌물을 보내서 무마하는 것이 좋을 것 같습니다.」

진나라 왕은 좋다고 말하고 비단 1천 필, 부녀(婦女) 1백 명을 의거의 왕에게 보냈다. 의거의 왕은 뭇 신하를 불러놓고 말했다.

「이것이야말로 공손연(公孫衍 : 서수)이 예언한 것이로구나!」

그리고는 군사를 일으켜 진나라를 습격하여 진나라 군사를 이백(李伯 : 지명)의 성 아래서 크게 깨뜨렸다.

장의가 죽은 뒤, 서수는 진나라의 초청을 받아서 재상이 되었다. 일찍이 서수는 동시에 다섯 나라의 재상 인수를 차고 합종연횡의 맹약장리었던 일이 있었다.

태사공은 말한다.

「삼진(三晋)에는 권모기변(灌謀奇變)하는 인물이 많았다. 합종연횡을 외치면서 진(秦)나라를 강하게 만든 사람은 대개 삼진 출신이었다. 장의의 책모(策謀)는 소진보다 뛰어났지만, 세상이 장의보다 오히려 소진을 미워하는 것은 소진이 죽은 다음 장의가 소진의 단점을 선전 폭로함으로써 자신의 유세를 유리하게 하여 연횡(連衡)을 성취했기 때문이다. 이것을 요약하면 이 두 사람은 진실로 위험한 인물이다.」

저리자·감무 열전 제11

저리자(樗里子)는 이름을 질(疾)이라 했고, 진(秦)나라 혜왕(惠王)의 동생이다. 혜왕과는 배가 다르고 어머니는 한(韓)나라 여자다. 저리자는 말재주가 능했고 지혜가 많아서 진나라 사람들은 그를 보고 지혜 주머니〔智囊〕란 별명을 붙였다.

진나라 혜왕 8년, 저리자는 우경(右更 : 秦나라의 벼슬이름. 14번째 등급)에 올랐고, 장군이 되어 진(晋)나라의 곡옥(曲沃)을 쳤다. 그리고 곡옥의 읍민을 모조리 쫓아내고 그 땅을 진나라의 판도에 넣었다.

진나라 혜왕 25년, 저리자는 장군으로서 조나라를 쳐서 조나라 장군 장표(莊豹)를 사로잡고 인(藺 : 산서 이석離石의 서쪽)을 공략했다. 이듬해, 위장(魏章)을 보좌하여 초나라를 쳐서 초나라 장군 굴개(屈丐)를 깨뜨리고 한중 땅을 빼앗았다. 진나라는 저리자를 봉하여 엄군(嚴君)이란 호를 내렸다.

진나라 혜왕이 죽고 태자 무왕(武王)이 즉위했다. 장의와 위장을 추방하고 저리자와 감무(甘茂)를 우승상·좌승상에 임명했다. 진나라는 감무로 하여금 한(韓)나라를 치게 하여 의양을 떨어뜨렸다. 또 저리자에게 명하여 수레 1백 대를 갖추게 하고 주

(周)나라에 입국시켰다. 주나라는 호위병을 내어 저리자를 맞았고 더 없는 경의를 베풀었다. 초나라 왕은 주나라가 진나라를 너무 중시하는 것에 노하여 주나라를 책망했다. 유등(勝謄)이라는 유세객이 주나라를 위하여 초나라 왕에게 말했다.

「옛날에 지백(智伯[1])이 오랑캐 구유(仇猶 : 나라이름. 산서 맹현의 동북쪽)를 쳤을 때, 처음에는 길이 험하여 먼저 큰 종을 광거(廣車 : 넓은 마차. 적의 측면을 치기 위한 병거)에 실어 보낸 다음 출병하여 마침내 구유는 멸망시켰습니다. 그것은 구유가 방비를 하지 않았기 때문입니다. 제나라의 환공이 채(蔡)나라를 쳤을 때도 초나라를 치겠다는 명분을 내세우고 실제로는 채나라를 습격했습니다. 진(秦)나라는 호랑(虎狼)의 나라입니다. 지금 수레 1백 대를 갖추어 저리자를 주나라에 입국시켰는데, 주나라는 이것을 구유와 채나라 때와 똑같은 것으로 간파하고, 장극(長戟 : 길고 양쪽에 날을 세운 창)의 부대를 전방에, 강노(彊弩 : 강한 석궁)의 부대를 후방에 배치했습니다. 명분은 질(疾 : 저리자의 이름)을 호위한다는 것이지만, 실은 질을 붙잡기 위해서입니다. 주나라인들 어찌 사직의 운명을 걱정하지 않겠습니까. 나라가 망하지 않을까 하여 대왕의 걱정은 대단한 것으로 압니다.」

이 말을 듣자 초나라 왕은 기뻐했다.

---

1) 지백(智伯)…춘추시대 말 전국시대 초 진(晋)나라 육경(六卿)의 하나로, 순요(荀瑤)를 가리킨다. 그는 한·조·위나라를 협박하여 성을 빼앗으려 하였는데, 한과 위는 성을 내주었지만, 조나라는 거절했다. 이에 지백은 화가 나서 한·위와 연합으로 조나라를 공격하려고 했다. 조양자가 진양으로 달려가자, 지백은 그곳으로 물을 끌어들였다. 후에 조·한·위 세 나라는 모의하여 지백을 멸망시키고 그의 영토를 나누어 가졌다.

힘은 임비(任鄙)요, 지혜는 저리(樗里)

진나라의 무왕이 죽자 소왕이 왕위에 올랐다. 저리자는 점점 존중되었다. 소왕 원년, 저리자가 위(衛)나라의 포읍(蒲邑)을 치려고 했다. 포읍의 수장(守將)이 두려워하여 호연(胡衍)에게 조정해 줄 것을 청했다. 호연은 포읍을 위해 저리자에게 말했다.

「그대가 포읍을 치려고 하는 것은 진(秦)나라를 위함이오, 아니면 위(魏)나라를 위함이오? 위나라를 위함이라면 좋지만, 만약 진나라를 위함이라면 오히려 불리하게 될 것이오. 원래 위(衛)나라가 자립할 수 있었던 것은 포읍이 있기 때문이오. 지금 포읍을 친다면 포읍은 위(魏)나라에 붙을 것이고, 포읍이 위(魏)나라에 붙게 되면 위(衛)나라는 틀림없이 굴복하여 위(魏)나라를 따를 것이오. 연전에 위(魏)나라가 서하의 외변(外邊)을 잃고도 아직 회복하지 못하고 있는 것은 군사가 약하기 때문이오. 이제 위(衛)나라를 위(魏)나라에 합병하면 위(魏)나라는 분명히 강해질 것이오. 위(魏)나라가 강해지면 서하의 외변은 틀림없이 위태롭게 되오. 진(秦)나라 왕은 지금 그대의 사업이 진나라와 위(魏)나라 어느 쪽에 이익이 있으며, 어느 쪽에 해가 있는지를 보고자 하고 있소. 그러므로 왕은 어쨌든 그대를 틀림없이 처벌할 것이오.」

저리자가 물었다.

「그렇다면 어찌해야 좋겠소?」

「그대는 포읍을 치지 말아야 하오. 나는 시험 삼아 포읍으로 들어가서 그대의 뜻을 전하고 위(衛)나라 왕으로 하여금 그대의 은공을 알게 하겠소.」

저리자가 좋다고 하자, 호연은 포읍 성으로 들어가서 그 수장(守將)에게 말했다.

「저리자는 포읍이 피폐되어 있는 것을 알고 『기어코 포읍을 함락시키고 말겠다』 고 합니다. 그렇지만 나라면 저리자가 포읍을 치지 못하도록 할 수 있소.」

포읍의 수장은 재배(再拜)하고 중재해 줄 것을 간원하면서 금(金) 3백 근을 내놓고 말했다.

「진나라 군사가 물러가기만 하면 틀림없이 그대의 공로를 위(衛)나라 임금께 진언하여 그대에게 봉읍(封邑)을 내리도록 하겠습니다.」

이렇게 해서 호연은 포에서 금을 받고 위(衛)나라에서 높은 지위를 얻었다.

그런데 저리자는 포읍을 포위했다가 풀고 돌아왔고, 이어서 위(魏)나라의 읍 피지(皮氏 : 산서 하진河津의 서쪽)를 쳤는데 항복하지 않자 그대로 그곳을 떠났다.

소왕(昭王) 7년에 저리자는 죽었다. 그는 위남(渭南 : 섬서 함양)의 장대궁(章臺宮) 동쪽에 묻혔다. 저리자는 생전에 이렇게 말했었다.

「내가 죽은 뒤 백 년이 되지 않아서 천자의 궁전이 내 무덤을 둘러싸게 될 것이다.」

저리자 질(疾)의 집은 소왕묘(昭王廟)의 서쪽, 위남(渭南) 음향(陰鄉)의 저리(樗里)에 있었기 때문에 세상에서는 그를 저리자라고 불렀다. 한(漢)나라가 흥하게 되자, 묘(墓) 동쪽에 장락궁[2]의 묘, 서쪽에 미앙궁(未央宮)[3]이 지어졌고, 묘 정면에는 무고(武庫)

2) 장락궁(長樂宮)…서한(西漢) 시대의 궁전의 하나로, 지금의 섬서성 서안시 서북쪽 외곽의 옛 장안성 동남쪽 모퉁이에 위치하였다.

가 지어졌다. 진(秦)나라 사람의 속담에 「힘은 임비(任鄙 : 秦나라 역사의 이름)요, 지혜는 저리(樗里)」라는 말이 있다.

감무(甘茂)는 하채(下蔡 : 안휘 수현의 동쪽) 사람이다. 하채의 사거선생(史擧先生)에 사사했고 백가(百家)의 학설을 배웠으며, 장의와 저리자가 구두로 천거하여 진나라 혜왕을 알현했다. 혜왕은 감무를 인견하고 마음에 들어 장군을 삼고 위장(魏章)을 도와 한중 땅을 공략시켰다.

혜왕이 죽고 무왕이 즉위하자, 장의와 위장은 진나라를 떠나 동쪽에 있는 위(魏)나라로 갔다. 촉후(蜀侯) 휘(煇)와 그 재상 진장(陳莊)이 반란을 일으켰기 때문에 진나라는 감무에게 명하여 촉나라를 평정시켰다. 돌아오자 감무를 좌승상으로 삼고, 저리자로 우승상을 삼았다.

진나라 무왕 3년, 왕은 감무에게 말했다.

「나는 수레가 지나갈 수 있는 길을 삼천(三川)까지 열어서 주(周)나라 왕실을 엿보고 싶소. 그렇게 된다면 나는 죽어도 한이 없겠소.」

그러자 감무가 대답했다.

「저를 위(魏)나라로 보내주셔서 함께 한(韓)나라를 치는 맹약을 맺게 해주십시오.」

그래서 상수(向壽 : 선태후宣太后의 일족)를 감무의 보좌관으로 하여 위나라에 동행시켰다. 위나라에 도착하자 감무는 상수에게 말했다.

「그대는 귀국하여 왕에게 『위나라는 내 말을 들어 주었습

---

3) 미앙궁(未央宮)…서한(西漢) 시대의 황궁으로, 서안시 옛 장안성 서남쪽에 자리하였다.

니다. 그러나 임금께서는 한나라를 치지 마십시오』라고 여쭈시오. 만약 이 일이 성공한다면 이는 모두 그대의 공로로 돌리겠소.」

증삼살인(曾參殺人)

상수는 귀국하여 왕에게 그 뜻을 말했다. 왕은 감무를 식양(息壤)에서 기다리고 있다가 그가 도착하자 사정을 물었다. 그러자 감무가 대답했다.

「한나라의 의양(宜陽)은 큰 현(縣)으로 상당(上黨)·남양(南陽)의 재화(財貨)가 다년간 이곳에 비축되어 있습니다. 명칭은 현이지만 실제로는 군(郡)에 필적합니다. 그래서 지금 임금께서 몇 개의 험난한 곳을 넘고 천릿길을 달려서 그곳을 치는 것은 용이하지 않습니다. 옛날 증삼이 노(魯)나라 비읍(費邑)에 있었을 때, 노나라 사람에 증삼과 동성동명인 사람이 있었는데 그가 사람을 죽였습니다. 어떤 사람이 증삼의 어머니에게 『증삼이 사람을 죽였다〔曾參殺人〕』고 말했지만, 어머니는 태연하게 베만 짜고 있었습니다. 조금 후에 다시 한 사람이 와서 『증삼이 사람을 죽였다』고 말했습니다. 어머니는 그래도 태연하게 베만 짰습니다. 얼마 후에 또 한 사람이 와서 『증삼이 사람을 죽였다』고 말했습니다. 어머니는 베틀의 북을 집어던지고 베틀에서 내려와 담을 넘어 달아났습니다. 증삼의 현덕(賢德)과 그 어머니의 신념은 대단했지만, 세 사람이나 의심을 하자 그 어머니도 마음이 동하여 두려움을 가졌던 것이지요.

지금 저의 현덕은 증삼에 미치지 못하고, 또 임금께서 저에 대한 신임도 증삼의 어머니가 증삼을 믿는 것에 미치지 못합니다. 더구나 저를 의심하는 사람은 단 세 사람만이 아닙니다. 저는 대왕께서 베틀의 북을 집어던진 증삼의 어머니처럼 저를 의심하지 않으실까 하여 두려워하고 있는 것입니다.

진의 청동제 종인 악부종

지난 날 장의는 서쪽의 파·촉 땅을 합쳐서 북쪽의 서하 밖을 열고, 남쪽의 상용(上庸 : 호북 죽산竹山의 동남쪽)을 빼앗았지만, 천하 사람들은 이를 장의의 공이라 하지 않고 선왕(先王)만이 현명하다고 했습니다. 또 위(魏)나라 문후는 악양(樂羊)을 장군으로 삼아 중산(中山 : 나라 이름)을 치고, 3년에 걸쳐 이것을 공략했습니다. 악양이 귀국하여 그 공을 논하게 되었을 때, 문후는 악양에게 상자 안에 가득 차 있는 그에 대한 비방의 상소문을 보여 주었습니다. 악양은 두 번 절하며, 『이번의 승전은 저의 공훈이 아닙니다. 주군의 힘에 의한 것입니다』 라고 말했습니다.

지금 저는 떠돌아다니며 벼슬살이하는 몸에 지나지 않습니다. 저리자(어머니는 韓나라 여자)와 공손석(公孫奭 : 원래는 韓나라의 공자) 두 사람이 한나라를 믿고 저의 계략을 비평하게 되면, 임금께서는 반드시 그 두 사람의 말을 받아들이시게 될 것입니다. 이렇게 되면 임금께서는 위(魏)나라를 속이는 것이며, 저로서도 한나라 재상 공중치(公仲侈)의 원망을 사게 될 것입니다.」

왕이 말했다.

「나는 저리자 · 공손석 등의 말을 듣지 않을 것이오. 그대와 맹세하리다.」

마침내 승상 감무에게 명하여 군사를 이끌고 의양을 치게 했다. 5개월이 걸려도 공략하지 못했다. 그러자 저리자와 공손석이 비난했으므로 무왕은 감무를 소환하고 군을 퇴각시키려고 했다. 감무가 말했다.

「식양(息壤)은 아직도 그곳에 그대로 있습니다. 약속을 잊으셨습니까?」

왕이 말했다.

「그래, 맹약한 일이 있지.」

그리고는 전군(全軍)을 출병시켜 감무로 하여금 의양을 공격케 했다. 적의 수급을 베기 6만, 마침내 의양을 떨어뜨렸다. 한나라의 양왕(襄王)은 재상 공중치를 파견하여 사죄하고 진나라와 화친했다.

금수(禽獸)도 궁하면 수레를 뒤집어엎는다

진나라 무왕은 마침내 주(周)나라에 가게 되었고, 그곳에서 죽었다. 그의 동생이 즉위하니 소왕(昭王)이다. 소왕의 어머니 선태후(宣太后)는 초(楚)나라 공주였다. 초나라 회왕(懷王)은 앞서 진(秦)나라에게 단양에서 패전했을 때 한나라가 돕지 않았던 것을 원망하였으므로, 군사를 내어 한나라의 읍 옹지(雍氏 : 하남부근)를 포위했다. 한나라는 공중치를 보내 위급함을 진나라에 통보했다. 진나라에서는 소왕이 새로 즉위하였고, 그의 어머니가 초나라 사람이었던 까닭에 한나라를 원조하려고 하지 않았다. 공중치가 감무에게 매달리니 감무는 한나라를 위하여 소왕에게 말했다.

「공중치는 지금이라도 진나라가 구해 줄 것이라고 기대하면서 초나라를 막고 있습니다. 지금 옹지가 포위되어 있는데 진나라 군사가 효(殽)의 요새로부터 구원해 내려가지 않기 때문에 공중치는 하늘을 우러러 절망하고, 진나라에 입조하지 않으려고 하며, 한나라의 공자 공숙(公叔)도 나라를 들어 초나라와 합병코자 하고 있습니다. 초나라와 한나라가 연합하면 위(魏)나라도 순응치 않을 수 없을 것입니다. 그렇게 되면 진나라를 공격할 형세가 되고 맙니다. 앉아서 쳐들어오는 것을 기다리는 것과, 나아가서 남을 치는 것은 어느 쪽이 유리하겠습니까?」

진나라 왕이 말했다.

「과연 그렇군.」

그리고는 군사를 효(殽)의 요새로부터 남하시켜 한나라를 구했으므로 초나라 군사는 퇴각했다.

진나라 왕은 상수에게 명하여 의양을 평정시키고, 저리자와 감무에게 명하여 위(魏)나라 피지를 치게 했다. 상수는 선태후의 일족이며, 소왕과는 젊었을 때부터 사이좋게 성장했으므로 임용되었던 것이다. 일찍이 상수가 초나라에 갔을 때 초나라는 진나라가 상수를 존중한다는 말을 듣고 그를 후대했다. 상수는 진나라를 위해 의양을 수비하고 이어서 한나라를 치려고 했다. 한나라의 공중치는 소대(蘇代)를 시켜 상수에게 말했다.

「금수(禽獸)도 궁하게 되면 수레를 뒤집어엎는 수가 있습니다. 그대는 일찍이 한나라를 쳐서 공중치를 욕되게 했는데, 공중치는 한나라를 수습하여 진나라를 섬기며 자신으로서는 진나라로부터 봉읍을 받을 것으로 기대하고 있습니다. 그런데 지금 그대는 초나라에게 해구(解口 : 秦나라의 땅. 韓나라에 가깝다)의 땅을 주고 초나라의 소영윤(小令尹)을 두양(杜陽 : 秦나라 땅)에 봉했습니다. 이렇게 해서 진나라와 초나라가 연합하여 다시 한나라를 치게 되면 한나라는 틀림없이 멸망할 것입니다. 그러나 한나라가 멸망해 버리면 공중치는 직접 사병(私兵)을 이끌고 진나라 군사와 맞서게 될 것입니다. 부디 이 점을 숙고하시기 바랍니다.」

상수가 대답했다.

「내가 진나라와 초나라를 연합시키려는 것은 그렇게 해가지고 한나라를 치려는 것이 아닙니다. 선생은 돌아가서 나를 대신하여 공중치에게, 『진나라와 한나라의 국교도 원만하게 할 수 있다』고 말해 주십시오.」

소대가 말했다.

「그대에게 하고 싶은 말이 있습니다. 세상 사람들이 말하기를, 『존귀하게 되는 까닭을 귀히 여기는 사람은 그 존귀함을 잃지 않는다』고 했습니다. 임금에게 총애를 받기로는 그대가 공손석에게 미치지 못합니다. 또 지능을 인정받기로는 그대는 감무에 미치지 못합니다. 그런데 두 사람은 모두 진나라 국사(國事)에 직접 관여할 수 없으며, 단지 그대만이 왕과 국무를 결정하고 있습니다. 그것은 무엇 때문이겠습니까? 그 두 사람은 왕의 신임을 잃을 만한 이유가 있기 때문입니다. 다시 말해서 공손석은 한나라에 가깝고 감무는 위(魏)나라와 가깝기 때문에 왕이 신임을 하지 않는 것입니다.

지금 진나라와 초나라가 서로 힘을 겨루고 있는 이 마당에, 공은 초나라 편을 들려 하고 계신데, 이것은 공손석 · 감무와 같은 길을 걷는 것과 무엇이 다르겠습니까. 사람들은 모두 초나라가 교묘하게 약속을 잘 어기는 까닭에 믿을 수가 없다고 하는데,

전국시대의 양의 머리형 차축(위), 창날형 차축(아래)

공은 그 같은 일이 없다고 주장하고 있습니다. 이것은 공이 스스로 초나라에 대한 책임을 진나라 왕 앞에서 지게 되는 것입니다. 그러는 것보다 공은 진나라 왕과 함께 초나라의 변덕에 대처할 계략을 마련하고, 한나라와 가까이 하여 초나라에 대비하는 것보다 더 좋은 일은 없을 것입니다. 그렇게 하면 아무런 화도 없을 것입니다. 한나라는 이전에는 나라를 들어 공손석을 따르고, 후에는 나라를 들어 감무에게 맡겼습니다. 그런 의미로 볼 때 한나라는 공의 원수이건만, 지금 공에게 한나라와 친선하여 초나라에 대비하라고 말하는 것은 이른바 『외거(外擧)[4]에는 원수일지라도 가리지 않는다』 라는 말과 같기 때문입니다.」

상수가 말했다.

「그렇습니다. 나는 진나라와 한나라가 연합하는 것을 진실로 희망하고 있습니다.」

소대가 또 말했다.

「감무는 공중치에게 진나라가 빼앗은 무수(武遂)의 반환을 승낙하고, 또 의양에서 잡은 포로를 반환하려 하고 있습니다. 그

4) 외거(外擧)…공사(公事)에 친척을 추천하는 내거(內擧)에 대하여 타인을 천거하는 일.

런데 지금 공께서 이것을 말로만 한나라의 마음을 수습하려고 하시니 참으로 어려운 일입니다.」

「그러면 어찌해야 좋겠습니까? 무수만은 아무래도 돌려 줄 수 없는데……」

「공은 어찌하여 한나라를 위하여 진나라의 위세를 빌려 초나라에게 영천(穎川 : 하남 우현)을 요구하지 않으십니까. 영천은 한나라의 옛 땅입니다. 요구하는 바가 성공되면 진나라의 위령(威令)이 초나라에서 행해지는 것이 되며, 더구나 그 땅을 가지고 한나라에 은혜를 갚을 수 있는 것입니다. 만약 요구했다가 실패하면 한나라와 초나라 사이의 원한은 풀어지지 않은 채 서로 진나라의 비위를 맞추려고 할 것입니다. 진나라와 초나라가 서로 힘을 겨루는 이 마당에, 공께서 서서히 초나라의 잘못을 나무라고, 한나라를 진나라에 가담하게끔 만드는 것은 진나라에 있어서 유리한 일입니다.」

상수가 말했다.

「그러면 어떻게 하면 좋겠습니까?」

소대가 대답했다.

「이렇게 하는 것이 좋겠습니다. 감무는 위(魏)나라를 이용하여 제(齊)나라를 취하고자 하며, 공손석은 한나라를 이용하여 제나라를 취하고자 합니다. 지금 공은 의양을 취하여 자신의 공을 세웠으므로, 초나라와 한나라를 회유하여 마음 놓고 제나라와 위나라의 죄를 책망하는 것이 좋을 것입니다. 그렇게 하면 공손석과 감무[5]는 할 일이 없을 것입니다.」

5) 공손석과 감무…공손석과 감무는 진나라를 위해 한(韓)·위와 연합하여 제나라를 공격함으로써 진나라의 정사에 참여하려 했다. 만일 상수(向壽)가 한·초를 아울러 진나라와 화친을 맺게 하여 제와 위를 정벌

감무는 마침내 진나라 소왕에게 말하여 무수를 한나라에 반환했다. 상수와 공손석은 반대하며 다투었지만 이들의 주장은 받아들여지지 않았고, 이로 인해서 감무를 원망하고 참언했다. 감무는 두려워하여 위나라 포판(蒲阪)을 치다가 중지하고 도망쳤는데, 그 때문에 저리자는 위나라와 화친하고 군사를 되돌렸다.

감무는 진나라를 빠져나와 제나라로 도망쳐서 소대와 만났다. 소대는 제나라를 위해 진나라에 사신으로 가게 되어 있었다. 감무가 말했다.

「나는 진나라에 죄를 지었으므로 두려워서 도망을 쳤는데, 몸을 의지할 곳이 없소. 내가 듣건대, 어떤 가난한 여자가 돈 많은 여자와 함께 삼베를 짓고 있었는데, 가난한 여자가 『나에게는 초를 살 돈이 없어요. 다행스럽게도 당신의 촛불에는 남는 빛이 있으니 그 남는 빛을 나에게 나누어 주세요. 당신의 밝기에 지장을 주지 않고도 그 덕을 나는 볼 수 있을 거예요』 라고 말했다 합니다. 나는 지금 곤궁한 지경에 빠져 있습니다. 그런데 당신은 바야흐로 진나라에 사신으로 가는 득의에 차 있습니다. 나의 처자식이 진나라에 있습니다. 부디 당신의 남는 빛으로 이들을 구해주기 바라오.」

소대는 이 말을 승낙하고 진나라에 가서 사명을 다 한 뒤에 진나라 왕에게 말했다.

「감무는 비범한 선비입니다. 그가 진나라에 있었을 때는 혜왕(惠王) · 무왕(武王) 2대에 걸쳐 중용되었습니다. 효(崤)의 요새에서 귀곡(鬼谷 : 섬서 삼원의 서북쪽)에 이르는 지방의 지형에 밝고, 그 험난함과 평탄함을 모두 알고 있습니다. 만약 그가 제

할 수 있으면 공손석과 감무를 배척하여 아무 일도 할 수 없도록 만들기 때문이다.

나라를 움직여서 한나라·위나라와 동맹하여 반대로 진나라를 친다면 진나라에게는 어떤 일이 일어나겠습니까?」

「그렇다면 어떻게 하는 것이 좋겠소?」

소대가 대답했다.

「많은 선물과 후한 봉록으로 감무를 맞아들이는 것이 좋을 것으로 생각합니다. 그 대신 만약에 온 다음에는 괴곡(槐谷 : 장안의 서쪽. 괴리槐里 골짜기)에 살게 하고, 죽을 때까지 그곳에서 나오게 해서는 안 됩니다.」

진나라 왕은 과연 그렇겠다면서 즉각 감무에게 상경(上卿)의 자리와 재상의 인수를 주기로 하고, 제나라에서 맞아들이기로 했다. 그러나 감무는 가지 않았다. 소대는 제나라의 민왕(湣王)에게 말했다.

「과연 감무는 현인입니다. 지금 진나라는 그에게 상경의 자리를 주고 재상의 인수를 내려 맞아들이려고 했지만, 감무는 대왕의 돌보심을 덕으로 알고 대왕의 신하 되기를 기뻐하며 이를 사양했습니다. 그런데 대왕께서는 무엇으로써 그를 예우하시겠습니까?」

제나라 왕은 좋다고 말하고 바로 감무에게 상경의 자리에 앉히고 제나라에 머물도록 했다. 진나라에서는 앞서 몰수했던 감무의 집을 돌려주고 제나라와 다투어 감무를 얻으려고 했다.

제나라는 감무로 하여금 사신으로 초나라에 가게 했다. 초나라 회왕은 새로이 진나라와 혼인관계를 맺고, 진나라와는 사이가 좋은 때였다. 진나라에서는 감무가 초나라에 머무르고 있다는 이야기를 듣고 사람을 보내 초나라 왕에게 말했다.

「어떻게든 감무를 진나라로 보내 주기 바랍니다.」

초나라 왕은 범연(范蜎)에게 물었다.

「나는 재상을 진나라에 추천하였으면 하는데, 누가 좋겠소?」

범연이 대답했다.

「저는 인물을 보는 식견이 없습니다.」

왕이 다시 말했다.

「감무를 재상에 추천하고 싶은데, 어떻소?」

「그것은 안 됩니다. 그의 스승 사거(史擧)는 하채(下蔡)의 문지기였으며, 크게는 왕에게 쓰이지 못했고, 작게는 집안을 다스리지 못하였으며, 비천한 것을 부끄러워하지도 않았다 하여 세상에 정평이 나 있는 인물입니다. 감무는 그런 스승에게도 다소곳이 섬겼습니다. 그러므로 현명한 혜왕이나 명찰한 무왕, 능변인 장의까지도 잘 섬겼음은 물론 관직을 여럿 돌아가며 지냈어도 과오가 없었고 죄짓는 일도 없었습니다. 감무는 실로 현인입니다. 그런 까닭에 진나라에 주어서는 안 됩니다. 진나라에 현재상(賢宰相)이 있는 것은 초나라의 이익이 안 됩니다.

임금께서는 일찍이 소활(召滑)을 월(越)나라 재상으로 쓰게 하여 장의(章義)로 하여금 반란을 일으키게 했으므로 월나라가 어지러워지고, 초나라는 남쪽 여문(厲門 : 영남嶺南으로 가는 요로)을 막고, 월나라 강동(江東)을 우리 속군으로 만들었습니다. 임금께서 이런 공적을 세울 수 있었던 것도, 월나라가 어지러워지고 초나라는 나라 안이 잘 다스려지고 있었기 때문입니다. 임금께서는 그런 방책을 월나라에 쓰실 줄은 아시면서 진나라에 쓰시는 것은 잊고 계십니다. 저는 임금의 처사가 크게 잘못되었다고 생각합니다. 그러니 만약 임금께서 진나라에 재상을 추천하려고 하신다면 상수 같은 사람이 좋을 것입니다. 대체로 상수는 진나라 왕과 친한 사이입니다. 진나라 왕은 어릴 때 상수와 같은 옷을 입었고, 자란 다음에는 같은 수레를 타고 다니며 그의 말을 잘 들어주곤 했습니다. 임금께서 상수를 진나라의 재상으로 두시게 되면 초나라도 이익이 될 것입니다.」

그래서 사신을 보내 진나라에 청하기를, 상수로 하여금 진나라의 재상으로 삼게 했다. 이 때문에 감무는 끝내 두 번 다시 진나라에 들어가지 못하고 위나라에서 죽었다.

어린 책사(策士)

감무에게는 손자가 있었는데 이름을 감나(甘羅)라 했다. 감무가 죽은 뒤 감나는 12세의 나이로 진나라의 재상 문신후(文信候) 여불위(呂不韋)를 섬겼다.

진나라의 시황제[6]는 강성군(剛成君) 채택(蔡澤)을 연(燕)나라에 보냈는데 3년으로 사명을 다 했으며, 연나라 왕 희(喜)는 태자 단(丹)을 진나라에 보내 인질로 했다. 그래서 진나라는 장당(張唐)을 연나라로 보내 재상을 삼게 하고, 연나라와 함께 조(趙)나라를 쳐서 국경 가까이에 있는 하간(河間) 땅을 넓히려고 했다. 장당이 문신후에게 말했다.

「지난 날 저는 소왕(昭王)을 위해서 조나라를 쳤습니다. 이

6) 시황제…이름은 영정(嬴政). 진나라 장양왕의 아들로 B.C. 230~B.C. 221까지 6국을 통일하고 진 왕조를 건립하였다(재위 B.C. 246~B.C. 210). 북으로는 흉노를 정벌하였으며, 남으로는 민(閩)과 월(越)을 병합하여 중국 역사상 최초의 통일국가를 이룩했다. 군현제를 실시하였고, 법률·도량형·화폐·문자 등을 하나로 통일했다. 스스로 공이 삼황(三皇)을 덮고 덕은 오제(五帝)보다 크다고 주장하며 스스로 시황제(始皇帝)라고 했다. 그러나 그는 분서갱유(焚書坑儒)를 단행하고, 형벌을 가혹하게 하였으며, 과중한 부역으로 백성들을 고달프게 했다. 그가 죽은 뒤 2세 황제 호해가 제위를 이었으나, 오래지 않아 진승과 오광의 민중봉기가 일어나 나라는 멸망하고 말았다.

일로 조나라는 저를 미워하여, 『장당을 잡는 사람에게는 사방 백 리 땅을 준다』 고 선전하고 있습니다. 이제 연(燕)나라로 가려면 아무래도 조나라를 지나야만 하므로 도저히 갈 수가 없습니다.」

문신후는 내심 기분이 나빴지만 강권하지는 않았다. 감나가 말했다.

「상공께서는 무슨 일로 그렇게 기분이 상하셨습니까?」

그러자 문신후가 대답했다.

「나는 강성군 채택을 연나라로 보내 연나라를 섬기기 3년, 그 결과 연나라의 태자 단(丹)이 인질로서 우리나라에 왔다. 그래서 이번에는 내 친히 장경(張卿 : 장당)에게 연나라의 재상이 되어 달라고 부탁했는데, 그는 가지 않겠다고 한다.」

그러자 감나가 말했다.

「제가 장당을 가도록 해보겠습니다.」

문신후는 감나에게 화를 내며 말했다.

「물러가거라! 내가 직접 부탁을 했건만 듣지 않은 것을, 네가 어떻게 가게 하겠단 말이냐?」

「항탁(項橐)은 일곱 살로 공자(孔子)의 스승이 되었습니다. 지금 저는 열두 살입니다. 상공께서는 저를 시험해 주십시오. 그러면 아마 그렇게 혼내지는 않으실 겁니다.」

이렇게 하여 감나는 장경과 만나서 말했다.

「상공의 공로는 무안군(武安君 : 백기)과 비교하여 어느 쪽이 크다고 생각하십니까?」

그러자 장당은 이렇게 대답했다.

「무안군은 남쪽의 강한 초나라를 꺾었고, 북쪽의 연나라와 조나라를 위협했으며, 싸우면 이기고 치면 빼앗아서 성을 깨고 고을을 함락한 것이 그 수를 헤아릴 수 없는데, 내 공로로 어찌 따를 수 있겠는가?」

감나가 말했다.

「응후(應侯 : 범수范雎)가 진나라에서 세도를 휘둘렀을 때와 문신후가 세도를 휘둘렀을 때 어느 쪽이 더했겠습니까?」

장당이 대답했다.

「응후는 문신후에 미치지 못하지.」

진시황

감나가 다시 물었다.

「상공은 응후가 문신후에 미치지 못함을 분명히 아십니까?」

「알고말고.」

감나가 다시 물었다.

「응후가 조나라를 치려고 했을 때 무안군은 그것을 비난했기 때문에 함양을 떠나서 불과 7리인 두우(杜郵)에서 사사(賜死)[7]되고 말았습니다. 지금 문신후는 자신이 직접 상공께 연나라의 재상이 되어달라고 부탁했는데 상공은 가려고 하시지 않았습니다. 그런즉 저는 상공께서 어디서 죽음을 당할지 모르겠다

7) 사사(賜死)…진(秦) 소왕이 백기에게 함양을 떠날 것을 강권하여 백기가 함양의 서문(西門)을 빠져나가 두우에 이르렀을 때, 소왕이 사자를 보내 검을 내리고 자결토록 하였다.

고 생각합니다.」

장당이 말했다.

「네가 말하는 대로 연나라에 가기로 해야겠다.」

그리고는 여행준비를 시켰다. 출발일이 결정되었다. 감나는 문신후에게 말했다.

「제게 수레 5승만 빌려 주십시오. 장당을 위하여 우선 조나라에 통보하고 싶습니다.」

문신후는 입조(入朝)하여 이 일을 시황제에게 보고했다.

「지난 날 감무의 손자 감나는 나이 어리지만 명문가의 자손으로 제후도 모두 그에 대한 이야기를 듣고 있어 알고 있습니다. 지금 장당은 병을 핑계 삼아 부임하지 않으려는 것을 감나가 장당을 설득하여 부임하기로 했습니다. 그리고 우선 조나라에 통보하고 싶다고 하는데, 윤허해 주십시오.」

시황제는 감나를 인견한 다음 조나라에 파견했다. 조나라의 양왕(襄王)은 감나를 도성(都城) 교외까지 출영했다. 감나가 양왕에게 말했다.

「대왕은 연나라의 태자 단(丹)이 진나라에 인질로 와 있는 것을 알고 계십니까?」

「알고 있지.」

「장당(張唐)이 연나라 재상이 되는 것도 알고 계십니까?」

「알고 있어.」

감나가 다시 말했다.

「연나라의 태자 단이 진나라에 와 있는 것은 연나라가 진나라를 속이지 않는다는 증표이며, 장당이 연나라의 재상이 되는 것은 진나라가 연나라를 속이지 않는다는 증표입니다. 연나라와 진나라가 서로 속이지 않는 것은 조나라로서는 위험합니다. 그것은 다름 아니라 조나라를 쳐서 하간(河間)의 땅을 넓히고자 하기 때문입니다. 대왕께서는 공격을 당한 다음에 빼앗기는 것보다 오히려 저에게 다섯 성을 주시어 진나라에 바침으로써, 진나라가 하간 땅을 넓히게 하는 것이 좋을 것으로 생각합니다. 제 말씀을 받아들이신다면 연나라의 태자를 돌려보내 연나라와 진나라가 국교를 단절한 다음, 진나라가 강국 조나라와 함께 약국 연나라를 치도록 하겠습니다. 어떻게 하시겠습니까?」

조나라 왕은 그 자리에서 다섯 성을 떼어주고 진나라를 위해 하간의 땅을 넓혀주었으므로 진나라는 연나라의 태자를 돌려보내고, 조나라는 연나라를 쳐서 상곡(上谷)의 30성을 빼앗았고, 그 11성을 진나라에 나누어 주었다. 감나가 돌아와서 보고하자, 진나라는 감나를 봉하여 상경(上卿)으로 했고, 또 감무가 가지고 있던 전택(田宅)을 하사했다.

태사공은 말한다.

「저리자가 왕과 골육(骨肉)을 나눈 사이였기 때문에 중용되었던 것은 당연한 이치인데, 그 위에 진나라 사람들은 그의 지혜를 칭찬했다. 그런 까닭에 그의 사적(事績)을 많이 채록(採錄)했다. 감무는 하채의 시골에서 몸을 일으켜 그 이름을 제후에게 드러냈고, 강한 나라 제(齊) · 초(楚)에서 중용되었다. 감나는 연소하지만 한 기계(奇計)를 안출해내어 명성을 후세에 떨쳤다. 독행(篤行)의 군자는 아니었지만, 그래도 전국(戰國)의 책사라 할 것이다. 진나라가 강성했을 당시 천하는 이렇듯 권모와 사술(詐術)이 횡행했던 것이다.」

양후 열전 제12

양후(穰侯) 위염(魏冄)은 진나라 소왕의 어머니 선태후(宣太后)의 동생이다. 태후의 조상은 초나라 사람으로 성은 미(羋)씨다. 진나라의 무왕이 죽자 아들이 없었으므로 그 동생을 왕으로 세웠다. 이 사람이 소왕이다.

소왕의 어머니는 원래 미팔자(羋八子 : 팔자는 부관婦官의 벼슬로 제4등급)라 불렀는데, 소왕이 즉위하자 선태후라 했다. 선태후는 무왕의 생모(生母)는 아니었다. 무왕의 생모는 혜문후(惠文后)라 했고 무왕에 앞서 죽었다.

선태후에게는 두 동생이 있었다. 아버지가 다른 큰 동생을 양후라 했고, 성은 위씨(魏氏) 이름은 염(冄)이다. 그리고 아버지가 같은 작은 동생을 미융(羋戎)이라 했는데, 이 사람이 화양군(華陽君)이다. 그리고 소왕과 어머니가 같은 동생을 고양군(高陽君) · 경양군(涇陽君)이라고 했다. 이들 중에서는 위염이 가장 현명했고 혜왕(惠王) · 무왕(武王) 때부터 벼슬에 올라 국사(國事)에 참여했다.

무왕이 죽고 그 동생들이 왕위를 놓고 다투었을 때, 다만 위염만이 소왕을 세우고자 힘썼다. 소왕이 왕위에 오르자 위염은 장군이 되어 함양을 수호하고, 계군(季君 : 공자 장莊)의 난을 평정했으며, 무왕비를 위(魏)나라로 추방하고, 소왕 형제들 중 불량한 자를 모두 벌하여 그 위세는 진나라에 떨쳤다.

소왕이 나이 어렸기 때문에 선태후가 섭정을 폈고 위염이 정치를 맡았다. 소왕 7년, 저리자가 죽고 경양군이 인질로서 제나라에 보내졌다. 조(趙)나라 사람 누완(樓緩)이 진나라에 와서 재상이 되었다. 조나라는 이 일이 자기 나라에 불리하다고 생각하여 구액(仇液)을 진나라로 보내 위염을 진나라의 재상으로 임명하도록 청하기로 했다. 출발하려 할 때 객인(客人)인 송공(宋公)이 구액에게 말했다.

「진나라가 당신의 말을 받아들일 경우는 말할 것 없고, 받아들이지 않는다고 해도 누완이 당신을 원망할 것은 분명합니다. 당신은 먼저 누완에게 『진나라 왕에 대한 청원은 공을 위하여 너무 서두르지 않기로 하겠소』 라고 말해 두는 편이 좋을 것 같습니다. 진나라 왕은 위염을 재상으로 임명했으면 좋겠다는 조나라의 청원이 그다지 급한 것이 아님을 알게 되면, 반대로 당신의 말과는 달리 위염을 재상으로 앉히게 될 것입니다. 당신이 말을 해도 그대로 되지 않으면 누완에게 덕을 베푸는 것이 되고, 그대로 되면 위염에게 덕을 베푸는 것이 되겠습니다.」

구액은 이 말에 따랐다. 진나라는 과연 누완을 파면하고 위염을 진나라의 재상에 임명했다. 위염은 여례(呂禮)를 주살하려고 했으나 여례는 제나라로 도망쳤다.

소왕 14년, 위염은 백기(白起)를 등용했다. 백기는 상수(向壽)를 대신하여 장군이 되어서 한(韓)나라와 위(魏)나라를 쳐, 이를 이궐(伊闕)에서 깨뜨리고 목을 베기 24만, 위나라 장수 공손희(公孫喜)를 포로로 잡았다.

이듬해 또 초나라의 완(宛)과 섭(葉)을 쳐서 빼앗았다. 위염은 병을 핑계 삼아 재상을 그만두었고, 객경(客卿)인 수촉(壽燭)이 재상이 되었다. 그 이듬해 수촉은 재상의 자리에서 물러나고 위염이 다시 재상이 되었다. 이 때에 위염을 양(穰 : 하남 등현)에 봉하고, 다시 도(陶 : 산서 영제의 북쪽)에 증봉한 다음 양후(穰侯)라 호를 내렸다.

양후는 봉함을 받은 지 4년 후에 진나라의 장군이 되어 위(魏)나라를 공격했다. 위나라는 하동 땅 사방 4백 리를 바쳤는데, 양후는 위나라 하내를 공략하여 60여 성을 떨어뜨렸다. 소왕 19년에 진나라는 서제(西帝)라 칭했고, 제(齊)나라는 동제(東帝)라 칭했다. 한 달 후에 여례가 와서 제나라 · 진나라가 담합한 결과 각기 제호(帝號)를 취소하고 왕으로 하기로 했다.

위염은 다시 진나라 재상이 되었으며, 6년 후에 그만두었는데, 그 2년 후에 다시 진나라의 재상이 되었다. 4년 후에 진나라는 백기로 하여금 초(楚)나라의 영(郢)을 공략케 했는데, 그곳에 남군(南郡)을 설치하고 백기를 봉하여 무안군이라 하였다. 백기를 쓰게 된 것은 양후의 천거에 의한 것으로서 두 사람은 사이가 좋았다. 당시 양후의 부(富)는 왕실을 능가할 정도였다.

천명은 일정한 곳에 있는 것이 아니다

소왕 32년, 양후는 상국(相國 : 上位의 재상)이 되었다. 그리고 군사를 이끌고 위나라를 공략하여 위나라 장수 망묘(芒卯)를 패주시키고, 북택(北宅 : 하남 영양의 서남쪽)에 들어가 마침내 위나라 도읍인 대량을 포위했다.

위나라의 대부 수고(須賈)가 양후에게 말했다.

「나는 위나라의 장리(長吏 : 大官)가 위나라 왕에게 이렇게 말하는 것을 들은 적이 있습니다. 『옛날 양(梁)나라의 혜왕이 조(趙)나라를 쳤을 때, 삼량(三梁 : 남량南梁)에서 이기고 도읍인 한단을 떨어뜨렸으나, 조나라는 토지를 떼어 주지 않았기 때문에 한단은 다시 조나라로 되돌아갔습니다. 또 제(齊)나라가 위(衛)나라를 쳤을 때, 고도(故都 : 초구楚丘 곧 하남)를 떨어뜨리고 위나라 대부 자량(子良)을 죽였지만 위나라는 토지를 떼어주지 않았기 때문에 고지(故地 : 고향 땅)는 다시 위나라에게 되돌아갔습니다. 위나라와 조나라가 나라를 보전하고 영토를 제후에게 병합당하지 않았던 것은, 고난을 잘 참아내면서 토지의 할양을 함부로 하지 않았기 때문입니다. 송(宋)나라와 중산국(中山國)[1]은 이따금 정벌당하고 그 때마다 토지를 떼어줌으로써 나라가 멸망했습니다. 곰곰이 생각건대, 위나라와 조나라는 본을 받아야겠고, 송나라와 중산은 경계해야 할 일입니다. 진(秦)나라는 탐욕포학한 나라로서 친해질 수 없는 나라입니다. 위(魏)나라를 잠식하고 지난 날 진(晋)나라의 판도(版圖)를 빼앗았으며, 또 포자(暴子 : 韓나라 장수 포연暴鳶)에게 이겨서 여덟 현을 할양받았으면서, 그 땅의 인도가 끝나기도 전에 또다시 출병했습니다. 진나라는 정말로 싫증을 모르는 나라입니다. 이번에는 또 망묘를 패주시키고 북택(北宅)에 들어왔습니다만, 이것은 위나라를 치는 것이 목적이 아닙니다. 위나라 왕을 위협하여 많은 토지를 할양받는 것이 목적이므로 받아들여서는 절대로 안 됩니다. 만약 지금 왕께서 조나라와 초나라를 배반하고 진나라와 강화한다면, 초와

1) 중산국(中山國)…춘추시대 백적(白狄)이 세운 나라. 영토는 지금의 하북성 정정현 동북쪽에 있었으며, 전국시대 초기에 고(顧 : 지금의 하북성 정현)에 도읍을 세웠다. B.C. 296년 조(趙)나라에 의해 멸망당했다.

조나라는 노하여 왕으로부터 이반(離反)할 것이고, 왕과 다투어 진나라를 섬길 것이며, 진나라는 틀림없이 이들을 받아들일 것입니다. 진나라가 조나라와 초나라 군사를 옹호하여 두 번 다시 위나라를 치게 되면 제아무리 버텨도 당해낼 수 없을 것입니다. 바라옵건대, 왕께서는 강화하시지 마십시오. 만일 왕께서 아무래도 강화해야겠다고 생각되신다면 땅을 조금만 떼어주시고 인질을 잡아두도록 하십시오. 그렇지 않으면 반드시 속게 될 것입니다』

이것이 내가 위나라에서 들은 이야기입니다. 바라건대 이것을 잊지 말고 국사(國事)를 계획하십시오. 《주서(周書)》에 『천명은 일정한 곳에 있는 것이 아니다』 라고 했습니다. 이것은 행운이란 언제나 수중(手中)에 있는 것이 아니란 의미입니다. 지난날 포자와 싸워 이겨서 여덟 현을 할양받았던 것도 군사력이 강해서가 아니었고, 또 계략이 교묘해서도 아니었습니다. 천행(天幸)이 많았기 때문입니다. 지금 다시 망묘를 패주시키고 북택에 침입하여 대량을 공격하는 것은, 그 천행이 언제까지라도 수중에 있을 것으로 생각하기 때문입니다.

그러나 지자(智者)는 그렇게 생각하지 않습니다. 듣사 하니 위(魏)나라는 백 현(縣) 이상에서 뽑은 정예 병사를 동원하여 대량을 지키겠다는 것입니다. 그 수는 30만이 될 것입니다. 30만의 무리를 가지고 양(梁)의 일곱 길의 성벽을 지킨다면 탕왕이나 무왕이 다시 태어나서 온다 해도 쉽사리 칠 수는 없을 것입니다. 도대체 경솔히 초나라·조나라 군사를 뒤에 두고 일곱 길의 성벽을 뛰어넘어 30만의 무리와 싸워서 꼭 이것을 깬다는 것은 생각건대, 천지개벽 이래 오늘날까지 없었던 일입니다.

공격해서 함락시키지 못한다면 진나라 군사는 지칠 것이 틀림없고 도읍(陶邑 : 양후의 봉지)은 위나라에 잃게 될 것입니다.

전국시대의 소 모양 술병

그렇게 되면 지금까지의 공훈도 수포로 돌아가고 말 것입니다. 지금 위나라에서는 어떻게 하면 좋을까 하고 망설이고 있습니다. 그런 까닭에 땅을 조금 떼어 받고 사태를 수습할 수 있을 것입니다. 부디 초나라와 조나라 군사가 도착하기 전에 빨리 위나라 땅을 떼어 받고 사태를 수습하십시오. 위나라는 지금 갈팡질팡하고 있으므로 토지를 조금만 떼어주고 강화할 수 있다면 이를 따를 것이 분명합니다. 그렇게 되면 공께서 원하는 바도 이룰 수 있을 것입니다.

초나라・조나라는 위나라가 자기들보다 앞서서 진나라와 화친을 맺은 일에 노하여 반드시 다투어 진나라를 섬길 것입니다. 합종(合縱)은 이렇게 해서 해소할 수 있을 것인즉, 만약 공께서 하고 싶은 일이 있다면 그 후에 하는 것이 좋겠습니다. 그런 후라면 공께서 토지를 얻으려 할 때 무력을 사용할 필요는 없을 것입니다. 만약 원래의 진(晋)나라 땅을 떼어 달라신다면 진나라의 군사로 하여금 공격을 하지 않더라도, 위(魏)나라는 틀림없이 하동의 강(絳)・안읍(安邑 : 모두 위나라 땅)을 바칠 것이고, 공의 봉읍 도(陶)를 위하여 양도(兩道)[2]를 개통할 것입니다.

이렇게 해서 송(宋)나라 땅을 거의 손에 넣게 되면 위(衛)나라는 틀림없이 선보(單父 : 산동 선현의 남쪽)를 내놓을 것입니다. 진나라의 군사 한 명도 다치게 하지 않고 공께서 위(衛)나라를 억압할 수 있게 되면 무엇을 구한들 얻지 못할 것이며, 무엇을 한들 성공하지 못하겠습니까. 공께서는 부디 이 점을 깊이 헤아려 위험에 대한 모험을 하지 마십시오.」

양후는 좋다고 말하고 대량의 포위를 풀었다. 이듬해, 위(魏)나라는 진나라를 배반하고 제(齊)나라와 합종을 맺었다. 진나라에서는 양후를 시켜 위나라를 쳐 4만 명의 목을 자르고, 위나라 장수 포연(暴鳶)을 패주시켜 위나라의 세 개의 현을 수중에 넣었다. 양후는 봉읍을 더 받았다.

이듬해 양후는 백기(白起), 그리고 객경 호양(胡陽)과 함께 다시 조나라 · 한나라 · 위(魏)나라를 쳐서 위나라 장수 망묘를 화양(華陽 : 하남 신정의 동남쪽)의 성 밑에서 깨뜨리고 목을 베기 10만이었다. 위나라 권(卷 : 하남 원무의 서북쪽) · 채양(蔡陽 : 호북 조양의 서남쪽) · 장사(長社 : 하남 장갈의 서쪽), 조나라의 관진(觀津 : 하북 무읍의 동남쪽)을 취하였다가, 다시 관진을 조나라에 돌려주고 응원군을 조나라에 보내 제(齊)나라를 치려고 했다. 제나라의 양왕은 두려운 나머지 소대에 명하여 비밀리에 이런 편지를 양후에게 보내게 했다.

창으로 곪은 종기를 터뜨리는 것과 같다

「저는 길 가는 사람들이 『장차 진나라는 조나라에 무장한 군사 4만을 응원군으로 보내 제나라를 치려고 한다』라고 말하는 것을 들었습니다. 이 일에 대하여 저는 조용히 제나라

2) 양도(兩道)…진(秦)나라에서 도(陶)로 통하는 두 길.

왕에게 『진나라 왕은 명군으로서 계략에 능하고, 양후는 지혜 있는 사람으로서 군사에 능합니다. 틀림없이 조나라에게 무장한 군사 4만을 보내 제나라를 치게 하는 일은 결코 하지 않을 것입니다』 라고 단언했습니다. 그 이유를 말씀드리자면 삼진(三晋 : 韓 · 魏 · 趙)이 연합하는 것은 진나라에 있어서는 심각한 위협이기 때문입니다. 삼진은 백 번 진나라를 배반했고, 백 번 진나라를 속였는데, 이를 불신(不信)이라 생각지 않고 불의(不義)라고도 생각지 않습니다. 그런데 지금 제나라를 깨뜨려 원수인 조나라를 살찌운다는 것은 진나라의 이익이 될 수 없습니다. 이것이 이유의 첫째입니다.

진나라의 모신(謀臣)은 『삼진과 초(楚)나라가 제나라를 치면 제나라를 깨뜨릴 수 있겠지만, 삼진과 초나라도 피폐하게 되므로 그럴 때에 삼진과 초나라도 제압할 수 있을 것』 이라고 말씀드리겠지요. 그러나 제나라는 원래 피폐한 나라입니다. 천하 제후의 군사를 가지고 제나라를 친다는 것은 마치 천균(千鈞)의 창을 가지고 다 곪은 종기를 터뜨리는 것 같은데 어찌 삼진과 초나라를 지치게 만들 수 있겠습니까? 이것이 이유의 두 번째입니다.

진나라에서 출병하는 수가 적으면 삼진과 초나라는 진나라를 신용하지 않을 것이며, 출병하는 수가 많으면 삼진과 초나라는 진나라에 억압당하는 결과가 되는데, 제나라는 진나라를 무서워하는 나머지 삼진과 초나라에 붙게 될 것입니다. 이것이 이유의 세 번째입니다.

진나라가 제나라 땅을 떼어 삼진과 초나라에 그 땅을 나누어주면 삼진과 초나라가 군사를 두어 그 땅을 지키게 될 것인즉, 진나라는 오히려 적을 만드는 결과가 됩니다. 이것이 그 이유의 네 번째입니다.

진나라가 삼진과 초나라를 도와 제나라를 치는 것은, 삼진과 초나라가 진나라를 이용하여 제나라 땅을 빼앗고, 제나라를 이용하여 진나라의 땅을 빼앗는 결과가 됩니다. 이것은 삼진과 초나라가 얼마나 지혜롭고, 진나라와 제나라가 얼마나 어리석은 일입니까? 이것이 그 이유의 다섯 번째입니다.

그러므로 진(秦)나라는 안읍을 얻고 그곳을 잘 다스리는 것이 좋겠고, 그렇게 하면 아무 우려할 바가 없을 것입니다. 또 진나라가 안읍을 보유하면 한(韓)나라는 절대로 상당(上黨)을 보유할 수 없을 것입니다. 천하의 위장(胃腸)에도 비유되는 이 중요한 땅들을 손에 넣는 것과, 군사를 출동시켜 귀환하지 못할까 걱정하는 것은 어느 쪽이 이익이겠습니까? 그런 까닭에 저는 단언하는 것입니다. 진나라 왕은 명군으로서 계략에 능하고, 양후는 지혜로운 사람으로 군사(軍事)에 능하므로 무장한 군사 4만을 내어 제나라를 치는 일은 결코 하지 않을 것이라고 말입니다.」

편지를 읽은 양후는 제나라에 가지 않고 군사를 이끌고 돌아왔다.

소왕 36년, 상국 양후는 객경 조(竈)의 말을 받아들여 제(齊)나라를 쳐서 강(剛 : 산동 영양)·수(壽 : 산동 수장) 두 현을 빼앗아 자기의 봉읍인 도(陶)를 넓히고자 생각했다. 때마침 장록(張祿) 선생이라고 자칭하는 위나라 사람 범수(范睢)는 앞서 양후가 제나라를 치기 위해 멀리 삼진(三晋)의 땅을 넘는 것을 비난했는데, 이를 기화로 진나라 소왕에게 설명하였고, 소왕은 범수를 등용했다. 범수는 선태후가 제멋대로 정권을 휘두르는 일, 양후가 제후들 사이에서 권세를 떨치는 일, 경양군·고릉군의 무리가 지나친 사치를 하여 왕실보다도 부유하다는 점을 지적했다.

진나라의 소왕도 깨닫는 바 있어 상국을 파면하고 경양군의 무리를 모두 함곡관 밖으로 보내 각기 영지에서 살도록 했다. 양후가 함곡관을 나왔을 때 짐을 실은 수레는 천 승도 넘었다. 양후는 도(陶)에서 죽어 그곳에 묻혔다. 진나라는 도를 회수하여 현(縣)으로 만들었다.

태사공은 말한다.

「양후는 소왕의 외삼촌이다. 진나라가 동쪽에 땅을 늘리고 제후를 약하게 만들고, 한때 천하에 제호(帝號)[3]를 외침으로써 천하의 제후가 모두 서쪽에 있는 진나라를 향하여 머리를 숙인 것은 오로지 양후의 공이다. 그 존중함이 극에 달하고 부(富)가 넘쳤을 때에 한 사람(범수를 가리킨다)의 지탄으로 그 몸은 꺾이고 그 세력을 빼앗겨 울분 속에서 죽어갔다. 왕의 친삼촌까지도 이러했거늘, 하물며 진나라에서 관리가 된 객경들이야 어떠하겠는가?」

---

3) 제호(帝號)…B.C. 288년, 진나라 소왕과 제나라 민왕이 다투어 「제(帝)」라 칭하였는데, 진나라는 서제(西帝)라 하고 제나라는 동제라 했다. 그러나 오래지 않아 제나라가 「제(帝)」의 호칭을 버렸고, 진나라 또한 취소하게 되었다.

백기·왕전열전 제13

백기(白起)는 미(郿 : 섬서 미현) 사람이다. 용병술에 능하고 진(秦)나라 소왕을 받들었다. 소왕 13년에 백기는 좌서장(左庶長 : 20등급의 관작 중 10번째 등급)이 되었으며, 장군이 되어 한(韓)나라의 신성(新城 : 하남 낙양)을 공격했다. 그 해에 양후(穰侯 : 위염魏冉)는 진나라의 재상이 되었고, 임비(任鄙)를 등용하여 한중을 지키게 하였다.

그 이듬해, 백기는 좌경(左更 : 秦나라의 벼슬 이름)이 되었고 한나라와 위(魏)나라 군사를 이궐(伊闕)에서 쳤다. 목을 자른 자 24만, 그리고 장군 공손희(公孫喜)를 사로잡고 다섯 성을 떨어뜨렸다.

백기는 전임되어 국위(國尉)[1]가 되었으며, 황하를 건너 한나라의 안읍 동쪽 건하(乾河)에 이르는 땅을 취했다. 이듬해 백기는 대량조(大良造)[2]가 되었으며, 위나라를 공략해서 성을 함락

---

1) 국위…진나라의 가장 높은 무관. 진시황은 육국(六國)을 통일한 뒤 명칭을 태위(太尉)로 고쳤다.

2) 대량조(大良造)…관직 이름. 전국시대 초기에는 진(秦)나라에서 군정의 대권을 장악한 최고의 관직이었다. 뒤에 작위 이름이 되었는데, 20등

하기 대소 61성에 미쳤다.

이듬해 백기는 객경 사마조(司馬錯)와 함께 원성(垣城 : 산서 원곡의 서쪽)을 치고 이를 함락시켰다. 5년 후에 백기는 조(趙)나라를 쳐서 광랑성(光狼城 : 산서 고평의 서쪽)을 함락시켰다. 7년 후, 초나라를 쳐서 영(郢)을 떨어뜨리고 이릉(夷陵 : 호북 의창의 동쪽)을 불태웠으며, 마침내 동쪽에 있는 경릉(竟陵 : 호북 천문의 서북쪽)에 이르렀다.

백 기

초나라 왕은 영(郢)에서 도망 나와 동쪽에 있는 진(陳 : 하남 회양)나라로 옮겨 갔다. 진나라는 영을 남도(南都)로 했고, 또 백기를 봉하여 무안군이라 했다. 무안군은 다시 초나라를 공략하여 무군(巫郡 : 사천 무산) · 검중군을 평정했다.

소왕 34년, 백기는 위(魏)나라를 쳐서 화양을 함락하고 망묘를 패주시켰고, 삼진의 장군을 포로로 했으며, 목을 베기 13만에 이르렀다. 조나라 장수 가언(賈偃)과 싸워 그 병졸 2만 명을 물속에 빠져 죽게 했다.

소왕 43년, 백기는 한나라의 형성(陘城 : 산서 옥곡의 서북쪽)을 쳐 다섯 성을 함락하고 목을 벤 자 5만이었다. 44년, 한나라의 남양(南陽 : 하남 수무)을 쳐서 태행산(太行山) 양장(羊腸)의 길을

급 중 15번째다. 진나라는 효공(孝公) 10년(B.C. 352년)에 상앙(商鞅)을 대량조로 임명하였다.

차단했다. 45년, 한나라의 야왕(野王 : 하남 심양)을 쳐서 야왕은 진나라에 항복했다. 이렇게 하여 상당(上黨)은 고립되었고, 한나라와의 교통도 끊겼다. 그 태수 풍정(馮亭)은 읍민들과 상의했다.

「국도(國都) 정(鄭 : 韓나라의 도읍. 하남 신정)으로 가는 길이 끊겨가지고는 한나라는 이미 상당(上黨)의 백성을 한나라의 백성으로 보호할 수 없을 것이오. 진나라 군사는 날마다 진격하여 한나라는 응전할 길이 없소. 상당을 차라리 조나라에 귀속시키는 편이 나을 것 같소. 만약 조나라가 우리 편의 희망하는 바를 받아들인다면 진나라는 화가 나서 반드시 조나라를 공격할 것이오. 조나라가 진나라의 공격을 받으면 반드시 한나라와 가까워질 것이고, 한나라와 조나라가 일체가 되면 진나라에 대항할 수 있을 것이오.」

그리하여 사람을 보내서 이 취지를 조나라에 통보했다. 조나라의 효성왕(孝成王)이 평양군(平陽君) · 평원군(平原君)과 이 일을 상의했다.

평양군이 말했다.

「받아들이지 않는 편이 좋을 것입니다. 받아들인다면 이익보다도 화가 많을 것입니다.」

그러자 평원군이 말했다.

「아무 이유도 없이 한 군(郡)을 손에 넣는 것이니 받는 편이 좋을 것입니다.」

조나라 왕은 받아들이기로 하고 풍정을 화양군에 봉했다.

46년, 진나라는 한나라의 유지(緱氏 : 하남 언사의 남쪽)와 인(藺 : 언사의 동남쪽)을 공격하여 이를 함락했다. 47년 진나라는 좌서장 왕흘(王齕)에 명하여 한나라를 치게 해서 상당을 취했다. 상당의 백성은 조나라로 도망쳤다. 조나라 군사는 장평(長平 :

산서 고평의 서북쪽)에 주둔하여 상당의 백성을 안무했다. 4월, 왕흘은 조나라를 쳤는데 조나라는 염파(廉頗)를 장군으로 하여 항전시켰다. 조나라 군사 사졸이 진나라 척후병을 해쳤고, 진나라 척후병은 조나라 부장(副將) 가(茄)를 참했다. 6월, 진나라 군사는 조나라 군사를 쳐부수어 성채 두 개와 장교 네 명을 사로잡았다. 7월, 조나라 군사는 누벽(壘壁)을 쌓고 지켰다. 진나라는 또 그 누택을 쳐서 장교 두 명을 사로잡고 진을 깨어 서쪽 누벽을 빼앗았다. 염파는 점점 누벽을 굳게 쌓고 지켰다. 진나라는 자주 도전했지만 조나라는 응전하지 않았다. 조나라 왕은 염파가 응전을 하지 않는다며 그를 책망했다.

한편 진나라의 재상 응후(應侯)는 사람을 조나라로 보내 천금을 뿌리며 역선전을 했다.

「진나라가 무서워하는 것은 다만 마복군(馬服君) 조사(趙奢)의 아들 조괄(趙括)이 군사를 지휘하여 진나라를 막는 것이 아닐까 하는 점이다. 염파라면 상대하기가 수월하지. 머지않아 항복하고 말 것이다.」

조나라 왕은 그때까지 염파의 군사가 자주 패하여 손해가 많고 또 누벽를 견고하게 쌓고 응전하려고 하지 않는 점에 노해 있었는데, 지금 진나라의 첩자들이 펴는 거짓 선전을 듣자, 염파를 파면시키고 조괄을 장군으로 임명하여 대신 진나라를 치게 했다.

진나라는 마복군의 아들이 장군이 되었다는 말을 듣고 은밀하게 무안군 백기를 상장(上將)으로 앉히고 왕흘을 부장으로 삼았다. 그리고 군중(軍中)에, 『무안군이 장군이 되었다는 말을 입밖에 내는 자가 있으면 목을 벨 것이다』라는 명령을 내렸다.

조괄은 임지에 도착하자 바로 병졸을 몰아 진나라 군을 쳤다.

진나라 군사는 패주하는 척하는 한편, 양쪽으로 복병을 감추었다가 적을 기습하는 계략을 폈다. 조나라 군사는 승세를 타고 추격하여 진나라의 누벽에 육박했으나, 누벽에서는 완강하게 저항하여 쳐들어갈 수가 없었다.

장평대전

한편 진나라 복병의 일대 2만 5천 명이 조나라 군사 후방을 차단했고, 다른 일대 1만 5천 기(騎)는 조나라 군사와 진나라 누벽 사이를 차단했기 때문에 조나라 군사는 양분되어 양식을 나르는 길조차 끊기고 말았다. 게다가 진나라는 경장(輕裝)을 한 군사를 풀어 공격했기 때문에 조나라 군사가 응전했건만, 이롭지 못하게 되자 부득이 누벽을 쌓고 원군이 오기만을 기다렸다.

진나라 왕은 조나라 군사의 식량 보급로가 끊겼다는 말을 듣자, 스스로 하내(河內)에 나아가서 백성들에게 각기 작일급(爵一級)을 주고 나이 15세 이상 된 자를 징발하여 대거 장평으로 보내 조나라 원군과 보급로를 차단시켰다. 9월이 되자 조나라 군사는 46일 동안이나 굶어서 마침내는 서로 죽여 살을 먹는 지경에 이르렀다.

조나라군은 최후의 혈로를 열고자 네 대(隊)로 나누어서 진나라의 누벽을 반격하기 네댓 번을 했으나 나아갈 수 없었다. 장군 조괄은 정병을 내어 스스로 백병전을 지휘했으나 진나라 군사의 화살을 맞고 죽었다. 이렇게 하여 조괄의 군사는 패하고 병졸 40만이 무안군에게 항복했다. 무안군은 마음속으로 생각했다.

「앞서 진나라가 상당을 함락시켰을 때 상당의 읍민은 진나라 백성이 되는 것을 꺼림칙하게 여기므로 조나라에 귀속시켰

장평대전

지. 조나라의 군졸도 언제 변심할지 모를 일이로군. 모두 죽여버리지 않으면 장래 반란을 일으킬지도 모를 일이야.」

그리하여 속임수를 써서 40만 명을 구덩이에 처넣어 모두 죽여 버렸다. 그 가운데 나이가 어린 2백 40명은 남겨서 조나라로 보냈다. 이렇게 하여 참수한 사람과 포로로 한 사람은 전후를 통하여 45만 명에 달했고, 조나라 사람들은 두려워 벌벌 떨었다.

소왕 48년 10월, 진나라는 또 다시 상당을 평정했다. 진나라는 군사를 두 대(隊)로 나누어 왕흘은 피뢰(皮牢 : 산서 익성의 동부)를 쳐서 함락시키고, 사마경(司馬梗)은 태원(太原)을 평정했다. 한나라와 조나라는 두려워하며, 소대에게 명하여 많은 선물을 가지고 가서 진나라 재상 응후의 마음을 달래도록 했다.

「무안군은 마복군의 아들을 사로잡으셨습니까?」

「그렇소.」

「이번엔 조나라의 한단(邯鄲)을 포위하시겠지요?」

「그렇소.」

소대가 말했다.

「조나라가 멸망하면 진나라의 왕은 제왕(帝王)이 될 것이며, 무안군은 삼공(三公)[3]이 될 것입니다. 무안군이 진나라를 위해 싸

3) 삼공…고대 국가 군정(軍政)의 대권을 주관하던 최고의 장관들을 가리

워 이기고 쳐서 빼앗은 성의 수는 70여 개로서, 남쪽은 언(鄢) · 영(郢) · 한중을 평정했고, 북쪽에서는 조괄의 군사를 무찔렀습니다. 주공(周公) · 소공(召公) · 여망(呂望 : 태공망)의 공훈도 이 이상 되지는 못합니다. 지금 만약 조나라가 멸망하고 진나라 왕이 제왕에 오르면 무안군은 틀림없이 삼공이 되시겠지요. 그때 공께서는 그 아래에서 섬기는 것을 참아내실 수 있겠습니까? 아니, 그 밑에 서는 것이 좋지 않다고 하신들 어찌하실 수도 없을 것입니다. 진나라는 지난 날 한나라를 치고 형(陘)을 포위하여 상당을 괴롭혔으나, 상당의 백성은 모두 조나라의 백성이 되었습니다. 천하 사람들이 진나라 백성이 되는 것을 반가워하지 않는 것은 오래 전부터입니다. 지금 만약 조나라를 멸망시킨다면 북쪽의 백성은 연(燕)나라로 들어가고, 동쪽의 백성은 제(齊)나라로 들어갈 것이며, 남쪽의 백성은 초(楚) · 위(魏)나라로 들어가겠지요. 그렇다면 공이 얻게 되는 백성은 얼마 되지 않을 것입니다. 그런 까닭에 무안군의 공격으로 한나라와 조나라의 땅을 할양하여 받는 것으로 하시되 그 이상 무안군의 공적을 크게 하지 않는 것이 제일 좋을 줄 압니다.」

응후는 이 말이 타당할 것으로 생각하고 진나라 왕에게 말했다.

「진나라의 군사는 싸움에 지쳐 있습니다. 한나라와 조나라가 땅을 떼어서 화친을 청해 옴을 허락하시고, 우리 병사들을 휴식시키는 것이 좋을 줄 압니다.」

왕은 이 말을 받아들여서 한나라의 원옹(垣雍 : 하남 원무)과 조나라의 여섯 성을 취하고 강화했다. 그리고 정월에 군사를 모두 철수시켰다. 무안군은 이 말을 듣자 그로부터 응후와 틈이 벌

킨다. 태사(太師) · 태부(太傅) · 태보(太保)가 그것이다.

선진(先秦)시대의 편종(編鐘)

어졌다.

그 해 9월, 진나라는 다시 출병하여 오대부(五大夫 : 秦의 20등급 작위 중 9번째)인 왕릉(王陵)에게 조나라 도읍 한단을 치도록 했다. 이때 무안군은 병에 걸렸기 때문에 따라가지 못했다. 49년 정월, 왕릉은 한단을 공격했는데 별로 이롭지 못하자, 진나라는 더욱 많은 군사를 보내 왕릉을 원조했다. 왕릉의 군사는 다섯 명의 장교를 잃었다. 그럴 즈음 무안군의 병이 나았기 때문에 진나라 왕은 왕릉 대신 무안군을 장군으로 임명하려고 하자, 무안군이 말했다.

「한단은 공략하기가 쉽지 않습니다. 게다가 제후들의 원군이 매일 도착할 것입니다. 그 제후들은 오랫동안 진나라를 미워해 왔습니다. 지금 진나라는 장평(長平)의 적을 깨뜨리기는 했지만, 병졸 반 이상을 잃었고, 나라 안에 장정은 거의 없습니다. 멀리 산하를 넘어서 외국의 도읍을 노리는 것이므로 조나라 군사가 안에서 응전하고 제후들이 밖에서 쳐들어온다면, 진나라 군사가 패하는 것은 불을 보듯 뻔한 일입니다. 이 일은 아무리 보아도 좋지가 않습니다.」

무안군은 진나라 왕의 명령을 듣지 않았다. 다시 응후를 시켜 무안군을 설득해 해보았으나, 무안군은 끝내 사양하다가 마침내는 칭병(稱病)하고 말았다.

진나라 왕은 어쩔 수 없이 왕릉 대신 왕흘을 장군으로 임명했다. 8, 9개월 동안 한단을 포위했는데 함락시킬 수가 없었다. 초(楚)나라는 춘신군(春申君)과 위(魏)나라 공자에게 명하여 수십만 군사를 내주어 진나라 군사를 치게 했다. 진나라 군사는 큰 손실을 입었다. 그러자 무안군이 말했다.

「진나라가 내 말을 듣지 않더니, 이 꼴이 되었으니 이제 어떠한가?」

진나라 왕은 이 말을 전해 듣자 노하여 무안군을 억지로라도 출전시키고자 했으나, 무안군은 끝내 중병이라 칭하고 응하지 않았다. 또 응후를 시켜 간청했지만 일어나지 않았다. 화가 난 진왕은 무안군을 관직에서 내치고 병졸로 강등시켜 음밀(陰密 : 감숙 영대의 서쪽)로 옮겨 살게 했다. 그러나 무안군은 병 때문에 갑자기 떠날 수가 없었다.

구덩이에 몰아넣어 몰살한 죄

석 달이 지나자 제후들의 군대는 진나라를 더욱 심하게 공격했으며 진나라는 그 때마다 퇴각했는데, 구원을 청하는 사자가 매일같이 왔다. 진나라 왕은 백기에게 사람을 보내 함양 성중에 더 이상 머무르지 말라고 했다. 무안군이 출발하여 함양 성문을 나와 10리쯤 거리에 있는 두우(杜郵)에 도착했다. 진나라 소왕은 응후와 뭇 신하들과 의논했다.

「백기가 음밀로 떠날 때, 그 마음속에 원한이 있어 원망하는 말까지 했소.」

왕은 사자를 보내 무안군 백기에게 검(劍)을 내리고 자살하라고 명했다. 무안군은 칼을 빼어 목에 갖다 대면서 말했다.

「내가 하늘에 무슨 죄를 지었기에 이런 운명에 처한단 말인가?」

조금 후에 다시 말했다.

「나는 이렇게 죽어야 할 몸이다. 장평 싸움에서 항복한 조나라 군사 수십만 명이 있었는데, 나는 그들을 속이고 모두 구덩이에 넣어 죽였지. 그것만으로도 나는 죽지 않을 수 없는 죄를 지은 거야.」

그는 마침내 스스로 목숨을 끊었다. 무안군이 죽은 것은 진나라 소왕 50년 11월의 일로서, 죽기는 했지만 그의 죄는 아니었다. 진나라 사람들은 모두 동정하여 모든 향읍에서 그를 제사지냈다.

왕전(王翦)은 빈양(頻陽 : 섬서 부평의 동북) 동향(東鄕) 사람이다. 젊었을 때부터 병법을 좋아하여 진나라의 시황제를 섬겼다. 시황 11년 왕전은 장군으로서 조나라의 알여(閼與)를 쳐서 깨뜨리고 아홉 성을 떨어뜨렸다. 18년, 왕전은 장군으로서 다시 조나라를 공격하기 1년 남짓, 마침내 조나라를 깨뜨렸다. 조나라 왕이 항복했기 때문에, 조나라의 전 영토를 평정하여 진나라의 군(郡)으로 편입했다. 이듬해, 연(燕)나라는 형가(荊軻)[4]를 보내 진나라 왕을 해치려고 했다. 진시황은 왕전을 시켜 연나라를 치게 했는데 연나라 왕 희(喜)는 요동으로 패주했다. 왕전은 연나라의 계(薊 : 오늘날의 북경 부근)를 평정하고 돌아왔다. 진나라

4) 형가(荊軻)…위(衛)나라 사람으로, 연(燕)나라를 유력하다가 연나라 태자 단(丹)에 의해서 진시황 살해 임무를 띠고 진나라에 파견되었다. 형가는 태자와 헤어지면서 「바람소리는 소슬하고 역수는 차갑구나. 장사가 한번 떠나가면 다시는 돌아오지 못하리(風蕭蕭兮易水寒 壯士一去不復還)」하고 노래를 불러 전송 나왔던 사람들의 머리카락이 관을 찌를 듯 치솟았다고 한다. 그러나 형가는 비수로 진시황을 찔렀으나 실패하였고 그 결과 살해되었다. (☞「자객열전」)

는 또 왕전의 아들 왕분(王賁)에게 명하여 형(荊 : 楚)을 치게 하여 형나라 군사를 깨뜨렸다. 왕분은 귀환하자 위(魏)나라를 쳤고, 위나라 왕을 항복시켜 마침내 위나라를 평정했다.

이렇게 하여 진시황은 삼진을 멸하고 연나라 왕을 패주시켰으며 초나라 군사를 무찔렀다. 진나라 장군에 이신(李信)이란 사람이 있었는데, 나이가 젊어 혈기왕성했다. 일찍이 군사 수천 명을 가지고 연나라 태자 단(丹)[5]의 군사를 추격하여 연수(衍水) 가에서 단의 군사를 무찌르고 단을 사로잡았다. 진시황은 이신을 현명하고 용감하다고 생각하며 그에게 물었다.

「나는 초나라를 쳐서 취하고 싶은데, 장군의 생각으로는 얼마만한 병력이 있으면 할 수 있을 것 같소?」

「20만 명만 있으면 충분하다고 생각합니다.」

진시황은 똑같은 말을 왕전에게 물었다. 그러자 왕전은 이렇게 대답했다.

「아무래도 60만 명은 있어야 하겠습니다.」

그러자 진시황이 말했다.

「왕상군도 이제는 늙었구나. 그리도 겁이 많다니. 이에 비하면 이장군은 과단성이 있고 용감하도다. 그의 말이 옳소.」

마침내 이신과 몽염(蒙恬)[6]에게 명하여 20만 명의 병력을 주

---

5) 단(丹)…성은 희(姬), 연(燕)나라 왕 희(喜)의 태자이다. 처음에 진(秦)나라에 인질이 되었으나, 뒤에 도망하여 연나라로 돌아왔다. 이때 진나라는 이미 한(韓)·조(趙) 양국을 멸하였는데, 형가를 보내 진 시황(始皇)을 살해하려고 도모하였으나 실패하였다. 진나라 군대가 연나라를 격파하였을 때, 그도 그의 부친을 따라서 요동(遼東)으로 피하였으나, 그의 부친에 의해서 참수되어 진나라에 바쳐졌다.

6) 몽염(蒙恬)…진나라의 명장. 진나라가 통일한 후, 그는 흉노(匈奴)를 격파하여 하남(河南)의 땅(지금의 내몽고 하투 일대)을 접수하였으며, 아

어 남쪽의 초나라를 치게 했다.

왕전은 자기의 의견이 받아들여지지 않았기 때문에 병이라 칭하고 빈양으로 돌아가서 은거했다. 이신은 평여(平輿 : 하남 여남)를 치고 몽염은 침구(寢丘 : 하남 고시의 언덕 이름)를 쳐서 크게 형나라 군을 깨뜨렸다. 이신은 군사를 되돌려 서쪽으로 가서 몽염과 성보(城父 : 하남 보풍)에서 만났다. 이 기회를 타서 형나라 군사는 진나라 군사의 뒤를 3일 밤낮으로 숙영(宿營)도 하지 않고 추격하여 이신의 군사를 크게 깨뜨리고 두 군데의 누벽을 침입하여 일곱 명의 장교〔七都尉〕를 죽였다. 진나라 군사는 패주했다.

전택(田宅)과 원지(園池)를 받는 조건

진나라 때의 무소 모양 술병

진시황은 이 말을 듣자 크게 노하여 스스로 빈양까지 달려가 왕전을 만나서 사과하고 이렇게 부탁했다.

「내가 장군의 말을 듣지 않았기 때문에 이신은 진나라 군의 이름을 욕되게 하였소. 지금 형나라 군사는 날마다 서쪽을 향해 진군하고 있다고 들었소. 장군은 병중이라고는 하지만 나를

울러 장성(長城)을 축조하였다. 뒤에 진2세에게 핍박을 당하여 자살하였다. ☞「몽염열전」

이대로 버릴 수야 있겠소?」

「이 노골(老骨)은 이제 병들고 지쳐서 머리마저 어지럽습니다. 그러하오니 대왕께서는 다른 현명한 장수를 선발하십시오.」

「그러지 마시오, 장군. 두 번 다시 그런 말은 말아 주오.」

「만약 대왕께서 꼭 제가 필요하시다 하더라도 60만 명이 아니면 안 되겠습니다.」

「장군의 생각대로 하시오.」

이렇게 하여 왕전은 60만의 대군을 이끌게 되었다. 진시황은 몸소 패수(覇水)까지 전송했다. 출정하면서 왕전은 시황제에게 아름다운 전택(田宅)과 원지(園池)를 갖고 싶다고 청했다.

진시황이 말했다.

「장군이여, 걱정 말고 떠나시오. 가난을 걱정할 필요가 있겠소?

그러자 왕전이 말했다.

「황제의 장군이 된 사람은 공훈이 있더라도 결국은 봉후(封侯)가 되지 못했습니다. 그러므로 주상께서 저에게 부탁을 하실 때에 저도 그 기회를 이용하여 원지를 하사해 주실 것을 청하는 것이며, 자손들을 위해 재산을 얻어두어야겠다고 생각하는 것입니다.」

진시황은 크게 웃었다. 왕전은 함곡관에 도착한 다음에도 사자를 보내 진시황에게 전택을 청하길 다섯 번이나 거듭했다.

어떤 사람이 말했다.

「장군의 청이 너무 심한 것 같습니다.」

왕전이 대답했다.

「그렇지 않소. 진시황은 성질이 거칠고 남을 믿지 않소. 지금 진나라의 국내를 텅텅 비우고 전 병력을 나 한 사람에게 맡겼소. 그러므로 많은 전택을 청하여 자손들을 위해 축재하고 나의 지위를 견고케 하고자 함을 보여주지 않으면 반대로 진시황으로부터 내가 축재라도 한 것으로 의심을 받고 말게 되오.」

그런 한편, 왕전은 이신을 대신하여 동쪽에 있는 형나라를 쳤다. 형나라에서는 왕전이 대거 반격해 온다는 말을 듣고 온 나라의 군사를 총동원하여 진나라 군사를 막았다. 왕전은 도착했으나, 누벽을 견고하게 하여 지킬 뿐 출격하려 하지 않았으며, 형나라 군사가 자주 나와서 도전해도 끝내 응전하지 않았다. 왕전은 매일 병졸들을 휴양, 목욕시키고 음식을 충분하게 먹였으며, 몸소 병졸들과 함께 식사를 똑같이 했다. 이렇게 하기를 얼마 동안 계속한 다음 왕전이 물었다.

「진중(陣中)에선 어떤 놀이를 하더냐?」

병졸이 보고했다.

「돌 던지기와 뛰뛰기를 즐기고 있습니다.」

왕전이 말했다.

「이제 때는 왔구나. 병졸들이 싸울 수 있게 되었어.」

형나라 군사는 자주 도전을 해보았지만 진나라가 응전을 해 나오지 않으므로 군사를 이끌고 동쪽으로 향했다. 그러자 왕전은 전군을 몰아서 이들을 추격하였는데, 병졸들의 사기가 드높았던 까닭에 형나라 군사를 크게 깨뜨리고, 기수(蘄水 : 안휘 북부를 흐른다) 남쪽에서 초나라 장군 항연(項燕)을 죽이자 형나라 군사는 마침내 패주했다.

진나라는 승세를 타고 형나라 성읍을 공략하기 1년 남짓해서 형나라 왕 부추(負芻)를 사로잡았다. 그리고 마침내 형나라를 평정하여 진나라의 군현으로 만들었다. 이어서 진나라는 형나라를 발판으로 하여 남쪽에 있는 백월(百越)의 왕을 정복하였으며, 그 사이 왕전의 아들 왕분은 이신과 함께 연(燕)나라와 제(齊)나라를 쳐 그 땅을 평정했다.

이렇게 하여 진시황 26년, 진나라는 천하를 병합했다. 이는 왕씨(王氏)와 몽씨(蒙氏)에 의한 공로가 가장 많았는데, 그 이름은 후세에까지 전해졌다.

진나라의 2세 황제[7] 때에는 왕전도 그 아들 왕분도 모두 죽고, 또 몽씨는 죽임을 당했다. 진승이 진나라에 반기를 들자, 진나라에서는 왕전의 손자 왕이(王離)에게 조(趙)나라를 치게 했다. 왕이는 조나라 왕과 장리(張耳)를 거록성(하북 평양)에서 포위했는데, 어떤 사람이 말했다.

「왕이는 진나라의 명장리오. 지금 강한 진나라 군사를 이끌고 겨우 자립한 조나라를 치는 것이니만큼 이길 것은 뻔한 일이오.」

그러자 어느 나그네가 말했다.

「그렇지 않소. 장군으로서 삼대(三代)를 내려오는 사람은 반드시 지는 법이오. 왜 그러냐 하면 할아버지와 아버지가 사람을 많이 죽였기 때문에 자손이 그 화를 입게 되는 것이오. 지금 왕이는 이미 3대를 내려오는 장군이오.」

그 후 얼마 안 되어 항우(項羽)가 조나라를 도와서 진나라 군사를 쳤는데, 과연 왕이를 포로로 잡았다. 왕이의 군사는 마침내 제후들에게 항복했다.

---

7) 2세 황제…이름은 영호해(嬴胡亥)이다. 통치 기간 중에 백성들의 고통을 돌보지 않고 폭정을 행하다가, 이윽고 진승(陳勝)·오광(吳廣)이 이끄는 농민의거에 의해 타격을 받은 데다 환관인 조고(趙高)의 핍박으로 자살하였다. B.C. 210~B.C. 207년까지 재위하였다.

자도 짧을 때가 있고 치도 길 때가 있다

태사공은 말한다.

「속담에 『자〔尺〕도 짧을 때가 있고 치〔寸〕도 길 때가 있다〔尺短寸長〕[8]』고 했다. 백기는 적의 힘을 헤아려 사변(事變)과 적응한 기계(奇計)를 짜내어 씀으로써 그 이름을 천하에 떨쳤다. 그러나 그것으로도 응후(應侯)와의 사이를 좋게 만들지는 못했다. 왕전은 진나라의 장군이 되어 여섯 나라를 평정했다. 당시 왕전은 진나라의 노련한 장수로서 시황제조차도 그를 스승으로 받들었다. 그러나 진시황을 보필하여 덕을 세우고 나라의 기틀을 튼튼하게는 할 수 없었고, 단지 구차스럽게 진시황의 뜻에 맞추어 그의 환심을 사가며 한평생을 마치는 데 지나지 않았다. 그의 손자 왕이에 이르러 항우에게 잡힌 몸이 된 것도 이유가 없는 것은 아니었다. 그들에게는 각각 단점이 있었던 것이다.」

---

8) 굴원(屈原)의 「초사」 복거(卜居)에 나오는 말로서, 굴원이 참소를 당하여 점을 쳐 보니 이런 말이 나왔다. 이 말은 자(尺)는 촌(寸)보다 길지만, 간혹 짧아 보일 때가 있고, 촌은 자보다 짧지만 길어 보일 때가 있다는 뜻이다. 곧 긴 것도 때로는 나쁜 점이 있고, 짧은 것도 때로는 좋은 점이 있다는 뜻으로, 어떤 사물이든지 모두 장단점이 있음을 비유하는 말이다. 즉 백기와 왕전의 능력에 서로 장단점이 있는 것을 비유한 것이다.

맹자·순경열전 제14

태사공은 말한다.

나는 일찍이 《맹자[1]》라는 책을 읽다가 양(梁)나라 혜왕이 맹자에게 「어떻게 하면 나라를 이롭게 할 수 있겠습니까?」라고 질문하는 대목에 이르러서는 책을 덮고 탄식하지 않은 적이 없었다. 「아, 이로움이란 진실로 혼란의 시작이로구나!」 공자가 이로움에 대해서 거의 말하지 않은 것은 언제나 그 혼란의 근본 원인을 막기 위함이었다. 그런 까닭에 공자는 「이로움에 따라 행동하면 원망을 사는 일이 많다」고 했던 것이다. 위로는 천자로부터 일반 백성에 이르기까지 이로움을 좋아하는 데서 생긴 폐해가 어찌 다르겠는가!

맹가(孟軻)는 추(鄒 : 騶와 같음. 산동 추평의 서남쪽)나라 사람으로 자사(子思 : 공자의 손자)의 문인에게 배웠다. 학문의 도

1) 《맹자》…유가(儒家)의 경전 가운데 하나로 맹자(孟子)와 그의 제자들이 함께 편찬하였다. 모두 7편으로 그 속에는 맹자의 정치활동·정치학설·철학·윤리·교육사상 등이 기록되어 있다. 남송(南宋) 때 주희(朱熹)가 《맹자》와 《논어(論語)》《대학(大學)》《중용(中庸)》을 합하여 「사서(四書)」라고 하였다.

맹 자

(道)를 깨우친 다음, 제(齊)나라 선왕(宣王)을 섬기려 했으나 써 주지 않았으므로 양나라로 갔다. 양나라 혜왕(惠王)은 맹가가 말하는 것을 믿지 않았다. 그도 그럴 것이, 그를 인견하자, 말하는 것이 현실과 너무 동떨어져 실제 상황에 맞지 않는다고 생각했기 때문이다.

당시 진(秦)나라는 상군(商君 : 상앙)[2]을 등용하여 부국강병에 힘쓰고, 초(楚) · 위(魏)나라는 오기(吳起)를 등용하여 전쟁에서 이기고 적을 꺾었으며, 또 제나라의 선왕은 손빈(孫臏) · 전기(田忌)를 기용하여 제후들로 하여금 동쪽에 있는 제나라에 조공을 바치게 하는 등 천하는 바야흐로 합종연횡에 분망했고, 공벌(攻伐)을 현명하다고 하던 시대였다.

그런데도 맹가는 오로지 당우삼대(唐虞三代 : 요 · 순 · 하 · 은 · 주)의 제덕(帝德)을 주창했으므로 시세(時勢)의 요구에 멀다 하여 어디를 가서 이야기해도 받아들여지지 않았다. 그는 하는 수 없이 물러나와 제자인 만장(萬章) 등과 《시경》 《서경》을 강술하고 중니의 뜻한 바를 펴서 《맹자》 7편을 저술했다. 그 후 추자(騶子) 의 무리가 나왔다.

---

2) 상군(商君, B.C. 390~B.C. 338년)…공손앙(公孫鞅). 위(衛)나라 사람. 진(秦) 효공(孝公)을 도와 변법(變法)을 실행하였고, 진나라가 부강하게 되는 기초를 다졌다. 전공(戰功)으로 인해서 상(商)에 봉해져서 상군이라고 불렀으며, 상앙(商鞅)이라고도 한다. 저작으로 《상군서(商君書)》가 있다. ☞ 「상군열전」

담천조룡(談天彫龍)

제(齊)나라에는 추(騶)라는 성을 가진 세 명의 학자가 있었다. 추기(騶忌)·추연(騶衍)·추석(騶奭)을 삼추자(三騶子)라 한다. 먼저 추기는 거문고를 잘 타는 것으로 위왕(威王)에게 벼슬하기를 청했고, 드디어 국정에 참여할 수 있게 되었으며, 마침내는 성후(成侯)에 봉해져서 재상의 인수를 받았다. 그는 맹자보다 나이가 위였다.

다음으로 추연은 맹자보다 나이가 아래였던 사람이다. 그는 당시의 국왕이 갈수록 음탕하고 사치하여 덕을 숭상할 수 없게 된 상황을 보았다. 즉《시경》대아(大雅)에 보이는 것처럼 먼저 자신의 덕을 닦아 그것을 내 몸에 지니며 나아가서는 백성들에게 미치게 하고자 하는 사람이 아님을 알아차렸다. 그리하여 깊이 음양이원(陰陽二元)의 소멸과 성장, 변화하는 이치를 관찰하고, 기이하고 현실과 거리가 먼 변화를 기술하여 「종시(終始)」 「대성(大聖)」 편 등 10여만 어의 책을 저술했다. 그 문장은 원대(遠大)하여 종잡을 수가 없고〔談天彫龍〕[3], 일반적인 이치에 맞지 않는다. 반드시 앞에는 주변의 작은 일에 대하여 실증한 다음, 이것을 추론하고 확대해서 무한한 큰 일에 미치는 것이었다.

역사에 대해서도 먼저 현재로부터 거슬러 올라가서 황제(黃帝)에 이르기까지 세상의 학자들이 말한 것을 모두 서술한 다음,

---

3) 담천조룡(談天彫龍)…천상(天象)을 이야기하고 용을 조각한다는 뜻으로, 변론이나 문장리 원대(遠大)하고 종잡을 수 없음을 비유하는 말이다.

이어서 세상의 성쇠에까지 미치는 것이었다. 그런 다음 길흉의 징조라든가 법령제도를 기재하고, 이것을 부연한 다음 다시 천지가 아직 생기지 않아서 혼돈하여 근원을 알 수 없는 시대에까지 미쳤다. 만물에 대해서는 우선 중국의 명산(名山)·대천(大川)·협곡(峽谷)·금수(禽獸)로부터 풍토에서 번식하는 것, 물건들의 진기한 것을 열거하고, 이것에서 더 넓혀가서 사람이 볼 수 없는 해외의 것에까지 미친 다음, 천지개벽 이래 오덕(五德)의 추이에 따라 정치가 합당함을 얻고, 길흉의 징조가 이것에 부응한 것을 적고 있다. 그 학설에 이렇게 말한 곳이 있다.

「유자(儒者)가 말하는 중국이란 천하의 81분의 1에 지나지 않는다. 중국을 이름하여 적현신주(赤縣神州)라고 한다. 적현신주 안에는 자연히 구주(九州)[4]가 생겼는데, 우(禹)가 질서를 잡은 구주는 이것을 말함이며, 본래 주(州)의 수에 들어가지 않는다. 중국 이외에도 적현신주와 같은 것이 도합 9개 있는데, 이것이 이른바 구주이다. 소해(小海)가 있어 이 구주를 둘러싸고 있으므로 백성과 금수는 그 밖과 왕래할 수 없다. 이와 같은 구역을 이루고 있는 것이 다시 커다란 한 주(州)를 이루며, 이러한 큰 주가 9개 있고, 대해(大海)가 그 밖을 둘러싸고 있다. 이것이 천지의 한정이다.」

추연의 저술이란 모두 이런 유의 것이다. 그러나 그 귀착하는 바를 요약하면 반드시 인의(仁義)와 절약과 검소이며, 군신·상하·육친(六親)에 베풀어야 할 도리들이다. 다만 설명한 바가 너무 허하고 커서 단서가 없을 뿐이다. 왕후대신들은 그 설명을 듣자 처음에는 놀라서 마음이 끌렸다가도 나중에는 따르지 않았

4) 구주(九州)…익주(翼州)·연주(兗州)·청주·서주(徐州)·양주(揚州)·형주(荊州)·예주(豫州)·옹주(雍州)·양주(梁洲)의 9주.

다.

그러나 추자는 제(齊)나라에서 중용되었고, 이어서 양(梁)나라에 갔다. 양나라 혜왕은 교외에까지 출영하여 빈객의 예를 갖추었다. 또 조(趙)나라에 가자, 평원군(平原君)은 그를 따라 걸어가다가 앉을 때에는 옷소매로 자리의 먼지를 털어주었다.

네모난 각목을 둥근 구멍에 어찌 넣겠는가?

연(燕)나라에 갔을 때, 소왕(昭王)은 비를 들고 앞장서서 인도했고, 제자의 자리에 앉아서 가르침을 받고 싶다고 했다. 그리고 갈석궁(碣石宮)을 지은 다음, 몸소 나아가 추연을 스승으로 모셨다. 그곳에서 추연은 「주운편(主運篇)」을 저술했다. 그가 제후의 땅을 돌아다니면서 존경을 받은 것은 이 정도였다.

이는 중니가 진(陳)나라와 채(蔡)나라에서 굶주려 얼굴빛이 누렇게 떴던 것과, 맹가가 제나라 · 양(梁)나라에서 고생한 것에 비하여 너무나도 차이가 나는 일이다. 그러므로 주나라 무왕(武王)이 주(紂)를 쳐서 왕이 되었다 하여 백이가 굶어죽을지라도 주나라의 녹속을 먹으려고 하지 않았던 것이라든지, 공자가 위(衛)나라 영공(靈公)이 전진법(戰陣法)을 물었을 때 대답을 하지 않은 것이라든지, 또 양나라 혜왕이 조나라를 치려고 하여 맹가에게 상의했을 때, 맹가가 주(周)나라 대왕이 빈(邠)을 떠난 고사(故事)[5]를 칭찬하여 혜왕의 야심을 간언한 것은, 어찌 세속에 아부하고 사람들에게 영합하려는 것만을 생각했다고 하겠는가. 네

5) 빈을 떠난 고사…주나라 대왕이 오랑캐의 공격을 받았을 때, 「군자는 백성을 양육하는 것이므로 그 백성을 해치지 않는다」고 말하고 빈을 비워주고 떠남.

모난 각목을 둥근 구멍에 넣으려고 한들 어찌 넣을 수 있겠는가〔方枘圓鑿〕.

어떤 사람이 말했다.

「이윤(伊尹)은 솥을 지고 요리사가 되어 탕왕을 격려하여 왕업을 성취케 했으며, 백리해(百里奚)는 수레 밑에서 소를 치다가 목공(穆公)에게 등용되어 패업을 이루었다. 이것은 먼저 상대에게 가까이 할 수 있는 연구를 하고, 그 다음에 상대방을 대도(大道)로 이끈 것이다. 추연의 말은 상궤에서 벗어났으나, 그 또한 어떤 의미로는 백리해의 소, 이윤의 솥의 고사를 본뜰 마음이 있었던 것이 아닐지?」

추연을 비롯한 제나라의 직하(稷下)선생[6]들, 이를테면 순우곤(淳于髡)·신도(愼到)·환연(環淵)·접자(接子)·전병(田駢)·추석(騶奭) 등도 모두 책을 지어 치란흥망(治亂興亡)을 논했고, 세상 군주를 섬겼는데, 여기에 일일이 논할 수는 없다.

순우곤은 제(齊)나라 사람으로 박문강기(博聞強記)했는데 학문은 전문으로 한 것이 없었다. 그 군주를 간(諫)하는 방법은 제나라 안영(晏嬰)의 사람됨을 흠모하고 그것을 본받았는데, 상대방 의중을 살피고 그 안색을 보기에 힘썼다.

어떤 빈객이 순우곤을 양나라 혜왕에게 알현시켰다. 혜왕은 좌우 사람을 물리치고 홀로 앉아서 두 번 인견했는데, 그는 끝내 아무 말도 하지 않았다. 혜왕은 괴이하게 생각되어 순우곤을 소

6) 직하선생…제(齊)나라 위왕(威王)·선왕(宣王) 때 제나라의 도읍 임치 성문인 직문(稷門) 아래 모여들었던 많은 학자들을 총칭하는 말이다. 선왕이 이곳에 학문의 전당을 세워 천하의 선비들을 불러 모았다. 직하는 지명으로, 제나라 도성인 임치의 직문(稷門) 부근 지방을 가리킨다.

직하 학궁 상상도

개한 빈객을 책했다.

「당신은 순우 선생을 칭찬하며 추천하기를 지난 날 관중(管仲)이나 안영도 따르지 못한다고 했는데, 그는 나를 만나서 아직 한 마디도 말을 하지 않는구려. 나를 이야기 상대가 안 된다고 보는 것인지, 그렇지 않다면 대체 무슨 이유란 말이오?」

빈객이 이 사실을 순우곤에게 말하자, 순우곤이 대답했다.

「분명히 그러하오. 내가 처음 뵈었을 때, 왕의 마음은 말을 타고 날리는 데 있었소. 다음에 뵈었을 때는 왕의 마음은 음악에 빼앗기고 있었다오. 그래서 나는 묵묵히 있었던 것이오.」

빈객이 그 까닭을 자세하게 보고하자, 혜왕은 크게 놀라면서 말했다.

「아아, 순우곤은 정말로 성인이로군! 선생이 처음 왔을 때, 좋은 말을 진상해 온 사람이 있어서 내가 보려고 할 때 마침 선생이 오셨던 거요. 두 번째는 노래 부르는 자를 바친 사람이 있어 그 노래를 듣고자 생각하고 있을 때에 마침 선생이 오셨던 거요. 나는 좌우를 물리면서도 속으로는 그 생각을 하고 있었소. 정말 그대로였소.」

그 후 순우곤이 혜왕을 뵙고 한 번 말을 꺼내니 사흘 낮 사흘 밤을 계속했건만 싫증이 나지 않았다. 혜왕은 그에게 공경이나 재상의 자리로 후대하려고 했지만, 순우곤은 사양하고 양나라를 떠나려 했다. 그리하여 선물로 안락한 좌석이 있는 4두마차, 비단 다섯 필, 벽옥, 황금 백 일(百鎰)을 주었다. 순우곤은 종신토록 벼슬을 하지 않았다.

신도는 조(趙)나라 사람이고, 전병 · 접자는 제나라 사람이다. 그리고 환연은 초나라 사람이다. 모두 똑같이 황제와 노자의 학문을 배우고, 나름대로의 견해에 따라 도가사상을 체계화했다. 그 결과 신도는 열두 편의 글을 지었고, 환연은 상하 편을 지었으며, 전병 · 접자 등에게도 각각 논저(論著)가 있었다.

추석(騶奭)은 제나라 제추자(諸騶子)의 한 사람으로 크게 추연의 학술을 들어 문장을 엮었다. 그래서 제나라 왕은 그들을 칭찬하여 순우곤 이하 모두 열대부(列大夫)에 명하고, 저택을 번화한 거리에 세우고 그들을 높은 문 큰 집에 살게 하면서 존중하고 총애했다. 그리고 천하제후의 빈객에게 보여 제나라가 천하의 현사(賢士)를 모시고 있음을 과시했다.

순경(荀卿)은 조(趙)나라 사람이다. 50세에 처음으로 제나라에 유학했다. 당시 제나라에는 추연이 있어 그 학술은 현실과 거리가 멀면서도 광대해서 장광설을 늘어놓고, 추석의 문장은 실용화되지는 않았지만 훌륭했고, 순우곤은 함께 오래 있으면 때때로 명언(名言)을 토해내는 사람이었다. 그래서 제나라 사람들은 이 세 사람을 가리켜 이렇게 칭송했다.

「하늘의 일을 이야기하여 탕탕망망한 연(衍), 용을 아로새

묵 적

기는 것과 같이 문장을 꾸미는 석(奭), 수레바퀴의 심대를 그을려서 기름이 줄곧 흐르는 것같이 한없이 흘러나오는 지혜의 곤(髡).」

또 전병의 무리는 제나라 양왕(襄王) 때에는 이미 모두 죽었다. 이 가운데 순경이 가장 노선생(老先生)이었다. 제나라는 그때까지도 열대부의 결원(缺員)을 보충했는데, 순경은 세 번이나 제주(祭酒)[7]가 되었다. 제나라 사람 중에 순경을 참언하는 사람이 있었기 때문에 순경은 초나라로 갔다. 초나라의 춘신군(春申君)은 순경을 난릉(蘭陵 : 산동)의 현령으로 임명했는데, 춘신군이 죽자 관직에서 쫓겨났지만, 그는 대대로 난릉에서 살았다.

이사(李斯)는 일찍이 순경의 제자였는데, 훗날 진(秦)나라의 재상이 되었다. 순경의 시대에는 세상 정치가 혼란했으며, 멸망하는 나라와 난폭한 군주가 잇달아 나오고, 대도(大道)가 행해지지 않고, 무속에 이끌리는 길흉화복을 믿고, 되지 못한 선비들이 하찮은 일에 얽매이며, 장주(莊周 : 장자)의 무리가 고담방론(高談放論)하여 풍속을 어지럽히는 것을 미워했다. 그래서 순경은 유가(儒家)·묵가(墨家)·도가의 학설이 펼쳐진 결과 이룬

7) 제주(祭酒)…열대부(列大夫)의 최장로(最長老)를 가리킨다. 제나라 왕은 직하선생들을 존경하여 열대부의 작위를 주었는데, 그들의 우두머리를 제주라고 했다. 순우곤은 제주였기 때문에 순경(荀卿)이라고 부른 것이다.

것과 실패한 것을 차례로 정리해서 수만 자의 책을 서술하고 죽었다. 그런 인연으로 그는 난릉에 장사지내졌다.

그 밖에 조나라에는 공손용(公孫龍)이 있어 견백동이(堅白同異)의 변(辯[8])을 주장하였고, 또 극자(劇子 : 法家)의 견해가 있었다. 위(魏)나라에는 이회(李悝[9])가 있었으며 땅의 힘〔地力〕을 다 이용하라는 설을 설파했다. 초나라에는 시자(尸子)[10]·장로(長盧)[11]가 있었고, 아(阿 : 산동 양곡)에는 우자(吁子)[12]가 있었다. 맹자로부터 우자까지 세상에 그 저서가 많이 전해지고 있으므로 여기서는 그 전기(傳記)를 논하지 않는다.

---

8) 견백동이의 변…전국시대 조(趙)나라의 공손용이 주장한 궤변이다. 공손용은 당시 사상가들과 마찬가지로 제후들에게 조언을 하고 제자들에게 논리학적 훈련을 시키는 일을 하였다. 대표적인 학설로 「견백론(堅白論)」이 있는데, 이것은 눈으로 돌을 보면 흰 돌이지만, 단단한 돌(堅石)인 줄은 모른다. 그러나 손으로 돌을 만져보면 단단한 줄은 아나 희다는 것은 모른다. 곧 견고한(堅) 흰(白) 돌이라는 것은 동시에 성립될 수 없는 개념이라는 논법을 사용하여, 옳은 것을 그른 것이라고 하고, 같은 것을 다르다고 말하는 변설이다.

9) 이회(李悝)…전국시대 초기 정치가로서 위(魏) 문후(文侯)의 재상이 되어 변법과 개혁을 주도했다. 농민들에게 토지를 분배했으며, 나라가 곡물을 수매하여 농업을 발전시켰다. 노동을 한 자만이 먹을 수 있고, 공로가 있는 자만이 봉록을 받으며, 어진 자만이 상을 받고, 형벌을 시행함에 있어서는 타당성이 있어야 한다는 입장을 견지하고 시행하여 세습 귀족의 특권을 폐지시켰다. 그는 당시 각국의 법률을 모아 《법경》을 편찬하였으나 지금은 전하지 않는다.

10) 시자(尸子)…진(晋)나라 사람으로 시교(尸佼)로서 잡가(雜家). 일찍이 상앙의 변법을 도왔다가 상앙이 죽자 촉나라로 달아났다. 《시자》 20편이 있으나 지금은 전하지 않는다.

11) 장노(長盧)…도가(道家). 초나라 사람으로 《장노자》 9편이 있으나 이미 일실되어 전해지지 않는다.

12) 우자(吁子)…이름은 영(嬰)이며 제나라 사람으로 《우자》 19편의 글이 있으나 전하지 않는다.

〔이 사이는 탈문(脫文)일 듯〕

생각건대 묵적(墨翟)은 송(宋)나라 대부로서 성을 잘 지키고 비용을 절약했다. 어떤 사람은 그를 「공자와 동시대이다」 라고 말하고, 어떤 사람은 「공자 이후이다」 라고 말하여 명확하지는 않다.

맹상군 열전 제15

맹상군(孟嘗君)은 이름을 문(文)이라 했고, 성은 전씨(田氏)다. 문의 아버지는 정곽군(靖郭君) 전영(田嬰)이라 했다. 전영은 제나라 위왕(威王)의 막내아들로, 제나라 선왕(宣王)의 배다른 동생이다. 위왕 때부터 관직에 나아가 정사에 관여했고, 성후(成侯) 추기(騶忌)·전기(田忌)와 함께 장군으로서 한(韓)나라를 구하고 위(魏)나라를 쳤다. 성후는 전기와 왕의 총애를 다투다가 전기를 죄에 빠뜨렸다. 전기는 두려워하여 제나라 변경의 읍을 기습했는데, 이길 수가 없자 도망쳤다.

위왕이 죽고 선왕이 즉위하자, 전기가 성후에게 모함당한 것을 알게 되어 전기를 불러들여 장군으로 임명했다. 선왕 2년, 전기는 손빈(孫臏[1])·전영과 함께 위나라를 쳤는데, 마릉(馬陵 : 산동 복현의 동북쪽)에서 위나라 군사를 깨뜨리고 위나라 태자 신

---

1) 손빈(孫臏)…제(齊)나라 아읍(阿邑 : 지금의 산동성 양곡현 동북쪽) 사람. 일찍이 방연과 함께 병법을 배웠는데, 뒤에 방연이 위나라 장군으로 등용되자, 방연은 손빈의 재능을 시기하여 그를 속여 위나라로 보내 빈형(臏刑 : 팔다리를 자르는 형벌)에 처하게 하였기 때문에 손빈(孫臏)이라고 불렀다. 뒤에 계릉(桂陵)과 마릉(馬陵)에서 위나라의 군사를 크게 무찔렀다. 저작으로는 《손빈병법》이 있다.

(申)을 사로잡는 한편, 위나라 장수 방연(龐涓)[2]을 죽였다.

선왕 7년, 전영은 사자로 한(韓)나라와 위나라에 가서 한·위나라를 제나라에 복종하게 했다. 전영은 한나라 소후(昭侯)와 위나라 혜왕(惠王)을 제나라의 선왕과 평아(平阿 : 안휘 회원의 북쪽) 남쪽에서 회합케 하여 서로 화친을 맹세하고 돌아갔다. 이듬해에 또 위나라 혜왕과 견(甄)에서 회합했다. 이 해에 혜왕이 죽었다.

5월 5일에 태어난 아이는 키워서는 안된다

선왕 9년, 전영은 제나라 재상이 되었다. 제나라 선왕은 위나라의 양왕과 서주(徐州)에서 회합하고, 서로 왕호[3]를 칭하기로 했다. 초나라 위왕이 이 말을 듣자 전영에게 노하여, 이듬해 초나라는 제나라 군사를 서주에서 깨뜨리고, 사신을 제나라로 보내 전영을 내쫓으려고 했다. 그러나 전영이 장추(張丑)를 시켜 초나라 위왕을 설득시켰기 때문에 위왕은 생각을 돌렸다. 전영이 제나라 재상이 된 지 11년 만에 선왕이 죽고 민왕(湣王)이 즉위했다. 즉위한 지 3년 후에 전영은 설(薛 : 산동 슬현의 서남쪽)

---

2) 방연(龐涓)…위나라의 장군. B.C. 314년에 그는 진격하여 조(趙)나라의 수도 한단을 포위하였는데, 이듬해 제나라가 손빈의 책략에 의해 조나라를 구하였고, 방연은 계릉에서 포로가 되었다. B.C. 342년에 그가 한(韓)나라를 공격하였는데, 이듬해 제나라가 손빈의 책략으로 한나라를 구했고, 그는 마릉에서 크게 패하여 스스로 목숨을 끊었다. ☞「손자·오기열전」

3) 왕호…주(周)나라의 제도에 의하면, 천자만이 왕(王)의 호칭을 쓸 수 있고, 제후국의 군주는 봉해진 작위에 따라 공(公)·후(侯)·백(伯) 등으로 호칭을 사용했다. 여기서 제(齊)나라와 위(魏)나라는 신분에 넘치는 호칭을 사용하기로 하는 데 의견을 같이한 것이다.

에 봉해졌다.

전영에게는 아들이 40여 명 있었다. 신분이 천한 첩과의 사이에 문(文)이라는 아들이 있었는데, 그는 5월 5일[4]에 태어났다. 처음에 전영은 첩에게 키워서는 안 된다고 말했건만, 어머니는 비밀리에 문을 키웠다. 성장한 다음 문은 형제들의 주선으로 아버지 전영을 만나게 되었다. 전영은 문의 어머니에게 노하여 말했다.

「나는 너에게 이 아이를 버리라고 했는데, 숨겨서까지 키운 것은 무슨 까닭인가?」

문이 머리를 조아리며 말했다.

「아버님께서 5월에 태어난 아이를 키우지 말라고 하신 것은 무슨 이유에서입니까?」

「5월에 태어난 아이는 그 키가 지게문에 닿을 만하면 어버이를 죽인다고 하기 때문이다.」

「인명(人命)은 하늘에서 받는 것입니까, 아니면 지게문으로부터 받는 것입니까?」

전영은 묵묵히 대답이 없었다. 전문이 말했다.

「인명을 하늘에서 받은 것이라면, 아버님께서는 걱정하실 필요가 없습니다. 그리고 인명을 지게문에서 받는 것이라면, 지게문을 높게 만들면 누구도 그 높이까지 클 사람은 없을 것입니다.」

「이제 그 이야기는 하지 마라.」

전영이 말했다. 그 후 얼마 안 되어 전문은 아버지가 한가한 틈을 엿보아 물었다.

---

4) 5월 5일…속설에 의하면 5월 5일에 태어난 아이가 사내아이면 그 아비를 죽이고, 계집아이면 그 어미를 해친다고 한다.

「아들의 아들은 무엇입니까?」

「손자다.」

「그러면 손자의 손자는 무엇입니까?」

「현손(玄孫)이다.」

「현손의 손자는 무엇입니까?」

「모르겠다.」

그러자 전문이 말했다.

「아버님께서는 정치에 관여해서 제나라 재상으로 오늘날까지 세 왕[5]을 모셨는데, 그 사이에 영토는 훨씬 넓어지고, 아버님의 집안도 만금의 부(富)를 쌓았건만, 문하에는 한 사람의 현인(賢人)도 보이지 않습니다. 『장군의 문하에는 반드시 장군이 있고, 재상의 문하에는 반드시 재상이 있다』는 말을 들었습니다. 지금 아버님의 후궁들은 찬란한 비단옷을 입고 치맛자락을 끌고 다니는데, 나라의 선비는 조잡한 옷도 걸치지 못하며, 첩들은 좋은 쌀밥과 고기가 남아도는데, 나라의 선비들은 겨조차 먹지 못하고 있습니다. 지금 아버님께서는 이 위에 저축을 더하고 더욱 저장하여 그것을 알지도 못하는 자손들에게 주시기 위하여, 나라가 나날이 손해를 보고 있는 것을 잊고 계십니다. 저는 마음속으로 기괴하여 참을 수가 없습니다.」

이 말을 듣자 전영은 아들 전문을 예우하고, 가사(家事)를 떠맡기어 빈객〔식객〕을 접대시켰다. 빈객은 날로 더 모여들었으며, 그 명성이 제후들에게 떨쳤다. 제후는 모두 사자를 보내 문(文)을 후사(後嗣)로 세우도록 설후(薛侯) 전영에게 청했는데, 전영은 이를 승낙했다. 전영이 죽자 정곽군(靖郭君)의 시호가 내려졌다. 그리고 전문이 설(薛)의 영주가 되었다. 이 사람이 맹상군

5) 세 왕…위왕(威王)·선왕(宣王)·민왕(湣王).

맹상군

이다.

맹상군은 설(薛)에 있으면서 제후의 빈객을 초대했는데, 죄를 짓고 도망친 자까지 찾아왔다. 맹상군은 가산을 팔아가면서까지 따뜻하게 대우했기 때문에, 그에게 모여드는 사람들은 천하의 선비를 모두 옮겨 놓은 것 같았다. 식객은 수천을 헤아릴 정도였는데, 귀천에 관계없이 모두 자기와 대등하게 대우했다.

맹상군이 방문객을 응대하면서 좌담할 때, 병풍 뒤에서는 항상 시사(侍史 : 기록을 담당한 사람)가 있어서 맹상군이 손님에게 그 친척의 주소를 물으면 기록했다. 그리고 손님이 가면 맹상군은 즉시로 사자를 보내 그 친척을 방문케 하고 예물을 보냈다.

어느 날, 맹상군이 손님을 접대하고 함께 야식을 먹으려 할 때, 누군가 등불을 막아 방안이 어두웠다. 손님은 음식에 차별이 있기 때문이라고 의심하고 기분이 상해서 식사를 사양하고 돌아가려고 했다. 이때 맹상군은 자리에서 일어나 그 음식을 몸소 손에 들고 늘어놓아 보였다. 손님은 부끄러워하며 스스로 목을 찔러 자결했다. 이 일로 또 맹상군에게 복종하는 선비가 많아졌다.

나무인형의 근심

맹상군은 손님을 구별하는 일이 없이 평등하게 잘 대우했으므로, 누구나 다 자기 마음속으로는 자기만 특별하게 친절히 대해 주는 것으로 알았다. 진(秦)나라의 소왕은 이 현명한 이야기를 듣고, 우선 동생인 경양군(涇陽君)을 제나라에 인질로 보내고 맹상군을 만나기를 청했다. 맹상군은 그 초대에 응하여 진나라로 가려고 했다. 빈객들은 모두 맹상군이 진나라에 가는 것에 찬성을 하지 않고 위험하다고 간했지만, 맹상군은 듣지 않았다.

소대(蘇代)가 말했다.

「오늘 아침에 내가 이곳으로 올 때, 목우인(木偶人 : 나무인형)과 토우인(土偶人 : 찰흙인형)이 이야기하는 것을 들었소. 목우인이 토우인을 보고 말하기를, 『비가 오면 너는 당장에 무너져 버릴 것이다』 라고 하니, 토우인이 이렇게 말하였소. 『나는 원래 흙으로 만들어졌으니 무너지면 흙으로 돌아갈 뿐이지. 너는 이제 비가 와서 흘러 떠내려가면 어디까지 갈 것이냐?』 고. 지금 진나라는 호랑(虎狼)과 같은 나라인데 당신은 고집을 부리며 가려고 하고 있소. 혹 나무인형의 화를 입게 되지 않을까 두렵습니다〔木梗之患〕.」

맹상군은 가지 않기로 했다.

제나라의 민왕 25년, 왕은 진나라로부터 강력한 청을 받아 맹상군을 마침내 진(秦)나라로 들어가도록 했다. 진나라의 소왕이 맹상군을 진나라 재상으로 임명코자 하자, 소왕에게 이렇게 말하는 사람이 있었다.

「맹상군은 현인이며, 또 제나라 왕의 일족(一族)입니다. 진나라의 재상이 되면 반드시 제나라의 이익을 앞서 생각하고 진나라는 뒤에 생각할 것입니다. 그렇게 되면 진나라는 위태롭습니다.」

그래서 소왕은 재상 자리에 앉히기를 그만두고 맹상군을 붙잡아서 모살(謀殺)코자 했다.

맹상군은 식객들과 상의 끝에 소왕의 총희(寵姬)에게 도움을 청하기로 했다. 그러자 총희는 이렇게 말했다.

「나에게 호백구(狐白裘)를 주신다면 어떻게 힘써 보겠습니다.」

맹상군은 진나라에 들어왔을 때 왕에게 선물로서 호백구 하나를 선사한 일이 있었다. 이 호백구는 여우의 겨드랑이밑털로, 곱고 길고 부드럽고 흰 사방 한 치 남짓한 곳을 끊어 이어 붙여서 만든 것으로 그 값이 천금에 해당한다고 한다. 왕은 그것을 입고 총희의 방에 들어가 한바탕 자랑을 했기 때문에 총희는 이 기회에 그것을 얻고 싶어 했던 것이다.

그러나 호백구는 진왕에게 준 그 하나밖에는 없었다. 어디서 어떻게 구해야 한단 말인가?

「누구 호백구를 구해 올 사람 없소?」

하고 식객들의 얼굴을 살폈으나 아무도 대답하는 사람이 없었다.

그러자 맨 아랫자리에 있던 한 사람이 얼굴을 내밀고 말했다.

「제가 호백구를 구해 올 수 있습니다.」

그는 그 전부터 개 껍질을 쓰고 개 흉내를 내며 남의 집에 숨어 들어가 있다가 적당한 틈을 보아 물건을 훔쳐내 오기로 유명한 사람이었다.

계명구도(鷄鳴狗盜)

그는 그날 밤 개로 둔갑을 한 다음 진나라 대궐 창고 속으로 들어가 드디어 호백구를 훔쳐내는 데 성공했다.

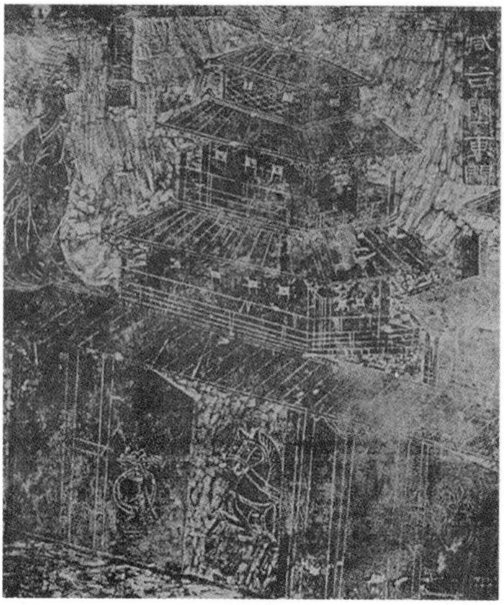
함곡관

호백구를 받은 총희는 진왕의 앞에서 눈물을 흘리며 맹상군을 놓아 보내 줄 것을 호소했다.

천하에 어질기로 이름이 높은 맹상군을 임금의 이름으로 초청을 해놓고는 아무 이유 없이 그를 붙들어 두고 돌려보내지 않는다면, 앞으로 인재라는 인재는 다 진나라를 등지게 될 것이며, 진나라를 등진 그들이 힘을 합쳐 진나라에 적대해 온다면 장차 이 나라 운명이 어떻게 될지 아마 첩이 임금을 모실 날도 오래지 못할 것 같다면서 울먹였던 것이다.

듣고 보니 과연 그럴 것 같았다. 소왕은 그 날로 당장 맹상군 주위를 지키던 사람들을 모두 철수시켰다. 맹상군은 봉전(封傳)[6]을 위조하여 성명을 고쳐 쓴 다음 부랴부랴 성문을 빠져 나갔다.

말을 채찍질해 전속력으로 함곡관(函谷關)[7]까지 왔을 때는 마

---

6) 봉전(封傳)…당시 관문을 통과하는 통행증. 나무판을 사용하여 만든 것으로, 윗면에 이름 등의 인적사항을 쓰고, 다시 나무판으로 봉한 뒤 인장을 찍었다. 그래서 봉전이라고 한다.

7) 함곡관(函谷關)…관문 이름. 옛 터가 지금의 하남성 영보현 동북쪽에 있다. 당시 진(秦)나라가 동쪽의 여러 나라와 교통하던 중요한 길목이었다. 이곳은 동서 8km에 걸친 황토층(黃土層)의 깊은 골짜기로 되어 있어 양안(兩岸)이 깎아지른 듯 솟아 있고, 벼랑 위의 수목이 햇빛을 차단하기 때문에 낮에도 어두우며 그 모양이 함(函)처럼 깊이 깎아 세워져 있어 이러한 이름이 생겼다.

침 한밤중이었다. 함곡관을 빨리 벗어나야만 살아날 수 있었다. 뒤에는 곧 추병이 달려오는 것만 같았다. 그러나 관문이 열리려면 아직도 멀었다. 첫닭이 울기 전에는 관문은 굳게 닫혀져 있어 행인의 왕래가 철저히 금지되어 있었다.

그 때, 돌연 식객들 가운데서 닭의 울음소리가 낭랑하게 들려왔다. 닭울음소리를 흉내 내는 식객이 있었던 것이다. 그러자 주위에 있는 모든 닭들이 따라 울었다.

관문지기는 여권을 한 번 보고는 문을 활짝 열어 주었다.

뒤늦게 소왕은 맹상군을 놓아 준 것을 후회하고 군대를 보내 그의 뒤를 쫓게 했다. 그러나 함곡관에 다다랐을 때는 닭이 아닌 사람의 소리에 의해 이미 문이 활짝 열린 뒤였다. 이미 멀리 갔을 거라는 관문지기의 말에 되돌아오고 말았다.

처음 맹상군이 이 개 도둑질하고 닭 울음 우는 사람을 식객으로 맞아들였을 때는, 다른 식객들은 그들 두 사람과 한자리에 있게 된 것을 몹시 수치스럽게 여겼다. 그러나 그들도 진나라에서의 어려운 고비를 이들 두 사람에 의해 벗어나게 되자, 비로소 맹상군의 혜안에 탄복하게 되었다.

이렇게 해서 일행이 돌아오는 길에 조(趙)나라를 통과하게 되자 조나라의 평원군은 맹상군을 빈객으로 맞이했다. 조나라 사람은 맹상군의 현명함을 전해 들은지라 문 밖에 나와서 그를 보고 모두 웃으며 말했다.

「설공(薛公 : 맹상군)은 훤칠한 장부인 줄 알았더니 이제 보니 왜소한 사내로구나!」

이 말을 듣자 맹상군은 노하여 동행하던 식객들과 수레에서 내려 칼을 빼어 수백 명을 쓰러뜨리고 마침내는 현(縣) 하나를 쑥대밭을 만들어 놓은 후에 떠났다.

제나라 민왕은 자신이 맹상군을 진나라에 보내 곤경에 빠뜨렸기 때문에 마음이 편치 못했다. 그래서 맹상군이 돌아오자 재상으로 임명하고 모든 정치를 그에게 맡겼다. 맹상군은 진나라를 원망했다. 그는 앞서 한나라와 위나라를 위해 초나라를 공격했던 그 친분으로, 이번에는 한·위나라와 함께 진나라를 공격하기로 하고, 군사와 식량을 서주(西周)에서 빌리고자 했다. 한경(韓慶)이 서주를 위하여 맹상군에게 말했다.

「당신은 제나라의 힘을 가지고 한과 위나라를 위하여 9년에 걸쳐서 초나라를 공격하여 완(宛)·섭(葉) 이북의 땅을 빼앗고 한과 위나라를 강하게 만들었습니다. 그런데 이제 또 진나라를 공격하여 다시 한과 위나라의 세력을 더하게 만들면, 그들은 남쪽에 있는 초나라의 위협이 없어지고, 서쪽의 진나라에 대한 걱정도 없어지므로 결국 제나라는 위험해집니다. 그리고 한·위나라는 제나라를 가볍게 보고 진나라를 두려워할 것입니다. 나는 당신의 위험한 일을 걱정하는 것입니다. 당신은 서주(西周)를 진나라와 깊이 연합시키고 서주를 치지 말며, 또 군사와 식량을 빌리거나 함곡관에 나아가 진나라를 치거나 하지 마십시오. 그리고 서주로 하여금 당신의 입장을 진나라 왕에게 이렇게 말하도록 하는 것이 좋을 것으로 생각합니다. 『설공(薛公) 맹상군은 진나라를 침으로써 한나라와 위나라를 강하게 만들고자 하는 생각이 있을 까닭이 없습니다. 설공이 진나라를 치려고 하는 까닭은, 왕께서 초나라 회왕을 설득해서 초나라 동쪽 땅을 제나라에게 떼어주게 하고, 또한 진나라가 초나라 회왕의 억류를 풀어주어 제나라와 진나라가 화친하기를 바라기 때문입니다』라고 말입니다. 이렇게 하여 우리 서주로 하여금 진나라에 은혜를 베풀게 하면 진나라는 자기 나라가 멸망할 염려가 없고, 초나라 동쪽을 떼어줌으로써 공격을 면할 수 있으니 틀림없이 그렇게 할 것이며, 초나라 왕도 진나라에서 해방되어 자기 나라로 돌아갈 수 있을 것이니, 반드시 제나라의 덕이라고 할 것입니다. 제나라는 초나라 동쪽을 손에 넣게 되어 점점 강대하게 될 것이며, 공의 봉읍 설(薛)에는 대대로 걱정거리가 없어지게 될 것입니다. 진나라가 약화되지 않은 채 삼진(三晋)[8]의 서쪽에 있다면, 삼진은 반드시 제나라를 존중할 것입니다.」

맹상군은 좋다고 대답하고 한경을 진나라로 들여보내 삼국(三國)이 진나라를 치지 않고, 또 군사와 식량을 서주에서 빌리지 않고도 해결될 공작을 시켰다. 당시 초나라의 회왕은 진나라에 들어가서 진나라에 억류되어 있었기 때문에 제나라는 어떻게 해서든 회왕을 진나라로부터 풀려나게 하려고 했던 것이다. 그러나 생각대로 진나라는 회왕을 풀어주지 않았다.

맹상군이 제나라 재상으로 있을 때 하인인 위자(魏子)가 맹상군을 위해 봉읍의 세납을 받아들이려고 세 번이나 봉읍을 왕복했으나, 그 세납을 한 번도 맹상군에게 바치지 않았다. 맹상군이 그 까닭을 물으니 이렇게 대답했다.

「어진 사람이 있어 그에게 빌려주었는데, 아직 갚지를 않습니다.」

맹상군은 화가 나서 위자를 물리쳤다. 몇 년 후에 제나라 민왕(湣王)에게 맹상군을 중상한 사람이 있었다.

「맹상군이 반란을 일으키려고 합니다.」

때마침 전갑(田甲)이 배신하여 반란을 일으키니, 민왕은 맹상

---

8) 삼진(三晋)…한(韓)·조(趙)·위(魏) 세 나라를 가리킨다. 이 세 나라는 진(晋)나라에서 갈라져 나왔는데 어떤 때에는 그 중의 한 나라나 두 나라를 가리키기도 한다. 여기에서는 한나라와 위나라를 가리킨다.

군이 시킨 것이 아닌지 의심했으므로 맹상군은 달아났다. 앞서 위자에게 조세를 빌렸던 현인이 이 말을 듣자, 상소를 올렸다.

「맹상군은 절대로 배신 따위는 하지 않습니다. 제가 목숨을 걸고 맹세하건대 믿어 주십시오.」

마침내 그 현인은 궁문에서 스스로 목을 찔러 맹상군의 허물 없음을 밝혔다. 민왕은 깜짝 놀라 사정을 자세히 조사해본 결과, 과연 맹상군은 모반한 사실이 없었다. 그리하여 다시 맹상군을 불렀으나 맹상군은 병을 핑계대고 사절하며 설(薛)에 가서 조용히 살기를 원했기 때문에 민왕은 이를 허락했다.

그 후 진나라에서 망명해온 장군 여례(呂禮)가 제나라 재상이 되어 소대(蘇代)를 곤경에 빠뜨리려고 했다. 소대는 맹상군에게 말했다.

「주최(周最 : 周나라 공자)는 제나라에서 신임이 가장 두터웠는데, 제나라 왕이 그를 추방하고 친불(親弗)의 말을 들어 여례를 재상으로 앉힌 것은 진나라의 환심을 사기 위해서입니다. 제나라와 진나라가 연합하면 친불과 여례는 중히 쓰이게 될 것인즉, 이 두 사람이 제나라에서 중히 쓰이면 진나라는 반드시 당신을 가벼이 여길 것입니다. 당신은 빨리 군사를 북상시켜 조나라로 가서 진나라를 도와 진나라와 위나라를 화친케 함으로써 주최를 다시 불러 도중에서 대우를 두텁게 한 다음, 제나라 왕의 신용을 회복하고 제나라에 대한 천하 제후의 변을 미연에 막도록 하는 것이 가장 좋습니다. 만약 제나라가 진나라와의 친교가 없어지게 되면, 천하 제후는 제나라에 모이고 친불은 반드시 도망칠 것입니다. 이렇게 되면 제나라 왕은 당신을 두고서 그 누구와 나라 일을 의논하겠습니까?」

맹상군은 이 계략에 따랐고, 여례는 맹상군을 미워하게 되었다. 맹상군은 이를 두려워하여 진나라 재상인 양후(穰侯) 위염(魏冉)[9]에게 편지를 띄웠다.

「저는 진나라가 여례의 힘을 빌려서 제나라의 환심을 사려 한다고 들었습니다만, 제나라는 천하의 대국이므로, 만약 여례로써 제나라의 환심을 산다면 당신은 진나라에서 하찮은 존재로 여겨질 것입니다. 제나라와 진나라가 연합해서 삼진(三晋)에 맞선다면, 여례는 틀림없이 양국의 재상을 겸하게 될 것입니다. 이것은 당신이 스스로 제나라와 통첩하여 여례의 지위를 높이는 결과입니다. 만약 제나라가 당신의 나라와 친교함으로써 천하 제후의 공격을 면한다면, 제나라는 당신을 원수로 생각할 것입니다. 당신으로서는 진나라 왕에게 권하여 제나라를 치는 것이 상책일 줄 압니다. 제나라가 패하면 진나라가 제나라에서 얻은 땅으로 당신을 봉하도록 요청하겠습니다. 제나라가 패하면 진(秦)나라는 진(晋)나라가 강해지는 것을 두려워하여 진(秦)나라는 반드시 당신을 중용하고 진(晋)나라와 관계를 맺으려 할 것입니다. 한편 진(晋)나라도 제나라 때문에 피폐되어 진(秦)나라를 두려워하면 반드시 당신을 중용하고 진(秦)나라와 화친하려고 들 것입니다. 이렇게 되면 당신은 제나라를 깨뜨려서 공을 세우고 진(晋)나라를 이용해서 중용되는 것입니다. 이것은 당신이 제나라를 깨뜨려 봉읍을 얻고, 진(秦)·진(晋) 쌍방에서 모두 중히 여기게 하는 계책입

9) 위염(魏冉)…제(齊)나라 대신. 원래는 초(楚)나라 사람으로 진(秦) 소왕(昭王)의 외삼촌. 진 무왕(武王)이 죽고 내란이 일어나자, 위염은 소왕을 옹립했다. 처음에는 장군으로 등용되었다가 뒤에 재상이 되었다. 양읍(穰邑)에 봉해졌기 때문에 양후라고 부르며, 얼마 후 다시 도읍(陶邑)에 봉해졌다. ☞「양후열전」

니다. 만약 제나라가 망하지 않고 여례가 또 다시 등용된다면 당신은 몹시 난처한 처지에 빠지게 될 것입니다.」

그리하여 양후는 진(秦)나라 소왕에게 건의하여 제나라를 치자 여례는 도망쳐 버렸다.

그 후 제나라의 민왕은 송(宋)나라를 치고 점점 교만해져서 마침내는 맹상군을 물리쳐야겠다고 생각했다. 맹상군은 두려워서 위나라로 갔다. 위나라의 소왕은 그를 재상으로 삼고 서쪽에 있는 진나라와 연합하여 조나라·연나라와 함께 제나라를 쳐서 이를 깨뜨렸다. 제나라의 민왕은 거(莒 : 산동 거현)로 도망갔고 마침내 그곳에서 죽었다.

제나라에 양왕(襄王)이 즉위했는데, 맹상군은 제후들 사이에서 중립을 지키면서 아무 쪽에도 가담치 않았다. 양왕은 맹상군을 두려워하여 제후들과 화친하는 한편 설공 맹상군과도 다시 친해졌다. 전문이 죽자, 맹상군의 시호가 내려졌다. 아들들이 후사(後嗣)를 다투는 동안 그 틈을 타 제나라와 위나라가 공동으로 설 땅을 멸하여 맹상군의 후사가 끊어지고 말았다.

장협아, 돌아갈거나?

일찍이 풍환(馮驩)은 맹상군이 빈객을 후대한다는 말을 듣고, 먼 길을 짚신을 신고 찾아왔다. 맹상군은 그 풍채에 개의치 않고 물었다.

「선생은 먼 곳에서 찾아주셨는데, 저에게 무엇을 가르쳐 주시겠습니까?」

풍환이 대답했다.

춘추전국시대의 편종(編鐘)

「당신께서 선비를 좋아한다는 말을 듣고, 가난한 몸이지만 당신에게 의탁하려고 왔습니다.」

맹상군은 풍환을 전사(傳舍 : 식객들에게 제공하는 3등 숙사)에 머물게 하고, 열흘이 지난 다음 전사장에게 물었다.

「손님은 무엇을 하고 계시더냐?」

그러자 전사장리 대답했다.

「풍선생은 매우 가난하여 칼 한 자루밖에 가지고 있는 것이 없는 듯했습니다. 그것도 기름사초로 자루를 감은 보잘것없는 것입니다. 그 칼을 손에 잡고 두들기며 『장협(長鋏 : 긴 자루가 달린 칼)아, 돌아갈거나〔長鋏歸來乎〕. 먹으려 해도 생선이 없구나』 라고 노래하고 있습니다.」

맹상군은 풍환을 행사(幸舍 : 2등 숙사)로 옮기게 했다. 반찬에는 생선이 있었다. 닷새가 지난 다음 맹상군이 전사장에게 다시 묻자, 전사장리 이렇게 대답했다.

「손님은 역시 칼을 잡고 두들기며 『장협아, 돌아갈거나. 나가려고 해도 수레가 없구나』 라고 노래하고 계십니다.」

맹상군은 풍환을 대사(代舍 : 1등 숙사)로 옮기게 했다. 출입할 때는 수레가 있었다. 다시 닷새가 지나자, 맹상군이 전사장에게 다시 물으니, 전사장리 이렇게 대답했다.

「선생께서는 여전히 칼을 잡고 두들기며 『장협아, 돌아갈거나. 집이 없구나』 라며 노래를 하고 계십니다.」

맹상군은 그 말을 듣고 언짢아했다.

1년이 지나도록 풍환은 아무 말도 하지 않았다. 당시에 맹상군은 제나라 재상으로 설(薛)의 땅 1만 호의 봉읍(封邑)을 영유하고 있었다. 그 식객은 3천 명이나 되었으며, 봉읍으로부터의 수입으로는 손님들을 접대하기에 힘겨웠다. 그래서 사람을 두어 설 읍민에게 돈을 대부하도록 시켰지만, 1년이 지나도 수익이 없고, 채무자의 대부분은 이자를 지불하지 않았다. 빈객을 계속 대접할 수 없을 것을 걱정하여 맹상군이 좌우 사람에게 물었다.

「꾸어준 돈을 누가 설(薛)에서 거두어들일 적임자가 없겠는가?」

그러자 전사장리 말했다.

「대사(代舍)에 계신 손님 풍공(馮公)은 용모 풍채가 뛰어나고 말을 잘하는 분입니다. 별로 다른 기능은 없는 분이니 꾸어준 돈이나 거두어들이는 일을 시키는 것이 좋지 않겠습니까?」

맹상군은 풍환을 불러 이 일을 부탁했다.

「빈객들은 나의 어리석음을 모르고 다행히 몸을 맡긴 분이 3천 명이나 됩니다. 봉읍의 조세 수입만으로는 도저히 빈객을 대접할 수 없어서 설 땅 사람들에게 이자를 얻으려고 돈을 빌려주었습니다. 그런데 설 땅에서는 해마다 조세가 들어오지 않고 있고, 백성들 대부분이 이자조차 내지 못하고 있습니다. 이제 빈객들에게 식사마저 대접하지 못하게 될까 걱정입니다. 선생께서 책임지고 돈을 받아 주십시오.」

풍환은 이 일을 하겠다고 승낙했다. 출발할 때 그는 물었다.

「빚을 받고 나면 무엇을 사올까요?」

맹상군이 말했다.

「무엇이든 좋소. 여기에 부족한 것을 부탁하오.」

맹상군의 채읍인 설성(薛城)의 유적

풍환은 설로 가서 맹상군의 돈을 빌린 사람들을 불러 이자 10만 전을 받았다. 풍환은 그 돈으로 술을 많이 빚고 살찐 소를 사놓은 다음, 채무자가 모두 모이도록 해놓고 이렇게 공고했다.

「이자를 낼 사람은 모두 오시오. 이자를 낼 수 없는 사람도 오시오.」

모인 사람은 모두 차용증서를 손에 들고 일일이 꾸어 준 쪽의 문서와 대조해 보고 모두 다시 회합할 날을 정했다. 그 날은 소를 잡고 술을 걸러서 주연을 베풀었다.

술자리가 한창 벌어졌을 때, 증서를 내어 앞서와 마찬가지로 맞추어보고 이자를 낼 만한 사람과는 서로 의논하여 원리금 반제할 기한을 정하고, 가난해서 이자를 낼 수 없는 사람에게는 그 차용증서를 불태워 버린 다음 이렇게 말했다.

「맹상군이 자기 영토의 백성들에게 돈을 꾸어 주었던 것은 자금이 없는 사람에게 자금을 주어 본업(本業)[10]을 경영하도록 하기 위함이었소. 또 이자를 받는 것은 빈객을 대접할 자금이 모자랐기 때문이오. 이제 여러분이 본 바와 같이 부유한 사람에게는 반제할 기한을 약속 받았고, 가난한 사람의 증서는 불태워 버

10) 본업(本業)…고대에는 농업을 본업이라 부르고, 수공업을 말업(末業)이라 불렀다.

렸소. 여러분, 실컷 마시고 먹도록 하시오. 이런 군주가 있는데 어찌 그 뜻을 저버릴 수 있겠소!」

앉아 있던 사람들이 모두 일어나서 재배(再拜)했다.

설에서 돌아온 풍환에게 맹상군이 물었다.

「선생은 무엇을 사오셨소?」

풍환이 말했다.

「당신에게 지금 부족한 것은 은혜와 의리입니다. 차용증서를 불살라 당신을 위해 돈주고 사기 힘든 은혜와 의리를 사가지고 왔습니다〔此時馮驩曰 君之不足則恩義也 以燒借書爲君賣恩義來〕.」

맹상군이 말했다.

「나의 식객은 3천 명이나 되오. 그런 까닭에 돈을 설의 백성들에게 꾸어주었던 것이오. 나는 봉읍(封邑)이 좁고 조세(租稅) 수입이 적은데도 백성들의 대부분은 기한이 되어도 이자를 내지 않소. 그래 가지고는 빈객을 접대할 자금조차 터무니없이 모자라는 까닭에 선생에게 청했던 거요. 듣자하니 선생은 돈을 받자 그 자리에서 그 돈으로 고기와 술을 장만하여 잔치를 베풀고 차용증서를 불태웠다니 대체 어떻게 된 일이오?」

「그렇습니다. 고기와 술을 준비하지 않고서는 채무자 전원을 모이게 할 수 없고, 또 이자를 낼 만한 여유가 있는 사람을 구별할 수 없었습니다. 여유가 있는 자에게는 기한을 정할 필요가 있겠지만, 여유가 없는 자는 그 증서를 10년 동안 보관하고 재촉하더라도 이자만 쌓여 갈 뿐입니다. 심하게 독촉하면 도망쳐서 자기 손으로 증서를 찢어버리고 끝내 변상하지 않을 것입니다. 그렇게 되면 위에서는 당신이 돈놀이를 좋아하고 백성을 사랑하지 않는다고 할 것이고, 아래에서는 선비와 백성이 당신으로부터 떨어져 나가 당신을 거역하는 오명(汚名)을 남기게 될 것입니다. 이런 사건은 선비와 백성을 격려하는 당신의 이름을 드러내는 연유가 될 수 없습니다. 나는 쓸데없는 빈 증서를 불태우고, 받을 수 없는 빈 계산서를 없애버림으로써 설(薛)의 백성을 당신과 친하게 만들고, 당신의 명성을 드러내고자 하였을 뿐입니다. 당신은 이와 같은 조치가 잘못이었다고 말하는 겁니까?」

맹상군은 손뼉을 치며 감사했다.

교활한 토끼는 세 개의 구멍을 뚫는다

제나라 왕은 진(秦)나라와 초나라의 비방에 현혹되어 맹상군의 명성이 임금을 능가하고, 제나라 권리를 마음대로 휘두른다고 생각하여 마침내 맹상군을 재상 자리에서 물러앉게 하였다. 빈객들은 맹상군이 물러앉자 모두 떠나가 버렸다. 그러자 풍환은 그에게 잠시 봉읍인 설에 가서 살라고 권유했다. 맹상군이 실의에 찬 몸을 이끌고 설에 나타나자 주민들이 환호하며 맞이했다.

맹상군이 풍환에게 말했다.

「선생이 전에 은혜와 의리를 샀다고 한 말뜻을 이제야 겨우 깨달았소.」

풍환이 말했다.

「교활한 토끼는 구멍을 세 개를 뚫지요〔狡兎三窟〕. 지금 당신께서는 한 개의 굴을 뚫었을 뿐입니다. 따라서 아직 베개를 높이 베고 근심 없이 잠을 잘 수가〔高枕無憂〕 없습니다. 당신을 위해 나머지 두 개의 굴도 마저 뚫어드리지요. 저에게 수레 한 승(乘)[11]을 내주시면 진(秦)나라에 가서 다시 한 번 당신이 나라에 중용되고,

또 당신의 봉읍이 점점 넓어지도록 해드릴 수 있습니다.」

수컷이 되는 나라가 천하를 얻을 수 있다

맹상군은 수레와 선물을 준비하여 풍환을 진나라로 보냈다. 풍환은 서쪽으로 가서 진나라 왕에게 설명했다.

「천하의 유세객(遊說客)으로서 수레를 타고 말고삐를 잡아 진나라에 들어온 이상은 진나라를 강하게 만들고 제나라를 약하게 만들지 않은 자가 없습니다. 또 수레를 타고 말고삐를 잡아 제나라에 들어간 이상 제나라를 강하게 만들고 진나라를 약하게 만들지 않은 자가 없습니다. 이 두 나라는 자웅(雌雄)을 겨루는 나라로 형세가 양립하여 둘 다 수컷이 될 수는 없습니다. 어느 쪽이든 수컷이 되는 나라가 천하를 얻을 수 있습니다.」

진나라 왕은 무릎을 꿇고 물었다.

「어떻게 하면 진나라가 암컷이 되지 않겠소?」

「제나라가 맹상군을 물러앉게 한 것을 임금께서도 알고 계시지요?」

「알고 있소이다.」

그러자 풍환이 말했다.

「제나라를 천하에서 중한 나라로 보는 것은 맹상군이 있기 때문입니다. 그런데 지금 제나라 왕은 다른 나라의 비방에 현혹되어 그를 물러앉게 했습니다. 그는 마음속으로 원망하며 제나라를 배반할 것입니다. 제나라를 배반하고 진나라에 오게 되면, 제나라의 실정이나 인사(人事)의 진상을 진나라에서 알고 싶은 그

---

11) 승(乘)…고대에는 네 마리 말이 끄는 수레 한 대를 1승(乘)이라고 했다.

신분이 높은 선비 상의 촛대(춘추전국시대)

대로 알 수 있게 됨으로써 제나라 땅을 손에 넣을 수 있게 될 것입니다. 그렇게 하면 진나라는 수컷이 되는 정도이겠습니까. 대왕께서는 서둘러 사자에게 선물을 들려서 은밀하게 맹상군을 맞아들이도록 하십시오. 시기를 놓쳐서는 안 됩니다. 만약 제나라 왕이 자신의 잘못을 깨닫고 다시 맹상군을 기용하는 일이 있으면, 자웅(雌雄)의 소재는 어느 쪽이 될지 예측할 수 없는 일입니다.」

진나라 왕은 크게 기뻐하여 수레 10승에 황금 백 일을 보내 맹상군을 맞으려 했다. 풍환은 작별을 고하고 진나라 사신보다 먼저 진나라를 떠나 제나라로 돌아와서 제나라 왕에게 설명했다.

「천하의 유세객으로서 수레를 타고 말고삐를 잡아 제나라에 들어온 이상, 제나라를 강하게 만들고 진나라를 약하게 만들고자 생각하지 않는 자는 없습니다. 또 수레를 타고 말고삐를 잡아 진나라에 들어간 이상, 진나라를 강하게 만들고 제나라를 약하게 만들고자 생각하지 않는 자가 없습니다. 진나라와 제나라는 자웅을 겨루는 나라로서, 진나라가 강해지면 제나라가 약해지고 제나라가 강해지면 진나라가 약해지는데, 이는 자연의 형세로서 쌍방이 함께 영웅이 될 수는 없습니다. 지금 제가 비밀리에 듣자 하니, 진나라는 사신을 보내 수레 10승에 황금 백 일을 싣고 맹상군을 맞으려 하고 있다는 것입니다. 맹상군이 진나라로 가지 않으면 좋겠지만, 만약 진나라로 들어가 진나라 재상이 되기라도 하면 천하는 진나라로 돌아갈 것입니다. 진나라가 강해지면 제나라는 별 수 없이 약해지는데, 제나라가 약해지면, 금방 제나라의 읍 임치(臨淄)와 즉묵(卽墨)은 위태롭게 됩니다. 대왕께서는 어찌하여 진나라의 사신이 오기 전에 맹상군을 재상으로 복귀시키고 봉읍을 늘려주지 않으십니까? 맹상군은 기꺼이 받아들일 것이 분명합니다. 진나라는 강국이긴 하지만, 설마 다른 나라의 재상을 자기 나라로 맞아들이려고 하지는 않을 것입니다. 그렇게 되면 진나라의 음모는 저지되고, 패자(覇者)의 모략은 끊겨지고 말 것입니다.」

「알겠소.」

제나라 왕이 말했다.

제나라 왕은 곧바로 사람을 국경으로 보내 진나라 사신의 동정을 살피도록 했다. 때마침 진나라 사신의 수레가 제나라 경내로 들어오고 있었다. 제나라의 사자는 말을 달려 돌아와서 그 사실을 고했다. 제나라 왕은 맹상군을 불러 다시 재상의 자리에 앉히고 앞서의 봉읍을 준 위에 1천 호를 증봉(增封)했다. 진나라 사신은 맹상군이 다시 제나라의 재상이 되었다는 말을 듣고 수레를 돌려 돌아갔다. 두 번째의 굴이 완성된 셈이다.

두 번째의 굴을 파는 데 성공한 풍환은 세 번째 굴을 파기 위해 제나라 민왕을 설득, 설 땅에 제나라 선대의 종묘를 세우도록 해 선왕(先王) 때부터 전승되어 온 제기(祭器)를 종묘에 바치도록 했다. 선대의 종묘가 맹상군의 영지에 있는 한 설혹 제나라 왕의 마음이 변한다 해도 맹상군을 함부로 대하지 못할 것이라는 계산에서였다. 풍환이 말했다.

「이것으로 세 개의 굴이 뚫렸습니다. 이제부터 당신은 베개를 높이 하고 주무십시오.」

식객 3천

앞서 제나라 왕이 바깥사람들의 비방에 현혹되어 맹상군을 물러앉게 하자 빈객들은 모두 맹상군의 곁을 떠났는데, 이제 다시 재상의 자리에 앉게 되자 풍환은 빈객들을 또 불러서 맞으려고 했다. 맹상군은 탄식을 하며 풍환에게 말했다.

「나는 지난 날 손님을 좋아하여 그 접대에 실수가 있을 수 없었으며, 식객이 3천 여 명이나 되었던 것은 선생도 잘 아실 것입니다. 그런데 손들은 내가 일단 재상의 자리에서 물러나는 것을 보고 모두 나를 배신하고 떠나버려 나를 돌보아 주려고 하지 않았습니다. 이제 선생의 힘에 의해 재상의 자리에 다시 앉게 되었는데, 손님이 지금에 와서 무슨 면목으로 나를 찾겠습니까. 만약 다시 찾는 사람이 있다면 그 얼굴에 침을 뱉고 크게 욕을 해주겠습니다.」

풍환은 고삐를 잡고 말에서 내려 맹상군에게 절을 했다. 맹상군도 수레에서 내려 그 예를 받으며 말했다.

「선생은 손들을 대신해서 사과하는 것입니까?」

풍환이 말했다.

「손들을 대신하여 사과하는 것이 아닙니다. 단지 공의 말씀이 경위를 잃었다고 생각되기 때문입니다. 대체로 사물에는 필지(必至)의 결과가 있으며, 일에는 당연한 도리가 있습니다. 공은 이것을 알고 계십니까?」

「어리석은 나로서는 말씀하시는 바를 알 수가 없소이다.」

풍환이 다시 말했다.

「살아 있는 자가 반드시 죽는 것은 사물의 필지입니다. 부귀하면 따르는 선비가 많고 빈천하면 교우(交友)가 적은 것은 일의 당연한 것입니다. 공은 아침에 시장에 가는 사람들을 보신 일이 있으실 것입니다. 새벽에는 어깨를 나란히 하여 앞을 다투어 문으로 들어가지만, 날이 저문 다음에 시장을 지나는 사람들은 팔을 흔들고 돌보지도 않습니다. 그것은 아침을 좋아하고 저녁을 싫어해서가 아니라, 저녁에는 시장에 상품이 없기 때문입니다. 마찬가지로 공이 자리를 잃어 빈객이 떠나간 것은 일의 당연한 귀결입니다. 그런 일로 선비를 원망하고 함부로 빈객의 길을 끊어서는 아니 됩니다. 바라옵건대 공께서는 빈객을 대우하기를 그전처럼 해주십시오.」

맹상군은 재배하며 말했다.

「삼가 선생의 말씀을 따르겠습니다. 선생의 말씀을 듣고 가르침에 따르지 않을 사람이 있겠습니까.」

태사공은 말한다.

「나는 일찍이 설(薛)을 찾았는데, 그 풍속은 마을에 난폭하고 사나운 젊은이들이 많아 가까이 있는 추(鄒)나 노(魯)와는 달랐다. 그 까닭을 그 곳 사람에게 묻자, 『옛날 맹상군이 천하의 건달들을 설에 모아들이기 6만여 가구나 되었기 때문일 것입니다』 라고 대답했다. 세상에서 맹상군은 손님을 좋아하여 스스로 즐겼다고 전해지는 것이 거짓은 아니다.」

평원군·우경 열전 제16

평원군(平原君) 조승(趙勝)은 조(趙)나라 왕의 여러 공자 중 한 사람이다. 여러 공자 중 승(勝)이 가장 현명했고, 빈객을 좋아하여 모여든 빈객은 무려 수천 명에 달했다. 평원군은 조나라 혜문왕(惠文王)·효성왕(孝成王)의 재상이 되었으며, 세 번 자리를 떠났다가 세 번 자리에 돌아와 동무성(東武城 : 산동 무성)에 봉해졌다.

평원군의 집 누각은 민가(民家)를 내려다볼 수 있는 높은 곳에 위치하고 있었다. 그 민가에 절름발이가 살고 있었는데, 그 절름발이가 다리를 절룩거리면서 물을 길러 나오는 것을 평원군의 애첩이 누각에서 내려다보고 큰 소리로 웃었다. 이튿날 절름발이가 평원군의 집으로 찾아와서 면회를 청하며 말했다.

「저는 공께서 선비를 좋아하신다는 말을 들었습니다. 선비가 천 리를 멀다 하지 않고 오는 것은 공께서 선비를 귀히 여기시고 첩을 천하게 여기실 것으로 생각하기 때문입니다. 저는 불행하게도 구루병을 앓고 있습니다만, 공의 후궁은 누각에서 내려다보며 저를 비웃었습니다. 원하옵건대, 저를 비웃은 사람의 목을 베어주셨으면 합니다.」

평원군이 웃으면서 말했다.

「좋다.」

절름발이가 돌아간 다음 평원군은 비웃으면서 말했다.

「저 녀석 보게. 한 번 웃었다 하여 내 미인을 죽이라니 너무 심하군.」

평원군은 미인을 죽이지 않았다. 1년쯤 되어 빈객 · 문인 · 하인들이 점차로 떠나가더니 마침내 반수도 남지 않았다. 평원군은 이상하게 생각되어 이렇게 물었다.

「나는 여러분을 대우하는 데 있어 일찍이 예를 잃은 일이 없는데, 떠나는 사람이 많은 것은 무슨 까닭이오?」

그러자 문하의 한 사람이 대답했다.

「공이 절름발이를 비웃은 자를 죽이지 않았기 때문에, 선비들은 공이 여색을 사랑하면서 선비를 천시한다고 생각했기 때문입니다.」

그래서 평원군은 그 미인의 목을 베고 스스로 절름발이의 집을 찾아 그 벤 목을 내놓고 사과했다. 그러자 문하의 식객이 또 다시 많이 모여들었다. 당시 제나라에는 맹상군(孟嘗君), 위(魏)나라에는 신릉군(信陵君), 초(楚)나라에는 춘신군(春申君)이 있어, 서로 다투어 선비를 불러 모아 후대하고 있었다.

모수자천(毛遂自薦)

진(秦)나라가 조나라의 도읍 한단을 포위했을 때, 조나라는 초나라에 구원을 청해 왔기 때문에 평원군을 보내 초나라와 합종(合縱)코자 했다. 식객 · 문인(門人) 중 용감하고 문무(文武)의 도를 겸비한 자 20명을 동행시킨다는 약속이 있었다. 평원군이 말했다.

평원군

「말로 교섭하여 승리를 취할 수 있으면 그보다 다행이 없겠소. 말로 교섭하여 승리를 취할 수 없으면 무력으로 위협해 초나라 궁궐 밑에서 피를 마시며[1] 반드시 합종을 맺고 돌아오겠습니다. 동행할 선비는 밖에서 구하지 않아도 됩니다. 우리 식객과 문인으로도 충분합니다.」

그래서 19명은 뽑을 수 있었는데 나머지 1명은 사람이 없어서 20명을 채우지 못했다. 문하에 모수(毛遂)란 자가 있었는데, 그가 나와서 평원군에게 자천했다〔毛遂自薦〕.

「듣자 하니 공은 이번에 합종을 위해 초나라에 가심에 있어, 식객 · 문인 20명을 동행하시기 위해 인선(人選)을 하셨는데, 지금 1명의 결원(缺員)이 있다는 바, 이 수(遂)를 일행에 끼워서 데려가 주셨으면 합니다.」

낭중지추(囊中之錐)

「선생은 우리 문하에 오신 지 몇 년이나 되십니까?」

---

1) 고대의 맹약을 다짐하는 일종의 의식. 맹약에 참여한 사람들이 피를 마심으로써 맹약을 지킬 것을 표시하였다. 일설에는 손가락에 피를 묻혀 입가에 바르기도 하였다고 한다.

「3년 되었습니다.」

그러자 평원군이 말했다.

「무릇 현자(賢者)의 처세는, 예컨대 주머니 속의 송곳과 같아서〔囊中之錐〕 그 끝이 뚫고 나와 금방 나타나는 법입니다. 지금 선생은 우리 문하에 오셔서 3년이 되었지만, 좌우에 있는 사람들은 일찍이 선생을 칭찬한 일이 없고, 나도 일찍이 선생의 훌륭한 점을 들은 바 없습니다. 이는 선생에게는 특별한 재주가 없다는 이야기입니다. 선생은 동행할 수 없으니 머물러 계십시오.」

「저는 오늘 이 자리에서 주머니 속에 들어가기를 청하는 것입니다. 저를 일찍이 주머니 속에 넣으셨더라면 자루까지 나왔을 것이요, 끝만 나올 정도가 아니었을 것입니다.」

평원군은 마침내 모수를 동행시켰다. 모수를 제외한 19명은 입 밖에 내지는 않았지만, 서로 눈짓을 하며 모수를 비웃었다. 그러나 모수는 19명과 토론하여 초나라에 도착할 무렵에는 19명을 모두 굴복시켰다.

평원군은 초나라와 합종코자 하여 초나라 왕에게 이해(利害)를 설명했다. 해뜰 때부터 설명하기 시작하여 한낮이 되었건만 결론이 나오지 않았다.

당하(堂下)에 있던 19명이 모수에게 말했다.

「선생, 당으로 올라가시오.」

모수는 칼자루에 손을 대고 뚜벅뚜벅 당상으로 올라가서 평원군에게 말했다.

「합종의 이해는 이로운지 아니면 해로운지 두 가지 말 중 한 가지로 결정됩니다. 해뜰 때부터 합종을 논하여 한낮까지 결론이 나지 않는 것은 무슨 까닭입니까?」

모 수

초나라 왕이 평원군에게 물었다.

「저 손은 대체 누구요?」

평원군이 대답했다.

「제 사인입니다.」

그러자 초나라 왕은 모수를 꾸짖으며 말했다.

「어찌하여 당하로 내려가지 않느냐! 나는 네 주군(主君)과 논하고 있는 게야. 너는 대체 어떤 놈이냐?」

모수는 칼자루에 손을 댄 채 나서서 말했다.

「대왕이 나를 꾸짖는 것은 초나라 백성을 의지하고 하는 짓이지만, 지금 대왕과 나 사이는 열 발자국이 안 되니 대왕은 초나라 백성의 힘을 의지할 수는 없습니다. 대왕의 목숨은 내 손 안에 있습니다. 나의 주군 앞에서 화를 내는 것은 무슨 짓이오? 은(殷)나라의 탕왕은 사방 70리의 땅을 가지고 천하의 왕이 되었고, 주(周)나라 문왕(文王)은 사방 백 리의 토지를 가지고 제후를 신하로 삼았습니다. 이것은 군사가 많아서였겠습니까? 그 형세를 잘 의지하여 위력을 발휘했기 때문입니다.

지금 초나라 땅은 사방 5천 리이고, 군사는 백만이나 됩니다. 이것은 패업왕업의 바탕으로서 그 강대한 힘 앞에는 천하에서 대항할 자가 없습니다. 그런데도 진(秦)나라의 백기(白起)와 같은 하잘 것 없는 자가 이끄는 불과 몇 만의 군대가 초나라를 한 번 공격하여 언(鄢)과 영(郢)을 차지하고, 두 번 공격하여 이릉(夷陵 : 호북 선창의 동쪽)을 불사르고, 세 번 공격하여 종묘를 욕보였습니다. 이것은 백세(百世)에 이르도록 원한이 되는 일이니, 우리 조나라 사람들로서도 초나라를 위해 수치로 여기고 있습니다. 그런데도 대왕은 진나라를 미워할 줄 모르십니다. 합종은 초나라를 위한 것이지 조나라를 위한 것은 아닙니다. 우리 군주의 면전을 생각지 않고 꾸짖는 것은 무슨 까닭입니까?」

남의 힘을 빌려 일을 이룩한 사람

초나라 왕이 말했다.

「과연 그렇소. 정말로 선생의 말씀 그대로구려. 삼가 나라를 들어 선생의 말에 따르리다.」

모수가 물었다.

「그럼 합종으로 결정이 난 것입니까?」

초나라 왕이 대답했다.

「정했소.」

모수는 초나라 왕 좌우에 있는 사람에게 명했다.

「계구마(鷄狗馬)의 피[2]를 가져오시오.」

모수는 그 피를 담은 구리 그릇을 직접 들고 무릎을 꿇은 채 초나라 왕에게 올렸다. 그리고 말했다.

「대왕께서 먼저 마시고 합종을 약정하십시오. 다음은 우리 군주, 그리고 그 다음에는 이 수(遂)가 마시겠습니다.」

마침내 전상(殿上)에서 합종을 약정했다. 모수는 왼손에 구리

---

2) 계구마(鷄狗馬)의 피…고대에는 피를 입술에 묻히거나 마심으로써 맹약을 했다. 맹약을 할 때 사용되는 동물의 피는 맹약을 하는 사람의 신분에 따라 구별되었다. 제왕들은 소와 말의 피를 사용했고, 제후들은 돼지와 개의 피를 썼으며, 대부 이하는 닭의 피를 썼다. 여기서는 맹약을 할 것을 뜻하는 것으로 보면 된다.

그릇을 들고 오른손으로 19명을 불러 말했다.

「당신들은 함께 이 피를 대청 아래에서 받으시오. 당신들은 녹록한 사람들로 이른바 남의 힘을 빌려 일을 이룩한 사람들입니다〔公等碌碌 所謂因人成事者也〕.」

세 치 혀는 백만 군사보다 강하다

이렇게 해서 평원군은 합종을 약정하고 귀국하여 말했다.

「내가 지금까지 본 선비의 수는 많으면 천 명, 적어도 몇 백 명은 보았는데, 내 스스로는 천하의 선비를 몰라본 일이 없다고 생각했다. 그런데 모선생을 보는 눈이 없었다. 모선생이 한 번 초나라에 가자 조나라의 국위를 구정(九鼎)·대려(大呂)[3]보다도 더 무거운 것으로 만들었다. 모선생의 세 치 혀는 백만의 군사보다 강하다〔毛先

초나라 왕과 합종을 맹약하는 모수

3) 구정(九鼎)·대려(大呂)…구정은 우임금 때 주조된 것이고, 대려는 주(周)나라 종묘의 큰 종(鐘)이다. 구정과 대려는 모두 고대 국가의 권력을 상징하던 가장 귀중한 물건으로, 여기서는 모수의 공로를 비유한 것이다.

生 以三寸之舌 彊於百萬之師]. 나는 다시는 인물의 감정을 하지 않을 것이다.」

그리고 모수를 상객(上客)으로 대우했다.

평원군이 조나라로 돌아간 다음, 초나라는 춘신군에게 명하여 군사를 이끌고 조나라를 구원하도록 했다. 위(魏)나라의 신릉군도 역시 장군 진비(晋鄙)의 군사를 군명(君命)이라고 속이고 빼앗아서 조나라 구원에 나섰다. 이들 군사의 도착에 앞서 진나라는 재빨리 한단을 포위했다. 한단은 위급한 지경에 빠져 항복하고자 했다. 평원군이 사태를 우려하고 있자 한단의 숙사(宿舍) 관리의 아들 이동(李同)4)이 평원군에게 말했다.

「공께서는 조나라가 망하는 것이 걱정되지 않으십니까?」

「조나라가 망하면 나는 포로가 될 것이다. 어찌 걱정이 되지 않겠느냐.」

이동이 말했다.

「한단의 백성은 갈포 옷조차 만족한 것을 입지 못하고, 겨조차 충분히 먹지 못하며, 인골(人骨)을 땔나무 대신 때고 자식을 잡아먹고 있습니다[析骸而爨 易子而食]. 성말로 위급한 때입니다. 그런데도 공의 후궁은 몇 백이나 되며 비첩(婢妾)들은 비단옷을 입고 고기는 먹고도 남아돌아갑니다. 백성은 곤고하고 무기는 떨어져서 어떤 사람은 나무를 깎아 창으로 쓰고 있습니다. 진나라가 이긴다면 공자께서는 어찌 이런 것들을 보유하실 수 있겠습니까? 조나라가 보전된다면 공께서는 이런 것들이 없어질 걱정은 할 필요가 없을 것입니다. 지금 공께서 만약 부인 이하 모든 사람을 병졸 사이에 배치시켜 작업을 분담시키고 공

---

4) 이동…본명은 이담(李談)이다 사마천은 아버지의 이름이 담(談)이기 때문에 이름과 같은 것을 피하기 위해 이동이라고 한 것이다.

께서 집에 저장한 것을 모두 방출하여 병사를 대접한다면, 이 위급하고 곤고한 때에 병사들은 더욱 은혜로 받아들일 것입니다.」

평원군은 이 충고에 따라 결사대 3천 명을 편성했는데, 이동도 그 3천 명과 함께 진나라 군사와 싸우러 나갔다. 진나라 군사는 이 결사대 때문에 후퇴하기 30리나 되었다. 또 때마침 초나라와 위나라의 구원군이 왔기 때문에 진나라 군사는 마침내 전쟁을 끝냈고, 한단은 그대로 존속할 수 있게 되었다. 이동은 이 싸움에서 전사했다. 그래서 그 아버지를 이후(李侯)로 봉했다.

우경(虞卿)은 위(魏)나라 신릉군이 한단을 지킬 수 있었던 것은 평원군의 공 때문이라며 평원군에게 식읍을 더 봉해줄 것을 왕에게 청하려고 했다. 공손용(公孫龍)이 이 말을 듣고 밤새 수레를 달려 평원군을 찾아와서 말했다.

「우경은 신릉군이 한단을 구해주었다 해서 공에게 봉지를 더 주도록 왕에게 청하려 한다고 들었는데, 그것이 사실입니까?」

「사실입니다.」

그러자 공손용이 말했다.

「그것은 당치도 않은 일입니다. 왕이 공을 조나라 재상에 임명한 것은 조나라에 공의 지능을 따를 자가 없어서가 아닙니다. 또 동무성(東武城)을 떼어 공을 봉한 것도 공에게만 공훈이 있고 다른 사람에게는 공훈이 없다고 생각해서가 아닙니다. 단지 공께서 왕의 친척이기 때문입니다. 공이 재상의 인수(印綬)를 받게 되었을 때 무능하다고 사퇴를 하지 않고, 공이 영지를 떼어 받게 되었을 때 무공(無功)하다고 사퇴하지 않은 것도 역시 스스로 친척이라고 생각하는 마음이 있었기 때문입니다. 지금 신릉군이 한단을 구한 것을 가지고 영지의 가봉(加封)을 청하는 것은 앞서는 친척이라 해서 성(城)을 받고, 이번에는 백성이라 해서 공(功)을 논하여 가봉을 받으려는 것으로서 타당치 않은 일입니다. 여하튼 그 우경이 하는 방법은 양다리를 걸치는 일로서 성공하면 그것을 핑계로 보상을 얻으려는 것이오. 성공하지 못하면 가봉을 청했다는 헛된 이름으로 공에게 생색을 내려는 것입니다. 우경의 말을 절대로 받아들여서는 안 됩니다.」

평원군은 끝내 우경의 말을 받아들이지 않았다. 평원군은 조나라 효성왕(孝成王) 15년에 죽었다. 자손이 그 대를 이었는데, 그 후 마침내 조나라와 함께 멸망했다. 평원군은 공손용을 후히 대우했다. 공손용은 견백동이(堅白同異)의 변(辯[5])을 잘했는데, 제나라의 추연(騶衍)이 조나라에 들러 지도(至道)가 어떤 것인지를 설명한 이 후 공손용은 배척당했다.

우경(虞卿[6])은 유세객이다. 짚신을 신고 삿갓을 쓴 보잘것없는 모습으로 조(趙)나라 효성왕을 설득했는데, 최초의 알현에서 황금 백 일과 백벽(白璧) 한 쌍을 하사받고, 두 번째의 알현에서 조나라의 상경이 되었다. 그 까닭에 우경이라고 부르게 된 것이다.

진(秦)나라와 조나라가 장평에서 싸웠다. 조나라는 이기지도 못했고 도위 한 명까지 잃었다. 조나라 왕이 누창(樓昌)과 우경을 불러놓고 말했다.

---

5) 견백동이(堅白同異)의 변(辯)…☞「맹자 · 순경열전」

6) 우경(虞卿)…두 가지 해석이 있는데, 하나는 우(虞)는 성으로, 역사에서 그 이름을 알 수 없기 때문에 그가 지낸 관직 명칭을 붙여 우경이라고 부르게 되었다. 그가 지은 책을 《우씨춘추》라고 한다. 다른 하나는 지명으로 봉읍이 우(虞)에 있었다고 한다.

「우리 군대는 싸워서 이기지 못했고 또 도위가 전사했소. 나는 갑주만 걸친 가벼운 차림으로 적을 기습하고 싶은데, 어떻겠소?」

누창이 말했다.

「그것은 무익한 일입니다. 큰 인물을 사신으로 보내 화친하는 것보다 나은 일이 없겠습니다.」

우경이 말했다.

「누창이 강화하자고 하는 것은 그렇게 하지 않으면 우리 군사가 반드시 패배할 것으로 생각하기 때문입니다. 그러나 강화의 주도권은 진나라에 있습니다. 대왕께서는 보시기에 진나라가 반드시 조나라 군사를 깨뜨릴 것으로 생각하십니까?」

조나라 왕이 말했다.

「진나라는 있는 힘을 다하여 어떻게든 조나라 군사를 깨려고 하고 있소.」

우경이 말했다.

「그러시다면 저의 말을 받아들이시어 사신에게 귀중한 보물을 들려 초나라와 위나라로 파견하셔서 그들을 우리 편으로 만드십시오. 초나라와 위나라는 중한 보물을 얻기 위해 틀림없이 우리 사신을 입국시킬 것입니다. 조나라의 사신이 초나라와 위나라에 들어가면, 진나라는 천하가 합종하는 것이 아닌가 하여 틀림없이 두려워할 것입니다. 그렇게 된다면 강화할 수 있을 것입니다.」

조나라 왕은 이 말을 받아들이지 않고 평양군(平陽君)[7]과 상의하여 강화하기로 하고, 정주(鄭朱)를 보내 진나라에 다녀오게

---

7) 평양군…혜문왕(惠文王) 어머니의 동생. 조약표(趙約豹).

했다. 조나라 왕은 우경을 불러놓고 물었다.

「나는 평양군에게 명해서 진나라와 강화토록 하였는데, 진나라는 이미 정주를 입국시켰소. 경은 이 일을 어떻게 생각하오?」

우경이 대답했다.

「강화는 틀림없이 성공할 수 없을 것이며, 우리 군대는 틀림없이 패할 것입니다. 천하 제후의 전승(戰勝) 축하사는 모두 진나라로 들어갈 것입니다. 정주는 귀인이니 진나라 왕은 응후(應侯 : 범수)와 상의하여 반드시 그를 정중하게 대접하고, 그가 조나라의 화평을 교섭하러 온 사신임을 천하에 보여주게 될 것입니다. 조나라에서 강화하고자 하는 것을 보면 초나라와 위나라는 틀림없이 임금을 돕지 않을 것입니다. 제후가 임금을 돕지 않는다는 것을 진나라가 알게 되면 강화가 성립될 수 있겠습니까?」

과연 응후는 정주를 환대하여 전쟁의 승리를 축하하러 온 천하의 사절들에게 보여주었을 뿐 끝내 화친을 허락하지 않았다. 조나라 군사는 장평에서 대패한 다음 한단까지 포위되어 천하의 웃음거리가 되었다.

탄환만한 작은 땅

진나라가 한단의 포위를 풀자, 조나라 왕은 진나라에 입조하여 조학(趙郝)을 시켜 진나라와 조약을 맺고 여섯 현을 떼어주어 강화하려고 했다. 우경이 조나라 왕에게 말했다.

「진나라가 왕을 공격했다가 싸움에 지쳐 돌아간 것으로 생각하십니까, 아니면 진나라가 아직 여력이 있으면서도 왕을 어

여삐 여겨 돌아간 것으로 생각하십니까?」

「진나라는 우리나라를 치는 데 있는 힘을 다 기울였던 거요. 틀림없이 지쳐서 돌아갔을 것이오.」

우경이 말했다.

「그렇다면 진나라는 그들 힘으로 취할 수 없는 곳을 공격하다가 지쳐서 돌아갔는데, 지금 임금께서는 진나라 힘으로 취할 수 없는 곳 여섯 현을 진나라에 떼어주시려고 하고 계십니다. 이것은 진나라를 도와서 스스로를 공격하는 것입니다. 내년에 진나라가 다시 임금을 공격하더라도 임금을 도와줄 사람은 없을 것입니다.」

왕은 우경이 한 말을 조학에게 말하자, 조학이 말했다.

「우경은 진나라의 힘이 어느 정도인지를 정말로 알고 있을까요? 만약 정말로 진나라 힘의 한계를 안다면 탄환만한 작은 땅도 떼어줄 필요는 없겠지요〔此彈丸之地 猶不予也〕. 그러나 만일 내년에 다시 진나라가 임금을 공격해 온다면 이번에는 내지(內地)를 떼어주고라도 강화를 하지 않고는 견디지 못할 것입니다.」

「그렇다면 그대의 의견에 따라 땅을 떼어준다면 그대는 내년에 다시 진나라가 우리를 치지 않는다고 보증할 수 있겠소?」

「그것은 제가 말씀드릴 수 있는 것이 못됩니다. 일찍이 삼진(三晋)은 진(秦)나라와 서로 사이가 좋았습니다. 그런데 지금 진나라가 한(韓) · 위나라와 친하면서도 임금을 공격하는 것은 임금께서 진나라를 섬기는 것이 한나라와 위나라에 미치지 못하기 때문입니다. 이제 제가 임금을 위하여, 그동안 화친을 저버린 때문에 일어난 사태를 수습하고, 관소(關所)를 열어 무역을 하며 국교를 한나라 · 위나라와 평등하게 하더라도 내년이 되어 임금만이 진나라로부터 공격을 받으신다면 이것은 역시 임금께서 진나라를 섬기는 방법이 좋지 않기 때문입니다. 이 점 저로서는 보증할 수 있는 일이 못됩니다.」

한 있는 땅을 가지고 한 없는 요구에 응하려면 결과는 멸망뿐

왕이 이 말을 우경에게 했다. 그러자 우경은 이렇게 대답했다.

「조학은 『강화하지 않으면 내년에 다시 진나라가 공격할 것이다. 그 때에는 임금께서 내지(內地)를 떼어주고라도 강화하기 힘들 것』이라고 말했는데, 비록 강화했다 하더라도 진나라가 또다시 침공해 오지 않으리라는 것은 조학도 보증할 수 없습니다. 그렇다면 지금 여섯 개의 성을 할양한들 무슨 이익이 있겠습니까. 내년에 공격해 오면, 또 임금께서는 진나라의 힘으로 얻을 수 없는 땅을 진나라에 떼어주고 강화하게 될 것입니다. 이것은 자멸의 길입니다. 강화하시면 안 됩니다. 진나라가 공격을 잘한다 하더라도 여섯 현을 취할 수는 없을 것이고, 조나라가 잘 지켜내지 못한다 하더라도 여섯 성을 잃는 일은 없겠지요. 진나라가 싸움에 싫증이 나서 돌아갔다면, 그 군사도 틀림없이 지쳐 있을 것입니다. 우리 쪽은 여섯 성을 제후에게 나누어 주어 천하를 우리 편으로 하고, 제후와 제휴하여 지쳐 있는 진나라를 친다면, 여섯 성을 잃은 보상을 진나라로부터 취하는 것이 되어 우리로서는 훨씬 이익입니다. 가만히 앉아서 땅을 떼어줌으로써 자기를 약하게 만들고 진나라를 강하게 만드는 것과 어느 쪽이 상책이겠습니까. 지금 조학은 『진나라가 한나라·위나라와 친하고 조나라만을 공격하는 것은 임금께서 진나라를 섬기는 방법이 한나라·위나라에 미치지 못하기 때문이라』고 했는데, 이것은 임금께 매년 여섯 성씩 떼어주면서 진나라를 섬기라는 말과 같습니다.

그렇게 한다면 가만히 앉아서 성을 모두 떼어주고 말 것입니다. 내년에 진나라가 다시 땅을 요구하면 임금께서는 주시겠습니까? 주시지 않는다면 지금까지 진나라에 떼어준 효과는 없어져서 진나라에게 공격을 받는 화를 불러오는 것이 되며, 주시면 나중에는 공급할 땅이 없어지고 말 것입니다. 옛말에도 『강한 자는 공격을 잘하지만, 약한 자는 제대로 지키지 못한다』란 말이 있습니다만, 지금 가만히 앉아서 진나라가 하자는 대로 하면, 진나라는 군사의 손실도 없이 많은 땅을 얻는 결과가 됩니다. 이것은 진나라를 강하게 만들고 조나라를 약하게 만드는 일입니다. 점점 강해지는 진나라가 점점 약해지는 조나라 땅을 떼어 갈 계략은 조금도 그칠 리가 없을 것입니다. 임금의 땅에는 한도가 있으나 진나라의 요구에는 한도가 없습니다. 한이 있는 땅을 가지고 한이 없는 요구에 응하려면 그 결과는 조나라의 멸망뿐입니다.」

조나라 왕의 계책이 아직 정해지지 않았을 때, 누완(樓緩)이 진나라에서 왔다. 왕은 누완에게 이 일을 상의하면서 이렇게 말했다.

「진나라에 땅을 떼어주는 것과 떼어주지 않는 것 어느 편이 좋겠소?」

누완이 대답했다.

「이것은 신으로서 알 바가 못됩니다.」

왕이 말했다.

「그래도 그대의 의견을 말해 보오.」

누완이 말했다.

「임금께서는 그 공보문백(公甫文伯[8])의 어머니 이야기를 들으셨습니까? 공보문백은 노나라에서 벼슬을 했는데, 병으로 죽자 이를 슬퍼하여 규방(閨房)에서 자살한 첩이 두 사람 있었습니다. 그의 어머니는 이 말을 듣고 울지 않았습니다. 문백의 유모가 『자식이 죽었는데도 울지 않을 수 있으십니까?』 라고 묻자, 그 어머니는 『공자는 현인이었는데 노나라에서 쫓겨났을 때 내 아들은 공자를 쫓아가지 않았어. 그런데 이제 아들이 죽으니 그를 위해서 스스로 목숨을 끊은 자가 두 사람이나 있네. 이런 사람은 덕이 있는 사람에게 박정하고 여자에게는 다정했음에 틀림없지』 라고 말했답니다. 똑같은 말이건만 어머니 입에서 나올 때는 현모(賢母)가 되지만, 처의 입에서 나오면 틀림없이 질투가 심한 처가 되고 말 것입니다. 그러므로 말의 내용이 똑같더라도 사람이 다르면 듣는 사람의 생각이 달라지는 법입니다. 지금 제가 진나라에서 온 지 얼마 안 되어 『땅을 떼어주지 마십시오』 라고 하면 이는 좋은 계략이 아니니, 말씀드리기가 곤란합니다. 또 『땅을 떼어주십시오』 라고 말하면 임금께서는 제가 진나라를 위해 하는 말인 줄 생각하시게 될지 모릅니다. 그래서 감히 대답을 못했던 것인데, 저에게 기탄없이 임금을 위하여 말을 하라고 하신다면, 땅을 떼어주시는 것보다 좋은 계교는 없을 줄 압니다.」

왕이 말했다.

「좋소.」

우경이 이 말을 듣자 왕궁에 들어가서 왕을 알현하고 말했다.

8) 공보문백…이름은 탁(歜). 계강자(季康子)의 종부형제(從父兄弟).

「누완의 말은 모두 꾸민 말입니다. 임금께서는 신중을 기하시고, 가볍게 땅을 떼어주시면 안 됩니다.」

누완이 이 말을 듣고 왕을 알현하자, 왕은 우경이 한 말을 누완에게 말했다. 그러자 누완이 대답했다.

「우경의 말은 잘못입니다. 우경의 설은 하나를 얻고 둘을 잃는 것입니다. 만약 진나라와 조나라가 전쟁을 하게 되면 천하의 제후들은 기뻐할 것입니다. 그들은 『강한 나라에 붙어서 약한 나라를 노리고 이 틈에 이익을 얻으리라』며 좋아할 것입니다. 만약 조나라 군사가 진나라 군사에게 고전을 하게 되면 천하 제후들의 전승 축하사는 모두 진나라로 갈 것입니다. 그러므로 빨리 땅을 떼어주어 진나라와 화친하고 천하의 제후를 현혹시켜 진나라의 마음을 달래주는 것보다 나은 것이 없습니다. 그렇지 않으면 천하의 제후들은 진나라의 노여움을 이용하고 조나라가 피폐한 것을 기화로 조나라를 나눠 먹으려고 할 것입니다. 조나라는 지금 멸망 직전에 놓여 있습니다. 진나라를 도모할 때가 아닙니다. 그러므로 우경은 하나를 얻고 둘을 잃는다고 말씀드린 것입니다. 바라옵건대, 임금께서는 이것으로 문제를 결정지으시고 다시는 다른 생각을 마십시오.」

우경은 이 말을 듣자 또 왕에게 가서 말했다.

「누완이 진나라를 위한다는 의도야말로 위험천만한 일입니다. 그렇게 하면 차츰 조나라에 대한 천하의 의혹을 깊게 만들고, 더구나 어떻게 진나라의 마음을 달랜단 말입니까. 단지 조나라가 약하다는 것을 천하에 드러내자는 말에 지나지 않습니다. 제가 『땅을 떼어주어서는 안 된다』고 하는 것은 결코 누구에게도 주어서는 안 된다는 뜻이 아닙니다. 진나라가 6성을 요구해오면 임금께서는 차라리 그 6성을 제나라에 뇌물로 주시라는 뜻입니다. 제나라는 진나라와 깊은 원수이니 만약 임금의 성을 손에 넣게 되면 우리와 힘을 합쳐서 진나라를 칠 것입니다. 제나라는 임금의 말씀이 채 끝나기도 전에 임금의 의견에 따를 것입니다. 이것이 6성을 제나라에 잃고 그 보상을 진나라로부터 취하는 길이 됩니다. 그 위에 진나라에 대하여 제나라와 조나라의 원수를 갚는 것이 되고 조나라의 능력을 천하에 드러내는 것이 되기도 합니다.

임금께서 한 차례 이러한 선언을 발표하시면, 제나라와 조나라의 군사가 진나라 국경을 엿보기도 전에 진나라로부터 막대한 뇌물이 조나라에 이를 것이며, 오히려 진나라 쪽에서 강화를 청해 올 것입니다. 진나라에서 강화를 청해오면 한(韓)·위(魏)나라도 이 소문을 듣고 임금을 두려워할 것입니다. 임금을 두려워하게 되면 틀림없이 귀중한 보물을 내어 임금께 친선하기를 청해 올 것입니다. 이 계교는 임금께서 일거에 제·한·위 세 나라와 친선을 하고 진나라와 그 지위를 바꾸는 것이 됩니다.」

조나라 왕은 좋다고 말했다. 그리하여 우경은 동행(東行)해서 제나라 왕을 알현했다. 그리고 함께 진나라를 칠 것을 상의했다. 그러자 우경이 제나라에서 채 돌아오기도 전에 진나라에서 사신이 왔다. 누완은 이 말을 듣고 도망쳤다. 조나라에서는 우경을 봉하여 한 성(城)을 주었다. 그 후 얼마 안 되어 위나라가 조나라에 합종을 제의했다. 조나라의 효성왕은 우경을 불러 상의했다. 우경이 입궁하는 도중에 평원군을 찾으니 평원군이 말했다.

「왕에게 합종을 권하고 싶소.」

우경이 궁중에 들어가서 왕을 알현하니 왕이 말했다.

「위나라가 합종을 제의해 왔소.」

「그것은 위나라의 과오입니다.」

「나는 아직 승낙을 하지 않았소.」

「그것은 임금의 과오이십니다.」

왕이 다시 말했다.

「위나라가 합종을 청한 것을 경은 위나라의 과오라고 말하고, 내가 아직 승낙을 하지 않은 것은 또 내 과오라고 하니, 그렇다면 합종은 결국 해서는 안 된다는 뜻이오?」

우경이 대답했다.

「작은 나라가 큰 나라와 함께 일을 하려 할 때 『성공하면 큰 나라가 그 복을 누리게 되고, 실패하면 작은 나라가 그 화를 입게 된다』는 말을 들었습니다. 지금 위나라는 작은 나라이면서 스스로 화를 취하려 하고 있고, 임금께서는 큰 나라이면서 복받기를 사절하셨습니다. 그러므로 임금도 과오를 저지르시고 위나라 또한 과오를 저질렀다고 아뢴 것입니다. 제 생각으로는 합종하는 것이 좋을 것 같습니다.」

왕은 좋다고 말하고 위나라와 합종했다.

그 뒤 우경은 위나라 재상 위제(魏齊[9])와의 우의상 만호후(萬戶侯)의 봉작과 경상(卿相)의 인수도 버리고 위제와 함께 조나라를 떠나 양(梁)나라로 가서 곤고하게 지냈다. 위제는 자살

---

9) 위제(魏齊)…위(魏)나라 재상으로, 일찍이 범수가 제나라로부터 많은 선물을 받게 된 일을 가지고 나라의 비밀을 넘겨주었을 것으로 여겨 매질을 가혹하게 하였다. 뒷날 범수는 구사일생으로 탈출해서 진나라의 재상이 되어서는 위제의 목을 요구한다. 이에 위제는 조(趙)나라로 도망가서 평원군의 집에 숨어 있었다. 진나라 왕이 또 조나라 왕에게 위제를 요구하자, 조나라 왕이 두려워하여 평원군의 집을 포위하고 위제를 사로잡으려고 하였다. 위제가 다시 도망가서 우경을 만났다. 우경은 재상의 인장도 버리고 위제와 함께 신릉군의 집으로 갔다. 그러나 신릉군이 그들을 만나주지 않자, 위제는 수치스러움에 자살하였고, 우경도 이로 인하여 대량(大梁)에서 고생을 하였다. ☞「범수 · 채택열전」

했고 우경은 뜻을 펴지 못한 채 곤궁과 우수(憂愁) 속에서 글을 써냈다 그 책은 위로는 《춘추》에서 따고 아래로는 근세를 관찰하여 「절의(節義)」「칭호(稱號)」「췌마(揣摩)」「정모(政謀)」 등 무려 여덟 편이나 되었으며, 여기서 국가의 이해득실을 논했다. 이 책은 세상에 전해오기를 《우씨춘추(虞氏春秋)》라고 한다.

태사공은 말한다.

「평원군은 비조(飛鳥)가 빨리 날아 잡기 어려운 것처럼, 탁세(濁世)에는 얻기 어려운 귀공자였다. 그러나 치국의 대체를 보는 데는 어두웠다. 속담에 『이익에 사로잡히다 보면 지혜가 혼미해진다』고 했다. 평원군은 풍정(馮亭)의 그릇된 말에 마음이 어두워짐으로써 장평에서 40여만의 조나라 군사를 희생시켰고, 한단은 멸망 직전에 놓였다. 우경은 사태와 정세를 올바르게 판단하여 조나라를 위하여 획책했는데, 그 수완은 교묘의 극을 이루었다. 그 뒤 위제의 불행을 차마 볼 수 없어 끝내는 대량(大梁)에서 곤고하게 지냈다. 범부(凡夫)까지도 그 불가함을 아는데, 하물며 현인이었던 우경이 그 불가함을 몰랐을 리가 없다. 그러나 우경이 만약 곤궁과 우수 속에 있지 않았더라면 책을 지어 그 자신을 후세에 나타낼 수는 없었을 것이다.」

위공자 열전(신릉군 열전) 제17

위(魏)나라 공자(公子) 무기(無忌)는 위나라 소왕의 막내아들로 안희왕(安釐王)의 이복동생이다. 소왕이 죽자 안희왕이 즉위하고 공자를 봉하여 신릉군이라 했다. 당시 범수는 위나라에서 진(秦)나라로 망명하여 진나라 재상이 되었는데, 위나라 재상 위제에 대한 원한에서 진나라 군사를 내어 위나라 도읍 대량을 포위하고, 화양(華陽)에 있던 위나라 군사를 깨뜨려 장군 망묘(芒卯[1])를 패주시켰다. 위갑(魏甲)과 공자 무기는 이 사태를 대단히 걱정했다.

공자는 사람됨이 어질고 선비들에게는 자신을 낮추는 성품으로 현인이건 우인(愚人)이건 상관치 않고 누구와도 겸손하게 예로써 사귀고, 자기의 부귀한 몸을 거만하게 구는 일이 없었다. 그리하여 선비가 사방 수천 리에서 앞 다투어 공자에게 모여들

---

1) 망묘(芒卯)…위(魏)나라의 장군. 《전국책》 「위책(魏策)」의 기록에 따르면 망묘가 달아난 것은 진 소왕 34년(B.C. 273년)으로 당시 진나라의 재상은 위염이었다. 범수가 진나라의 재상이 된 것은 진 소왕 42년(B.C. 261년)으로, 앞뒤로 무려 8년의 차이가 있다. 여기에서 진나라가 위나라를 공격한 것이 위제에 대한 원한 때문이라고 한 본문의 기록은 시간적으로 잘못된 것이다.

어 식객의 수는 3천에 이르렀다. 당시 제후들은 이 현명하고 식객이 많은 공자를 두려워하여 10여 년에 걸쳐[2) 군사를 위나라로 몰아 공략하려 하지 않았다.

어느 때 공자가 위나라 왕과 장기를 둔 일이 있었다. 그 때 북쪽 변경으로부터 봉화[3)가 올랐다는 보고가 들어왔다.

「조(趙)나라 군사가 내습하여 국경을 넘으려고 합니다.」

위나라 왕이 두던 장기를 그만두고 대신을 불러 상의하려고 하자, 공자가 왕을 말리며 말했다.

「조나라 왕이 사냥을 하러 온 것입니다. 쳐들어온 것은 아닙니다.」

그러고는 여전히 장기를 두었다. 왕은 걱정이 되어 장기를 둘 수가 없었다. 잠시 후에 또 북쪽으로부터 봉화로 전해 왔다.

「조나라 왕이 사냥을 하는 것이지, 습격해 온 것은 아닙니다.」

위나라 왕은 크게 놀라 공자에게 물었다.

「공자는 어떻게 그것을 알았는가?」

「저의 식객에 조나라 왕의 비밀을 잘 알고 있는 사람이 있는데, 그 사람이 조나라 왕의 행동을 늘 저에게 보고해 주는 까닭에 알고 있었습니다.」

그 이후 위나라 왕은 공자의 현명한 능력을 꺼려 공자에게 국정을 맡기려 하지 않았다.

위나라에는 후영(侯嬴)이라고 하는 은사(隱士)가 있었다. 나

---

2) 대체로 위(魏) 안회왕 12년부터 30년까지(B.C. 265～B.C. 247)로서 정확히는 18년간이다. 이 기간 동안 제후들의 침략을 받지 않았을 뿐만 아니라 다른 나라를 도와 진(秦)나라의 침략을 저지하였다.

3) 봉화…북쪽으로부터 차례로 남쪽으로 봉화가 전해져서 도읍에까지 보고되는 일.

이가 70으로, 집안이 가난하여 대량성의 이문(夷門 : 東門의 이름)을 지키는 문지기 노릇을 하고 있었다. 공자는 그의 이야기를 듣고 찾아가 식객으로 모시겠다며 후한 선물을 주었는데, 이문은 받으려 하지 않으며 말했다.

「저는 수십 년에 걸쳐 몸을 닦고 행실을 깨끗이 해 온 터입니다. 새삼 문지기로서의 생활이 괴롭다 하여 공자의 재물을 받고 싶지는 않습니다.」

그래서 뒷날 공자는 술자리를 벌이고 크게 손님들을 초대했다. 그리고 연회장의 좌석이 다 정해졌을 무렵 수레와 말을 거느리고, 자기가 탄 수레의 왼쪽 자리[4]를 비워둔 채 몸소 이문으로 후영을 맞이하러 갔다. 후영은 다 낡은 의관을 차려입은 채 거침없이 마차로 올라와 공자의 상좌에 앉았다. 조금도 어려워하는 기색이 없었다. 실인즉 후영은 그렇게 함으로써 공자의 태도를 살피려고 했던 것이다. 그러나 공자는 말고삐를 잡은 채 더욱 공손한 태도를 취하고 있었다. 후생(侯生 : 후영)은 공자에게 이렇게 말했다.

「내 친구 한 사람이 저잣거리의 푸줏간에 살고 있습니다. 미안하지만 길을 좀 돌아서 그 곳을 들러 가도록 해 주십시오.」

공자는 수레를 몰고 시장 안으로 들어갔다. 후생은 수레에서 내린 다음 친구인 주해(朱亥)와 만나 일부러 오랫동안 이야기를 나누며 공자를 곁눈질로 살폈다. 그러나 공자의 얼굴빛은 부드럽기만 했다.

그 시각에 공자의 저택에서는 위나라 장군·재상·종실(宗

---

4) 왼쪽 자리…고대에 수레를 탈 때에는 왼쪽 자리를 귀하게 생각하였다. 신릉군(信陵君)은 존경의 뜻을 표시하기 위해서 자신은 오른쪽 자리에 앉아 말을 끌고, 왼쪽 자리는 후영을 위해서 비워두었던 것이다.

室) 그 밖의 내빈이 집안 가득 차 있었는데, 공자가 돌아와서 술잔을 올리기만을 기다리고 있었다. 시장 사람들은 공자가 말고삐를 잡고 서 있는 것을 구경하고 있었고, 공자의 호위병들은 모두 후생을 욕하며 수군거렸다. 후생은 공자의 안색이 끝내 변하지 않는 것을 알고는 친구와 작별인사를 나누고 수레에 올라 공자의 저택으로 갔다. 공자는 후생을 안내하여 상좌에 앉힌 다음 널리 손님들에게 그를 소개했다. 손님들은 모두 놀랐다.

술자리가 한창 무르익어 갈 무렵 공자는 일어나서 후생의 앞으로 나아가더니 술잔을 올리며 그의 장수를 빌었다. 그러자 후생이 이렇게 말했다.

「오늘 저도 공자를 위해 충분한 일을 한 것으로 생각합니다. 저는 한낱 이문의 문지기에 지나지 않습니다. 그런데 공자께선 몸소 수레를 타고 오셔서 친히 저를 이 많은 손님들 자리로 맞이하여 주셨습니다. 또한 도중에 딴 곳을 들러서는 안 될 일이었건만 공자는 저의 청을 쾌히 승낙하시고 주해의 집에 들러 주셨습니다. 그러나 이런 청을 하게 된 것은 공자의 명성을 높여 드리고 싶어서였습니다. 고의로 오래도록 공자의 수레와 호송하는 군사를 시장 가운데에 멈춰 세워 두고 제가 친구 집에 들르는 사이에 사람들에게 공자의 모습을 보여드리고 싶었던 것입니다. 공자는 더욱 공손한 태도를 보여 주셨습니다. 시장 사람들은 모두 저를 못된 사람으로 생각하고 공자를 덕이 있는 장자(長者)로서 능히 선비에게 몸을 굽히시는 거룩하신 분이라고 생각했을 줄 압니다.」

이윽고 연회는 끝이 나고 후생은 상객으로서 대우를 받게 되었다. 후생이 공자에게 말했다.

「제가 찾아갔던 푸줏간 주해는 정말로 현인이건만 세상 사람들은 아무도 알아주는 자가 없습니다. 그리하여 그는 백정들 사이에 숨어 살고 있습니다.」

그래서 공자는 자주 찾아가서 그에게 빈객이 되어 줄 것을 청했으나, 주해는 일부러 답례조차 하지 않았다. 공자는 이를 이상히 여겼다.

위나라 안희왕 20년, 진(秦)나라의 소왕[5]은 조나라 군대를 장평에서 대파하고 다시 군사를 진격시켜 도읍 한단을 포위했다. 공자의 누이는 조나라 혜문왕의 동생 평원군의 부인이었던 까닭에, 평원군은 위(魏)나라 왕과 공자에게 여러 번 편지를 내어 구원을 청했다. 이에 위나라 왕은 장군 진비(晋鄙)에게 10만의 대군을 내주어 조나라를 구원하도록 했다.

그러자 이 사실을 알게 된 진나라 왕은 사신을 파견하여 위나라 왕에게 말했다.

「우리나라가 조나라를 쳐서 한단을 함락시키는 것은 결정적인 일이오. 만약 제후들로서 조나라를 구원하는 자가 있으면 조나라를 공략한 다음 군사를 돌려서 격파하고 말 것이오.」

위나라 왕은 두려워서 사자를 보내 진비에게 구원을 중지하라 하고, 군사를 시켜 업(鄴 : 하남 임진)에 누벽(壘壁)을 쌓고 머무르도록 했다. 위나라 군사는 조나라에 구원병을 보내긴 했으나, 실은 국경에서 정세를 관망하기만 하는 두 마음을 갖고 있었다. 평원군은 계속해서 사자를 위나라로 보내 공자에게 독촉했다.

---

5) 소왕…소양왕(昭襄王 B.C. 324~B.C. 251)을 가리키며, 위염, 범수를 재상으로 삼고 사마조, 백기 등을 장군으로 삼아 동진정책을 추진하여 합종책을 저지하고 진나라가 천하를 통일하는 데 절대적인 기여를 한 인물.

「내가 스스로 공자와 인척관계를 맺은 것은 공자가 의(義)에 강하고 남의 곤궁을 보면 곧 구해줄 것으로 보았기 때문이었소. 지금 한단의 항복이 목전에 이르렀는데도 위나라는 구원하러 오지를 않소. 이렇게 되면 공자의 그 의로운 마음은 대체 어디에 있단 말이오? 그리고 또 설령 공자가 나를 업신여겨 진나라에 항복하게끔 내버려둔다는 것은 어쩔 수 없다 하더라도, 공자의 누이가 가엾지도 않으시오?」

호부를 훔쳐 조나라를 구하다〔竊符救趙〕

공자는 속이 타서 몇 번이고 위나라 왕에게 조나라 구원을 청하고 또 빈객, 변사(辯士)들을 시켜 온갖 수단을 다 동원해서 왕을 설득했으나 진나라의 보복을 두려워하는 위나라 왕은 공자의 청을 받아들이지 않았다. 공자는 아무리 해도 왕의 승낙을 받지 못할 것으로 보고, 자기만 살아남고 조나라를 모르는 척할 수는 없을 것으로 생각했다. 그래서 빈객들과 의논하여 거기(車騎) 백여 승을 마련하여 빈객들을 이끌고 진나라와 맞싸워 조나라와 운명을 함께 하기로 했다. 출발하기 전에 이문에 들러 후생과 만나 진나라와 싸워 죽을 결의를 하게 된 경위를 이야기하고 작별을 고했는데, 후생은 단지 이렇게 말할 뿐이었다.

「공자님, 부디 분발하십시오. 저는 늙은 몸인지라 함께 따르지를 못하겠군요.」

공자는 몇 리를 가는 동안 끝내 마음이 편치 못했다. 그는 이렇게 중얼거렸다.

「나는 후생을 힘껏 대접했으며 예의에 어긋나지 않았음은 세상이 다 아는 사실이다. 그런데 지금 내가 죽을 자리로 간다는

데 한 마디도 조언을 해주지 않았어. 내게 어떤 잘못이라도 있었단 말인가?」

그래서 수레를 다시 돌려 후생에게 가서 물으니, 후생은 웃으며 말했다.

「저는 처음부터 공자께서 돌아오실 것으로 생각하고 있었답니다.」

그리고는 다시 말을 이어 이렇게 말했다.

후영을 방문한 신릉군

「공자께서 빈객을 좋아하시는 것은 천하에 널리 알려져 있습니다. 지금 어려운 일에 당면하여 아무런 대책도 없이 진나라 군사에게 뛰어들려 하고 있는데, 이것은 마치 굶주린 호랑이에게 날고기를 던져주는 것과 마찬가지여서 아무 효과도 기대할 수 없습니다. 그렇다면 어찌 평소에 빈객을 기를 필요가 있겠습니까. 공자께서는 저를 언제나 후하게 대접해 주셨는데, 공자께서 죽으러 떠나시는 이 마당에 저는 한 마디 도움 될 말씀을 드리지 않았습니다. 그러므로 공자께서 괘씸해하시고 되돌아오실 것으로 미리 알고 있었습니다.」

공자가 두 번 절하고 의견을 묻자, 후생은 사람들을 물리치고 은근한 목소리로 말했다.

「제가 듣기로는 진비에게 준 병부(兵符)[6]의 한 조각은 언제나 임금의 침실 밑에 보관되어 있다고 하며, 침실에 출입할 수 있는 사람은 임금이 제일 사랑하는 여희(如姬)뿐이라고 합니다. 그 여자라면 그것을 훔쳐낼 수 있을 것입니다. 또 듣기로는 여희의 아버지가 어떤 사람에게 죽음을 당했고, 여희는 그 원수를 갚고자 사재를 털어내기 3년, 임금을 위시하여 백관이 그 원수를 갚아주려고 원수를 찾았으나 찾지 못했을 때 여희는 공자님께 울며 하소연했다더군요. 그래서 공자께서는 빈객들에게 명하여 원수를 찾아내고 그 목을 베어 여희에게 바친 일이 있으시다고요. 그렇다면 여희는 공자를 위한 일이라면 목숨을 걸고서라도 해낼 것입니다. 생각건대, 여희는 지금까지 그 보답할 길이 없었을 뿐입니다. 그러므로 공자께서 한 말씀만 하시면 여희는 틀림없이 응낙할 것입니다. 그리하여 호부(虎符)를 손에 넣으신다면 이것으로 진비의 손에서 군사를 빼앗고, 공자께서 군사를 이끄시어 조나라를 구하시고 진나라 군사를 물리치시면, 이것은 오패(五覇)의 공업에 비할 수 있는 일이 될 것입니다.」

공자는 이 계략에 따르기로 하고 여희에게 청했던 바, 과연 여희는 병부를 훔쳐내어 공자에게 넘겨주었다. 공자가 출발하려 할 때 후생이 말했다.

「장군은 외정(外征) 중에는 주군의 명령일지라도 국가의 이익이 안 될 것으로 생각되면 듣지 않는 경우가 있는 법입니다. 그러므로 비록 병부를 맞추어 보이더라도 진비가 공자에게 군사를 넘겨주지 않으면서 국왕의 명령을 청하는 일이 생길 것인즉,

---

6) 병부(兵符)…군대를 위임하는 부절(符節). 전국시대 진한(秦漢)시대 때 제왕이 신하에게 병권을 넘기거나 주었던 부절로서, 주로 호랑이 문양의 구리로 만들어 호부(虎符)라고도 한다. 뒷면에는 글이 새겨져 있으며, 두 쪽으로 나누어 오른쪽 절반은 조정에서 보관하고 왼쪽 절반은 신하에게 주었다. 군대를 일으킬 때에는 반드시 사신으로 하여금 부절을 맞추어 본 연후에야 비로소 그 효력을 발생할 수 있었다.

호부(호랑이 모양의 할부)

그렇게 되면 일이 귀찮게 될 것입니다. 이런 때를 대비하여 제 친구인 푸줏간의 주해를 데리고 가시는 것이 좋을 것으로 생각합니다. 이 사람은 힘이 장사인즉 진비가 순순히 들어주면 좋으려니와 만약 듣지 않으면 때려죽일 수가 있습니다.」

이 말을 듣고 공자가 울먹거리자, 후생이 물었다.

「공자께서는 죽음이 두려워지셨습니까? 어찌 우시는 겁니까?」

공자가 대답했다.

「진비는 강인한 노장군이오. 그런 까닭에 병부를 맞추어보더라도 아마 듣지 않을 것은 뻔한 일이오. 틀림없이 그를 죽여야 될 것이니, 그것이 슬퍼서 우는 거요. 내 어찌 죽음을 두려워하겠소.」

이렇게 하여 공자는 주해에게 동행할 것을 청했다. 주해는 웃으며 말했다.

「저는 시장에서 칼이나 휘둘러 짐승을 잡는 몸이건만, 공자께서는 몸소 자주 들르시어 저의 안부를 물어주셨습니다. 그 답례도 변변히 하지 않았던 것은 하찮은 예절 따위는 차릴 필요가 없을 것으로 생각했기 때문입니다. 지금 공자께서는 위급한 난에 직면하시었습니다. 지금이야말로 제가 목숨을 바칠 때일 것으로 생각합니다.」

주해는 마침내 공자와 동행하게 되었다. 공자는 다시 후생을 찾아 작별인사를 했다. 후생이 말했다.

「저도 공자를 따라가야겠지만 늙어서 그렇게 할 수가 없습니다. 공자께서 진비를 만나게 되는 날을 헤아려서 북쪽을 향하고 스스로 제 목을 쳐서 전송을 대신하겠습니다.」

드디어 공자는 출발했다. 업에 도착하여 위나라 왕의 명령이라고 속이고 진비와 교대하려고 했다. 진비는 병부를 맞춰본 다음 의심하여 말했다.

「지금 저는 10만의 군사를 거느리고 국경에 주둔하며 국가의 중임을 지고 있습니다. 공자는 단 한 대의 수레에 타고 오셔서 저와 교대를 하자고 하시니 어찌 된 일입니까?」

그러면서 진비는 따를 기색을 보이지 않았다. 그러자 주해가 옷소매 속에 감추고 있던 40근짜리 철퇴로 진비를 쳐 죽였다.

공자는 마침내 진비의 군사를 통솔하고 군대를 각기 부서에 배치한 다음 군중(軍中)에 영을 내렸다.

「부자가 함께 이 군중에 있는 자가 있으면 그 아버지는 돌아가라. 형제가 함께 이 군중에 있는 자가 있으면 그 형은 돌아가라. 또 독자인 자가 있으면 돌아가서 어버이를 봉양하라!」

이렇게 해서 군사 8만을 선발하고 진나라 군사를 쳤다. 진나라 군사는 한단의 포위망을 풀고 퇴각하여 마침내 한단은 구해졌고 조나라는 보전되었다. 조나라 왕과 평원군은 몸소 국경까지 공자를 출영하였다. 평원군은 직접 화살통을 메고 공자를 안내했다. 조나라 왕은 공자에게 두 번 절하고 찬양했다.

「예로부터 현인은 많았지만, 공자를 따를 사람은 없습니다.」

평원군도 이때만은 감히 공자와 자신을 비교하려 하지 않고 진실로 겸허했다.

잊어서 안될 일과 잊지 않으면 안될 일

한편 공자가 진비의 진영에 도착했을 무렵, 후생은 과연 북쪽을 향하고 스스로 목을 쳤다. 위나라 왕은 공자가 병부를 훔쳐내고 진비를 속여 죽인 것을 알고 노했다. 공자 자신도 왕에게 죄를 범했음을 알고 있었으므로, 정나라 군사를 격퇴시켜 조나라를 안정시킨 다음 한 장군에게 명하여 전군을 이끌게 하여 위나라로 귀환시켰다. 그리고 자신은 몇몇 빈객들과 함께 조나라에 머물렀다.

조나라의 효성왕은 공자가 진비를 속이고 군사를 빼앗아 조나라를 안정시킨 것을 덕이라 하여 평원군과 상의해서 봉읍(封邑) 다섯 성을 공자에게 주려고 했다. 공자는 이 말을 듣자 교만한 마음이 생겨 스스로 공로를 자랑하려고 했다. 빈객 가운데 한 사람이 공자에게 말했다.

「일에는 잊어서 안 될 일과 잊지 않으면 안 될 일이 있습니다. 남이 공자에게 베푼 은혜는 공자께서 잊어서는 안 될 일입니다. 그러나 공자께서 남에게 베푸신 은혜는 공자께서는 잊는 편이 좋은 일입니다. 위나라 왕의 명령을 속이고 진비의 군사를 빼앗아 조나라를 구한 것은 조나라에 대해서는 공로가 되겠지만, 위나라에는 충신이 될 수 없습니다. 그런데도 공자께서 스스로 교만해져서 공로를 자랑하는 것은 저로서는 찬성할 수 없는 일입니다.」

공자는 그 자리에서 자신의 죄를 자책하여 몸 둘 바를 모르는 듯했다. 조나라 왕은 궁중을 청소하고 몸소 출영하여 주인으로서의 예를 갖추고 공자를 안내하여 귀빈만이 올라가는 서쪽 계단으로 인도했다. 공자는 옆걸음질치며 사양하고 동쪽 계단으로 당상(堂上)에 올라간 다음, 위나라를 배반했고 조나라에는 공도 없었다며 스스로 자기의 죄를 몇 번씩이나 말했다.

조나라 왕은 황혼이 될 때까지 공자와 술자리에 함께 있으면서도 공자가 너무 겸손해 하는 까닭에 다섯 성을 바치겠다는 말을 꺼내지 못했다. 그러나 공자가 마침내 조나라에 머무르기로 했기 때문에 조나라 왕은 호(鄗)를 공자의 탕목읍(湯沐邑)[7]으로 했다. 위나라에서도 또한 신릉(信陵)의 땅을 공자의 봉읍으로 주었다.

공자가 조나라에 체류하고 있는 동안 조나라에 두 명의 처사(處士)가 있었는데, 그 한 사람인 모공(毛公)은 노름꾼들 사이에 숨어서 살고, 또 한 사람인 설공(薛公)은 술장수 집에 숨어 산다는 말을 들었다. 공자는 그 두 사람과 사귀고 싶어서 초대했으나 그들은 응하지 않고 숨었다. 그래서 공자는 그들의 거처를 수소문한 다음, 그들을 은밀하게 찾아가서 그들과 함께 이야기를 나누어 보았다. 그리고 서로 뜻이 맞음을 만족해했다. 평원군은 이 말을 듣자 부인에게 말했다.

「처음 나는 당신의 동생인 공자가 천하에 둘도 없는 인물인 줄 알았는데, 이제 듣고 보니 망령되게도 노름꾼과 술장수 따위를 상대한다는구려. 대체 그 사람 됨됨이를 알 수가 없소.」

---

7) 탕목읍(湯沐邑)…춘추시대 이전에 천자가 제후들에게 입조(入朝) 때 목욕하여 몸을 깨끗이 할 수 있도록 하사한 장소. 전국시대 이후에도 탕목읍의 명칭은 계속 존재하고 있었으나, 실제적으로는 임금이 대신들에게 하사한 봉읍을 가리킨다.

전국시대의 청동제 종

이 말을 부인이 공자에게 고했다. 공자는 누이와 헤어져 떠나려 하면서 이렇게 말했다.

「처음에 나는 평원군을 현명한 분이라고 들었습니다. 그런 까닭에 위나라 왕을 배신하면서까지 조나라를 구하여 평원군의 뜻을 따랐던 것입니다. 그러나 평원군이 하고 있는 교제는 단지 외면을 볼 뿐 참되고 유능한 선비를 구하지 않았습니다. 저는 대량(大梁 : 魏나라의 도읍)에 있을 무렵부터 늘 이 두 사람이 현명하다는 말을 들어왔습니다. 조나라에 온 후로는 혹시 그들을 만날 수 없을까 하여 안타까웠습니다. 그런 까닭에 저는 그 두 사람과 교제를 하면서도 혹시 그들이 저를 싫어하지나 않을까 하여 걱정이 되었습니다. 지금 평원군이 이러한 교제를 부끄럽게 생각한다면 평원군이야말로 함께 교제하기에는 부족한 인물입니다.」

공자는 여장을 갖추어 떠나려고 했다. 부인이 이 말을 평원군에게 하자, 평원군은 관을 벗고 자신의 불명(不明)을 사과하면서 공자를 만류했다. 평원군의 문하 사람은 이 말을 듣자 반이나 평원군 밑을 떠나 공자에게 몸을 의지했다. 그뿐 아니라 천하의 수많은 선비들도 공자에게 모여들어서 공자의 세력은 평원군에 비할 바가 아니었다.

공자는 조나라에 머문 지 10년이 되었지만 위나라로 돌아가지 않았다. 진나라는 공자가 위나라에 없는 것을 알아차리고 밤낮으로 군사를 진군시켜 동쪽에 있는 위나라를 쳤다. 위나라 왕은 이를 걱정한 나머지 사자를 보내 공자에게 귀국하라고 했다. 공자는 왕이 자기에게 노해 있을 것으로 생각하고 문하인들에게 이렇게 말했다.

「감히 위나라 왕의 사자를 나에게 데려오는 놈은 살려 두지 않으리라!」

위나라의 빈객들은 모두 위나라를 등지고 조나라로 가서 공자에게 몸을 의지하고 있었는데, 누구 한 사람 공자에게 귀국을 권하는 자가 없었다. 그 때 모공과 설공이 가서 공자를 만났다. 그리고 두 사람은 말했다.

「공자가 조나라에서 높은 대우를 받고 제후 사이에서 명성이 높은 것은 위나라라는 본국의 배경이 있기 때문입니다. 지금 위나라는 진나라의 공격을 받아 위급을 고하고 있는데, 공자는 전혀 걱정을 하지 않으십니다. 만약 진나라에게 대량을 빼앗기고 선왕의 종묘를 유린당한다면 공자는 무슨 면목으로 천하에 서실 수 있겠습니까?」

말이 채 끝나기도 전에 공자의 얼굴색이 변하더니 수레를 내라 하고 말을 달려 위나라를 구하기 위해 귀국했다. 위나라 왕은 공자와 만나서 울며 상장군(上將軍)의 인(印)을 공자에게 내렸다. 공자는 마침내 장군이 되었다.

위나라 안희왕 30년, 공자는 사신을 보내 자신이 위나라 장군이 되었음을 모든 제후에게 통고했다. 제후들은 공자가 장군이 되었다는 말을 듣자, 각각 장군을 파견하고 군사를 보내 위나라를 구원했다. 공자는 5개국 군대를 지휘하여 진나라 군사를 하외(河外)에서 깨뜨리고 진나라 장수 몽오(蒙驁)를 패주시켰다. 그리고 승세를 타 진나라 군사를 추격해서 마침내 함곡관에 육박했다. 그 후 진나라 군사는 관(關)에서 나오려 하지 않았다.

이 때 공자의 위세는 천하에 떨쳤고, 제후의 빈객들은 각각 펴낸 병법서(兵法書)를 공자에게 바쳤다. 이 책들에는 공자의 이름이 붙여져 있었기 때문에 세상에서는 《위공자병법(魏公子兵法)》이라고 했다. 진나라 왕은 공자의 세력과 덕망을 걱정하고 미워한 나머지 금 1만 근을 위나라에 뿌리고 진비의 옛 빈객들을 꾀어 위나라 왕에게 참언시켰다.

「공자는 도망을 해서 국외에 있기 10년, 지금 위나라 장군이 되었는데, 제후들의 장수는 모두 그에게 붙어 있습니다. 제후들은 위나라에 공자가 있는 것은 알아도 위나라에 왕이 있는 것은 모를 지경입니다. 공자도 이 기회에 남쪽으로 쳐내려가서 왕이 되고자 하는데, 제후들도 공자의 위풍에 눌려서 바야흐로 연합하여 공자를 왕위에 앉히려고 합니다.」

그리고 첩자를 보내 거짓으로 축하했다.

「공자께서는 이미 즉위하시어 위나라 왕이 되셨습니까, 아니면 그대로 계십니까?」

위나라 왕은 날마다 그와 같은 참언을 들으니 마음이 움직이지 않을 수 없었다. 위나라 왕은 공자를 물러나게 하고 다른 사람을 장군에 임명했다. 공자는 자기가 또 다시 참언에 의해 물러난 것을 알게 되자, 병을 핑계 삼아 조정에 나오지 않고 빈객들과 함께 밤낮으로 술자리를 벌였다. 그리고 술만 마시고 부녀자를 가까이 하며 밤낮없이 음주 향락하기 4년, 마침내 술로 인하여 병을 얻게 되었고 결국은 죽고 말았다. 그 해에 위나라 안희왕도 죽었다.

진나라는 공자가 죽었다는 소문을 듣자 몽오에게 명하여 위나라를 치도록 했다. 몽오는 위나라의 20성을 떨어뜨리고 처음으로 동군(東郡)을 설치했다. 그 후 진나라는 점차 위나라를 잠식하여 18년 뒤에 위나라 왕을 사로잡고 그 도읍 대량을 무찔렀다.

한(漢)나라 고조(高祖)는 아직 나이 어렸을 때에 자주 공자의 현명했음을 들었는데, 천자 자리에 오른 다음에는 대량을 지날 때마다 공자의 제사를 받들었다. 고조 12년, 경포(黥布)[8]를 치고 돌아오는 길에 공자를 위하여 묘지기 집 다섯 채를 짓고 매년 춘하추동에 공자를 제사지내도록 했다.

태사공은 말한다.

「나는 대량의 폐허된 곳을 찾아보고 이른바 이문(夷門)도 돌아보았는데, 이문은 성(城) 동쪽에 있었다. 천하의 여러 공자들[9]도 선비들을 좋아했다. 그러나 신릉군은 암혈(巖穴)에서 은둔하는 현자를 접했고, 미천한 사람과 교제하는 것을 부끄러워하지 않았다. 당시에 신릉군의 명성이 제후들 사이에서 으뜸이었음은 거짓이 아니다. 한(漢)나라의 고조가 대량을 지나갈 때마다 백성들에게 길이 제사지내도록 시킨 것은 도리에 맞는 일이었다.」

---

8) 경포(黥布)…본명은 영포(英布, ?~B.C.195)인데, 어렸을 때 경형(黥刑)을 받아 바뀐 이름으로 불린다. 유방이 항우와 싸울 때 공을 세워 회남왕이 되었으나, 뒤에 유방을 배반하여 유방에 의해서 토벌되었다. ☞ 「경포열전」

9) 즉 전국(戰國) 4공자인 제나라 맹상군·조나라 평원군·초나라 춘신군·위나라 신릉군을 가리킨다.

춘신군 열전 제18

춘신군(春申君)은 초(楚)나라 사람으로, 이름은 헐(歇), 성은 황씨(黃氏)이다. 그는 여러 나라를 두루 다니며 유학하여 견문이 넓었다. 초나라의 경양왕(頃襄王)을 섬겼는데, 변설에 능하였으므로 진(秦)나라에 사신으로 갔다. 당시 진나라의 소왕은 장군 백기로 하여금 한(韓)나라와 위(魏)나라를 치게 하여 그 군사를 화양에서 깨뜨리고 위나라 장수 망묘(芒卯)를 사로잡았다. 그래서 한·위나라는 항복하고 진나라를 섬기게 되었다.

소왕은 다시 백기에게 명하여 한·위나라와 연합해서 초나라를 치도록 했다. 그리하여 그 군사가 출발하려고 할 때 초나라 사신 황헐이 마침 진나라에 왔다가 그 계략을 듣게 되었다. 당시 초나라는 앞서 진나라 백기의 공격을 받아 무군(巫郡)·검중군을 빼앗기고 언(鄢)·영(郢)을 잃었고, 동쪽 경릉(竟陵 : 호북, 천문天門의 서쪽)까지도 위협하여 초나라 경양왕은 동쪽으로 도망을 해서 진(陳 : 하남, 회양)에 천도하고 있었다. 황헐은 일찍이 초나라의 회왕이 꾐에 빠져 진나라에 들어갔다가 속임수에 걸려서 억류당하게 되었고, 끝내는 진나라에서 객사한 것을 잘 알고 있었다.

사물이 극단에 이르면 처음으로 되돌아간다

경양왕은 그 회왕의 아들이었던 까닭에 진나라는 그를 안중에 두지 않았다. 그래서 황헐은 진나라가 군사를 일으키기만 하면 초나라를 쳐부술 것으로 알고 두려워했다. 황헐이 진나라 소왕에게 글을 올려 설득했다.

「이 천하에는 진나라와 초나라보다 강한 나라는 없습니다. 듣자오니, 대왕께서는 초나라를 치려고 하신다는데 이것은 마치 두 호랑이가 싸우는 것과 마찬가지입니다. 두 호랑이가 서로 싸우면 모두 상처를 입게 되고 그런 때를 타서 둔한 개가 이기게 되는 법입니다. 대왕께서는 초나라와 친선을 하는 것보다 나은 일이 없는데, 저에게 그 이유를 설명하게 하여 주십시오. 저는 『사물이 극단에 이르면 처음으로 되돌아간다, 겨울과 여름은 뒤바뀌기 마련이다, 쌓인 것이 극에 이르면 위태롭다, 장기 말을 쌓아올리면 무너지기 마련이다』라는 말을 들었습니다. 지금 대국인 진나라의 영토는 천하에 고루 퍼져서 서쪽과 북쪽, 천하의 이경(二境)을 이루고 있습니다. 이와 같은 만승의 나라는 사람이 태어난 이래로 일찍이 없었던 일입니다. 진나라는 선왕인 혜문왕·무왕으로부터 대왕에 이르는 3대 동안 한(韓)·위(魏)나라를 병합하고 제(齊)나라와 영토를 접하며, 합종의 요부(腰部)[1]를 끊고자 하는 국책(國策)을 잊었던 일이 없습니다. 지금 대왕은 성교(盛橋)를 한

---

1) 요부(腰部)…합종을 하면 한(韓)나라와 위(魏)나라가 요부에 해당한다.

나라로 들여보내 재상을 삼았고, 성교는 한나라의 영토를 진나라에 합병시켰습니다. 이것은 대왕이 군사를 움직이지 않고 그 위력도 휘두르지 않으면서 백 리의 영토를 얻은 것으로서 참으로 유능한 분이라 말할 수 있을 것입니다. 또 대왕께서는 군사를 내어 위(魏)나라를 치고 대량의 성문을 막게 만들었으며, 하내를 공략하여 연(燕)·산조(酸棗)·허(虛)·도인(桃人)을 함락시켰는데, 위나라 군사는 구름처럼 흩어질 뿐 아니라 감히 국난을 극복할 생각을 갖지 못했습니다. 대왕의 공적은 실로 대단하다고 말하지 않으면 안 될 것입니다.

또 대왕께서는 군사와 백성을 쉬게 하기 2년 만에 다시 군사를 내어 포(蒲)·연(衍)·수(首)·원(垣)을 병합하고, 인(仁)·평구(平丘)에 육박하였으며, 황(黃)·제양(濟陽)을 포위함으로써 위나라는 마침내 항복했습니다. 대왕께서는 또 복수(濮水)·마(磨)의 북쪽을 떼어 천하의 허리 부분인 제나라와 진(秦)나라의 접촉 지점을 취했으며, 천하의 등뼈 부분인 초나라와 조나라의 연결점을 끊었습니다.

여우가 물을 건너려면 꼬리를 적시게 마련이다

그런데 제후들의 군사는 대여섯 번이나 모였으면서도 감히 구원하려 하지 못했습니다. 대왕의 위력은 극도에 이르렀다고 할 수 있겠습니다. 대왕께서 만일 지금까지의 공적을 유지하고 위업을 지키며 더 이상의 야심을 버리시고 인의(仁義)의 도(道)를 두텁게 하여 뒷날의 근심을 방지하신다면 옛 3왕과 5패와 어깨를 나란히 하는 것은 쉬운 일로서, 삼왕[2]은 대왕을 더하여 4왕으로 하고 오패는 대왕을 더하여 6패(覇)로 칭하게 될 것입니다.

그러나 대왕이 만일 진나라의 백성이 많고 무력이 강한 것만을 믿고 위나라를 깨뜨린 위력을 빌어 힘으로 천하의 제후들을 굴복시키려 한다면, 다만 후환이 있게 될 것이 두렵습니다. 《시경》에는 『시작이 없는 것은 없지만 끝이 좋기란 드물다』고 했고, 《역경》에는 『여우가 물을 건너려면 그 꼬리를 적시게 마련이다』라고 했습니다. 이 말들은 시작은 쉽지만 끝맺음은 어렵다는 것을 나타낸 말들입니다.

왜 그런가 하면, 옛날 지씨(智氏 : 지백요)는 조(趙)나라를 치는 것이 유리하다고 예견했을 뿐 자기 몸이 유차(榆次)에서 죽을 것은 생각지 못했으며, 오(吳)나라 왕은 제(齊)나라를 치는 것이 유리하다고 예견했을 뿐 간수(干隧 : 오나라의 지명. 소주의 서북)에서 패사(敗死)하는 자기의 운명을 짐작할 수 없었던 것입니다. 이 두 나라는 위세를 떨치지 못해서가 아니라 눈앞의 이익에만 빠져서 사후에 일어날 화를 미처 생각하지 못했기 때문입니다. 오나라 왕은 월(越)나라를 믿은 나머지 그 군사를 종군시켜 제나라를 쳤는데, 애릉(艾陵 : 산동 내무)에서 제나라에 이기기는 했지만 삼저포(三渚浦)에서는 오히려 잡힌 몸이 되었습니다. 지씨(智氏)는 한(韓)·위(魏)나라를 믿은 나머지 그 군사를 종군시켜 조나라를 치고 진양성(晋陽城) 함락을 눈앞에 두었는데, 한나라와 위나라가 지백요(智伯瑤)를 배신하여 그를 착대(鑿臺 : 산서성 유차시 남쪽에 있는 대 이름) 밑에서 죽이고 말았습니다.

지금 대왕께서는 다만 초나라를 깨뜨리지 못하심을 안타

2) 삼왕…하·은·주 창업의 주역인 우임금·탕임금·문·무왕을 말한다. 문왕과 무왕은 아버지와 자식 사이므로 한 임금으로 본다.

까워한 나머지 초나라가 망하면 한나라와 위나라가 강해지는 것을 잊고 계십니다. 저는 대왕을 위해 생각할 때 이런 일에는 찬성할 수가 없습니다. 《시경》에 말하기를, 『큰 세력을 가진 사람은 멀리는 안정시키고 공벌(攻伐)하지 않는다』고 했습니다. 이 말을 생각해 볼 때, 초나라는 진나라 편이요, 한나라와 위나라는 적군입니다. 《시경》에 『이리저리 날뛰는 날랜 토끼라 하더라도 개에게는 잡히고 만다. 다른 사람이 마음속 깊이 비밀을 감추고 있다 하더라도 내 마음으로 그것을 헤아려 알 수 있다』란 말이 있습니다. 지금 대왕께서 한나라와 위나라를 치다가 도중에 한나라와 위나라가 대왕께 잘한다고 믿는 것은 바로 오나라가 월나라를 믿었던 일과 같은 것입니다. 『적은 용서해서는 안 되며, 시기는 놓쳐서는 안 된다』란 말이 있는데, 저는 한나라와 위나라가 공손히 하여 진나라의 근심을 덜어줄 것처럼 하는 것은 실상 진나라를 속이려는 것이 아닌지 염려스럽습니다.

왜냐하면 진나라는 대대로 한나라와 위나라에 대해 덕을 베푼 일이 없고, 반대로 한나라와 위나라로부터 여러 대에 걸쳐 원한만을 사고 있었기 때문입니다. 대체로 한나라와 위나라의 부자 형제들은 진나라 때문에 뒤를 이어 전사한 자가 거의 10대(代)에 이르고 있습니다. 그들의 나라는 황폐되고 사직은 무너졌으며 종묘는 헐렸습니다. 배를 째고 창자를 자르며 목을 꺾고 턱이 달아나 머리와 몸뚱이가 떨어져 나갔으며, 배는 초택(草澤)에 흩어지고 머리통은 땅에 나뒹그러진 채 서로 국경에서 바라보고 있습니다. 또 부자와 노약자들로서 목을 매고 손이 묶여 포로가 된 사람들이 길 위로 끊일 날이 없습니다.

죽은 자의 영혼은 홀로 슬퍼할 뿐으로, 제사를 지내 줄 유족마저 없습니다. 백성들은 생활에 안정을 잃고 친족은 이산유망(離散流亡)하며 남의 노비와 첩이 된 사람도 국내에는 수많이 있습니다. 그런 까닭에 한나라와 위나라가 멸망하지 않는다는 것은 진나라에 있어 근심거리인 것입니다. 그런데 지금 대왕이 한나라와 위나라의 힘을 빌려 초나라를 치려고 하는 것은 계책 자체가 잘못된 것이 아니겠습니까?

그리고 대왕께서 초나라를 치려 할 때 도대체 어느 곳으로부터 출병시키려고 하십니까. 만약 원수인 한나라와 위나라에서 길을 빌 수 있으시다면 대왕의 군사는 출병한 다음 다시는 돌아오지 못할 것을 각오하셔야 합니다. 이것은 대왕이 군사를 가지고 원수인 한나라와 위나라를 원조하는 것이 됩니다. 만약 한나라와 위나라로부터 길을 빌지 않으신다면 틀림없이 수수(隨水) 우안(右岸)의 땅(하남, 등현의 서쪽)을 공격하시겠지요. 수수 우안의 땅은 모두 광대한 하천이나 산림 계곡으로 개간되지 않은 토지입니다. 비록 이 땅을 영유하신다 한들 땅을 얻은 것이 되지는 않을 것입니다. 대왕에게는 초나라를 깨뜨렸다는 명목만이 있을 뿐 땅을 얻는다는 실질(實質)은 함께 따르지 못합니다. 어쨌든 대왕께서 초나라를 치실 때에는 제(齊)·조(趙)·한(韓)·위(魏) 네 나라가 한꺼번에 출병하여 대왕에게 대응할 것입니다.

만일 진·초 양 군이 교전하여 승패가 나지 않고 장기전이 될 것 같으면 위나라는 진출하여 유(留)·방여(方與)·질(銍)·호릉(湖陵)·탕(碭)·소(蕭)·상(相)을 쳐서, 옛날 송(宋)나라 땅은 차례로 위나라 수중에 들어갈 것입니다. 또 제나라 군사는 남쪽으로 향하여 초나라를 쳐서 사수(泗水) 일대는 틀림없이 제나라에게 공략될 것입니다. 이 지방들은 모두 사통팔달 비옥한 평원인데, 오직 제나라와 위나라에게 그 공략을 맡기게 됩니다.

동산의 험(險)을 옷깃으로 하고, 곡하의 이(利)를 띠로 한다

만약 대왕께서 초나라를 깨뜨리면 중원(中原)에서 한나라와 위나라를 살찌게 만들고, 제나라를 강하게 만드는 결과가 됩니다. 한나라와 위나라가 강해지면 진나라에 충분히 대항할 수 있습니다. 또 제나라는 남쪽으로 사수를 경계로 하며, 동쪽으로는 바다를 업고 북쪽으로는 황하(黃河)가 있어 뒤의 근심이 없게 됨으로써 천하의 제국 중 제나라 · 위나라보다 강한 나라는 없게 될 것입니다. 제나라와 위나라는 땅을 얻고 이익을 누리며, 거짓으로 진나라를 섬기고 있으면 1년 뒤에는 스스로 제(帝)라 칭하지는 못할지라도 대왕이 제(帝)라 칭하는 것을 방해할 만한 힘을 갖추고도 남을 것입니다.

대체로 대왕처럼 넓은 영토와 많은 백성과 강한 군사를 가지고 있으면서 한 번 일을 꾸며 초나라에 원한을 심게 하고, 한나라와 위나라로 하여금 귀중한 제호(帝號)를 제나라에 바치도록 만든다는 것은 대왕의 실책입니다. 저는 대왕을 위해 생각할 때, 초나라와 친선을 도모하는 길보다 나은 일이 없다고 봅니다. 진나라와 초나라가 하나로 합쳐 한나라를 상대하게 되면 한나라는 반드시 손을 쓸 수가 없게 될 것입니다.

대왕께서 동산(東山)의 험(險)을 옷깃으로 하고, 곡하(曲河)의 이(利)를 띠로 하신다면 한나라는 반드시 한낱 관문 안의 제후로 변하고 말 것입니다. 이런 뒤에 대왕이 10만의 군사로써 한나라 도읍 정(鄭)을 지키게 되면 위나라는 가슴이 서늘하게 될 것입니다. 허(許 : 하남 허창의 동쪽)와 언릉(鄢陵 : 하남 언릉의 서남쪽)은 성 안에 갇히게 되고, 상채(上蔡 : 하남 상채의 서남쪽)와 소릉(召陵 : 하남 언성의 동쪽)은 수도(首都)와의 교통이 끊기게 되어 위나라 역시 관문 안의 한 제후로 변하고 말 것입니다. 대왕께서 일단 초나라와 화친하여 한나라와 위나라의 두 만승(萬乘) 임금을 관내후(關內侯 : 진나라 영토 내의 소 제후)로 만들고 제나라와 국경을 맞대게 되면 제나라 서쪽 땅은 두 손을 움직이지 않아도 차지하게 될 것입니다. 즉 대왕의 땅은 중국의 동쪽과 서쪽에 걸쳐 천하를 주름잡을 수 있게 될 것입니다. 이렇게 되면 연(燕)나라와 조나라는 제나라와 초나라의 도움을 얻지 못하게 되고, 제나라와 초나라는 연나라와 조나라의 원조를 얻지 못하게 됩니다. 그런 다음에 연나라와 조나라를 공포에 떨게 하고 곧장 제나라와 초나라를 뒤흔들게 되면, 이들 네 나라는 힘들여 공격할 것도 없이 복종하게 될 것입니다.」

이 말을 듣고 소왕(昭王)이 말했다.

「과연 그렇군.」

그리고는 백기(白起)의 출발을 중지시키고 한나라와 위나라의 청을 거절한 다음, 초나라에 사신을 보내 선물을 바치고 동맹국이 될 것을 약속했는데, 황헐은 이 약속이 이루어진 다음에 초나라로 돌아갔다. 초나라는 황헐을 태자 완(完)과 함께 진나라로 들여보내 인질로 삼았다. 진나라에 머무르기 몇 년, 초나라 경양왕이 병석에 누웠건만, 태자는 귀국할 수 없었다. 태자는 진나라 상국 응후(應侯)와 친했다. 황헐이 응후에게 물었다.

「상국께서는 초나라 태자에게 정말로 호의를 가지고 계십니까?」

응후가 대답했다.

「그렇소.」

황헐이 다시 말했다.

「지금 초나라 왕은 병을 앓고 있는데, 아마 재기할 수 없을 것입니다. 진나라로서는 이 때에 초나라 태자를 귀국시키는 것이 제일 상책이리라 생각합니다. 태자가 귀국하여 왕위에 오르게 되면 진나라를 진심으로 섬기게 될 것이고, 상국의 덕임을 깊이 새기게 될 것입니다. 이것은 동맹국과 친해지고 덕을 만승의 나라에 쌓는 것입니다. 만약 돌려보내지 않을 것 같으면 태자이더라도 도읍 함양(咸陽)의 한 평민에 지나지 못하고, 만약 다른 태자가 즉위하게 되면 초나라는 틀림없이 진나라를 섬기지 않게 되겠지요. 동맹국을 잃고 만승의 나라와 화친을 끊는 것은 결코 좋은 계책이라 말할 수는 없습니다. 상국께서는 숙고하시어 원하는 바를 들어 주시기 바랍니다.」

응후가 이 말을 진나라 왕에게 하자, 진나라 왕이 말했다.

「초나라 태자의 부(傅)를 파견하여 우선 초나라 왕의 문병을 하게 한 다음, 그가 돌아와서 하는 보고에 따라 처리하도록 하오.」

그래서 황헐은 초나라 태자에게 한 계책을 가르쳐 주었다.

「진나라가 태자를 억류하는 것은 태자를 이용하여 이익을 얻기 위해서입니다. 그러나 지금의 태자에게는 진나라에게 이익을 줄 만한 힘이 없으니 저는 이 점이 걱정됩니다. 나라에는 양문군(陽文君 : 초나라 왕의 형제인 듯)의 아들 두 명이 궁중에 있습니다. 만일 임금이 세상을 떠나시고 태자가 안 계시면 양문군의 아들이 뒤를 잇게 되고, 태자는 종묘를 섬길 수 없게 될 것입니다. 사자와 함께 진나라를 탈출하는 것이 상책일 것으로 생각합니다. 저는 이곳에 남아서 목숨을 걸고 뒤처리를 맡겠습니다.」

초나라 태자는 변장을 하고 초나라 사신의 마부가 되어 함곡관을 빠져나왔다. 황헐은 태자의 여사(旅舍)에 남아 있으면서 계속 병을 핑계로 외출을 하지 않았다. 그는 태자가 이미 멀리 떠나가서 진나라가 뒤쫓을 수 없을 때쯤 해서 직접 진나라 소왕에게 말했다.

「초나라 태자는 이미 귀국하기 위해 함곡관을 나서서 멀리 가 있습니다. 도망시킨 이 황헐의 죄는 죽어 마땅합니다. 청컨대 죽음의 죄를 내려주십시오.」

소왕은 크게 노하여 자살할 것을 명하려는데, 응후가 말했다.

「황헐은 신하로서 자기 한 몸을 던져 주군에게 충성을 다 했습니다. 태자가 즉위하면 황헐이 등용될 것은 뻔한 일입니다. 그러므로 죄를 묻지 마시고 그대로 돌려보내 초나라와 화친하는 것이 좋을 것입니다.」

전국사군(戰國四君)

그래서 진나라에서는 황헐을 귀국시켰다. 초나라에 돌아온 지 3개월 후 초나라의 경양왕이 죽고 태자 완이 즉위했다. 이 사람이 고열왕(考烈王)이다. 고열왕 원년, 황헐을 재상으로 임명하고 춘신군(春申君)에 봉한 다음, 영지로서 회북(淮北) 땅 12현을 하사했다. 15년 후, 황헐은 초나라 왕에게 말했다.

「회수 북쪽의 땅은 제나라와 접하고 있어서 일단 일이 생기게 되면 긴급처치를 요하는 곳이므로, 그곳을 군(郡)으로 만들어 직접 관리하는 편이 나을 것입니다.」

황헐은 회북의 12현을 국가에 바치고 그 대신 강동(江東)에 봉지를 청했다. 왕이 이를 허락함으로써 춘신군은 옛날 오(吳)나라의 성지에 성을 쌓고 자기의 도읍으로 만들었다.

춘신군이 초나라의 재상이 되었을 무렵, 때를 같이 하여 제나라에는 맹상군, 조나라에는 평원군, 위나라에는 신릉군이 있었는데, 모두 다투어 선비들을 맞아들이고 빈객을 불러 모으는 일에 서로 힘껏 다투었다. 그들은 선비들의 힘을 빌려 나라의 정치를 돕고 한편으로는 자신들의 권력을 펴려고 했다.

춘신군이 초나라 재상이 된 지 4년에 진나라는 조나라 장평에서 조나라 군사 40여만을 깨뜨리고, 이듬해 5년에는 한단을 포위했다. 한단에서는 위급함을 초나라에 통고하고 구원을 청했다. 초나라에서는 춘신군에게 군사를 내주어 구원하러 보냈는데, 진나라 군사가 포위를 풀고 후퇴했기 때문에 춘신군은 되돌아왔다. 춘신군은 재상이 된 지 8년, 초나라를 위해 북벌해서 노(魯)나라를 멸망시키고, 또 순경(筍卿)을 난릉(蘭陵 : 산동, 역현의 동쪽)의 태수로 임명했다.

이 무렵 초나라는 다시 강대해졌다. 조나라 평원군의 사신이 춘신군에게 왔다. 춘신군은 상사(上舍)에 머물게 했다. 조나라의 사신은 초나라에 자랑을 할 생각으로 대모(瑇瑁)로 만든 비녀를 꽂고, 구슬로 장식한 칼을 칼집에 차고 춘신군의 빈객들에게 만나기를 청했다. 춘신군에게는 빈객이 3천여 명이나 있었는데, 그 상객(上客)은 모두 구슬을 장식한 신을 신고 있었으므로 그들을 만나 본 조나라 사신은 오히려 부끄럼을 당하고 말았다.

춘신군이 재상이 된 지 14년, 진나라는 장양왕(莊襄王)이 즉

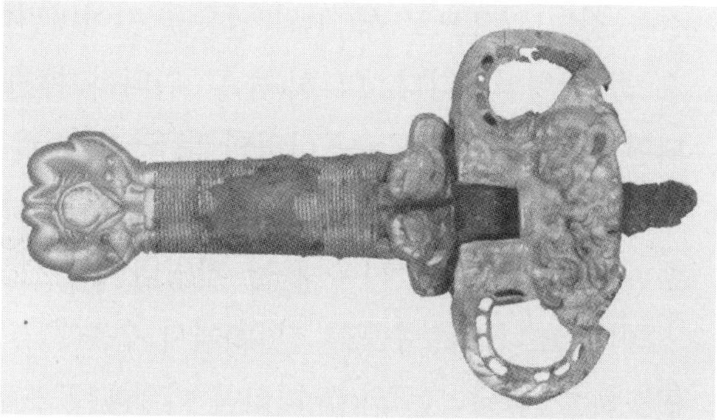
금제 손잡이 철검(춘추전국시대에 주로 귀족들이 차고 다녔다)

위하고 여불위(呂不韋)를 승상으로 삼아 문신후(文信侯)에 봉하고 동주(東周)를 차지했다. 춘신군이 재상이 된 지 22년, 천하의 제후들은 진나라의 침략이 그치지 않는 것을 걱정한 나머지 함께 합종(合縱)하고 서쪽으로 향하여 진나라를 치기로 했다.

초나라 왕은 합종의 맹장(盟長)이 되었으며 춘신군이 모두 지휘했다. 연합군은 함곡관에 육박했지만 진나라 군사의 반격을 받고 모두 패주했다. 초나라의 고열왕은 이것을 춘신군의 책임으로 돌렸다. 그래서 춘신군은 그 이후 왕에게 미움을 사게 되었다.

빈객 중 관진(觀津 : 하북, 무읍) 사람으로 주영(朱英)이란 자가 있었다. 그가 춘신군에게 말했다.

「사람들은 모두 지난날에는 초나라가 강했었는데, 군(君 : 춘신군)이 정치를 하고 나서부터 약해졌다고 생각합니다. 그러나 나는 그렇게 생각지 않습니다. 선왕 시대에 진나라와 친선하여 20년 동안 공격을 받지 않았던 것은 무엇 때문입니까? 진나라가 맹애(鄳隘 : 하남 신양)의 요새를 넘어와서 초나라를 치기가 불편했고, 또 동주와 서주에 길을 빌려야 되었으며, 한나라와 위나라를 등 뒤에 두고 초나라를 치는 것이 불가능했기 때문입니다. 그러나 지금은 그렇지가 않습니다. 위나라는 나날이 멸망의 길을 걷고 있으므로 허(許)와 언릉을 잃어버린다 해도 아까워할 수 없는 형편입니다. 그 허(許)를 위나라가 진나라에 떼어주게 되면 진나라의 군사는 초나라의 도읍 진(陳)과는 겨우 1백 60리 거리로 육박해 오게 됩니다. 제가 생각하기에는 이제 진나라와 초나라는 매일같이 싸우게 될 것입니다.」

이에 초나라는 수도를 진(陳)에서 수춘(壽春 : 안휘 수현)으로 천도하고, 진나라는 위(衛)나라를 야왕(野王 : 하남 심양)으로 옮긴 다음, 그 자리에 동군(東郡)을 두었다. 춘신군은 그 후 오(吳)의 봉지(封地)에서 재상의 정무를 보았다.

초나라의 고열왕에게는 아들이 없었다. 춘신군은 이 일을 걱정하여 아이를 낳을 만한 부인을 구하여 자주 왕에게 바쳤는데 끝내 아들을 낳지 못했다.

조나라 사람 이원(李園)은 누이동생의 미모를 믿고 동생을 초나라 왕에게 바쳐야겠다고 생각했다. 그러나 자식을 반드시 낳을 것 같지 않다고 생각하니, 그렇다면 오랜 뒤에는 임금의 사랑을 잃고 말 것이 뻔한 노릇이어서 걱정되지 않을 수 없었다. 그래서 이원은 춘신군을 먼저 섬기기로 했다. 그리고 그는 춘신군의 사인(舍人)이 되었다. 얼마 안 되어 그는 휴가를 얻어서 귀국했는데, 일부러 기일에 늦게 돌아갔다. 춘신군이 사정을 묻자 이원이 대답했다.

「제나라 왕이 사신을 보내 제 누이동생을 달라고 했습니다. 그래서 그와 함께 술을 마시다가 이렇게 늦어지게 되었습니다.」

춘신군이 물었다.

「폐백〔聘禮〕은 받았소?」

이원이 대답했다.

「아직 안 받았습니다.」

춘신군이 물었다.

「누이동생을 한번 만나볼 수 있겠소?」

이원이 대답했다.

「그야 어렵지 않습니다.」

이렇게 하여 이원은 누이동생을 춘신군에게 바쳤고, 춘신군은 그녀를 총애했다. 그녀가 아기를 가진 것을 알게 되자, 이원은 누이동생과 계책을 꾸몄다. 그녀는 기회를 보아 춘신군에게 말했다.

「초나라 왕이 상공을 소중히 여기고 아끼는 형제라도 그럴 수가 없을 정도입니다. 지금 상공께서는 초나라의 재상으로 있은 지 20년이나 되었는데 왕에게는 아기가 없습니다. 만약 붕어하신다면 왕의 형제분이 즉위하게 될 텐데, 그렇게 되면 지금까지 신왕(新王)과 친했던 사람이 중용될 것은 당연한 일입니다. 그렇게 되면 상공께서는 신왕의 총애를 받으실 수 있겠습니까? 그뿐만 아닙니다. 상공께서는 높은 자리에 계셔서 정권을 잡은 지 오래되셨는데, 초나라 왕의 형제들에게는 예를 차리지 않으신 일이 많습니다. 만약 왕의 형제분이 즉위하게 되면 상공께는 틀림없이 화가 미치게 될 것입니다. 그러니 재상의 인수나 강동(江東)의 봉읍 따위를 어찌 보전할 수 있겠습니까. 지금 저는 아기를 갖게 된 것을 알게 되었는데 남들은 아무도 모릅니다. 제가 상공의 총애를 받은 지가 얼마 되지 않으니 상공께서 왕에게 저를 추천해 주신다면 왕은 틀림없이 저를 총애하실 것입니다. 제가 하늘의 도움으로 다행히 아들을 낳게 된다면 바로 상공의 아들이 왕이 되는 셈이니 초나라는 상공의 나라가 됩니다. 예측하기 어려운 화에 빠지는 것과 어느 쪽이 낫겠습니까?」

생각지 않았던 복, 생각지 않았던 화

춘신군은 그 말이 그럴듯하게 생각되었으므로 이원의 누이동생을 다른 관사에 살게 하고 왕에게 진언했다. 초나라 왕은 왕궁으로 그녀를 불러들였고 총애했는데 마침내 아들을 낳았다. 왕은 이 아들을 세워 태자로 삼았고, 이원의 누이동생을 왕후(王后)로 삼았다. 이원은 초나라 왕에게 중용되어 정무를 관여하게 되었다.

이렇게 해서 이원은 누이동생을 왕후에 앉히고 그 아들을 태자로 봉하게 되자, 춘신군의 입에서 비밀이 새어나오거나 그 일로 점점 오만해질 것을 두려워한 나머지, 비밀리에 결사대를 길러 춘신군을 죽임으로써 그 입을 막아버리려고 했다. 그러나 사람들 중에는 이 비밀을 알고 있는 사람이 적지 않았다.

춘신군이 재상이 된 지 25년, 초나라의 고열왕이 병석에 누웠다. 주영(朱英)이 춘신군에게 말했다.

「세상에는 생삭지 않았던 복이 있는가 하면 생각지 않았던 화가 있습니다. 지금 상공께서는 그와 같은 생각지 않았던 화와 복이 일어날 수 있는 세상에 살고 계시며, 기대를 걸 수 없는 임금을 섬기고 계십니다. 그러므로 그런 화를 막을 수 있는, 생각지 않았던 사람이 있지 않으면 안 됩니다.」

「생각지 않았던 복이란 무엇이오?」

「상공께서는 초나라 재상으로 계신 지 20여 년, 벼슬은 재상이지만 실제로는 초나라 왕과 마찬가지입니다. 지금 초나라 왕은 병석에 누웠고 그 목숨은 경각에 달려 있습니다. 그러므로 상공께서는 나이 어린 군주를 도와서 대신 국정을 다스리되 이윤

(伊尹)·주공(周公)과 마찬가지로 주군의 성장을 기다렸다가 정권을 넘겨주시든가, 아니면 스스로 용상에 올라 제후라 일컬어 초나라를 차지하게 되실 겁니다. 이것이 이른바 생각지 않았던 복입니다.」

「생각지 않았던 화는 어떤 것이오?」

「이원은 나라를 다스리지 못하게 되는 것을 상공 때문이라 생각하고 상공의 원수가 되어 결사대를 양성한 지 오래 되었습니다. 초왕이 세상을 떠나면 이원은 틀림없이 우선 궁중으로 들어가서 권력을 장악하고 상공을 죽임으로써 상공의 입을 막으려 할 것입니다. 이것이 이른바 생각지 않았던 화입니다.」

「생각지 않았던 사람이란 누구를 말함이오?」

「상공께서는 저를 낭중(郎中)에 임명해 주시는 것이 좋을 것입니다. 초나라 왕이 세상을 떠나게 되면 이원은 반드시 궁중에 들어올 것입니다. 그러면 제가 상공을 위하여 이원을 죽이겠습니다. 이것이 이른바 생각지 않았던 사람입니다.」

「그대는 그런 생각은 하지 않는 것이 좋겠소. 이원은 약한 인간이오. 나는 또 그를 잘 대해주고 있소. 어찌 감히 그런 일이 있을 수 있겠소?」

주영은 충언이 받아들여지지 않겠다고 생각하자, 머지않아 자기 몸에 닥쳐올 화가 무서워 도망쳤다. 그로부터 17일 후, 초나라 고열왕이 죽자 과연 이원은 우선 궁중으로 들어와서 결사대를 극문(棘門 : 수춘壽春의 성문 이름) 안에 숨겨 두었다. 그리고 춘신군이 극문으로 들어오자 결사대들은 춘신군을 에워싸고 죽인 다음 그 머리를 극문 밖으로 던졌다. 그런 다음 관리들에게 명하여 춘신군의 일족을 차례로 죽여 버렸다.

그리고 이어서 이원은 누이동생이 춘신군에게 총애 받을 때

가졌고 왕의 첩이 되어 낳은 아들을 왕위에 앉혔다. 이 사람이 초나라 유왕(幽王)[3]이다. 이 해는 진나라 시황제 즉위 9년으로, 진나라에서도 노애(嫪毐)가 모반을 일으켰는데, 사전에 발각되어 삼족이 몰살했으며, 여불위도 벼슬에서 쫓겨났다.

태사공은 말한다.

「나는 초나라에 가서 춘신군의 옛 성과 궁실(宮室)을 보았는데, 정말로 장대한 것이었다. 처음에 춘신군이 진나라 소왕을 설득한 것이라든가, 자기 몸을 내던져 초나라 태자를 귀국시킨 일은 참으로 뛰어난 지혜였다고 하지 않으면 안 된다. 후에 이원에게 잡혀 죽게 된 것은 늙어 무능했기 때문이었으리라. 옛말에 『마땅히 끊을 때 끊지 않으면 오히려 그로 인해 난(亂)을 당한다』란 말이 있는데, 이것은 춘신군이 주영의 말을 받아들이지 않은 것을 말함인가?」

---

3) 유왕(幽王)…이름은 웅간(熊悍, 재위 B.C. 237~B.C. 228). 이원(李園)이 여동생을 초나라 왕에게 바쳐서 나은 자식인데, 실은 춘신군의 자식이다. 이것은 여불위가 애첩을 진나라 왕에게 바친 것과 비슷한 행태다. 따라서 초 유왕과 진시황은 정통의 혈통이 아닌 것이다.

범수·채택 열전 제19

범수(范雎)는 위(魏)나라 사람으로, 자(字)를 숙(叔)이라 했다. 제후들에게 유세(遊說)하고 위나라 왕을 섬기려 했으나 집안이 가난하여 활동자금이 조달되지 않아서, 우선 위나라 중대부(中大夫)[1]인 수고(須賈)를 섬겼다.

수고는 위나라 소왕(昭王)의 명을 받아 제나라에 사신으로 갔는데, 범수도 수행하였다. 수고는 제나라에 머무르기 몇 달이나 되었건만 아직도 제나라 왕으로부터 회답을 얻지 못했다. 그 사이에 제나라 양왕(襄王)은 범수가 변설(辯舌)에 능하다는 말을 듣고 범수에게 사람을 보내 금 10근과 쇠고기와 술을 내렸다. 그러나 범수는 사양하고 받지 않으려고 했다. 수고는 이 사실을 알고 크게 노했다. 그것은 범수가 위나라의 비밀을 제나라에 알려주었기 때문에 선물을 보내온 것으로 의심했기 때문이다. 수고는 범수에게 쇠고기와 술은 받고 금은 돌려보내도록 했다.

귀국한 다음에도 수고는 내심 이 일에 대하여 노기를 가라앉히지 않고 끝내는 재상에게 보고했다. 위나라의 재상은 위나라

---

1) 중대부…대부의 벼슬을 상·중·하 세 등급으로 나누었는데, 그 중 가운데 등급에 해당한다.

의 여러 공자(公子) 가운데 한 사람인 위제(魏齊)였는데, 이 말을 듣자 또 크게 노하였다. 그래서 가신(家臣)에게 명하여 범수를 태형(笞刑)에 처하게 했다. 범수는 심한 매를 맞아서 갈비뼈가 부러지고 이가 빠졌다. 범수가 죽은 시늉을 하고 움직이지 않자, 하인들이 그의 몸을 삿자리에 싸서 변소에 놓아두었다. 그러자 술에 취한 빈객들이 돌아가면서 오줌을 누웠다. 다시없는 모욕을 가함으로써 나라의 비밀을 누설한 자가 다시는 생겨나지 않도록 경계하기 위함이었다.

범수는 삿자리 속에서 경비병에게 말했다.

「만약 당신이 나를 구해준다면 반드시 후한 사례를 하겠소.」

그래서 그 경비병은 삿자리 속에 있는 시체를 갖다 버려야겠다고 말했다. 위제는 취해서 대답했다.

「그렇게 하라.」

범수는 마침내 탈출에 성공했다. 그 뒤에 위제는 범수를 놓친 것을 후회하며 범수를 수색했다. 위나라의 정안평(鄭安平)은 이 소문을 듣고 범수를 데리고 달아나 숨어 살았다. 범수는 성과 이름을 바꾸어 장록(張祿)이라고 했다.

그 무렵 진나라 소왕은 알자(謁者)[2)]인 왕계(王稽)를 위나라에 사신으로 보냈다. 정안평은 신분을 속이고 그 하인이 되어 왕계를 모시게 되었다. 왕계가 정안평에게 물었다.

「위나라에는 진나라로 함께 데리고 가서 진왕에게 유세시킬 만한 현인이 있는가?」

「저희 동네에 장록선생이란 분이 있는데, 상공과 만나서 천

---

2) 알자(謁者)…춘추시대에 설치한 관직 이름. 전국시대에는 왕의 공문이나 명령을 전달하였다.

하 대사를 의논하고 싶어 하십니다. 그런데 그 분은 원수들에게 쫓기고 있는 몸이 되어 낮에는 만나실 수가 없습니다.」

「한밤중에 데리고 오도록 하라.」

그날 밤, 정안평은 장록을 왕계와 만나게 해주었다. 얼마 동안 이야기를 나누어본 왕계는 범수의 비범함을 꿰뚫어 보았다.

「선생은 삼정(三亭) 남쪽에서 나를 기다려 주시오.」

왕계는 범수와 비밀리에 약속을 하고 헤어졌다. 왕계는 위나라 도읍을 떠나 도중에 삼정에서 범수를 수레에 태워 가지고 진나라에 들어갔다. 호(湖 : 지명. 섬서 함양 동쪽)까지 오자 서쪽에서 마차와 기마대가 다가오는 것이 보였다. 범수가 왕계에게 물었다.

「저기에서 오는 것이 누구입니까?」

왕계가 대답했다.

「진나라 재상 양후(穰侯 : 위염)가 동쪽의 여러 현을 순행하고 있는 중일 것이오.」

범수가 말했다.

「저는 양후가 진나라 국권을 마음대로 휘두르며, 열국의 유세객이 입국하는 것을 싫어한다고 들었습니다. 저에게도 욕을 보일지 모르겠으니, 저는 잠시 수레 안에 숨어 있겠습니다.」

잠시 뒤 과연 양후는 다가와 수레를 멈추게 하여 왕계의 수고를 위로했다.

「관동(關東 : 함곡관 동쪽)에는 무슨 일이 없었소?」

「아무 일도 없었습니다.」

「그대는 혹시 제후들의 유세객을 데리고 오지는 않았겠지요? 그런 자들은 아무 이익도 없으며, 그저 남의 나라를 어지럽히기만 할 뿐이거든.」

「빈객이라니, 가당치도 않습니다.」

양후는 그대로 가버렸다. 그러자 범수가 말했다.

「양후는 지모(智謀)가 있는 선비라고 들었습니다만, 역시 사람이 소홀하군요. 수레 안에 사람이 숨어 있을 것으로 의심은 하면서도 뒤져보는 것을 잊었습니다.」

그러고 나서 범수는 수레에서 내려와 말했다.

「틀림없이 후회하고 뒤져보려고 다시 올 것입니다.」

그리고는 도망쳤다. 왕계의 수레가 10여 리쯤 갔을 때, 과연 기마병 한 명이 와서 왕계의 수레를 뒤졌으나 아무도 없었기 때문에 그냥 돌아갔다.

누란지위(累卵之危)

왕계는 마침내 범수와 함께 함양으로 들어왔다. 왕에게 사신으로 다녀온 결과를 보고한 다음 말했다.

「위나라에 장록선생이란 분이 있는데, 천하의 변설가(辯舌家)입니다. 그는 이런 말을 했습니다. 『진나라는 계란을 쌓아 놓은 것보다도 위험하오〔累卵之危〕. 그러나 나를 쓴다면 안태하게 될 것이오. 단 그 방법을 서면(書面)으로는 말할 수가 없소』라고 하기에 제가 수레에 태워서 데리고 왔습니다.」

그러나 진나라 왕은 그 말을 믿지 않고 범수에게 관사를 정해 주라 하고 하등의 음식을 줄 뿐이었다. 이렇게 해서 범수는 진나라 왕이 불러주기를 기다리기 1년여에 이르렀다.

당시 소왕이 즉위한 지 이미 36년이 되었다. 그 동안 남으로는 초나라의 언(鄢)과 영(郢)을 쳐서 함락시키고, 초나라 회왕(懷王)도 진나라에 억류시켜 두고 있었다. 동쪽으로는 제나라를 깨뜨려서 일찍이 제호(帝號)를 칭했던 민왕(湣王)도 그 이후 이 칭호를 쓰지 못했다. 또 진나라는 이따금 한·조·위 등 삼진(三晋)을 괴롭혔고, 천하의 유세객을 억압하며 신용하지 않았다.

양후와 화양군은 소왕의 어머니 선태후의 동생이며, 경양군·고릉군도 모두 소왕의 외숙이었다. 양후는 재상이 되고, 다른 세 사람은 돌아가면서 장군이 되어 영지를 소유하고, 태후와의 관계로 인하여 그들의 사가(私家) 재산은 왕실을 능가할 정도였다.

양후가 진나라 장군이 되어 위나라와 한나라의 영토를 넘어 제나라의 강수(剛壽 : 산동 영양의 동북)를 치고 자기 영지인 도(陶 : 산동 정도의 서쪽)를 넓히고자 하자, 범수는 글을 올려 이렇게 말했다.

「제가 듣건대 『명군이 베푸는 정치에서는 공로가 있는 자는 반드시 포상을 받으며, 능력이 있는 자는 반드시 등용된다. 노고가 큰 자는 봉록이 많고, 공적이 많은 사람은 직위가 높아지며, 백성을 잘 다스리는 자는 벼슬이 높다. 그러므로 무능한 자가 관직에 앉는 일이 없고, 유능한 자는 그 재능을 감출 수가 없다』 라고 했습니다. 만약 제 말이 옳다고 생각하신다면 이 길을 실천하시고, 그렇게 하면 왕의 정치에 더욱더 이익이 될 것입니다. 그러나 만약에 제 말이 옳지 않다고 생각되신다면, 저를 언제까지 머물러두게 해도 아무 이익이 없습니다. 옛말에 『용군(庸君)은 그가 사랑하는 사람을 포상하고 미워하는 사람을 처벌한다. 그러나 명군은 그렇지 아니하다. 포상은 반드시 공이 있는 사람에게 주고, 형벌은 반드시 죄 있는 사람에게 내린다』 고 했습니다.

지금 저의 가슴은 과녁을 받을 자격이 없고, 허리는 부월(斧鉞)을 받을 자격이 없는 비천한 몸인데, 감히 확신이 없는 일을 말하여 왕을 시험하려 하겠습니까? 저를 천한 사람이라 하여 가볍게 여기실지라도 저를 책임지고 천거한 사람은 왕을 배반할 사람이 아니란 것은 믿으실 겁니다. 또 저는 이런 말을 들은 적이 있습니다. 『주(周)나라에는 지액(砥砨)이 있고, 송(宋)나라에는 결록(結綠)이 있으며, 양(梁)나라에는 현려(縣藜)가 있고, 초나라에는 화박(和朴)이 있다. 이 네 보옥은 처음 땅 속에서 나왔을 때 뛰어난 공장(工匠)들도 알아차리지를 못했는데, 마침내는 천하의 명기가 되었다』란 말이 있습니다. 그렇다면 성왕께서 무능하다고 버린 사람이 반드시 나라를 부강하게 할 수 없는 사람이라고만 할 수 있겠습니까?

저는 또 『대부(大夫)의 집을 부하게 만드는 사람은 나라 안에서 찾고, 제후의 나라를 강하게 만드는 사람은 천하에서 찾으라』는 말을 들었습니다. 천하에 명군(明君)이 있으면 다른 제후들은 마음먹은 대로 자기 나라를 부강하게 만들지 못하는 법입니다. 명군이 천하의 인재를 구하여 그 영달과 권세를 마음대로 휘두르기 때문입니다. 명의(名醫)는 환자의 사활(死活)을 알고, 성군은 일의 성패에 밝습니다. 성공할 것 같으면 행하고 실패할 것 같으면 행하지 않으며, 의심스러우면 좀 더 시험해 봅니다. 이 방법은 비록 순(舜)·우(禹)가 다시 태어나더라도 변함이 없을 것입니다. 이보다 더 긴요한 문제에 관해서는 감히 글로 적을 수가 없고, 또 하찮은 말은 들려드릴 만한 가치가 없습니다. 제가 아직도 등용되지 못했던 것은 제가 우둔했기 때문에 왕의 마음에 들지 않아서였을까요, 저를 추천한 사람의 신분이 천해서였을까요? 만약 그 아무 것도 아니었다면 바라옵건대, 틈을 내시어 저에게 존안(尊顔)을 뵈올 수 있는 영광을 주시옵소서. 만약 제가 드리는 말씀에 한 마디라도 쓸모 있는 것이 없을 때에는 삼가 주살(誅殺)이라도 달게 받겠습니다.」

진나라에는 왕은 없고 태후와 양후가 있을 뿐이다

진나라 소왕은 이 글을 읽고 크게 기뻐하여 왕계에게 명하여 수레로 범수를 데려오라고 했다. 이렇게 하여 범수는 장안(長安)의 이궁(離宮 : 왕이 임시로 머무는 궁실)에서 왕을 알현하게 되었는데, 그 때 그는 짐짓 길을 모르는 체하며 후궁들이 드나드는 영항(永巷 : 궁중 깊이에 있는 곳)으로 들어갔다. 때마침 왕이 나타나자, 환관은 노하여 말했다.

「왕께서 납신다!」

그러면서 범수를 내쫓으려고 했다. 범수는 시치미를 떼고 말했다.

「진나라에 무슨 왕이 있단 말이오. 진나라에는 태후와 양후만이 있을 뿐이오.」

범수의 이 말은 물론 소왕을 노엽게 만들기 위함이었다. 소왕은 다가와 범수가 환관과 말다툼하는 것을 듣고 곧 그를 궁중으로 청해 들였다.

「나는 일찍부터 선생의 가르침을 받고자 했는데, 마침 의거(義渠 : 서융의 나라 이름)와의 문제가 긴박해서 조석으로 태후의 지시를 받기에 틈이 없었소. 이제 의거와의 문제도 마무리되었으니, 선생의 가르침을 받게 되었구려. 나는 내가 우둔했음을 민망하게 생각하오. 삼가 주인과 손의 대등한 예로써 말씀해 주기 바라오.」

범수는 사양했다. 그 날 범수의 알현 현장을 지켜본 뭇 신하는 모두 숙연하고 낯빛을 바꾸지 않는 사람이 없었다. 마침내 진나라 왕은 좌우의 사람을 모두 내보낸 다음, 궁중에 인기척이 없어지자 두 무릎을 꿇고 말했다.

「선생은 무엇을 가르쳐 주시겠습니까?」

그러자 범수는 선뜻 대답을 하지 않았다.

「예, 예.」

조금 뒤 진나라 왕은 또 무릎을 꿇고 말했다.

「선생께서는 나에게 무엇을 가르쳐 주시겠습니까?」

범수는 역시 「예, 예」 할 뿐 말을 하지 않았다. 이렇게 세 차례를 되풀이하자, 진왕이 또 무릎을 꿇고 말했다.

「선생께서는 끝내 나에게 아무것도 가르쳐 주시지 않을 생각이십니까?」

입을 다물고 발을 동여매다

그러자 범수가 비로소 말했다.

「절대로 그럴 생각은 아닙니다. 저는 이런 말을 들었습니다. 옛날 여상(呂尙)[3]이 문왕(文王)과 만났을 때, 그 몸은 일개 어부

---

3) 여상(呂尙)…본명은 강상(姜尙)이다. 그의 선조가 여(呂)나라에 봉하여졌으므로 여상이라 불렸고, 속칭 강태공으로 알려져 있다. 주나라 문왕(文王)의 초빙을 받아 그의 스승이 되었고, 무왕(武王)을 도와 상(商)나라 주왕(紂王)을 멸망시켜 천하를 평정하였으며, 그 공으로 제(齊)나라에 봉함을 받아 그 시조가 되었다. 동해(東海)에 사는 가난한 사람이었으나, 위수(渭水)에서 낚시질을 하다가 문왕을 만나게 되었다는 등 그에 대한 전기는 대부분이 전설적이지만, 전국시대부터 한(漢)나라 시

로서 위수(渭水) 가에서 낚시질을 하고 있었습니다. 문왕과 잘 아는 처지가 아니었으므로 알현할 기회가 없었기 때문이지요. 그러나 한 번 이야기를 하자, 문왕은 그 인물에 탄복하여 태사(太師)로 모시기로 하고 수레에 태워 함께 돌아갔습니다. 여상의 말이 심원(深遠)했기 때문입니다. 이로 인하여 문왕은 마침내 여상의 힘으로 공업(功業)을 이루고 천하의 왕이 되었습니다.

태공망 여상

만약 처음에 문왕이 여상을 멀리하여 심원한 말을 듣지 못했더라면 주(周)나라에는 천자의 덕이 갖추어지지 못했을 것이며, 문(文)·무(武) 두 왕도 왕업을 성취하지 못했을 것입니다. 지금 저는 나그네 길에 있는 타국 사람으로 대왕과는 서먹한 사이입니다. 그런데 대왕께 말씀드리고 싶은 것은 모두 군주의 과오를 바로잡으려는 것뿐이며, 또 왕의 가까운 혈육 간에 관한 일입니다. 어리석지만 충성을 다하고자 하는 마음은 간절하오나 아직 대왕의 속마음을 알 길이 없습니다. 대왕께서 세 번이나 물으셨을 때 대답을 하지 않은 것도 실은 이 때문이지 결코 제가 외람되어서가 아니었습니다. 저는 오늘 대왕 앞에서 말씀을 드리고 내일 주살당할 것을 각오하고 있습니다. 그러나 저는 그런 것을 무서워

대에는 경제적 수완과 병법가로서의 그의 재주가 회자되기도 하였다. 병서(兵書) 《육도(六韜)》(전 6권)는 그의 저서라 하며, 뒷날 그의 고사를 바탕으로 하여 낚시질하는 사람을 태공망 혹은 태공이라 하는 속어가 생겼다.

하여 기피하지는 않습니다. 대왕께서 제가 드리는 말씀을 들으시고 그대로 실행만 하신다면 죽음도 괴로울 것이 못되고 귀양살이도 두려울 것이 못되며, 몸에 옻칠을 하여[4] 문둥병자를 만들거나, 머리를 산발시켜 미치광이처럼 되더라도 부끄럼을 모르겠습니다. 오제(五帝) 같은 성인도, 삼왕(三王) 같은 인자(仁者)도, 오패(五覇) 같은 현인이더라도 죽으며, 오획(烏獲)・임비(任鄙)와 같은 역사(力士)도 죽었고, 성형(成荊)・맹분(孟賁)・왕경기(王慶忌)・하육(夏育)과 같은 용사들도 모두 죽었습니다. 죽음은 인간이 결코 피할 수 없는 것입니다. 그와 같이 어차피 죽는 것이라면 조금이라도 진나라의 과오를 바로잡고 싶은 것이 저의 바램입니다. 그 밖에 무엇을 걱정하겠습니까. 오자서는 자루 속에 숨고 수레에 실려서 소관(昭關 : 안휘 함산의 북쪽)을 나와 낮에는 들에 숨고 밤에는 걸었는데, 능수(陵水)에 도착했을 때는 먹을 것이 없었습니다. 그는 오(吳)나라 시장바닥에서는 무릎걸음을 치고 기어서 나아가 머리를 땅에 조아리고 옷을 벗은 채 배를 두들기고 피리를 불면서 구걸을 했습니다. 그러나 마침내는 오나라를 부흥시켰고, 오왕 합려를 패자(覇者)로 만들었습니다. 저도 오자서처럼 지모를 다할 수 있게만 해주신다면, 비록 옥에 갇히는 몸이 되어 평생에 다시 대왕을 뵈올 수 없더라도 저의 말이 실행되는 데 또 무슨 걱정을 하겠습니까. 기자(箕子)[5]와 접여(接

4) 몸에 옻칠을 하면 등창이 나는데, 이렇게 하여 문둥병환자처럼 보이게 할 수 있다. 이렇게 함으로써 다른 사람의 이목을 피하려는 것이다.

5) 기자(箕子)…이름은 서여(胥余). 기(箕, 지금의 산서성 태곡현 동남쪽)에 봉해져 기자라고 한다. 상(商)의 28대 태정제(太丁帝)의 아들로서 주왕(紂王)의 숙부이다. 농사와 상업, 예법(禮法) 등에 두루 능통하였으며, 상(商)을 떠나지 않고 주왕의 폭정에 대해 간언하다 유폐되어 비간(比干), 미자(微子)와 함께 상(商) 말기의 세 명의 어진 사람(三仁)으로 꼽힌다. 기자는 고조선 개국설화 중에서 자기 나라가 멸망한 후 조선에

輿)[6]는 몸에 옻칠을 하여 문둥병자를 가장하고, 머리를 산발하여 미치광이로 꾸미기까지 하였으나, 모두 그의 임금을 도울 수는 없었습니다. 만약 제가 기자와 똑같은 행동을 하게 되더라도 현명한 군주를 도울 수만 있다면 저에게는 큰 영광이 될 것이니 또 무엇을 부끄러워하겠습니까. 제가 두려워하는 것은 제가 죽은 뒤에 선비들이 제가 충성을 다하고도 죽임을 당하는 것을 보고 그로 인하여 입을 다물고 발을 동여맨〔杜口裹足〕 채 감히 진나라로 오려 하지 않을까 하는 것뿐입니다. 만약 대왕께서 위로는 태후의 위엄을 두려워하고, 아래로는 간신들의 아첨과 거짓에 매혹되어 깊숙한 궁궐 속에만 계시면서 근시(近侍)들의 손에서 헤어나지 못하시고, 평생을 어둠 속에서 간악한 신하를 가려내지 못한다면, 크게는 종묘(宗廟)를 뒤집어엎게 되고, 작게는 대왕의 몸이 고립되어 위태롭게 될 것입니다. 이것만이 제가 두려워하는 것입니다. 저 자신이 곤궁하게 지내고 부끄러움을 당하는 것이나, 처형을 당하고 귀양살이의 고초를 겪는 것은 결코 두려운 일이 아닙니다. 제가 죽고 진나라가 잘 다스려지기만 한다

와서 예의·전잠(田蠶)·직작(織作)·팔조지교(八條之敎)를 가르치고. 기자조선의 시조가 되었다고 하지만, 오늘날에는 요동(遼東)과 한반도 지역의 청동기가 중국과 크게 다르며, 한(漢) 이전의 기록들에서는 기자가 조선으로 갔다는 기록이 전혀 나타나지 않는다는 점을 근거로 하여, 기자동래설(箕子東來說)이 역사적 사실과는 거리가 먼 것으로 받아들여지고 있다. 은나라 주왕이 음란한 행위를 그치지 않자, 기자는 힘껏 간언을 하였다. 그러나 주왕은 받아들이지 않고 오히려 그를 붙들어 노예로 삼았다. 주나라 무왕이 은나라를 멸망시킨 이후에 기자는 자유를 얻게 되었다.

6) 접여(接輿)…춘추시대 초나라의 은사로서, 성은 육(陸)이고 이름은 통(通)이다. 그는 초나라 소왕 때 정치가 혼란스러워지자 머리를 풀어헤치고 미친 척하며 벼슬을 하지 않았다. 당시 사람들은 그를 초광(楚狂)이라 했다.

면 저의 죽음은 사는 것보다 더 나은 일이 될 것입니다.」

진나라 왕은 무릎을 꿇고 말했다.

「선생께서는 무슨 말씀을 하시는 겁니까. 우리 진나라는 멀리 벽지에 있고, 나는 어리석은 사람인데 다행히도 선생께서 오셨습니다. 이것은 하늘이 나를 위해 보내 주신 일이며, 이로써 선왕(先王)의 종묘를 이어나갈 수 있도록 한 것입니다. 내가 선생의 가르침을 받는 것은 하늘이 선왕에게 복을 내리시고, 이 고자(孤子)를 버리시지 않았기 때문입니다. 그런데 선생께서는 어찌하여 그런 말씀을 하십니까. 크고 작고를 가리지 마시고 모든 일에 대하여, 위로는 태후에서부터 아래로는 대신에 이르기까지 모든 일을 나에게 가르쳐 주십시오. 결코 나를 의심하지는 말아 주시기 바랍니다.」

범수가 진나라 왕에게 절을 하자, 진왕도 또 범수에게 절을 했다. 범수가 말했다.

「대왕의 나라는 사방에 산천이 있어 요새를 이루고 있습니다. 북쪽으로는 감천(甘泉 : 산이름)과 곡구(谷口 : 관명關名)가 있고, 남쪽에는 경(涇)과 위(渭)의 두 강이 있으며, 농(隴 : 감숙)·촉(蜀 : 사천)의 산지를 서쪽에 두고, 함곡·상판(商阪)의 험령이 동쪽에 있습니다. 그리고 정병이 백만에 전차 천 승이 있어, 유리할 것으로 생각되면 나아가서 치고, 불리할 것으로 생각되면 들어와서 지키기에 편리합니다. 이것은 왕의 대업을 이루기에 알맞은 지세(地勢)입니다. 백성은 사사로운 싸움에는 겁이 많지만, 나라를 위한 싸움에는 용감하니 이것 또한 왕자가 되기에 알맞은 백성입니다. 임금께서는 이 두 가지를 모두 가지고 계십니다. 따라서 진나라에서는 용감한 군사와 수많은 거기(車騎)를 가지고 제후들을 평정하는 것은 마치 명견(名犬)인 한로(韓盧)[7]를 몰아서 절름발이 토끼를 잡는 거나 다를 바 없으니 패왕의 업은 성취할 수 있습니다. 그런데 뭇 신하들은 일을 감당할 만한 자가 없어 오늘날까지 함곡관을 닫아 두기 15년, 감히 군사를 일으켜 산동(山東 : 관동)을 엿보지 못하고 있습니다. 그것은 양후가 진나라를 위하여 계략을 꾸미기에 성실하지 못하고, 또 대왕의 계략에도 과오가 있었기 때문입니다.」

진나라 왕은 무릎을 꿇고 말했다.

「나의 과오를 말해 주면 고맙겠습니다.」

원교근공(遠交近攻)

그러나 좌우에 비밀을 엿듣는 사람이 많은 것을 두려워한 범수는 나라 안의 일에 대해서는 말을 하지 않았다. 그리고 우선 나라 밖의 일에 대하여 이야기함으로써 진나라 왕의 반응을 보려고 했다. 범수는 이렇게 말했다.

「양후가 한(韓)·위나라의 영토를 넘어서 제(齊)나라의 강수(剛壽)를 공격하려고 하는 것은 좋은 계책이 되지 못합니다. 진나라 병력을 조금 보내면 제나라의 국력을 손상시킬 수가 없고, 병력을 많이 보내면 진나라 국력에 손실이 있습니다. 생각건대 대왕의 계략은 진나라 군사를 최소한으로 보내고, 한나라와 위나라의 병력을 있는 한 동원시키려고 하시는 듯한데, 이것은 옳지 못한 일입니다. 지금 동맹국인 제나라가 친하지 않다고 해서 남의 나라를 지나가서 공격하는 것이 옳은 일이겠습니까. 계책치고는 소홀한 점이 많이 있습니다.

옛날 제나라의 민왕(湣王)은 남쪽에 있는 초나라를 쳐서 그

7) 한로(韓盧)…전국시대 한(韓)나라에서 생산되던 검은 털의 사냥개.

군사를 깨뜨리고 장수를 죽여 토지를 넓히기 사방 천 리에 미쳤지만 결국은 한 치의 땅도 얻지 못했습니다. 이것은 제나라가 영토의 획득을 원하지 않아서였겠습니까? 형세가 나빠서 보전할 수 없었기 때문입니다. 제후는 제나라가 피폐해진 것과 군신(君臣)이 불화(不和)함을 보자 군사를 일으켜 모두 제나라를 쳤습니다. 그 때문에 제나라 선비는 욕을 보게 되었고 군사는 깨지고 말았습니다. 뭇 신하는 모두 왕을 책망하며 『도대체 누가 이런 계략을 세웠습니까?』 라며 대들자, 왕은 『문자(文子 : 田文 곧 맹상군)가 세웠소』 라고 대답했습니다. 그러자 대신들은 반란을 일으켰고 문자는 도망을 쳤습니다. 따라서 제나라가 대패하게 된 것은 초나라를 치기 위하여 한나라와 위나라를 강하게 만들었기 때문입니다. 이것이 이른바 『적에게 무기를 빌려주고 도둑에게 양식을 준다〔此所謂借敵兵齊盜糧者也〕』 는 것입니다.

대왕께선 멀리 사귀고 가까이 치는 것보다 좋은 방법은 없습니다. 한 치를 얻어도 대왕의 한 치 땅이 되고, 한 자를 얻어도 대왕의 한 자 땅이 됩니다. 이제 이를 버리고 멀리 공략을 한다면 어찌 틀린 일이 아니겠습니까〔王不如遠交而近攻 得寸則王之寸也 得尺亦王之尺也. 今釋此而遠攻 不亦繆乎〕. 옛날 중산(中山) 나라는 사방 5백 리였습니다만, 조(趙)나라 혼자서 이를 병합함으로써 공을 이루고 이름을 높였을 뿐 아니라 이익도 차지했습니다. 그러나 천하에서 이를 방해하는 자가 없었습니다. 지금 한나라와 위나라는 중원(中原)의 나라에서 천하 중추와 같은 요지를 차지하고 있습니다. 대왕께서 만약 천하의 패자 되시기를 바란다면 반드시 이 중원의 나라와 친교하시고 이곳을 천하의 중추 요지로 만드신 다음에 이곳을 발판으로 하여 초나라와 조나라를 위협하는 것이 좋으실 것으로 생각합니다. 초나라가 강하다면 조나라를,

조나라가 강하다면 초나라를 우리 편으로 만들고, 초나라와 조나라 모두가 우리 편이 되면 제나라는 두려워하여 틀림없이 예물을 듬뿍 보내 진나라를 섬길 것입니다. 제나라가 우리 편이 된 다음에는 자연히 위나라와 한나라를 공략할 수 있게 됩니다.」

소왕이 말했다.

「나는 이전부터 위나라와 친교를 맺으려고 했는데, 위나라는 변화가 심한 나라인 까닭에 아무래도 친교를 맺을 수 없었습니다. 위나라와 친교를 맺으려면 어떻게 하는 것이 좋겠습니까?」

「대왕께서는 겸손하게 대하시면서 예물을 듬뿍 보내 가까이 하도록 하십시오. 그래도 되지 않거든 땅을 떼어 뇌물로 주시고, 그래도 되지 않으면 그 때는 군사를 내어 치시는 것이 좋을 줄 압니다.」

「나는 삼가 선생의 명에 따르겠습니다.」

이렇게 하여 소왕은 범수를 객경에 임명하고 군사에 관한 상의를 하게 되었는데, 범수의 계략에 따라 오대부인 관(綰)을 보내 위나라를 쳐 회(懷)를 함락시켰다. 그 후 2년, 다시 형구(邢丘)를 함락시켰다. 범수는 객경의 자격으로 다시 소왕에게 말했다.

「진나라와 한나라의 지형(地形)은 국경이 얽혀 있어서 마치 수를 놓은 것 같습니다. 진나라에 있어 한나라는 마치 나무에 좀벌레가 있는 것 같고, 사람에 비유하면 내장에 큰 병이 있는 것과 같습니다. 천하가 무사하면 그래도 괜찮지만, 일단 천하에 변이 생기게 되면 진나라에게 화근이 되는 나라는 이 한나라를 따를 나라가 없습니다. 대왕께서는 한나라를 회유하시어 우리 편을 만드시는 것보다 나은 일은 없을 것입니다.」

「나는 원래 한나라를 회유하고 싶었는데, 만약 한나라가 듣지 않으면 어떻게 하는 것이 좋겠습니까?」

「한나라가 어찌 받아들이지 않겠습니까. 대왕께서 군사를 내어 형양을 치시면 공(鞏)과 성고(成皐)의 길은 통하지 못하게 되고, 북쪽에 있는 태행(太行)의 길을 차단하면 상당의 군사는 남하할 수 없습니다 이처럼 대왕께서 한 번 군사를 일으키시어 형양을 치신다면 한나라는 세 쪽이 납니다. 한나라인들 틀림없이 멸망할 것을 안다면 어찌 받아들이지 않겠습니까. 만약 한나라가 받아들이게 되면 패업을 이루기 위한 계획을 세워볼 만합니다.」

소왕이 말했다.

「좋습니다.」

그리고 소왕은 즉시 사신을 한나라로 보내려고 했다.

열매가 많으면 가지가 부러진다

범수는 하루하루 소왕과 친해졌고, 수년 동안은 그가 진언하는 것이 모두 채용되었다. 범수는 기회를 보아서 왕에게 말했다.

「저는 산동(山東)에 있을 무렵, 제나라에는 전문(田文)이 있다는 말을 들었을 뿐 왕이 있다는 말을 듣지 못했고, 진나라에는 태후 · 양후 · 화양군 · 고릉군 · 경양군이 있다는 말을 들었을 뿐 왕이 계시다는 말을 듣지 못했습니다. 대체로 나라의 정사를 마음대로 할 수 있는 사람을 왕이라 부르고, 사람에게 이익과 해를 줄 수 있는 권력을 가진 사람을 왕이라 하며, 사람을 죽이고 살리고 하는 위력을 가지고 있는 사람을 왕이라고 합니다. 그런데 지금 태후는 왕을 돌보지 않고 마음대로 처리하고, 양후는 나라 밖에 사신으로 다녀와서도 임금에게 복명을 하는 일이 없으며, 화양군 · 경양군 등은 백성을 도리에 맞게 처형하는 일이 없고,

고릉군은 사람을 등용하고 파면하는데 임금에게 상신하는 일 없이 마음대로 하고 있습니다.

전국시대의 손에 쥐고 연주하는 타악기

이와 같이 귀인(貴人)이 네 사람씩이나 나란히 있어 가지고는 국가가 위태롭지 않은 예가 일찍이 없었습니다. 이 네 명의 귀인의 아랫자리에 왕이 계시게 되면 왕이 계시지 않는 것과 마찬가지입니다. 그렇게 되면 왕의 권력은 기울어지지 않을 수 없고, 명령도 왕으로부터 나갈 수 없게 됩니다. 『나라를 잘 다스리는 사람은 나라 안에서는 왕위(王威)를 굳히고, 나라 밖에서는 왕권(王權)을 무겁게 한다』라는 말을 들었습니다.

그런데 양후는 자신이 왕의 권력을 장악하고 제후들을 제압하며, 천하의 토지를 쪼개 사람을 봉하고, 적을 정벌하여 나라를 빼앗는 등 그 한 가지도 멋대로 처리하지 않는 일이 없습니다. 싸워서 이기고 쳐서 빼앗으면 이익은 자기 봉읍인 도(陶)의 것으로 하고, 손해는 제후에게 뒤집어씌우며, 싸워서 패하면 원한을 백성에게 돌리고, 화를 국가에 돌립니다.

옛말에도 『나무 열매가 지나치게 매달리면 가지가 부러지고, 가지가 부러지면 나무의 생기를 해친다. 도읍이 너무 크면 나라가 위태로워지고, 신하가 높아지면 임금은 낮아진다』고 했습니다. 최저(崔杼)와 요치(淖齒)는 제나라 국정을 맡았는데, 최저는 주군인 제나라 민왕의 넓적다리를 활로 쏘았고, 요치는 민왕의 늑골을 뽑아 종묘의 들보에 밤새도록 매달아 왕은 하룻밤에 죽고 말았습니다. 이태(李兌)는 조나라의 국정을 장악하고, 무령왕(武靈王 : 주보主父)을 사구(沙丘 : 하남, 평향의 동북)에 유폐해 왕은 백 일만에 굶어죽었습니다. 지금 진나라에서는 태후와 양후가 국정을 잡고, 고릉군·화양군·경양군이 이들을 도와 진나라 왕을 무시하려 한다고 들었습니다만, 이것도 요치나 이태와 같은 무리라 할 수 있겠습니다.

하·은·주 3대가 나라를 망친 것은 임금이 정치를 신하에게 맡겨버리고 술에 빠져서 말이나 타고 사냥을 하며 정치를 돌보지 않았기 때문입니다. 또 정치를 맡은 신하는 현인을 시기하고 유능한 사람을 미워하며, 아랫사람을 누르고 윗사람을 가리어 사욕만을 채우고 임금을 속였는데, 임금이 그것을 모르고 있었기 때문에 나라를 잃게 되었던 것입니다. 지금 진나라에서는 유질(有秩 : 5천 호를 관리하는 대부)로부터 모든 대신에 이르기까지, 심지어는 임금의 좌우 근시까지도 모두 재상인 양후의 도당이 아닌 자가 없으며, 다만 임금 혼자만이 조정에서 고립하여 있습니다. 저는 반세 후에 진나라를 이어간 사람이 임금의 자손이 아닌 것을 임금을 위하여 은근히 근심하는 바입니다.」

소왕은 이 말을 듣자 크게 두려워하면서 말했다.

「옳은 말이오.」

소왕은 태후를 폐하고 양후와 고릉군·화양군·경양군을 함곡관 밖으로 추방했으며, 범수를 재상으로 삼았다. 양후의 인수를 거두어 도(陶)로 보냈는데, 양후의 수레는 천여 승이나 함곡관에 닿았다. 관리가 그것을 조사해 보니, 보물과 진품이 많기가 왕실을 능가할 정도였다. 진나라는 범수를 봉하여 응후(應侯)라 불렀다. 진나라 소왕 41년의 일이었다.

일한여차(一寒如此)

범수가 진나라의 재상이 된 다음에도 진나라에서는 그를 장록(張祿)이라고 불렀기 때문에, 위나라에서는 그 사실을 모르고, 범수는 옛날에 죽은 줄로만 알고 있었다. 위나라는 진나라가 한나라와 위나라를 치려고 한다는 말을 듣자 수고(須賈)를 사신으로 하여 진나라에 파견했다. 범수는 이 말을 듣자 남루하게 변장을 한 다음 종자도 대동하지 않고 혼자서 숙사를 찾아 수고와 만났다. 수고는 범수를 보자 깜짝 놀라며 말했다.

「범숙(范叔)은 아직도 살아 있었구먼.」

범수가 대답했다.

「예, 그렇습니다.」

수고는 웃으면서 말했다

「범숙, 그대는 진나라 왕에게 유세(遊說)를 하였나?」

「아닙니다. 저는 앞서 위나라 재상에게 죄를 얻었기 때문에 도망쳐 이 진나라로 왔을 뿐입니다. 유세 따위는 생각지도 못할 일입니다.」

「그렇다면 그대는 지금 어떤 일을 맡아보고 있나?」

「남의 집에서 날품팔이를 하고 있습니다.」

수고는 마음속으로 불쌍히 생각하고 그를 붙들어 함께 음식을 나누며 말했다.

「범숙이 이렇게까지 곤궁하게 되었구려〔范叔一寒如此哉〕.」

그리고는 명주 두루마기를 꺼내 범수에게 주었다. 그리고 이렇게 물었다.

「진나라에서는 장록이 재상으로 있다는데, 그대는 그 사람을 알고 있나? 듣자하니 왕에게 극진한 사랑을 받아서 천하사는 모두 장록이 결재를 한다던데. 이번에 나의 사명이 성공할지 여부도 장록이 생각할 나름이지. 그대는 혹시 재상과 절친한 사람을 알고 있나?」

「저의 주인은 재상을 잘 알고 있습니다. 그러나 저의 주선으로도 재상을 만나실 수 있습니다. 제가 주선하여 공과 재상이 만나도록 해드리겠습니다.」

「그런데 지금 내 말은 병이 들어 있고, 수레도 바퀴축이 부러졌다네. 네 마리 말이 끄는 큰 수레가 아니면 외출할 수가 없을 텐데.」

「그러면 제가 공을 위하여 큰 수레를 저의 주인에게서 빌려보도록 하겠습니다.」

범수는 돌아가서 말 네 마리가 끄는 큰 수레를 내어 자신이 마부로 행세하며 진나라 재상이 있는 청사로 향했다. 진나라 관리가 범수를 보자 재상임을 알아차린 사람은 모두 도망쳐서 숨어버렸다. 수고는 이를 수상쩍게 생각했다. 재상의 청사 문에 이르자 범수가 수고에게 말했다.

「잠깐 기다려 주십시오. 제가 먼저 들어가서 재상께 말씀드린 다음 안내하겠습니다.」

지은 죄가 너무 많다〔擢髮難數〕

수고는 문 앞에 수레를 세우고 얼마 동안 기다렸지만, 범수가 나오지 않자 문지기에게 물었다.

「범숙이 나오질 않으니, 어찌 된 일이오?」

「이곳에는 범숙이란 분이 계시지 않은데요.」

「아까 나와 함께 수레에 타고 와서 안으로 들어간 사람 말일세.」

「그 분은 우리나라 재상이신 장록군이십니다.」

수고는 크게 놀랐다. 그제야 속은 줄 알고 겁을 집어먹은 나머지 웃옷을 벗고 무릎으로 기어 문지기를 통하여 재상에게 죄를 빌었다. 범수가 장막을 제치자, 그 곳에는 이 광경을 보고자 지켜 앉은 사람이 상당히 많았다. 수고는 머리를 조아리며 죽을 죄를 지었다고 거듭거듭 말했다.

「저는 공께서 입신출세하셨음을 전연 모르고 있었습니다. 저는 이제 두 번 다시 천하의 글을 읽지 않을 것이며, 천하의 일에 관여하지 않겠습니다. 저에게는 솥에서 삶아져 죽음을 당할 정도의 큰 죄가 있는 까닭에 스스로 호락(胡貉 : 북적北狄)의 땅에 은퇴하고 싶습니다만, 살리는 것도 죽이는 것도 단지 상공의 뜻에 있을 뿐이십니다.」

「너의 죄는 어느 정도나 되는지 네가 알고 있느냐?」

「저의 머리털을 뽑아 잇는다 해도 제가 지은 죄의 길이에는 미치지 못합니다〔擢賈之髮 以續賈之罪 尙未足〕.」

그러자 범수가 꾸짖었다.

명주 두루마기를 준 정

「너의 죄는 꼭 세 가지가 있다. 옛날 초나라 소왕(昭王) 때, 신포서(申包胥)가 초나라를 위해 오(吳)나라 군사를 격퇴시켰다. 초나라 왕은 그에게 봉읍 5천 호를 주려고 했지만, 포서는 사양하고 받지 않았다. 그것은 조상의 묘가 형(荊)나라, 곧 초나라에 있었기 때문에 적을 그 땅에서 몰아낸 것에 지나지 않기 때문이다. 이와 마찬가지로 나의 조상 묘지가 위나라에 있기 때문에 내가 위나라에 대하여 두 마음을 품을 까닭이 없었을 것이다. 그런데도 너는 지난 날 나를 가리켜 제(齊)나라와 내통한다고 위나라 재상 위제(魏齊)에게 고자질했다. 이것이 네 죄의 하나다.

그리고 위제가 나를 변소 속에 집어넣고 욕을 보일 때, 너는 이를 말리지 않았지. 이것이 너의 두 번째 죄다. 그러자 위제의 손님들이 술에 취해 번갈아 나에게 오줌을 누었다. 그러나 너는 이것도 모르는 체했다. 이것이 너의 세 번째 죄다. 그런데도 네가 죽음을 당하지 않게 되는 것은, 네가 명주 두루마기를 나에게 주면서 옛정을 못 잊어 하는 태도가〔綈袍戀戀〕 있었기 때문이다. 용서해 주마.」

이렇게 하여 수고는 고맙다는 인사를 했고, 그 자리는 파했다. 범수는 궁중에 들어가서 이 일을 소왕에게 말한 다음, 수고를 귀국시키기로 했다. 수고가 범수에게 하직인사를 하러 왔다. 범수는 크게 향연을 벌이고 각 나라 제후들의 사신들을 빠짐없이 초대하여 함께 당상에 앉히고 진수성찬을 대접했으나, 수고만은 당하에 앉히고 말먹이인 여물과 콩을 내주었다. 그리고 먹실을 넣은 죄수 두 사람에게 명하여 수고를 양쪽에서 껴안고 말먹이를 먹이게 했다. 그리고 범수는 수고를 꾸짖어 이렇게 말했다.

「너는 나를 대신하여 위나라 왕에게 가서 이렇게 전하라. 『당장 위제의 목을 가지고 오라. 그렇지 않으면 당장에 대량(大梁)을 짓밟을 것이다』 라고.」

수고가 귀국하여 이 사실을 위제에게 말하니, 위제는 무서워서 조나라로 도망쳐 평원군(平原君)에게 몸을 의지했다.

은수분명〔恩讎分明〕

범수가 재상이 되자, 왕계가 범수에게 말했다

「일에는 장래를 예측할 수 없는 것이 세 가지 있으며, 어찌할 수 없는 것도 세 가지 있습니다〔事有不可知者三 有不可奈何者亦三〕. 임금이 언제 돌아가실지 모르는 것이 예측할 수 없는 한 가지입니다. 상공이 갑자기 관사를 버리고 세상을 뜰지 모르는 것이 곧 예측할 수 없는 두 번째의 일입니다. 그리고 내가 언제 돌연히 구렁텅이에 빠져서 죽을지 모르는 것이 예측하기 어려운 세 번째의 일입니다. 임금이 돌아가신 다음에는 공이 나를 임금에게 추천하지 못한 것을 후회해도 어찌할 수 없는 일입니다〔君雖恨于臣 無可奈何〕. 또 공이 갑자기 세상을 뜬 다음에는 나에게 대한 후회를 해 보아도 이미 어찌할 수가 없습니다. 그리고 내가 갑자기 죽은 후에도 내게 대한 똑같은 후회를 해도 역시 어찌할 수 없는 일입니다.」

범수는 이 말을 듣고 불쾌했지만, 궁중에 들어가서 왕에게 말했다.

「만약 왕계의 충성이 없었더라면 저는 함곡관 안에 들어오지 못했을 것입니다. 또 만약 대왕의 현성(賢聖)이 없었더라면 저는 존귀한 자리에 오를 수 없었을 것입니다. 지금 저의 벼슬은 재상이며, 저의 작(爵)은 열후인데, 왕계의 벼슬은 아직도 알자(謁者)에 머물러 있습니다. 이것은 왕계가 저를 진나라에 데려온 본의가 아닐 것입니다.」

소왕은 왕계를 불러서 하동(河東)의 태수에 임명했다. 그러나 3년이 되어도 행정에 관한 보고서를 제출하지 않았다. 범수가 또 정안평(鄭安平)을 추천하자, 소왕은 정안평을 장군에 임명했다. 범수는 다시 자기 집 재산을 뿌려서 일찍이 곤궁했을 때에 진 신세를 갚았다. 그 때 단 한 끼의 밥을 대접받았더라도 반드시 이를 갚았고, 눈 한 번 흘긴 원한도 반드시 앙갚음을 했다[一飯之德必償 睚眦之怨必報].

진나라 소왕은 위제가 평원군에게 머무르고 있다는 말을 듣자, 범수를 위해 꼭 원수를 갚아야겠다고 생각했다. 소왕은 거짓으로 친선하는 척 편지를 써서 평원군에게 보냈다.

「나는 공자(公子)의 높은 이름을 듣고 흠모하는 마음 간절하오. 바라건대 공자와 포의(布衣)의 벗이 되고 싶소. 다행스럽게도 공자가 와줄 수 있다면 열흘 동안 술자리를 함께 하며 즐기고 싶소이다.」

평원군은 진나라를 두려워하면서도 이 말을 믿고 진나라에 들어가서 소왕을 알현했다. 그러자 소왕은 며칠 동안 평원군과 함께 술을 마시고는 말을 꺼냈다.

「옛날 주(周) 문왕은 여상을 얻어 태공이라 불렀고, 제나라 환공은 관이오(管夷吾 : 관중管仲)를 얻어서 중보(仲父)라고 불렀소. 지금 범선생은 내가 숙부(叔父)로 대우하는 사람이오. 그 범선생의 원수가 공의 집에 있소이다. 청컨대 사람을 보내 그 원수의 목을 갖다 주었으면 하오. 안 들어 준다면 나는 공을 함곡관 밖으로 내보내지 않을 것이오.」

평원군이 말했다.

「높은 자리에 있을 때에 사람과 사귀는 것은 천하게 되었을 때 도움을 받고 싶은 생각 때문입니다. 부유할 때 친구를 사귀는 것은 가난하게 되었을 때 도움을 받고 싶기 때문입니다. 그 위제는 저의 친구입니다. 비록 저의 집에 있다 하더라도 친구인 이상 그를 내놓을 수 없을 터인데, 하물며 지금은 저의 집에 있지 않습니다.」

소왕은 조나라 왕에게 편지를 보냈다.

「지금 왕의 숙부인 평원군은 진나라에 와 있습니다. 범수의 원수 위제는 평원군의 집에 있다 합니다. 그 위제의 목을 베어 곧 사신 편에 보내 주었으면 좋겠습니다. 그렇지 않으면 군사를 내어 조나라를 칠 것이며, 왕의 숙부 평원군을 함곡관 밖으로 내보내지 않겠습니다.」

그리하여 조나라의 효성왕(孝成王)은 군졸을 풀어 평원군의 집을 에워쌌는데, 위제는 야음을 타고 탈출하여 조나라 재상 우경(虞卿)의 집에 구원을 요청했다. 우경은 조나라 왕을 설득해 보아도 소용없을 것으로 판단하고 스스로 재상의 인수를 풀어놓고 위제와 함께 도망쳤다. 그런 다음 누구에게 몸을 의탁할까 생각했으나 받아 줄 만한 제후가 없었기 때문에 신릉군의 주선을 청하여 초나라로 도망치고자 위나라 대량으로 갔다. 신릉군은 이 말을 듣자 진나라를 두려워한 나머지 만나는 것을 주저하며 이렇게 말했다.

「우경은 어떤 인물이오?」

그러자 후영(侯嬴)이 신릉군 옆에 있다가 말했다.

「남이 나의 사람 됨됨이를 알려고 해도 쉬운 일이 아닌 것처럼 내가 남의 사람 됨됨이를 알아내는 것도 쉬운 일이 아닙니다. 그 우경은 짚신을 신은 데다 삿갓을 쓰고 한 차례 조나라 왕을 알현하여 백벽(白璧) 한 쌍, 황금 백 일(鎰)을 하사받았고, 두 번 알현하여 상경(上卿)에 올랐으며, 세 번 알현하여 재상의 인수를 받아 만호후에 봉해졌습니다. 당시 천하의 선비들은 다투어 그와 가까이 지내려고 했습니다. 그런데 위제가 곤란한 처지에 빠지자 우경에 매달리니, 우경은 존귀한 작록도 아무 미련 없이 버리고 재상의 인수와 만호후의 자리를 버린 다음 선비의 곤란함을 구하고자 위제와 함께 잠행하여 공자에게로 온 것입니다. 공자께서는『어떤 인물이냐?』고 물으시는데, 남이 나의 사람 됨됨이를 알고자 해도 쉬운 일이 아닌 것처럼 내가 남의 사람 됨됨이를 알고자 해도 쉬운 일은 아닙니다.」

신릉군은 크게 부끄러워하여 마차를 달려 교외로 출영하려 했으나, 때는 이미 늦었다. 위제는 신릉군이 자기와 만나는 것을 꺼려한다는 말을 듣고 스스로 목을 찔러 죽은 다음이었다. 조나라 왕은 이 소식을 듣고는 그 목을 얻어 진나라로 보냈다. 그리하여 진나라 소왕은 평원군을 조나라로 돌려보냈다.

범수가 진나라 재상이 된 지 2년, 즉 소왕 42년에 진나라는 동쪽에 있는 한(韓)나라의 소곡(少曲 : 하남 위지의 동쪽)·고평(高平 : 하남 안양의 동남)을 쳐서 이를 함락시켰다. 소왕 43년, 진나라는 한나라의 분(汾 : 산서 곡옥에 있는 지명)·형(陘 : 산서 곡옥에 있는 지명)을 쳐서 이를 함락시키고, 하상(河上)의 광무(廣武 : 산서 대현의 서쪽)에 성을 쌓았다. 5년 후, 소왕은 응후의 계책을 받아들여 첩자를 보내 조나라를 속였다. 조나라는 이로 인해 염파(廉頗)를 경질하여 마복군(馬服君) 조사(趙奢)의 아들 조괄(趙括)을 장군으로 임명했다.

진나라는 장평(長平)에서 조나라를 크게 깨뜨리고, 마침내 한단을 포위했다. 얼마 뒤에 응후는 무안군 백기와 사이가 벌어졌기 때문에 참언하여 그를 죽이고, 정안평을 추천하여 장군으로 임명해서 조나라를 치게 했다. 정안평은 조나라 군사에 포위되어 위급하게 되자 2만의 군사와 함께 조나라에 항복했다. 응후는 짚을 깔고 그 위에 앉아 처분을 내려달라고 청했다. 진나라 법률로는 사람의 추천을 받아서 임명된 자가 죄를 저지르면 추천한 사람도 함께 똑같은 죄로 처벌하게 되어 있었다. 그래서 응후도 삼족을 멸하는 죄에 해당되었지만, 진나라 소왕은 응후의 마음을 상하게 하지 않기 위하여 나라 안에 영을 내렸다.

「감히 정안평의 사건을 말하는 자가 있으면 같은 죄로 다스리리라.」

그리고 재상 응후에게는 음식을 보통 때보다 더 많이 하사하여 그의 마음을 달래주었다. 2년 뒤, 앞서 하동의 태수가 된 왕계가 제후와 내통하여 법에 따라 주살당했다. 그 때문에 응후는 날마다 우울한 날을 보내게 되었다. 어느 날, 소왕이 조정에 나와서 탄식했다. 응후가 나아가서 소왕에게 진언했다.

「저는 『군주가 근심이 있으면 신하는 욕을 당하게 되고, 군주가 욕을 당하면 신하는 죽는다』란 말을 들었습니다. 지금 대왕께서는 조정에 나오셔서 근심에 차 계신데, 저희들은 신하로서 죄를 청하고자 합니다.」

소왕이 말했다.

「나는 『초나라의 철검(鐵劍)은 날카롭지만 광대들은 서툴다』는 말을 들었소. 철검이 날카로우면 병사가 용감할 것이며, 광대들이 서투르면 생각이 깊을 것이오. 깊은 생각으로 용사를 통제한다면 초나라는 진나라를 도모하게 될지도 모를 일이오. 매사는 평소부터 주도면밀하게 태세를 갖추지 않으면 급한 지경에 이르러 때가 맞지 않는 법이오. 지금 무안군이 이미 죽고 정안평 등은 배신하여 나라 안에는 훌륭한 장군이 없고, 나라 밖에는 적국이 많이 있소. 나는 그 일이 걱정되어 어찌할 바를 모르겠소.」

이 말은 응후를 격려하려고 한 말이었는데, 응후는 황송해서 몸 둘 바를 몰랐다. 그 무렵 이 말을 전해들은 채택(蔡澤)이 진나라에 입국했다.

공을 이룬 사람은 떠나는 법〔成功身退〕

채택은 연(燕)나라 사람이다. 여러 곳에 유학하였고, 벼슬을 얻기 위해 무수한 제후를 찾아다녔으나 뜻을 이루지 못했다. 그래서 당거(唐擧 : 위나라의 관상쟁이)라는 사람에게서 관상을 보기로 했다

「듣자 하니 선생께서는 이태(李兌)를 보고 『백일 안에 나라의 정권을 잡을 것』이라고 점을 치셨다는데, 사실입니까?」

채택이 이렇게 묻자, 당거가 대답했다.

「그렇습니다.」

「그럼 나 같은 사람은 어떻겠습니까?」

당거는 채택을 자세히 살펴보더니 웃으면서 말했다

「선생은 코가 위를 향했고, 폭이 넓은데다가 얼굴에 위엄이 있고 비근(鼻筋)이 좁소. 게다가 다리는 활처럼 휘었소이다. 『성인(聖人)은 관상을 볼 수가 없다』고 했는데, 아마 선생과 같은 분을 가리키는 말일 것이오.」

채택은 당거가 농담을 한다고 생각되어 이렇게 말했다.

「부귀는 내가 본래부터 가지고 있는 거요. 내가 모르는 것은 수명뿐입니다. 그것이나 좀 봐주시구려.」

그러자 당거가 말했다.

「선생의 수명은 앞으로 43년입니다.」

채택은 웃으며 예를 하고 그 자리를 떠나 마부에게 말했다.

「좋은 밥에 고기를 먹고, 말을 몰아 뛰어다니며, 황금 관인

(官印)을 가슴에 품고, 보라색 인대를 허리에 찬 그런 부귀한 생활이라면 앞으로 43년으로도 충분하다.」

채택은 조나라에 갔으나 쫓겨났고, 한나라·위나라에 가는 도중에 가지고 다니던 솥과 냄비를 길에서 도둑맞았다. 그 당시 앞서 응후가 추천했던 정안평과 왕계 두 사람 모두 진나라에 중죄를 범하였으므로 응후가 내심 불안해 있다는 말을 듣자, 채택은 진나라로 갔다.

소왕을 알현하기 위해 채택은 우선 응후를 격분시켜야겠다고 생각하고 사람을 보내 이렇게 말했다.

「연나라 사람인 채택은 천하에 준수(俊秀)하고 교변(巧辯)하는 지혜 있는 자입니다. 그가 한 차례 진나라 왕을 알현하게 되면 틀림없이 응후를 괴롭힐 것이고, 재상의 지위를 빼앗을 것입니다.」

응후는 이 말을 듣자 이렇게 말하며 사자를 보내 채택을 불렀다.

「오제(五帝)·삼대(三代)의 사적과 제자백가의 학설은 나도 이미 알고 있다. 그 밖에 가지가지 변설도 나는 모두 알고 있다. 그가 어찌 감히 나의 지위를 빼앗는단 말이냐?」

채택이 들어와서 응후에게 한 번 읍했으나, 응후는 처음부터 불쾌하던 터라 채택을 보자 거만하게 몸을 흔들면서 그를 꾸짖어 말했다.

「그대는 나를 대신하여 진나라의 재상이 되겠다고 말했다는데, 그 말이 사실인가?」

「사실입니다.」

「어떻게 그런 말이 나올 수 있는지 한번 들어봐야겠다.」

그러자 채택이 말했다.

「공은 어찌 그것을 아직도 모르신단 말입니까. 네 계절이 바뀌는 것처럼 공로를 이룬 사람은 차례로 교체되는 법입니다〔凡夫四時之序成功者去〕. 무릇 사람이 태어나서 오체(五體)가 건강하고 수족이 말을 잘 들으며, 눈·귀가 밝고, 마음이 성스럽고 지혜로운 것이 선비 된 사람의 소원이 아니겠습니까?」

「그건 그렇소.」

「인(仁)을 바탕으로 하고 정의를 지키며, 도(道)를 행하여 덕을 쌓고 뜻을 천하에서 얻어 천하의 백성과 친하게 지내고, 존경과 흠모를 받아 임금으로 받들기를 원하는 것은 지자(智者)가 원하는 바가 아니겠습니까?」

「그야 그렇소.」

「부귀한 세상에 태어나 만물을 다스리되, 각기 있을 바를 갖게 해주고, 생명이 길어 수를 누리되 일찍 죽지 아니하며, 천하의 백성이 그 전통을 이으며 세업(世業)을 지키고, 이것을 영원히 전하여 명실 공히 순수(純粹)·은택이 천리에 흐르고 세세토록 이를 찬양하며, 천지와 함께 궁함이 없는 것은 도덕의 효험으로서, 성인의 이른바 길상선사(吉祥善事)가 아니겠습니까?」

「그렇지요.」

「진나라의 상군(商君)이나 초나라의 오기(吳起), 그리고 월(越)나라의 대부 종(種)과 같은 사람의 생애는 결국 바람직한 것이었겠습니까?」

응후는 채택이 점점 자기를 궁지로 몰아넣으면서 설득하려는 것을 알아차리자, 마음에도 없는 반박을 하면서 말했다.

「어찌하여 바람직스러운 것이 아니겠소. 공손앙(公孫鞅)이 효공(孝公)을 섬겼을 때는 두 마음을 갖지 않고, 있는 힘을 다하며 개인을 돌보지 않고 나라 일에 충성을 바쳤으며, 법령을 만들고 도거(刀鋸 : 형벌도구)를 갖추어 나쁜 일을 금하고, 상벌을 분명히 하여 통치의 효과를 올렸소. 그리고 흉금을 터놓고 실정을 말했으며, 남의 원한을 듣자 옛정을 속이면서까지 위나라 공자(公子) 앙(卬)을 잡아 진나라를 안정시켰고, 백성을 이롭게 하였으며, 마침내는 진나라를 위하여 적장을 사로잡고 적군을 깨뜨려서 땅을 넓히기 천 리에 이르렀습니다. 오기(吳起)가 도왕(悼王)을 섬겼을 때는 사심을 가지고 공사(公事)를 해치는 일이 없었고, 참언을 가지고 충의를 가로막지 못하게 했으며, 꾸며대는 말을 듣지 않았고, 경거망동을 배척했으며, 위험한 처지에 놓여도 방침을 함부로 바꾸지 않았고, 정의를 행하되 어려움을 피하지 않았습니다.

더구나 임금을 패자(覇者)로 만들고 국가를 부강하게 만들기 위해서는 그 자신이 화악흉포(禍惡凶暴)를 당하는 것도 사양치 않았습니다. 또 대부 종(種)이 월나라 왕을 섬겼을 때는 임금이 곤욕을 당하는 중에도 충공(忠功)을 다하기에 게으르지 않았고, 임금이 멸망에 빠져도 힘을 다하기 싫어하지 않았으며, 공을 세운 다음 자랑하지 않았고, 부귀해진 다음에도 교만하지 않았습니다.

이 세 사람의 행실은 정말로 의(義)에 이르렀고, 충(忠)의 극치라 할 만하오. 그런 까닭에 군자는 의를 위해서는 어려운 일을 당해 죽는 것이며, 죽는 것을 알기를 내 집에 돌아가듯 하고, 살아서 욕을 당하는 것보다는 죽어서 이름을 드높이기를 귀하게 여깁니다. 선비란 원래 자기의 몸을 죽여 이름을 남기는 것이며, 정의를 위해서는 죽음을 사양하지 않습니다. 어찌하여 이들 세 사람의 생애가 바람직스럽다 하지 않을 수 있겠소?」

「주군이 성스럽고 신하가 현명한 것은 천하의 성복입니다.

주군이 밝고 신하가 곧은 것은 나라의 행복입니다. 아버지가 인자하고 아들이 효도하며, 지아비가 믿음직하고 아내가 정절한 것은 가정의 행복입니다. 그러나 비간(比干)은 충신이면서 은(殷)나라를 존속시킬 수 없었으며, 자서(子胥)는 지자(智者)이면서 오(吳)나라를 보전할 수 없었고, 신생(申生)[8]은 효자이면서도 진(晋)나라를 어지럽혔습니다. 이와 같이 충신, 효자가 있으면서도 국가가 멸망하거나 어지러워지는 것은 왜 그럴까요? 충신과 효자의 간언을 받아들이는 명군(明君)과 현부(賢父)가 없었기 때문입니다. 그러므로 천하는 그 군주와 부모를 더렵혀진 사람이라고 하여 천하게 여기고 그 신하와 아들에 대해서는 가엾게 여기는 것입니다.

상군이나 오기, 그리고 대부 종(種)은 신하로서는 훌륭했으나 그 군주가 잘못이었던 것입니다. 그러므로 세상에서는 이 세 사람이 공을 세우고도 자랑하지 않음을 칭찬은 하지만, 이토록 불우하게 죽은 것을 어찌 흠모하겠습니까. 만약 죽는 것을 조건으로 하여 처음부터 충성을 하고 이름을 세운다면, 죽지 않았던 은나라의 현인 미자(微子)[9]를 인자(仁者)라고 할 수 없을 것이며, 공자를 성인이라 할 수 없고, 관중 역시 위인이라고는 할 수 없을 것입니다. 도대체 사람이 공을 세우려고 할 때 몸도 이름도

---

8) 신생(申生)…진(晋)나라 헌공(獻公)의 태자. 헌공은 여희(驪姬)를 아껴 그녀의 아들 해제(奚齊)를 태자로 세우려고 하면서 신생을 곡옥(曲沃)에 있게 했다. 신생은 그로부터 얼마 뒤 여희의 비방을 받아 스스로 목숨을 끊었다.

9) 미자(微子)…상(商)나라의 마지막 임금인 주왕(紂王)의 이복형으로서 이름은 계(啓)이다. 상이 멸망한 뒤에 주(周) 성왕(成王)에게 송(宋)의 제후로 봉해졌다. 비간(比干), 기자(箕子)와 함께 상 말기의 세 명의 어진 사람〔三仁〕으로 꼽힌다.

완전을 기하지 않는 사람이 있겠습니까. 몸과 이름이 완전한 것이 첫째입니다. 이름이 나고 그 몸이 죽는 것은 그 다음, 이름이 욕되고 몸이 온전한 것은 맨 끝이라 하겠습니다.」

응후가 말했다.

「옳은 말이오.」

채택은 약간 인정을 받는 것 같아서 계속 말했다.

「저 상군 · 오기 · 대부 종(種)이 신하로서 충성을 다하고 공을 세운 것은 선비들이 원하는 바이지만, 굉요(閎夭)가 주나라 문왕을 섬기고 주공이 성왕을 도운 것도 또한 충성스럽고 성스러운 일이 아니겠습니까. 군신의 관계에서 상군 · 오기 · 대부 종과 굉요 · 주공 어느 쪽이 더 낫습니까?」

「상군 · 오기 · 대부 종이 굉요와 주공에 미치지 못하오.」

「그렇다면 군주가 인자하고, 충신을 신임하며, 옛 친지들을 후대하고, 어질고 지혜로운 선비와 굳게 사귀며, 의를 지켜 공신을 배반하지 않는 점에서 볼 때 공의 주군과, 진나라 효공(孝公)이나 초의 도왕(悼王) · 월왕(越王 : 구천)과 어느 쪽이 더 낫겠습니까?」

「아직 잘 알 수가 없군요.」

달도 차면 기운다

「지금 공의 주군이 충신을 사랑하는 점에 있어 진나라 효공, 초나라 도왕, 그리고 월왕 구천 이상이 될 수는 없습니다. 그런데 공께서 지혜와 능력을 다하여 주군을 위해 위난을 구하는 정치를 닦으며, 어지러운 것을 다스려 군사를 강하게 하고, 근심 걱정을 없애고 영토를 넓히는가 하면, 양곡을 증산하여 나라를 부하게 만들고 집을 넉넉하게 만들며, 주군을 강하게 하고 사직을 높이며 종묘를 빛나게 함으로써 천하에서는 그 주군을 범할 자가 없고, 주군의 권위는 천하에 드높여졌으며, 그로 인하여 공적은 만 리 밖으로 나타났고, 그 명성은 천세에 전해지게 되었습니다. 그러나 이런 점에서 공과 상군·오기·대부 종과 어느 쪽이 더 낫겠습니까?」

「내가 미치지 못하오.」

「지금 공의 주군이 충신을 사랑하고 옛 친구를 잊지 않는 점에서는 효공·도왕·구천에 미치지 못합니다. 또한 공의 공적이나 주군의 신뢰, 총애도 상군·오기·대부 종에 미치지 못하는데도 공의 봉록과 작위는 고귀를 극하여 사가(私家)의 부(富)는 그 세 사람을 능가하고 있습니다. 그렇건만 공이 물러나지 않는다면 아마 공이 받을 화는 이 세 사람보다 더 심할 것입니다. 저는 그 점을 공을 위하여 적이 걱정하는 것입니다. 옛말에도 『해가 중천에 오르면 서쪽으로 기울며, 달도 차면 기운다〔月滿則虧〕』고 했습니다. 사물이 가득하면 머지않아 쇠하게 되는 것이 천지간의 도리이며, 진퇴·신축(伸縮), 때와 함께 변화하는 것이 성인의 상도(常道)입니다. 그러므로 나라에 도덕이 있으면 나와서 섬기고, 나라에 도덕이 없으면 들어가서 숨는 것이 좋으리라고 생각합니다. 성인도 『나는 용(龍)이 하늘에 있으면 대인(大人)을 보는 것이 이롭다』고 했으며 또 『의롭지 못한 부귀는 내게 있어 뜬구름과 같다』고도 했습니다. 지금 공께서는 이미 남에게 받은 원한과 은혜는 갚을 만큼 갚았으며 바라는 바를 성취했습니다. 그런데도 아직 변화에 따르려고 하지 않는 것은 공을 위해 제가 찬성할 수 없는 일입니다. 저 물총새·따오기·코뿔소·코끼리가 인가(人家) 가까이에 살지 않으면서도 사람들에게

전국시대의 타악기

죽음을 당하는 것은 먹이에 유혹되기 때문입니다. 소진(蘇秦)과 지백(智伯)은 그 지혜는 욕된 것은 피하고 죽음의 위험을 멀리하기에 모자라는 것이 아니었지만, 그래도 죽음을 당한 것은 이익을 탐하여 그칠 줄을 몰랐기 때문입니다. 그러므로 성왕은 예(禮)를 만들어 욕심을 억제하고 징세(徵稅)에 한계를 정하고, 백성을 부역에 동원하는 데도 시기를 고려하여 제한을 두었던 것입니다. 따라서 생각하는 것은 넘치는 일이 없고, 그 행동은 교만하지 않았으며, 언제나 도리에 맞아 어긋남이 없었습니다. 그러므로 천하의 백성은 그 은덕을 입고 언제까지나 끊어지는 일이 없었습니다.

옛날 제나라의 환공은 아홉 차례나 제후들을 회합토록 했고 한 차례 천하를 바로잡았으나, 규구(葵丘 : 하남 고성)의 회합에서는 교만한 마음이 있었기 때문에 아홉 나라가 제나라를 배반했습니다. 오나라 왕 부차는 천하무적의 강한 군대를 가졌습니다만, 제후들을 가볍게 본 결과 제(齊)나라와 진(晋)나라를 강하게 만들었기 때문에 마침내는 내 몸을 죽이고 나라를 망하게 했습니다. 하육(夏育)과 태사교(太史噭)는 한번 호령을 하면 3군을 놀라게 할 만한 용사였지만, 그의 몸은 필부의 손에 죽었습니다.

이런 것들은 모두 극도에 이른 세를 타고서도 겸양·검약하지 못했기 때문에 불러온 화입니다. 저 상군은 진나라 효공을 위하여 법령을 만들어 악한 자의 뿌리를 뽑고, 공이 있는 자에게는 반드시 작위를 주었으며, 죄 있는 자는 반드시 형벌을 가하였으며, 도량형을 올바르게 하고 저울을 바로 만들었으며, 재정(財政)을 갖추고 논밭 사이로 길을 내어 백성의 생업을 안정시켰으며, 풍속을 통일하고 백성에게 농경을 권하여 지력(地力)을 활용했고, 한 집안에 두 직업을 가지지 못하게 하여 농사일에 힘쓰며, 저축을 시키는 것과 동시에 전진법(戰陣法)을 가르쳤습니다. 이 때문에 전쟁을 할 때마다 영토가 넓어졌으며, 휴전을 할 때마다 나라는 부해졌습니다. 그런 까닭에 천하에 적이 될 만한 나라가 없었고, 국위를 제후에게 선양하여 진(秦)나라의 공업을 성취했지만, 이 공업이 이루어지자 그의 몸은 거열형에 처해지고 말았습니다.

초나라의 영토는 사방 수천 리에 창을 든 군사는 백만 명이나 되었지만, 백기가 불과 몇 만의 군사를 이끌고 초나라를 치자, 일전에서 언(鄢)과 영(郢)을 함락시키고, 두 번째 싸움에서 이릉을 불태워서 남쪽의 촉(蜀)과 한(漢)의 땅을 병합했습니다. 또 한(韓)나라와 위(魏)나라를 넘어 강국 조(趙)나라를 공략하여 북쪽에서 마복군을 구덩이에 파묻고 40여만의 대군을 상평 성 밑에서 섬멸하여 그 유혈은 강을 이루고 그 아비규환 하는 소리는 우레와 같았습니다. 백기는 그 승세를 타고 깊이 침입하여 한단을 포위함으로써 진(秦)나라에 제업(帝業)을 안겨 주었습니다. 초나라와 조나라는 천하의 강국으로 종래 진나라의 원수였는데, 그 후에는 두려워하여 진나라를 치지 못했던 것은 백기의 위세에 눌려서였습니다. 백기가 스스로 정복한 성(城)의 수는 70여 개에 이르는데, 공업이 이루어지자 얼마 안 되어 그에게는 칼이 하사되었고, 마침내는 두우(杜郵)에서 스스로 목숨을 끊었습니다.

펼 줄만 알고 굽힐 줄 모른다

오기는 초나라 도왕(悼王)을 위하여 법령을 제정하고, 대신들의 중권(重權)을 깎아 내렸으며, 무능한 자를 파면시키고 무용한 직급을 없앴으며, 급하지 않은 관직을 줄이고 사사로운 청탁을 막았으며, 초나라의 풍속을 통일하고 유세객을 입국하지 못하게 금했으며, 농부와 무부(武夫)를 정예로 하여 남쪽의 양월(陽越 : 양주 월국)을 수중에 넣고, 북쪽의 진(陳) · 채(蔡)를 병합하여 연횡과 합종책을 깨뜨려 유세객이 입을 열지 못하게 하고, 도당(徒黨)을 금하고, 백성을 격려하여 초나라의 정치를 안정시키고, 천하에 무력을 휘둘러 위세를 제후에게 뻗쳤습니다. 그러나 공업을 이루자 마침내는 죽음을 당하여 그 지체(肢體)는 산산조각이 나고 말았습니다.

대부 종(種)은 월나라 왕을 위하여 깊은 꾀와 원대한 계획을 세워 회계산의 위기를 막아 멸망을 존속으로 바꾸었으며, 치욕을 영광으로 전환시켰습니다. 또 초원을 개간하여 읍내의 좋은 밭으로 만들고, 토지를 개척하여 곡물을 심고, 사방의 선비와 군졸을 거느리고 상하의 힘을 합쳐서 구천의 현명함을 돕고 부차(夫差)에게 받은 원수를 갚고, 마침내 강적 오나라 왕을 사로잡아 월나라가 패업을 성취하도록 했습니다. 그 공적은 너무도 뚜렷하여 의심할 여지가 없었건만 구천은 끝내 그를 저버리고 죽였습니다.

이 네 사람은 공업을 성취한 다음 그 자리를 떠나지 않았기 때문에 몸에 화를 입게 된 것입니다 이것은 이른바 『펼 줄만 알고 굽힐 줄 모르며〔能伸不能屈〕, 갈 줄만 알고 돌아올 줄 모르는 사람』인 것이 됩니다. 범려(范蠡)[10]는 이 도리를 깨달아서 초연히 세상을 피하였기 때문에 도주공(陶朱公)으로서 오래도록 살아남았습니다. 공은 도박하는 사람을 보시지 않으셨습니까. 그 중에는 단번에 큰 승부를 내려는 사람이 있는가 하면, 끈기 있게 조금씩 따먹으려는 사람도 있습니다.

그런데 지금 공께서는 진나라 재상으로서 계획을 세우는데, 앉은 자리를 떠나지 않고 조정에서 머무른 채 앉아서 제후들을 누르며, 삼천(三川)의 땅[11]을 평정하여 의양(宜陽)을 충실하게 하고, 양장(羊腸)의 험지를 돌파하여 태행의 길을 막으며, 또 범(范)·중항(中行)[12]의 길을 끊어서 여섯 나라의 합종을 방해하고, 잔도(棧道)를 천리 떨어진 촉과 한에까지 통하게 하여 천하의 제후에게 모두 진나라를 무서워하도록 만들었습니다. 이렇게 함으로써 진나라는 욕망은 이루었고, 공의 공적은 극에 달한 것입니다. 지금이야말로 진나라로서는 공을 나누고 생산력에 힘을 기울여야 할 시기입니다. 만약 이제 물러나지 않으시면, 공은 저

---

10) 범려(范蠡)…자는 소백(少伯). 초(楚)나라 사람. BC 494년 월왕 구천(句踐)이 오왕 부자(夫差)에게 패하고 20여 년 뒤 오나라를 멸망시킬 때, 대부 종(種)과 함께 부차를 자살하게 하였다. 그러나 구천을 더 이상 섬길 수 없는 군주라고 생각하여 월나라를 버리고 제(齊)나라로 갔다. 이름을 치이자피(鴟夷子皮)라 고치고, 바닷가를 일구어 거부가 되었다. 제나라에서 그의 현명함을 듣고 재상(宰相)으로 삼았다. 얼마 뒤 재상자리를 버리고, 재물은 모두 친지·향당(鄕黨)에게 나누어주었다. 당시 교통·상업의 중심지 도(陶 : 산동성 정도현)로 가서 도주공(陶朱公)이라 칭하고 상업에 종사하여 다시 거만(巨萬)의 재산을 모았다. 치이자피나 도주공이 그와 동일 인물이었는지는 의심스러우며, 사마천이 이전(異傳)을 모아서 그의 전기를 지어 낸 것이 아닌가 한다. ☞「화식열전」

11) 삼천의 땅…하남성 서북부 이(夷)·낙(洛)·하(河) 세 강의 지방.

12) 범(范)·중항(中行)…공히 제(齊)·진(晋)나라의 요로(要路)에 해당하는 지명인 것으로 생각되나 미상.

상군 · 백기 · 오기 · 대부 종과 같이 되시겠지요. 저는 『물을 거울삼는 사람은 자신의 얼굴을 보고, 남을 거울로 삼는 사람은 길(吉)과 흉을 안다』 라는 말을 들었습니다. 또 옛 글에 말하기를 『성공 밑에서는 오래 머물러 있을 일이 아니다』 라고 했습니다. 저 네 사람의 화는 성공 밑에 오래 있었기 때문에 일어난 것인데, 공께서는 어디에 머물러 계시려고 하십니까. 공은 어찌하여 이 기회에 재상의 인수를 반환하시어 어진 사람에게 물려주신 다음 은퇴하시어 바위굴에 사시면서 강가에서 경치나 구경하려 하지 않으시는 겁니까?

끝까지 올라간 용은 후회할 것이다

그렇게 하시면 틀림없이 백이(伯夷)와 같이 청렴하다는 칭찬이 높아지고, 오래도록 응후(應侯)로서 번영하며, 자손들은 스스로 제후 자리에 오르게 되는 위에 현인 허유(許由)나 연릉(延陵) 계씨(季氏)[13]의 겸양도, 왕자(王子) 교(喬)[14]와 적송자(赤松子)[15]의 장수(長壽)까지도 얻으실 수 있을 겁니다. 화를 불러서 생애를 마치는 것과 어느 쪽이 바람직하겠습니까. 공은 어디에 계시려고 하시는 겁니까?

자리를 떠나는 것이 아까워서 결단을 내리지 못하신다면, 틀

13) 계씨(季氏)…오나라 왕 수몽(壽夢)의 넷째아들 계찰(季札). 수몽은 계찰이 어질다는 것을 알고 그에게 왕위를 넘겨주려 했지만, 계찰은 받지 않았다.

14) 왕자 교(喬)…주나라 영왕(靈王)의 태자. 그는 도사 부구공(浮丘公)과 함께 숭산(嵩山)으로 올라가 30년 동안 있으면서 신선이 되었다고 한다.

15) 적송자…신농씨 때의 우사(雨師)로, 뒤에 곤륜산으로 들어가 신선이 되었다고 한다.

림없이 저 네 사람과 같은 화가 있을 것입니다. 《역경(易經)》에 『끝까지 올라간 용(龍)은 후회할 것이다〔亢龍有悔〕』라고 했습니다. 이것은 올라가기만 할 뿐 내려올 수가 없고, 펴기만 할 뿐 굽힐 줄 모르며, 가기만 할 뿐 돌아올 줄 모르는 사람을 가리키는 말입니다. 공께서 깊이 생각하시기 바랍니다.」

응후가 말했다.

「좋소. 나도 『욕심을 부리며 그칠 줄 모르면 그 욕심 부린 것을 잃고, 가지고도 만족할 줄 모르면 그 가진 것도 잃는다』란 말을 들었는데, 다행히도 나는 선생으로부터 가르침을 받았으니 삼가 그 말에 따르리다.」

범수는 채택을 안으로 맞아들여 자리에 앉히고 상객으로 대우했다. 그 후 며칠이 지나서 조정에 입조한 범수는 소왕에게 말했다.

「산동(山東)에서 온 빈객으로 채택이란 사람이 있습니다. 이 사람은 변설(辯舌)에 뛰어나고, 삼왕(三王)의 사적(事績)으로부터 오패(五覇)의 공적, 세속의 변천에 통한 사람으로 진나라의 정치를 맡겨도 충분히 해낼 수 있는 인물입니다. 제가 지금까지 만났던 인물은 꽤 많은데 그에게 필적할 만한 사람은 한 사람도 없었으며, 저 같은 사람은 감히 따를 수 없는 인물이기에 삼가 아뢰는 바입니다.」

진나라 소왕은 채택을 만나서 서로 이야기를 나누고는 크게 기뻐하여 절을 하고 그를 객경(客卿)으로 임명했다. 이 일을 기회삼아 응후는 병이라 칭하고 재상의 인수를 돌려주기를 청했으나, 소왕이 강력히 만류했으므로 응후는 마침내 중병을 칭하고 끝내 재상의 자리를 물러났다. 소왕은 채택의 계획을 새로이 채용하고, 그를 진나라 재상으로 임명한 다음, 동쪽 주나라의 땅을 진나라 손에 넣었다. 그러나 진나라 재상이 되고 난 후 몇 달 만에 자기를 참언하는 사람이 있었으므로, 채택은 주살당할 것을 두려워하여 병이라 칭하고 재상의 인수를 돌려주었다.

채택은 강성군(綱成君)에 봉해졌고, 진나라에 살기 10여 년, 소왕·효문왕(孝文王)·장양왕(莊襄王)을 섬기고 마침내 시황제를 섬겨 연나라에 사신으로 갔다. 연나라는 3년 후에 태자 단(丹)을 진나라에 들여보내 인질로 삼게 했다.

소매가 길면 춤을 잘 춘다

태사공은 말한다.

「《한비자(韓非子)》에 『소매가 길면 춤을 잘 추고 돈이 많으면 장사를 잘한다〔長袖善舞 多錢善賈〕』는 말이 있는데, 이 말은 참된 말이다. 범수와 채택은 세상에서 말하는 이른바 변사(辯士)이면서 백발이 성성하기까지 제후에게 유세했으나, 임금을 만나지 못했던 것은 그들의 계책이 서툴러서가 아니라 그들의 주장을 받아들이기에는 나라의 힘이 약했기 때문이다. 따라서 두 사람이 나그네의 몸으로 진나라에 입국하자마자 서로 뒤를 이어 대신(大臣) 재상의 자리를 차지하고 공적을 천하에 이루어 놓은 것은 진나라와 열국(列國)의 강약세(强弱勢)가 달랐기 때문이었다. 그러나 선비에게도 운과 불운이 따르기 마련이다. 이 두 사람에 못지않은 현인들이 있으면서 뜻을 펴지 못한 자도 많다. 이런 사람들을 일일이 열거할 수는 없다. 그런데 이 두 사람도 만약 곤궁하지 않았더라면, 어찌 이렇게 발분할 수 있었겠는가?」

악의 열전 제20

악의(樂毅)는 그 선조에 악양(樂羊)이란 사람이 있었다. 악양은 위(魏)나라 문후(文侯)의 장군이 되어 중산국(中山國 : 하북 정현 일대)을 쳤는데, 그 공에 의하여 영수(靈壽)에 봉해졌다. 죽은 후에 영수에 장사지냈는데, 자손들도 대대로 이 땅에 정주했다. 그 후 중산은 나라를 다시 일으켰는데, 조(趙)나라의 무령왕(武靈王) 때에 조나라에 의해 다시 멸망했다.

그런데 악씨 자손에 악의란 사람이 있어, 현명한데다 전쟁을 좋아했기 때문에 조나라에 기용되었다. 그러나 조나라에 사구(沙丘)의 난[1]이 일어나 무령왕이 죽자 악의는 조나라를 떠나서

---

1) 사구(沙丘)의 난…혜문왕이 조(趙)나라의 이궁(離宮)인 사구궁을 포위하여 무령왕이 아사한 사건. 사구는 지금의 하북성 광종현 서북쪽의 지명이다. 조나라 무령왕이 장자인 조장(趙章)을 폐위시키고 가운데 아들인 조하(趙何)를 왕으로 옹립하였는데, 그가 혜문왕(惠文王)이다. 혜문왕 4년(B.C. 295년)에 무령왕과 혜문왕이 사구라는 곳으로 놀러갔는데, 조장은 이때를 틈타 병사를 일으켜 혜문왕을 죽이고 왕이 되려고 하였다. 그러나 대신인 조성(趙成), 이태(李兌) 등이 병사를 이끌고 조장을 공격하니, 조장은 무령왕의 행궁(行宮)으로 도망갔다. 조성 등은 행궁을 포위하여 조장을 죽이고 무령왕을 석 달 동안 감금하여, 결국 무령왕은 굶어 죽었다.

위나라로 갔다. 이때 연(燕)나라에는 소왕(昭王)이 왕위에 있었으며, 재상인 자지(子之)의 난[2]을 기화로 제(齊)나라가 연나라를 크게 깨뜨렸다. 연나라 소왕은 제나라를 미워하고 하루도 복수할 것을 잊지 않았다.

그러나 워낙 나라가 작은데다가 멀리 떨어져 있었으므로 제나라를 억누를 힘이 없었다. 그래서 몸을 굽혀 선비를 높이 받들며, 먼저 곽외(郭隗[3])를 예우하여 현인들을 끌어들이려고 했다. 이 말을 들은 악의는 위나라 소왕에게로 가서 자원하여 위나라 사신으로서 연나라에 갔다. 연나라 왕이 빈객으로 대우하자 악의는 이를 사양하고 예물을 바친 다음 연나라의 신하가 되었다.

연나라 소왕은 그를 아경(亞卿 : 상경上卿 다음가는 대신)으로 임명했고 그 뒤 이 자리에 오랫동안 있었다.

당시 천하에서는 제나라의 민왕(湣王)이 강성하여 남쪽의 초나라 장수 당말(唐眛)을 중구(重丘 : 산동 성무)에서 깨뜨리고, 서쪽 삼진(三晋)의 군사를 관진(觀律 : 하북 무읍의 동남쪽)에서 깨뜨렸으며, 마침내 진(秦)나라를 쳐서 조나라를 도왔고 중산국을

---

2) 자지(子之)의 난(亂)…소왕(昭王)의 아버지 쾌(噲)가 재상의 아들 자지에게 자리를 양위한 사건. 자지는 연나라의 대신으로 그가 연나라 재상에 임명되었을 때, 왕 쾌는 녹모수(鹿毛壽)의 꾐에 빠져 왕의 자리를 자지에게 넘겨주었고, 그로부터 3년 만에 나라는 큰 혼란에 휩싸였다. 이 틈을 타서 B.C. 314년 제나라 민왕이 연나라를 공격하여 연왕 쾌를 죽이고 자지를 젓을 담갔다.

3) 곽외(郭隗)…연나라 소왕은 즉위하자, 곽외에게 천하의 어질고 현명한 선비를 연나라로 모여들게 할 좋은 방법에 관해서 물었다. 곽외는 죽은 말뼈를 500냥을 주고 사온 「매사마골(買死馬骨)」 이야기를 들려주며, 죽은 말뼈도 500냥에 사는데 하물며 천리마는 어떠하겠는가 하면서 먼저 자기부터 대우해 달라고 하였다. 그래서 소왕은 곽외에게 저택을 지어 주고 노사(老師)로 임명했다. 그러자 악의·추연(鄒衍)·극신(劇辛) 같은 유명한 선비들이 모여들었다.

멸망시켰으며, 송(宋)나라 군사를 쳐서 토지를 넓히기 천여 리, 진나라의 소왕과 우열을 다투면서 제호(帝號)를 칭했다. 그 후 제호는 쓰지 않았지만, 제후는 모두 진나라 소왕을 배반하고 제나라에 복종하려고 했다. 그리하여 제나라 민왕은 이를 뽐냈지만, 백성들은 고통을 견디기 어려웠다. 그렇게 되자 연나라의 소왕은 악의에게 제나라 토벌에 대하여 물었다. 악의가 대답했다.

「제나라의 강대함[4]은 환공의 패업에 근거한 여파로서 토지는 넓고 인구가 많으므로 단독으로 친다는 것은 용이하지 않습니다. 왕께서 꼭 제나라를 치시려면 조나라나 초나라·위나라와 연합하시는 것이 좋겠습니다.」

그래서 악의를 보내 조나라 혜문왕(惠文王)과 약속을 하고 다시 초·위나라와 연합한 다음, 조나라로 하여금 진나라를 유도하여 함께 제나라를 치는 것이 이익임을 설득시켰다. 제후는 제나라 민왕의 교만함을 미워하고 있었기 때문에 모두 다투어 합종하고 연나라와 함께 제나라를 치려고 했다. 악의는 연나라로 돌아와서 그런 내용을 보고했다.

연나라의 소왕은 전 병력을 동원하고 악의를 상장군(上將軍)으로 삼았다. 조나라의 혜문왕은 재상의 인수를 악의에게 주었다. 이렇게 해서 악의는 조·초·한·위·연의 연합군을 통솔하여 제수(濟水) 서쪽에서 제나라 군사를 무찔렀다. 제후들의 군사는 싸움을 끝내고 돌려보냈으나, 악의는 연나라의 군사를 이끌고 제나라 군사를 추격하여 도읍 임치에 육박했다. 제나라의 민왕은 제수 서쪽에서 패하자 도읍에서 도망쳐 거(莒 : 산동 거현)

---

4) 제(齊)나라에는 춘추시대의 환공(桓公)에서부터 전국시대의 위왕(威王), 선왕(宣王)에 이르기까지 모두 천하에 이름을 떨쳤던 인물들이 많이 있었다.

를 지키고 있었다. 악의는 제나라에 머무르면서 정령(政令)을 폈지만, 제나라에서는 성을 모두 닫고 수비태세를 갖추고만 있었다.

악의는 임치를 깨뜨리고 진입하여 제나라 재보(財寶)와 제기(祭器)를 모조리 빼앗아 연나라에 보냈다. 연나라의 소왕은 크게 기뻐하여 몸소 제수(濟水)에까지 나와서 군사를 위로하고 상을 주고 잔치를 베풀었다. 그리고 악의를 창국(昌國 : 산동 치현)에 봉하고 창국군(昌國君)이라고 불렀다. 그리고 연나라 소왕은 전리품을 거두어 돌아가며 악의에게는 다시금 군대를 이끌고 나아가서 아직도 항복을 하지 않는 제나라의 성읍을 치라고 명령했다. 악의는 제나라에 주둔하며 공격하기 5년, 제나라의 70여 성을 함락시키고 그곳을 모두 군·현으로 만들어 연나라에 귀속시켰다. 그러나 거(莒)와 즉묵(卽墨)만은 아직 항복하지 않았다

전국시대의 무기 부품

이 무렵 연나라의 소왕이 죽고 그 아들이 즉위했다. 곧 연나라의 혜왕(惠王)이다. 혜왕은 태자였을 때부터 늘 악의를 마땅치 않게 생각했기 때문에 혜왕이 즉위하자 그 소식을 전해들은 제나라의 전단(田單)은 첩자를 연나라로 들여보내서 다음과 같은 말을 퍼뜨렸다.

「제나라에서 아직도 항복을 하지 않은 성은 두 개뿐인데, 악의가 빨리 공략을 하지 않는 것은 연나라의 새 왕과 사이가 나쁘기 때문에, 전쟁을 오래 끌면서 제나라에 있다가 제나라 왕

이 되고 싶은 야심이 있어서라더라. 제나라가 걱정하고 있는 것은 악의와 교체하여 다른 장수가 제나라로 오는 것이라더군.」

연나라 혜왕은 원래 악의를 의심하고 있던 터에 첩자의 말을 전해 듣자 그 말을 곧이듣고 기겁(騎劫)을 장군으로 임명하고 악의를 소환했다. 악의는 혜왕이 자기를 마땅치 않게 생각하기 때문에 교체시키는 것을 알아차리고, 돌아가게 되면 죽을 것이라며 조나라에 투항했다. 조나라는 악의를 관진(觀津)에 봉하고 망제군(望諸君)이란 호를 내렸다. 그리고 악의를 높이 받들어 연나라와 제나라를 견제했다. 그 후 제나라의 전단은 기겁과 싸웠는데, 또 속임수를 써서 연나라 군사를 속였고, 마침내 즉묵의 성 밑에서 기겁을 깨뜨렸다. 이어서 연나라 군사를 추격하여 북쪽 하상(河上 : 황하 근처)에 이르러 잃었던 제나라의 성을 차례로 회복하고, 양왕(襄王)을 거(莒)로부터 임치로 맞아들였다.

연나라 혜왕은 기겁을 악의와 교체했기 때문에 패전하고 수많은 장수를 잃었으며, 빼앗았던 제나라 땅을 다시 잃게 된 것을 후회했다. 그리고 악의가 조나라에 투항한 것을 원망하고, 조나라가 악의를 앞세워 연나라가 피폐한 틈에 연나라를 치는 것이 아닌가 걱정했다. 그래서 사람을 파견하여 악의를 꾸짖으면서도 한편으로는 사과를 했다.

「앞서 선왕(先王)께서 나라를 들어 장군에게 위임하고, 장군은 연나라를 위하여 제나라를 깨뜨림으로써 선왕의 원수를 갚은 일은 천하의 누구 한 사람 무서워하지 않은 사람이 없었소. 과인인들 어찌 하루라도 장군의 공을 잊었겠소. 그 때 마침 선왕이 붕어하시자 내가 새로이 즉위했고, 좌우 근시들이 나를 잘못 인도했던 것이오. 내가 장군을 기겁과 교체시킨 것은 장군이 오랫동안 나라 밖에 있으면서 풍우(風雨)에 시달린 노고를 생각하여 잠시 동안 소환하여 휴양을 시키고 또 일을 꾀하려 했던 것이었소. 그런 것을 장군은 나와 사이가 나빠서 그런 것이라고 잘못 듣고 연나라를 버리고 조나라에 투항했구려. 장군이 자신의 일을 스스로 판단하는 것은 좋다손 치더라도, 선왕께서 장군을 후하게 대우한 성의는 잊지 말고 보답해야 하지 않겠소.」

악의는 편지를 써서 연나라 혜왕에게 보고했다.

「저는 불초한 몸으로 왕명을 받들고 측근의 마음에 따를 수가 없어서 선왕의 명철하심을 손상케 하고, 임금의 높은 뜻을 해칠까 염려되어 조나라에 온 것입니다. 이제 임금께서는 사신을 보내 이 일을 죄악이라 해서 저를 책망하시는데, 임금의 측근은 선왕께서 저를 총애하셨던 까닭을 알지 못하고, 또 제가 선왕을 섬기던 심정을 밝혀 알지 못하는 것으로 압니다. 그래서 감히 글월로 임금께 대답하게 된 것입니다. 저는 『어질고 성스러운 임금은 가깝다는 이유로 벼슬과 녹을 주지 않고, 공이 많은 사람에게는 상을 주고, 능력과 재주가 있는 사람에게는 벼슬을 준다』고 들었습니다. 그러므로 신하의 능력을 살펴서 관직을 맡기는 것은 공업(功業)을 이루는 임금이며, 임금의 언행을 논하여 임금을 섬기는 것은 명성을 올리는 선비입니다. 저는 은밀히 선왕(先王)의 하시는 일을 살폈습니다만, 세상의 평범한 임금과 달라 스스로 높은 뜻을 가지고 계셨습니다. 그런 까닭에 저는 위(魏)나라의 부절(符節 : 사신의 신분증명서)을 가지고 연나라에 들어갔고, 목숨을 걸고 선왕을 설득함으로써 저의 뜻을 선왕께서 알아주시게 된 것입니다. 선왕께서는 지나치게 저를 대우하시어 빈객 등에 끼워주시고, 뭇 신하 위에 앉히시어 부형(父兄 : 왕의 일족인 長老)

과도 상의하시지 않고 아경(亞卿)으로 써 주셨습니다. 저는 자신의 기량도 생각지 않고 다만 임금의 명령을 받들고 임금의 가르침만을 받들기만 하면 큰 죄과는 없을 것으로 생각하고 사양치 않고 명령을 받았던 것입니다.

선왕께서 저에게 말씀하시기를 『나에게는 제(齊)나라에 대하여 원한이 쌓였고 깊은 노여움을 가지고 있소. 그래서 우리나라의 국력이 미약한 것도 생각지 않고 제나라를 치고 싶은 생각뿐이오』라고 하셨습니다. 그래서 저는 『저 제나라가 크고 강한 것은 패국(覇國)의 여업(餘業)으로서 지금도 아직 뛰어난 유풍(遺風)이 있고 훌륭한 장비와 군사로 단련하여 전투에 능숙합니다. 왕께서 만약 제나라를 치고자 하시면 반드시 천하 제후들과 상의하셔야 하며, 제후들과 상의하시려면 우선 조(趙)나라와 동맹을 맺는 것이 제일단계입니다. 그리고 회북(淮北)의 송(宋)나라 옛 땅은 초(楚)·위(魏)나라가 일찍부터 탐내고 있는 곳이오니, 조나라가 동맹을 승낙하거든 초·위나라까지 끌어들여서 네 나라가 동맹하여 제나라를 친다면 제나라를 크게 깨뜨릴 수 있습니다』라고 말씀을 드렸습니다. 선왕께서는 저의 의견을 받아들이시어 계획을 정리한 다음 저를 남쪽에 있는 조나라로 보내셨는데, 귀국하여 보고를 드리자 군사를 내어 제나라를 치게 된 것입니다.

하늘의 도(道)와 선왕의 위령(威靈)으로 하북(河北 : 황하 이북)의 군(軍)은 선왕에게 순응해 왔는데, 제수(濟水) 근처에서 군사를 정돈한 다음 명령을 받아 제나라를 쳐서 크게 깨뜨렸고, 경장을 한 정예부대는 제나라 도읍으로 들어갔습니다. 제나라 왕은 거(莒)로 도망을 쳐서 겨우 몸을 숨길 뿐이었습니다. 주옥재보(珠玉財寶)·병거갑주(兵車甲胄)·진기(珍器)는 모조리 연나라로 보내졌고, 기물(器物)은 영대(寧臺 : 燕나라의 대 이름)에, 대려(大呂 : 제나라 종鍾 이름. 제나라 묘당의 악기)는 원영전(元英殿 : 연나라의 궁전)에 진열되었으며, 일찍이 제나라에 빼앗겼던 정(鼎)도 역실(曆室 : 연나라 궁전 이름)로 돌아왔고, 제나라의 문황(汶篁 : 汶水 근처에 나는 대나무)도 계구(薊丘 : 연나라의 도읍. 북경 부근)에 이식(移植)되었습니다. 실로 춘추의 오패 이후 공적에 있어 선왕을 따를 자가 없을 것이며, 선왕께서도 아주 만족하셨던 것입니다. 그런 까닭에 토지를 나누어서 저를 봉해 주셔서 신으로 하여금 소국(小國)의 제후들과 어깨를 나란히 하게 해주셨습니다. 저는 자신의 힘도 생각해 보지 않고 임금의 명령을 받들고 가르침을 받든다면 큰 죄는 짓지 않을 것으로 생각하여 그 명령을 사양치 않고 받아들였던 것입니다.

저는 『어질고 성스러운 임금은 공을 이루게 되면 허물어뜨리지 않는다. 그런 까닭에 춘추(春秋)[5]에 기재되었고, 선견지명이 있는 선비는 이름을 세우게 되면 그 이름을 해치는 일이 없다. 그런 까닭에 후세에까지 칭송을 듣는다』란 말을 들었습니다. 선왕께서 원수를 갚으시고 치욕을 씻어 제나라와 같은 만승 강국을 평정하고, 8백 년에 걸쳐 쌓아둔 보물과 진기(珍器)를 빼앗아 왔고, 공포한 교령(敎令)은 붕어하시는 날에 이르기까지 조금도 쇠퇴하지 않았습니다. 정사를 맡은 신하들은 그 법령을 닦고 적(嫡)·서(庶)의 분별을 분명히 하여 백성들과 노비에까지 미치게 한 것들은 모두 후세의 교훈이 될 수 있었습니다. 『일을 잘 꾸미는 사람이 반드시 그 일을 잘 이룩하는 사람이 아니며, 처음에 잘 하는 사람이 반드시

5) 춘추(春秋)…여기서는 일반적인 역사서를 가리킨다.

끝까지 잘 하는 것은 아니다』라고 한 말이 있습니다.

옛날 오자서는 그의 말을 오(吳)나라 왕 합려(闔閭)가 받아들였기 때문에 오나라 왕은 멀리 초나라에 침입하여 그 도읍 영(郢)에까지 쳐들어갔습니다. 그런데 합려의 뒤를 이은 오나라 왕 부차(夫差)는 자서의 말을 듣지 않고 자서에게 죽음을 내리고 그 시체를 말가죽 주머니에 넣어서 장강(長江 : 양자강)에 띄웠습니다. 부차는 선왕의 정책에 따라 공적을 세워나갈 것을 깨닫지 못했기 때문에 자서를 장강에 던지고도 후회하지 않았던 것입니다. 자서는 일찍이 두 임금의 기량이 같지 않다는 것을 알아차리지 못했기 때문에, 장강에 던져질 때까지 자기 행동을 고치지 못했던 것입니다.

이에 반하여 저는 제 몸을 죄에서 벗어나게 하며 공을 세우고, 선왕의 업적을 뚜렷하게 하는 것이 상책이라고 생각하고 있으며, 남에게 참언을 당하여 모욕을 받음으로써 선왕의 명예를 손상시키는 것을 가장 두려워하고 있습니다. 생각조차 할 수 없는 죄를 지은 것으로 의심받는 것조차 두려워하는 저로서는 요행으로 이(利)를 얻으려고 하는 것 따위는 꿈도 꿀 수 없는 일입니다.

저는『옛날 군자는 남과 교제를 끊고도 그 사람의 나쁜 점을 이야기하지 않고, 충신은 나라를 떠난 다음에도 자신의 결백을 주장하지 않는다』는 말을 들었습니다. 저는 불초의 몸이오나 자주 군자의 가르침을 받은 일이 있습니다. 왕의 좌우에 있는 사람들이 주위 사람의 말에 이끌려 멀리에 있는 저의 행동을 잘못 오해할 것이 두려워서 감히 서면으로 말씀드리는 것입니다. 왕께서 저의 뜻을 유의해 주신다면 다행이겠습니다.」

이리하여 연나라 왕은 악의의 아들 악간(樂間)을 창국(昌國)에 봉하고 창국군이라 했다. 악의도 연나라에 왕래하며 다시 연나라와 친해졌고, 연나라와 조나라는 악의를 객경으로 삼았다. 악의는 조나라에서 죽었다.

악간은 연나라에 있기 30여 년이나 되었다. 연나라 왕 희(喜)가 재상 율복(栗腹)의 계책을 써서 조나라를 치고자 하여 창국군 악간에게 그 가부를 물었다. 악간이 대답했다.

「조나라는 사방의 적과 자주 싸워 온 나라이기 때문에 백성들이 전쟁에 익숙합니다. 그러므로 조나라를 쳐서는 안 됩니다.」

그러나 연나라 왕은 받아들이지 않고 끝내 조나라를 쳤다.

조나라는 염파(廉頗)에게 명하여 연나라 군사를 맞아 싸우게 했는데, 율복의 군사를 호(鄗 : 하북 백향의 북쪽)에서 크게 깨뜨리고, 율복과 악승(樂乘)을 사로잡았다. 악승은 악간의 집안사람이다. 악간은 자기의 의견이 받아들여지지 않자 조나라로 도망했다. 조나라는 승세를 타고 연나라 도읍을 포위했다. 그래서 연나라는 거듭 땅을 떼어 주고 조나라와 화친했다. 조나라 군사는 포위를 풀고 돌아갔다.

연나라 왕은 악간의 말을 듣지 않은 것을 후회했지만, 악간은 이미 조나라에 가 있었으므로 편지를 띄웠다.

「은나라 주왕 때, 기자(箕子)는 왕이 그의 말을 받아들이지 않았어도 여전히 끈기 있게 간하여 그의 말을 받아들이도록 권했소. 또 상용(商容)은 주왕이 그의 간하는 것을 듣지 않으며, 그의 몸을 욕되게 하였어도 굽히지 않고 끝까지 주왕이 마음을 고치기를 간했소. 나라가 어지러워지고 민심은 이탈

하고, 법이 문란해져서 죄수들이 멋대로 탈옥하게 되자, 비로소 이 두 사람은 물러나 숨었소. 그런 까닭에 주왕은 걸왕(桀王)과 함께 폭군으로 세상에서 저주를 받지만, 이 두 사람은 충신·현성(賢聖)으로서의 이름을 잃지 않았소. 왜냐하면 그들은 걱정하는 마음을 다했기 때문이오. 지금 나는 어리석다고는 하지만 주왕만큼 포학하지는 않으며, 연나라 백성은 어지럽다고는 하지만 은나라 백성처럼 심하지는 아니하오. 한 집안에 불화가 있을 때, 가족이 서로 성의껏 타이르지 않고 동네에 다니며 험담을 하는 법이 있겠소? 그대는 강력하게 간하지도 않고 조나라로 떠났소. 이 두 가지 일은 나로서 심히 유감스러운 일이오.」

악간과 악승은 연나라에서 자기들의 계략을 받아들이지 않았음을 원망하면서 마침내 두 사람 모두 끝까지 조나라에 머물렀다. 조나라는 악승을 봉하여 무양군(武襄君)이라 했다. 그 이듬해 악승과 염파는 연나라 도읍을 포위했다. 연나라에서는 예물을 듬뿍 바치고 화친하기를 애걸해 왔기 때문에 포위를 풀었다.

5년 후, 조나라의 효성왕(孝成王)이 죽었다. 도양왕(悼襄王)은 악승을 염파 대신 장군으로 임명했는데, 염파는 이에 불복하고 악승을 쳤다. 악승은 싸움에 져서 달아났고, 염파도 도망을 쳐서 위(魏)나라에 입국했다. 그런 지 10년 만에 진나라는 조나라를 멸망시켰다.

그 후 20여 년이 지난 뒤, 한(漢)나라 고조(高祖)가 조나라의 옛 땅을 지날 때 이렇게 물었다.

「악의에게는 자손이 있는가?」

그러자 어떤 사람이 말했다.

「악숙(樂叔)이라는 사람이 있습니다.」

고조는 악숙을 악향(樂鄕 : 하북 청원)에 봉하고, 화성군(華成君)이라 불렀다. 악숙은 악의의 손자다. 그러나 악씨 일족에는 그 밖에 악하공(樂瑕公)·악신공(樂臣公)이 있었는데, 조나라가 진나라를 무찌르려고 할 때, 그들은 제나라의 고밀(高密 : 산동 고밀)로 도망쳤다. 악거공은 황제와 노자의 학문에 능숙해서 제나라에서 이름이 높았고 현사라 칭함을 받았다

태사공은 말한다.

「일찍이 제나라의 괴통(蒯通)과 주보언(主父偃)은 악의가 연나라 왕에게 보고한 편지를 읽을 때마다 책을 덮고 울지 않을 수 없었다고 한다. 악신공은 황제·노자의 학문을 배웠는데, 본래의 스승은 하상장인(河上丈人)이었다고 하나 그의 내력은 분명치가 않다. 하상장인은 이를 안기생(安期生)에게 가르쳤고, 안기생은 모흡공(毛翕公)에게 가르쳤으며, 모흡공은 악하공에게 가르쳤고, 악하공은 악신공에게 가르쳤으며, 악신공은 갑공(蓋公)에게 가르쳤고, 갑공은 제나라 고밀·교서 땅에서 가르쳐 한(漢)나라의 재상 조상국(曹相國 : 조삼)의 스승이 되었다.」

염파·인상여 열전 제21

염파(廉頗)는 조(趙)나라의 뛰어난 장수이다. 혜문왕(惠文王) 16년, 염파는 조나라의 장군이 되어 제(齊)나라를 쳐 크게 깨뜨리고 양진(陽晋 : 산동 운성)을 함락시켰다. 그 공에 의해 상경에 임명되었고, 그의 용맹함은 제후들 사이에서 유명했다.

인상여(藺相如)도 역시 조나라 사람으로, 환관령(宦官令 : 환관의 우두머리) 무현(繆賢)의 사인(舍人)이었다.

조나라 혜문왕 때, 왕은 초(楚)나라 화씨벽(和氏璧)[1]을 손에

---

1) 화씨벽(和氏璧)…변화(卞和)라는 사람이 산속에서 얻어 초(楚)나라 왕에게 바친 명옥(名玉). 춘추전국시대를 통틀어서 가장 값비싼 보물로 인정되어 왔다. 초나라 화씨(和氏 : 변화)가 산 속에서 돌로밖에는 보이지 않는 옥돌 원석을 주워 와서 초나라 여왕(厲王)에게 바쳤다. 여왕이 옥공에게 감정을 시켰더니 옥이 아닌 돌이라고 했다. 왕은 임금을 속인 죄를 물어 왼쪽 다리를 자르게 했다. 여왕이 죽고 무왕(武王)이 즉위하자, 화씨는 다시 그 원석을 바쳤다. 역시 옥공에게 감정시킨 결과 옥이 아닌 돌이라는 판정이 내려졌다. 이번에는 그의 오른발을 자르게 했다. 무왕이 죽고 문왕이 즉위했다. 그러자 화씨는 그 원석을 품에 안고 밤낮 사흘을 소리 내어 울었다. 문왕은 소문을 듣고 사람을 시켜 그 까닭을 묻고 마침내 문왕은 옥공에게 그 원석을 다듬고 갈게 하여 천하에 다시없는 보물을 얻게 되었다. 그리고 그 구슬을 「화씨벽」이라 이름 붙였다.

넣었다. 진나라 소왕(昭王)이 이 말을 듣자 사신을 파견하여 조나라 왕에게 말했다.

「청하건대 열다섯 개의 성과 화씨벽을 바꾸고 싶습니다.」

조나라 왕은 대장군 염파와 뭇 신하를 모아놓고 상의했는데, 진나라에 화씨벽을 주더라도 아마 15성을 얻을 수 없을 것이며, 그렇다고 주지 않게 되면 진나라의 공격을 받을 우려가 있으므로 좀처럼 방침을 세울 수가 없었다. 또 진나라에 회답을 보낼 만한 사신을 찾았건만 적임자가 좀처럼 나타나지 않았다.

환관령 무현이 말했다.

「저의 사인 중에 인상여라는 사람이 있는데, 사신으로 다녀올 만합니다.」

그러자 왕이 물었다.

「어찌 그렇게 판단하오?」

무현이 말했다.

「일찍이 저는 죄를 짓고 비밀리에 연(燕)나라로 도망치려 했는데, 인상여가 저를 붙들고 말리면서 『주인은 어떻게 해서 연나라 왕을 아셨습니까?』라고 물었습니다. 제가 『일찍이 대왕을 모시고 연나라 왕과 국경 근처에서 만났을 때, 연나라 왕은 내 손을 잡고 친구로서 사귀기를 청한 일이 있었지. 그렇게 해서 알게 되어 찾아가려고 하는 걸세』라고 대답하자, 인상여는 『어쨌든 조나라는 강하고 연나라는 약한데, 게다가 주인께서 조나라 왕에게 총애 받고 있기 때문에 연나라 왕이 사귀고 싶다고 한 것입니다. 지금 주인께서 조나라를 버리고 연나라로 도망치시더라도 연나라는 조나라가 무서워서 주인을 받아주지 않을 뿐 아니라, 틀림없이 주인을 잡아 묶어서 조나라로 돌려보낼 것입니다. 주인께서는 어깨를 드러내고[2] 형틀에 엎드려 조나라 왕에게 죄를 청하시는 것이 나을 것입니다. 그렇게 하면 다행히 용서를 받을지도 모릅니다』라고 말했습니다. 저는 그의 말을 따랐는데 대왕께서는 저를 용서해 주셨습니다. 저는 그를 용기 있고 지모(智謀)가 있는 사람이란 것을 알게 되었으며, 나아가 더 큰 사명도 해낼 수 있을 것으로 생각합니다.」

노발충관(怒髮衝冠)

그래서 왕은 인상여를 불러 물었다.

「진나라 왕은 15성을 가지고 나의 화씨벽과 바꾸자고 하는데, 이것을 주어야겠는가, 어떻게 해야겠는가? 그대의 의견을 말해 보오.」

「진나라는 강하고 조나라는 약합니다. 주지 않을 수 없을 것입니다.」

「화씨벽만 받고 성을 주지 않으면 어떻게 하지?」

「진나라가 성을 주겠다면서 구슬을 달라는데 받아들이지 않으면 그 잘못은 조나라에 있습니다. 조나라가 구슬을 주었는데도 성을 주지 않는다면 그 잘못은 진나라에 있습니다. 두 계책을 비교해 보면 역시 들어줌으로써 잘못을 진나라에게 돌려주는 편이 좋을 것입니다.」

「그 사신으로 적당한 자는 누구겠소?」

「마땅한 사람이 없으면 신이 구슬을 가지고 가겠습니다. 성이 조나라로 들어오면 구슬을 진나라에 두고, 성이 들어오지 않으면 신은 구슬을 온전히 하여 조나라로 돌아올 것을 책임지고

---

2) 옛날에 제사를 지내거나 사죄를 할 때, 또는 공경이나 황공함을 표현할 때 하던 행위를 말한다.

말씀드리겠습니다〔……城不入 臣請完璧歸趙〕.」

그리하여 조나라 왕은 마침내 인상여를 파견하여 구슬을 가지고 진나라에 들어가도록 했다.

진나라 왕은 장대(章臺 : 왕궁 내의 대臺 이름)에 앉아서 인상여를 인견했다. 인상여가 구슬을 진나라 왕에게 바치자, 진나라 왕은 크게 기뻐하며 궁녀와 좌우 사람들에게 내보였다. 좌우에 있던 사람들은 모두 만세를 불렀다. 인상여는 진나라 왕에게 약속을 이행치 않으려는 마음이 있음을 알아차리자, 나아가서 이렇게 말했다.

「그 구슬에는 작은 흠이 하나 있는데, 대왕께 그것을 보여드리겠습니다.」

왕이 구슬을 건네주자, 인상여는 구슬을 손에 쥐고 뒤로 물러나서 기둥을 등지고 일어나 노한 얼굴로 진나라 왕을 꾸짖었는데, 그 때 인상여는 머리카락이 곤두서 갓이 벗어질 정도였다〔怒髮上衝冠〕.

필부(匹夫)의 교제에도 거짓은 없는 법

「대왕은 구슬을 손에 넣으려고 조나라 왕에게 편지를 보냈습니다. 조나라 왕은 뭇 신하를 불러놓고 의논을 했습니다. 그러자 모두 『진나라는 욕심이 많은데다가 나라의 힘을 믿고 거짓말을 한 것인즉 성을 주지는 않을 것이다』 라고 말했습니다. 그래서 모두의 의견은 진나라에 구슬을 주지 말자는 데로 기울었지만, 저는 『필부(匹夫)의 교제에도 거짓은 없는 법입니다. 하물며 대국의 교제에 그런 일이 있겠습니까〔布衣之交 尙不相欺 況大國乎〕. 어쨌든 조나라로서는 구슬 한 개로 강한 진나라를 거역

인상여

하지 말아야 하며, 그 환심을 손상시키지 말아야 합니다』라며 반대했습니다. 그리하여 조나라 왕은 재계(齋戒)하기 닷새, 저에게 명하여 구슬을 바치게 하고 편지를 진나라 조정에 드리도록 했습니다. 그렇게 한 것은 대국의 위광(威光)을 두려워하여 경의를 표하려는 뜻이 있기 때문입니다. 그런데 이제 와서 보니 대왕은 뭇 신하와 함께 저를 인견하시고, 그 의례는 심히 오만하셨습니다. 더구나 구슬을 손에 넣으시자마자 이것을 미인(美人 : 女官의 관명)들 손에 건네주시고 희롱하며 노셨습니다. 저로서는 대왕께서 그 구슬의 값으로 성을 떼어 조나라 왕에게 주시려는 생각이 없으심을 알아차리게 되었기 때문에 다시 구슬을 돌려받은 것입니다. 만약 대왕께서 끝까지 저를 강박하시면서 구슬을 빼앗으려고 하신다면 제 머리는 지금 이 구슬과 함께 기둥에 부딪쳐 깨져버리고 말 것입니다.」

완벽귀조(完璧歸趙)

인상여는 구슬을 가지고 기둥을 노려보면서 지금이라도 당장 기둥을 들이받을 태세였다. 진나라 왕은 구슬이 부서지는 것이 두려워 무례했음을 사과하고 인상여에게 간청했다. 그리고 관리를 불러 지도를 가리키며 여기부터 여기까지 15성을 조나라에게 주겠다고 손가락으로 짚었다. 인상여는 내심 진나라 왕이 조나라에 성을 주는 척할 뿐으로 실은 그 성이 조나라 수중에 들어오지는 않을 것이라고 짐작하고 진나라 왕에게 말했다.

「화씨벽은 천하 사람이 알고 있는 전래(傳來)의 보배입니다. 조나라 왕은 대왕을 두려워하여 화씨벽을 드리지 않을 수 없었으나, 구슬을 보낼 때 닷새 동안 재계[3]했습니다. 그런즉 대왕도 지금부터 닷새 동안 재계하시어 구빈(九賓)의 대례(大禮)[4]를 조정에서 베푸시기 바랍니다. 그런 연후에라야 저도 구슬을 바치겠습니다.」

진나라 왕은 도저히 강탈할 수 없다고 보고, 마침내 5일간의 재계를 승낙하고 인상여를 광성전사(廣成傳舍 : 객사의 이름)에 묵도록 했다. 인상여는 진나라 왕이 재계를 하더라도 틀림없이 약속을 배신하여 성을 주지 않을 것으로 짐작하고, 자기의 종자에게 허름한 옷을 입히고 구슬을 가지고 지름길로 도망시켜 조나라로 보냈다. 진나라 왕은 닷새 동안 재계를 한 다음 구빈의 예를 조정에 베풀고 조나라 사신 인상여를 안내했다. 인상여는 조정에 나아가서 진나라 왕에게 말했다.

---

3) 재계…고대 제사나 의식을 거행할 때, 일을 주관하는 사람은 먼저 목욕을 하고. 정결한 옷으로 갈아입고 여인과의 잠자리를 같이하지 않으며, 술을 금하고 냄새나는 것을 먹지 않음으로써 공경과 정순함을 나타냈다고 한다.

4) 구빈(九賓)의 대례(大禮)…빈객을 특별 대우하는 의례(儀禮). 구빈은 임금이 우대하는 아홉의 손님. 이에는 공(公) · 후(侯) · 백(伯) · 자(子) · 남(男) · 고(孤) · 경(卿) · 대부(大夫) · 사(士)가 있다.

「목공(穆公) 이래 진나라의 임금은 20여 명을 헤아립니다만, 아직도 굳게 약속을 지켜낸 임금은 없었습니다. 그래서 저도 대왕에게 속게 되어 조나라 왕의 신임을 배신하게 되지 않나 하여 남에게 구슬을 주어 지름길로 조나라에 보냈습니다. 그러나 진나라는 강하고 조나라는 약하니 대왕께서 사신 한 사람만 조나라로 파견하신다면 조나라는 그 자리에서 구슬을 바칠 것입니다. 하물며 이제 진나라가 우선 열다섯 성을 조나라에 주신다면 조나라는 어찌 구슬을 가지고 대왕에게 큰 죄를 짓겠습니까. 제가 대왕을 속이고 구슬을 돌려보낸 것은 죽을죄에 해당하는 줄 알고 있습니다. 청하옵건대 저를 삶아서 죽여주십시오. 단 대왕께서는 뭇 신하들과 잘 의논하시어 결정해 주시기 바랍니다.」

진나라 왕은 뭇 신하들과 얼굴을 마주보며 크게 놀랐다. 좌우의 신하들이 인상여를 끌어내어 형벌로 다스리려는 자도 있었다. 그러자 진나라 왕이 말했다.

「지금 인상여를 죽인다고 해서 구슬을 얻을 수 있는 것도 아니고, 이후로는 진나라와 조나라의 우호관계만 끊기고 말 것이오. 오히려 후대하여 조나라로 돌려보내는 편이 좋겠소. 구슬 한 개로 조나라 왕이 진나라를 배반이야 하겠소.」

그래서 마침내 인상여를 빈객으로 대접한 다음 조나라로 돌려보냈다.

인상여가 돌아오자, 조나라 왕은 현인이 사신으로 간 까닭에 임무를 수행했다며 상대부(上大夫)로 임명했다. 이렇게 해서 진나라도 성을 조나라에 주지 않았고, 조나라도 또한 끝내 구슬을 진나라에 주지 않았다. 그 후 진나라는 조나라를 쳐서 석성(石城 : 하남 임현의 남쪽)을 함락시키고, 이듬해 다시 조나라를 쳐서 2만 명이나 죽였다. 진나라 왕은 조나라 왕에게 사신을 보내 이렇게 말했다.

「친선을 위하여 왕과 서하(西河) 남쪽에 있는 면지(澠池)에서 회합하고 싶소.」

조나라 왕은 진나라를 두려워하여 가지 않으려 하자, 염파와 인상여가 의논한 다음 말했다.

「왕께서 가시지 않으면 조나라가 약하고 비겁한 것을 드러내는 일입니다.」

조나라 왕도 하는 수 없이 가기로 했고, 인상여가 수행했다.

염파는 국경까지 전송하고 왕과 헤어질 때 말했다.

「임금의 이번 행차는 그 도정(道程)을 헤아려보니, 회견의 예를 끝마치고 돌아오시기까지 30일이면 충분합니다. 만약 30일이 경과되어도 돌아오지 않으시면 태자를 세워 왕으로 하여, 대왕을 인질로 해서 이익을 얻으려 하는 진나라의 야망을 쳐부수도록 해주십시오.」

왕은 그렇게 할 것을 허락하고 마침내 진나라 왕과 면지에서 회합했다. 주연이 한창 무르익을 무렵, 진나라 왕이 말했다.

「내가 듣건대, 조나라 왕은 음악을 좋아하신다고요. 거문고를 한 번 들려주시기 바라오.」

조나라 왕이 거문고를 타자 진나라의 어사(御史)가 나와서 다음과 같이 기록했다.

「모년 모월 모일 진나라 왕은 조나라 왕과 만나 주연을 베풀었는데 조나라 왕은 진나라 왕을 위해 거문고를 탔다.」

그러자 인상여가 앞으로 나아가서 말했다.

「조나라 왕은 진나라 왕께서 진나라 음악에 능하다고 듣고 계십니다. 청컨대 분부(盆缻[5])를 진나라 왕께 올려 서로 즐거움을 더하도록 해주십시오.」

진소왕과 인상여

진나라 왕이 노하며 허락지 않았다. 인상여는 분부를 들고 나아가서 무릎을 꿇고 진나라 왕에게 청했는데, 그래도 응하지 않았다. 그러자 인상여가 말했다.

「대왕과 저 사이는 불과 다섯 걸음도 안 됩니다. 제 목의 피로써 대왕을 물들여도 좋겠습니까?」

좌우에 있던 사람들이 칼을 빼어 인상여를 베려고 했다. 그러나 인상여가 노려보며 호령을 하니 모두 놀라서 물러났다. 진나라 왕은 마지못하여 분부를 한 번 두드렸다. 인상여는 돌아서서 조나라 어사(御史)[6]를 불러 다음과 같이 기록하도록 했다.

「모년 모월 모일[7] 진나라 왕은 조나라 왕을 위하여 분부를 쳤다.」

진나라 신하들이 말했다.

---

5) 분부(盆缻)…질장구. 도기로 만들었으며 진나라에서는 음악에 맞추어 이것을 쳤다.

6) 어사(御史)…전국시대의 어사는 도서를 관리하고 국가의 큰일을 기록하던 사관이다.

7) 모년 모월 모일…사관은 일반적으로 당시 있었던 일을 기록하면서 연·월·일을 정확하게 적지만, 여기서는 그 일을 서술하는 것이기 때문에 생략하였다.

「조나라는 열다섯 성을 진나라에 바쳐 진나라 왕의 성수(聖壽)를 축복해 주었으면 하오.」

그러자 인상여가 말했다.

「진나라는 그 도읍 함양(咸陽)을 조나라에 바쳐 조나라 왕의 성수를 축복해 주었으면 하오.」

육단부형(肉袒負荊)

이렇게 하여 진나라 왕은 주연이 끝날 때까지 끝내 조나라 왕을 위압하지 못했다. 조나라가 군사를 배치시켜 진나라에 대비하고 있었기 때문에 진나라는 감히 손을 쓸 수가 없었다. 회합을 끝내고 귀국하자, 조나라 왕은 인상여의 공이 많았다 하여 상경(上卿)에 임명하여 그 자리가 염파의 위였다.

염파는 이 일이 불만스러워 말했다.

「나는 조나라 장수가 되어 성을 공략하고 야전에서 이긴 공이 있었건만, 인상여는 단지 혀와 입만 놀린 노고로 나보다 윗자리에 앉았다. 상여는 본래 미천한 사람이었다. 나는 그의 아랫자리에 앉기가 부끄러워 참을 수 없도다. 나는 인상여를 만나면 기어코 모욕을 주고 말겠다.」

인상여는 이 말을 전해 듣고는 될 수 있으면 염파와 맞닥뜨리지 않으려 했고, 입조하지 않으면 안 될 경우에도 그 때마다 칭병하고 나아가지 않았으며, 염파와 서열을 다투기를 피했다. 뿐만 아니라 인상여가 외출하였다가 멀리 염파가 보이면 인상여는 수레를 돌려서 숨어버렸다. 그러자 인상여의 사인이 말했다.

「저희들이 가족과 헤어져서 상공을 섬기는 것은 상공의 높은 뜻을 흠모하기 때문입니다. 지금 상공께서는 염공(廉公)과 같은 자리이면서 염공의 욕이 두려워 숨고 피하는 것은 정도가 지나치십니다. 이런 일은 범인들도 부끄러워하는 일인데, 하물며 장군이나 재상이라면 어떻겠습니까? 불초한 저희들은 이만 물러갈까 합니다.」

그러자 인상여는 그를 완강하게 말리며 이렇게 말했다.

「네가 생각하기에는 염장군과 진나라 왕 가운데 어느 쪽이 더 무섭다고 생각하느냐?」

「그거야 염장군이 진나라 왕을 어떻게 따르겠습니까?」

다시 인상여가 말했다.

「그러한 진나라 왕의 위력 앞에서도 나는 그 조정에서 진나라 왕을 꾸짖고 못 신하들을 욕보였다. 내가 아무리 둔한 사람이기로 염장군을 무서워하겠느냐. 살펴보건대 강한 진나라가 우리 조나라를 침범하지 못하는 것은 오직 우리 두 사람이 있기 때문이다. 지금 두 호랑이가 싸우면 형세로 보아 둘 다 무사할 수가 없다. 내가 이렇게 숨는 것은 국가의 위급을 먼저 생각하고 사사로운 원한은 그 다음으로 생각하기 때문이다.」

염파는 이 말을 전해 듣고는 옷을 벗고 회초리를 등에 지고〔肉袒負荊〕 인상여의 집 문 앞에 와서 이렇게 말했다.

「비천한 나는 장군의 관용이 이처럼 너그러울 줄 몰랐소.」

문경지교(刎頸之交)

이리하여 두 사람은 다시 친한 사이가 되어 죽음을 함께 해도 마음이 변하지 않는 그런 사이가 되었다〔卒相與驩 爲刎頸之交〕.

이 해에 염파는 동쪽에 있는 제나라를 쳐서 그 1군(軍)을 깼고, 2년 후에는 위(魏)나라의 기(幾 : 읍명)를 쳐서 함락시켰다. 그 후 3년, 염파는 위나라 방릉(防陵 : 하남 안양의 남쪽) · 안양(安陽)을 쳐서 함락시켰다. 그 후 4년, 인상여는 장군이 되어 제나라를 쳐 평읍(平邑 : 산동 창악)까지 갔다가 군사를 철수시켰다. 그 이듬해, 조사(趙奢)는 진나라 군사를 알여(閼與 : 산서 화순)의 성 밑에서 깨뜨렸다.

조사는 조(趙)나라 전답의 조세 징수를 맡은 관리였다. 그가 세금을 거두어들이는데, 평원군(平原君)의 집에서 세금을 내지 않으므로 조사는 법에 따라 평원군 댁 집사(執事) 아홉 명을 죽였다. 평원군은 이 일로 크게 노하여 조사를 죽이려 하자, 조사가 평원군에게 말했다.

「공은 조나라의 귀공자(왕족)이십니다. 공의 집에서 멋대로 공적 의무를 이행하지 않으시면 국가의 법은 침해당하고 맙니다. 법이 침해되면 나라가 약하게 되고, 나라가 약하게 되면 제후들에게 공략 당하게 됩니다. 제후들에게 공략 당하면 조나라는 망하고 말 것이니 공인들 어찌 부를 누리시겠습니까. 공과 같은 귀한 신분으로 법을 따르시고 공적 의무를 이행하신다면 나라의 상하는 공평하게 되며, 상하가 공평하게 되면 나라는 부강해지고, 나라가 부강해지면 조나라는 안태견고(安泰堅固)해집니다. 더구나 공은 신분이 높으신 왕의 집안이신데, 어찌 천하 제후들이 공자를 가볍게 보겠습니까?」

평원군은 조사를 현인이라며 왕에게 진언하였고, 왕은 그를 중용하여 국가 조세를 관리시켰다. 그 결과 조세는 더욱 평균화되었고 백성은 부유해졌으며 국고는 충실했다. 때마침 진나라 군사가 한나라를 치기 위하여 조나라를 지나서 알여(閼與)에 주둔했다. 조나라 왕은 염파를 불러 물었다.

「알여를 구해야겠는데, 어떨까?」

염파가 대답했다.

「길이 멀고 험난하여 용이하게 구할 수 없겠습니다.」

그리하여 왕은 악승(樂乘)을 불러서 물었으나 똑같은 대답을 했다. 왕은 조사를 불러 놓고 물었다. 그러자 조사가 대답했다.

「길이 멀고 험난하므로 그 곳에서 싸우는 것은 마치 두 마리의 쥐가 구멍 안에서 싸우는 것과 같을 것입니다. 용감한 장군 쪽이 이길 것입니다.」

조나라 왕은 조사를 장군으로 임명하여 구원하러 보냈다. 도읍 한단을 떠난 지 30리 거리에서 조사는 군중에 명령했다.

「군사(軍事)에 대하여 간하는 자는 사형에 처한다.」

진(秦)나라 군사는 무안(武安 : 하남 무안) 서쪽에 진을 치고 있었다. 북을 치고 함성을 지르며 군사를 부서에 배치했기 때문에 무안읍의 기왓장리 진동하는 듯했다. 조나라 척후병 한 명이 달려와서 진언했다.

「서둘러서 무안읍을 구하십시오.」

그러자 조사는 그 자리에서 척후병의 목을 베었다. 그리고 누벽(壘壁)을 견고하게 쌓고 머무르기 28일, 조금도 움직이지 않을 뿐 아니라 더더욱 누벽만 견고하게 만들었다. 진나라 첩자가 보루 안으로 들어왔지만 조사는 후히 대접하여 돌려보냈다. 첩자가 돌아가서 정황을 보고하자, 진나라 장군은 크게 기뻐하며 말했다.

「도읍을 떠나 불과 30리에서 군은 움직이지 못하고 게다가 누벽만 쌓고 있다. 그렇다면 알여는 이미 조나라 땅이 아니다.」

조사는 진나라 첩자를 돌려보내자 바로 병사의 갑옷을 벗기고 경장을 시켜 알여를 향해 출동했다. 이틀 낮 하룻밤 만에 알여에서 50리 지점에 도착하자, 활 잘 쏘는 자 1대(一隊)를 포진시키고 군루(軍壘)를 만들었다. 진나라 병사는 이 말을 듣자 전군을 몰아 쇄도했다.

조나라 군사에 허력(許歷)이란 자가 있어 군사에 대하여 간하고 싶다 하여 조사가 안으로 불러들여 만나보았다. 허력이 말했다.

「진나라 군사는 조나라 군사의 본대(本隊)가 이곳까지 습격해 온 것을 모르고 있기 때문에 그들은 용맹스런 기세로 쳐들어올 것입니다. 그러므로 장군께서는 진지를 두텁게 하고 난 뒤 적을 맞으시는 것이 좋을 것입니다. 그렇지 않으면 틀림없이 패하고 말 것입니다.」

「그대는 앞서 내린 군령에 따라야 할 것이 아닌가?」

「참수형을 받겠습니다.」

「후일 명령이 있을 때까지 기다려라.」

마침내 싸움이 시작되자, 허력은 다시 조사에게 간했다.

「먼저 북산(北山) 꼭대기를 점령하는 쪽이 이기고, 늦는 쪽이 패할 것입니다.」

조사는 그 말에 따라 1만 명의 병력을 즉시로 내어 북산을 점령했다. 진나라 군사는 뒤늦게 북산을 차지하려고 했으나 올라갈 수가 없었다. 조사는 군사를 돌격시켜 진나라 군사를 크게 깨뜨렸다. 그리하여 진나라 군사는 풍비박산하여 패주했다. 조사는 마침내 알여의 포위를 풀고 개선했다.

조나라 혜문왕은 그에게 마복군(馬服君)에 봉하고, 허력은 국위(國尉 : 장군 다음의 군 관리)에 임명되었다. 이렇게 해서 조사는 염파·인상여와 그 자리를 같이하게 되었다.

교주고슬(膠柱鼓瑟)

4년 후, 조나라 혜문왕이 죽고 그의 아들 효성왕(孝成王)이 즉위했다. 즉위한 지 7년, 진나라는 조나라의 군사와 장평에서 교전했다. 이때 조사는 이미 죽고 없었고, 인상여는 중병으로 병상에 있었기 때문에 조나라에서는 염파를 장군으로 임명하여 진나라 군사를 맞아 싸우게 했는데, 진나라 군사에게 자주 패하곤 했다. 그래서 조나라 군진에서는 누벽을 견고하게 쌓고 출격하지 않았는데, 진나라 군사가 이따금 도전해 왔다. 그러나 염파는 응전하지 않았다.

이 때 조나라 왕은 진나라 첩자의 말을 믿었다. 진나라 첩자는 이런 말을 퍼뜨리고 다녔다.

「진나라의 어려운 상대는 마복군의 아들 조괄(趙括)이 장군이 되는 것이야. 그가 장군이 되는 것만이 무서울 뿐이지.」

그리하여 조나라 왕은 조괄을 장군으로 임명하여 염파와 교체시키려고 했다. 인상여가 말했다.

「임금이 명성에 따라 조괄을 장군으로 삼으려는 것은 마치 거문고 기둥을 아교로 붙여둔 채 거문고를 타려는 것과 같습니다〔王以名使括 若膠柱而鼓瑟耳〕. 조괄은 단지 그 아버지의 병서(兵書)를 읽었을 뿐으로 임기응변의 조치를 모릅니다.」

조왕은 받아들이지 않고 마침내 조괄을 임명했다. 조괄은 젊었을 때부터 병법을 공부하고 병사(兵事)를 논하며, 천하에 자기 이상인 사람은 없다고 자부해 왔다. 일찍이 아버지와 병사를 논했을 때, 조사는 논박할 수는 없었지만, 그렇다고 옳다고는 말하지 않았다. 조괄의 어머니가 그 까닭을 묻자 조사는 말했다.

「전쟁은 목숨을 거는 것이오. 그런데 괄은 그것을 쉽게 말하고 있소〔兵死地也 而括易言之〕. 조나라로 하여금 괄을 대장으로 임명하지 않도록 하면 다행이거니와, 만일 기어코 대장으로 임명한다면 조나라 군사를 패하게 만들 사람은 괄이 될 것이오.」

조 괄

조괄이 막상 출발하려 하자, 그의 어머니는 왕에게 글을 올려 말했다.

「괄을 장군으로 삼으시면 안 됩니다.」

효성왕이 물었다.

「어째서 그러하오?」

괄의 어머니가 말했다.

「지난 날 남편은 장군이었는데, 자기의 손으로 밥을 퍼주고 마실 것을 주는 등 급식을 돌보아 준 부하가 수십 명 있었고, 친구는 수백 명이나 있었습니다. 왕이나 종실에서 하사받은 상은 모두 군리(軍吏) 및 사대부(士大夫)에게 나누어주고, 출정명령을 받으면 그 날부터 집안일을 돌보지 않았습니다. 그런데 지금 괄이 하루아침에 장군이 되어 높은 자리에 앉게 되었지만, 군리(軍吏)는 누구 한 사람 그를 우러러보는 자가 없습니다. 왕으로부터 하사받은 금과 비단은 집에 저장하고, 매일같이 전지(田地) · 가옥(家屋) 중 이익이 있을 만한 것을 사들이곤 합니다. 임금님께서는 그 아비와 비교해서 어떻다고 생각되십니까? 아비와 아들은 그 마음가짐이 아주 다릅니다. 모쪼록 그 아이를 장군으로 쓰지 마시기 바랍니다.」

그러나 왕은 듣지 않았다

「어미는 더 이상 걱정을 하지 마시오. 나는 이미 그렇게 정하고 말았소.」

「암금께서 꼭 그 아이를 보내시겠다면 비록 임금의 뜻에 맞지 않는 결과가 생기더라도 저로 하여금 연좌의 죄를 짓지 않게 해주시기 바랍니다.」

왕은 그 자리에서 승낙했다.

조괄이 염파와 교체하자, 지금까지의 군령을 모조리 뜯어고치고 군리(軍吏)를 경질했다. 진나라 장군 백기는 이 말을 듣자 기병(奇兵)을 풀어 거짓 달아나는 시늉을 해보이고 조나라 군사의 양도(糧道)를 끊어서 조나라 군사를 분단시켜 둘로 만들었다.

조나라 군사는 사기가 떨어졌고 40여 일이나 굶었다. 조괄은 정병을 내어 몸소 싸웠으나 진나라 군사의 화살을 맞고 죽었다. 이렇게 해서 조나라 군사는 패했고, 수십만의 병사들은 마침내 진나라에 항복했다. 진나라는 이들을 모두 구덩이에 묻어 죽였다. 이 싸움 전후로 조나라가 잃은 병력은 무려 43만에 이르렀다.

이듬해, 진나라 군사는 한단을 포위했고 한단은 농성하기 1년 남짓, 함락을 면할 수가 없었으나, 초(楚)・위(魏)나라의 구원으로 겨우 포위를 풀 수가 있었다. 조나라 왕은 약속을 지켜 끝내 조괄의 어머니를 죽이지 않았다.

천하 사람들은 모두 장삿속으로 교제한다

한단의 포위를 푼 지 5년 만에 연(燕)나라는 율복(栗腹)의 계략을 받아들여 「조나라 장정들은 모두 장평 싸움에서 죽고 그 아들들은 아직 장년이 되지 못했다」 하여 출병해서 조나라를 공략했다. 조나라는 염파를 장군으로 하여 맞아 싸웠다. 염파는 호(鄗)에서 연나라 군사를 크게 깨뜨리고 율복을 죽인 다음 마침내 연나라의 도읍을 포위했다. 연나라가 다섯 성을 떼어주고 화친을 청해 왔으므로 이를 받아들였다.

조나라는 염파를 위문(尉文 : 읍명)에 봉하고 신평군(信平君)이란 호를 내리고 임시 재상에 임명했다. 앞서 염파가 장평에서 소환되어 세력을 잃었을 때 그전부터 있던 식객들은 모두 가버렸는데, 이제 임용되어 다시 장군이 되자 식객들은 또다시 모여들었다. 그리고 전처럼 염파에게 아첨을 하며 구차스러운 짓을 하는 것이었다〔阿諛苟容〕.

염파가 식객들을 보고 모두 가라고 하자 그 중 한 사람이 말했다.

「상공은 아직도 이 이치를 깨닫지 못하셨습니까? 원래 천하 사람들은 모두 장삿속으로 교제하고 있는 것입니다〔市道之交〕. 상공에게 세력이 있으면 상공을 따르고, 상공에게 세력이 없으면 상공에게서 떠나는 것이 당연한 이치가 아니겠습니까. 떠났다 하여 원망할 것이 무엇이 있겠습니까?」

6년이 지나자, 조나라는 염파에게 명하여 위나라 번양(繁陽 : 하남 임영의 서북)을 치게 하여 함락시켰다. 조나라의 효성왕(孝成王)이 죽고 그의 아들 도양왕(悼襄王)이 즉위하자, 악승(樂乘)을 장군으로 임명하여 염파와 교체시켰다. 염파는 노하여 악승을 치자 악승은 도망쳤다. 염파도 또 위나라로 도망하여 대량으로 갔다.

이듬해 조나라는 이목(李牧)을 장군으로 하여 연나라를 쳐 무수(武遂 : 하북 하간) · 방성(方城 : 하북 고안의 남쪽)을 함락시켰다.

염파는 오랫동안 대량에 머물렀지만, 위나라에서 신용을 얻지 못했다. 조나라 왕은 자주 진나라 군사에게 공격을 받았기 때문에 염파를 다시 기용해야겠다고 생각했고, 염파 역시 다시 조나라에서 기용해 주기를 바랐다. 조나라 왕은 사자를 보내 염파가 다시 장군으로서 임무를 감당할지 여부를 알아보고 오라고 했다

그러자 염파의 원수인 곽개(郭開)는 사자에게 많은 돈을 주고 염파를 중상토록 시켰다. 사자가 염파를 찾자, 염파는 한 끼에 쌀 한 말, 고기 열 근을 먹어 보이면서, 갑옷을 입고 말에 뛰어올라타 아직도 충분히 임무를 감당할 수 있음을 과시했다

사자가 돌아와서 왕에게 보고했다.

「염파는 늙었지만 아직 식성이 좋습니다. 그러나 저와 대좌하고 있는 잠시 동안에 세 번이나 소변을 보았습니다.」

조나라 왕은 염파가 노쇠했다고 생각하고 끝내 부르지 않았다.

초(楚)나라에서는 염파가 위나라에 있다는 소식을 듣자 암암리에 사자를 보내 그를 맞이했다. 염파는 한 차례 초나라 장군이 되었지만 공로를 세우지 못했다. 그는 이렇게 말했다.

「나는 조나라 군사로 싸우고 싶다.」

염파는 끝내 수춘(壽春 : 안휘 수현)에서 죽었다.

이목(李牧)은 조(趙)나라 북쪽 변방을 지키는 뛰어난 장수다. 항상 대(代)의 안문(雁門)에 머무르면서 흉노를 수비했다. 형편에 따라 임의로 적당히 관리를 배치시키고, 시장의 조세는 모두 장

군의 군영(軍營)으로 받아들여서 병졸의 비용에 충당했다. 날마다 몇 마리의 소를 잡아 장병들을 먹여가며 활쏘기와 말 타기를 연습시키고, 봉화(烽火)를 주의하고 수많은 첩자를 사방으로 풀어 놓았으며 병사들을 후하게 대접했다. 그리고 다음과 같은 군령을 내렸다.

「만약 흉노가 침입했을 때는 서둘러 가축들을 모으고 성채를 지켜라. 쓸데없이 흉노를 잡는 자는 목을 베겠다.」

그리고 흉노가 침입할 때마다 봉화를 주의하고 성채를 지키며 싸우지는 않았다. 이렇게 했기 때문에 몇 년 지났지만 각별한 손해가 없었다. 그러나 흉노는 이목을 비겁한 자라고 했고, 조나라 군사들까지도 자기들의 장군을 겁쟁이라고 생각했다.

조나라 왕은 이목을 견책했지만 이목은 조금도 종래의 방침을 바꾸지 않았다. 왕은 노하여 이목을 소환하고 다른 사람을 장군으로 임명했다. 그는 1년 남짓 동안 흉노가 습격해 올 때마다 출격했고 출격해서는 패하여 손해가 많았다. 따라서 변경의 백성은 농경과 목축을 할 수 없었다. 그래서 하는 수 없이 이목을 다시 보내려고 청했으나, 이목은 문을 닫고 나오지 않으며〔杜門不出〕칭병하고 군이 사양했다. 그러나 조나라 왕이 강력히 장군으로 기용하려 하므로 이목이 말했다.

「왕께서 저를 꼭 기용하신다면 저는 앞서의 방침을 바꾸지 않는다는 조건으로 명령에 따르겠습니다.」

왕은 이를 허락했다. 그래서 이목은 임지로 갔고, 군령을 앞서와 마찬가지로 내렸던 까닭에 흉노는 다시 몇 년 동안 얻는 것이 없었다. 그러나 결국은 또 이목을 겁쟁이라 흉보았고, 변경의 병사들은 날마다 특별 급여를 받으면서 실전에 나서지 않게 되자 일전(一戰)을 하자고 원했다. 그래서 선발한 수레 1천 3백

승, 뛰어난 기마 1만 3천 필에 백금의 용사[8] 5만과 활 잘 쏘는 자 10만을 통솔하여 연습을 했고, 널리 가축을 방목하여 백성이 들에 가득했다.

흉노가 소수의 군사로 침입해 오자, 이목은 조나라 군사를 거짓으로 도망시켰고 수천 명을 남겨 두었다. 선우(單于 : 흉노의 왕)가 이 말을 듣고 대군을 이끌고 침공해 왔다. 이목은 미리 배치해 둔 여러 독립 진지에 영을 내려 좌우 양 날개를 펴서 크게 깨뜨려 흉노 10여만 명을 죽였다.

이렇게 하여 대(代)의 북쪽에 있던 담람(擔襤)을 멸망시키고 동호(東湖)를 깨뜨렸으며, 임호(林胡)를 함락시킨 까닭에 선우는 패주하여 그 후 10여 년 동안 감히 조나라 변경에 가까이 오지 못했다.

조나라의 도양왕(悼襄王) 원년, 염파는 이미 위나라로 도망가고 조나라에 없었기 때문에 조나라에서는 이목에 명하여 연나라를 공략시켜 무수와 방성을 함락시켰다. 2년 후에, 조나라 장수 방훤(龐煖)은 연나라를 깨뜨리고 극신(劇辛)을 죽였다. 7년 후에, 진나라는 조나라 장군 호첩(扈輒)을 무수에서 깨뜨리고 이를 죽였으며 목을 베기 10만에 이르렀다. 그래서 조나라는 이목을 대장군으로 하여 진나라 군사를 의안(宜安 : 하북 고성의 서남쪽)에서 무찌르고 진나라 장수 환의(桓齮)를 패주시켰다. 왕은 이목을 봉하여 무안군이라 했다. 3년 후 진나라는 파오(番吾 : 하북 방산의 동쪽)를 쳤다. 이목은 진나라 군사를 격파하고 다시 남쪽의 한(韓)나라와 위(魏)나라 군사를 막았다.

조나라 왕 천(遷) 7년, 진나라는 왕전(王翦)에게 조나라를 치

---

8) 백금의 용사…전공(戰功)을 세워서 백금의 상을 받은 용사.

게 했던 까닭에 조나라에서는 이목과 사마상(司馬尙)에게 막도록 했다. 진나라는 조왕의 총신(寵臣) 곽개(郭開)에게 거액의 돈을 주고 첩자를 시켜 이렇게 말하도록 했다.

「이목과 사마상이 모반하려고 한다.」

조나라 왕은 조총(趙忽)과 제나라 장군 안취(顔聚)를 보내 이목과 교체시키려고 했지만, 이목은 왕명을 거절했다. 조나라 왕은 사람을 암암리에 보내 이목을 잡아 죽이고 사마상을 해임시켰다. 그렇게 한 지 3개월 후, 왕전은 조나라를 급습하여 조나라 군사를 크게 깨뜨리고 조총을 죽인 다음 조나라 왕과 그 장수 안취를 사로잡았다. 조나라는 이렇게 하여 마침내 망하고 말았다.

태사공은 말한다.

「『죽음을 알면 반드시 용기가 넘친다』고 했다. 그러나 죽는 것 자체가 어려운 것이 아니라, 죽음에 대처하는 것이 어려운 일이다. 인상여가 구슬〔璧玉〕을 손에 쥐고 기둥을 노려보면서 진나라 왕 좌우에 있는 자를 꾸짖을 때, 그 결과는 고작해야 주살당하는 것에 지나지 않는다는 것을 알고 있었던 것이다. 그러나 선비들은 비겁하며 감히 용기를 내려 하지 않는다. 인상여는 한 차례 용기를 불러일으켜 그 위용을 적국에 떨쳤고, 물러나서는 염파에게 양보하니, 그 이름은 태산보다도 무거운 것이었다. 그는 지(智)와 용(勇) 두 가지를 함께 지닌 인물이라 말할 수 있을 것이다.」

전단 열전 제22

전단(田單)은 제(齊)나라의 여러 전씨(田氏) 일족 가운데 한 사람이다. 민왕(湣王) 때 제나라 도읍 임치의 시연(市椽 : 시장의 관리)으로 있었지만, 아직 사람들에게 알려질 정도는 아니었다.

연(燕)나라가 악의(樂毅)를 장군으로 삼아 제나라를 깨뜨리자 제나라 민왕은 달아나서 거성(莒城)에 들어가 농성했다. 연나라 군사는 깊숙이 침입하여 제나라를 평정했다. 전단은 안평(安平)으로 도망가서 그의 집안사람들에게 명하여 모든 수레의 차축(車軸) 끝을 잘라버리게 하고 그 머리를 철로 감아서 고정시켰다.

그러는 동란에 연나라 군사가 안평을 쳐서 성이 무너지자 사람들은 앞을 다투어 도망했는데, 차축의 끝이 부러져 수레가 부서졌기 때문에 모두 연나라의 포로가 되었다. 단지 전단의 집안사람들만 차축의 머리를 철로 감아 고정시켜 부서지지 않은 까닭에 탈출하여 동쪽에 있는 즉묵(卽墨)으로 몸을 피할 수 있었다.

연나라는 제나라 성을 차례로 함락시켰지만 거(莒 : 산동 거현)와 즉묵만은 항복을 하지 않았으며, 더구나 거에는 제나라 왕이 있다는 것을 알게 되자, 모든 군사를 모아 가지고 거에 대한 총공격을 개시했다.

이때 제나라 구원군으로 초나라에서 거에 와 있던 요치(淖齒)는 민왕을 죽이고 성을 굳게 지켰으며, 연나라 군대에 맞서 여러 해 동안이나 항복하지 않았다.

연나라는 군사를 거두어 동쪽 즉묵을 에워쌌다. 즉묵의 대부(大夫)가 나가 싸우다가 패배하고 전사했다. 성 안에 있던 사람들은 한결같이 전단을 추대하며 말했다.

「안평(安平 : 임치의 동쪽)의 싸움에서 전단의 한 집안은 차축 머리에 철을 대어 안전하게 탈출했다. 병법에 밝음이 틀림없을 것이다.」

그리고 전단을 장군으로 삼아 연나라 군사를 막았다. 그 후 얼마 안 되어 연나라의 소왕이 죽고 혜왕(惠王)이 즉위했다. 혜왕은 악의와 틈이 벌어져 있었다. 이 사실을 알고 전단은 연나라에 첩자를 보내 소문을 퍼뜨렸다.

「제나라 왕은 죽음을 당했고, 아직 함락되지 않은 성은 두 곳 뿐이다. 악의는 연나라 신왕과 사이가 나쁘기 때문에 죽는 것이 두려워 귀국하지 않으면서 제나라 토벌을 구실삼고 있는데, 실은 전쟁을 질질 끌어 자신이 제나라 왕이 되려고 한다. 제나라 백성들이 아직 악의를 따르지 않는 까닭에 얼마 동안 즉묵을 공격하는 체하면서 시기를 기다리고 있는 것이다. 제나라에서 두려워하는 것은 누군가 다른 장군이 와서 악의와 교체하여 즉묵을 함락시키지나 않을까 하는 점이다.」

연나라 왕은 이 말을 그대로 받아들여 기겁(騎劫)을 보내 악의와 교체시켰다. 그 때문에 악의는 조나라에 몸을 의탁했고, 연

전국시대 오월지방의 원시자기

나라의 군졸들도 왕의 조치를 분개했다. 한편 전단은 성내에 명령을 내려, 식사를 할 때마다 반드시 뜰에서 조상에게 제사를 드리도록 했다. 그러자 많은 새가 모여들어 성 상공을 날아다니다가 땅 위에 내려와서 제물(祭物)을 쪼아 먹었다. 연나라 병졸이 이것을 보고 이상하게 생각하자, 전단이 말했다.

「신(神)이 내려와서 나에게 가르침을 주는 것이다.」

그리고 병졸들에게 선전을 하게 하고, 성 안에는 이렇게 말했다.

「이제 신의 화신이 나타나서 나의 스승이 되어 줄 것이다.」

그러자 한 병졸이 나와서 말했다.

「제가 스승이 되어 드릴까요?」

그리고는 바로 물러가려고 했다. 전단은 벌떡 일어나서 그를 붙들어 동쪽을 향하여 앉힌 다음 스승의 예를 갖추었다. 그 병졸이 말했다.

「저는 장군을 속이려고 했을 뿐입니다. 저는 아무런 힘도 없습니다.」

그러자 전단이 말했다.

「너는 아무 말도 하지 마라.」

그리고 그를 강력히 스승으로 모시고, 군령을 내릴 때마다 신사(神師)의 이름을 인용했다. 전단이 말했다.

「내가 무서워하는 것은 연나라 군사가 포로로 잡아간 제나라 군사의 코를 베고, 이것을 진두(陣頭)에 세워 공격하지 않을까 하는 것이다. 그렇게 하면 제나라 군사는 사기가 떨어져 즉묵은 패하고 말 것이다.」

연나라 군사는 이 말을 듣자 전단이 선전을 한 대로 실행했다. 성 안 사람들은 적에게 사로잡힌 제나라 병졸들이 모두 코가 베어져 있는 것을 보자 분개하여 성을 굳게 지키고 행여 포로로 잡힐까 두려워했다. 전단은 또 첩자를 풀어 이런 말을 하게 했다.

「나는 연나라 병사들이 우리 성 밖에 있는 묘(墓)를 파내어 우리 조상들의 시체를 욕보이지나 않을까 하여 걱정이 된다. 그런 일이 있다면 생각만 하여도 마음이 오싹한다.」

연나라 군사들은 무덤을 모두 파헤쳐서 매장되어 있는 시체를 불태웠다. 즉묵 사람들은 성벽에서 이 짓을 바라보고 모두 눈물을 흘렸다. 그리고 달려 나가 함께 싸워 원수를 갚아야겠다며 그 노기는 10배나 올랐다. 전단은 지금이야말로 적군을 무찌를 시기가 왔다고 생각했다. 그는 스스로 판(板)과 삽(插)[1]을 손에 들고 군사가 할 일을 분담시켰다.

화우계(火牛計)

전단은 자기의 처첩(妻妾)을 대오에 편입시키고 음식을 있는 대로 내어 병사들을 먹였다. 그런 다음 무장한 군사를 매복시키고 노약자와 부녀자를 성벽 위에 세운 뒤 사자를 연나라 군영에

1) 판(板)과 삽(插)…판과 삽은 축성할 때 흙을 파는 도구로서, 옛날 군행(軍行) 시에는 반드시 판과 삽을 지고 나갔다.

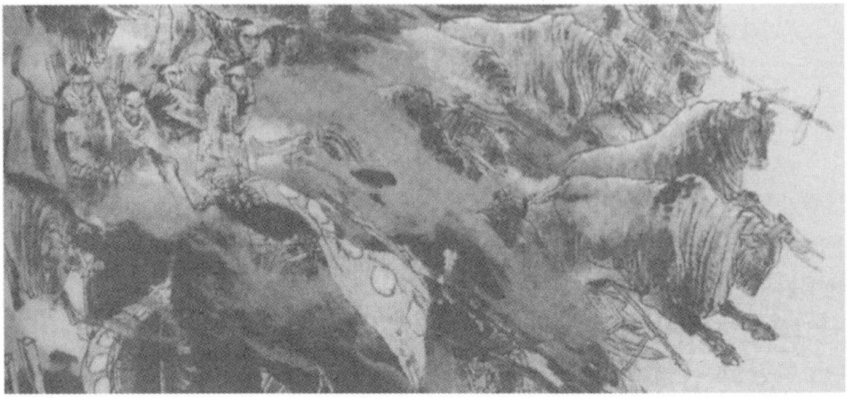

전단의 화우계

보내 항복하겠다고 청했다. 연나라 군사들은 모두 만세를 불렀다. 전단은 또 백성들로부터 금 천 일을 거두고 이것을 즉묵의 부호에게 시켜 연나라 장군에게 바치도록 하면서 이렇게 말하도록 했다.

「즉묵이 항복을 할 때, 저희 집안만은 처첩을 포로로 잡아가거나 재산을 빼앗지 말아 주십시오.」

연나라 장군은 크게 기뻐하여 이를 승낙했다. 연나라 군영에서는 점점 방심하게 되었다.

그러자 전단은 성 안에서 소 천여 마리를 거두었다. 빨간 비단옷을 만들고 이것에 오색의 용무늬를 그려 소에게 입히고, 칼날을 뿔에 잡아맨 다음 꼬리에는 갈대를 매달아 기름을 붓고 그 끝에 불을 질렀다. 그리고 뚫어진 수십 개의 성벽 구멍으로 한밤중에 풀어놓고 장정 5천 명이 그 뒤를 따랐다. 꼬리에 불이 붙은 소는 성이 나서 연나라 군영으로 맹렬하게 달려들었다.

한밤중에 일어난 일이기 때문에 연나라 군사들은 놀라 크게 당황했다. 꼬리에 붙은 횃불은 눈이 부실 정도로 빛났고, 용무늬를 비춰 주어 연나라 군사들을 놀라게 했는데, 거기에 닿기만 하면 모조리 죽거나 부상을 입었다. 소를 뒤따르는 장정 5천 명은 입에 매(枚)를 물렸기 때문에 말없이 뛰어들어 싸웠다. 성 안에서는 북을 치며 함성을 질렀고, 이 소리는 노약자와 부녀자가 두들기는 그릇소리, 종소리와 함께 천지를 진동시켰다.

연나라 군사는 너무 놀란 나머지 달아나기에 바빴다. 제나라 군사는 마침내 연나라 장수 기겁을 죽였고, 대오를 흩뜨리며 도망치는 연나라 군사를 북쪽으로 추격했다. 도중의 성읍은 모두 연나라를 배반하고 전단에게로 돌아왔다. 제나라 군사는 날로 늘어나고 승세를 탔지만, 연나라 군사는 날로 패주하여 하상(河上)에까지 후퇴했는데, 연나라에 빼앗겼던 제나라의 70여 성은 모두 제나라로 되돌아왔다. 거(莒)에 있던 제나라 양왕(襄王)은 임치로 돌아왔고, 국정을 다시 맡게 되었다. 전단은 봉지를 받았으며 안평군(安平君)에 봉해졌다.

태사공은 말한다.

「전쟁이란 주력(主力)인 정병(正兵)을 가지고 적과 맞싸우고, 유격(遊擊)인 기병(奇兵)을 가지고 적의 의표를 찔러 이기는 것이다. 전쟁을 잘하는 자는 기병을 쓰는 방법이 무궁무진해서 기병과 정병이 돌고 도는 것이 마치 반지에 처음과 끝이 없는 것과 같다. 『처음에는 처녀처럼 적에게 문을 열고, 나중에는 도망치는 토끼처럼 적에게 방비할 여지도 주지 않는다』 라고 한 것은 전단을 두고 한 말인가?」

충신불사이군

처음에 요치가 민왕을 죽였을 때, 거(莒)에 있던 사람들은 민왕의 아들 법장(法章)을 찾았는데, 이 때 법장은 태사교(太史嬓)의 집에서 정원에 물주는 일을 하고 있었는데, 교의 딸이 그를 불쌍히 여겨 후대했다. 후에 법장은 신분을 밝혔고, 그녀는 법장과 정을 통했다. 거에 있던 사람들은 법장을 제나라 왕으로 모시고 연나라 군사를 막았는데, 태사교의 딸은 마침내 황후가 되었다. 이 여자가 그 후 군왕후(君王后)가 된 사람이다.

연나라가 처음 제나라로 쳐들어갔을 때, 획읍(畫邑 : 임치의 서북쪽) 사람 왕촉(王蠋)이 현인이란 말을 듣고 군중(軍中)에 이렇게 명령했다.

「획읍을 둘러싼 30리 안으로는 들어가지 말라.」

왕촉을 존중하여 배려했기 때문이다. 그 후 연나라 장군은 사자를 보내서 이렇게 통고했다.

「제나라 사람들은 당신의 높은 뜻을 칭찬하고 있습니다. 나는 당신을 장군으로 임명하고 만호후(萬戶侯)로 봉하고 싶소.」

그러나 왕촉은 굳이 사양했다. 연나라 장군이 말했다.

「만약 받아들이지 않는다면 나는 삼군을 이끌고 화읍을 무찌르겠소.」

그러자 왕촉은 이렇게 말했다.

「충신은 두 임금을 섬기지 않고, 열녀는 두 지아비를 섬기지 않소〔忠臣不事二君 烈女不更二夫〕. 나는 제나라 왕이 나의 간언을 받아들이지 않았기 때문에 물러나 들에서 밭을 일구고 있는 몸이오. 나라가 멸망하는데 이를 보전치 못하는 내가 지금 다시 무력의 위협으로 당신의 장수가 된다는 것은 걸왕을 도와 포학을 일삼는 것이나 다름이 없소. 살아서 의로운 일을 하지 못할 바에는 차라리 삶겨서 죽는 편이 낫겠소.」

그리고는 마침내 목을 나뭇가지에 매고 스스로 목숨을 끊고 말았다.

도망을 쳤던 제나라 대부(大夫)들이 이 이야기를 듣자 이렇게 말했다.

「왕촉은 평민인데도 의를 위하여 연나라를 섬기지 않았다. 하물며 우리들은 벼슬자리에 있어 녹을 먹는 자들인데 의를 저버려서야 되겠나?」

그리고는 모두 거로 달려가서 제나라 민왕의 여러 아들들을 구원하고, 법장을 세워 양왕(襄王)으로 모시고 받들었다.

노중련·추양 열전 제23

노중련(魯仲連)은 제(齊)나라 사람이다. 특이하고 탁월한 계획을 짜기 좋아했고, 벼슬에는 뜻이 없었으며, 즐겨 고상한 절개를 견지했다. 그는 일찍이 조(趙)나라를 떠돌아다닌 적이 있었다.

조나라는 효성왕 때, 진(秦)나라 백기(白起)의 공격을 받아 조나라 장평에서 군사가 전멸하여 전후 40여만 명이나 죽었다. 진나라는 다시 동진(東進)하여 조나라 도읍 한단을 포위하자 조나라 왕은 두려워 다른 제후국들에게 구원을 청했지만, 다른 나라들은 진나라를 치려하지 않았다. 위(魏)나라 안희왕(安釐王)은 장군 진비(晉鄙)를 파견하여 조나라를 구하려고 했으나, 진나라가 두려워서 탕음(蕩陰 : 하남)에 머물러 진격하지 않았다. 위나라 왕은 객장군(客將軍)[1]인 신원연(新垣衍)을 한단에 잠입시켜, 평원군을 통해서 조나라 왕에게 이렇게 건의하려고 했다.

「진나라가 갑자기 조나라 도읍을 포위한 것은 앞서 제나라의 민왕(湣王)과 세력을 다투며 제(帝)라 칭했고, 그 후에 이 호칭[2]을

1) 객장군(客將軍)…다른 나라 사람이 조정에서 벼슬을 할 때, 문관은 객경(客卿), 무관은 객장군이라고 불렀다. 신원연(성이 신원이고, 이름은 연)이 위나라에서 장군이 되었기 때문에 이렇게 부른 것이다.

서로 안 쓰기로 했는데, 이제 제나라 왕은 그 세력이 약해지고 진나라만이 천하에서 웅비(雄飛)하고 있는 현상에서 감안할 때, 꼭 한단을 손에 넣고 싶어서가 아니라, 다시 한 번 제의 호칭을 쓰고 싶어서입니다. 그러므로 조나라에서 사신을 보내 진나라 왕을 받들어 제의 호칭으로 불러줄 것 같으면, 진나라는 틀림없이 기뻐하며 포위를 풀 것입니다.」

평원군은 주저하며 결정을 내리지 못하고 있었다. 노중련이 조나라로 유력하러 온 것은 마침 이 때였다. 진나라 군사가 한단을 포위하고 있는데, 위나라 왕이 조나라 왕에게 진나라 왕을 제(帝)라 부르게 하라고 권유한다는 말을 듣자, 노중련은 평원군을 만나서 물었다.

「이 일을 어떻게 처리하실 생각이십니까?」

평원군이 대답했다.

「내가 무어라고 말할 자격이 있겠습니까. 앞서 40만의 대군을 나라 밖에서 잃고, 지금 또 나라 안에서 한단을 포위당했건만 격파시킬 수조차 없습니다. 위나라 왕은 객장군 신원연을 조나라에 파견하여, 진나라 왕을 제라 칭하라고 권하는데, 지금 그 사람이 이 곳에 있으니 내 어찌 함부로 말하겠습니까?」

「나는 지금까지 상공을 천하의 현공자(賢公子)로 생각하고 있었는데, 이제야 상공이 천하의 현공자가 아님을 알았습니다. 위나라의 객장군 신원연은 어디에 있습니까. 제가 상공을 위해 그 사람을 만나서 책망하고 쫓아버릴까 합니다.」

---

2) 호칭…주나라 난왕(赧王) 27년(B.C. 288년), 제나라 민왕과 진(秦)나라 소왕이 세력을 다투어 제나라는 동제(東帝), 진나라는 서제라고 칭하였다. 나중에 소대(蘇代)가 제 민왕에게 제왕의 호칭을 쓰지 말 것을 권했고, 진 소왕도 어쩔 수 없이 제의 호칭을 사용하지 않았다.

「그렇다면 내가 그를 선생과 만나게 해드리겠습니다.」

평원군은 신원연을 만나서 말했다.

「동국(東國)에 노중련이란 사람이 있는데, 지금 그 사람은 이 곳에 와 있습니다. 내가 그분을 사귀도록 장군과 만나게 하고 싶습니다.」

「노중련 선생은 제나라의 높은 선비라고 들었는데, 저는 남의 신하로서 사명을 띠고 있는 몸입니다. 직분이 있는 몸인지라 노중련 선생과 만날 필요는 없다고 봅니다.」

「나는 이미 선생과 약속을 해두었습니다.」

신원연은 하는 수 없이 만나겠다고 승낙했다. 그러나 노중련은 신원연을 만나고도 입을 열지 않았다. 신원연이 노중련에게 말했다.

「내가 이 포위된 성 안에 있는 사람을 보자 하니, 모두 무엇인가를 평원군에게 의지하려는 사람들뿐입니다. 그런데 지금 선생의 풍모를 뵈오니, 선생께서는 조금도 평원군에게 의지하려는 사람 같지 않으십니다. 그런데 어찌하여 오랫동안 이 포위된 성 안에 머무시는 겁니까?」

노중련이 대답했다.

「세상에서는 포초(鮑焦)[3]를 보고 너그럽지 못하고 성질이 까다로워서 죽었다고 하지만, 그것은 잘못된 생각입니다. 세상 사람들은 그 사람의 됨됨이를 모르고 그가 그저 제 한 몸을 위해

---

3) 포초(鮑焦)…주(周)나라의 은자로서, 세상에 불만을 가지고 벼슬을 마다하고 땔나무를 해다 팔아 생활을 하였다고 한다. 후에 어떤 이가 그에게 주(周) 왕조에 불만을 품고 있다면 주나라 땅에서 살지 않아야 옳은 것이라고 하자, 그는 나무를 끌어안은 채 굶어죽었다고 한다. 노중련은 포초를 비유해서 자신이 위험에 빠진 성에 있는 것은 한 개인의 잘못이 아님을 말하고 있다.

죽었다고 잘못 생각하고 있습니다. 그런데 진나라는 예의를 돌보지 않고 적의 목을 많이 베는 것만을 능사로 알고 있는 나라로서, 권모술수를 가지고 군사를 부리고, 노예처럼 백성을 부리고 있습니다. 그러므로 만약 진나라가 소원대로 제(帝)가 되어 천하의 정치를 그릇되게 하려고 한다면 나는 동해에 빠져 죽을지언정 그 백성이 되는 것을 참을 수가 없습니다. 내가 장군과 만나자고 한 것도 그러한 진나라를 누르고 조나라를 도와주고 싶어서였습니다.」

신원연이 말했다.

「선생께서 조나라를 돕겠다니, 대체 어떻게 하여 돕겠단 말이십니까?」

노중련이 대답했다.

「나는 위나라와 연(燕)나라로 하여금 도와주도록 하고 싶습니다. 물론 제나라와 초나라도 틀림없이 도울 것입니다.」

신연원이 말했다.

「연나라는 그렇다 하고, 위나라 일이라면 저도 위나라 사람이니 조금은 그 사정을 알고 있습니다. 선생께서는 어떤 방법으로 위나라를 설득하여 조나라를 돕겠다는 말씀이신가요?」

노중련이 대답했다.

「위나라는 진나라가 제를 일컫게 되면 어떤 해독이 있는지를 아직 모르고 있습니다. 이 해독을 위나라에 알려주면 반드시 조나라를 도울 것입니다.」

신연원이 말했다.

「진나라가 제를 일컫게 되면 어떤 해독이 있습니까?」

노중련이 대답했다.

「옛날 제나라의 위왕(威王)은 인의(仁義)를 지키고자 천하의 제후를 이끌고 주(周)나라에 참조(參朝)하라고 했던 바, 주나라는 빈한한 데다가 쇠미하였기 때문에 제후는 아무도 참조하지 않았고 오직 제나라만이 참조했습니다. 그로부터 1년여, 주(周)의 열왕(烈王)이 붕어했을 때, 제나라 왕은 다른 제후들보다 늦게 조문을 갔습니다. 주왕은 노하여 『천자께서 붕어하시고 새로 등극한 내가 하석(下席)[4]을 하고 있는 이때에 동번(東藩 : 동방의 속국)의 인제(因齊 : 제 위왕을 이름)가 늦게 오다니 참죄(斬罪)에 해당하오』 라고 했습니다. 그러자 제나라 왕은 벌컥 성이 나서 『뭐라고, 종놈의 자식이!』 라고 되받아쳐 결국 천하의 웃음거리가 되고 말았습니다. 열왕이 생존했을 때 주나라에 참조했으면서도, 그가 죽은 후에 주나라 왕을 욕보인 것은 주나라 왕의 말이 지나쳤기 때문입니다. 그러나 주나라가 천자이니만큼, 이런 일은 당연한 일로서 괴이할 것이 없습니다.」

신연원이 말했다.

「선생, 저 하인들을 보십시오. 열 명의 하인이 한 사람의 주인을 따르는 것은 힘으로 이길 수 없어서가 아니고, 지혜가 미치지 못해서가 아닙니다. 단지 주인이 무서워서입니다.」

그러자 노중련이 말했다.

「아아! 위나라를 진나라에 비할 때 하인과 같다는 말씀이오?」

신연원이 말했다.

「그렇소이다.」

노중련이 말했다

「그렇다면 나는 진나라 왕에게 위나라 왕을 삶아서 젓을 담

---

4) 하석(下席)…옛날 상중(喪中)에 풀로 짠 자리 위에서 잠을 자는 것을 말한다. 즉 상중(喪中)을 뜻한다.

그라고 해야겠소이다.」

신원연은 불쾌한 듯한 표정으로 말했다.

「선생의 말씀은 좀 지나치십니다. 선생이 무슨 방법으로 진나라 왕에게 위나라 왕을 삶아서 젓을 담그게끔 할 수 있단 말입니까?」

노중련이 대답했다.

「노여워할 것이 아니라 들어보십시오. 그렇지 않아도 그 말을 하려고 했었소. 옛날 구후(九侯)·악후(鄂侯)·문왕(文王)[5]은 주왕(紂王)을 섬기던 삼공(三公)의 높은 자리에 있던 사람들이오. 구후에게 딸이 있어 미모였기 때문에 주왕에게 바쳤는데, 주왕은 추녀라며 구후를 죽여 젓을 담갔소. 악후가 이것을 보고 굳이 말리며 간하자, 주왕은 악후도 죽여서 건포(乾脯)를 만들었소. 문왕은 이 말을 듣고 탄식했기 때문에 유리(羑里) 창고에 백일 간이나 유폐되었다가 죽을 뻔했었소. 위나라 왕은 지금 똑같은 왕의 처지이면서 무슨 까닭에 갑자기 젓이나 건포가 되려고 하는 거요? 제나라의 민왕이 노(魯)나라에 갔을 때, 이유자(夷維子)라는 사람이 채찍을 쥐고 수행했는데, 노나라 관리에게 『당신은 우리 임금을 어떻게 대우할 생각이오?』라고 묻자, 노나라 관리는 『십태뢰(十太牢)[6]의 예로써 그대의 임금을 대접하겠소』라

5) 구후(九侯)·악후(鄂侯)·문왕(文王)…이들은 모두 은(殷) 주왕(紂王) 시대의 제후들이다. 구후는 지금의 하북성 임장현에 봉해졌고, 악후는 지금의 산서성 향영현에 봉해졌다. 주(周) 문왕(文王)은 기산(岐山) 아래 살다가 제후들이 옹립하여 서방(西方) 제후의 장(長)이 되었으므로 서백(西伯)이라고 칭해졌다.

6) 십태뢰(十太牢)…옛날에는 소·양·돼지 세 가지 동물을 각각 1태뢰라고 하였다. 즉 10태뢰는 희생(犧牲) 10가지를 갖춘 성대한 대접을 말한다.

고 대답했었소. 그러자 『당신은 예전(禮典)에 의해 그와 같은 예법으로 우리 임금을 대우하겠다는 거요? 우리 임금은 천자(天子)요.[7] 천자께서 순행하면 제후는 자기의 궁실(宮室)을 천자에게 바치고 성문(城門)과 창고의 열쇠를 천자에게 맡기며, 옷깃을 여미고 팔걸이에 의지하여 당하(堂下)에서 천자의 수라를 감독하며, 천자의 수라가 끝난 다음에야 물러나와 조정에 나아가 정사를 듣는 법이오』라고 말했는데, 이 말을 들은 노나라 관리는 화가 나서 성문 열쇠를 땅바닥에 팽개치고 제나라 왕을 들여보내지 않았소. 제나라 왕은 노나라에서 들여보내 주지 않자 설(薛 : 산동 등현의 동남쪽)나라에 가기 위해 추(鄒)나라에서 길을 빌기로 했는데, 마침 추나라 임금이 죽었기 때문에 민왕은 추나라에 가서 조문하려고 했소. 이유자가 추나라 상주인 신왕에게 『천자께서 조문을 하러 오면 주인은 반드시 관(棺)을 뒤로 하고 북쪽[8]으로 향해 자리를 남쪽에 펴고 앉으며, 천자께서는 남쪽을 향해서 조문하는 법이오』라고 말하자, 추나라의 뭇 신하들은 『꼭 그렇게 하지 않으면 안 된다고 할 것 같으면 우리는 차라리 칼을 물고 엎어져서 죽는 것이 낫겠다』고 말하면서, 끝내 민왕을 추나라에 들이지 않았소. 추나라와 노나라의 신하들은 나라가 작고 약했기 때문에 임금의 생전에 제대로 봉양하지 못했고, 죽은 후에도 장례조차 제대로 지내지 못하는데, 제나라가 천자의 예를 자기 나라에서 행하려 하니 단연코 이를 받아주지 않았

7) 일시적으로 진나라 · 제나라 왕이 함께 제왕의 칭호를 쓴 일이 있었기 때문에 천자라고 한 것이다.

8) 북쪽…고대에는 북쪽이 존중받는 자리였으며, 영구는 북쪽에 두어 문상객들이 북쪽을 향하여 영구에 절을 하도록 했다. 제후가 죽으면 원래는 관을 북쪽에 두었다. 그런데 만약 천자(天子)가 조상을 오면 관을 옮겨 천자(天子)가 남쪽을 향하도록 하고 조상을 하게 하였다.

던 것이오. 지금 진나라는 만승(萬乘[9])의 대국이며, 위나라 역시 만승의 대국이오. 똑같이 만승의 대국으로서 다 같이 왕이라고 부르는데, 한 번 싸워서 진나라가 이겼다 하여 진나라 왕을 제라고 부른다면 삼진(三晋)의 대신들을 추나라와 노나라의 종이나 첩만도 못하게 만드는 것이오. 게다가 진나라의 숙망이 이루어져서 제의 칭호를 받게 되면 그 즉시로 제후의 대신들을 갈아치울 것이오. 진나라가 못마땅하게 보는 사람의 관직을 빼앗고, 진나라에게 잘 보인 사람에게 관직을

줄 것이고, 미운 자의 관직도 빼앗아 아끼는 자에게 줄 것이오. 또 저희들의 자녀 또는 천첩(賤妾)을 제후들에게 아내로 삼으라고 하여 위나라 궁중에도 들여보낼 것인즉, 이렇게 되면 위나라 왕인들 어찌 평안하게 지낼 수 있겠소. 그리고 장군도 어찌 총애를 계속 받을 수 있겠소?」

신원연은 일어나서 재배하고 말했다.

「아까는 선생을 보통 사람으로 생각했습니다만, 이제야 선생께서 천하의 선비이심을 알았습니다. 저는 이곳을 떠나면 두 번 다시 진나라 왕을 제라 일컫자고 말하지 않겠습니다.」

진나라 장군은 이 말을 전해 듣자 50리쯤 군사를 후퇴시켰다. 때마침 위나라 공자(公子) 무기(無忌 : 신릉군)가 조나라를 구하기 위하여 진비의 군사를 빼앗아서 진나라 군대를 공격해 왔으므로 진나라 군사는 마침내 군사를 이끌고 물러갔다.

조나라의 평원군은 노중련에게 봉지를 내려주려고 했으나,

---

9) 만승(萬乘)…제후국을 말한다. 말 네 마리가 끄는 수레 1대를 1승(乘)이라 하고, 1승(乘)마다 무장한 병사 3명과 보병(步兵) 72명이 배치되었다. 따라서 만승의 나라는 강대국을 비유하는 것이다. 천자들은 만승 이상을 보유하고 있었으므로 나중에는 천자의 상징처럼 쓰이게 되었다.

노중련이 사양하여 사자가 세 번씩이나 왕래했건만 끝내 받지 않았다. 그래서 평원군은 잔치를 베풀고 술자리가 한창 무르익어갈 무렵 자리에서 일어나 노중련의 건강을 축하하면서 천금을 내놓으며 노중련의 장수를 빌었다. 그러자 노중련은 웃으며 말했다.

「천하에서 선비가 귀하게 여겨지는 까닭은 남의 걱정거리를 덜어주고 재앙을 없애주며, 어려운 일을 해결해 주고도 보상을 받는 일이 없기 때문이오. 보상을 받는 것은 장사꾼의 소행이지, 나로서는 도저히 할 수 없는 일입니다.」

노중련은 평원군에게 하직인사를 하고 떠나가서는 평생토록 다시는 만나지 않았다.

그 후 20여 년, 연나라의 장군이 제나라를 쳐서 요성(聊城 : 산동 요성)을 함락시켰다. 그런데 요성 사람 중 어떤 사람이 그 장군을 연나라 왕에게 중상을 했다. 장군은 죽을 것이 두려워 본국으로 돌아가지 않고 요성을 지키며 성에 눌러앉았다. 한편 제나라는 전단(田單)을 보내 1년 남짓 요성을 공략했지만, 수많은 전사자만 내고 요성을 함락시키지 못했다. 그 때 노중련은 편지를 써서 화살에 매달아 성안으로 쏘아 보냈다. 그 편지는 다음과 같은 것이었다.

지자(智者)는 때를 잃지 않고, 용자(勇者)는 죽음을 두려워 않는다

「나는 『지혜로운 사람은 때를 거역하여 불리한 처지에 빠지지 않으며, 용감한 사람은 죽음을 두려워하여 이름을 욕되게 하지 않고, 충성스런 사람은 제 몸만을 생각하여 임금을 저버리지 않는다』란 말을 들었는데, 지금 공은 참언을 당한

한 때의 노여움 때문에 연나라 왕을 배신하고, 임금 밑에 믿을 만한 신하가 없음을 알면서도 돌보지 않고 있는데, 그래서는 충신이라 할 수 없소. 요성을 잃고 장군 역시 죽게 된다면 장군의 위엄을 제나라에 떨칠 수 없으니 이는 용사라고 할 수는 없소. 또한 공이 허물어지고 명성을 잃게 되어 후세 사람들이 장군을 칭송하지 않게 되면 이는 지혜로운 행동이라고 할 수 없소. 세상의 군주들은 이런 세 가지 행동을 한 사람을 신하로 쓰지 않으며, 유세객(遊說客)들도 입에 올리지 않는 법이오. 그러므로 지혜로운 사람은 때를 잃는 일이 없고, 용감한 사람은 죽음을 두려워하지 않는 법이오. 장군은 지금 사느냐 죽느냐, 영예냐 오욕이냐, 부귀냐 비천이냐의 갈림길에 놓여 있습니다. 기회는 두 번 다시 오지 않을 것이오. 장군에게 바라건대 깊이 생각하여 세상의 속인(俗人)과 행동을 똑같이 하지 않도록 하시오.

또한 초나라는 제나라의 남양(南陽 : 태산의 남쪽)을 치고 위나라는 평륙(平陸 : 산동 문상의 북쪽)을 치고 있는데, 제나라로서는 남쪽을 향하여 이들과 싸울 생각은 없소. 남양을 잃는 손해는 적고 제북(濟北 : 제수의 북쪽)을 손에 넣는 이익이 클 것으로 생각하기 때문이오. 그러므로 계획을 세워서 면밀하게 대처하고 있소. 지금 진(秦)나라가 군사를 내려보내 제나라를 원조한다면, 위나라는 감히 동쪽을 치려하지 못할 것이며, 제나라와 진나라가 연횡(連衡)을 한다면 초나라의 형세는 위험하오. 제나라는 남쪽에 있는 남양을 포기하고 서쪽에 있는 평륙을 단념하더라도 제북만 평정할 수 있다면 국책으로서 이를 감행할 것이오. 이와 같은 제나라의 요성 탈환 결의를 알거든 공은 계획을 뒷날로 미루지 말고 지금 바로 결단을 내리시오. 이제 초나라와 위나라의 군사는 모두 퇴각을 하고 연나라의 원병도 오지 않으니, 천하의 아무런 제재도 받지 않는 제나라가 전 병력을 가지고 피폐해 버린 공의 요성과 대치한다면 공의 목적이 달성되지 못할 것을 나는 알고 있소.

묵적의 수비

또한 연나라는 지금 심히 어지럽고 군신(君臣)이 계획하는 것은 바르지 못하여 상하가 모두 곤혹에 빠져 있소. 율복(栗腹)은 10만의 대군을 가지고 다섯 번이나 외국 정벌에 실패했고, 만승의 나라로서 조나라에 포위되어 땅을 떼어 주고 임금을 욕보이게 하여 천하의 조소를 샀으며, 나라는 피폐하여 걱정이 많고 백성은 마음을 의지할 곳이 없소. 지금 공이 피폐한 요성의 백성을 가지고 제나라의 전체 병력을 막는 것은 마치 묵적(墨翟)의 수비〔墨翟之守〕[10]와 비슷하고, 인육을 먹고 인골(人骨)을 땔감으로 쓰면서도 병졸들이 두 마음을 갖지 않는 것은 마치 손빈(孫臏[11])의 군사와 똑같아서 공의 지능은

---

10) 묵적(墨翟)의 수비…묵적은 송(宋)나라(또는 노나라) 사람이다. 선진(先秦)의 주요 사상가 중 한 사람으로 묵가학파(墨家學派)의 창시자다. B.C.약 440년 공수반(公輸般)이 초나라를 위하여 구름에 닿을 만큼 높은 사다리〔雲梯〕를 만들어 송나라를 공격하려 했다. 묵자는 이 소식을 듣고 초나라로 달려가 공수반을 만났다. 묵자는 허리띠를 풀어 성 모양을 만들고, 작은 목패(木牌)로 전망대를 만들어 놓았다. 공수반이 아홉 차례나 공격했지만 묵자는 다 막아냈다. 결국 공수반의 공격법은 바닥이 났지만, 묵자의 방어법은 아직 남아 전쟁을 끝낼 수 있었던 것이다.

11) 손빈(孫臏)…전국시대 제(齊)나라 장수. 병졸을 끔찍이 사랑했기 때문에 병졸 가운데 두 마음을 가지는 자가 없었다. 위(魏)나라 군대를 대파

천하에 드높으오.

그러나 내가 공을 위해 생각해 볼 때, 아직 거마(車馬)와 무기가 온전할 때 이대로 귀국하여 연나라 왕을 위하여 힘을 다하는 것이 가장 현명할 것으로 생각하오. 거마와 무기를 온전히 갖추어서 연나라로 돌아가면 연나라 왕은 틀림없이 기뻐할 것이오. 병사들을 무사하게 데리고 돌아가면 백성들은 공을 보기를 부모와 같이 할 것이며, 친구들은 팔을 걷어붙이고 공의 업적을 밝힐 것이오. 위로는 고립되어 있는 임금을 도와 뭇 신하들을 통제하고, 아래로는 서민을 잘 살게 하고 유세가들에게 이야깃거리를 제공하고, 나라의 풍속을 고쳐나가면 공명은 자연히 이룩될 것이오.

만약 공께서 귀국할 뜻이 없다면 연나라를 떠나 세상 여론을 등지고 동쪽의 제나라로 가십시오. 제나라에서는 반드시 공을 위해 땅을 떼어 봉지를 정해 줄 것입니다. 그렇게 되면 부(富)는 도주공(陶朱公)이나 위(衛)나라 공자(公子) 형(荊)과 어깨를 나란히 할 것이며, 자손은 대대로 고(孤 : 제후의 자칭)라 일컬으면서 제나라와 함께 길이 부귀를 누릴 수 있을 것이오. 이것 또한 한 가지 방법이 될 것이오. 이 두 가지 계책은 이름을 드러내고 실속을 채우는 일이오. 바라건대 공은 스스로 깊이 생각하여 그 한 가지를 택하십시오.

나는『조그마한 절개를 꾀하는 사람은 큰 이름을 드러낼 수가 없고, 조그마한 부끄러움을 마다하는 사람은 큰 공을 세울 수 없다』는 말을 들었소. 옛날 관이오(管夷吾 : 관중)가 환공(桓公)을 활로 쏘아서 허리띠의 쇠장식을 맞힌 일은 임금의 자리를 빼앗으려는 참람한 행위였고, 자기가 받들던 공자 규

한 계책을 낸 것으로 유명하다.

(糾)를 버리고 함께 죽지 않았던 것은 비겁한 일이며, 잡힌 몸이 되어 수갑과 차꼬를 차게 된 것은 부끄러운 일이었소.

진의 청동기 기술로 만든 최고의 술병

세상의 군주는 이러한 세 가지 행실이 있는 자를 신하로 삼기를 좋아하지 않고, 향리의 사람들도 사귀기를 싫어할 것이오. 당시에 만약 관자(管子)가 유폐되어 다시 옥에서 나오지 못하고 그대로 옥사해서 제나라에 돌아오지 못했더라면, 치욕에 가득 찬 천행(賤行)이라는 오명을 뒤집어써서, 노비들도 그 이름을 함께 부르는 것을 부끄럽게 생각했을 것이오. 그러니 세속인들이야 더 말할 것도 없는 일이 아니겠소.

그런데 관중은 옥중에 있는 몸을 부끄럽게 여기지 않고 천하를 바로잡지 못함을 부끄러워했으며, 공자 규를 위해 죽지 않았음을 부끄럽게 생각지 않고 제나라가 제후들 사이에서 위엄을 떨치지 못하는 것을 부끄럽게 생각했소. 그러기에 관중은 세 가지 행실의 과오를 겸했으면서도 환공을 도와서 오패(五覇)의 으뜸으로 만들었고, 그 이름은 천하에 높아졌으며, 그 위광(威光)은 이웃나라까지 빛을 비추게 되었던 것이오.

조말(曹沫)[12]은 노(魯)나라의 장군이 되어 세 번 싸워서 세

12) 조말(曹沫)…춘추시대 노(魯) 장공(莊公)의 신하. 그는 제(齊)나라와의 싸움에서 세 번 싸워 세 번 져 많은 토지를 잃었다. 후에 제 환공이

번 패하고 땅을 잃기 5백 리에 이르렀소. 당시에 만약 조말이 뒷일을 생각지 않고 결심한 대로 스스로 목을 찔러 죽었다면 패군(敗軍)의 항장(降將)이 되어 그 오명은 씻을 수 없었을 것이오. 그러나 조말은 세 번 패한 것을 개의치 않고 퇴각하여 노나라 임금과 계략을 꾸며, 환공이 천하의 제후를 모아 회합할 때 단지 칼 한 자루를 손에 쥐고 단상에 올라가서 환공의 가슴을 겨누며 안색 하나 변하지 않고 말 한 마디 헛되이 하지 않아서, 끝내는 세 번 싸움에서 잃었던 치욕을 하루아침에 회복했소. 그 때문에 천하는 진동했고 제후들은 경악했으며, 오(吳)나라와 월(越)나라에 대하여 위신을 세웠던 것이오.

이 두 사람이 작은 부끄러움과 작은 절개를 이룰 수 없었던 것은 아니요. 그들은 다만 자기 몸을 죽이고 집안과 자손의 뒤를 끊어 공명을 세우지 못하는 것은 지혜로운 사람이 취할 길이 아니라고 생각했던 것이오. 그러므로 울분의 원한을 버리고 일생 동안 공명을 세웠으며, 감정에 사로잡혀 작은 절개를 버리고 여러 대에 걸친 공업을 이룩했던 것이오. 그런 까닭에 공업은 하(夏)·은(殷)·주(周) 3왕과 함께 전해지고, 이름은 천지와 함께 영원히 남게 된 것이오. 바라건대 공은 그 중 한 가지를 골라서 실행하시오.」

연나라 장군은 노중련의 편지를 읽고 사흘 동안을 울었다. 그리고 이모저모로 궁리하면서 자신의 처세할 바를 찾으려고 했다. 연나라로 돌아가자니 이미 왕과는 불화한 사이가 되었으므로 죽음을 당할지도 모르겠고, 제나라에 항복을 하자니 이미 제

제후들과 회맹하는 틈을 타서 제 환공이 차지한 영토에서 물러나라고 비수로 협박하였다.

나라 군사를 수많이 죽였으므로 욕을 당할지도 모를 일이다. 그는 탄식하며 말했다.

「남의 칼에 죽느니, 차라리 내 스스로 죽으리라.」

그리고는 스스로 목숨을 끊었다.

이렇게 되자 성 안은 혼란해졌고, 전단은 마침내 요성을 함락시켰다. 전단은 돌아와서 왕에게 노중련에 관한 일을 보고하고 작위(爵位)를 주려고 했지만, 노중련은 몸을 피하여 바닷가에 숨어 살면서 이렇게 말했다.

「나는 부귀한 몸이 되어 남에게 얽매여 살기보다는 오히려 빈천한 몸으로 세상을 가볍게 마음 내키는 대로 살고 싶다.」

추양(鄒陽)[13]은 제나라 사람이다. 양(梁)나라에 유력(遊歷)했고, 원래는 오(吳)나라 사람인 장기부자(莊忌夫子 : 장기는 성과 이름이고 부자는 존경을 나타내는 호칭)와 회음(淮陰) 사람 매생(枚生 : 매승枚乘) 등과 교제했다. 그는 글을 올려 양승(羊勝) · 공손궤(公孫詭) 등과 함께 양나라 효왕(孝王)의 문객이 되었다. 그런데 양승의 무리가 추양을 시기하여 효왕에게 참언했다. 효왕은 노하여 옥리에게 추양을 넘겨주어 죽이려고 했다. 추양은 남의 나라에서 유세하던 중에 남의 중상을 받아 죽은 후까지도 오명을 쓰게 될 것이 두려워 옥중에서 왕에게 편지를 올렸다.

「『충성된 자는 보답을 받지 못하는 일이 없고, 진실한

---

13) 추양(鄒陽)…서한(西漢)의 문학가. 처음에 오왕(吳王) 유비(劉濞)를 섬겼는데, 그에게 「상오왕서(上吳王書)」라는 글을 올려 한(漢)나라에 반란을 일으키지 말라고 권하였다. 그러나 유비가 듣지 않자 그를 떠나 양(梁)나라 효왕(孝王)의 빈객이 되었다. 참언을 받아 하옥되었으나 곧 글을 올려 석방된 후에는 상객(上客)이 되었다.

자는 의심을 받는 일이 없다』 라는 말이 있는데, 지금껏 저는 이 말이 진리일 것으로 믿어왔습니다만, 실제로는 헛된 말에 지나지 않는 것 같습니다. 옛날 형가(荊軻)는 연나라 태자 단(丹)의 신의를 흠모하여 단을 위해 진(秦)나라에 들어가 시황제를 죽이려고 했습니다. 그 때 그의 진심은 하늘을 감응시켜 백홍(白紅 : 흰 무지개. 武器의 상징)이 태양(군주의 상징)을 꿰뚫는 서상(瑞象)이 나타났습니다. 그런데도 태자 단은 형가가 진나라에 가지 않을 것이라고 의심했습니다. 위(衛)선생은 진나라를 위해 장평 싸움을 획책하여 그 진심이 하늘을 감응시킴으로써 태백(太白)이 묘(昴)[14]를 범했는데도 소왕(昭王)은 오히려 그를 의심했습니다. 이와 같이 형가와 위선생의 진심이 천지의 자연현상까지 바꾸었건만, 두 임금은 그들의 참됨을 깨닫지 못했던 것입니다. 이 어찌 슬픈 일이 아니겠습니까?

지금 저는 충(忠)을 다하고 성(誠)을 다하여 대왕께 부름받기를 원하건만 대왕의 좌우에 있는 사람들의 밝지 못한 탓으로 마침내는 관리에게 심문을 받고 세상에서 의혹을 샀습니다. 이렇게 되어서는 형가와 위선생이 다시 태어난다 하더라도 연나라와 진나라는 신실을 깨닫지 못할 것입니다. 바라건대 대왕께서는 깊이 생각하십시오.

옛날 변화(卞和)[15]는 초나라 왕에게 벽옥(璧玉)을 바쳤지만, 그것이 돌이라 하여 발을 잘리었고, 이사(李斯)[16]는 충성

---

14) 태백은 금성(金星)의 다른 이름으로 천장(天將)의 상징이다. 묘성은 28수(宿)의 하나다. 옛사람들은 태백(太白)이 전쟁을 주관한다고 여겼다. 본래 태백성이 묘성까지 운행하는 것은 자연스런 자연현상인데, 고대의 점성가들은 태백성이 묘성을 먹어 들어가는 것으로 여겨 조나라 땅에 큰 전쟁이 있을 것이라고 주장했다.

15) 변화(卞和)…☞「염파 · 인상여열전」

을 다했으나 호해(胡亥)[17]는 그를 극형에 처했습니다. 기자(箕子)가 미치광이를 가장하고, 접여(接輿)가 세상을 피한 것도 이런 일이 있을 것을 두려워했기 때문입니다. 바라건대 대왕께서는 변화 · 이사의 마음을 명찰하시고, 초왕이나 호해와 같이 참언을 받아들이지 마셔서, 제가 기자 · 접여와 같은 웃음거리가 되지 않게 해주십시오. 『비간(比干)이 가슴을 찢기고 자서(子胥)가 말가죽 자루에 그 시체가 싸여 장강(長江)에 버려진 일』도 그때에는 그들의 말을 믿지 않았기 때문이었는데, 지금에는 밝혀졌고 알려졌습니다. 바라건대 대왕께서는 깊이 생각하시어 조금이라도 은혜를 베풀어 주십시오.

속담에 『백발이 되도록 사귀어도 초대면하는 것처럼 차디찬 교제가 있는가 하면, 거리의 수레 그늘에서 한 마디 나누었건만 옛 친구를 만난 것 같은 교제도 있다』고 했습니다. 교제의 깊이는 세월의 길고 짧음에 관계치 않고 상대방 마음을 아느냐 여하에 달려 있습니다. 그러므로 옛날 번오기(樊於期)[18]는 진나라를 피해 연나라로 가서 연나라 태자 단(丹)을

---

16) 이사(李斯)…전국시대 말기의 상채(上蔡 : 지금의 하남성 상채현) 사람. 진(秦)나라의 승상이 되어 진시황이 6국을 통일하는 것을 보좌하였다. 또한 군현제도(郡縣制度)를 정비하고 대나무에다 쓰던 글을 전문(篆文)으로 바꾸었다. 진시황이 죽자 조고(趙高)의 꾐에 빠져 그와 모의하여 진시황의 장자인 부소(扶蘇)를 살해하고 부소의 동생 호해(胡亥)를 옹립하였다. 그러나 나중에 반란을 꾀하였다는 조고의 모함에 의하여 호해의 명에 의해 처형당했다. ☞ 「이사열전」

17) 호해(胡亥)…진시황의 아들로서 2세 황제. B.C. 210년~B.C. 207년까지 재위하였다. 그는 진시황에 이어 아방궁 공사를 계속하고, 세금과 부역을 더욱 무겁게 하였으므로 농민봉기를 야기하였다. 결국 조고(趙高)에게 핍박당해 스스로 목숨을 끊었다.

18) 번오기(樊於期)…진(秦)나라 장수. 진시황에게 죄를 지어 연(燕)나라로 도망갔다. 형가(荊軻)가 진시황을 암살하기 위해 진나라에 자객으로 갔

위해 자기 목을 형가에게 주어 진나라로 가지고 가라고 할 정도로 정성을 다했습니다.

제나라를 버리고 위나라로 갔던 왕사(王奢)는 자기를 잡으려고 몰려온 제나라 군사의 면전에서 성에 올라가 스스로 목을 찔러 위나라에 누를 끼치지 않으려고 했습니다. 대체로 왕사와 번오기는 제나라·진나라와 새로운 관계를 맺지도 않았고, 연나라·위나라와 깊은 인연이 있었던 것도 아닙니다. 고국을 떠나서 남의 나라 임금을 위해 죽은 것은, 그 두 임금의 처사가 각각 두 사람의 뜻에 맞아서 그의 의로움을 사모하는 마음이 지극했기 때문입니다.

그러한 까닭에 소진(蘇秦)은 천하로부터 신임을 받지 못했지만, 오직 연나라에서만은 미생(尾生)[19]과 같이 신의를 지켰고, 백규(白圭)는 중산국(中山國)의 장수로서 여섯 성을 잃고 위나라로 망명하였지만, 위나라를 위해 중산국을 무찔렀습니다. 이런 일들은 다만 군주와 신하 사이에 서로 이해가 깊었기 때문입니다. 소진이 연나라 재상이 되었을 때, 소진을 왕에게 참언하는 자가 있었습니다. 왕은 칼을 만지며 그 참언하는 자를 혼냈고, 소진에게는 준마를 잡아서 크게 잔치를 베풀어 주었습니다.

백규가 중산국을 친 공으로 위나라에서 벼슬자리에 나아갔을 때 위나라 문후(文侯)에게 참언을 하는 중산국 사람이 있었습니다. 그러나 문후는 이 참언을 받아들이지 않고 백규

을 때, 번오기는 형가가 진시황에게 접근할 수 있도록 하기 위해서 자살하여 형가가 자기 목을 진나라에 바치도록 하였다.

19) 미생(尾生)…약속을 잘 지켰다는 전설상의 인물. 여자와 다리 밑에서 만나기로 약속했는데, 물이 불어 익사하기까지 여자를 기다렸다.

에게 야광벽(夜光璧 : 名玉의 이름)을 내렸습니다. 이런 일들은 두 임금, 두 신하가 각각 흉금을 터놓고 간담을 서로 비추어〔肝膽相照〕 믿고 있었기 때문이니, 어떻게 근거도 없는 말에 마음이 흔들릴 리 있겠습니까. 여자는 예쁘건 못생겼건 간에 궁중에 들어가면 질투를 받게 마련이고, 선비 역시 어질든 어리석든 조정에 들어가면 시기를 받게 마련입니다.

옛날 사마희(司馬喜)는 송(宋)나라에서 다리를 잘리는 형벌을 받았지만, 마침내는 중산국의 재상이 되었으며, 범수(范雎)는 위나라에서 갈비뼈가 부러지고 이빨이 부러졌지만, 진나라에서는 응후(應侯)가 되었습니다. 이 두 사람은 모두 계획이 성취될 것을 믿고 붕당을 만들어 의지하려는 마음을 버리고 홀로 몸을 세웠기 때문에 질투심이 많은 자들의 미움을 피할 수가 없었습니다. 그런 까닭에 신도적(申徒狄 : 은나라 말기 사람)은 스스로 강물에 몸을 던졌고, 서연(徐衍 : 周나라 말기 사람)은 돌을 지고 바다에 들어갔는데, 비록 세상에서 인정은 받지 못했지만 도의상 조정에서 도당을 만들어 임금의 마음을 상하게 하는 일은 하지 않았습니다.

한쪽 말만 들으면 간계가 생긴다

그러기에 백리해(百里奚)[20]는 거리에서 걸식을 하고 있었

20) 백리해(百里奚)…본래 진(秦)나라의 대부였다. 진(晉)나라가 우(虞)나라를 멸망시켰을 때 포로가 되었는데, 후에 진(秦) 목공(穆公) 부인의 배가(陪嫁) 노예로 진(秦)나라로 보내졌다. 백리해는 이를 치욕스럽게 생각하고 진(秦)나라에서 초(楚)나라로 도망쳐 왔는데, 초나라 변방 지역에서 초나라 사람에게 체포되었다. 그 후 그가 재능 있는 사람임을 알아본 진 목공이 다섯 장의 양가죽을 주고 그를 사서 돌아오게 하여

건만 진나라의 목공(穆公)은 그에게 정사를 맡겼고, 영척(寧戚)[21]은 수레 밑에서 소를 치고 있었지만, 제나라 환공은 그에게 국정을 맡겼습니다. 이 두 사람은 처음부터 조정에서 벼슬을 하고 있으면서 좌우의 칭송을 받아 목공이나 환공에게 발탁되었던 것은 아닙니다. 임금과 신하가 서로 마음이 통하고 행동이 일치되면 아교나 옻칠보다도 더 굳게 맺어져, 가령 형제간이라 할지라도 그 사이를 갈라놓을 수는 없습니다. 하물며 뭇 사람들의 말에 현혹이 될 리 있겠습니까? 그러므로 한쪽 말만 들으면 간계(姦計)가 생기게 되고, 한 사람에게만 정사를 맡기면 반란을 불러오게 되는 것입니다〔偏聽生姦 獨任成亂〕. 옛날 노(魯)나라 왕이 계손씨(季孫氏)[22]의 말을 받아들였기 때문에 공자(孔子)는 노나라를 떠났고, 송나라 왕이 자한(子罕)의 꾀를 믿었기 때문에 묵적(墨翟)을 가두었습니다. 공자와 묵적의 변설로써도 참언과 아첨에서 빠져나올 수가 없었던 것입니다. 그 까닭인즉 『뭇 사람의 입은 무쇠도 녹이고, 쌓이는 욕은 뼈라도 녹일 수 있기〔衆口鑠金 積毁銷骨〕』 때문입니다.

한편 진나라가 오랑캐 유여(由余)를 등용하여 중국의 패자가 되었고, 제나라가 월나라 사람 몽(蒙)을 기용하여 위왕(威

대부로 삼았다. 그리하여 진 목공의 패업 달성을 보좌하였다.

21) 영척(寧戚)…춘추시대 위(衛)나라 사람. 은거하여 상인이 되었다. 그가 길에서 소를 먹이며 노래를 하고 있는데, 제 환공(桓公)은 그가 비범한 인물임을 알아보고는 그를 객경(客卿)으로 삼았다.

22) 계손씨(季孫氏)…노(魯)나라의 대부인 계환자(季桓子)를 가리킨다. 제(齊)나라에서 계환자에게 여자 악대(樂隊)를 보내주자, 계환자는 사흘 동안이나 조회에 참석하지 않았으므로 공자(孔子)는 불만스러워 노나라를 떠났다.

王) · 선왕(宣王)의 위세를 높였습니다. 이 두 나라가 어찌 풍속에 얽매이지 않고 세정(世情)에 이끌리지 않았으며, 아첨과 편파적인 말에 사로잡힌 일이 있겠습니까. 한쪽으로 치우쳐 듣지 않고 공정하게 들었기 때문에 그 시대에 이름을 남겼던 것입니다. 그러므로 오랑캐나 월나라 사람이라도 마음만 맞으면 형제가 될 수 있는 것입니다. 유여나 몽이 그 좋은 예입니다. 뜻이 맞지 않는다면 골육이더라도 멀리하고 쓰지 않습니다. 주(朱 : 요의 아들 단주丹朱) · 상(象 : 순임금의 동생) · 관(管 : 관숙선. 주공의 형제) · 채(蔡 : 채숙도. 주공의 형제) 등이 이 예입니다. 이제 임금 된 사람이 참으로 제나라 · 진나라와 같이 도리에 맞는 방법을 쓰면서, 송(宋)나라 · 노(魯)나라와 같은 편벽된 방법을 물리친다면 오패나 삼왕에 맞먹는 큰 공을 세우는 것도 쉬운 일일 것입니다.

그러므로 성왕(聖王)은 사람을 쓰는 도리를 깨달아서 연나라 왕(쾌噲)이 간신 자지(子之)에게 나라를 내준 것 같은 마음을 버리고, 제나라 간공이 교신(佼臣) 전상(田常)의 현명함을 기뻐한 그런 마음을 버리지 않으면 안 됩니다. 주(周) 무왕은 가슴을 찢긴 충신 비간의 아들을 봉하고, 배를 찢긴 임부(姙婦)의 무덤을 가꾸어 줌으로써 그 공적은 천하에 떨쳤습니다. 무슨 까닭이겠습니까? 그것은 무왕이 선(善)을 구하려는 마음이 끝이 없었기 때문입니다.

또 진(晋)나라의 문공(文公)은 그의 원수인 발제(勃鞮)와 친하게 됨으로써 패자가 되었으며, 제나라의 환공은 원수였던 관중을 등용하여 천하를 바로잡았습니다. 그것은 마음이 인자했고 충심으로 그들을 받아들였기 때문입니다. 마음에도 없는 빈말로써 일시적으로 이용할 수는 없는 법입니다.

그러나 진나라는 상앙(商鞅)의 법을 써서 동쪽의 한(韓)·위(魏)나라를 약하게 만들고, 그 군대를 천하에서 제일 강하게 만들었는데도 끝내는 상앙을 거열형에 처했습니다. 월나라는 대부 종(種)의 계략을 써서 오(吳)나라 왕 부차를 포로로 잡아서 중국의 패자가 되었건만 마침내 종을 주살했습니다. 그러므로 손숙오(孫叔敖)[23]는 세 번 재상의 자리를 얻었어도 기뻐하지 않았고, 세 번 그 자리를 물러나도 후회하는 일이 없었으며, 어릉(於陵 : 산동 장산의 서남쪽)의 자중(子仲)은 초나라 삼공(三公)의 자리를 굳이 사양하고 남의 집 정원에 물을 주는 일을 업으로 했습니다.

어둠 속에 던져진 밝은 구슬

이제 임금이 교만한 마음을 버리고 공이 있는 사람에게는 보답할 마음을 가지고 끝까지 신하와 곤궁영달을 함께 하며, 선비에게 봉록과 벼슬 주는 일에 인색하지 않다면, 폭군 걸왕(桀王)의 개라 하더라도 성왕 요임금을 보고 짖게 할 수가 있고, 도척(盜跖)의 자객일지라도 허유(許由)를 찔러 죽일 수 있을 것입니다. 하물며 만승의 권리를 가지고 성왕의 자질이 있는 사람의 명이라면 누가 응하지 않겠습니까. 형가가 자신의 죄에 연좌되어 칠족(七族)을 죽게 한 일이라든가, 요리(要離)

---

23) 손숙오(孫叔敖)…초나라 사람으로, 일찍이 초나라 장왕(莊王)의 영윤(令尹)을 세 번이나 지냈다. 그는 세 번 영윤이 되었지만 전혀 기뻐하지 않았는데, 그것은 스스로의 재능으로 얻었다고 여겼기 때문이다. 또 세 번 영윤 자리에서 해임되었지만 서운해 하지 않았는데, 그것은 자기의 허물이 아님을 알았기 때문이다. 손숙오의 이런 행동은 재앙을 피할 수 있었다.

가 경기(慶忌)를 죽이려고 하였을 때, 경기가 자신을 믿도록 하기 위해 일부러 죄를 지어 합려에게 자신의 오른팔을 자르고 처자식을 불태워 죽이게 한 것은 말할 필요조차 없는 일입니다.

『명월주(明月珠)라든가 야광벽(夜光璧)도 어두운 길을 걷는 사람에게 던지면〔明珠暗投〕 칼을 잡고 노려보지 않는 사람이 없을 것이다. 아무런 인연도 없는데 눈앞에 날아왔기 때문이다. 마구 꼬인 나무뿌리가 너무 굽어 있어 아무 소용없을 것 같지만, 만승의 군주 그릇이 되는 것은 좌우에 있는 사람이 우선 그 뿌리를 조각하고 장식을 하여 군주에게 바쳤기 때문이다』라는 말을 들었습니다만, 아무 인연도 없는데 눈앞에 날아오면 수후주(隋侯珠) · 야광벽일지라도 원한을 살 뿐 덕이 될 수는 없습니다. 이와 반대로 누군가가 먼저 소개를 해주면 마른 나무나 썩은 등걸〔枯木朽株〕을 바치더라도 공로가 있다 하여 잊혀지지 않는 법입니다. 오늘날 포의곤궁(布衣困窮)한 선비로서 그 신분이 빈천한 사람은 비록 요순의 도(道)를 알고, 이윤(伊尹) · 관중의 말재주를 지니고, 용봉(龍逢 : 夏나라의 충신) · 비간(比干)의 뜻을 품고 당시의 임금에게 충성을 다하려고 해도, 나무뿌리를 장식하여 임금에게 바치듯 천거해 주는 사람이 없고, 마음과 생각을 다하여 임금의 통치를 보필하려고 해도 임금은 칼을 잡고 노려보는 경향이 있습니다. 이런 일은 포의의 선비를 마른 나무나 썩은 등걸만도 못하게 만드는 것입니다. 그러므로 성군이 세상을 거느리고 풍속을 바로잡을 때는 저 도공(陶工)이 녹로반(轆轤盤) 위에서 진흙으로 모양을 만들 듯이 뜻대로 세상을 교화시키고, 비천하고 혼탁한 말에 이끌리거나 근거 없는 참언에 마음을 빼앗기지 않는 것입니다.

진나라의 시황은 중서자(中庶子 : 관명) 몽가(蒙茄)의 말만 듣고 형가의 말만 믿다가 몰래 감춰 둔 비수에 찔려 하마터면 목숨을 잃을 뻔했습니다. 이와는 달리 주나라의 문왕은 경수(涇水)·위수(渭水) 가에서 사냥을 하다가 여상(呂尙)을 수레에 태우고 돌아와서 그의 힘으로 천하의 왕이 되었습니다. 진 시황은 좌우에 있는 사람을 믿다가 죽을 변을 당할 뻔했고, 문왕은 새가 우연히 나무에 날아들 듯이 우연하게도 만난 사람을 써서 왕이 되었던 것입니다. 그것은 문왕이 자신을 견제하는 말에 초연하고 특이한 포부를 세우며, 공명정대한 관점에 서 있었기 때문입니다. 오늘날 임금이 된 사람들은 아첨하는 소리에 빠지고 신첩(臣妾)에게 견제되며, 마치 하늘에라도 뛰어오를 수 있을 것 같은 인재들을 소나 말처럼 취급하고 있습니다. 이것이 바로 포초(鮑焦)가 세상을 원망한 나머지 부귀의 즐거움을 팽개친 이유입니다.

신이 듣건대『의관을 바르게 하고 조정에 참조하는 사람은 사사로운 이욕으로 도의를 저버리는 일이 없고, 명예를 위해 열심히 일하는 사람은 사욕 때문에 행실을 해치지 않는다』란 말이 있습니다. 그런 까닭에 현의 이름이 승모(勝母 : 어머니에게 이긴다고도 읽을 수 있음)란 이유 한 가지 때문에 효자인 증자(曾子)는 그 땅을 밟지 않았고, 읍의 이름을 조가(朝歌)[24]라 한다 해서 음악을 싫어하던 묵자(墨子)는 수레를 되돌렸습니다. 그런데 오늘날 임금들은 천하의 식견과 기량이 다 같이 위대한 선비들을 권력 앞에 무릎을 꿇게 하여, 세

24) 조가(朝歌)…조가는 은나라의 수도이다. 묵자는 조가가 주왕(紂王)이 만든 음악의 이름과 같았기 때문에 수레를 돌렸던 것이다.

력에 눌려 짐짓 얼굴빛을 부드럽게 하고, 행실을 더럽혀 가면서까지 아첨을 좋아하는 사람들을 섬기게 하며, 좌우에 있는 사람들에게도 친하고 가깝게 하기를 바라고 있습니다. 이래 가지고는 뜻있는 선비는 험악한 바위굴 속에 엎드려서 죽는 수밖에 없을 것입니다. 어떻게 충(忠)과 신(信)을 다하여 조정으로 향하려 할 사람이 있겠습니까.」

이 편지가 양나라의 효왕(孝王)에게 바쳐지자, 효왕은 사람을 보내 추양을 옥에서 데려다가 마침내 상객(上客)으로 맞았다

태사공은 말한다.

「노중련은 그 지향하고자 하는 뜻이 대의(大義)에는 맞지 않았다. 그러나 나는 그가 지위도 벼슬도 없는 처지로서 호탕하게 그의 뜻하는 바를 마음대로 즐기며, 제후들에게 굽히는 일 없이 당세(當世)에서 자신의 언변을 떨치며 대신들의 권력을 꺾은 것을 장하게 생각한다. 추양은 그 말은 불손했지만, 사물을 비교해 가면서 그 예를 열거한 점에서는 비장한 감이 있으며, 또한 불굴의 정신과 정직한 마음으로 그 자신을 굽히지 않았다고 말할 수 있겠다. 그런 연유로 그를 열전(列傳)에 실은 것이다.」

굴원·가생 열전 제24

굴원(屈原)은 이름이 평(平), 초(楚)나라 왕족[1]과 성이 똑같다. 초나라 회왕(懷王)의 좌도(左徒)[2]가 되었으며, 견문이 넓고 기억력이 좋았으며 치란(治亂)[3]의 도리에 밝고 문장에도 능했다. 궁중에 들어와서는 왕과 국정을 의논하고 명령을 내렸으며, 밖에 나와서는 빈객을 접대하고 제후를 응대하여 왕의 신임이 아주 두터웠다.

상관대부(上官大夫 : 근상)는 굴원과 지위가 같았는데, 임금의 총애를 다투다 보니 굴원의 재능을 은근히 시기했다. 회왕이 굴원에게 법령 제정을 명했기 때문에 굴원이 법령을 초안하고 있었는데, 상관대부가 이것을 보더니 초고(草稿)를 빼앗으려 했

---

1) 초(楚)나라 왕족…초나라 왕실의 성은 미(芈)이며, 그 시조는 죽웅(鬻熊)이다. 그 당시 3대 동성(同姓)은 소(昭)·굴(屈)·경(景)이었다. 굴원의 시조 굴하(屈瑕)는 초나라 무왕(武王) 웅통(熊通)의 아들로 굴(屈)에 봉해졌기 때문에 굴을 성으로 삼았다.

2) 좌도(左徒)…초나라의 관직 이름. 왕 측근에 있으면서, 정치적인 일에 간여하고, 조서나 명령의 초안을 잡고, 외교 협상 등의 일을 했다.

3) 치란(治亂)…여기서 「治」와 「亂」은 평화로운 세상과 어지러운 정치 상황을 가리킨다. 즉 나라의 흥망성쇠를 이르는 말이다.

다. 굴원이 이를 거부하자 왕에게 참언했다

「왕께서 굴평에게 법령을 만들라고 시킨 일은 누구나 모르는 사람이 없습니다. 법령이 한 가지 나올 때마다 굴평은 자기의 공이라고 자랑하고, 자기가 아니면 아무도 그 법령을 만들 수 없다고 자부하고 있습니다.」

하늘은 사람의 시초며, 부모는 사람의 근본

왕은 노하여 굴평을 멀리했다. 굴평은 왕이 신하의 말을 분별해 들을 줄 모르고, 거짓 간하고 아첨하는 무리가 왕의 총명을 가려서 그릇된 말이 나라를 해치고, 바른 선비를 받아들이지 않는 것을 마음 아프게 생각하고 근심하던 끝에 「이소(離騷)[4]」라는 글 한 편을 지었다. 「이소」란 이우(離憂)와 같은 뜻으로 걱정스런 일을 만난다는 뜻이다.

굴 원

대체로 하늘은 사람의 시초며, 부모는 사람의 근본이니 사람은 궁하면 그 근본으로 돌아가기 마련이다. 그러므로 괴롭고 피곤하면 하늘을 부르지 않는 이가 없고, 병고로 고생하면 부모를

4) 이소(離騷)…이 작품은 굴원이 자신의 억울한 평생을 읊은 장편 서사시다.

부르지 않는 이가 없다. 굴평은 도리를 바르게 하고 행실을 곧게 하며 충성과 지혜를 다하여 왕을 받들다가 참소를 당하여 이간되었기 때문에 곤궁하게 되었다고 말하지 않으면 안 된다. 신의를 지키고도 의심을 받고, 충성을 다하고도 비난을 받는다면 원통해 하지 않는 사람이 없을 것이다.

굴평이 「이소」를 지은 것도 원통한 마음에서 나온 것이라고 생각된다. 《시경(詩經)》의 국풍(國風)[5] 중 여러 편은 사랑을 읊으면서도 음란에 흐르지 않고, 소아(小雅)[6]의 여러 편은 사람을 원망하고 비방하면서도 문란하지 않은데, 「이소」는 이 두 가지의 장점을 모두 갖추고 있다고 할 수 있다.

「이소」는 위로는 제곡(帝嚳)[7]을 칭찬하고, 아래로는 제나라 환공을 설명했으며, 그 가운데로는 은(殷)나라 탕왕, 주나라 무왕을 서술함으로써 이들에 의해 당세의 일을 풍자하고 도덕의 광대 숭고함과 치란(治亂)의 조리를 밝혀 남김없이 표현해 놓았다. 문장은 간략하고, 사(辭)는 미묘하며, 뜻은 고결하고, 행위는 청렴하니, 문장의 양(量)은 적으나 의도는 극히 크며, 예를 든 것은 비근하고 나타난 노리는 높고 멀다.

---

5) 국풍…《시경(詩經)》의 편명으로, 국(國)이란 제후들의 나라를 말하고, 풍(風)은 가요 혹은 민요의 뜻이다. 국풍은 주남(周南)으로부터 빈(豳)에 이르는 열다섯 나라의 민요로 이루어졌고, 160수가 전해진다. 국풍이《시경》의 앞머리에 나오는 것은 아(雅)나 송(頌)보다 백성들의 마음을 더욱 진솔하게 표현하고 있기 때문으로 보인다.

6) 소아(小雅)…《시경(詩經)》의 편명이다. 아(雅)란 정(正)의 뜻으로, 문화수준이 높았던 하(夏)나라의 정악(正樂)을 말한다. 아는 대부분 연회나 조회(朝會) 때 쓰였다. 아는 용도와 음절상의 차이로 대아와 소아로 구분하였다.

7) 제곡(帝嚳)…고대 부족국가 때의 수령으로 전해진다. 전하는 바에 의하면 황제(黃帝)의 증손이며, 고신씨(高辛氏)라고 부른다.

뜻이 고결하므로 이 한 편에 읊어진 것들은 향기가 높고 행위가 청렴하므로 그 몸은 죽어서 세상에 용납되지 않고 사람에게서 멀어졌다. 진흙 속에서 씻겨 진흙을 벗어나고, 먼지 밖에 유리(遊離)되어 세상의 더러움에 물들지 않고, 진흙 속에서도 결백을 지녔다. 그의 지조를 살펴보면 일월(日月)과 빛을 다툰다고 해도 지나친 말이 아닐 것이다.

굴원이 물러난 다음 진(秦)나라는 제나라를 치려고 했다. 제나라가 초나라와 합종했기 때문에 진나라의 혜왕(惠王)은 이것을 걱정하여 장의에게 명해서 거짓으로 진나라를 떠나 예물을 후하게 가지고 초나라에 가도록 하여 다음과 같이 말하게 했다.

「진나라는 제나라를 몹시 미워하고 있는데, 제나라에서는 초나라와 합종하고 있습니다. 만약 초나라에서 제나라와 국교를 끊을 수만 있다면 진나라는 상(商)·오(於)의 땅 6백 리를 바치고 싶습니다.」

초나라 회왕은 탐욕심을 일으켜 장의의 말을 믿고 제나라와 절교하고 땅을 받기 위해 진나라로 사신을 보냈다. 그러자 장의는 시치미를 떼며 말했다.

「나는 초나라 왕에게 6리의 땅을 약속했지 6백 리는 말한 일이 없소.」

호랑이와 이리의 나라

초나라 사신이 노하여 진나라를 떠나 귀국해서 초나라 왕에게 보고하니, 회왕은 노하여 진나라를 치기 위해서 대군을 냈다. 진나라도 출병하여 이와 맞싸웠는데, 초나라 군사를 단(丹)과 석(淅)에서 크게 깨뜨리고 목을 베기 8만, 그리고 초나라 장군 굴개

굴원의 「이소」

를 사로잡고 초나라의 한중(漢中)을 빼앗았다. 그리하여 초나라는 다시 국내의 전 병력을 내어 진나라를 치고 깊숙이 남전(藍田 : 섬서)까지 침입했는데, 이 소식을 들은 위나라가 초나라를 습격하여 등(鄧 : 하남)에까지 진출했기 때문에 초나라 군사는 두려워서 진나라로부터 철수했다.

또한 제나라는 앞서 초나라가 제나라를 배신한 것에 노하여 조금도 구원을 해주지 않았으므로 초나라는 고전을 면치 못했다. 이듬해 진나라는 한중의 땅을 돌려주며 초나라와 화친하려고 했다. 그러자 초나라 왕이 말했다.

「땅을 주는 것은 바라지 않소. 원하는 것은 장의를 초나라로 보내주시오.」

장의는 이 말을 듣자 이렇게 말했다.

「제 한 몸이 한중의 땅에 상당한다면 저를 초나라에 보내주기 바랍니다.」

그리고는 스스로 초나라에 가서 권신인 근상(靳尙)에 정중히 예물을 바치고, 또 궤변으로 회왕의 총희인 정수(鄭袖)에게 자기를 돌보아달라고 청했다. 회왕은 마침내 정수의 말을 받아들여 장의를 용서하고 돌려보냈다. 이 때 굴원은 이미 밀려나서 그 자리에 있지 않았고 사신으로 제나라에 갔었는데, 돌아와서 회왕에게 간했다.

「어찌하여 장의를 죽이지 않으셨습니까?」

회왕은 후회하고 장의를 뒤쫓게 했으나 이미 늦었다.

그 후 제후들은 모두 초나라를 쳐서 초나라 군사를 크게 깨뜨리고 장군 당말을 죽였다

이 때 진나라 소왕(昭王)은 초나라와 인척관계가 있었으므로 초나라 회왕과 만나기를 청했다. 회왕이 가려고 하자 굴원이 간했다.

「진나라는 호랑이와 이리의 나라로서, 신용하시면 안 됩니다. 가시지 않는 편이 낫겠습니다〔秦虎狼之國 不可信 不如毋行〕.」

회왕의 막내아들 자란(子蘭)이 말했다.

「어찌하여 진나라의 호의를 거절하시는 겁니까?」

그리하여 회왕은 출발하여 무관(武關 : 섬서 상현의 동쪽)에 들어갔다. 진나라에서는 복병을 두었다가 후방을 끊고 회왕을 억류하면서 초나라 땅을 떼어줄 것을 요구했다. 회왕은 노하여 승낙하지 않고 조(趙)나라로 도망쳤는데, 조나라에서 받아들이지 않았기 때문에 하는 수 없이 다시 진나라로 갔고, 끝내는 진나라에서 세상을 떠나고 말았다. 그 시신은 고국으로 돌려보내졌고 고국에서 장사지내졌다.

회왕의 맏아들 경양왕(頃襄王)이 즉위하고 동생 자란이 영윤(令尹 : 집정)이 되었는데, 회왕을 권하여 진나라에 가게 했고 끝내는 돌아올 수 없게 한 장본인이 자란인지라 초나라 사람들은 자란에게 불만이 많았다. 굴원도 일찍부터 자란 등의 시기를 받았다. 그는 비록 초나라에서 추방당한 몸이면서도 초나라를 그리워했으며 회왕을 생각했고, 왕의 마음을 돌이킬 생각을 버리지 않으며, 언젠가는 왕의 깨달음이 있을 때를 염원했었다.

왕을 모시고 나라를 일으켜 옛날과 같은 시대를 갈망했던 뜻

굴원의 고향

은 「이소」 속에서 세 번이나 읊어졌는데, 결국은 어찌할 도리가 없이 옛날로 돌아갈 수는 없었다. 회왕이 끝까지 깨닫지 못했음은 이것으로도 알 수 있다.

임금인 이상 그 지혜로움과 어리석음, 어짊과 어질지 못함을 불문하고 자신을 위해 충신을 구하며 어진 사람을 써서 도움을 받기 원치 않는 자는 없을 것이다. 그러나 나라를 망치고 집안을 망치는 자는 끊이지 않고 나다나는데, 성군이 다스리는 좋은 시대가 세상에 겹쳐서 나타나지 않는 것은 이른바 충성을 한다는 자가 실은 불충하고 어질지 못하기 때문이다. 회왕은 충(忠)과 불충(不忠)을 분별할 수 없었으므로 안으로는 정수에게 현혹되었고 밖으로는 장의에게 속았으며, 굴원을 멀리하고 상관대부와 영윤 자란을 믿어 천하의 웃음거리가 되고 말았다. 이것은 사람을 보는 밝음이 없었기 때문이다.

《역경(易經)》에 「우물물이 맑아도 사람이 마시지 않으니 내 마음은 이를 슬퍼한다. 그 우물에서는 물을 길을 수 있는데, 명군(明君)이 길으면 천하가 아울러 그 복을 받으리라」는 구절이 있는데, 왕이 총명치 못한 한 어찌 사람에게 복을 줄 수 있겠는가.

모두 취해 있는데 혼자만이 깨어 있어 쫓겨났다

영윤 자란은 굴원이 자기를 미워한다는 말을 듣고 크게 노하여, 상관대부를 시켜 굴원을 경양왕에게 중상했다. 왕은 노하여 굴원을 강남으로 내쫓았다. 굴원은 강수(江水) 가에 가서 산발할 머리를 흩뜨린 채 물가를 노래를 읊으며 방황했다. 얼굴빛은 초췌하고 그 모습은 여위어서 마른 나무와 같았다. 한 어부가 지나가다가 물었다.

「당신은 혹시 삼려대부(三閭大夫)[8]가 아니십니까? 어찌하여 이런 곳에 오셨습니까?」

「세상이 모두 혼탁한데 나 혼자만 깨끗하고, 뭇 사람이 모두 취해 있는데 나 혼자만이 깨어 있었기 때문에 쫓겨났다오(擧世皆濁我獨淸, 衆人皆醉我獨醒, 是以見放).」

「성인이란 사물에 구애받지 않고 시세를 따라 잘 처세한다고 하던가요. 세상이 모두 혼탁해 있으면 어찌하여 그 흐름을 따라 그 물결을 타지 않았습니까. 뭇 사람이 모두 취해 있다면 어찌하여 그 지게미를 먹지 않았습니까. 어찌하여 아름다운 옥처럼 고결한 뜻을 가지셨으면서도 스스로 추방을 자초하셨습니까?」

굴원이 대답했다.

---

8) 삼려대부(三閭大夫)…초나라의 관직 이름으로, 초나라 황족인 소(昭)·굴(屈)·경(景)의 세 씨족이 장악하고 있는 관직을 말한다. 여기서는 굴원을 가리킨다.

굴원(삼려대부)과 어부

「『새로 머리를 감은 사람은 반드시 관(冠)의 먼지를 털어서 쓰고, 새로 목욕을 한 사람은 반드시 의복의 먼지를 털어서 입는다』고 하였소. 사람이라면 그 누가 자신의 깨끗한 몸에 때와 먼지를 묻히려 하겠소. 차라리 몸을 장강(長江)에 던져서 물고기 뱃속에 장사를 지내는 편이 나을 것이오. 또 어찌하여 희고 흰 결백한 몸으로 세속의 검은 먼지를 뒤집어쓰는 것을 참아내겠소.」

그러고 나서 「회사(懷沙)」라는 부(賦 : 한문체 운문韻文의 일종)를 지었는데, 그 내용은 다음과 같다.

햇살 눈부신 초여름,
초목은 떨기떨기 무성도 한데,
홀로 마음 상해 슬픔은 끝이 없으니,
팔을 흔들어 이 몸 강남으로 흐른다.
눈을 들어 남쪽을 바라보니 아득한 산천들,
지극히 고요하고 말이 없구나.
한은 가슴에 올올이 맺히고,
풀어볼 길 없이 영원히 막혔네.
마음을 달래고 어루만져,
고개 숙여 스스로 참고 견디노라.

모난 나무는 깎아서 둥글게 하려 하나,
불변의 법도는 바꿀 수 없네.
처음 뜻한 길 중도에 바꾸는 것은
군자의 수치.
먹줄을 튕긴 듯 규칙이 분명하게,
고법(古法)을 닦아 의도는 변함이 없네.
마음 바르고 성품이 후한 것은
대인의 미풍(美風).
솜씨 좋은 장인(匠人) 깎고 다듬지 않으면,
누가 척도(尺度)의 바름을 알리.
찬찬한 문채(文采)도 어둠 속에 있으면
눈 뜬 장님과 같아 없는 것이나 다름없다.
이루(離婁)[9]는 눈을 가늘게 뜨고 볼 수 있는데,
장님은 그의 눈을 밝지 않다고 여긴다.

무리들은 흰 것을 가리켜 검다고 말하고,
위를 거꾸로 아래라 하누나.
봉황(鳳凰)은 장속에 갇히고,
뱁새는 하늘을 날아 춤춘다.
옥(玉)과 돌을 혼동하여
한가지로 센다.
저 무리들의 비루함은
아아, 나의 선(善)을 몰라준다.
등에 진 것은 무겁고, 수레에 실은 것은 많은데,

---

9) 이루(離婁)…고대 전설 속에 나오는 인물로, 유달리 시력이 좋아 백 보 밖의 가을 터럭까지 분명하게 볼 수 있다고 한다.

수렁에 빠져 건널 수가 없구나.
아름다운 옥을 품고 쥐고 있어도
곤경에 처하니 보여줄 사람이 없구나.
마을의 개들이 짖는 것은
괴이한 것을 본 모양이구나.
준수(俊秀)한 사람을 비방하고 영웅을 의심함은
본디 범인(凡人)들의 짓일 뿐.
교양과 재질을 안으로 감추고 있으니
사람들은 나의 이채로움을 알지 못하는구나.
재능과 덕망이 싸였어도
사람들은 나의 가진 재능을 알지 못하네.
인의를 쌓았고,
삼가고 돈후하여 넉넉해졌지만,
중화(重華 : 순임금)를 만나지 못하면
누가 나의 종용한 마음을 알랴.
예로부터 어진 임금과 현명한 신하는 때를 같이하지 못하는 것은,
그 까닭을 어찌 알리오.
탕임금과 우임금의 일은 하도 멀어서,
아득히 사모하여도 어쩔 수가 없구나.
원한의 마음을 그치고 노여움을 삭이고
마음을 억제하기에 스스로 힘쓴다.
어두운 세상을 만나도 절개를 굽히지 않고,
훗날의 세상에 본보기가 되기를 원할 뿐.
북쪽으로 발길을 옮겨 머물려 하니,
날은 저물어 어둠이 깔리네.

우울한 마음을 달래고 슬픔을 달래면서
이제 죽음에 임하노라.

<간추림>[10]

아아 광대하도다, 원수(沅水)와 상수(湘水)여!
갈라져 흐르는 물소리 우렁차다.
긴 나그넷길은 잡초에 뒤덮이고,
멀고멀어 끝이 없도다.
노랫소리 그침 없이,
슬픔과 탄식을 울먹거려도.
세상은 나를 버려 모르는 체,
이 심정 말하고자 하나 말할 길 없구나.
바르고 고결한 자질을 간직하였어도
내 마음 알아주는 이 없네.
백낙(白樂)[11] 또한 이미 죽어,
준마(駿馬)의 힘을 헤아릴 수 없도다.
사람은 자질을 하늘에서 받고 태어나서
각기 갈 길이 있는 것이니,
마음을 정하고 뜻을 넓힐 뿐,
내 무엇을 두려워하랴.
다친 마음의 상처는

---

10) <간추림>…원문에는 난왈(亂曰)이라고 하여 전체의 요지를 총괄하는 내용을 담고 있다. 일설에는 「亂」이 고문에서 「辭」와 서로 통한다고 한다.

11) 백낙(白樂)…춘추시대 때의 사람으로, 말을 감정하는 명인.

끝없는 탄식이어도,
난세(亂世)가 내 마음을
알지 못함을 말하지 않도다.
죽음을 피할 길 없으니,
삶에 매달릴 필요 없도다.
분명하게 알리노니 군자여,
내 그대들에게 본보기가 되리라.

굴원의 묘

이렇게 하여 돌을 끌어안고 마침내 멱라수(汨羅水)[12]에 몸을 던져 죽었다.

굴원이 죽은 후에 초나라에는 송옥(宋玉)·당륵(唐勒)·경차(景差) 등의 무리가 있어 모두 문장을 좋아하고 시를 짓는 사람들로서 명성이 높았다. 그러나 굴원의 종용(從容)한 문체를 따를 뿐으로, 임금을 간하려고 하는 자는 없었다. 그 후 초나라는 날로 땅을 떼어 주었고, 수십 년 만에 끝내는 진(秦)나라에게 멸망당했다. 굴원이 멱라수에 빠져서 죽은 지 백여 년, 한(漢)나라에 가생(賈生)이란 인물이 있었는데, 장사왕(長沙王)의 태부가 되었고, 상수(湘水)를 지날 때 글을 지어 물에 던져서 굴원을 애도했다.

12) 멱라수(汨羅水)…멱수(汨水)와 나수(羅水)의 합류점. 호남 상음의 북쪽에 있다. 굴원은 농력(農歷) 5월 5일에 죽었고, 후세 사람들은 이 날을 기념하여 단오절을 만들었다.

가생은 이름이 의(誼)이고 낙양 사람이다. 18세에 시를 잘 짓고 문장리 뛰어나서 고을 안에 이름이 높았다. 오정위(吳廷尉)가 하남 태수가 되었을 때 가생이 수재란 말을 듣고 불러다가 문하에 두고 매우 총애했다.

한(漢)나라 문제(文帝)가 즉위했을 무렵에는 하남태수 오공(吳公)의 치적이 천하에서 으뜸이었다. 문제는 오공이 원래 이사(李斯)와 동향 출신으로 일찍이 이사에게서 배운 일이 있다는 말을 듣고 오공을 불러서 정위(廷尉 : 9경의 하나)로 삼았다.

오정위는 가생이 나이 어리건만 제자백가의 서(書)에 매우 능통해 있음을 아뢰었으므로 문제는 가생을 불러 박사를 삼았다. 그 때 가생은 나이 20의 연소한 박사였다. 조명(詔命)에 의해 천자로부터 자문이 있을 때마다 노선생(老先生)들이 대답할 수 없는 것도 가생은 척척 대답했다. 누구도 마음속으로 생각은 하면서도 말로 나타내지 못하는 것을 가생은 아주 잘 구사했기 때문에 노선생들도 당해 낼 수가 없다고 말했다. 가생은 문제의 마음에 들어서 일약 발탁이 된 지 1년 만에 태중대부(太中大夫)가 되었다. 가생은 이렇게 생각했다.

「한나라가 건국하고 나서 문제까지 20여 년, 천하가 평화롭게 다스려지고 있다. 이 때에 역(曆)을 고치고, 복색(服色)[13]을 고치고, 제도를 바로잡고, 관명(官名)을 정하고 예악(禮樂)을 일으키는 것이 좋겠군.」

그리하여 이런 것들에 대한 의식법칙을 기안하였다. 빛깔은

---

13) 복색(服色)…마차와 복식의 색을 말한다. 진(秦)나라는 검정색을 숭상하였다. 가의는 한(漢)나라는 토덕왕(土德王)이므로 조정의 관복이나 수레를 비롯하여 사용하는 물건의 색깔을 노란색으로 바꾸어야 한다고 생각했다.

가 의

황색을 숭상하고, 숫자[14]는 5를, 그리고 관명을 제정하는 등 모든 진(秦)나라 법을 고쳤다. 문제는 이제 막 즉위했을 뿐이었기에 겸손하여 아직 실시하지 않으려고 했으나, 오래 된 율령들을 개정하고, 열후(列侯)들이 각자의 봉지를 잘 다스려야 한다는 것은 모두 가생이 내놓은 의견이었다. 그리하여 천자는 뭇 신하에게 물어서 가생을 공경의 지위에 앉히려고 했으나, 강후(絳侯 : 주발)·관(灌嬰)·동양후(東陽侯 : 장상여)·풍경(馮敬)의 무리는 가생을 싫어했기 때문에 가생을 헐뜯었다.

「그 낙양 출신 선비는 나이가 어리고 학문이 얕은데도 멋대로 권력을 휘둘러서 모든 일을 문란하게 하고 있습니다.」

왕실의 솥을 버리고 무용한 표주박을 보배라 한다

그래서 천자도 나중에는 그를 멀리했으며, 그의 건의를 받아들이지 않고 장사왕(長沙王)의 태부로 임명했다. 가생은 좌천되어 떠나게 되었는데 마음이 편치 않았다. 그는 상수를 건널 때

14) 숫자…관인(官印)의 자수(字數)를 말한다. 土는 오행 가운데 5번째 순서이므로 인문(印文)에 역시 다섯 가지 숫자를 사용하였다. 다섯 가지 숫자가 모자라는 경우에는 之자를 써서 보충하였으니, 이를테면 승상의 인은「丞相之印章」으로 나타낸다.

시를 지어 물 속에 던져 굴원을 조상했는데, 그 글은 다음과 같다.

황송하게도 왕의 명을 받들어
장사(長沙)에서 죄를 기다리는 몸이 되었구나.
어렴풋이 듣건대 굴원은
스스로 멱라수에 몸을 던졌다고.
이제 그 땅에 와서 상수 흐르는 물에 부쳐,
삼가 공경하는 마음으로 선생을 조상하노라.
선생은 무도한 세상을 만나,
마침내 그 목숨을 끝마쳤도다.
아아, 슬프도다,
상서롭지 못한 때를 만났음이여!
난새와 봉황은 엎드려서 숨어 버리고,
올빼미는 일어나서 날개를 치는구나.
재주 없고 불초한 무리들은 존귀하게 되고,
참소하고 아첨하는 무리는 뜻을 얻었구나.
현인 성인은 거꾸로 끌어내려지고,
방정한 사람은 거꾸로 세워진다.
세상 사람은 백이(伯夷)를 탐욕했다 하고,
도척(盜跖)을 청렴타 하는구나.
막야(莫邪 : 명검의 이름)의 칼날을 무디다 하고,
납으로 만든 칼을 날카롭다 하는구나.
아아! 묵묵히 그 뜻을 이루지 못하고,
선생은 까닭 없이 화를 입었도다.
주 왕실의 솥을 버리고,

무용한 표주박을 보배라 하는구나.
지친 소에 수레를 끌리고,
절름발이 나귀를 곁말로 쓰는구나.
준마는 귀를 늘어뜨리고 소금 수레를 끌고,
장보(章甫 : 은나라의 冠 이름)를 신발로 삼으니,
이러다가는 오래지 않아 난을 만나리라.
아아, 선생이여,
홀로 이 난을 만났구려.

<다시 이어지는 노래>15)

어찌하랴, 나라에 나를 아는 이 없으니,
홀로 울울한 이내 심정 누구에게 말하랴.
봉황은 표표히 하늘 높이 날아,
나와 내 몸을 이끌고 멀리도 가 버렸다.
구중(九重)의 못물 속에 잠긴 신룡(神龍)은
깊이 잠기어 스스로 자중한다.
밝은 빛을 멀리하여 숨어서 사노니,
어찌 개미·거머리·지렁이들과 짝을 같이하랴.
성인의 신덕을 귀히 알고,
혼탁한 세상을 멀리하여 스스로 숨노라.
준마도 묶어서 자유를 잃게 하면,
어찌 개나 양과 다르다고 하랴.
어지러운 세상을 방황하여 그곳을 떠나지 못한 허물은,

---

15) 원문에는 "訊曰" 이라고 되어 있는데, 이는 「초사(楚辭」 의 "亂曰" 에 해당되는 말로서 전편(全篇)의 결속어이다.

또한 선생 자신의 죄라고 하리라.
구주(九州)를 두루 돌아 어진 임금을 도우려니,
어찌 꼭 이 도성(都城)에만 연연할 것인가.
봉황은 천 길 높이에서 날고,
덕(德)의 빛이 비치는 곳을 보아서 내리도다.
작은 덕의 위험하고 하찮은 것을 보면,
날개를 쳐서 이 곳을 멀리 한다.
저 심상한 못물이사,
어찌 배를 삼킬 만한 물고기를 용납하랴.
강과 호수를 가로지르는 큰 물고기라 할지라도,
곳을 얻지 못하면 개미새끼[16]에게도 욕을 보는구나.

화와 복은 비비 꼬인 새끼줄과 같은 것

가생이 장사왕의 태부가 된 지 3년이 지나자, 올빼미가 가생의 관사로 날아들어 방구석에 앉았다. 초나라 사람들은 올빼미를 복(鵩)[17]이라고 불렀다. 원래 가생은 귀양살이로 온 몸인데다 장사는 습지(濕地)인 까닭에 아무래도 오래 살 수 없을 것을 슬퍼하여 시를 지어 스스로를 위로했다.

정묘년(한나라 문제 6년)
4월 초여름,

---

16) 배를 집어삼킬 만큼 큰 물고기는 그물로도 잡을 수 없고 낚시로도 잡을 수 없지만, 일단 물을 잃게 되면 땅강아지나 개미새끼에게도 제압된다는 말이다. 《장자》 에 있는 말이다.

17) 복(鵩)…복은 흑(黑)과 같은 음으로 흉색(凶色). 부엉이를 가리킨다. 옛날 사람들은 불길한 새로 여겼다.

경자일(庚子日),
해는 서쪽에 기울고,
올빼미가 내 집에 모여 방구석에 앉았는데
그 모습은 매우 한가롭구나.
이상한 놈이 날아와 앉아 있으니,
은근히 그 까닭이 괴이하다.
책을 펼쳐 점을 쳐 보니,
점괘가 그 길흉을 일러주는데,
들새 날아와서 방에 있으니,
주인은 나가는 형국이라.
올빼미에게 묻는다.
내 이제 떠나면 어디로 가느냐고.
길(吉)한 징조거든 내게 알려주고,
흉한 일이거든 그 화를 말해다오.
빠르게 올지, 더디 올지
그 이르고 늦은 시기를 내게 말해 다오.
올빼미는 곧 탄식하여
머리를 들고 날개를 떨며,
입은 말을 못하니 바라건대,
뜻으로서 대답을 대신하노라고.
만물은 변화하여
진실로 쉬는 때가 없다.
유전하여 옮아가고
혹은 밀려서 되돌아온다.
형(形)과 기(氣)가 끊임없이 교착하여
변화하고 진화하는 것은 매미와 같다.

그 깊은 이치는 끝이 없으니
어찌 말로써 다하랴.
화는 복을 따라 나는 곳이고,
복은 화가 숨어 있는 곳.
근심과 기쁨은 같은 문으로 모이고,
길과 흉은 자리를 같이한다.
저 오(吳)나라는 강대했지만,
부차(夫差)는 패하였고,
월(越)나라는 회계(會稽)에 숨어 살았지만,
구천(句踐)이 세상에 승리를 불렀다.
이사(李斯)는 유세(遊說)에 성공했어도
마침내 오형(五刑)[18]에 처해졌고,
부열(傅說 : 은나라 때의 현인)은 죄수였지만,
후에 무정(武丁 : 은의 고종)의 재상이 되었도다.
그래서 화와 복은 비비 꼬인 새끼줄과 같은 것.
천명(天命)은 설명할 수가 없으니,
누구라 그 끝장을 알리요.
물은 격하면 빠르고,
화살은 격하면 멀리 날아가도다.
만물은 회전하여 서로 대지르고,
진동하여 변화한다.
올라가서는 구름이, 내려와서는 비가 되어

---

18) 오형(五刑)…5가지의 정도가 다른 형벌을 말한다. 고대에는 묵(墨 : 이마에 글을 새기는 형벌), 의(劓 : 코를 베는 형벌), 비(剕 : 다리를 자르는 형벌), 궁(宮 : 생식기를 거세하는 형벌), 대벽(大辟 : 죽음에 이르게 하는 형벌) 등을 오형이라고 하였다.

서로 섞이며 흐트러진다.
큰 풀무가 만물을 녹여
만들기는 가없고 끝이 없다.
하늘과 도(道)는 그 이치가 심원하여
지레짐작할 수 없으며,
더디고 빠른 것은 천명이니
어찌 그 시기를 알리요.

천지는 풀무요,
조물주는 공인(工人)이라.
음양은 숯불이요,
만물은 구리에 비할 것이다.
그 이합(離合) 증감(增減)에
일정한 규칙이 있겠는가.
천변만화하여
처음부터 다하는 데가 없다.
홀연히 사람이 되었을지라도
어찌 생명에 집착할 것인가.
바뀌어 다른 것이 되더라도
또 어찌 근심을 할 것인가.
작은 지혜는 난 척하여
만물을 낮춰 보고 나를 귀하다 한다.
통달한 사람은 크게 보니
만물을 보기를 나와 같이 한다.
탐욕한 사람은 재물 때문에 죽고,
열사(烈士)는 명예에 죽는도다.

권세를 탐하는 자는 권력에 죽고,
뭇 범인들은 삶에만 매달린다.
재물에 꾐 받고 가난에 쫓기는 무리들,
혹은 서쪽으로 혹은 동쪽으로 분주하게 쏘다닌다.
대인은 사물에 국한하지 않고,
억만의 변화를 당해도 동요하지 않는다.
일에 구애받는 자는 세속에 묶이고,
우리 속에 갇히기를 죄수와 같이 한다.
지극히 덕 있는 사람은 만물을 초월하고
다만 도(道)와 함께 행동한다.
뭇 사람들은 미혹해서,
좋고 나쁜 것을 마음속에 쌓는다.
지극히 참된 사람은 담백하고 적막해서
홀로 도(道)와 더불어 살아간다.
사려(思慮)를 떠나고 형체를 잃어
초연해서 내 몸을 잊어버린다.
그 마음 광대무변하여
다만 도와 함께 하늘을 달린다.
흐름을 타면 곧 가고,
모래벌판을 만나면 곧 멈춘다.
몸을 마음대로 하늘에 맡겨
자아에 구애하지 않는다.
그 삶이란 뜬 것과 같고,
그 죽음이란 쉬는 것과 같다.
심연의 고요함처럼 담담하고,
도를 따라서 매이지 않음이

배가 흐름을 따라 움직이는 것과 같다.
사는 까닭을 가지고 스스로 귀중해 하지 않고,
공허한 성정(性情)을 길러서 유유자적한다.
덕 있는 사람은 마음의 괴로움이 없고,
천명을 알아서 근심하지 않는다.
자질구레한 사고는 초목의 가시에 비할 것이니,
의심할 것이 무엇이겠는가.

그 후 1년여 만에 가생(賈生)은 부름을 받고 임금을 알현했다. 문제(文帝)는 마침 제사 고기를 받고 정실(正室)에 앉아 있다가 귀신에 대해 느낀 바가 있어 가생에게 물었다. 가생은 자세하게 그 도리를 설명하다가 밤이 되었다. 문제는 자리를 나앉으며 듣고 있더니, 이야기가 끝나자 이렇게 말했다.

「나는 오랜 동안 그대를 만나지 못하였소. 나 스스로 그대보다 낫다고 생각했었는데, 이제 보니 내가 그대에게 미치지 못하는구려.」

그 후 얼마 있다가 가생을 양(梁)나라 회왕(懷王)의 태부로 삼았다. 회왕은 문제의 막내아들로서 아버지의 사랑을 받았고, 독서하기를 좋아했기 때문에 가생을 태부로 삼았던 것이다.

문제는 또 회남(淮南) 여왕(厲王)의 네 아들을 봉하여 열후를 삼았다.

가생이 간했다.

「천하의 근심은 이것으로부터 일어날 것입니다.」

그러고 나서 가생이 다시 말했다.

「제후가 여러 군(郡)의 토지를 갖는 것은 고대의 제도와는 다릅니다. 조금이라도 삭감하는 것이 좋겠습니다.」

그러나 문제는 받아들이지 않았다.

몇 년 후, 회왕이 말을 타다가 말에서 떨어져 죽었는데 후사가 없었다. 가생은 자기가 태부의 자리에 있으면서 그런 일이 생긴 불찰을 탄식하여 울기를 1년여, 자기도 또한 죽고 말았다. 향년 33세. 문제가 붕어하고 무제가 즉위하자, 가생의 손자 두 명을 등용하여 모두 군수까지 올랐다. 그 중 가가(賈嘉)는 학문을 좋아하여 가업을 이었는데, 나(사마천)와는 편지 왕래가 있었다. 그는 효소제(孝昭帝) 때에 이르러 구경의 대열에 들어서게 되었다.

태사공은 말한다.

「나는『이소(離騷)』『천문(天問)』『초혼(招魂)』『애영(哀郢)[19]』의 모든 부(賦)를 읽고 굴원의 뜻을 슬퍼했으며, 또 일찍이 장사에 가서 굴원이 몸을 던졌던 못을 바라보고 눈물을 흘리면서 그 인격을 추상(追想)하지 않고는 견딜 수가 없었다. 나는 또 가생이 굴원을 조상한 글을 보고 굴원만한 재능이 있으면 제후에게 유세하여 어디에라도 용납되지 않을 리가 없는데, 스스로 이러한 최후를 가져오게 한 것은 어찌된 일인가고 괴이쩍게 생각했다.『복조부(鵩鳥賦)』를 읽어 보니 죽음과 삶을 한가지로 보고 거취를 가볍게 한[20] 것은 또한 나를 망연자실케 한다.」

---

19) 이소(離騷)·천문(天問)·초혼(招魂)·애영(哀郢)…모두 굴원 작품의 편명이다. 현존하는 굴원의 작품은 총 23편인데,「이소」1편,「구가(九歌)」11편,「구장(九章)」9편,「초혼(招魂)」1편,「천문(天問)」1편이다. 혹자는「초혼」은 송옥(宋玉)의 작품이라고도 한다.

20)「죽음과 삶을 한 가지로 보고 거취를 가볍게 하다(同死生, 輕去就)」는「복조부(鵩鳥賦)」전편의 중심 사상이다.

여불위 열전 제25

여불위(呂不韋)는 양책(陽翟 : 하남 우현)의 큰 상인이다. 여러 곳을 다니면서 싸게 사서 비싸게 팔아 집에는 천금을 쌓았다. 진(秦)나라 소왕(昭王) 40년에 태자가 죽고 42년에 둘째아들 안국군(安國君)[1]이 태자가 되었다.

안국군에게는 아들이 20여 명이나 있었다. 가장 총애하는 첩으로 정부인(正夫人)을 삼았고 호를 화양부인(華陽夫人)이라 했는데, 화양부인에게는 아들이 없었다. 안국군의 중남(中男)[2]에 자초(子楚)란 아들이 있었는데, 그의 생모 하희(夏姬)는 안국군의 총애를 잃고 있었다. 자초는 진나라를 위해 조(趙)나라에 볼모[3]로 가 있었는데, 진나라에서 조나라를 다시 쳤기 때문에 조나라가 자초를 대우하는 것은 극히 쌀쌀했다.

---

1) 안국군(安國君)…이름은 주(柱)이고, 뒤에 진(秦) 효문왕(孝文王)을 말한다. 안국군이라는 칭호는 태자로 책봉되기 이전의 호칭이다.

2) 중남(中男)…중(中)은 중(仲)과 상통하므로 곧 둘째아들을 말한다. 실제 자초의 서열은 둘째아들로 봄이 타당하다.

3) 볼모…춘추전국시대에는 국가간에 서로 침략하지 않을 약속으로, 본국의 왕자(王子)나 세자(世子)를 다른 나라에 볼모로 보냈다. 이를 「질자(質子)」라고 한다.

기화가거(奇貨可居)

자초는 서자인 데다가 남의 나라에 인질로 와 있는 신분이므로 거마(車馬)와 돈 씀씀이가 넉넉지 못할 뿐 아니라, 일상생활도 곤궁하여 매사가 뜻과 같지를 못했다. 여불위가 장사를 하러 조나라의 도읍 한단에 갔을 때 자초를 보고 가련히 생각하여 혼잣말처럼 이렇게 말했다.

「이것은 뜻하지 않았던 보물이로군. 사 두는 것이 좋겠다〔此奇貨 可居〕!」

그리고 자초를 찾아가서 말했다.

「저는 당신의 문호를 성대히 해드릴 생각입니다.」

그러자 자초는 웃으며 대답했다.

「먼저 당신의 문호를 성대하게 만든 후에 내 문호를 성대히 하구려.」

「당신은 모르고 계십니다. 저의 문호는 당신의 문호가 성대하게 됨에 따라 성대하게 된답니다.」

자초는 그 의미를 알아차리고 깊숙한 방으로 여불위를 불러들여 대좌하고 밀담(密談)을 했다. 여불위가 말했다.

「진나라 왕께서는 연로하셔서 안국군께서 태자가 되셨는데, 듣자하니 안국군은 화양부인을 총애하신다고 합니다. 화양부인에게는 아드님이 없으니 누군가를 후사로 정하지 않으면 안 되겠는데, 그것은 화양부인의 마음 하나에 달려 있습니다. 지금 당신의 형제는 20여 명이나 되는데, 당신은 둘째 서열인 데다 그다지 사랑을 받지도 못하시어 타국에 인질로 와 계십니다. 만약 대왕이 붕어하시고 안국군이 즉위하게 되면, 당신은 맏형은 물론

이려니와 여러 형제분들과 조석으로 태자의 자리도 다투지 못하게 됩니다.」

「과연 그렇소. 그러면 어찌해야 되겠소?」

「당신은 가난하고 조나라에 손이 되어 와 있는 몸이시니, 어버이를 봉양할 수도 없으려니와 빈객들과 교제를 할 수도 없으십니다. 저는 가난하기는 하지만 천금을 들여 당신을 위해서 진나라에 가 안국군과 화양부인을 섬겨 당신을 후사로 삼도록 하겠습니다.」

자초는 머리를 숙이며 말했다.

「만약 당신의 계획대로만 된다면 진나라를 나누어 공유(共有)하리다.」

그리하여 여불위는 자초에게 5백 금을 주어 빈객들과의 교제비로 쓰게 하고, 또 5백 금으로 진기한 노리개들을 사가지고 스스로 서쪽에 있는 진나라에 갔다. 연줄을 찾아서 화양부인의 언니를 만나 그 사람의 인도로 가지고 있던 물건을 남김없이 화양부인에게 바쳤다. 그리고 그 기회를 이용해서 화양부인에게 말했다.

「자초는 어질고 지혜가 있으며, 널리 천하 제후들의 빈객들과 교제를 하고 있습니다. 언제나 자초는 부인을 마음의 하늘이라고 우러르고 있다는 말을 하며, 주야로 태자와 부인을 흠모하며 눈물을 흘리고 있습니다.」

부인은 크게 기뻐했다.

한 마디 말로 만세의 이익을 얻는다

여불위는 다시 그의 언니를 화양부인에게 보내 이렇게 말하게 했다.

「나는 『용모가 잘난 것으로 써 쓰이는 사람은 용모가 늙어지면 총애도 시들하여진다』 고 들었는데, 화양부인은 태자를 모시어 매우 총애를 받고 있으나 아들이 없소. 어째서 지금 여러 공자들 중에서 현명한 효행자와 인연을 맺어 후사를 이을 양자를 맞아들이지 않는 거요. 남편이 세상에 있으면 그런대로 존경을 받겠지만, 남편이 죽은 후

여불위

에는 양자가 왕이 되어야만 세력을 잃지 않는 거라오. 이것이 이른바 『한 마디 말로 만세의 이익을 얻는다』 는 것이오. 영화를 누리고 있을 때에 터를 단단히 하지 않으면, 용모가 늙어져 총애가 시들해진 다음에는 한 마디 말을 하려고 해도 때가 늦소. 지금 자초는 현명하여 둘째 서열의 아들로서는 후사를 이을 수 없음을 알고 있으며, 그 어머니도 사랑을 받고 있지 못하므로 애써 부인에게 마음을 쏟고 있소. 부인이 이 기회를 놓치지 않고 발탁하여 후사를 잇게 한다면 일생 동안 진나라에서 우대를 받게 되는 몸이 될 것이오.」

화양부인은 이 말을 듣자 과연 그럴 것으로 생각하고, 태자가 한가한 시간을 엿보아 태연한 얼굴로 말했다.

「조나라에 볼모로 가 있는 자초는 매우 현명하여 내왕이 있는 사람마다 모두 칭찬이 대단합니다.」

그리고는 눈물을 떨어뜨리면서 말을 이었다.

「저는 다행히도 후궁으로 모시다가 정부인이 되었지만, 불행하게도 아들이 없습니다. 아무쪼록 자초를 저의 아들로 삼아서 후사를 잇게 해주시어 저의 말년을 돌보아 주게 해주십시오.」

안국군은 이를 허락하고 부인을 위해 옥할부(玉割符)[4]를 새기게 하여, 자초를 후사로 맞아들이는 약속을 했다는 증거로 삼았다. 그리고 안국군과 화양부인은 자초에게 후한 물건을 보내고, 여불위에게 그 뒤를 돌보아 주도록 청했으므로 이로부터 자초의 명성은 차츰 제후들 사이에서 높아져갔다.

여불위는 한단 여자와 동거하고 있었는데, 그녀는 용모가 뛰어나고 춤을 잘 추었다. 얼마 안 있어서 그녀가 임신을 했다. 자초가 여불위의 초청을 받아 술을 마시는데, 그 여자를 보고 기뻐하여 일어서서 여불위의 건강을 축하하며 그 여자를 얻고 싶다고 말했다. 여불위는 처음에는 노했으나, 가산(家產)을 기울여서까지 자초를 위해 진력한 것도 이 일로 큰 이익을 낚으려는 것이었음을 상기하고 마침내 그 여자를 자초에게 바쳤다. 그 여자는 임신한 것을 숨기고 있다가 만삭이 되어 아들 정(政)을 낳으니, 자초는 마침내 그 여자를 부인으로 삼았다.

진나라 소왕 50년, 왕의(王齮)에게 명하여 조(趙)나라 한단을 포위했다. 위급한 지경에 빠진 조나라에서는 자초를 죽이려고 했다. 그러자 자초는 여불위와 의논하여 금 6백 근으로 감시하는 관리를 매수하고 진나라로 탈출 귀국할 수가 있었다. 조나라에서는 다시 자초의 처자를 죽이려고 했으나, 자초의 부인은 조

4) 옥할부(玉割符)…고대 조정에서 사용하는 옥으로 만든 일종의 증표이다. 부(符)는 주로 명령을 전달하거나 장수를 파견할 때 사용되었는데, 서로 반쪽씩 나누어 가지며 서로 맞추어 보아 확인하였다.

나라 호족(毫族)의 딸이었으므로 숨어서 마침내 모자가 모두 생명을 보전할 수 있었다.

진나라 소왕은 56년에 붕어했다. 태자 안국군이 즉위하여 왕이 되었다. 화양부인을 왕후로, 자초를 태자로 삼았다. 조나라는 자초의 부인과 아들 정(政)을 정중하게 진나라로 귀국시켰다. 진나라 왕은 즉위한 지 1년 만에 붕어했고 효문왕이라 시호했다. 그리고 태자인 자초가 즉위했다. 이 사람이 장양왕(莊襄王)이다. 장양왕은 양모(養母)인 화양후를 화양태후라 칭하고, 생모인 하희(夏姬)를 높여 하태후로 칭했다.

장양왕 원년, 여불위를 승상으로 임명하고 봉하여 문신후(文信侯)라 했으며, 하남 낙양의 10만 호를 식읍(食邑)[5]으로 주었다. 왕은 즉위한 지 3년 만에 붕어하고 태자 정(政)이 왕이 되었다. 여불위를 높이 받들어 상국(相國)으로 삼았고 중부(仲父 : 숙부)라 칭했다. 진나라 새 왕은 아직 나이 어렸다. 어머니인 태후는 때로 비밀리에 여불위와 정을 통했다. 여불위의 집에는 하인이 1만 명이었다고 한다. 당시 위(魏)나라에는 신릉군, 초나라에는 춘신군, 조나라에는 평원군, 제(齊)나라에는 맹상군이 있어 이들은 모두 나라의 선비를 대우하고 서로 빈객을 대접하는 기쁨을 다투었다.

---

5) 식읍(食邑)…고대의 제왕이나 제후가 제후・경(卿)・대부(大夫) 등에게 대대로 녹봉으로 삼도록 내리는 전답이다. 이들은 영지 안에서 통치권리를 가졌다. 진한(秦漢) 대에 와서 군현제(郡縣制)가 실행되면서 봉작(封爵)을 받았던 경・대부들은 그들의 영지에서 통치권리를 점차 상실하였고, 봉록은 영지 백성들의 세금으로 충당하는 것으로 바뀌었는데, 봉록의 많고 적음은 백성을 기준으로 계산하였다. 녹봉은 세습될 수 있었다.

일자천금(一字千金)

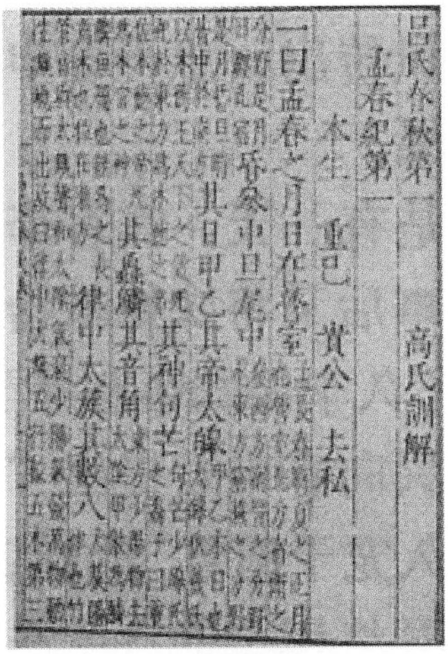
呂氏春秋第一 高氏訓解
孟春紀第一
本生 重己 貴公 去私
一曰孟春之月日在營室
其日甲乙其帝太皞 其神句芒
其蟲鱗其音角
律中太蔟其數八

여씨춘추

여불위는 진나라가 강국이면서도 이들 나라에 미치지 못하는 것을 수치로 생각하여 선비들을 불러 후대하니, 빈객들이 3천 명이나 되었다. 이 무렵 열국에는 변사가 많았고, 순경(筍卿) 등은 책을 써서 천하에 널리 펴냈다. 그래서 여불위도 자기 식객들에게 각기 견문한 것을 저술케 하고, 이것을 편찬해서 「팔람(八覽)」 「육론(六論)」 「십이기(十二紀)」 등의 제편(諸篇) 20여 만 자의 책을 만들어 천지 만물 고금의 일을 망라했다 하여 《여씨춘추(呂氏春秋)》라 제목을 붙였다. 이것을 도읍 함양의 시문(市門)에 진열하고, 상금 천 금을 걸어 제후의 유세 빈객을 모집하기를 「능히 한 글자라도 이것을 보태고 빼고 하는 사람이 있으면 이 천금을 준다〔有能增損一字豫千金〕」고 했다.

진나라의 시황제는 차츰 장년(壯年)이 되어 가는데도 태후의 음란은 그치지 않았다. 여불위는 일이 발각되어 자기에게 화가 미칠 것을 생각하고 은밀히 음경(陰莖)이 큰 노애란 사나이를 찾아내어 하인을 삼고, 이따금 음란한 음악을 반주로 노애의 음경에 오동나무 수레바퀴를 달아서 걷도록 시켰다. 태후에게 이 소문을 들려서 음란한 마음을 일으키려고 한 것이다. 소문을 듣자

여불위의 묘

과연 태후는 은밀히 그를 가까이 하려고 했다. 여불위는 노애를 태후에게 가게 하고 사람을 시켜 부형(腐刑 : 성기를 자르는 형벌)에 해당하는 죄를 꾸며 내어 노애를 고발케 함과 동시에 한편으로는 은밀하게 태후에게 알렸다.

「죄를 지어 부형에 처했다고 속이면 그 사람을 궁중에서 하인으로 부릴 수가 있습니다.」

태후는 부형을 집행하는 관리에게 돈을 두둑하게 주어서 판결을 거짓으로 처리하게 하고, 수염을 뽑아 환관(宦官)으로 만들어서 마침내 측근에 두게 하였다. 태후는 그와 사통하며 매우 총애했다. 그런 중에 임신이 되었으므로 남에게 소문이 나는 것이 두려워 일부러 꾸며서 점을 치고, 때의 재액을 피하기 위해 궁을 나와 옹(雍)으로 갔다. 노애는 항상 태후를 모셔 많은 상을 받았고, 태후는 모든 일을 노애로 하여금 결재케 했다. 집의 종은 수천 명이나 되었고, 벼슬을 구하여 노애의 부하가 된 자도 천여 명이 넘었다.

백 년 후 여기에 만 호의 읍이 생길 것이다

진의 병마토용

시황제 7년, 장양왕의 생모인 하태후가 죽었다. 효문왕의 왕비였던 화양태후는 효문왕의 수릉(壽陵 : 섬서 장안의 동북쪽)에 합장을 했고, 장양왕은 지양(芷陽 : 장안의 동쪽)에 장사지냈으므로 하태후는 두원(杜原 : 장안의 동남쪽)에 홀로 장사지내졌다. 이것은 하태후가 이런 유언을 했기 때문이다.

「동쪽으로 나의 아들을 바라보고 서쪽으로 나의 남편을 바라보고 싶도다. 백 년 후에는 그 근처에 만 호의 읍이 생길 것이다.」

시황제 9년에 이런 밀고(密告)를 한 사람이 있었다.

「노애는 실은 환관이 아니고, 항상 태후와 사통 난행하여 아이를 둘이나 낳았는데, 이를 감추고 태후와 공모하여, 『왕이 만약 붕어하면 이 아들을 후사로 삼자』 고 말하고 있습니다.」

그래서 시황제는 관리에게 조사를 시킨 결과 밀고의 일부가 사실임을 알아내고, 상국(相國) 여불위도 연관되었음을 알아냈다. 9월에 노애의 삼족을 멸한 다음 태후와의 사이에서 낳은 두

아들도 죽였으며, 마침내 태후를 옹(雍)으로 옮기고 노애의 가산을 모조리 몰수했으며, 그 부하들을 촉(蜀)으로 내쫓았다.

왕은 상국 여불위도 죽이고자 했으나 선왕에게 진력한 공이 큰 것과, 그를 위해 변호하는 빈객·변사가 많았으므로 창졸간에 법을 적용할 수 없어 10년 10월에 상국 여불위의 직책을 파면했다. 그 뒤에 제(齊)나라 사람 모초(茅焦)의 말에 따라 진나라 왕은 태후를 옹에서 맞아 함양으로 돌아오게 하고, 문신후(여불위)를 도읍에서 추방하여 하남의 식읍(食邑)으로 가게 했다. 그러나 1년 이상이 지나도 문신후에게 면회를 청하는 제후의 빈객과 사자가 도로에 끊이지 않았다. 진나라 왕은 모반이 일어날 것을 두려워하여 문신후에게 편지를 보냈다.

「그대는 진나라에 무슨 공이 있어서 하남에 봉함을 입고 10만 호의 세납을 먹는단 말인가? 또 그대는 진나라에 무슨 혈연이 있어서 중부(仲父)라는 일컬음을 받는가? 가족을 데리고 함께 촉(蜀)으로 떠나라.」

여불위는 스스로 생각하되, 자기의 권세가 점차로 옥죄어 온다는 느낌을 받고 죽음을 당하려니 생각하여 짐독(酖毒)을 마시고 스스로 목숨을 끊었다. 진나라 왕의 노함을 받았던 여불위와 노애가 죽었기 때문에 앞서 촉으로 쫓겨 갔던 노애의 부하들은 모두 복귀할 것을 허락했다.

시황제 19년, 태후가 죽자 제태후(帝太后)라 시호하고 장양왕과 함께 지양(芷陽)에 합장했다.

태사공은 말한다.

「여불위와 노애는 봉함을 받아 여불위는 문신후라 호를 하고, 노애는 장신후라 호를 했다. 어떤 사람이 노애를 밀고한 것은 노애도 들어 알고 있었다. 진나라 왕은 좌우에 있는 사람에게 명하여, 증거를 굳혔지만 발표를 하지 않고, 옹(雍)에 나아가서 교제(郊祭)[6]를 지내려고 했다. 노애는 몸에 화가 미칠 것을 두려워하여 도당과 피하고 거짓으로 태후의 도장을 눌러서 군사를 징발하고, 기년궁(蘄年宮 : 이궁명. 섬서 봉상의 남쪽)에서 모반을 일으켰다. 왕은 관리를 보내 노애를 치게 하고 노애가 패하여 달아나는 것을 쫓아가서 호치(好畤 : 섬서 건현의 동남쪽)에서 노애를 베고 마침내 그 일족을 멸하였다. 여불위도 이로 말미암아 꺾이고 말았다. 공자(孔子)의 이른바 문(聞)[7]이라는 것은 여자(呂子 : 여불위)와 같은 자를 가리킴인가?」

---

6) 교제(郊祭)…고대에 하늘에 지내는 제사 예절을 말한다. 주대(周代)의 관제(官制)로서, 동지(冬至)에는 남쪽에서 하늘에 제(祭)를 올리고, 하지(夏至)에는 북쪽으로 나가서 땅에 제를 올렸다.

7) 문(聞)…표면으로는 인자(仁者) 같아 칭찬이 고을과 나라에 퍼지지만, 내실의 행동은 다른 영인(佞人)을 말한 것. 이 말은 《논어》 안연편의 「문(聞)이란 것은 겉으로는 인덕을 좋아하는 것 같지만, 실제 행동은 그렇지 못하고, 스스로 어질다고 여기며 살면서 그에 대한 의문이 없는 것이다. 이런 사람은 관리가 되어서도 거짓으로 명성을 취한다」라는 구절에서 나온다. 이 말은 곧 말만 번지르르하게 하는 사람을 의미한다.

자객 열전 제26

조말(曺沫)은 노(魯)나라 사람이다. 용기와 담력으로 노나라 장공(莊公)을 섬겼다. 장공은 힘센 사람을 좋아했기 때문에 조말은 노나라 장군이 되었으며, 제(齊)나라와 싸웠지만 세 번이나 패배했다. 장공은 제나라를 두려워하여 제나라에게 수(遂 : 산동 영양의 서북쪽)의 땅을 바치고 화친하고자 했고, 조말은 그대로 장군의 직책을 맡게 했다. 제나라의 환공(桓公)은 노나라 장공과 가(柯 : 산동 양곡의 동북쪽)에서 회견하고 화친하기를 허락하고 단상(壇上)에서 서약하려는데, 별안간 조말이 비수를 가지고 환공을 협박했다. 환공의 좌우에 있던 사람들은 누구 한 사람 움직이려 하지 않았다. 환공이 조말에게 말했다.

「그대는 대관절 무슨 짓을 하려는 거요?」

조말이 대답했다.

「제나라는 강하고 노나라는 약한데, 강한 제나라가 노나라를 침범하는 것이 도가 지나치오. 지금 제나라 국경은 노나라로 깊이 파고 들어와서 국도(國都)에까지 육박하고 있소. 군주께서는 이 점을 헤아려 주십시오.」

그리하여 환공은 노나라에서 빼앗은 땅을 모두 돌려줄 것을

제환공을 위협하는 조말의 화상석

승낙했다. 이 대답을 듣자 조말은 비수를 집어 던지고 단에서 내려와 북쪽에 마련한 뭇 신하들의 자리에 앉았는데, 안색은 조금도 변하지 않았고 언행도 이전과 마찬가지였다. 환공이 노하여 약속을 깨고자 하자, 관중(管仲)이 말했다.

「그렇게 하시면 안 됩니다. 소리(小利)를 탐하여 그것에 스스로 만족하신다면 제후들에게서 신망은 떨어지고 천하의 동정을 잃고 마십니다. 땅을 떼어 주시는 것이 좋을 줄 압니다.」

그리하여 환공은 마침내 노나라로부터 빼앗은 땅을 반환해 주었다. 조말이 세 번 패함으로써 잃었던 땅은 이렇게 해서 모두 노나라로 되돌아왔다. 그 후 167년이 지나서 오(吳)나라에 전제(專諸)의 사건이 있었다.

전제는 오나라 당읍(堂邑 : 강소 육합) 사람이다. 오자서는 초나라에서 도망쳐 오나라에 갔을 때 전제의 재능을 알았다. 오자서가 오나라 왕 요(僚)를 알현하고 초나라를 치는 것이 유리함을 설명하자, 공자(公子) 광(光)이 왕에게 말했다.

「그 오운(伍員 : 오자서)은 아버지도 형도 모두 초나라에 의해 죽음을 당했습니다. 오운이 초나라를 치자고 말하는 것은 자기의 원수를 갚고자 하는 것이지, 오나라를 위한 계략이 아닙니다.」

그래서 오나라 왕은 초나라를 치는 것을 그만두었다. 오자서는 공자 광이 오나라 왕 요(僚)를 죽이려 하는 것을 알아차리고 이렇게 생각했다.

「저 광(光)은 나라 안에서 난을 일으키려는 야심이 있으니 초나라를 치는 이야기를 해서는 안 되겠다.」

그리고는 전제를 공자 광에게 추천하여 후일의 일에 대비했다. 광의 아버지는 오왕(吳王) 제번(諸樊)이다. 제번에게는 세 명의 동생이 있었는데, 바로 밑의 동생은 여제(余祭), 그 다음이 이매(夷昧), 막내동생이 계자찰(季子札)이다. 제번은 계자찰이 현명한 것을 알고 태자를 책봉하지 않고 차례로 동생들에게 왕위를 물려받게 하여 결국 나라를 계자찰에게 물려주려고 했다. 제번이 죽은 뒤 여제가 왕위에 올랐고, 여제가 죽은 뒤 이매가 이었으며, 이매가 죽었기 때문에 계자찰이 이어받아야 했는데, 그는 왕이 되는 것이 싫어서 도망을 했다. 그래서 오나라에서는 이매의 아들 요(僚)를 세워 임금을 삼았다. 공자 광은 이렇게 말했다.

「형제의 순서로 왕이 된다면 계자찰이 왕위에 올라야 하고, 아들의 순서대로 왕위에 올라야 한다면 나야말로 진짜 후사로서 당연히 왕위를 이어받아야 할 것이다.」

골경지신(骨鯁之臣)

그런 까닭에 광은 평소부터 은근히 심복의 모신(謀臣)을 길러 자신이 왕위를 차지하려는 방법을 찾고 있었다. 그런 차에 전제를 얻자 빈객으로 후하게 대우했다. 9년 뒤에 초나라 평왕(平王)이 죽었다. 그 해 봄 오나라 왕 요는 초나라가 상중임을 기화로 초나라를 치기로 하고, 아우인 공자(公子) 개여(蓋餘)와 촉용(屬

庸)을 장군으로 하여 초나라 잠(潛 : 안휘 곽산)을 포위하고 연릉(延陵)의 계자(季子)를 진(晋)나라에 파견하여 제후의 움직임을 관찰시켰다. 초나라는 출병하여 오나라 장군 개여와 촉용의 퇴로를 끊었으므로 오나라 군사는 귀환할 수 없게 되었다. 그러자 공자 광이 전제에게 말했다.

「이 시기를 놓쳐서는 안 되오. 구하지 않는다면 무엇을 얻을 수 있겠소. 나는 참다운 왕의 후사이지 않소. 왕위에 오르는 것은 당연한 일이오. 계자찰이 돌아온다 해도 나에게 이론(異論)은 없을 것이오.」

그러자 전제가 말했다.

「왕 요(僚)를 죽일 때입니다. 그 어머니는 연로했고 그 아들은 나이가 어리며, 더구나 두 동생은 병사를 이끌고 초나라를 치고 있는데, 그 후방은 끊어졌습니다. 지금이야말로 오나라는 밖으로는 초나라에 고통을 당하고, 안으로는 병력이 비었으며 직언하는 강직한 신하도 없습니다〔方今吳外困于楚 而內無骨鯁之臣〕. 이런 상황에서는 우리 편을 어떻게도 할 수 없을 것입니다.」

공자 광은 머리를 조아리면서 말했다.

「나의 몸은 곧 그대의 몸이오.[1]」

요왕 12년 4월 병자일, 광은 무장병을 지하실에 매복시키고 술을 준비하여 왕 요를 초대했다. 왕은 연도에 경계병을 늘어세우고 궁전을 나와 광의 저택으로 왔다. 문과 계단 좌우에 늘어선 사람들도 모두 왕 요의 심복 친척들이었고, 왕을 에워싸고 서 있는 사람은 모두 긴 자루의 칼을 손에 들고 있었다.

술자리가 무르익자, 공자 광은 거짓으로 다리가 아프다며 지

1) 이 말은 전제가 일을 처리하면 자신이 부모를 봉양하는 등 그의 신변 문제는 모두 책임을 지겠다는 의미이다.

하실에 들어가 전제에게 명하여 뱃속에 비수를 감춘 생선구이를 내오도록 했다. 왕 앞으로 가자 전제는 생선의 배를 찢고 비수를 꺼내 왕 요(僚)를 찔렀다. 왕은 그 자리에서 죽었다. 전제 역시 좌우에 있는 사람들에 의해 죽임을 당했다. 왕의 수행자들은 큰 소동을 일으켰으나, 공자 광은 매복해 두었던 군사를 풀어 왕 요의 무리를 쳐서 모두 섬멸하고 마침내 자립하여 왕이 되었다. 이 사람이 합려(闔閭)이다. 합려는 전제의 아들을 봉하여 상경(上卿)을 삼았다. 그 후 70여 년이 지나서 진(晋)나라에서는 예양(豫讓)의 사건이 일어났다.

칠신탄탄(漆身呑炭)

예양은 진(晋)나라 사람이다. 일찍이 범씨(范氏) 및 중항씨(中行氏)를 섬겼으나, 명성이 오르지 않자 떠나서 지백(智伯)을 섬겼다. 지백은 그를 매우 존경하고 사랑했는데, 지백이 조양자(趙襄子)[2]를 치자 조양자는 한(韓)·위(魏)나라와 공모하여 지백을 멸망시키고 그 자손을 죽인 다음 땅을 셋으로[3] 쪼갰다. 게다가 조양자는 지백을 심히 미워하여 지백의 두개골에 옻칠을 하여 요강으로 사용했다. 예양은 산속으로 도망쳐 스스로 다짐했다.

「아아, 『사나이는 나를 알아주는 이를 위해 죽고, 아녀자는 자신을 기쁘게 해주는 이를 위해 모양을 낸다〔士爲知己者死 女爲說 己者容〕』고 했던가. 지백은 진실로 나를 아는 지기(知己)였지. 나는 무슨 일이 있더라도 지백을 위해 원수를 갚고, 죽어서 이를

---

2) 범씨·중항씨·지백·조양자…모두 진(晋) 육경(六卿)의 하나.

3) 이 때 셋으로 나뉘어 독립한 나라들이 바로 조나라·한나라·위나라이다. 이를 삼진(三晋)이라고 한다.

지백에게 알려 준다면 내 혼백도 부끄러울 것이 없으리라.」

그래서 이름을 바꾸고 죄인의 무리에 몸을 숨겨 궁중으로 들어가서 변소의 벽을 칠하면서 양자(襄子)를 찔러 죽일 기회만 엿보았다. 양자가 변소에 가는데 어쩐지 가슴이 두근거렸다. 그래서 변소 벽을 바르는 죄수를 잡아다 심문하니 그가 바로 예양이었다. 예양은 품속에 비수를 감추고 있었는데, 그는 이렇게 자백했다.

「지백을 위해 원수를 갚으려고 했던 거요.」

양자의 좌우에 있는 사람들이 예양을 죽이려고 하자, 양자가 말했다.

「그는 의인(義人)이다. 나만 조심해서 피해 다니면 되지 않겠느냐. 지백이 죽고 그 자손도 없건만, 구신(舊臣)으로서 복수를 하려는 것은 천하의 현인이다.」

그리고는 예양을 풀어주었다.

얼마 후에 예양은 또다시 복수하기 위해 몸에 옻칠을 하고 문둥병으로 가장한 다음 숯가루를 먹어 목소리까지 변성하여〔豫讓又漆身爲厲呑炭爲啞〕 남이 알지 못하도록 그 모습을 바꾸어 저자거리에 나가서 걸식을 했다. 심지어는 그 아내까지 알아보지를 못했는데, 그만 친구에게 들키고 말았다.

「자네 예양이 아닌가?」

「그렇네.」

예양이 대답하자, 그 친구는 예양을 위하여 울면서 말했다.

「자네 같은 재능이 있으면 예물을 바치고 양자의 신하가 되게. 그렇게 되기만 하면 양자는 틀림없이 자네를 가까이 두고 총애할 걸세. 그런 다음에 마음먹은 일을 하면 오히려 일을 해내기가 쉬울 것이 아닌가. 무엇 때문에 몸을 축내고 모습을 흉하게 하여 원수를 갚으려고 하나? 그것은 오히려 어려운 일일세.」

예양이 말했다.

「예물을 바치고 신하가 되었으면서 주인을 죽이려는 것은 두 마음을 품는 짓일세. 지금 내가 하고 있는 것은 정말로 쓰라린 일이지만, 그렇게 하지 않을 수 없는 것은 천하 후세에 남의 신하가 된 자들이 두 마음을 품고 주인을 섬기는 자를 부끄럽게 해주기 위해서일세.」

선비로 대우해서 선비로서 보답한다

그 후 얼마 안 되어 양자가 외출했을 때, 예양은 그 길목의 다리 밑에 숨어 있었다. 양자가 다리를 지나가려고 하자 말이 놀라서 뛰어올랐다. 양자가 말했다.

「이것은 틀림없이 예양 때문일 것이다.」

그래서 수색을 시켰더니 과연 예양이었다. 그래서 양자는 예양을 책망하며 말했다.

「너는 일찍이 범씨와 중항씨를 섬기지 않았느냐? 지백은 이 두 사람을 모두 멸망시켰다. 그런데도 너는 그 복수도 하지 않고 오히려 예물을 바치고 지백을 섬겼다. 그런데 그 지백도 이미 죽었다. 그렇거늘 너는 어찌하여 지백을 위하여 이토록 끈질기게 복수를 하려 드느냐?」

「나는 범씨와 중항씨를 섬겼지만, 두 사람은 모두 나를 범인(凡人)으로 대우했소. 그래서 나도 범인으로서 그들을 대하는 것이오. 그러나 지백은 한 나라의 선비로 나를 대우했소. 그러므로 나도 한 나라의 선비로서 그에게 보답하려는 것이오〔國士遇之國士報之〕.」

조양자를 죽이려는 예양

양자는 감탄하고 눈물을 흘리면서 말했다

「아아, 예자(豫子)여, 그대가 지백을 위하여 다한 명성은 이미 완전히 그 목적을 이루었도다. 내가 그대를 용서해 주는 일 또한 이제 충분할 것이다. 그대는 각오를 하는 것이 좋으리라. 나는 이 이상 그대를 용서할 수가 없다.」

군사에 하명하여 예양을 둘러싸게 하자, 예양이 말했다

「『명군은 남의 아름다운 점을 숨기지 않고, 충신은 이름을 위해 죽는 의로움이 있다』라는 말을 들었소이다. 앞서 당신이 나를 관대하게 용서해 준 일은 천하에서 당신의 현명함을 찬양하지 않는 사람이 없게 만들었소. 오늘 일은 나도 두 말 없이 죽음에 목을 내놓겠소. 그러나 단지 원하는 것은 당신의 의복이라도 나에게 주어서 그 의복을 베어 복수의 마음을 청산하고 싶은데, 그 일이 된다면 죽어도 유감이 없겠소이다. 굳이 청하는 것이 아니라, 감히 내 본심을 말하는 것이오.」

양자는 그 의로움에 크게 감동되어 하인에게 의복을 들려 예양에게 내주었다. 예양은 칼을 뽑자 세 번을 뛰어올라 베고는 말했다.

「나는 이 일을 지하에 있는 지백님에게 보고하리라.」

그러고 나서 칼에 엎어져 스스로 목숨을 끊었다.

그 날 조나라의 뜻있는 선비들은 이 말을 전해 듣고 모두 눈물을 흘렸다. 그 후 40여 년이 지나서 지(軹 : 하남 제원의 남쪽)에서 섭정(聶政)의 사건이 있었다.

사나이는 자기를 알아주는 사람을 위해서 죽는다

섭정은 한(韓)나라 지읍(軹邑) 심정리(深井里) 사람이다. 사람을 죽였기 때문에 복수당할 것을 피하여, 어머니·누이와 함께 제나라로 가서 가축 도살을 직업으로 삼았다. 그 후 복양(濮陽)의 엄중자(嚴仲子)가 한(韓)나라 열후를 섬기게 되었는데, 한나라 재상 협루(俠累)와 사이가 나빠졌다. 엄중자는 죽음을 당하는 것이 두려워서 달아나 여러 곳을 돌아다니며 협루에게 보복할 인물을 찾아 제나라에 왔다. 제나라의 어떤 사람이 엄중자에게 말했다.

「섭정이라고 하는 용감한 사나이가 있는데, 원수를 피하여 백정들 속에 숨어서 살고 있다오.」

엄중자는 그 집을 방문하여 교제하기를 청하고 이따금 내왕하다가, 하루는 술을 가지고 가서 섭정의 어머니에게 손수 술잔을 권했다. 술자리가 한창 무르익을 즈음, 엄중자는 섭정 어머니의 건강을 축복하고 공손히 황금 백 일(鎰[4])을 바쳤다. 섭정은 너무나도 큰 돈이기에 깜짝 놀라는 한편 괴이쩍게 생각되어 한사코 사양했으나, 엄중자는 억지로 그것을 바치려고 했다. 섭정은 그래도 사양하며 이렇게 말했다.

「나에게는 다행히 노모가 계십니다. 집안이 가난하여 타향

---

4) 일(鎰)…고대의 무게 단위로, 1일은 20냥(兩) 혹은 24냥에 해당한다.

으로 유랑하며 개 따위를 잡아 생활을 하고는 있지만, 조석 찬거리는 그런대로 봉양하며 어머니 봉양은 그다지 모자라지 않으니, 당신의 뜻을 받지 않아도 견딜 만합니다.」

그러자 엄중자는 좌우 사람들을 물리고 섭정에게 말했다.

「나에게는 원수가 있어서 여러 제후의 나라를 돌고 있는데, 제나라에 와서 당신이 의협심이 많다는 말을 들었소. 백금을 바치는 것은 어머니를 봉양할 비용으로 쓰시라는 것뿐이오. 서로 친교를 더 하자는 것이지 다른 뜻은 없소.」

그러자 섭정이 말했다.

「내가 뜻을 바꾸고 몰락하여 시정(市井)에서 도살을 업으로 삼고 있는 것도 다만 어머니를 돌보기 위한 것이니, 노모가 세상에 계신 동안에는 나의 몸을 남에게 바칠 수가 없습니다.」

아무리 엄중자가 권해도 섭정은 끝내 받지 않았다. 그러나 엄중자는 최후까지 주객(主客)의 예를 다하고 그 곳을 떠났다. 그 후 섭정의 어머니가 죽었다. 장례를 끝마치고 상복도 벗게 되자 섭정은 생각했다.

「아아, 나는 시장에서 칼을 들어 도살이나 하는 천한 신분, 여기에 비하여 엄중자는 제후국의 대신이요, 재상이 아닌가? 그런 분이 천 리를 멀다 않고 나를 찾아와서 교제하기를 청했는데, 나는 너무나도 냉담했다. 또한 아무런 조력도 하지 않았는데, 황금 백 일을 바쳐 어머니의 건강을 축복하지 않았던가. 그 돈을 나는 굳이 받지는 않았지만, 그만큼 나를 알아준 것만은 틀림없다. 대관절 그만한 어진 사람이 눈을 흘겨 원수를 원망하고, 나 같은 시골뜨기를 신용하는데, 나는 어찌 가만히 보고만 있을 수 있겠는가. 앞서 엄중자가 나를 필요로 하였을 때 나는 다만 노모를 위해 응하지를 않았으나, 이제 노모가 돌아가신 이 마당에는 나를 알아주는 사람을 위해 그를 섬기고 일해 보리라.」

섭정은 결국 서쪽에 있는 위(衛)나라 도읍 복양에 가서 엄중자를 만나 이렇게 말했다.

「앞서 당신에게 몸을 바치지 않은 것은 다만 어머니가 살아계셨기 때문입니다. 이제는 천수를 누리시고 어머니는 돌아가셨습니다. 당신이 원수를 갚겠다고 한 상대가 누구입니까? 바라건대 나에게 일을 시켜 주십시오.」

엄중자가 즉석에서 사정을 말했다.

「내 원수는 한(韓)나라 재상 협루요. 협루는 한나라 왕의 막내숙부이기도 한데, 그 일족은 번성하여 수도 많고 거처에는 경비가 아주 엄중하오. 나는 사람을 보내서 그를 찔러 죽이려고 했었으나, 상대가 너무 많아서 끝내 목적을 이루지 못했다오. 이제 그대가 다행히 나를 버리지 않고 원수를 맡아 준다면, 거마(車馬)·장정 등 그대를 도울 것들을 준비하겠소.」

섭정이 말했다

「한나라와 위(衛)나라는 그 거리가 그다지 멀지 않습니다. 지금 다른 나라의 재상을 죽이고자 하는 마당에 그 재상이 또한 왕의 친척이라면 사람을 많이 쓰면 안 됩니다 사람이 많으면 두 마음을 품는 자가 나오지 말라는 법이 없으며, 배신자가 생기면 그 입에서 일은 누설되고 맙니다. 일이 누설되면 한나라는 거국적으로 당신을 적으로 할 것이니 아주 위험하게 되고 맙니다.」

섭정은 끝내 거마와 장사의 동행을 사절했다.

섭정은 작별인사를 하고 단신으로 출발하여 칼을 지팡이 삼아 한나라에 도착했다. 재상 협루는 때마침 관청에 있었고 무기를 든 경호원이 꽤 많았다. 섭정은 들어가자마자 곧 계단으로 뛰어 올라가서 협루를 찔러 죽였다. 좌우에 있던 사람이 큰 소동을 벌이자, 섭정은 고함을 지르면서 수십 명을 쳐 죽이고 스스로 자기 얼굴 가죽을 벗기고, 눈알을 도려내고 배를 갈라 창자를 끄집어내어 마침내 죽고 말았다.

한(韓)나라에서는 섭정의 시체를 거두어 시장바닥에 드러내 놓고 상금을 걸어 어디 사는 누구인지를 물었으나 알아낼 수가 없었다.

「재상 협루를 죽인 자가 누구인지를 말해주는 자에게는 천금을 주겠다」

하고 선전했지만, 오랫동안 판명되지 않았다.

섭정의 누이 섭영은 한나라 재상을 죽인 자가 있는데, 그 사람의 이름을 알 수 없다는 것과, 그 시체를 시장에 드러내 놓고 천금의 상을 걸어 그 사람의 신원을 찾고 있다는 소문을 듣고 울면서 말했다.

「그는 내 동생일 거야. 아! 엄중자는 내 동생의 지기(知己)였지.」

그녀는 황급히 집을 나서서 한나라의 서울로 갔다.

시장에 가서 보니 과연 섭정이었다. 그녀는 시체에 엎드려서 통곡했다. 그 광경을 보는 이도 눈물을 흘리지 않을 수 없었다.

「이 사람은 지(軹) 땅의 심정리(深井里)에 살던 섭정이라는 사람이오.」

섭영이 말하자, 지나가던 사람도 그 자리에 있던 사람도 입을 모아 말했다.

「이 사람은 참혹하게도 나라 재상을 죽인 사람으로, 임금이 천금을 걸고 이 신원을 알고자 하고 있는데, 당신은 그런 소문도 듣지 못했소? 어찌하여 일부러 와서 아는 체를 하는 거요?」

섭영은 이렇게 대답했다.

「그런 소문은 들었답니다. 그러나 섭정이 오욕을 뒤집어쓰고 시장바닥에 묻혀 있던 것은 노모가 계셨고, 내가 아직 시집을 가지 않았기 때문이었다오. 어머니가 세상을 떠나시고 내가 시집을 갔습니다. 일찍이 엄중자는 내 동생의 인물됨을 알고서 곤궁에 빠져 있는 그와 사귀었으니 그 은혜는 매우 두터웠고, 섭정은 그 은혜를 갚고자 하여 어찌할 수 없었던 거지요. 사나이는 자기를 알아주는 사람을 위해서 죽는다〔士固爲知己者死〕고 했습니다. 내가 아직 살아 있기 때문에 자기의 얼굴을 벗김으로써 내가 모르도록 아주 종적까지 감추려고 했던 것이지요. 내가 어찌 내 몸에 닥칠 벌이 두려워서 이 어진 동생의 이름을 없앨 수 있겠습니까?」

섭영은 이렇게 말하여 한나라 사람들을 크게 놀라게 하고, 큰 소리로 하늘을 부르기 세 번, 마침내 슬픔과 근심 속에 섭정 옆에서 죽었다. 진(晋)나라 · 초나라 · 제나라 · 위(衛)나라 사람들은 이 말을 전해 듣자 모두 이렇게 말했다.

「섭정만이 훌륭한 일을 해낸 것은 아니다. 그 누이 또한 훌륭하고 장한 여자다.」

만약 섭정이 그 누이가 이렇게 될 줄을 알았더라면, 다시 말해서 그 누이가 온갖 고생을 마다하고 천릿길 험한 곳을 찾아와서 동생과 이름을 나란히 할 것을 미리 알았더라면, 자기의 일신을 엄중자에게 허락하지 않았을 것이다. 엄중자 또한 인물을 꿰뚫어보는 안목이 있어 유용한 사나이를 얻었다고 말하지 않을 수 없다. 그 후 220여 년이 지나자, 진(秦)나라에서 형가의 사건이 일어났다.

방약무인(傍若無人)

형가(荊軻)는 위(衛)나라 사람이다. 그의 조상은 제나라 사람이었는데, 뒤에 형가가 위나라로 이사하자 위나라 사람들은 그를 경경(慶卿)이라 불렀고, 후에 연(燕)나라로 옮겨가자, 연나라에서는 형경(荊卿)이라고 불렀다. 형경은 독서·격검(擊劍)을 좋아했으며, 위나라 원군(元君)에게 청을 넣었으나 쓰이지 못했다. 그 후 진나라는 위나라를 쳐서 동군(東郡)을 두고 위(衛)나라 원군(元君)의 지족(支族)을 야왕(野王 : 하남 심양)으로 옮겼다.

형가는 일찍이 떠돌아다닐 때, 유차(楡次 : 산서 양곡의 동남쪽)를 지나다가 갑섭(蓋聶)과 서로 검술에 대한 이야기를 하게 되었는데, 갑섭이 노하여 눈을 부릅뜨자 형가는 그 곳을 곧 떠나버렸다. 어떤 사람이 다시 한 번 형가를 불러다가 논하는 것이 좋겠다고 말하자 갑섭은 이렇게 말했다.

「전날 함께 검술을 논하다가 의견이 맞지 않아 노려보았는데, 시험 삼아 가보라. 아마 다른 곳으로 떠났을 것이다.」

그래서 사람을 숙소로 보냈더니, 형가는 과연 수레를 타고 유차를 터난 뒤였다. 그 사람이 돌아와서 보고하자 갑섭이 말했다.

「당연히 그랬을 것이다. 내가 전날 노려보면서 위협을 했으니까.」

형가가 한단에서 머물고 있을 때, 노구천(魯句踐)이란 자와 장기를 두었는데, 장기판의 승부수를 놓고 다투게 되었다. 노구천이 노하여 큰 소리로 꾸짖으니 형가는 잠자코 도망해 나와 두 번 다시 그와 만나지 않았다.

형가는 연나라로 가서 그곳의 개백정과 축(筑[5])의 명수인 고점리(高漸離)라는 자와 친하게 지냈다. 형가는 술을 즐겨 날마다 그 개백정 그리고 고점리와 함께 시장에서 술을 마셨다. 술이 취하면 고점리가 축을 타고 형가는 그에 맞추어 노래를 불러, 여러 사람들과 함께 즐기는가 하면 나중에는 함께 우는 등 마치 옆에 아무도 없는 것처럼 했다〔傍若無人〕

형가는 술꾼들과 교유하고는 있었지만 사람 됨됨이가 신중하고 침착하며 글 읽기를 좋아했다. 여러 제후의 나라를 떠돌면서는 어디서나 그 나라의 현인·호걸·장자(長者) 등과 교유했고, 연나라에 와서도 처사(處士)인 전광(田光) 선생으로부터 끔찍한 대우를 받고 있었다. 그가 보통 사람이 아님을 알고 있었기 때문이다.

굶주린 호랑이가 다니는 길

얼마쯤 지나자 진(秦)나라에 인질로 가 있던 연나라 태자 단(丹)이 연나라로 도망해 온 사건이 일어났다. 태자 단은 일찍이 조(趙)나라에 인질로 갔던 일이 있었는데, 조나라에서 태어난 진(秦)나라 왕 정(政)은 어려서부터 태자 단과 사이가 좋았다. 정이 즉위하여 진나라 왕이 되었을 때 단은 진나라에 인질로 갔다. 진나라 왕이 연나라 태자 단에 대한 대우가 좋지 않았다. 그래서 단은 이를 원망하고 도망쳐 돌아온 것이다.

연나라로 돌아온 단은 누군가 진나라 왕에게 보복해줄 사람을 찾았으나, 나라가 작아서 힘이 미치지 못했다. 그로부터 진나라는 나날이 산동(山東)에 출병하여 제나라·초나라·삼진을 쳐

5) 축(筑)…고대 현악기의 일종으로, 거문고와 같이 대나무 자를 가지고 현을 친다.

서 점차 제후의 땅을 잠식하고 바야흐로 연나라에 육박하려고 했다. 연나라의 군신(君臣)은 모두 화가 미칠 것을 두려워했다. 태자 단이 이를 우려하여 태부 국무(鞠武)에게 물으니 국무가 대답했다.

「진나라의 영토는 천하에 가득 차고 그 위력은 한나라·위나라·조나라를 위협하고 있습니다. 북쪽에 감천(甘泉)·곡구(谷口)의 요새지가 있고, 남쪽에 경수(涇水)·위수(渭水)의 기름진 들이 있으며, 파(巴)·한(漢 : 한중)의 풍요한 지대를 독점하고, 오른편으로는 농(隴)·촉(蜀)의 산지, 왼편에 관(關 : 함곡관)·효(殽 : 효산)의 험한 요새지가 있습니다. 백성은 많고 군사들은 용감하며, 무기·군복도 여유가 있습니다. 그러므로 진나라가 외국을 치려고만 생각하면 장성(長城) 이남, 역수(易水) 이북의 땅[6]은 앞으로 어떻게 될지 예측할 수가 없습니다. 어찌 박대했다는 원한 때문에 진나라의 역린(逆鱗[7])을 건드리려고 하는 것입니까?」

태자가 물었다.

「그렇다면 어찌하는 것이 좋겠소?」

「안에 들어가셔서 천천히 생각해 보도록 하시지요.」

그 후 얼마 안 되어 진나라 장군 번오기(樊於期)가 진나라 왕에게 죄를 짓고 연나라로 도망해 오자, 태자는 번오기를 받아들여서 관사에 머무르도록 했다. 국무가 말했다.

「그것은 좋지 않습니다. 그렇지 않아도 포학한 진나라 왕은

---

6) 장성 이남 역수(易水) 이북의 땅…연(燕)나라의 영토

7) 역린(逆鱗)…전설에 의하면 용의 목에는 거슬러 난 비늘이 있어, 이를 건드리면 용이 사람을 죽인다고 한다. 임금의 노염을 사는 것을 「역린에 부산친다」고 했다.

진나라의 지휘차

갖가지 노여움을 연나라에 품고 있어 한심한 지경인데, 그 위에 번장군이 연나라에 있다는 사실을 들으면 어떤 일을 저지를지 모를 일입니다. 마치 굶주린 호랑이가 다니는 길〔餓虎之蹊〕에 고기를 두는 것과 마찬가지니, 화를 부르게 될 것은 뻔한 일입니다. 관중(管仲)·안영(晏嬰)이 살아 있다 해도 이를 구원할 길은 없을 것입니다. 모쪼록 태자께서는 번장군을 한시바삐 흉노에게 넘겨주시어 진나라에서 침공하려는 구실을 없애고, 서쪽으로 삼진과 약정하고, 남쪽으로는 제나라·초나라와 연합하고, 북쪽으로는 선우(單于)와 화평을 강구하시도록 하십시오. 그렇게 하면 진나라에 대한 대책을 세울 수도 있을 것입니다.」

「그대의 계략은 너무 장시일을 요하게 되오. 지금의 내 마음은 근심으로 어지러워 잠시도 머뭇거릴 수가 없습니다. 그뿐이 아니오. 번장군은 천하에 몸을 둘 곳이 없어 궁한 나머지 내게로 몸을 의지하러 온 것이오. 아무리 강한 진나라가 위협을 해오더라도 애련한 정을 버리고 흉노에게 내줄 수는 없소. 그러한 일은 참으로 나의 운명이 다했을 때나 할 일일 것이오. 바라건대 태부는 다른 계책을 생각해 주면 좋겠소.」

「대체로 위태로운 일을 하면서 안전을 구하고, 화의 씨를 심고 복을 구하고자 하는 것은 계책은 얕아지고 원망만 깊어질 뿐입니다. 한 사람과의 사귐을 먼 앞날까지 계속하기 위해 국가의 큰 해를 돌보지 않는 것은 이른바 『원한을 쌓고 재앙을 초래한다』는 것입니다. 진나라가 연나라를 치는 것은 새의 깃털을 화로에 태우는 것과 같은 일로서 조금도 어려운 일이 아닙니다. 게다가 독수리나 솔개와 같은 진나라가 원한을 품고 포악한 노여움을 터뜨리면, 그 맹렬함은 이루 말할 수가 없을 것입니다. 연나라에 전광(田光) 선생이란 분이 있는데, 그의 사람됨은 지혜가 있고 용기가 있으니 함께 계략을 의논하기에 족한 사람인 줄 압니다.」

「태부의 소개로 그 전광 선생을 만나고 싶은데, 괜찮겠소?」

「삼가 말씀대로 하겠습니다.」

국무는 물러나가서 전광 선생을 만나 이렇게 말했다.

「태자께서 선생을 뵙고 국사를 의논하라고 하십니다.」

「삼가 말씀에 따르겠습니다.」

천리마도 노쇠하면 둔한 말도 앞서지 못한다

전광은 대답을 하자 서둘러 궁으로 들어갔다. 태자는 몸소 출영하고 뒤따라가면서 안내했다. 그리고 무릎을 꿇고 전광 선생이 앉을 자리의 먼지를 털었다. 전광 선생이 자리에 앉자 좌우의 사람을 물러나게 했다. 태자가 몸소 아랫자리[8]로 내려가 말했다.

「연나라와 진나라, 이 두 나라는 아무래도 양립할 수 없습니다. 원컨대 선생의 배려를 바랍니다. 」

8) 아랫자리…고대의 예의범절에 따르면, 앉은자리에서 떠나 가르침을 청함으로써 존경하는 마음을 나타냈다.

전광이 말했다.

「『기기(騏驥 : 준마)가 기운이 왕성할 때에는 하루에 천 리를 달리지만, 노쇠하면 둔한 말도 앞서지 못한다』는 말이 있습니다만, 태자께서는 제가 건강했을 때의 이야기를 들으신 듯, 정력이 쇠진한 지금의 저를 잘 알지 못하십니다. 그렇다고 저는 그것을 이유로 나라 일을 돌보지 않으려는 것은 아닙니다. 다행히 저와 친한 형경이라는 자가 있는데, 이 사람이야말로 필요한 사람이라고 생각합니다.」

「원컨대 선생의 소개로 형경을 만나보고 싶은데 어떻겠습니까?」

전광이 승낙을 하고 물러가려고 하자, 태자는 문까지 전송하며 말했다.

「내가 말한 것이나 선생께서 말한 것이나 모두 나라의 대사이니 누설치 마십시오.」

전광은 고개를 숙이고 웃으면서 말했다.

「알겠습니다.」

전광은 늙어 굽은 몸으로 형경을 찾아가서 말했다.

「나와 그대와의 친교는 연나라에서 모르는 사람이 없소. 지금 태자는 내가 건강했을 때의 말을 듣고 지금의 쇠약해진 것을 모르므로, 황송하게도 나에게 연나라와 진나라가 양립할 수 없다면서 나의 배려를 바라겠다고 말씀하셨소. 나는 그대를 생각해내고 태자에게 추천했으니, 모쪼록 궁으로 들어가 태자를 뵙기 바라오.」

형경이 대답했다

「삼가 말씀대로 따르겠습니다.」

전광이 말했다.

「『장자(長者)는 행동을 하는 데 있어 남을 의심치 않는다』는 말이 있는데, 태자께서는 나에게 『서로 이야기를 나눈 것은 국가 대사이니 절대로 누설치 말라』고 말씀하셨소. 이는 태자께서 나를 의심했던 거요. 일을 꾀하는 데 남에게 의심을 받는다는 것은 절개 있고 의협이 있는 사람의 행동이라고는 할 수 없소」

그리고 전광은 스스로 목숨을 끊어 형경을 격려코자 이렇게 말했다.

「원컨대 그대는 서둘러 태자에게로 가서, 나는 이미 죽었다고 말씀드려 국가 대사가 누설될 염려가 없다는 것을 분명히 해주었으면 하오.」

그리고 전광은 스스로 목을 찔러 죽었다

형가는 태자를 찾아가서 전광의 죽음을 알리고 그의 말을 전하자, 태자는 재배한 다음 무릎을 꿇고 눈물을 흘렸다. 그리고 잠시 있다가 말했다

「내가 전광 선생에게 다른 말이 없기를 부탁한 것은, 큰일을 성공시키기 위함에서였을 뿐 다른 생각은 없었소. 전광 선생이 죽어서까지 누설될 의심이 없는 것을 밝힌 것은 어찌 나의 본의였겠소?」

형가가 자리를 정하고 앉자, 태자는 자기 자리에서 내려와 머리를 숙이며 말했다.

「전광 선생은 내가 불초한 줄을 알지 못하고 그대 앞에서 말할 수 있는 기회를 만들어 주었소. 이것이야말로 하늘이 연나라를 불쌍히 여기시어 나를 버리지 않은 증거요. 지금 진(秦)나라는 이익을 탐하고, 욕심은 만족을 몰라서 천하의 땅을 모두 빼앗고, 해내(海內)의 제왕(諸王)을 신하로 삼지 않는 한 그 마음은 돌이키지 못할 것이오. 이미 진나라는 한(韓)나라 왕을 사로잡고 그

영토를 모두 빼앗았으며, 또 군사를 내어 남쪽의 초(楚)나라를 치고 북쪽의 조(趙)나라에 육박했으며, 왕전(王翦)은 수십만 대군을 이끌고 장(漳)·업(鄴)의 땅으로 공격하고, 이신(李信)은 태원(太原)·운중(雲中)에 출격하고 있소. 조나라가 진나라의 침입을 지탱하지 못하면 틀림없이 진나라를 섬기고 그 신하가 될 것이오. 그렇게 되면 연나라에 화가 미치게 될 것은 뻔한 일이오. 연나라는 나라가 약소한 데다가 자주 전쟁에 시달렸으므로, 이제 거국적으로 싸운다 해도 진나라를 당해낼 수 없을 것이며, 제후들도 진나라에 굴복하여 감히 합종할 나라가 없소이다. 나 한 개인의 계략으로는 진실한 천하의 용사를 얻어 이 사람을 진나라로 보내 중대한 이익을 내세워 진나라 왕을 꾀어 보자는 거요. 그렇게 하면 진나라 왕은 이익을 탐하여 반드시 내가 원하는 바를 받아들일 것이오. 만약 진나라 왕을 위협하여 제후들의 실지(失地)를 남김없이 회복하기를 저 조말(曹沫)과 제나라 환공처럼 할 수 있다면 크게 좋은 일이요, 만약 되지 않으면 그 당장에 진나라 왕을 찔러 죽이는 것이오. 진나라의 장군은 나라 밖에서 군사를 멋대로 움직일 수 있는 까닭에, 만일 국내에서 반란이 일어나게 되면 군신(君臣)은 서로 의심하게 될 것이오. 그런 틈을 타서 제후들이 합종할 수 있으면 진나라가 패할 것은 당연한 일이오. 이것이 나의 다시없는 소원인데, 이 사명을 맡길 수 있는 인물을 찾지 못하고 있소. 형경께서는 이 점을 꼭 유념해 주시오.」

형가는 생각에 잠겨 있다가 마침내 입을 열었다.

「이 일은 국가 대사이옵니다. 저는 재능이 없어서 아마도 사명을 다해내지 못할 것입니다.」

태자는 다시 나아가서 고개를 숙이고 이 일을 맡아달라고 간청했다. 그러자 마침내 형가는 승낙하기에 이르렀다. 태자는 형경을 상경(上卿)으로 삼고 상사(上舍)에 모셨다. 태자는 매일 그 문에 나가서 태뢰(太牢)[9]를 공급하고 진품을 갖추어 보내며, 때로는 거마와 미녀를 바치기도 하여 형가가 하고자 하는 대로 맡겨서 비위를 맞추려고 했다.

그런데 꽤 오랜 동안의 날짜가 지났는데도 형가는 출발하려고 하지 않았다. 한편, 진나라 장수 왕전은 조나라를 깨뜨리고 조나라 왕을 사로잡았으며, 그 땅을 모조리 빼앗고 군사를 더욱 진군시켜 북쪽 땅[10]을 공략하여 연나라의 남쪽 국경에 육박해 왔다. 태자 단(丹)은 두려워 형가에게 말했다.

「진나라 군사가 금명간이라도 역수(易水)를 건너게 되면, 비록 선생을 오래 모시고 싶어도 그렇게 할 수 없을 것 같소이다.」

「태자께서 말씀을 하지 않으시더라도 제가 뵙고 말씀드리려고 했습니다. 지금 진나라에 가더라도 신용이 없으면 진나라 왕에게 가까이 갈 수는 없습니다. 그런데 진나라 왕은 번장군의 목에 황금 천 근과 1만 호의 식읍을 상으로 내걸었습니다. 만약 번장군의 목과 연나라 독항(督亢)[11]의 지도를 지참하고 가서 진나라 왕에게 바친다면 진나라 왕은 틀림없이 기뻐하며 저를 인견할 것입니다. 그 때야말로 저는 태자께 보답할 수가 있을 것입니다.」

「번장군은 곤궁한 나머지 나에게 몸을 의지하러 온 사람, 나는 사리(私利)를 위해 장자(長者)의 뜻을 배신할 수는 없소. 모쪼록 다른 계략을 생각해 보오.」

---

9) 태뢰(太牢)…나라의 제사에 쓰이는 음식으로, 소·돼지·양고기를 재료로 한 고급 요리를 말한다.

10) 북쪽 땅…당시 조나라 공자 가(嘉)는 대(代) 땅에서 스스로 왕이 되어 진나라 병사에게 계속 저항했다고 한다.

11) 독항(督亢)…하북·박현, 즉 연나라 동남쪽의 비옥한 땅.

형가는 아무리 해도 태자가 번장군을 죽이지 않을 것임을 알게 되자, 은밀하게 번오기를 만나서 말했다.

「진나라가 장군에 대한 조치는 참으로 잔혹하다고 하지 않을 수 없습니다. 부모를 위시하여 종족을 모두 죽이고, 이제는 장군의 목에 황금 천 근과 만 호의 식읍을 걸었다지 않습니까. 장군께서는 도대체 어떻게 하실 생각이십니까?」

절치부심(切齒腐心)

번오기는 하늘을 우러러 탄식하며 눈물을 흘렸다. 번오기가 말했다.

「나는 그 일을 생각하면 고통이 골수에 사무칩니다. 그러나 어떻게 해야 좋을지 나도 모르겠습니다.」

형가가 말했다.

「이제 한 마디로 연나라의 근심을 덜고, 장군의 원수를 갚을 계책이 있습니다. 장군은 그 일을 어떻게 생각하십니까?」

이 말에 번오기는 앞으로 나와 앉으며 물었다.

「그것은 어떻게 하는 일입니까?」

「장군의 머리를 가지고 가서 진나라 왕에게 바치는 겁니다. 그렇게 하면 진나라 왕은 기뻐하며 틀림없이 나를 인견할 것입니다. 그 때 나는 왼손으로 진나라 왕의 옷소매를 잡고 오른손으로 그의 가슴을 찌르는 겁니다. 그렇게 하면 장군의 원수도 갚을 수가 있고 업신여김을 당한 연나라의 수치도 씻을 수 있을 것입니다. 장군의 뜻은 어떠십니까?」

그러자 번오기는 한쪽 어깨를 드러내고 왼손으로 오른팔을 부여잡으며 이렇게 말했다.

「이야말로 내가 밤낮으로 이를 악물고 가슴 쳤던〔切齒腐心〕일인데, 이제 당신의 가르침을 받을 수 있게 되었구려.」

그리고 번오기는 스스로 목을 찔러 죽었다. 태자는 이 말을 듣자 달려가서 시체 위에 엎드려 통곡하며 숨이 끊어질 듯이 애통해 했다. 그러나 이미 죽은 몸, 어떻게 해보는 수가 없는 일이기에 번오기의 목을 베어 함에 넣고 봉했다.

이보다 앞서 태자는 천하에서 가장 예리한 비수를 구하기 위해 조(趙)나라 사람 서부인(徐夫人)에게서 백 금을 주고 비수를 사들였었다. 그리고 공인(工人)에게 명하여 비수의 날에 독약을 발라 사람에게 시험해 본 결과 피 한 방울이 흐르는 정도에서 죽지 않는 자가 없었다. 이렇게 해서 채비를 갖추어 형가를 진나라에 들여보내기로 하였다.

연나라에 용사(勇士) 진무양(秦舞陽)이란 사람이 있었다. 열세 살에 사람을 죽인 일이 있었으며, 누구 한 사람 그를 거역하는 자가 없었다. 태자는 이 진무양을 형가의 부관으로 정했다. 형가에게는 달리 점찍어 놓은 사람이 있어 그 사람을 데리고 갈 생각이었지만, 먼 곳에 있었기 때문에 그가 아직 오기도 전에 준비는 완벽하게 갖추어졌다. 그러나 그 후 며칠이 지났건만 형가는 아직 출발하지 않았다. 태자는 기다리다 지쳐서 형가가 의심되어 물었다.

「벌써 정한 날짜가 지나갔소. 형경은 또 무슨 생각이 따로 있소? 우선 진무양을 먼저 보내보고 싶은데……」

그러자 형가는 노하여 태자를 꾸짖듯 이렇게 말했다.

「진무양을 보낸다는 것은 무슨 일입니까? 한번 가면 그뿐이며 진무양은 다시 돌아올 수 없습니다. 비수 한 자루를 가지고 위험한 진나라 들어가는 일입니다. 시일을 늦추는 것은 제가 점찍어 놓은 사람이 와서 동행하려는 것이었습니다. 태자께서 그것을 늦다고 하신다면 작별을 고하고 이대로 떠나겠습니다.」

장사 한번 떠나면 두번 다시 돌아오지 못하리

형가는 마침내 길을 떠났다.

태자와 빈객 중 사정을 알고 있는 사람은 모두 흰 의관(衣冠)[12]을 입고 전송했다. 역수 근방에 와서 행신(行神)을 제사지내고 나그넷길에 오르는데, 이 때 고점리는 축(筑)을 치고 형가는 이에 맞추어 노래를 불렀다. 변치(變徵)[13]의 비애를 담은 가락이었다. 전송하던 사람들은 모두 머리를 풀어 늘어뜨리고 훌쩍거리며 울었다.

역수에서 태자 단과 이별하는 형가

12) 흰 의관(衣冠)…흰 의관은 본래 상복을 말한다. 태자 단(丹)은 형가가 진나라로 가면 돌아오기 어렵다는 사실을 알고 상복과 같은 차림으로 그를 전송하였다. 동시에 이로써 격려의 뜻을 나타냈다.

13) 변치(變徵)…고대의 음(音)은 궁(宮)·상(商)·각(角)·치(徵)·우(羽) 다섯 음으로 이루어져 있거나, 또 변궁(變宮)·변치(變徵) 두 음이 있었다. 이는 서양음악의 C, D, E, F, G, A, B 등 7조(調)와 같다. 변치는 각과 치 사이에 위치하여 오늘날의 F조(調)에 해당한다. 그 소리가 처량하고 구슬픈 비가(悲歌)이다.

형가는 앞으로 나아가서 노래를 불렀다.

소슬바람 불어와 역수는 차가운데
장사 한 번 떠나면 두 번 다시 돌아오지 못하리.
風簫簫兮易水寒　壯士一去不復還

다시 우성(羽聲)[14]의 분노를 띤 소리가 높아지니, 듣는 이는 모두 눈에 노기를 띠고 머리카락이 곤두서 관(冠)을 찌르는 것 같았다. 이렇게 하여 형가는 수레에 타고 떠났는데, 끝까지 뒤를 돌아보지 않았다. 진나라에 도착한 형가는 천 금의 예물을 가지고 진나라 왕의 총신인 중서자(中庶子) 몽가(蒙嘉)에게 뇌물로 바쳤다. 몽가는 진나라 왕에게 형가를 이렇게 말했다.

「연나라 왕은 대왕의 위광(威光)에 정말로 겁을 먹어 군이 모든 군사를 동원하여 대왕의 군사에 대항하지 않고 나라를 들어 대왕의 신하가 되며, 제후들의 대열에 참여하여 공물을 바치기를 마치 진나라의 군현과 같이 하고, 선왕의 종묘를 지키기 바라고 있습니다. 너무나도 황공하여 감히 대왕께 직접 아뢰지 못하고 삼가 번오기의 머리를 베어 연나라 독항의 지도(地圖)와 함께 바치기 위해서 이런 것들을 함께 함 속에 넣어 봉하고 연나라 왕이 궁정에서 배송했으며, 사신을 보내 대왕께 말씀을 드리고자 합니다. 대왕의 지시가 있으시기 바랍니다.」

도궁비현(圖窮匕見)

진왕은 이 말을 듣자 크게 기뻐하며 예장(禮裝)을 갖추고 구

14) 우성(羽聲)…고대 음계의 7성(聲) 가운데 하나로, 오늘날의 A조에 해당하며 강개하며 격앙된 소리를 낸다.

진왕을 암살하려는 장면을 묘사한 화상석

빈(九賓)의 예[15]를 베풀어 연나라 사신을 함양궁(咸陽宮)에서 인견했다. 형가는 번오기의 목이 든 함을 받들고, 진무양은 지도가 든 함을 받들어 차례로 나아가서 뜰에 이르렀는데, 진무양은 그 안색이 변하며 몸을 떨었다. 진나라의 뭇 신하들이 이것을 괴이쩍게 여기자, 형가는 진무양을 돌아보고 웃으며 나아가서 이렇게 사과했다.

「북쪽 오랑캐의 비천한 자가 아직 한 번도 천자를 배알한 일이 없었던 까닭에 떨고 있습니다. 바라옵건대 대왕께서는 이 무례를 용서해 주시옵고, 사신의 예를 대왕의 앞에서 끝마치도록 해주십시오.」

그러자 진나라 왕이 말했다.

「진무양이 가지고 있는 지도를 꺼내 보이라.」

형가가 그 지도를 꺼내 왕에게 바쳤다. 왕이 지도를 거의 다 펼칠 즈음에 그 속에서 비수가 나왔다〔圖窮匕見〕. 그러자 형가는 바로 왼손으로는 왕의 옷소매를 잡고 오른손에 비수를 들어 왕을 찔렀다. 비수가 몸에 닿은 것 같았는데, 놀란 왕이 벌떡 일어나자 옷소매가 찢어졌다. 왕은 자기 칼을 뽑으려고 했으나 칼이 길었기 때문에 칼집을 잡았다. 사태가 급해지자 당황하여 칼

15) 구빈(九賓)의 예…여기에는 세 가지 해석이 있다. 첫째는 아홉 가지의 격식이 다른 예절을 말하고, 둘째는 빈객을 접대하는 아홉 사람을 말하며, 마지막으로 지위가 서로 다른 아홉 명의 빈객을 나타낸다.

을 뺄 수가 없었다. 형가가 진나라 왕을 쫓으니 왕은 기둥을 돌며 달아났다.

뭇 신하는 모두 경악하여 이 뜻하지 않은 일에 어떻게 손을 쓸 수가 없었다. 그러나 진나라 법률에는 뭇 신하가 궁전에 오를 때는 몸에 촌척(寸尺)의 무기도 지니는 것을 허락하지 않았으므로 호위 낭중(郎中)들은 모두 계단 밑에서 칼을 잡고 늘어서 있었으나 왕의 명령이 없으니 오를 수가 없었다. 이 급한 때를 당하여 왕은 무기를 가진 신하를 부를 겨를이 없었다. 그래서 형가는 계속 왕을 뒤쫓을 수 있었던 것이다. 낭중들도 당황하고 있었으나 형가를 칠 수가 없어 다만 주먹을 쥐고 대들 뿐이었다. 이때 시의(侍醫) 하무저(夏無且)가 손에 들고 있던 약주머니를 형가에게 내던졌다. 진나라 왕이 기둥을 끼고 뺑뺑 돌며 공포에 빠져 어찌할 수가 없을 때 좌우에 있던 자가 소리쳤다.

「전하, 칼을 등에 지십시오!」

왕은 칼을 등에 지고 마침내 칼을 뽑아서 형가를 내리쳐 그의 왼쪽 다리를 베었다. 형가는 엉덩방아를 찧고 넘어지자 비수를 왕에게 던졌다. 그러나 비수는 왕에게 맞지 않고 구리기둥에 꽂혔다. 진나라 왕은 다시 형가를 쳤는데, 그로 말미암아 형가는 여덟 곳에 상처를 입었다. 이제는 일이 틀린 것을 알게 된 형가는 기둥을 잡고 웃으며 두 다리를 벌리고 앉아 꾸짖는 소리로 말했다.

「일을 이루지 못한 까닭은 진나라 왕을 사로잡아 위협하여 반드시 약속(진나라에 빼앗긴 땅을 돌려받는 약속)을 받아내어 연나라 태자에게 보답할 생각에서였다.」

좌우에 있던 신하들이 달려 나와 형가를 죽였는데, 진나라 왕은 얼마 동안 불쾌한 낯빛이 가시지 않았다. 얼마 후에 논공

(論功)하여 상을 주었고, 죄를 지은 자는 그에 상당하는 벌을 내렸다. 하무저에게는 황금 2백 일(鎰)을 내리면서 말했다.

「하무저는 나를 위해 약주머니를 형가에게 내던졌다.」

이 사건으로 진나라 왕은 크게 노하여 더욱 많은 병력을 동원해서 조(趙)나라로 보내고, 왕전에게 명하여 연나라를 치도록 했다. 10개월 만에 연나라 도읍 계성(薊城)이 함락되었다. 연나라 왕 희(喜), 태자 단(丹) 등은 정병을 모두 이끌고 동쪽 요동(遼東)으로 가서 농성했다. 진나라 장군 이신(李信)은 연나라 왕을 맹렬하게 추격했다. 대(代)나라 왕 가(嘉)가 연나라 왕에게 편지를 보내 이렇게 말했다.

「진나라가 맹렬하게 연나라 왕을 추격하는 것은 태자 단 때문입니다. 지금 대왕께서 만약 단을 죽여서 진나라 왕에게 바친다면 진나라 왕의 마음은 틀림없이 풀어질 것이고, 연나라의 사직은 다행히 제사를 계속 지낼 수 있을 것입니다.」

한편 이신(李信)이 단을 쫓아가자, 단은 연수(衍水 : 요동의 강 이름)에서 몸을 숨겼다. 연나라 왕은 사자를 보내 단을 베어서 진나라에 바치려고 했으나, 진나라는 계속 군사를 몰아 연나라를 쳤다. 그리하여 5년 후에는 마침내 연나라를 멸망시키고 연나라 왕 희(喜)를 사로잡았다.

그 이듬해에 진나라는 천하를 병합하고 진나라 왕은 황제(皇帝 : 시황제)의 위(位)에 올랐다. 그리하여 진나라에서는 태자 단의 식객들과 형가의 객인들을 수색하자 그들은 모두 도망쳤다.

고점리는 이름을 바꾸고 남의 고용살이를 하며 송자(宋子 : 하북의 지명)에 숨어서 노동을 했는데, 날이 감에 따라 그 노고를 감당할 수가 없었다. 주인집 당상(堂上)에서 손님이 축(筑)을 치자, 그것을 들은 고점리는 참견하고 싶어 안타까워하던 끝에 이렇게 중얼거렸다.

「이렇게 치는 것은 잘 쳤고, 저렇게 치는 것은 잘못 쳤군.」

옆에서 고점리가 중얼거리는 소리를 들은 하인이 주인에게 일러바쳤다.

「그 고점리는 음악을 아는 듯합니다. 혼자서 잘하고 못하는 것을 평하고 있습니다.」

그리하여 주인은 고점리를 불러서 축을 쳐보라고 했다. 그러자 한 자리에 모였던 사람들은 모두 칭찬하며 술을 권했다. 고점리는 오랫동안 세상을 숨어서 곤궁하게 살아보아야 끝이 없을 것으로 생각하고 방으로 가더니, 짐짝 속에서 축과 나들이옷을 꺼내 용모를 고치고 여러 사람 앞에 나왔다. 손님들은 모두 놀라서 자리를 물러앉으며 대등한 예로 그를 맞아 축을 치며 노래를 부르게 했는데, 그 누구 한 사람 눈물을 흘리지 않는 자가 없었다. 송자 사람들은 차례로 고점리를 손님으로 모셨다.

이 일이 진나라 시황제의 귀에 들어가자, 시황제가 그를 불러들이도록 명령했다. 그런데 그를 알아보는 자가 있었다.

「저 사람은 고점리다!」

황제는 축의 명수인 고점리를 죽이는 것은 애석한 일이라 생각하여 그를 용서하고, 그 대신 눈을 불로 지져 멀게 했는데 축을 타는 것을 아껴 그를 가까이 했다. 고점리는 납덩어리를 녹여 축 속에 넣고 황제를 가까이 한 기회에 축을 들어올려 황제를 향해 내리쳤지만 맞지 않았다. 그리하여 마침내 고점리는 주살당하고 말았다. 그 이후 황제는 두 번 다시 타국사람을 가까이 하지 않았다.

노구천(魯句踐)은 형가가 진나라 왕을 찌르려고 했던 전말을 듣고는 이렇게 혼잣말을 했다.

「아아, 그가 사람을 찌르는 법을 배우지 않았던 것은 애석한 일이로다. 그보다도 내가 사람을 보는 눈이 밝지 못했던 것은 또 무슨 잘못이란 말인가. 형가가 앞서 나에게 혼났을 때 묵묵히 도망하고 만 것은, 지금 생각해 보니 나를 사람으로 보지 않았기 때문이었으리라.」

태사공은 말한다.

「세상에 전해지는 형가에 관한 것 중에 태자 단(丹)의 명운(命運)을 일컬어 『하늘에서 곡식이 내려지고 말머리에 뿔이 돋아났다[16]』고 전해지지만, 이것은 아주 잘못된 것이다. 또 『형가는 진나라 왕에게 상처를 입혔다』고 하는데, 이것도 사실이 아니다. 일찍이 공손계공(公孫季功)과 동생(董生 : 동중서) 두 사람은 하무저와 교제가 있었으므로 그 사정을 자세히 알고 있었는데, 나에게도 말해 주었으므로 그 진상은 내가 기록한 대로이다. 조말로부터 형가에 이르는 다섯 사람은 그 의거(義擧)가 성공하기도 하고 혹은 실패하기도 했다. 그러나 그 심경(心境)은 명백하여 그 본바탕을 속이지 않았다. 그들의 이름이 후세에 전해진 것이 어찌 망령된 일이겠는가?」

---

16) 만일 까마귀가 하얗게 되고, 하늘에서 곡식이 떨어지며, 말머리에 뿔이 난다〔烏頭白馬生角〕면 돌아갈 수 있을 것이라고 진나라 왕이 말하자, 태자 단(丹)은 하늘을 쳐다보며 길게 탄식하였는데, 과연 이러한 일들이 일어났다고 한다.

이사 열전 제27

이사(李斯)는 초(楚)나라 상채(上蔡 : 하남 상채) 사람이다. 나이 젊었을 때 고향의 말단 관리가 되었다. 그는 관청 변소의 쥐들이 더러운 것을 먹다가 사람이나 개가 가까이 가면 놀라서 도망치는 것을 이따금 보았다. 그러나 이사가 창고 안으로 들어가니 창고에 있는 쥐는 저장한 곡식을 먹고도 사람이나 개를 무서워하지 않고 넓은 지붕 밑에 우글거리는 것을 알았다. 그래서 이사는 탄식을 하며 말했다.

「사람이 어질고 어질지 못함은 비유하자면 쥐와 같아서 단지 그 처해 있는 장소에 달렸을 뿐이다.」

그리하여 순경(荀卿)[1]에게 사사하여 제왕(帝王)의 술(術)을 배웠다. 학업을 마치자, 초나라 왕은 섬길 만한 인물이 못되고, 또 육국(六國)을 둘러보니 모두 약소하여 스스로 공업(功業)을 세울 여지가 적다고 생각되어 서쪽에 있는 진(秦)나라로 들어가기로 하고 순경에게 작별인사를 하며 말했다.

---

1) 순경(荀卿)…순황(荀況). 조(趙)나라의 위대한 사상가로서, 여러 제후국을 돌며 학문을 가르쳤다. 선진(先秦) 사상가들의 학술사상을 총괄하고 비판하였다. 저서로 《순자》가 있다. ☞「맹자 · 순경열전」

이 사

「『때를 얻으면 게을리 하지 말라』는 말을 들었는데, 지금이야말로 만승(萬乘)의 나라는 서로 자웅을 다투고, 유세하는 선비는 국사(國事)를 좌우하며, 또한 진나라 왕은 제국을 병합하여 제왕이라 칭하고 천하를 통일하고자 하고 있습니다. 정녕 포의(布衣)의 선비[1]가 분주히 뛸 때이며, 유세하는 선비에게 있어 긴요한 때입니다. 비천한 지위에 있는 자가 그것에 대하여 아무런 계획도 세우지 않는 것은, 마치 짐승이 고기를 앞에 놓고도 사람이 보고 있다 해서 참고 그대로 지나가는 것과 같은 일입니다. 그러므로 비천한 것처럼 부끄러운 것이 없고, 곤궁한 것처럼 슬픈 일은 없습니다. 오랫동안 비천 곤궁한 처지에 있으면서 세상의 부귀를 비방하고 남의 이익을 미워하며, 몸을 무위자연(無爲自然)의 심경에 맡겨 스스로 고상하다고 하는 것은 선비 된 자의 진정이 아닙니다. 그래서 저는 이제 서쪽으로 가서 진나라 왕에게 유세해 보려고 합니다.」

이렇게 해서 이사는 진나라에 갔는데, 진나라에서는 때마침 장양왕(莊襄王)이 죽었기 때문에 이사는 자원하여 재상 문신후(文信侯) 여불위(呂不韋)의 집 하인이 되었다. 여불위는 이사가 현명하다는 것을 알고 추천하여 낭(郞)을 삼았다. 그리하여 이사

1) 포의(布衣)…고대 평민들은 누추한 마포(麻布)나 갈포(葛布)를 입었으므로 일컫는 말이다. 여기서는 평민 출신의 유세가를 지칭한다.

는 진왕에게 유세할 기회를 얻어 진왕에게 말했다.

「다른 사람에게 의지하는 사람은 막연히 기다리는 것만으로 좋은 기회를 놓칩니다. 큰 공을 성취하기 위해서는 상대의 약점을 틈타서 밀고 나가야 합니다. 옛날 목공(穆公)이 천하의 패자가 되어서도 끝내 동쪽의 여섯 나라를 병합할 수 없었던 것은, 당시에 남아 있던 제후가 많았고, 주(周)나라 왕실의 은덕이 아직 쇠하지 않았으며, 오패(五覇)가 차례로 일어나 번갈아가며 주실을 받들었기 때문입니다. 그런데 진나라 효공(孝公)[2] 이래로 주실이 쇠약해져서 제후들이 서로 힘을 합쳐 관동은 여섯 나라〔한韓·조趙·위魏·제齊·초楚·연燕〕만 남았습니다. 진나라는 승세를 타고 제후를 부리기 6대에 이르고, 이제 제후가 진나라에 복속하는 것이 마치 진나라의 군현(郡縣)과 같게 되었습니다.

이와 같은 진나라의 강대한 힘과 대왕의 현명을 가지고 일을 한다면, 천하를 통일하는 것은 아낙네가 아궁이의 먼지를 쓰는 것같이 아주 쉬운 일입니다. 이것은 만세에 한 번 있는 기회라고 하겠습니다. 이제 게으름을 피우고 서둘러 이루지 않는다면 제후들이 다시 강성해져서 모여 합종을 맺게 될 것이고, 그렇게 되면 비록 황제(黃帝) 같은 현명한 임금이 있을지라도 여섯 나라를 합병할 수는 없을 것입니다.」

그리하여 진나라 왕은 이사를 장사(長史)로 임명하고 그의 계략을 받아들여서 책사(策士)에게 황금주옥을 들려 비밀리에 열국으로 파견하여 제후에게 유세하도록 시켰다. 또 열국의 명사로서 재보(財寶)의 힘으로 내 편을 만들 수 있는 사람에게는 뇌물을 두툼하게 보내 결탁하고, 재보에 움직이지 않을 사람은 자

2) 효공(孝公)…효공은 상앙(商鞅)을 등용하여 기존의 정치를 개혁하고, 중농정책(重農政策)을 권장하여 나라를 부유하고 튼튼하게 만들었다.

객을 풀어 죽인 다음 군신간의 계책을 이간시키고 훌륭한 장수를 파견하여 토벌해서 복종시켰다.

축객령(逐客令)

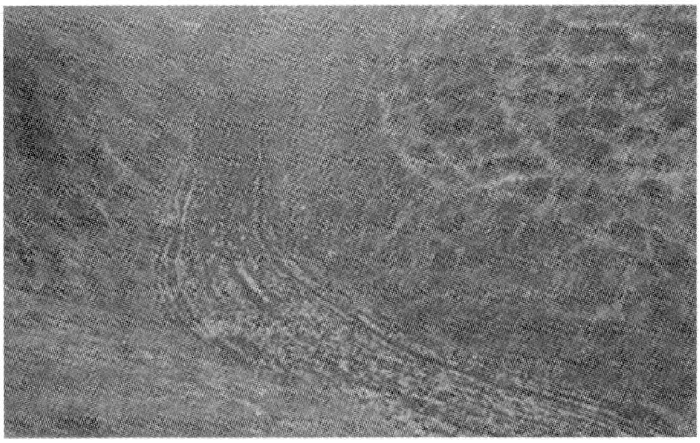
정국거 유적

진나라 왕은 이사를 종묘(宗廟)에 배례하게 하고 객경(客卿 : 타국인의 대신)을 삼았다. 때마침 한(韓)나라의 수공(水工)인 정국(鄭國)[3]이 진나라에 들어와서 진나라를 교란시킬 목적으로 왕에게 권하여 관개용(灌漑用) 운하를 만들려고 했다. 이 음모가 발각되자 진나라의 종실과 대신들은 모두 입을 모아 말했다.

「열국에서 들어와 진나라를 섬기는 사람은 대개 이전의 임금을 위하여 유세를 하고, 진나라 군신(君臣)을 이간시키려고 할 뿐입니다. 모쪼록 외객(外客)을 모두 추방하시기 바랍니다.」

---

3) 정국(鄭國)…한(韓)나라 사람으로 수로개척의 전문가다. 진(秦)나라의 침략을 미연에 막기 위해서 진나라로 들어와 운하 건설을 적극 건의하였다. 운하 건설에 대규모의 인력과 비용을 소모시켜 동쪽 정벌을 포기하게 하려는 속셈에서였다. 정국의 이러한 계략은 결국 탄로가 났지만, 운하의 이로움을 역설하여 사면되었고, 진나라는 이 공사를 10여 년 동안 계속하였다. 이때 이룬 운하의 길이는 서쪽의 경수(徑水)에서 동쪽의 낙수(洛水)에 이르는 3백 리나 되었고, 이 운하의 이름을 그의 이름을 따서 정국거(鄭國渠)라고 불렀다. 후세 사람들도 정국을 고대 수로개척의 유명한 전문가로 꼽는다.

그리하여 이사도 논의의 대상이 되어 추방자 명단에 올라 있었다. 이사는 글을 올려 진나라 왕에게 말했다.

「듣자옵건대, 관리들은 외객들을 추방하기로 결의했다고 하는데, 제가 생각하기에는 이는 당치도 않은 일입니다. 옛날 목공은 현사(賢士)를 구하여 유여(由餘)를 서쪽 융(戎)에서 얻었고, 백리해(百里奚)를 동쪽 완(宛)에서 얻었으며, 건숙(蹇叔)[4]을 송(宋)에서 맞이하고, 비표(丕豹)[5]와 공손지(公孫支)를 진(晋)에서 초대했습니다. 이 다섯 사람이 태어난 나라는 진나라가 아니었건만, 목공은 그들을 등용하여 20개국을 병합하고 마침내 서융(西戎)의 패자가 되었습니다. 또 효공은 상앙의 법을 채용하여 풍속을 고치고 이로 인하여 백성은 번영했으며, 나라는 부강하게 되었고 백관은 즐겨 벼슬을 했고 제후는 스스로 복종했으며, 초나라와 위(魏)나라 군사를 깨뜨리고 토지를 넓히기 천 리, 이 일로 지금에 이르기까지 나라가 잘 다스려졌고 군사가 강해졌습니다.

혜왕(惠王)은 장의의 계략을 받아들여 삼천(三川 : 황하 · 낙수 · 이수)의 땅을 차지했고, 서쪽으로 파 · 촉 땅을 병합했으며, 북쪽으로 상군(上郡)을 쳤고, 남쪽으로는 한중을 취했으며, 구이(九夷)[6]를 포섭하여 초나라 도읍 언(鄢) · 영(郢)을 제압했으며, 동쪽으로는 성고(成皐)의 험난한 땅을 근거지로 삼아 비옥한 땅을 빼앗아 마침내는 여섯 나라의 합종을 풀어 모두 진나라에 복

---

4) 건숙(蹇叔)…일찍이 송나라에서 기거할 때 백리해의 친구였다. 백리해의 추천으로 진 목공의 상대부(上大夫)가 되었다.

5) 비표…진(晋)나라 대부 비정(丕鄭)의 아들이다. 비정이 진(晋)나라 혜공(惠公)에게 피살되자, 진(秦)나라로 망명하여 목공의 대장이 되어 황하의 서쪽 진(晋)나라의 여덟 개 성을 함락시키고 혜공을 사로잡았다.

6) 구이(九夷)…초나라 땅에서 살고 있던 여러 소수 민족을 가리킨다. 「이(夷)」는 고대 중국의 동쪽 여러 부족들을 통칭한다.

종시켰는데, 그 공은 오늘에까지 미치고 있습니다.

소왕은 범수를 얻어서 양후(穰侯 : 위염)를 폐하고 화양군(華陽君)을 추방하여 진나라 왕실을 강화시키고, 사문(私門)의 번창을 막았으며, 제후의 땅을 잠식하여 진나라 제업(帝業)을 성취했습니다. 이 네 분의 군주는 모두 외객을 등용해서 성공했던 것입니다. 그러고 보면 외객이 진나라를 배반한다는 말은 어떤 근거에서 나온 것입니까? 만약, 이 네 분의 군주가 일찍이 외객을 물리쳐 받지 않았더라면, 또 어떤 선비를 소홀히 여겨 등용시키지 않았더라면 나라가 부귀함을 얻지 못하고 진나라의 강한 이름은 없었을 것입니다. 지금 폐하께서는 곤륜산의 명옥(明玉)을 손에 넣고, 수후(隨侯)의 구슬[7]과 화씨벽을 소유하셨으며, 명월주(明月珠)를 몸에 장식하고 명검 태아(太阿)[8]를 차시고 명마 섬리(纖離)를 타셨으며, 취봉(翠鳳)의 기(旗)를 세워 영타(靈鼉)[9]의 북을 설치해 놓으셨는데, 이 여러 가지 보물은 하나같이 진나라의 산물이 아닌데도 폐하께서는 이것들을 모두 진귀하게 생각하시는 것은 어인 일이옵니까?

만약, 진나라의 산물만을 쓰신다고 한다면 야광벽은 조정에 장식할 수 없고, 서각(犀角)·상아로 만든 그릇은 보고 즐기실 수 없으며, 정(鄭)·위(衛)나라의 미녀는 후궁으로 맞을 수 없고,

7) 수후(隨侯)의 구슬…수(隨)는 주(周)나라 초기에 있었던 작은 나라로, 전설에 의하면, 수후는 일찍이 상처 입은 큰 뱀을 구해 준 적이 있는데, 뒷날 이 뱀이 보답으로 큰 진주를 가져다주었다고 하여 후세 사람들이 그것을 수주(隨珠)라고 불렀다.

8) 태아(太阿)…보검 이름이다. 월(越)나라의 이름 있는 장인 구야자(歐冶子)와 오나라의 장인 간장(干將)이 힘을 합쳐 만들었다고 전해진다.

9) 영타(靈鼉)…악어와 비슷한 모양을 그려 넣은 북으로 악어가죽으로 만들었으며 매우 큰 소리를 낸다고 한다.

결제(駃騠)의 준마도 마구간에 넘칠 수 없으며, 강동(江東)의 금과 주석도 쓰일 수 없고, 서촉의 단청(丹靑)도 쓸 수가 없습니다. 후궁을 장식하고 궁내의 쓰임새를 충당하며 마음을 즐겁게 해주고 이목(耳目)을 기쁘게 해주는 것도 진나라 산물이 아니면 쓰지 않는다고 한다면, 완(宛)의 구슬비녀·구슬 귀걸이·아호(阿縞)[10]의 의복·금수(錦繡)의 장식은 폐하 앞에 올릴 수 없고, 풍속에 따라 아취를 더한 조(趙)나라 미인 역시 지금처럼 폐하를 모실 수 없을 것입니다. 수옹(水甕)을 치고 와기(瓦器)를 두드리며 쟁(箏)을 타고 넓적다리를 치면서 노래를 불러 귀를 즐겁게 하는 것이 진나라의 진짜 음악이며, 정(鄭)·위(衛)·상간(桑間)·소(昭)·우(虞)·무(武)·상(象)[11]은 이국(異國)의 음악입니다. 그런데도 지금 진나라에서는 옹을 치고 와기를 두드리는 것을 그치고, 정·위의 음악(淫樂)을 취하며, 쟁을 타는 것을 그치고 소·우의 정악(正樂)을 취하고 있는데, 그것은 어찌된 일입니까? 그것은 곧 마음을 즐겁게 해주고 눈으로 보기에 재미가 있기 때문입니다.

강과 바다는 가는 물줄기도 가리지 않았기에 깊다

그런데 이제 사람을 뽑아 쓰는 데 있어서는 이것과 다르게 논설의 가부와 행위의 곡직을 말하지 않고, 진나라 사람이 아니면 제외하여 외국 사람을 추방하려고 합니다. 그러고 보면 진나

10) 아호(阿縞)…阿란 가볍고 가는 실로 짠 직물이고, 縞는 흰 비단을 말한다.

11) 정(鄭)·위(衛)·상간(桑間)·소(昭)·우(虞)·무(武)·상(象)…정과 위는 정(鄭)나라와 위(衛)나라의 민간 악곡이고, 상간은 망할 나라의 음악으로 음탕한 곡조를 말하며, 소와 우는 우순(虞舜) 시대의 악곡, 무와 상은 주 무왕(武王)의 음악이다.

라가 존중하는 것은 여색(女色)과 음악뿐이며 인물은 경멸하는 것이 됩니다. 이렇게 해서는 천하에 군림하여 제후를 제압할 수 없습니다. 저는 『땅이 넓으면 곡식이 많고, 나라가 크면 백성이 많으며, 군사가 강하면 병사가 용감하다』는 말을 들었습니다. 마찬가지로 태산(泰山)은 한 개의 흙덩어리의 흙도 양보하지 않았기에 그 크기까지 이룰 수 있었으며, 강과 바다는 가는 물줄기도 가리지 않았기에 깊으며〔泰山不壤土壤 故能成其大 河海不擇細流 故能就其深〕, 왕자는 한 사람의 인간이더라도 버리지 않아야만 덕이 빛나는 것입니다. 따라서 왕의 땅에는 사방의 구별이 없고, 왕의 백성에는 이국(異國)의 차별이 없으며, 네 계절이 조화되어 각기 아름다움이 충만해야만 귀신도 성대(聖代)를 칭송하여 행운을 내리는 법입니다. 이런 것들이 오제 삼왕에게 적이 없었던 이유입니다.

그런데 지금은 백성을 버리고 적국을 이롭게 하며, 빈객을 물리치고 제후를 도와 천하의 선비를 돌아서게 하여 진나라에 오지 못하게 하며, 발을 묶어 진나라에 들여놓지 못하게 하는 것은 이른바 『원수에게 군사를 꾸어 주고 도둑에게 양식을 주는 것』이 됩니다. 진나라에서 나온 물건이 아니더라도 보물로 삼을 것이 많으며, 진나라에서 태어나지 않은 사람이더라도 충성을 원하는 사람은 많이 있습니다. 지금 외객을 추방하여 적국을 이롭게 하고, 백성을 줄여서 원수에게 이익을 주며, 국내에서는 스스로 모자람을 견디고, 국외에서는 열국의 원한을 사면 어찌 나라가 평안하기를 바란들 얻을 수 있겠습니까?」

이 글을 읽은 진나라 왕은 축객령(외국인 추방령)을 해제하고 이사를 복직시켰으며, 그의 계책을 썼고 그를 정위(廷尉 : 옥獄을 다스리는 관리)로 임명했다. 그 후 20여 년 만에 마침내 천하는 통일되었고, 왕을 받들어 황제(皇帝)로 했으며 이사를 정승자리에 앉혔다. 군현에 있는 성벽을 허물고 무기를 녹여 두 번 다시 사용하지 않을 것을 보여 주었다. 진나라가 한 자의 땅도 남에게 봉해주는 일이 없었고, 황제의 자제를 세워 왕을 삼거나, 공신을 봉하여 제후를 삼거나 하지 않은 것은 뒷날 전쟁의 근심을 없애기 위함이었다.

시황제 34년, 함양궁에 주연이 있었고, 박사(博士) 복야(僕射) 주청신(周青臣) 등이 시황제의 성덕을 칭송했다. 제나라 사람 순우월(淳于越)이 나와서 간했다.

「저는 『은(殷)·주(周)가 천여 년에 걸쳐 왕실을 존속시킬 수 있었던 것은 자제(子弟)나 공신을 통하여 왕실을 받들었기 때문』이라고 들었습니다. 그런데 지금 폐하께서는 천하를 소유하고 계신데도 폐하의 자제는 필부(匹夫)의 신분입니다. 이렇게 해 가지고는 일단 제나라의 전상(田常)[12]이나 진(晋)나라의 육경(六卿)의 화를 당했을 때 왕실을 보필할 신하가 없으니 어찌 서로 도울 수가 있겠습니까? 어떤 일이건 옛날을 스승으로 삼지 않고 길게 지속되었다는 예를 들은 적이 없습니다. 이제 청신(青臣) 등이 어전에서 아첨을 일삼아 폐하의 과오를 거듭되게 하는 것은 충신이라 할 수가 없습니다.」

분서갱유(焚書坑儒)

시황제는 이 건의사항을 승상에게 말하고 검토해 보라고 했

---

12) 전상(田常)…춘추시대 제나라 대부로서 제나라 간공(簡公)을 서주(西周)에서 죽이고 제나라 평왕(平王)을 섬겼다. 공자(孔子)가 전상을 치자고 간청하였지만, 노(魯) 애공(哀公)은 이를 듣지 않았다

다. 승상 이사는 그 의견이 타당치 않다고 비방하고 글을 올려 이렇게 말했다.

「옛날에는 천하가 어지러워도 누구도 통일을 할 사람이 없었습니다. 그 때문에 제후가 어깨를 나란히 하고 일어났던 것입니다. 순우월이 말하는 것은 모두 고대(古代)를 인용하여 현대를 기피하고 허식된 말로써 현실을 어지럽히는 것입니다. 사람들은 모두 자기가 배운 사학(私學 : 제자백가의 학문)을 옳다고 하고, 국가에서 세운 제도를 비방하기 마련입니다. 지금 폐하께서는 천하를 병합하시고 사물의 흑백을 판별하시어 천하에 오직 한 분의 황제만이 있도록 정했습니다. 그런데 사학의 무리들은 법률과 문교의 제도를 비난하고, 새 법령이 내릴 때마다 자기가 배운 것을 들어 비판을 하는데, 집에서는 마음으로 비난하고 밖에 나와서는 여러 사람들과 의논하며 임금을 비난하는 자신을 자랑하고 무리를 이끌어 비방을 일삼고 있습니다. 이런 행동들을 금지하지 않으면 위로는 주상(主上)의 권위가 떨어지고 아래로는 당파가 만들어질 것이므로 금하는 것이 상책입니다. 바라옵건대 모든 문학·시서(詩書)·백가(百家)의 저술을 폐기하고, 포고령이 내려진 지 만 30일이 지나도 아직 폐기하지 않는 자는 이마에 먹물을 들이는 형에 처하여 성단(城旦)[13]으로 삼으십시오. 폐기하지 않아도 될 것은 의약(醫藥)·복서(卜筮)·원예(園藝) 같은 책에 한하며, 만약 배우고 싶은 자가 있으면 관리로 하여금 그 스승이 되도록 하면 좋겠습니다.」

---

13) 성단(城旦)…고대의 형벌로서 4년 동안 아침 일찍 일어나 성곽을 쌓는 형벌을 이른다.

시황제는 이 건의를 옳다고 여기고 《시경》 《서경》 제자백가의 저술을 몰수하였다. 이렇게 하여 백성을 무지하게 만들어 천하 만민이 옛것을 인용하여 지금 세상을 비방하는 일이 없도록 했다. 법률과 제도를 밝히고 율령(律令)을 만드는 일은 모두 시황제 때 처음 시작된 일이다. 문자를 통일하고 천하의 이곳저곳에 이궁(離宮 : 황제가 각 지역을 순시할 때 머무는 곳)과 별관을 두루 지었다. 대외적으로는 사방의 만이(蠻夷)를 몰아냈다. 이런 것들은 이사의 힘을 배경으로 한 것이 많았다.

이사의 장남 유(由)는 삼천(三川)의 태수가 되었으며, 그 밖의 아들도 모두 진나라 공주를 맞아들였고, 딸은 모두 진나라 여러 공자에게 시집을 갔다. 삼천 태수 이유가 휴가를 얻어 함양으로 돌아왔을 때 이사가 집에서 주연을 베풀자, 백관의 장이 모두 나와서 이사를 위해 건강을 축복했다. 문전의 광장에 거마(車馬)가 수천 대나 모인 것을 보고 이사는 탄식하며 이렇게 말했다.

「아아, 내가 순경(筍卿)에게서 들은 말에, 『사물은 지나치게 성대해지는 것을 경계하지 않으면 안 된다』는 말이 있었지. 나는 상채(上蔡)의 포의(布衣)의 선비였으며 시골의 평민에 지나지 않았는데, 주상은 내 부재(不才)를 알지 못하시고 발탁하여 마침내 오늘과 같이 되었다. 이제는 임금의 신하로는 내 자리 위에 있는 자가 없고 부귀도 극에 이르렀다 할 것이다. 모든 것은 극한에 달하면 쇠하는 것, 수레를 끄는 노역에서 해방된 늙은 말처럼 내 몸이 가는 마지막이 어떻게 될 것인지 나 자신도 모르겠구나.」

명군(明君)은 신하를 알고 현부(賢父)는 아들을 안다

시황제 37년 10월, 시황제는 회계(會稽)를 순행하고 해안 기

분서갱유도

슭 북쪽의 낭야(琅邪 : 산동 제성)에 이르렀다. 승상 이사와 중차부령(中車府令 : 황제의 수레를 관리하는 직책) 조고(趙高)가 부새령(符璽令 : 황제의 옥새를 관리하는 직책)의 직무를 겸직하고 수행했다. 시황제에게는 20여 명의 아들이 있었다. 장자 부소(扶蘇)는 이따금 직간했기 때문에 경원당하여 흉노에 대비하는 상군(上郡) 파견군의 감독으로 가 있었다. 파견군의 장수는 몽염(蒙恬)이었다. 막내아들 호해(胡亥)는 시황제의 총애가 깊었는데, 자청하여 이 순행에 수행하기로 했다. 다른 공자(公子)들은 아무도 따라가지 않았다.

그 해 7월, 시황제가 사구(沙丘 : 하북 평향의 동북)에 이르렀을 때 갑자기 병이 위독하여 조고에게 명하여 공자 부소에게 보낼 편지를 쓰도록 했다. 그 편지에는 이렇게 씌어 있었다.

「군사를 몽염에게 맡기고 함양으로 와서 내 유해를 맞아 장사지내도록 하라.」

그 편지는 이미 봉함되었지만 아직 사신의 손에 넘어가기 전에 시황제는 붕어했다. 편지도 옥새도 모두 조고가 가지고 있었다. 시황제가 죽었다는 것을 아는 사람은 호해와 승상 이사, 조고 그리고 시황제가 아끼던 환관 5, 6명뿐이었고 다른 신하들은 아무도 몰랐다.

조 고

이사는 주상께서 순행 도중에 붕어한 것과 아직 정식으로 태자가 세워지지 않은 것을 생각하여, 상(喪)을 숨기고 시황제의 유해를 온량차(轀輬車)[14]에 안치했다. 백관이 말씀을 아뢰는 일이나 수라상을 올리는 일이나 모두 평소와 같이 했고, 환관이 온량차 안에서 모든 일을 결재했다. 조고는 부소에게 내린 칙서를 손에 든 채 공자 호해에게 말했다.

「주상께서는 붕어하셨는데, 여러 아드님을 봉하여 왕을 삼는다는 유조(遺詔)는 없으며 단지 장남에게 편지를 내리셨을 뿐입니다. 장남이 오게 되면 즉위하여 황제가 될 터인데, 여러 아드님에게는 한 치의 영지(領地)조차 없습니다. 어떻게 하시겠습니까?」

호해가 말했다.

「그것은 당연한 일이 아니겠소. 『명군(明君)은 신하를 알고 현부(賢父)는 아들을 안다』고 했거늘, 지금 아버님께서 돌아가시면서 여러 아들들을 왕에 봉하지 않으셨다 하여 아들 된 자로서 무슨 딴 말이 있을 수 있겠소?」

조고가 말했다.

---

14) 온량차(轀輬車)…온도를 조절할 수 있는 큰 수레. 사람이 누울 수 있도록 만든 규모가 큰 수레로, 수레 양쪽에 창문을 만들어 온도를 조절하였다.

「그렇지가 않습니다. 이제 천하의 권력은 이를 얻는 것도 잃는 것도 공자님과 저와 그리고 승상의 생각에 달려 있으니 깊이 생각하시기 바랍니다. 남을 신하로 쓰는 것과 남의 신하가 되는 것, 또 남을 제어하는 것과 남에게 제어를 받는 것은 가는 길과 오는 길이 다른 것만큼이나 다른 것입니다.」

호해가 말했다.

「형을 폐하고 아우를 세우는 것은 의롭지 못한 일이요, 아버님의 말씀을 받들지 않고 음모를 하는 것은 불효한 일이고, 내 재능이 천박한데 억지로 남의 공에 얹히려는 것은 무능한 일이오. 이 세 가지는 덕을 거스르는 일이니 천하는 복종하지 않을 것이고, 내 몸은 위태로운 지경에 빠질 것이며, 사직이 제사를 받지 않을 것이오.」

결단성 있게 행하면 귀신도 피한다

조고가 말했다.

「저는 이런 말을 들었습니다. 탕왕과 무왕은 주군을 죽였으나[15] 천하 사람들은 이를 의(義)라 했지 불충이라 하지 않았습니다. 위군(衛君)은 아버지를 죽였으나[16] 위나라 백성들은 그 덕을

15) 탕왕은 상(商)나라 탕왕을 말하는데, 그는 원래 하(夏) 걸왕(桀王)의 신하였다. 걸왕은 무도(無道)하였기에, 탕왕은 그를 오조(鳴條)로 쫓아내고 상 왕조를 건국하였다. 그리고 무왕은 주(周) 무왕을 지칭하는데, 그는 원래 상나라 주왕(紂王)의 신하였다. 주왕이 무도하였기에 무왕은 군대를 일으켜 정벌하였다. 이에 주왕은 스스로 불에 타 죽었다.

16) 여기서 위(衛)나라의 임금이 자기 아버지를 죽였다는 말은 조고(趙高)의 착오이다. 《위강숙세가(衛康叔世家)》에 의하면 위(衛)나라의 현군(賢君) 무공(武公)이 자기의 형을 죽이고 권력을 찬탈하였다고 씌어 있다. 그리고 이 일은 후세의 여러 역사가들에 의해서 의혹을 받고 있다.

받들었고, 공자도 이를 《춘추(春秋)》에 수록하여 불효라고 하지는 않았습니다. 또 『대사를 행하는 사람은 소의(小義)를 돌보지 않고, 상덕이 있는 사람은 사양하지 않는다』 고 하던가요. 고을마다 각기 제 나름대로의 특장(特長)이 있고, 백관들도 임무가 같지 않은 법입니다. 그러므로 작은 일에 구애되어 큰 일을 잊게 되면 후일에 반드시 재앙이 닥치며, 의심을 하여 주저하면 후일에 반드시 뉘우침이 있습니다. 결단성 있게 행하면 귀신도 피하고 뒷날 반드시 성공할 것입니다. 공자께서는 모쪼록 단행하시기 바랍니다.」

호해는 길게 탄식을 하며 말했다.

「아직 붕어하신 것도 발표하지 않고, 상례도 아직 끝나지 않은 이 때, 이런 일에 대하여 어찌 승상의 동의를 구할 수 있겠소.」

「지금이야말로 호기(好機)입니다. 때가 때인 만큼 생각할 시간적 여유가 없습니다. 양식을 짊어지고 말을 달려도 때에 늦어질까 두려울 뿐입니다.」

이렇게 해서 호해는 설복되었다. 조고가 말했다.

「승상과 상담하지 않으면 성취하지 못할지도 모릅니다. 신이 공자를 위해 승상과 의논하겠습니다.」

그리고는 이사에게 가서 말했다

「주상께서 붕어하실 때 장남에게 내리신 편지에 의하면 『함양으로 와서 내 유해를 맞이하여 장사지내고 즉위하여 제위를 상속 받으라』 고 하였습니다만, 편지는 아직 보내지 않았고, 지금 주상께서 붕어하신 것은 아무도 모르며, 장남에게 내리신 편지와 옥새도 호해 공자에게 있습니다. 태자를 정하는 것은 승상과 저 두 사람이 의논할 일입니다. 어떻게 하면 좋겠습니까?」

이사가 말했다.

「어찌하여 이런 나라 망칠 말을 하시오? 신하로서 할 말이 못 되오.」

조고가 말했다.

「승상께서는 스스로 돌아보아, 재능에서 몽염(蒙恬)과 누가 낫다고 생각하십니까. 또 공적 면에서는 몽염과 비교하여 누가 낫다고 생각하십니까? 먼 장래를 계획하는 점에서 실책이 없기로는 몽염과 비교하여 누가 낫습니까? 천하 사람들로부터 원망을 받지 않는 점에서는 몽염과 비교하여 누가 더 낫습니까? 맏아들 부소와 오랫동안 사귀어 신임을 받기로는 몽염과 비교하여 누가 더 낫다고 보십니까?」

이사가 말했다.

「그 다섯 가지 점에서 나는 모두 몽염에는 미치지 못하오. 그건 그렇고, 그대가 나에게 그 점을 들어서 책망하는 것은 무슨 까닭이오?」

조고가 말했다.

「저는 본래 하찮은 일을 하는 환관에 지나지 않습니다. 다행히도 형법의 담당 관리[17]로서 진나라 궁에 들어올 수 있었고, 사무를 관장하기 20여 년이 되었지만 진나라에서 파면된 정승이나 공신들로서 봉작이 2대(代) 계속되는 것을 아직 본 일이 없습니다. 결국에는 모두 주살당하여 멸망했던 것입니다. 황제의 아들 20여 명은 모두 승상도 아시다시피 장남은 강인하고 용맹스

---

17) 법의 담당 관리…원문의 「도필지문(刀筆之文)」은 형법(刑法)에서 다루었던 판례문을 가리킨다. 당시 죽간(竹簡)에다가 글자를 새겼는데, 오자가 생기면 칼로써 도려내었다. 그러므로 후세 사람들은 이 글자를 수정하는 관리를 도필리(刀筆吏)라고 불렀고, 특히 형사상의 공문서를 「도필지문」이라고 불렀다.

러우며 백성들로부터 신임을 받아 사기(士氣)를 떨치는 사람으로, 제위에 오르게 되면 틀림없이 몽염을 등용하여 재상을 삼겠지요. 승상도 최후에는 통후(通侯)18)의 인수를 내놓고 향리로 돌아가게 될 것은 명백한 일입니다. 저는 어명을 받잡고 공자 호해(胡亥)를 가르쳐 온 지 수십 년, 법률을 가르쳤는데 일찍이 과실을 범한 일이 없고 인자하며, 그 행실은 독실하고 재물을 가벼이 알며, 선비를 중하게 여기고 마음이 착실하여 말씨도 겸손하며 예를 다하여 선비를 공경하는 점에서는 진나라의 여러 공자 중에 따를 자가 없습니다. 황제의 뒤를 이을 만한 사람으로 생각되는데, 승상께서도 깊이 생각하시고 결정하십시오.」

이사가 말했다.

「그대는 자기 지위에 돌아가서 직무를 지키고 있으면 좋겠소. 나로서는 단지 주군의 소명을 받들어 천명에 맡길 뿐이오. 스스로 무슨 계략을 결정할 필요가 있겠소.」

조고가 말했다.

「태평한 것도 바꾸어 위험한 것으로 만들 수가 있으며, 위험한 일도 바꾸어 태평한 것으로 만들 수 있습니다. 계책에 따라 안위(安危)를 결정하지 않는다면 어찌 승상을 성인의 지혜를 가진 분으로 존중하겠습니까?」

이사가 말했다.

「나는 상채(上蔡) 시골의 한 평민이었소. 다행히 주상께 발탁되어 재상이 되었고, 통후(通侯)에 봉함을 받았으며 자손도 모두 존위(尊位) 중록(重祿)에 앉아 있게 되었소. 이것은 나라의 존

18) 통후(通侯)…진한(秦漢) 대의 작위가 20급에 해당하는 관직에 있는 사람을 가리키는데, 그 가운데 최고 작위는 철후(徹侯)로, 한무제 때 통후로 개칭하였다가 나중에는 열후(列侯)로 통칭하였다.

병마용 갱으로부터 출토된 청동제 화살

망과 안위를 나에게 맡기려고 한 것인데, 어찌 그 뜻을 저버릴 수 있겠소. 충신은 죽음을 피하여 만일의 요행을 바라지 않고, 효자는 부모를 섬기는 데 부지런히 힘쓰고, 위험을 걸고 일하는 법이 아니오. 신하는 각기 그 직분을 지키기만 하면 되는 것이니, 그대는 두 번 다시 이 일을 입에 올리지 마시오. 나에게 죄를 짓게 할 셈이오?」

조고가 말했다.

「그러나 『성인은 사물에 구애받지 않고 변전(變轉)하여 일정한 법도가 없으며, 변화에 응하고 시대에 호응하며, 끝을 보고 근본을 알며, 지향하는 바를 보고 귀착되는 바를 안다』고 하는 것처럼 모든 사물은 원래 이런 것입니다. 어찌하여 변하지 않는 일정한 법이 있겠습니까. 이제 천하의 권세는 호해 공자에게 있으며, 살리거나 죽이거나 모두 호해의 마음대로이며, 저는 그의 마음을 잘 알고 있습니다. 어쨌든 밖에서 안을 제어하는 것을 혹(惑)이라고 말하고, 아래에서 위를 제어하는 것을 적(賊)이라고 말합니다만, 똑같은 도리로서, 가을이 깊어져서 서리가 내리면 초목이 조락(凋落)하고, 봄에 얼음이 녹아서 물이 출렁이면 만물이 발동합니다. 이것은 필연의 법칙입니다. 승상께서는 어찌하여 이런 도리를 알지 못하십니까?」

이사가 말했다.

「진(晋)나라는 태자 신생(申生)[19]을 폐했기 때문에 삼대(三代)에 걸쳐 나라가 안정되지 못했고, 제나라 환공의 형제는 서로 왕위를 다투었기 때문에 몸을 멸망시켰으며, 은(殷)나라의 주왕은 친척을 죽이고 간언을 받아들이지 않았기 때문에 국토를 폐허시키고 사직을 위태롭게 했다고 하오. 이 세 사람은 하늘에 역행한 결과 종묘 제사까지 끊어지기에 이른 것이오. 나도 인간인 이상 어찌 하늘을 거역하여 모반 따위를 할 수 있겠소.」

조고가 말했다.

「위와 아래가 마음을 합치면 일은 길이 계속되며, 안과 밖이 한 몸이 되면 일은 표리(表裏)가 없어집니다. 군주가 신하의 계책을 받아들이면 길이 봉후(封侯)의 자리를 보존하여 자자손손이 제후의 자리를 누릴 것이며, 틀림없이 왕자교(王子喬)와 적송자(赤松子)처럼 장수하고, 공자와・묵자 같은 지혜를 얻게 될 것입니다. 지금 이 계책을 버리고 따르지 않으면 화는 자손에게까지 미치고 장래에 두려운 결과를 불러오게 될 것입니다. 처세를 잘하는 자는 화를 바꾸어 행(幸)으로 만들 수 있습니다. 승상께서는 화와 복 어느 곳에 몸을 두려고 하십니까?」

이사는 하늘을 우러러 탄식하고 눈물을 흘리며 한숨을 쉬었다.

「아아, 홀로 난세를 만나 죽을 수도 없으니 어디에다 내 몸을 의탁하리오!」

그리고 이사는 조고의 의견에 따르기로 했다. 조고는 호해에게 이렇게 보고했다.

---

19) 신생(申生)…진(晋)나라 헌공(獻公)은 남달리 아끼던 여희(驪姬)의 아들 해제(奚齊)를 태자로 삼기 위해 태자 신생(申生)을 자살하도록 했다.

「저는 태자의 명지(明旨)를 받들어 승상에게 통고했던바 승상 사(斯)도 영지를 받들겠다고 했습니다.」

이렇게 해서 세 사람이 공모한 끝에 승상이 시황제의 소명을 받았다고 속여 호해를 태자로 세우고 또 장남 부소에게 내릴 칙서를 거짓으로 꾸몄다. 그 내용은 다음과 같다.

「짐(朕)이 천하를 순행하고 명산 제신께 기도하여 수명을 연장하려 한다. 지금 부소(扶蘇)는 장군 몽염과 군사 수십만을 이끌고 변경에 주둔하기 10여 년, 조금도 나아가지 못할 뿐 아니라 병사의 소모가 많으면서도 한 치의 공로도 없도다. 그럼에도 불구하고 일찍이 자주 상소하여 짐의 행위를 비방하며 직분을 포기하고 도읍에 돌아와서 밤낮으로 태자가 되지 못함을 원망하였으니 부소는 아들로서 불효하다. 칼을 내리니 스스로 목숨을 끊으라. 장군 몽염은 부소와 함께 밖에 있으면서 부소를 바로잡지 못했을 뿐 아니라 마땅히 부소가 꾀하는 바를 알고 있었을 것이로다. 몽염은 신하로서 불충한 까닭에 죽음을 내리니 군사를 비장 왕이(王離)에게 맡기도록 하라.」

이 편지는 황제의 옥새를 찍고 봉하여 호해의 빈객이 받들어 상군(上郡)에 있는 부소에게 건네주도록 했다. 사자가 도착하여 편지를 펴니 부소는 울면서 안으로 들어가서 스스로 목숨을 끊으려고 했다. 몽염은 부소를 말리면서 말했다.

「폐하께서는 지금 순행 중이시며, 아직 태자를 세우지 않고 계십니다. 또 저에게 명하여 30만의 대군을 내주시어 변경을 지키게 하셨고 공자를 그 감독관으로 보내셨습니다. 이것은 천하의 중임입니다. 지금 한 사자가 왔다고 해서 바로 스스로 목숨을 끊으려 하신다면, 만약 그 사자가 거짓 사자일 경우 어떻게 하시겠습니까? 모쪼록 폐하께 한번 은사를 청해 보도록 하십시오. 그 다음에 목숨을 끊으셔도 늦지 않습니다.」

사자는 여러 차례 목숨을 끊기를 재촉했다. 부소는 천성이 어질고 유순한 사람이었기 때문에 몽염에게 이렇게 말했다.

「아버님께서 죽음을 내리셨는데, 아들이 되어 은사를 청할 수 있겠소?」

그리고는 그 자리에서 스스로 목숨을 끊었다. 몽염은 사자의 칙서를 수긍하지 않았기 때문에 스스로 죽으려 하지 않자, 사자는 그를 관리에게 인도하여 양주(陽周 : 섬서 정서)의 옥에 가두고 돌아와서 그 내용을 보고했다. 호해와 이사·조고 세 사람은 크게 기뻐하며 함양으로 돌아가서 시황제의 상(喪)을 발표했다. 태자 호해는 즉위하여 새 황제가 되었으며, 조고는 낭중령(郎中令)에 임명되어 항상 궁중에 있으면서 권력을 휘둘렀다.

2세 황제가 한가한 틈을 타서 조고를 불러 놓고 말했다.

「대체로 사람이 태어나서 이 세상에 사는 것은 마치 6두마차가 문틈을 달려 나가는 것을 보는 것처럼 순간적으로 지나가는 것이오. 나는 이제 천하에 군림하고 있으니 귀로 듣고 싶고 눈으로 보고 싶은 것을 실컷 해보고 마음에 즐거움을 다하며, 종묘를 평안히 하고 만백성을 즐겁게 해주며, 길이 천하를 소유하고 천수를 다하고 싶은데, 이렇게 사는 방법은 어떻겠소?」

「그것은 현명한 군주라야만 할 수 있는 일로서 암우(暗愚)한 군주는 할 수 없는 일입니다. 저는 감히 부월(斧鉞)의 형벌을 무릅쓰고 말씀드리겠사오니 폐하께서는 헤아려 주시기 바랍니다. 저 사구(沙丘)에서 일을 꾀한 것에 대해서는 공자(公子)들로부터 대신들에 이르기까지 모두 의심하고 있습니다. 더구나 공자들은 모두 폐하의 형들이며, 대신 중에도 선제(先帝) 때 등용된 사람들이 많습니다. 이제 폐하께서 즉위하심에 저는 그들이 모두 마음에 미심쩍게 생각하고 심복하지 않으며 언제 반란을 일으킬지 모를 일이라 생각합니다. 게다가 몽염은 아직 죽지 않았고, 몽의(蒙毅)는 군사를 이끌고 밖에 나가 있으니 저는 전전긍긍할 뿐, 도저히 무사하게 넘어가지는 않으리라고 생각됩니다. 이러고서야 어찌 폐하께서 평안히 지내실 수 있겠습니까?」

2세 황제가 물었다.

「그렇다면 어찌해야 좋겠소?」

「법률을 엄하게 하고 형벌을 무겁게 하여 죄가 있는 자는 연좌(連坐)시켜 일족을 근절하고, 선제 때의 대신들을 물러나게 하고 육친을 멀리 하시며, 가난한 자를 부하게 하고 천한 자를 귀하게 쓰시며, 선제(先帝)의 유신은 모두 추방하고 새로이 폐하께서 믿을 만한 사람을 가까이 두시는 것이 좋을 줄 압니다. 이렇게 하면 음덕(陰德)은 폐하께 돌아오고 화해(禍害)는 없어지며, 간사한 음모는 막히고 뭇 신하들은 모두 폐하의 은택(恩澤)을 입음으로써 후한 덕을 받게 되어, 폐하께서는 베개를 높이시고 뜻을 생각대로 펴실 수 있으며 영화와 안락을 얻을 수 있을 것입니다. 이보다 나은 계책은 없겠습니다.」

2세 황제는 조고의 말을 받아들여 새로이 법률을 만들었다. 그래서 뭇 신하와 공자들에게 죄가 있으면 용서 없이 조고에게 인계되어 심문을 받았는데, 그 때문에 대신 몽의 등은 주살당했고, 공자 열두 명은 함양의 광장에서 죽음을 당했으며, 공주 열 명은 두현(杜縣 : 장안의 동남)에서 기둥에 묶어 창으로 찔러 죽이고, 그들의 재산은 국고에 몰수되었는데, 이 일에 연좌된 자는 헤아릴 수 없을 정도였다. 공자 고(高)는 도망가려고 했으나 일족이 근절되는 것이 두려워 글을 올려 이렇게 말했다.

「선제(先帝)께서 생존해 계실 적에 저는 궁중에 들어가서는 먹여주심을 입었고 나와서는 선제가 주신 수레에 탔으며, 또 내리시는 의복을 입었고 마구간의 보마(寶馬)도 저에게 내리셨습니다. 그러므로 저는 당연히 선제를 따라 순사(殉死)했어야 하는데 그것을 하지 못했습니다. 사람의 아들로서 불효했고, 사람의 신하로서 불충했으니 이 세상에서 살아갈 명분이 없습니다. 그런 까닭에 지금 저는 선제를 따라 죽으려고 하니 바라옵건대 저를 여산(酈山) 기슭에 장사를 지내주십시오. 주상께서 불쌍히 여겨주심을 바랄 뿐이옵니다.」

이 글이 올라오자 호해는 크게 기뻐하고 조고를 불러 편지를 내 보이며 말했다.

「이래도 사태가 급박해졌다고 말하겠소?」

조고가 대답했다.

「신하가 자기의 죽음을 우려하여 다른 일을 돌볼 겨를이 없는데 무슨 사단을 꾀힐 수 있겠습니까.」

호해는 공자 고의 상서 내용을 재가하고 10만 전을 내려 매장해 주었다.

진승·오광의 민중봉기

법령에 따라 주살하고 벌주는 일은 날로 가혹해지자, 뭇 신하들은 스스로에게 닥쳐올 위험을 느껴 모반하려는 자가 많아졌다. 2세 황제는 또 아방궁을 짓고 직도(直道)와 치도(馳道)[20]를 만들었는데, 그 때문에 세금은 점점 무거워졌고 부역 징발은 그

진승·오광의 민중봉기

칠 날이 없었다. 그리하여 초나라의 수비병 진승(陳勝)·오광(吳廣) 등이 반란을 일으켜 산동(山東)에서 군사를 일으켰고, 호걸과 날랜 사람들이 서로 궐기하여 스스로 후(侯)가 되고 왕(王)이라 칭하면서 진나라를 배반했다. 반란군은 한때 홍문(鴻門)에까지 육박했으나 간신히 격퇴시켰다.

이사는 자주 기회를 보아 간하려고 했으나 2세 황제는 허락하지 않고 오히려 이사에게 반문하여 이렇게 말했다.

「나에게는 나의 의견이 있소. 그것은 한비(韓非)에게서 들은 것인데, 그는 이렇게 말했다오. 『요(堯)가 천하를 보유했을 때, 당(堂)의 높이는 석 자, 서까래는 다듬지 않은 원목 그대로였고, 지붕은 띠로 입혔으며, 그 끝을 가지런하게 끊지 않아서, 여인숙

---

20) 치도(馳道)…여기서 큰길〔馳道〕은 황제의 전용도로로서, 구원(九原)에서부터 감천(甘泉)까지의 길로 1,800리나 된다. 그리고 넓은 길은 너비가 30장(丈)으로 길 양쪽에는 소나무를 심었으며, 동쪽으로는 연나라와 제나라에까지 미쳤고, 남쪽으로는 오나라와 초나라에까지 닿았다. 역시 진시황 때부터 공사를 하였고, 2세 황제 호해(胡亥)도 공사를 계속했다.

일지라도 이보다 검소할 수가 없었다. 겨울에는 사슴 가죽옷을 입고 여름에는 칡껍질을 둘렀으며, 잡곡이 섞인 밥에 명아주와 아욱국을 질그릇에 담아서 먹고, 질그릇 사발로 마시니 문지기의 생활도 이보다 더 검소할 수는 없었다. 우임금은 용문산(龍門山)을 뚫고 대하(大夏 : 하동의 강 이름)를 지나 구하(九河)[21]를 열어 통하게 하고, 또 구곡(九曲)에 둑을 둘러 물을 흘려 바다로 들어가게 하고, 이런 일을 하느라고 분주하여 종아리의 털은 다 닳아서 끊어지고 손발에는 못이 박혔으며, 얼굴은 햇볕에 그을려 까맣게 되어 마침내 객지에서 죽었고 회계산에 장사지내졌다. 노예의 수고로움도 이토록 심하지는 않았을 것이다. 그러고 보면 천하를 지배하는 일이 귀중하다는 것은 어찌 몸을 괴롭히고 정신을 수고롭히며 몸은 여인숙 같은 곳에 살고, 입은 문지기의 식사를 먹으며, 손은 노예의 노동에 종사하는 것과 같이 해야만 하는가. 이는 어리석은 자가 할 일이지 현명한 자가 할 일이 아니다. 현명한 자가 천하를 지배할 때는 반드시 천하를 자신에게 부합시키려고 한다. 이것이야말로 천하를 보유하는 가장 귀중한 이유가 되는 것이다. 이른바 어질다는 사람은 반드시 천하를 평안케 하고 만민을 다스린다. 그러나 이제 나의 몸을 이롭게 하지도 못하면서 어찌 천하를 다스릴 수 있겠는가』라는 말을 들었소. 그런 까닭에 나는 내 뜻대로 욕심을 채우고 오래 천하를 가지며, 그러고도 화가 없기를 바라고 있는데, 그렇게 되려면 어떻게 해야 되겠소?」

---

21) 구하(九河)…일설에는 도해하(徒駭河)・태사하(太史河)・마협하(馬頰河)・복부하(覆釜河)・호소하(胡蘇河)・간하(簡河)・결하(潔河)・구반하(鉤盤河)・격진하(鬲津河)라고 하지만, 여기서는 황하의 모든 지류를 통칭하는 것이다.

이사의 아들 이유(李由)는 삼천군의 태수였는데, 군도(群盜) 오광 등이 삼천의 서부를 약탈했을 때 저지하지 못했다. 진나라 장수 장한(章邯)이 오광 등의 도적 무리를 쳐부수어 쫓아냈다. 이 일로 인하여 이유의 책임을 묻는 사자가 자주 삼천에 왕래했는데, 마침내 2세 황제는 이사를 책망하기에 이르렀다.

「그대는 삼공(三公)의 자리에 있으면서 이와 같이 도둑을 번성케 하니 어떻게 된 일이오?」

이사는 몹시 두려워했고, 자기의 벼슬과 봉록이 떨어지지 않을까 걱정이 되어 어찌할 바를 몰랐다. 그래서 2세 황제에게 용서를 비는 글을 올렸다.

「현명한 군주는 반드시 온갖 수단을 다하여 신하의 잘못을 꾸짖고 벌주는 방법을 시행하려고 합니다. 책임을 꾸짖으면 그 신하는 능력을 다하여 주군(主君)을 따르지 않을 수 없습니다. 그런데 군주의 직분이 정해지고 상하의 의리가 분명해지면 천하의 신하는 현불현(賢不賢)의 구별 없이 모두 능력을 다함으로써 책임을 완수하여 주군을 따르지 않는 자가 없습니다. 따라서 홀로 군주만이 천하를 제어할 뿐 남에게 제어당하는 일이 없고, 더 없는 즐거움을 다할 수 있는 것입니다. 그러므로 현명한 군주는 이 도(道)를 깊이 통찰하지 않으면 안 됩니다.

신자(申子 : 신불해)는 『천하를 차지하고서도 하고픈 일을 하지 않고, 오히려 천하를 위하여 수고로움을 다하는 것은, 천하를 질곡(桎梏)으로 삼는 것이 된다』 고 했는데, 천하를 감독 책벌하지 않을 뿐 아니라 오히려 천하 만민을 위하여 내 몸을 수고롭게 하기를 요(堯)・우(禹)와 같이 한다면 이것을 질곡이라고 말하지 않을 수 없습니다. 대체로 신불해나 한비자의 훌륭한 법술을 배워 신하를 질책하는 방법을 실행하여 천하를 마음대로 부리지 못하고, 부질없이 애써서 제 몸을 괴롭히고 정신을 수고롭게 하여 몸소 백성에게 봉사하는 것은 백성들이 할 일이지 천하를 다스리는 군주의 일은 아닙니다. 이래서야 어찌 존귀하다 할 수 있겠습니까. 남을 나에게 따르도록 하려면 자신이 존귀하고 남이 비천해야 하며, 내가 남을 따르려면 내가 비천하고 남이 존귀해야 하는 법입니다. 그러므로 남을 따른다는 것은 비천한 것이며, 남을 따르게 하는 것은 존귀한 것인데, 이는 예로부터 오늘날에 이르기까지 변한 일이 없습니다.

자애로운 어머니에게 방탕한 자식이 있다

무릇 옛 사람이 어진 사람을 존중했던 것은 그것이 귀하기 때문이며, 불충한 사람을 미워했던 것은 그것이 천하기 때문입니다. 그런데 요임금과 우임금은 몸소 천하의 백성을 따랐습니다. 그런 까닭으로 그들을 존귀하다고 한다면 어진 사람을 존귀하다고 할 수 없는 일인즉 큰 잘못인 것입니다. 이것을 질곡이라고 하는 것은 당연하다 할 것입니다. 이것은 신하를 제대로 감독·책벌하지 못한 데서 오는 잘못입니다.

그런 까닭에 한비자는 『자애로운 어머니에게 방탕한 자식은 있지만〔慈母有敗子〕, 엄한 집안에 거역하는 종은 없다』고 말했는데, 이 말은 무슨 뜻이겠습니까? 잘못을 하면 반드시 벌을 내리기 때문입니다. 상군(商君 : 상앙)의 법에는 길가에 재를 버리기만 해도 처벌했습니다. 재를 버린다는 것은 하하찮은 일이지만 무거운 벌을 내렸습니다. 하찮은 죄를 중벌에 처한 것은 단지 명군(明君)만이 할 수 있는 일입니다. 하찮은 죄건만 중벌에 처하니 무거운 죄는 더 말할 나위도 없는 일입니다. 그러므로 백성은 결코 법을 어기는 일이 없습니다.

시황제가 도량형을 통일한 공적을 강조한 조판

한비자의 이른바『하찮은 베 조각이나 비단 조각은 일반 사람들도 가져가지만, 황금이 백 일(鎰)이라면 도척도 이것을 훔치지 않는다』라고 한 것은, 보통사람이라도 하찮은 이익에 탐욕을 하는데, 도척은 물욕이 없다는 뜻이 아니고, 또 도척이 백 일의 대금을 가벼이 보았다는 뜻도 아닙니다. 황금 백 일을 훔치면 틀림없이 중벌에 처해지게 되는 것이므로 도척조차도 훔치지 않는다는 뜻입니다. 만약 처벌을 받지 않는다고 하면 보통 사람이라도 하찮은 이익일지언정 놓치지 않을 것입니다.

그런 까닭에 높이가 다섯 자에 지나지 않는 성벽인데도 누계(樓季)[22]는 가벼이 넘지 못하며, 높이 백 인(仞)이나 되는 태산(泰山)이건만 절름발이 양치기도 그 정상에서 양을 치는 것

22) 누계(樓季)…전국시대 위(魏)나라 문후(文侯)의 동생으로, 날뛰는 말을 제지시키고 뒤집힌 수레를 바로 세울 수 있을 만큼 힘센 장사였다고 한다.

입니다. 누계까지도 다섯 자의 높이를 두려워하는데 어찌하여 절름발이 양치기가 백 인의 높은 곳을 용이하게 올라 다니는 걸까요? 그것은 곧게 높아진 것과 완만하게 높아지는 것과는 그 형세가 다르기 때문입니다.

명주(明主), 성왕(聖王)이 오랫동안 존위를 유지하고 권세를 보유하며 천하의 이(利)를 마음대로 누릴 수 있는 것은 달리 도(道)가 있는 것이 아닙니다. 독단적으로 감독·책벌을 잘하며 반드시 엄벌에 처하기 때문이며, 그런 까닭에 천하의 그 누구도 죄를 범하는 자가 없기 마련입니다. 그런데 이제 백성이 죄를 짓지 못하게 하는 근본 원인을 소홀히 하여 자애로운 어머니가 자식을 그릇되게 만드는 것과 같이 하는 것은 성인의 참뜻을 살피지 못하는 것입니다. 성인의 이치를 실천하지 못하고 자기를 버려서 천하를 위해서 고생하는 것입니다. 이는 어찌 슬픈 일이 아니겠습니까?

또 검소하고 인의(仁義)를 아는 인물이 조정에 있어 국정을 다스리면 방탕한 쾌락은 그쳐지고, 간언을 하고 도리에 대하여 말씀드리는 신하가 측근에 있어 의견을 말씀드리게 되면 쓸데없는 의견이 없어지며, 충절(忠節)에 죽는 열사의 행위가 세상에 드러나게 되면 음탕하고 안일한 즐거움의 그림자가 자취를 감추는 법입니다. 그러므로 명군은 이 세 부류의 사람을 멀리하여 오로지 군주로서 신하를 다스리는 방법을 써서 따르는 신하들을 제어하고 법률을 철저히 제정해야 합니다. 이렇게 하면 군주의 몸은 존귀해지고 권세는 무거워집니다.

무릇 현군은 반드시 세속을 거스르고 풍속을 고쳐서 싫어하는 것을 물리치고 하고자 하는 바를 세웁니다. 이렇게 해서 살아서는 존경을 받고 큰 권세를 누리며, 죽어서는 그 현명함을 칭송하는 시호가 내려지게 됩니다. 그러므로 현명한 군주는 홀로 결정하고, 따라서 신하에게는 권력이 없습니다. 이렇게 한 뒤에 인의(仁義)의 주장을 없애고 이론을 따지는 입을 막으며, 열사(烈士)의 행위를 억제하여 자신의 귀를 막고 내 눈을 가려 마음속으로 홀로 보고 홀로 듣습니다. 그리하여 밖으로는 인의열사(仁義烈士)의 행위도 주군의 마음을 움직이지 못하고, 안으로는 직언·간언의 말도 주군의 뜻을 움직이지 못하여 홀로 초연히 자기 하고 싶은 대로 하며 누구도 감히 거역하는 자가 없습니다.

이렇게 하고서야 신불해와 한비자의 방법을 밝히고 상군의 법을 실천했다고 말할 수 있습니다. 법을 실천하고 학술에 밝고서도 천하가 어지러워졌다는 말은 일찍이 들은 바가 없습니다. 옛말에 『왕도(王道)는 간략하여 행하기 쉽지만 영명한 군주만이 이것을 잘 행할 수 있다』 고 말한 것도 이런 까닭에서입니다.

이러한 것을 감독·책벌이 성실한 것이라고 말할 수 있으며, 그러한 성실이 있으면 신하들은 요사한 마음이 없어지고, 요사한 마음이 없어지면 천하는 평안하고, 천하가 평안하면 군주는 존엄하고, 군주가 존엄하면 감독·책벌은 반드시 실시됩니다. 감독·책벌이 실시되면 구하는 바가 얻어지고, 구하는 바가 얻어지면 국가가 부해지고, 국가가 부해지면 즐거움도 넉넉해질 것입니다.

그러므로 감독·책벌의 방법을 실시하면 군주는 어떤 욕망이라도 얻어지지 않는 것이 없고, 신하들과 서민은 과실을 면하기 위해 겨를이 없으며, 어떠한 모반도 감히 계획할 수가 없습니다. 이렇게 하여 제왕의 길이 완성되는 것입니다. 이것은 또 군신(君臣)의 도리를 밝힌 것이라고 말할 수 있으니, 신불해와 한비자가 다시 이 세상에 태어난다 하더라도 이보다 더할 수는 없을 것입니다.」

이 편지를 받아 본 2세 황제는 기뻐했다. 그리하여 감독·책벌을 점점 엄하게 행하고 백성에게서 세납을 잘 거두어들이는 사람을 명관(明官)이라 했다. 2세 황제는 말했다.

「이와 같이 하는 것이 감독·책벌을 잘하는 것이라고 할 수 있다.」

형벌을 받은 자의 수는 길에 다니는 자의 절반이나 되었고, 형벌을 받아 죽은 자의 시체는 날마다 저자거리에 쌓여갔다. 사람을 많이 죽이는 자를 충신이라 했고, 2세 황제는 또 이것이야말로 감독·책벌이라고 말할 수 있다고 했다.

조고는 낭중령의 직권을 가지고 수많은 사람을 죽였고, 또 수많은 사사로운 원한을 샀다. 조고는 대신이 조정에 들어가서 황제에게 정사에 대하여 아뢸 때 자기를 나쁘게 말할 것이 두려워 2세 황제에게 이렇게 말했다.

「천자가 귀한 것은, 신하들은 소리만 들을 뿐 얼굴을 볼 수 없기 때문입니다. 그러므로 천자는 자칭하여 짐(朕)[23]이라고 하

---

23) 짐(朕)…싹이 틈. 아직 나타나지 않음의 뜻. 이 말은 본래 조짐(兆朕) 즉 아직 사물이 제 모습을 나타내기 전의 상태를 가리키는 말이었다. 짐은 진(秦)나라 이전에는 1인칭 대명사로 주로 쓰였지만, 진나라 시황제 때부터 천자의 자칭으로 사용되었다. 조고(趙高)는 이 글자의 뜻을 억지로 새겨서 2세 황제를 우롱하였는데, 즉 천자는 남 앞에 형체를 드러내지 말고 궁궐 깊숙이 계실 것을 말한 것이고, 이것은 조고 자신의 권세를 내세우기 위함이었다.

낭야대 각석(시황제가 각지를 순방했을 때 새긴 것)

는 것입니다. 폐하께서는 춘추가 어리시어 아직 제반 사정에 통하신다고 말씀드릴 수는 없습니다. 이제 만약 조정에 출어하시어 신하의 견책이나 등용에 부당하신 처치가 있으시면 폐하의 단점을 대신에게 드러내 보이는 것이 됩니다. 이것은 폐하의 신성영명(神聖英明)을 천하에 보이시는 것이 못 됩니다. 폐하께서는 당분간 팔짱을 끼시고 궁중 깊은 곳에 앉으시어 저와 법률에 밝은 시종에게 일을 맡기시고, 일이 생기면 의논하신 후에 적당히 처리하시는 것이 좋을 줄 압니다. 이렇게 하면 대신들도 감히 의심쩍은 일은 아뢰지 못할 것이니, 천하는 폐하를 훌륭한 군주로 우러러 받들게 될 것입니다.」

2세 황제는 조고의 건의를 받아들여 대신을 인견하기 위해 조정에 나가던 것을 그만두고 궁중 깊숙한 곳에 들어앉았고, 조고는 상시 궁중에 머무르면서 정무를 집행함으로써 만사는 그의 손에 의하여 결정되었다.

조고는 이사가 이 일에 관하여 말하려고 한다는 얘기를 듣고 승상 이사를 만나서 이렇게 말했다.

「관동에는 도적떼들이 많이 일어난다고 하는데, 지금 주상께서는 급히 부역을 징발하여 아방궁을 수축하고 필요치도 않은 견마(犬馬) 따위를 모으고 계십니다. 나는 간하고 싶었습니다만 지위가 낮아서 말씀드리기가 곤란합니다. 이런 일은 두 말할 나위도 없이 승상의 임무이온데, 어찌하여 간하지 않으십니까?」

이사가 대답했다.

「전부터 나는 내 임무로 알고 있으며 몇 번씩이나 간하려고 했으나, 요즈음 주상께서는 조정에 출어하시지 않고 궁궐 깊숙이 항상 계시는구려. 말씀을 드리고 싶지만, 절차를 밟을 길이 없고 뵙고 싶어도 그럴 기회가 없구려.」

그러자 조고가 말했다.

「만약 승상께서 진실로 간하고 싶은 생각이 있으시다면 주상께서 한가한 틈을 엿보아 승상께 알려드리겠습니다.」

조고는 2세 황제가 한참 주연을 벌이고 미녀들을 앞에 놓고 흥에 겨워 있을 때를 보아서 사자를 보내 말했다.

「주상께서는 지금 한가하시니 말씀을 드리기에는 좋은 기회일 것입니다.」

승상 이사는 궁문으로 와서 알현을 청했으나 만날 수가 없었다. 이런 일이 세 번씩이나 되풀이되자, 2세 황제는 마침내 노하여 말했다.

「나는 평소에 틈이 있는 날이 많건만, 승상은 찾아오지 않다가 주연을 즐기고 있을 때만 찾아와서 만나기를 청한단 말이오. 승상은 내가 나이 어리다고 해서 경멸하는 거요, 아니면 나를 고루하다 하여 깔보는 거요?」

그러자 조고가 아뢰었다.

「그것은 위험한 말씀이십니다. 저 사구(沙丘)의 음모에는 승상도 관여되어 있습니다. 지금 폐하께서는 이미 즉위하시어 황제가 되셨지만 승상은 존귀를 더하지 못했습니다. 생각건대 승상은 폐하에게서 땅을 떼어 받고 왕이 되고 싶은 저의가 있는 모양입니다. 아직 폐하께서 묻지 않으시어 저도 감히 여쭙지 못

진의 말을 모는 기병

했습니다만, 승상의 장남 유(由)는 삼천의 태수이며, 초(楚)나라 도둑 진승 등은 모두 승상의 고향에서 가까운 고장 출신들입니다. 그런 까닭에 초나라 도둑떼가 공공연히 횡행하고 삼천을 통과하더라도 이유(李由)는 농성만 할 뿐 치려고 하지 않습니다. 저는 그들이 편지를 가지고 왕복한다는 말을 들었습니다만, 아직 확증을 얻지 못하고 있기 때문에 아뢰지 못했습니다. 어쨌든 승상의 권력은 궁궐 밖에서는 폐하보다도 더합니다.」

2세 황제는 이 말을 믿고 승상 이사의 죄를 조사하려 했으나, 더 확고한 증거를 얻기 위해 사자를 삼천으로 보내 삼천군 태수가 도둑과 공모한 상황을 조사하도록 명했다. 이사도 이런 움직임을 들어 알고 있었으나, 그때 2세 황제는 감천궁(甘泉宮)에 있으면서 씨름과 연극을 구경하고 있었기 때문에 알현할 수가 없어 글을 올려 조고의 부당함을 아뢰었다.

「저는 『신하가 그 임금과 비슷한 권력을 누리게 되면 나라를 위태롭게 하고, 처가 그 남편과 동등한 세력을 가질 때에는 집안을 위태롭게 한다』고 들었습니다만, 지금 폐하의 측근 대신이면서 마음대로 남에게 이익을 주고 마음대로 남에게 위해(危害)를 가하며 권력을 폐하와 동등하게 갖고 있는 자가 있습니다. 이것은 아주 부당한 처사이옵니다. 옛날 사성(司城)으로 있던 자한(子罕)은 송(宋)나라 재상이 되어 형벌을 마음대로 하고, 더구나 위력을 가지고 일을 행하다가 1년 만에 마침내 그 주군을 위협하기에 이르렀습니다. 전상(田常)은 제나라 간공(簡公)의 신하가 되어 그 작위와 서열로는 나라 안에서 따를 자가 없었고, 사가(私家)의 부(富)는 제나라의 공실(公室)과 같았으며, 은혜를 펴고 덕을 베풀어 아래로는 백성의 마음을 수습하고 위로는 신하들의 마음을 얻어 은밀히 제나라의 국권을 빼앗으려고 비밀리에 뜰에서 재여(宰予)를 죽이고, 마침내는 간공을 조정에서 체포하여 제나라를 빼앗았습니다. 이 일은 천하가 주지하는 사실입니다.

지금 조고에게는 사악방일(邪惡放逸)한 뜻이 있고 위험반란(危檢叛亂)한 행동이 있기를 자한이 송나라의 재상이었을 때와 같고, 사재(私財)를 불리기는 제나라 전씨(田氏)와 같습니다. 전상과 자한의 반역된 행동을 아울러 가짐으로써 폐하의 위신을 위협하는 것은 그 뜻이 한기(韓玘)가 한왕(韓王) 안(安)의 재상이 되었을 때와 비슷합니다. 폐하께서 지금 이 때에 그 처치를 고려하시지 않으시면 저는 그가 변을 일으키지 않을까 두려울 뿐입니다.」

2세 황제는 말했다.

「무슨 말을 하는 거요? 그 조고는 원래 환관 출신으로서 제 몸이 편안하다고 하여 마음대로 뜻을 펴지 않았으며, 제 몸이 위태롭다고 해서 마음을 바꾸는 일 없이 행동을 결백하게 하고 선행에 힘쓰며, 스스로 노력하여 현재의 지위를 얻은 사람이오. 충절(忠節)을 가지고 승진했고 신의를 가지고 지위를 지켰기에 짐은 심히 어진 사람이라고 생각하고 있소. 그런데 그대가 의심하는 것은 무슨 까닭이오. 또한 짐은 나이 어려서 부왕을 잃고 사물을 잘 분별치 못하였고, 백성을 다스리는 데 서투른데다가 그대는 또 노경(老境)에 들었기 때문에 천하와 인연이 끊어질 것을 두려워하고 있소. 그러니 짐은 조고에게 일을 의뢰하지 않으면 누구를 의지한단 말이오? 조고는 사람됨이 청렴하고 노력하는 사람으로서 아래로는 민정을 알고 위로는 짐의 뜻에 따르고 있소. 그를 의심해서는 아니 되오.」

이사가 말했다.

「그렇지가 않습니다. 그 조고는 원래 천민입니다. 도리를 분별하지 못하고 탐욕에 젖어 있는 것을 알지 못하며, 이익을 추구할 뿐 그치는 일이 없고, 위세를 떨치기를 주상과 같이 하며 욕망을 채우기에 다함이 없습니다. 그러기에 저는 아뢰는 것입니다.」

2세 황제는 전부터 조고를 신뢰하고 있었기 때문에 이사가 조고를 죽이지나 않을까 두려워서 은밀하게 조고에게 이런 사정을 말해 주었다. 그러자 조고가 말했다.

「승상에게 방해가 되는 사람은 이 조고 한 사람뿐입니다. 제가 죽으면 승상은 재빨리 전상과 같은 행위를 하려고 할 것입니다.」

그 말을 들은 황제가 명했다.

「이사를 낭중령 조고에게 맡겨 조사하도록 하라.」

그래서 조고가 이사를 조사하게 되었다.

폐허 위에 사슴과 고라니의 무리가 뛰놀게 될 것이다

이사는 붙잡혀서 묶여 옥중에 갇혔으며 하늘을 우러러 탄식하고 말했다.

「아아, 슬프구나. 무도한 임금과 어찌 천하의 일을 계획할 수 있으리오! 옛날 하나라 걸왕은 관룡봉(關龍逢)을 죽이고, 은나라 주왕은 왕자 비간(比干)을 죽였으며, 오(吳)나라 왕 부차(夫差)는 오자서를 죽였다. 이 세 사람이 어찌 불충한 신하였단 말인가? 그런데도 그 몸은 죽음을 면치 못했다. 죽음을 당한 것은 충성을 다 바친 군주가 무도했기 때문이다. 지금 나의 지혜는 이 세 사람에 미치지 못하고, 2세 황제의 무도함은 걸・주・부차를 능가하는구나. 내가 충의로웠기에 죽는 것도 당연한 일이로다. 그러나 2세 황제의 치세는 어찌 어지럽지 않을 수 있으리오?

지난 날 형제를 죽이고 자립했으며, 충신을 죽이고 천인 조고를 귀히 써서 아방궁을 수축하고 천하 백성들에게 무거운 세금을 거두어들였다. 내가 간하지 않았던 것이 아니고 내가 말하는 것을 받아들이지 않았던 것이다. 무릇 옛날 어진 임금들은 음식에 절도가 있었고, 수레나 물건에도 정해진 수가 있었으며, 궁실을 짓는 데도 한도가 있었다. 명령을 내려 사업을 행할 때에도 경비가 많이 듦으로써 백성에게 이익이 되지 않는 것을 금지했기 때문에 오랫동안 태평할 수 있었다. 그런데도 2세 황제는 형제를 모살(謀殺)하고도 죄를 돌아보지 않고, 충신을 살해하고도 화라고 생각하지 않으며, 대규모로 궁궐을 지으며 천하 백성에게 무거운 세금을 부과하여 비용을 아끼지 않는다. 벌써 이 세 가지 일만으로도 천하의 인심은 이반되고 지금 반도(叛徒)는 천하의 반을 차지하게 되었다. 그런데도 2세 황제는 아직 눈을 뜨지 못하고 이전과 다름없이 조고의 보좌를 받고 있다. 생각건대 반드시 도적이 함양에 들어오고 그 폐허 위에 사슴과 고라니의 무리가 뛰놀게 될 것이다.」

이사의 진시황 각석비

2세 황제는 조고에게 명하여 승상의 죄를 조사시킨 결과, 이사가 아들 유(由)와 모반을 꾀한 죄상을 문책하고 그 일족과 그 빈객들을 모두 체포했다. 조고는 그 죄상을 조사함에 있어 이사를 고문하기 천여 차례, 그 고통을 참지 못한 이사는 마침내 사실무근한 죄를 자백했다. 이사가 자살을 하지 않았던 것은 스스로 말할 수 있는 변설(辯舌)과 진나라에 대한 공로가 있고, 또 사실 모반할 마음이 없었던 것을 자부하여 다행히 글을 올려 진정할 수만 있으면 2세 황제도 잘못을 깨닫고 용서해 줄 것이라 생각했기 때문이다. 그래서 이사는 옥중에서 글을 써서 올렸다.

「제가 승상이 되어 백성을 다스리기 30여 년, 진나라 영토가 아직 협소했을 때부터였습니다. 선왕 때 진나라의 토지는 겨우 사방 천 리였고, 군사는 수십만에 지나지 않았습니다. 저는 하찮은 재능을 다하여 삼가 법령을 받들고, 모신(謀臣)을 보내 금과 옥을 가지고 가서 제후들을 설득하게 했습니다. 또 조용히 군비를 갖추고 정치와 교육을 정비하였으며, 투사(鬪士)를 관직에 앉히는 한편, 공신(功臣)을 존중하고 작위를 높였습니다. 그 결과 한(韓)나라를 위협하고 위(魏)나라를 약하게 만들었으며, 연(燕)·조(趙)나라를 평정하고 마침내 6국을 병합하여 그 왕들을 사로잡고 진나라 왕을 세워 천자로 모셨습니다. 이것이 저의 첫째 죄입니다. 그 후 영토가 협소하지는 않았지만 다시 북쪽에 있는 호맥(胡貉)을 추방하고 남쪽의 백월(百越)을 평정하여 진나라의 강성함을 과시했습니다. 이것이 저의 두 번째 죄입니다. 대신을 존경하여 그 작위를 높이고 군신(君臣)의 친밀을 굳게 했습니다. 이것이 저의 세 번째 죄입니다. 사직을 정하고 종묘를 운영하며 이로 인하여 주군의 현덕(賢德)을 밝혔습니다. 이것이 저의 네 번째 죄입니다. 자와 저울을 고쳐서 셈을 통일하고 문물제도를 천하에 보급하여 진나라의 명성을 떨쳤습니다. 이것이 저의 다섯 번째 죄입니다. 임금께서 순행하는 길을 만들고 구경하는 장소를 만들어서 임금의 득의를 나타냈습니다. 이것이 저의 여섯 번째 죄입니다. 형벌을 너그러이 하고 조세(租稅)를 가볍게 하여 임금께 인심을 모으고 만민에게 임금을 받들기를 죽음도 불사케 했습니다. 이것이 저의 일곱 번째 죄입니다. 저와 같은 것이 죽을죄에 해당하는 것은 이미 오래 전부터 있었던 일이오나, 다행히도 폐하의 덕택으로 능력을 다하고 살아서 오늘에 이르렀습니다. 바라옵건대 폐하께서는 이와 같은 충정을 헤아려 주십시오.」

글이 올라오자 조고는 관리에게 시켜서 찢어버리게 한 다음 이렇게 말했다.

「죄인의 몸으로 상소 따위가 있을 수 있나?」

조고는 자기의 식객 10여 명을 어사(御史)·알자(謁者)·시중(侍中)으로 거짓 꾸며서 교대로 이사를 심문케 했다. 이사는 이들을 황제가 보낸 진짜인 줄 알고 사실대로 대답하자, 조고는 사람을 보내 또다시 고문했다.

그 후 2세 황제는 사람을 보내 이사를 심문케 했는데, 이사는 앞서와 마찬가지로 거짓인 줄 알고 체념한 나머지 호소하지 않고 복죄(服罪)했다. 논고와 구형이 주상되자 2세 황제는 기뻐하며 말했다.

「만약 조고가 없었더라면 위험하게도 승상에게 모반을 당할 뻔했구나.」

2세 황제의 명령으로 삼천 태수를 조사하러 간 사자가 삼천에 도착했을 때는 이미 이유(李由)는 반란군 항량(項梁)에 의해 죽음을 당한 다음이었으며, 사자가 돌아왔을 때는 마침 승상 이사가 관리의 손에 넘겨진 직후였다. 조고는 이사와 이유의 모반에 관한 진술서를 마음대로 꾸몄던 것이다.

2세 황제 2년 7월, 이사를 함양의 시장에서 오형(五刑)을 갖춘 요참형(腰斬刑)[24]에 처한다는 판결이 내려졌다. 이사가 옥에서 나오자 역시 옥에 있던 둘째아들도 함께 묶여졌다.

이사는 아들을 돌아보며 말했다.

「나는 너와 함께 누렁개를 데리고 고향 상채(上蔡)의 동문을 나와 토끼를 한번 쫓고 싶었는데, 이제는 그것도 이룰 수 없는 일이 되었구나.」

아버지와 아들은 소리 높여 울었고, 마침내 그 삼족은 모두 죽음을 당했다.

---

24) 오형(五刑)을 갖춘 요참(腰斬)…오형은 고대의 다섯 가지 형벌로서, 경(黥 : 얼굴에다 먹물로 글자를 넣는 것), 의(劓 : 코를 베는 것), 비(剕 : 다리를 절단하는 것), 궁(宮 : 성기를 도려내는 것), 대벽(大辟 : 머리를 쪼개는 것)을 말한다. 그리고 거기에다 허리를 자르는 형벌.

지록위마(指鹿爲馬)

이사가 죽자, 2세 황제는 조고를 종묘에 절하게 하고 중승상(中丞相)[25]에 임명하고 대소사를 모두 조고에게 결재토록 했다. 조고는 자기의 권력이 무거운 것을 알고 시험 삼아 사슴을 주상께 바치며 말했다.

「이것이 말이옵니다.」

그러자 2세 황제는 웃으며 말했다.

「승상이 실수를 하는구려. 사슴을 보고 말이라고 하니〔指鹿爲馬〕?」

그러자 좌우에 있던 모든 자들은 한결같이 대답했다.

「말이옵니다.」

2세 황제는 놀라서 자기의 머리가 돌지 않았나 생각되어 태복(太卜 : 점을 치는 관리)을 불러 점을 쳤다. 태복이 말했다.

「폐하께서는 봄 가을로 교사(郊祀)를 지낼 때와 종묘의 신을 섬길 때 재계(齋戒)가 깨끗하지 못하셨기 때문에 이런 지경에 이르게 된 것입니다. 그러하오니 덕을 닦으시고 재계를 정하게 하심이 좋을 줄 압니다.」

그래서 상림원(上林苑)에 들어박혀서 재계를 하는 척하면서 실제로는 매일 새와 짐승을 사냥하며 즐겼다. 마침 상림원 안을 지나가던 자가 있어 2세 황제는 활을 쏘아 그를 죽였다. 조고는 함양령(咸陽令)으로 있는 사위 염낙(閻樂)을 시켜 이 일을 규탄

---

25) 중승상(中丞相)…일설에 의하면 조고가 궁궐 안에서 정치를 했기 때문에 붙은 칭호라고도 하고, 조고가 중인〔中人 : 宦官〕이었기 때문에 붙은 칭호라고도 한다.

했다.

「하수인은 누군지 분명치 않으나 사람을 죽여서 그 시체를 상림원에 옮겨 놓은 자가 있다.」

그래서 조고는 2세 황제에게 간하는 척하며 이렇게 말했다.

「천자가 까닭 없이 죄 없는 사람을 죽이는 것은 하늘이 금한 것인데, 신령(神靈)도 폐하의 제사를 받지 않을 것이고, 하늘에서는 이제라도 재앙을 내릴 것입니다. 궁궐에서 멀리 떨어진 곳으로 가서 재앙을 물리치는 기도를 드리는 것이 좋을 것으로 압니다.」

그리하여 2세 황제는 궁궐을 떠나 망이궁(望夷宮)으로 옮기고 이 곳에 머무르기 3일, 조고는 조칙(詔勅)이라 거짓말을 하여 경호하는 무사에게 흰 옷을 입히고 무기를 들려서 궁궐로 향하도록 명령하고, 자신은 먼저 궁궐로 들어가 2세 황제에게 이렇게 보고했다.

「산동(山東)의 도적 떼가 대거 쳐들어오고 있습니다.」

2세 황제는 망루에 올라가서 이것을 바라보고 겁이 나서 벌벌 떨었다. 조고는 2세 황제를 협박하여 목숨을 끊도록 한 뒤 옥새를 끄집어내어 자기가 차고 스스로 천자가 되려고 했다. 그러나 좌우의 백관은 아무도 따르는 자가 없었다. 조고가 스스로 궁전에 오르자, 궁전이 무너질 듯 세 번 진동했다. 그래서 조고는 하늘이 자기에게 임금 되기를 허락하지 않고, 신하들도 자기가 천자의 자리에 오르는 것을 허락하지 않음을 알고, 시황제의 손자인 자영(子嬰)을 불러 옥새를 주었다.

자영은 즉위했지만 조고의 역심(逆心)을 두려워하며 병이라 핑계대고 정무를 보지 않으면서 환관 한담(韓談) 및 그 아들과 함께 조고를 죽이려고 모의했다. 조고가 자영을 문병하기 위해 들어가겠다고 하자, 자영은 그를 불러들여 한담에게 조고를 찔러 죽이도록 하고 그 삼족을 멸했다.

자영이 즉위한 후 3개월 만에 패공(沛公 : 유방)의 군사는 무관(武關)으로부터 침입하여 함양에 쇄도했다.

뭇 신하와 백관들은 자영을 배신하여 그 밑에서 받드는 자가 없어 자영은 처자와 함께 옥새가 달린 끈을 자신의 목에 걸고 지도(軹道 : 함양의 동북쪽) 부근에서 항복했다. 패공은 자영을 관리에게 맡겼는데, 얼마 후 초나라 항왕(項王 : 항우)이 와서 자영을 목 베었다. 이렇게 하여 진나라는 마침내 천하를 잃었다.

태사공은 말한다.

「이사는 마을의 미천한 몸으로서 제후에게 유세하고 진나라에 들어가서 진나라 왕을 섬겼다. 열국 사이에 틈이 생긴 것을 기화로 시황제를 보좌하여 마침내 제업(帝業)을 성취시키고 이사 자신 삼공(三公)이 되었다. 실로 중용되었다고 해야 할 것이다. 이사는 육예경전(六藝經典)의 근본 뜻을 알면서도 정치를 공명하게 하여 군주의 모자라는 점을 메워주기에 힘쓰지 않았고, 높은 벼슬과 녹을 가지고 아첨 영합하여 위령을 엄하게 하고 형벌을 가혹하게 했으며, 조고(趙高)의 요사스런 말을 들어 적자를 폐하고 서자를 세웠다. 제후들이 이반(離反)하게 되자 비로소 임금께 간하려고 했지만 때는 이미 늦지 않았던가. 세상 사람들은 모두 이사는 충성을 다하고도 오형(五刑)을 받아 죽었다고 말하지만, 그 근본을 살펴볼 때 세속의 말과는 다른 점이 있다. 그렇지만 않았던들 이사의 공적은 정녕 주공(周公)이나 소공(召公)과 어깨를 겨룰 만했을 것이리라.」

몽염 열전 제28

몽염(蒙恬)은 그 선조가 제(齊)나라 사람이다. 몽염의 조부 몽오(蒙驁) 때 제나라에서 옮겨와 진(秦)나라 소왕(昭王)을 섬기고 벼슬은 상경(上卿)에 이르렀다. 진나라 장양왕(莊襄王) 원년, 몽오는 진나라 장군이 되어 한(韓)나라를 쳐서 성고(成皐)·형양(滎陽)을 취했고, 이곳에 삼천군(三川郡)을 설치했다. 그 2년에 몽오는 조(趙)나라를 쳐서 37성을 빼앗았고, 시황제 3년에는 한나라를 쳐서 13성을 빼앗았다. 시황제 5년에는 다시 위나라를 쳐서 20성을 빼앗았으며, 이곳에 동군(東郡)을 설치했다. 그리고 시황제 7년에 몽오는 죽었다. 몽오의 아들은 몽무(蒙武)이고 몽무의 아들이 몽염이다. 몽염의 동생은 몽의(蒙毅)라 했다.

몽염은 처음에 관리가 되어 소송과 재판의 문서를 맡고 있었다. 시황제 23년, 아버지 몽무가 진나라의 비장군(裨將軍)[1]이 되어 장군 왕전과 함께 초나라를 쳐서 크게 깨뜨리고 항연(項燕)을 죽였다. 24년, 몽무는 또 초나라를 쳐서 초나라 왕을 사로잡았다.

시황제 26년, 몽염은 가문 대대로 장군을 지낸 관계로 진나라

---

1) 비장군(裨將軍)…주장(主將) 다음가는 부장(副將)으로, 편장(偏將)이라고 부르기도 한다.

장군이 되었으며, 제나라를 쳐서 크게 깨뜨리고 내사(內史 : 경사를 다스리는 벼슬)에 임명되었다. 진나라가 천하를 통일한 다음 몽염은 명령을 받아 30만 대군을 이끌고 북쪽에 있는 융적(戎狄)을 몰아내어 하남(河南 : 섬서 북부 올도스 지방)을 손에 넣고 장성(長城)을 쌓으면서 지형을 이용하여 험난한 성채를 만들었다. 그 성은 임조(臨洮 : 감숙 조주)를 기점으로 하여 요동(遼東)까지 연장 만여 리에 미쳤으며, 황하를 넘어 양산(陽山)에 웅거하고 꾸불꾸불 북쪽으로 달렸다. 공사를 위해서 군사를 국경 밖에 두기 10여 년, 상군(上郡)을 근거로 하여 주둔했다. 당시 몽염의 위력은 흉노(匈奴)[2]를 떨게 만들었다.

시황제는 몽씨를 매우 사랑하여 현인(賢人)이라며 신임했다. 그리하여 몽염의 동생 몽의도 가까이 하게 되어 벼슬이 상경에 이르렀으며, 황제가 외출을 할 때에는 늘 수레에 배승하고, 궁중에서도 늘 어전에 입시했다. 몽염은 외정(外征)을 맡았고 몽의는 내정(內政)을 계획하여 함께 충신이라 칭함을 받아 다른 여러 장수들과 대신들도 감히 두 사람과 다투려 하지 않았다.

환관 조고

조고(趙高)는 조(趙)나라 왕실의 먼 일족이다. 형제 중 몇은 태어나자마자 거세되어 환관이 되었으며, 그 어머니도 형벌을 받고 죽어 대대로 비천한 신분이었다. 진나라 왕은 조고가 근면하고 옥법(獄法)에 밝다는 말을 듣고 등용하여 중차부령(中車府

2) 흉노(匈奴)…B.C. 3세기경부터 약 300년간 지금의 몽고 지방에서 유목하던 터키 족의 일종이다. 일설에는 몽고족이라고도 하는데, 그 임금은 선우(單于)이다.

몽 염

令)[3]을 삼았다. 조고는 은밀히 공자 호해(胡亥)를 섬기면서 죄를 단죄하는 법을 가르쳤다. 조고가 큰 죄를 지어 법에 따라 조치하라고 진나라 왕이 몽의에게 명했다. 몽의는 법대로 조고의 죄가 죽을죄에 해당한다며 환관의 명부에서 그를 삭제했다. 그러나 황제는 조고가 일처리 능력이 뛰어나다면서 특별한 은사를 내리고 관직과 작위를 회복시켜 주었다.

시황제는 천하를 순행할 목적으로 구원(九原)으로부터 곧장 감천(甘泉)으로 갈 수 있게 똑바로 길을 만들도록 몽염에게 명했다. 그러나 산을 뚫고 골짜기를 메우는 공사가 천 8백 리에 미치는 난공사이기 때문에 완공하기가 힘들었다. 그리하여 시황제 37년, 회계에 순행하여 해안을 따라 북쪽 낭야로 향했을 때, 도중에서 병에 걸렸다. 시황제는 몽의를 보내 산천의 신에게 기도케 하였으나 몽의가 돌아오기 전에 사구(沙丘)에 이르러 붕어했다. 그러나 조고가 황제의 죽은 사실을 숨겼기 때문에 신하들도 이 일을 몰랐다.

당시 승상인 이사(李斯)와 공자 호해, 그리고 중차부령 조고

---

3) 중차부령(中車府令)…차부령(車府令)은 황제가 순행(巡行)할 때 타는 차량을 담당하는 관리인데, 항상 궁궐 안에 있어야 하므로 중차부령이라고 불렸으며, 중(中)은 곧 궁궐을 뜻한다. 일설에는 조고(趙高)가 중인(中人 : 宦官)이었으므로 이렇게 부른 것이라고 한다.

만리장성

세 사람이 늘 황제를 시종하고 있었는데, 조고는 평소 호해로부터 총애를 받고 있었기 때문에 호해를 제위에 앉히고 싶어 했다. 또 일찍이 몽의가 조고를 제판했을 때, 법에 따라 다스리고 비호해 주지 않았던 원한을 상기하고 몽의를 죽여야겠다는 마음을 품고 있었다. 그래서 은밀히 승상 이사와 막내 공자인 호해와 계략을 꾸며서 호해를 태자로 삼았다.

호해가 태자에 오르자, 시황제의 명의로 사자를 보내 죄를 거짓 꾸며 공자 부소(扶蘇)[4]와 몽염 장군에게 자살할 것을 명령했다. 부소는 자살을 했으나, 몽염은 그 명령을 의심하고 칙명을 다시 청했기 때문에 사자는 몽염을 관리에게 인도하고, 동행했던 이사의 사인(舍人)을 호군(護軍 : 관명)에 임명한 다음, 몽염과 교대시키고 돌아와서 그 전말을 보고했다.

호해는 부소가 죽었다는 말을 듣고 몽염을 석방코자 했으나, 조고는 몽씨가 다시 귀하게 되고 정사에 관여하게 되면 자신에게 원한을 품고 보복하지 않을까 두려워했다.

때마침 몽의가 돌아오자, 조고는 호해에게 충성하는 척하면서 몽씨를 없애려고 호해에게 말했다.

「저는 선제(先帝)께서 이전부터 공자(호해)를 세워 태자를

---

4) 부소(扶蘇)…진시황의 장자(長子)인데, 진시황의 분서갱유(焚書坑儒)를 간하다가 노여움을 사서 경원되었다. 후에 진시황이 죽은 뒤 이사와 조고의 거짓 조서에 의해서 사사(賜死)되었다.

삼아야겠다는 말씀을 들었습니다. 그런데도 몽의는 그렇게 하면 안 된다고 간했습니다. 만약 공자를 현인인 줄 알면서도 오랫동안 태자로 세우지 않았다면 이는 참으로 불충스런 일이며 임금을 현혹케 한 일입니다. 저의 어리석은 생각으로는 몽의를 죽이는 것이 옳을까 합니다.」

호해는 이 말을 받아들여서 몽의를 대(代 : 산서 대현)의 옥에 가두었다. 이보다 앞서 몽염은 이미 양주(陽周 : 감숙 정령의 북쪽)의 옥에 갇혔다. 시황제의 영구가 함양에 도착되어 장례를 마치자, 태자가 즉위하여 2세 황제가 되었다. 조고는 가까이에서 모시며 밤낮으로 몽씨를 비방하고 꼬투리를 잡아서 탄핵했다. 자영(子嬰)[5]이 2세 황제 앞에 나아가 간했다.

「지난 날 조나라 왕 천(遷)은 어진 신하 이목(李牧)[6]을 죽이고 안취(鮟聚)[7]를 등용했고, 연나라 왕 희(喜)는 은밀히 형가(荊軻)의 계략을 받아들여 진(秦)나라와 맹약을 배반했으며, 제(齊)나라 왕 건(建)은 누대의 충신을 죽이고 후승(后勝)[8]의 건의를

---

5) 자영(子嬰)…2세 황제 형의 아들. 즉 시황제의 손자. 후에 조고에 의해서 옹립되었는데, 겨우 46일 동안 재위하고 유방(劉邦)이 함양(咸陽)을 공격하자 그는 투항하였다. 나중에 항우에게 살해되었다.

6) 이목(李牧)…전국시대 조(趙)나라의 북쪽 변방을 지키던 무장으로 군공이 뛰어났다. 진(秦)나라는 조나라를 정벌하려고 하면서 이간책을 써 이목이 조나라를 배반하려 한다고 모함을 했다. 조나라 왕은 그 말을 믿고 이목을 죽이고 안취에게 군대를 지휘하여 진나라에 맞서도록 했다. 그러나 이듬해 조나라는 멸망하고 조나라 왕은 포로의 신세가 되었다.

7) 안취(顏聚)…원래는 제(齊)나라의 장수인데, 조(趙)나라 왕이 총신 곽개(郭開)의 참언을 듣고 이목을 대신하여 그를 등용하였다.

8) 후승(后勝)…제(齊)나라의 재상(宰相)으로 B.C. 221년 진나라의 군대가 제나라를 공격해 왔을 때, 제왕 건(建)은 그의 의견을 듣고 진나라에 투항하여 결국은 제나라를 멸망하도록 하였다.

받아들였는데, 이 세 임금은 모두 구신(舊臣)을 버렸기 때문에 나라를 잃고 그 몸에 화가 미치게 되었다고 들었습니다. 이제 몽씨는 진나라의 대신이자 모사(謀士)입니다. 그런데 주상께서는 하루아침에 몽씨를 버리려고 하시는데, 저로서는 마음속으로 부당한 일이라고 생각합니다. 『생각이 가벼우면 나라를 다스리지 못하고, 한 사람의 지혜로는 왕위를 보존하지 못한다』란 말이 있습니다. 충신을 죽이고 절조가 없는 사람을 등용하는 것은 안으로는 뭇 신하들을 서로 불신케 만들고, 밖으로는 투사의 마음을 이반(離反)시키는 일입니다. 저는 심히 부당한 일이라 생각합니다.」

호해는 이 말을 받아들이지 않고 어사[9] 곡궁(曲宮)이란 자에게 명하여 역마를 달려 대(代)에 가게 해서 몽의에게 영지(令旨)를 전하도록 했다.

「앞서 선제(先帝)께서 태자를 세우려고 하셨을 때 그대는 이 일을 비난했소. 이제 승상은 경의 행위를 불충하다 하여 그 죄를 규탄하고 일족을 연좌시키기로 하였으나, 단지 짐은 마음에 꺼리는 바가 있기에 특별히 그대에게만 죽음을 내리기로 하였소. 그대 또한 이 처사를 심히 다행으로 생각하고 자결하도록 하오.」

몽의가 대답했다.

「주상께서는 제가 선제의 뜻을 잘못 알았다고 말씀하시지만, 저는 어렸을 적부터 선제를 섬겨 붕어하실 때까지 성지(聖旨)를 따르고 오랫동안 은총을 입어 왔으므로 선제의 뜻을 몰랐

---

9) 어사(御史)…관직 이름으로, 춘추전국시대에는 각국에 모두 어사가 있어 문서와 기사(記事)를 관장하였는데, 진대(秦代)에는 탄핵과 규찰의 권리도 있었다.

을 리 없습니다. 또 저를 보고 주상의 재능을 모르는 자라고 말씀하시는데, 주상께서는 여러 형제분들 가운데 단지 혼자서 선제의 행행(行幸)에 수행하시어 천하를 주유하셨습니다. 이것은 주상의 재능이 다른 공자 분들보다 훨씬 뛰어나신 일로서 저도 결코 그 점을 의심하지는 않습니다.

선제께서 태자를 세우고자 하셨던 것은 여러 해 동안의 숙망(宿望)이셨는데 저로서 감히 무슨 말을 간하고 무슨 말로 책모를 했겠습니까. 이렇게 아뢰는 것도 억지로 말을 꾸며서 죽음을 면할까 해서가 아니라, 선제의 이름에 누를 끼치게 됨을 부끄러이 여기기 때문입니다. 바라건대 대부(大夫 : 사자를 가리킴)는 이런 일을 잘 생각하시어 올바른 죄로 저를 죽여주십시오. 임금을 섬겨 공을 세우고 몸을 온전히 하는 것은 사람의 도리로서 귀중한 일이요, 형벌을 받아 죽음을 당하는 것은 사람의 도리로서는 마지막이라 하겠습니다.

옛날 진나라 목공은 세 사람의 어진 신하[10]와 백리해(百里奚)[11]를 죽였는데 실은 죄 없는 사람을 죽였기 때문에 공(公)에게 목(繆)[12]이라는 시호가 내려졌습니다. 또 소양왕은 무안군 백기

---

10) 세 사람의 어진 신하…엄식 (奄息) · 중항(仲行) · 침호(鍼虎)를 가리킨다. 진 목공은 당시 이 세 명을 비롯해서 77명을 죽였다.

11) 백리해(百里奚)…춘추시대의 우(虞)나라 사람으로 자는 정백(井伯)이며, 우공(虞公)을 섬겨 대부가 되었다. 진(晉)나라가 우(虞)나라를 멸망시켰을 때 포로가 되었는데, 후에 진(秦) 목공(穆公) 부인의 배가(陪嫁) 노예로 진(秦)나라로 보내졌다. 백리해는 이를 치욕스럽게 생각하고 진(秦)나라에서 초(楚)나라로 도망쳐 왔는데, 초나라 변방 지역에서 초나라 사람에게 체포되었다. 그 후 그가 재능 있는 사람임을 알아본 진 목공이 다섯 장의 양가죽을 주고 그를 사서 돌아오게 하여 대부로 삼았으므로 오고대부(五羖大夫)라고 불리게 되었다.

12) 목(繆)…실수를 범한다는 뜻. 「익법(謚法)」에 의하면, 「목(繆)」은 이

(白起)를 죽이고, 초나라 평왕은 오사(伍奢)를 죽였으며, 오(吳)나라 왕 부차는 오자서를 죽였습니다. 이 네 임금은 모두 큰 과실을 범했기 때문에 천하 사람들은 그를 비행이라 했고, 그 임금들을 불명군(不明君)이라 했으며, 제후들은 그 악(惡)을 사적(史籍)에 기록했습니다. 그런 까닭에 『도(道)를 따라 다스리는 자는 죄 없는 사람을 죽이지 않고, 무고한 사람에게는 벌을 내리지 않는다』고 합니다. 대부는 이 일에 마음을 써 주기 바랍니다.」

사자는 호해의 의향을 알고 있었기 때문에 몽의의 말을 받아들이지 않고 마침내 몽의를 죽였다.

2세 황제는 사자를 양주로 파견하여 몽염에게 영지를 내렸다.

「그대는 과오가 많다. 게다가 그대의 동생인 몽의가 대죄를 범했는데, 법률에 따르면 내사(內史 : 몽염)도 연좌된다.」

지맥(地脈)을 끊어놓은 것이 나의 죄다

몽염이 말했다.

「우리 집안은 선조 때부터 진나라를 섬겨서 공을 쌓고 믿음을 쌓기 이에 3대째 이름에 이제 저는 군사 30만의 장수가 된 신분입니다. 비록 죄수의 몸으로 갇힌 몸이기는 하지만, 내 세력을 가지고 일을 하겠다고 마음만 먹는다면 모반을 하지 못할 바도 아닙니다. 그런데도 불구하고 죽음을 당할 것을 뻔히 알면서 스스로 대의를 지키는 것은 선조의 가르침을 욕되게 하지 않고 나아가서는 선제(先帝)의 은덕을 잊을 수 없기 때문입니다.

름은 아름답지만 실상은 더러운 것을 뜻한다고 한다.

옛날 주(周)나라 성왕(成王)이 처음으로 즉위했을 때, 아직 어렸으므로 강보를 떠나지 못하여 주공(周公) 단(旦)에게 업혀 조정에 나아가 마침내는 천하를 평정했습니다. 성왕이 병으로 위독하게 되었을 때 주공 단은 스스로 손톱을 끊어서 황하(黃河)에 던지면서『왕은 아직 어려서 아무것도 모르며 오로지 일을 하는 것은 이 단이다. 죄가 있다면 이 단이 그 벌을 받으리라』고 말했습니다. 그런 다음 이 사실을 적어 기부(記府 : 천자가 사책史策 문서를 보관하던 곳)에 두었는데, 이런 행위는 두터운 신의(信義)라 아니할 수 없습니다.

그 후에 왕이 성인이 되어 나라를 통치할 수 있게 되었는데, 한 간사한 신하가『주공 단은 오랜 동안 반란을 기도하고 있었습니다. 만약 왕께서 미리 대비하지 않으시면 반드시 큰 화를 입게 되실 겁니다』라고 참언했기 때문에 왕은 크게 노하고 주공 단은 초나라로 도망을 해야 했습니다.

그 후 성왕은 기부에서 손톱을 강물에 담갔던 단의 문서를 읽고 눈물을 흘리며『주공 단이 반란을 기도했다는 등의 말을 한 놈은 대체 어떤 놈이냐?』고 호통을 치며 그 적신을 잡아 죽이고 단을 다시 불러들였습니다.《주서(周書)[13]》에『사물은 반드시 여러 가지를 참고로 하고, 그것을 서로 반복한다』라고 한 까닭은 바로 이 일에서 생겨난 것입니다.

이제 신의 일족에게는 대대로 두 마음을 품은 자가 없었는데, 갑자기 이렇게 된 것은 반드시 조정 내부에 주군(主君)을 능멸하는 간신이 있어서 반역할 저의가 있음에 틀림없습니다. 그 성왕

---

13)《주서(周書)》…여기서는《일주서(逸周書)》를 가리키는데, 주대(周代)의 역사서는 대체로 전국시대의 사람들이 주대의 글을 모방하여 지은 것이다.

진 2세 황제의 묘

은 과오를 범했으나 스스로 과오를 바로잡고 마침내는 번영했습니다. 하나라 걸왕은 관용봉(關龍逢)을 죽이고, 은나라 주왕은 왕자 비간을 죽이면서도 모두 후회를 하지 않았기 때문에 몸은 죽임을 당했고 나라는 멸망했습니다. 그러므로 저는 『과오가 있으면 바로잡을 일이며 간함을 받으면 깨달을 일이다』 라고 말씀드리는 것이며, 삼경과 오대부에게 자문을 구하여 살피는 것이야말로 성군의 도리임을 아뢥니다. 제가 말씀드리는 것은 허물을 면하기를 바라서 하는 것이 아니라 간언을 드리고 죽고자 함입니다. 바라옵건대 폐하께서는 만민을 위하여 도(道)에 따르시도록 생각을 돌리십시오.」

사자가 몽염에게 말했다.

「나로서는 조칙을 받아 법대로 집행을 할 뿐, 장군의 말을 아뢸 수는 없습니다.」

그러자 몽염은 탄식을 하며 말했다.

「나는 하늘에 무슨 죄를 지었기에 잘못도 없이 죽어야만 한단 말인가?」

몽염은 한참을 탄식하다가 천천히 말했다.

「나의 죄가 죽음에 해당하는 것도 무리는 아니다. 임조(臨洮)로부터 요동에 이르는 장성(長城)을 쌓기 만여 리, 그 중간에서 지맥(地脈)[14]을 끊어 놓지 않았다고 말할 수 있겠는가? 이것이야말로 나의 죄로다.」

몽염은 말을 마치자 마침내 독을 마시고 죽었다.

태사공은 말한다.

「나는 북방 변경에 갔다가 직도(直道)[15]를 들러 돌아오는 길에 몽염이 진나라를 위해서 쌓은 장성의 요새(要塞)를 보았는데, 산을 뚫고 골짜기를 메워 지름길을 내게 했으니 참으로 백성의 노고를 조금도 돌아보지 않은 대역사였다. 그 진나라가 제후들을 멸망시킨 당초, 천하의 민심은 아직 안정되지 못했고, 부상을 입은 자도 아직 치유되지 않았다. 명장인 몽염으로서는 이 때야말로 백성의 위난을 구하고 노인을 봉양하며 고아를 불쌍히 여기고 서민의 융화를 꾀하지 않으면 안 되었던 때다. 그런 것을 주상의 뜻만 중히 여기고, 자신의 공로를 세우기에만 힘을 기울였다. 그렇게 한 결과 형제와 함께 주살을 당하게 된 것도 당연한 일이 아니겠는가. 어찌하여 그 죄를 지맥(地脈) 같은 것에 돌릴 수가 있겠는가?」

---

14) 지맥(地脈)…고대의 미신적 관념으로는 토지의 맥락을 끊은 사람은 하늘의 징벌을 받을 것이라고 생각하였다. 풍수학적으로 땅은 인간을 생육하는 어머니로서의 능력을 지니고 있고, 이것을 찾아내는 것이 풍수의 내용이다. 특히 지표상의 어떤 특정한 장소에는 그곳만의 생기(生氣)를 갖고 있는데, 이것을 지맥이라고 한다.

15) 직도(直道)…진나라의 구원(九原)으로부터 감숙으로 통하는 큰 도로를 가리킨다.

장이·진여 열전 제29

장이(張耳)는 위(魏)나라 대량(大梁) 사람이다. 젊었을 때, 위나라 공자 무기(無忌 : 신릉군)의 빈객이 된 적이 있었다. 그 후 본국으로부터 망명하여 외황(外黃 : 하남 기현의 동쪽)에 유람했다. 외황의 한 부호에게 딸이 있었는데 아주 특출한 미인이었다. 고용살이하는 보잘 것 없는 사람에게 시집을 갔다가 남편으로부터 도망하여 아버지의 빈객에게 몸을 의탁하고 있었다. 이 빈객은 전부터 장이를 알고 있었던 때문에 그녀에게 이렇게 말했다.

「굳이 현명한 남편을 구하고 싶다면 장이를 따라가거라.」

그녀가 승낙을 하였으므로 빈객은 그녀의 남편에게 이혼을 요구해서 장이에게 시집을 보냈다. 장이는 이때 쫓기는 몸에서 혐의가 풀려 돌아다니고 있었으며, 여자의 집에서 후한 예물을 보내왔기 때문에 장이는 멀리 천 리 떨어진 지방에서도 빈객을 초청하여 사귈 수가 있었다. 그리하여 위나라의 관리로서 외황의 현령이 되었고, 그 이후 점점 현인으로서의 명성을 올렸다

진여(陳餘) 또한 대량 사람으로서, 유가의 학문을 좋아하고 자주 조(趙)나라 고형(苦陘 : 하북 무극의 동북쪽)에 유람했다. 고형의 부호 공승씨(公乘氏)가 그의 딸을 진여에게 아내로 주었다.

이것도 진여가 범인이 아님을 알았기 때문이다. 진여는 젊은 시절부터 장이를 아버지처럼 섬겼는데, 두 사람 사이는 마치 문경지교(刎頸之交)[1]와 같았다. 진(秦)나라가 대량을 함락시켰을 때 장이는 외황에 집을 장만하고 살았는데, 한(漢)나라 고조(高祖)가 아직 서민이었을 무렵 자주 장이의 집에 놀러와서 몇 달씩이나 식객으로 머무르고 있던 일이 있었다.

진나라는 위나라를 멸망시킨 지 몇 년 후 장이와 진여 두 사람이 위나라의 명사였다는 말을 듣고 장이에게는 천 금, 진여에게는 오백 금의 상금을 걸고 두 사람을 찾았다. 그리하여 장이와 진여는 이름을 바꾸고 함께 진(陳)나라로 가서 마을의 문지기 노릇을 하며 끼니를 이었다. 하루는 이 두 사람이 대좌하고 앉아 있는데, 마을 관리가 진여에게 잘못이 있다고 꼬투리를 잡아 진여를 매질했다. 진여가 일어나서 반항하려고 하자 장이는 그의 발을 밟고 관리에게 항의하지 말라며 그대로 매를 맞게 했다.

그 관리가 가버리자 장이는 진여를 뽕나무밭 속으로 데리고 가서 이렇게 꾸짖었다.

「그대와 내가 처음에 맹세했을 때 뭐라고 그랬나? 그런데 지금 하찮은 모욕을 받았다 해서 일개마을의 하급 관리에게 개죽음을 당하려고 드나!」

진여는 과연 그럴 것이라고 생각했다. 진나라에서는 조서(詔書)를 내려 상을 걸고 두 사람을 수색했다. 두 사람도 모르는 척하고 이 포고를 문지기의 책임상 마을에 퍼뜨렸다.

진섭(陳涉)[2]이 기(蘄 : 안휘 숙현)에서 군사를 일으켜 진(陳)나라

---

1) 문경지교(刎頸之交)…생사를 같이하여 목이 떨어져도 두려워 않을 만큼 친한 사이로, 조(趙)나라의 염파와 인상여의 우애가 유명하다. ☞ 「염파·인상여열전」

라에 침입할 무렵에는 그 군사가 몇 만에 이르렀다.

장이와 진여는 진섭에게 면회하기를 청했다. 진섭과 그 좌우에 있는 사람들도 전부터 장이와 진여의 명성을 듣고만 있었을 뿐 아직 만나본 일은 없었으나 만나보고는 크게 기뻐했다. 그 때 진(陳)나라의 호걸과 원로들이 진섭에게 진정했다.

「장군은 몸소 갑옷을 입고 무기를 들어 병졸을 이끌고 포악한 진(秦)나라를 쳐서 초(楚)나라의 사직을 재흥시키고, 망한 나라를 다시 일으켰으며, 끊어진 후대를 다시 이었습니다. 그 공덕으로 본다면 왕이 되시는 것이 당연합니다. 또 천하의 모든 장군 앞에 임하시려면 아무래도 왕이 되지 않으면 안 됩니다. 모쪼록 장군께서는 초나라 왕이 되어 주십시오.」

진섭은 이 문제의 옳고 그름을 장이 · 진여 두 사람에게 물으니, 두 사람은 이렇게 대답했다.

「진(秦)나라는 참으로 무도하여 남의 나라를 파괴하고 남의 사직을 무너뜨리며, 남의 자손을 끊어 버리고 백성의 힘을 피폐시키며, 백성의 재물을 궁핍하게 만들었습니다. 그런고로 장군께서는 눈을 부릅뜨고 담력을 크게 하여 만 번 죽음에 한 번 삶을 돌아보지 않는 큰 계략을 내고 천하를 위해 잔학한 도둑을 쳐 없애려고 하는 것입니다. 그런데 이제 진(陳)나라에 입성했다 해서 왕이 되는 것은 천하의 사욕(私欲)을 드러내는 것이 됩니다. 바라건대 장군은 서둘러 왕이 되려고 하지 마시고 빨리 군사를 동원해서 서쪽으로 나아가 진(秦)나라에 멸망당한 6국의 후사들

---

2) 진섭(陳涉)…자는 섭(涉)이고 이름은 승(勝)이며, 양성(陽城) 사람이다. 진 2세 원년에 오광(吳廣)과 농민봉기를 일으키고 국호를 초(楚)라고 하였다. 「제비와 참새 따위가 어찌 하늘 높이 날려는 기러기의 마음을 알 수 있겠느냐?(燕雀安知鴻鵠之志)」 「임금과 장군, 재상이 어찌 씨가 따로 있겠는가?(王侯將相 寧有種乎)」 등의 명구로 유명하다.

을 세우도록 사자를 파견하십시오. 이것은 장군을 위해서는 동지를 만드는 것이 되고, 진(秦)나라에는 그 적을 많이 만들어 주는 것이 됩니다. 진나라에 적이 많아지면 그 힘은 분산되고, 우리 편에 동지가 많아지면 우리 군사는 강력하게 됩니다. 이러한 형세가 되면 들에서는 싸우는 군대를 볼 수 없게 되고, 현(縣)은 지킬 수 있는 자가 없게 될 것이니, 포학한 진(秦)나라 왕을 주살하고 그 도읍 함양을 근거로 하여 제후들에게 호령을 할 수 있게 됩니다. 제후들도 일단 멸망했다가 다시 부흥할 수 있게 되면 그것을 덕으로 삼아 장군에게 복종할 것입니다. 이렇게 해서 제업(帝業)은 성취되는 것입니다. 지금 장군이 단지 진(陳)나라 왕이 될 뿐이라면 아마도 천하의 인심은 흩어져 통일이 되지 않을지도 모릅니다.」

그러나 진섭은 받아들이지 않고 마침내 일어서서 진(陳)나라 왕이 되었다. 그리하여 진여는 다시 진나라 왕을 설득했다.

「대왕은 위(魏)·초(楚)나라 병력을 이끌고 서쪽으로 진군하려는 목적은 함곡관에 들어가 진(秦)나라를 치는 데 있지만, 하북(河北 : 황하 이북)은 아직 수중에 들어와 있지 않습니다. 저는 일찍이 조(趙)나라에 유람한 일이 있으므로 그 땅의 호족(豪族)과 지형을 알고 있습니다. 바라건대 정병을 몰아 북쪽 조나라의 땅을 공략케 해주셨으면 합니다.」

진(陳)나라 왕은 이를 허락하고 본래 친교가 있었던 진(陳)나라 사람 무신(武臣 : 인명)을 장군으로 삼고 소소(邵騷)를 호군(護軍 : 부장. 호위군의 장군)으로 삼은 다음 장이와 진여를 우교위(右校尉 : 교위는 장군 보좌관)로 삼아 병졸 3천 명을 내주어 북쪽 조나라 땅을 공략시켰다.

무신 등은 백마진(白馬津 : 하남 활현)에서 황하를 건너 하북의 여러 현에 이르러 그 지방의 호족에게 설명했다.

「진(秦)나라는 난정(亂政)을 행하여 학형(虐刑)을 시행하고 천하를 박해하기 수십 년, 북으로는 장성(長城)[3]의 부역이 있었으며 남으로는 오령(五嶺)[4]의 수비가 있소. 때문에 안팎으로 소란스럽고, 백성은 피폐하고 세리(稅吏)는 민가(民家)에 들어가서 사람 머리를 헤아려서 곡식을 징수하여 군비에 충당하고 있소. 재물은 궁핍하고 힘은 쇠진하여 백성들은 생활이 평안할 수 없고, 게다가 법률이 가혹하여 형벌은 혹독하고 천하의 부자(父子) 마음을 불안에 떨게 하고 있소. 그리하여 진(陳)나라 왕은 천하의 민생(民生)을 위하여 팔을 걷어붙이고 용기를 내어 항전을 제창했는데, 처음으로 초나라 땅에서 왕위에 오르시니 사방 2천 리 사이에 마치 방울소리를 따르듯 누구 한 사람 응하지 않는 사람이 없었소. 집집마다 스스로 떨치고 일어났고, 사람들마다 스스로 싸움에 나섰으며, 각자의 원한을 갚고 원수를 쳐서 현(縣)에서는 영(令)과 승

진 승

3) 장성(長城)…진시황 33년(B.C. 214년)에 몽염이 30만여 명을 이끌고 북쪽으로 장성을 쌓았는데, 이것은 서쪽으로 임조(臨洮)를 기점으로 하여 동쪽으로 요동(遼東)에 이르니 만여 리가 되는 것이다. 이때 백성들의 노역이 끊이지 않아 인력이 모두 소모되어 버렸다.

4) 오령(五嶺)…대유 · 시안 · 임가(臨賀) · 계양(桂陽) · 게양(揭陽)의 오령. 이 당시 만리장성을 쌓는 데는 85만 명이 동원되었고, 남쪽 지역 수비에는 55만 명이 동원되었다고 한다.

(丞)을 죽이고 군(郡)에서는 수(守)와 위(尉)를 죽였소. 이제 진왕은 이미 초나라의 세력을 넓히고 진(陳)에서는 왕위에 오르시어 오광(吳廣)[5] · 주문(周文)을 백만 군사의 장수로 삼아 서쪽으로 진(秦)나라를 치게 했소. 이와 같은 시기에 일국(一國) · 일성(一城)의 주인이 되는 공로를 세우지 않는 자는 호걸이라고 말할 수는 없소. 여러분 깊이 생각해 보시오. 천하 사람이 한 마음이면서도 진(秦)나라에 고통을 당해 온 것은 벌써 오래 전부터의 일이오. 천하의 힘을 합쳐서 무도한 진나라 왕을 쳐서 부형의 원한을 갚고 봉후(封侯)의 업을 행하는 것은 남아로서 공을 이루는 절호의 기회가 아니겠소!」

호족들은 모두 이 말에 수긍을 하고 일제히 가담했다. 이렇게 하여 나아갈수록 군사가 늘어나서 몇 만에 이르렀으며, 장군 무신(武臣)은 존경을 받아 무신군(武信君)이라 일컬었다. 이윽고 조나라의 열 개의 성(城)을 함락시켰다. 다른 성들은 모두 농성하고 항복하지 않았기 때문에 군사를 이끌고 동북쪽에 있는 범양(范陽)을 쳤다.

그 때 범양 사람 괴통(蒯通)이 범양의 현령을 설득하여 이렇게 말했다.

「암암리에 듣자 하니, 공의 목숨이 위험한 것 같아 조문을 드리러 왔습니다. 그러나 공이 이 괴통을 얻어 살 수 있게 되신 것을 축하드립니다.」

「나를 조문한다니 무슨 말이오?」

「진(秦)나라의 법률은 참으로 엄합니다. 공은 범양의 현령으

---

5) 오광(吳廣)…진나라 말의 장군으로 양하(陽夏) 사람이다. 진승(陳勝)과 함께 반란을 일으켜 진승은 왕이 되고 오광은 가왕(假王)이 되었다가 후에 부하에게 살해되었다.

로 있기 10년인데, 그 동안 남의 아버지를 죽여서 남의 아이들을 고아로 만들었고, 남의 다리를 잘랐으며, 남의 이마에 문신을 넣는 등 일일이 헤아릴 수가 없습니다. 그런데도 자부(慈父)와 효자가 공의 배를 감히 칼로 찌르려고 하지 않았던 것은 진(秦)나라 법률이 무서워서였기 때문인데, 이제 천하는 크게 어지러워져서 진나라 법률은 실행되지 않게 되었습니다. 그렇다면 자부와 효자는 이 때를 놓치지 않고 칼로 공의 배를 찌름으로써 이름을 올리려고 할 것은 당연한 일입니다. 이것이 내가 공을 조문하려고 한 까닭입니다. 이제 제후는 진나라를 배신하고 무신군의 군사는 바야흐로 이 땅에 쳐들어오고자 하고 있습니다. 공은 아직도 범양을 지키려고 합니다만, 젊은이들은 모두 공을 죽이고 무신군에게 항복하려고 합니다. 만약 공이 서둘러 나를 무신군에게 파견하여 회견토록 해주신다면 화를 복으로 돌릴 수 있으려니와, 그 시기는 지금이 아니고는 달리 없습니다.」

격문 한 장으로 천리 땅을 평정

그래서 범양의 현령은 괴통을 무신군에게 보냈는데, 괴통은 무신군을 향하여 이렇게 말했다.

「장군은 꼭 전쟁을 해서 땅을 빼앗고 공격을 감행해서 성을 떨어뜨리시는데, 내가 깊이 생각해보니 그것은 잘못된 방법이라고밖에 볼 수 없습니다. 만약 장군이 나의 계략을 받아들이신다면 공격을 하지 않고도 성을 함락시키고, 싸움을 하지 않고도 땅을 빼앗으며, 격문(檄文)[6]을 전하기만 해도 천 리의 땅을 평정시

6) 격문(檄文)…특별한 경우에 군병을 모집하거나, 세상 사람들을 격양시키거나, 또는 적군을 효유(曉喩) 혹은 힐책하기 위하여 발송하는 글발

킬 수 있겠는데, 어떻습니까?」

무신군이 물었다.

「그것은 어떤 방법이오?」

괴통이 대답했다.

「지금 범양의 현령은 병졸을 추슬러 싸워 지킬 준비를 해야 하는데도 불구하고 비겁하게 죽음을 두려워하고 탐욕스럽게도 부귀를 중히 여겨 싸움에 앞서 항복을 하려고 합니다. 단지 그가 두려워하는 것은, 장군이 그를 진나라가 임명한 관리라 하여, 앞서 열 개의 성에서 하신 것처럼 죽이지나 않을까 하는 점입니다. 그런데 범양의 젊은이들도 바야흐로 현령을 죽이고 자신들이 그 성을 차지하여 장군에게 항전하려 하고 있습니다. 그러하오니 장군께서 나에게 제후의 인을 주셔서 다시 그를 범양 현의 현령으로 삼으신다면 현령은 성을 들어 장군에게 항복할 것이고, 젊은이들도 감히 현령을 죽이지는 못할 것입니다.

그러고 나서 범양현의 현령으로 하여금 화려하게 꾸민 붉게 칠한 수레를 타고 연나라와 조나라의 교외를 달리게 하십시오. 교외에서 구경하는 사람들이 그 모습을 보고 『저 사람은 맨 먼저 항복을 한 현령이다』라고 말하고는 모두 안심하고 기뻐할 것입니다. 이렇게 하면 연나라와 조나라의 성은 공격을 하지 않고도 항복을 받을 수 있을 것입니다. 이것이 저의 이른바 격문을 전하는 것만으로 천리의 땅을 평정할 수 있다는 계책입니다.」

무신군은 이 계략에 따라 괴통을 시켜서 범양 현의 현령에게 제후의 인을 내렸다. 조나라 땅에서는 이 말을 전해 듣자 싸움도 하지 않고 성을 들어 항복한 성이 30여 개에 달하여, 무신 등은

을 말한다.

어렵지 않게 조나라 첫 도읍 한단에 입성했다.

기회란 잠시의 여유도 주지 않는 법

이 때 장이와 진여는 주장(周章)의 군사가 함곡관에 진입하여 희(戲)까지 쳐들어갔다가 퇴각한 일과 진(陳)나라 왕을 위해 땅을 빼앗은 많은 장수가 참소와 무고에 의해 죽음을 당했다는 말을 들었다. 또한 전날 진왕이 자기들이 건의했던 계책을 따르지 않고 또 자기들을 장군으로 임명치 않고 교위로 삼은 것을 원망하여 두 사람은 무신을 설득하여 이렇게 말했다.

「진왕은 기(蘄)에서 군사를 일으켜 진(陳) 땅에 이르러 왕이 되었습니다. 이것은 6국의 후사(後嗣)를 세우려는 것이 결코 아닙니다. 장군은 지금 3천 명의 군사를 이끌고 조나라의 수십 성을 함락시켰고 하북(河北)에 주둔하고 있는데, 장군께서 왕이 되지 않고서는 하북은 진정되지 않을 것입니다. 게다가 진왕은 무고에 현혹하는 사람이니 하북에서 돌아가 복명을 하더라도 화를 면하기 어려울 것입니다. 또 조(趙)나라 왕을 세우는데도 공훈이 있는 장군보다는 자기의 형제를 세우려고 하든가, 아니면 지난날 조나라 왕의 자손을 세울 것입니다. 장군은 이 기회를 놓치지 마시고 자립하는 것이 좋을 것으로 생각합니다. 기회란 잠시의 여유도 주지 않는 법입니다.」

무신은 이 말을 받아들이고 마침내 조나라 왕이 되었다. 진여를 대장군(大將軍), 장이를 우승상, 소소를 좌승상에 임명하고 사신을 진왕에게 보내 이 사실을 알리도록 했다. 진왕은 크게 노하여 무신 등의 일족들을 차례로 죽이고 군사를 내어 조나라를 치려고 했다. 진왕의 상국 방군(房君)이 왕에게 간했다.

「진(秦)나라가 아직 멸망하지도 않았는데 무신 등의 일족들을 죽이는 것은 또 하나의 화근을 불러일으키는 것이 됩니다. 이런 때는 오히려 경하(慶賀)하고 한시바삐 군사를 이끌고 서둘러 서쪽으로 가서 진(秦)나라를 치도록 시키는 것보다 더 나은 일은 없을 것입니다.」

진왕은 과연 그렇겠다고 생각하고 그 계략에 따라 무신 등의 일족들을 궁중에 억류하고 장이의 아들 장오(張敖)를 성도군(成都君)에 봉했다. 한편 조나라 왕에게 사신을 보내 경하의 뜻을 표하고 출병을 재촉하며 함곡관으로 들어가라고 했다. 장이와 진여가 무신에게 설명했다.

「대왕께서 조(趙)나라 왕이 되신 것은 초나라의 뜻이 아니며 다만 방편(方便)으로서 경하하는 것에 지나지 않습니다. 진(秦)나라를 쳐부수면 진섭은 반드시 우리 조나라를 칠 것입니다. 바라건대 대왕께서는 서쪽으로 진군하실 일이 아니라 북쪽에 있는 연(燕)·대(代)를 공략하고 남쪽에 있는 하내(河內)를 수중에 넣어 영토를 넓히도록 하십시오. 조나라가 남쪽 대하(大河)에 웅거하여 국경을 지키고 북쪽 연·대를 아울러 가지게 되면 설령 초나라가 진(秦)나라에 이기더라도 조나라를 제압하지는 못할 것입니다.」

조나라 왕은 이 말에 찬성하고 군사를 서쪽으로 움직이지 않는 한편 한광(韓廣)에게는 연나라를, 이량(李良)에게는 상산(常山)을, 장염(張黶)에게는 상당(上黨)을 공략하게 했다.

한광이 연나라에 이르자, 연나라 사람들은 한광을 세워 연나라 왕을 삼았다. 그러자 조나라 왕은 장이·진여와 함께 연나라 국경을 공략했다. 그런데 조나라 왕이 미행을 하다가 연나라 군사에게 붙잡혔다. 연나라 장수는 왕을 붙잡아 놓고 조나라가 그 영토를 반분(半分)해 주면 왕을 돌려보내겠다고 했다. 조나라의 사신이 차례로 연나라에 갔으나 연나라는 그때마다 사신을 죽이고 땅을 요구했다. 장이와 진여가 사태를 걱정하고 있을 때 한 잡역병이 한 방에 있던 동료들과 헤어지며 이렇게 말했다.

「나는 장공(張公)과 진공(陳公) 두 사람을 위하여 연나라를 설복시키고 조나라 왕과 함께 돌아오겠소.」

그러자 방 안에 있던 사람들은 모두 웃으며 말했다.

「지금까지 10여 명의 사신이 갔지만 모두 죽었다네. 자네가 어떻게 왕을 데려온단 말인가?」

그러나 잡역병은 연나라 성을 향해 떠났다. 연나라 장수와 만나자 그는 물었다.

「제가 무엇을 바라고 있는지 아시겠습니까?」

연나라 장수는 대답했다.

「네가 바라는 것은 단지 조나라 왕이지 뭔가?」

그러자 병사는 이렇게 물었다.

「장군은 장이 · 진여가 어떤 인물인지 아십니까?」

연나라 장수는 대답했다.

「현인들이지.」

그러자 병사는 또 물었다.

「그 두 사람이 무엇을 바라는지 아십니까?」

연나라 장수는 대답했다.

「그들도 역시 저희 왕을 데려가려고 하겠지.」

그러자 병사는 웃으며 이렇게 말했다.

「장군은 그 두 사람이 바라고 있는 것을 아직 모르십니다. 무신 · 장이 · 진여는 말채찍을 휘둘렀을 뿐으로 조나라의 수십 성(城)을 함락시킨 사람들입니다. 각각 남면(南面)하여 왕이 될 뜻을 가지고 있으며, 대신·재상으로 만족할 사람이 아닙니다. 신하와 임금의 지위는 말로 다할 수 없을 정도로 차이가 있는 법입니다. 생각건대 세력이 안정된 그 당장은 아직 삼분(三分)하여 저마다 왕이 되려고 하지 않고, 연장(年長)인 것을 이유로 얼마 동안은 무신을 왕으로 세워 조나라의 민심을 이으려고 하는 것뿐입니다. 그러나 이제 조나라의 땅이 완전히 복속(服屬)되었으므로 그 두 사람도 조나라를 나누어 각기 왕이 되려고 하며, 그 시기를 엿보고 있습니다. 지금 장군은 조나라 왕을 붙잡아 놓고 계십니다만, 그 두 사람이 조나라 왕을 구해내려고 하는 것은 단지 명목일 뿐, 그 속셈은 연나라가 조나라 왕을 죽여주기를 바라고 있습니다. 죽이기만 하면 두 사람은 조나라를 나누어 자립할 것입니다. 조나라 하나로도 연나라를 업신여기는데, 하물며 두 현인이 좌우로 제휴하여 조나라 왕을 죽인 연나라의 죄를 꾸짖는다면 연나라를 쳐부수기는 쉬운 일일 것입니다.」

연나라 장수는 과연 그럴 것이라며 조나라 왕을 석방하니 그 잡역병은 마부가 되어 왕을 모시고 돌아왔다.

이량(李良)은 상산(常山)을 평정하고 귀국하여 보고하자, 조나라 왕은 이량에게 명하여 태원(太原)을 공략시켰다. 석읍(石邑)에까지 가니 진(秦)나라 군사가 정형(井陘)의 험지를 막고 있어 전진할 수가 없었다. 진나라 장군이 2세 황제의 사신이라고 속이고 이량에게 편지를 보냈는데, 일부러 이 편지를 봉하지 않았다. 그 편지에는 이렇게 씌어 있었다.

「그대는 일찍이 나의 밑에서 벼슬을 하여 남다른 사랑을 받았었노라. 만약 그대가 조나라를 버리고 진(秦)나라를 위해서 일한다면 그대의 죄를 용서하고 벼슬의 지위를 더 높여 주리라.」

이량은 이 내용을 의심하여 신용치 않고 한단으로 돌아와 증원군을 요청하려 했다. 그러나 그들은 한단에 도착하기 전에 길에서 연회를 마치고 돌아오는 조나라 왕의 누이 행렬과 마주쳤는데, 백여 명의 기마가 따르고 있었다. 이량은 왕의 행차인 줄 생각하고 길바닥에 엎드려서 예를 갖추었다. 왕의 누이는 취하여 이량 장군인 줄 모르고 수레 안에서 기병에게 명하여 답례를 하도록 시켰다. 이량은 본래 귀족 신분이었던 까닭에 예를 갖추고 일어났을 때 자신을 따르던 부하들을 보기가 부끄러웠다. 그러자 그를 따르던 관리 한 사람이 이렇게 말했다.

「지금 천하는 진(秦)나라를 배반하고 능력이 있는 자가 우선 왕이 되는 때입니다. 그런데 조나라 왕은 원래 장군의 휘하에 있던 사람, 그럼에도 불구하고 그의 누이조차 여자의 분수로 장군을 보고도 수레에서 내려오지도 않고 있습니다. 이대로 떠난다는 것은……쫓아가서 죽여 버리고 말겠습니다.」

이량은 진(秦)나라의 편지를 받고 나서 마음속으로 조나라를 배반할까 생각도 해보았으나, 아직 뜻을 정하지 못하다가 더 이상 노기를 참을 수 없어 사람을 보내 조나라 왕의 누이를 뒤쫓게 하였다. 조나라 왕의 누이를 길에서 죽인 다음, 이량은 군사를 몰아 한단을 급습했다. 한단에서는 뜻밖의 일을 당함에 무신과 소소는 마침내 피살되었다. 조나라 사람 중에는 장이 · 진여의 눈과 귀가 되어 소식을 전해 주는 자가 많았기 때문에 두 사람은 이 위기에서 탈출할 수 있었고, 그들이 흩어졌던 병사들을 모으니 수만 명이나 되었다. 빈객 중에 장이를 설득하여 이렇게 말하는 자가 있었다.

「두 분은 타국의 나그네 신분으로 조나라를 다스리려고 하셔도 그것은 곤란할 것입니다. 본디 조나라 왕의 자손을 세워서 나라를 접수한다는 명분을 세우시면 성공하실 겁니다.」

그래서 그들은 조왕의 자손 조헐(趙歇)을 찾아내어 조나라 왕으로 세웠고, 신도(信都 : 하북 형대의 서남쪽)에 도읍을 정했다. 이량은 군사를 진격시켜 진여를 쳤는데, 진여는 이량을 깨뜨렸다. 이량은 패주하여 진나라 장군 장한(章邯)에게 투항했다.

장한은 군사를 이끌고 한단으로 와서 백성을 모두 하내로 옮기고 성곽을 파괴했다. 장이는 조나라 왕 조헐과 함께 떠나서 거록성(巨鹿城)으로 들어갔지만, 진나라 장수 왕이(王離)에게 포위되었다.

진여는 북쪽 상산(常山)지방 군사를 모아 수만 명을 이끌고 거록성 북쪽에 진을 쳤다. 장한은 거록성 남쪽 극원(棘原)에 진을 치고 용도(甬道 : 담을 쌓은 도로)를 쌓아 황하 연안에까지 연결하여 왕이에게 군량을 보급했다. 왕이의 군사는 식량이 충분해지자 분발하여 거록성을 쳤다. 거록성 안에는 군량미가 거의 바닥이 나고 병력도 적었다. 장이는 여러 번 사자를 보내 진여의 군사를 전진케 하려고 했다. 그러나 진여는 진나라에 대적하기에는 병력이 너무 적다고 생각하고 몇 개월 동안이나 진격하려 하지 않았다. 장이는 크게 노하여 진여를 원망하고 장염・진택을 보내 진여를 꾸짖었다.

「처음에 나는 그대와 문경지교(刎頸之交)의 사이였소. 지금 조나라 왕과 나는 조석(朝夕)을 기약치 못할 죽음에 직면하고 있소. 그대는 몇 만의 군사를 가지고 있으면서 도와주려고 하지를 않소. 서로 죽음을 같이하자고 맹세한 우정 따위는 이제 어디로 갔단 말이오. 얼마간이라도 그대에게 신의가 있다면 어찌하여 진나라 군사와 일전을 하여 함께 죽으려 하지 않는단 말이오. 그렇게 한다면 열 명에 한두 명쯤은 살아남을 수 있소.」

그러자 진여는 이렇게 대답했다.

「내가 나아가서 치더라도 결국은 조나라를 구할 수는 없고 군사만 모두 죽일 뿐이오. 게다가 내가 함께 죽으려고 하지 않는 것은 조나라 왕과 그대를 위하여 진나라에 보복하고 싶기 때문이오. 지금 함께 죽는 것은 굶주린 호랑이에게 고기를 던져 주는 것과 같을 뿐 무슨 이익이 있으리오.」

이에 장염과 진택이 말했다.

「사태는 급박하게 되었소. 함께 죽음으로써 신의를 세워야지 어찌 뒷일만을 생각하십니까?」

진여가 말했다.

「내가 죽는다고 해서 무슨 소용이 있겠소. 어찌 되었든 그대의 말에 따라야 되겠다면 5천 명만 파견하기로 하겠소.」

이렇게 하여 우선 장염·진택에게 명하여 5천 군사를 이끌게 하여 먼저 진나라 군사와 맞서게 했다. 그러나 이들은 맞붙어 싸우자마자 전군이 모두 전사했다.

이 때 조나라의 위급함을 듣고 연(燕)·제(齊)·초(楚)나라의 각지에서 구원군이 왔다. 장이의 아들 장오도 북쪽의 대(代)의 군사를 모아 1만여 명을 이끌고 구원하러 왔다. 그러나 모두 진여의 진지 한 옆에 방벽을 쌓고 진을 쳤지만, 감히 진나라를 치지는 못했다.

마침 항우(項羽)의 군사는 자주 장한의 용도(甬道)를 차단했기 때문에 왕이의 군사는 식량이 결핍되어 있었다. 항우는 전군을 이끌고 황하를 건너 마침내 장한의 군사를 깨뜨렸다. 그러자 장한은 군사를 뒤로 물리고 포위를 풀었다. 제후들의 연합군은 그제야 거록성을 포위하여 진나라 군사를 쳐서 마침내 왕이를 사로잡았다. 진나라 장수 섭간(涉間)은 스스로 목숨을 끊었다. 결국 거록성을 구해낸 것은 초나라의 힘이었다.

하늘이 주는 것을 받지 않으면 오히려 그 화를 입는다

이렇게 하여 조나라 왕 조헐과 장이는 거록성을 나올 수 있었고, 장이는 진여와 만나서 조나라 왕을 돕지 않았음을 꾸짖으며 장염·진택의 소재를 묻자, 진여가 대답했다.

「장염과 진택은 나에게 죽기를 각오해야 한다고 꾸짖었소. 그래서 그들 두 사람에게 군사 5천을 이끌게 하여 먼저 진나라 군사와 맞서게 했는데 모두 전사한 것으로 보이며 한 사람도 살아서 돌아오지 못했소.」

장이는 이 말을 신용치 않고 진여가 죽인 것이라 생각하여 다시 끈질기게 물으니, 진여는 노하여 말했다.

「그대가 나를 이토록 원망함이 깊을 줄은 생각지 못했소. 내 어찌 장군 자리에서 물러나는 것을 아쉬워하겠소?」

그리고는 장군의 인수를 끌러 장이에게 내밀었다. 장이는 당황하여 받으려 하지 않았다. 진여가 일어나서 변소에 가자, 빈객이 장이에게 말했다.

「『하늘이 주는 것을 받지 않으면 오히려 그 화를 입는다〔天與不取反受其殃〕』는 말이 있습니다. 지금 진 장군은 인수를 양보하려고 하는데 공이 받지 않으며 하늘의 뜻을 거역하는 것은 상서롭지 못한 일입니다. 서둘러 받도록 하시는 것이 좋을 줄 압니다.」

장이는 그 인수를 차고 진여의 군사를 수중에 거두기로 했다. 변소에서 돌아온 진여는 장이가 인수를 돌려주지 않는 것을 원망하며 그 자리를 나왔다. 장이는 마침내 진여의 군사를 거두었고, 진여는 부하 중에서 친했던 사람 수백 명과 함께 하변(河邊)

의 소택(沼澤)으로 가서 고기잡이와 사냥을 일삼으며 지냈다. 이 일로 인하여 장이와 진여의 사이는 끝내 틈이 생기고 말았다.

조나라 왕 조헐은 아직 신도(信都)에 있었고, 장이는 항우와 제후들을 따라 함곡관으로 들어갔다.

왕(王)이 된 장이, 후(侯)가 된 진여

한(漢)나라 원년 2월, 항우는 제후들을 왕에 봉하였다. 장이는 본래 여러 곳을 유력(遊歷)하여 여러 나라의 수많은 인사로부터 찬양을 받아왔고, 또 항우도 평소부터 장이의 현명함을 자주 들어 왔기 때문에 조나라를 둘로 나누어서 장이를 상산왕(常山王)으로 세워 신도를 다스리도록 하였다. 그리고 신도의 이름을 양국(襄國)이라고 고쳤다.

진여의 수많은 빈객들은 항우에게 이런 말을 했다.

「진여와 장이는 일심동체로 조나라에 공로가 많았습니다.」

항우는 진여가 자기를 따라 함곡관에 들어오지 않았기 때문에 그가 남피(南皮 : 하북 남피)에 있다는 말을 듣자, 곧 남피 근방의 세 현을 봉읍으로 주었을 뿐이다. 그리고 조나라 왕 조헐을 대(代)로 옮겨 왕을 삼았다. 장이가 자기 봉국으로 가자 진여는 더욱 화를 내며 말했다.

「장이와 나는 그 공로가 같은데도 이제 장이는 왕이 되었고 나는 후(侯)가 되었다. 이것은 항우의 불공평한 처사다.」

제나라 왕 전영(田榮[7])이 초나라에 반기를 들려고 하자, 진여

7) 전영(田榮)…전국시대 제나라의 왕족으로 전담(田儋)의 사촌동생이다. 전담을 따라서 군사를 일으켰다가 초나라와 한나라가 전쟁하는 틈을 타 스스로 제나라 왕이 되었다.

는 하열(夏說)을 보내 전영을 설득했다.

「항우는 천하를 다스리면서 불공평한 처사를 하고 있습니다. 모든 장수를 좋은 땅의 왕으로 봉하고, 본래 왕가(王家)는 나쁜 땅의 왕으로 보냈습니다. 지금 조나라 왕은 대(代)에 있습니다. 저에게 군사를 빌려 주신다면 남피의 땅을 대왕의 울타리로 만들어 드리겠습니다.」

전영은 조나라와 친선을 맺어 초나라를 배반할 생각이었으므로 군사를 파견하여 진여의 지휘 아래 들게 하였다. 그리하여 진여는 자기 영지인 세 현의 군사를 모두 동원하여 상산왕(常山王) 장이를 습격함으로써 장이를 패주시켰다. 장이는 제후 가운데 믿을 만한 자가 없다고 생각하고 이렇게 말했다.

「한(漢)나라 왕은 나와 옛날부터 친분이 있기는 하지만, 항우는 강한데다가 나를 세워 왕으로 삼아주었으니 나는 초나라로 가리라.」

그 때 천문가인 감공(甘公)이 말했다.

「한나라 왕이 함곡관에 들어갔을 때 오성(五星)이 동정(東井)으로[8] 모였습니다. 동정은 천문에서 진나라의 분야입니다. 그런 까닭에 제일 먼저 진나라에 들어가는 사람이 패자가 되겠지요. 초나라는 강성하지만 진나라에 들어간 것은 한나라보다 늦었으니 천하는 틀림없이 한나라로 돌아갈 것입니다.」

그래서 장이는 한나라로 향했다. 한나라 왕도 삼진(三秦)을

---

8) 오성(五星)…목(木)·화(火)·토(土)·금(金)·수(水)의 다섯 행성이 정수(井宿) 천구(天區)에 출현한 것을 말한다. 동정(東井)은 정수(井宿)이며 28수(宿) 가운데 남방(南方)의 7수 중 첫 번째 수이다. 이것은 천체 운행의 주기적인 현상이다. 고대 천문학자들은 12성신(星辰)의 위치를 지상의 주(州), 국(國)의 위치와 대응시켰다. 그래서 고대 사람들은 천상(天象)의 변화로써 주나 국의 길흉을 보았다.

평정하기 위하여 되돌아와서 장한을 칠 목적으로 폐구(廢丘 : 섬서 흥평)를 포위하고 있었다. 장이가 한나라 왕을 만나니 한나라 왕은 후하게 예우했다.

한편 진여는 장이를 깨뜨리고 조나라 땅을 모두 거두어들여 대(代) 땅에 있던 조나라 왕을 맞아다가 다시 조나라 왕으로 삼았다. 조나라 왕은 진여의 덕이라 하여 그를 세워 대(代)의 왕으로 삼았는데, 진여는 조나라 왕의 힘이 미약하고 나라가 겨우 안정된 때이었기 때문에 자기의 영국(領國)인 대(代)로 가지 않고 머물러서 조나라 왕의 사부(師傅)가 되었다. 그 대신 하열을 상국으로 삼아 대 땅을 지키도록 했다.

한나라 2년, 한나라는 동쪽의 초나라를 치기 위해 사자를 조나라로 보내 함께 칠 것을 제의했다. 그러자 진여가 말했다.

「한나라 왕이 장이를 죽인다면 제의에 따르겠소.」

한나라 왕은 장이와 비슷한 사람을 찾아내서 그의 목을 벤 다음 그 목을 진여에게 보냈다. 진여는 군사를 파견하여 한나라를 도왔는데, 한나라 군사가 팽성(彭城 : 강서 동산) 서쪽에서 패하고 또 장이도 죽지 않은 것을 알자 한나라에 반기를 들었다.

한나라 3년, 한신(韓信)이 위(魏)나라 땅을 평정하자, 한왕은 장이와 한신을 파견하여 조나라의 정형을 격파하고 진여를 저수(泜水) 부근에서 목 벤 다음 조나라 왕 조헐을 추격하여 양국(襄國 : 하북 형대의 서남쪽)에서 죽였다. 한나라에서는 장이를 세워 조나라 왕을 삼았다.

한나라 5년, 장이가 죽자 경왕(景王)이라 시호를 내리고 그의 아들 장오가 뒤를 이어 조나라 왕이 되었으며, 고조(高祖)[9]의 장

---

9) 고조(高祖)…이것은 유방(劉邦)이 죽은 후의 묘호(廟號)이므로 당시의 사람들은 이렇게 부를 수 없다. 따라서 이하의 문장에서도 황제로 바

녀 노원공주(魯元公主)가 조나라 왕 장오의 왕후가 되었다.

능력있는 사람이 임금이 되는 때

한나라 7년, 고조가 평성(平城 : 산서 대동의 동쪽)에서 조나라를 지나갈 때 조나라 왕은 아침저녁으로 옷을 벗고 팔뚝걸이를 끼우고 앞들임을 걸고 신분을 낮추어 손수 식사를 올림으로써 사위로서의 예를 다했다. 그런데도 고조는 두발질을 하며 큰 소리로 꾸짖고 심한 모욕을 주었다.

조나라의 재상 관고(貫高)·조오(趙午) 등은 나이 67여 세로서 본래 장이의 빈객이었는데, 평소부터 의지가 강인하고 남에게 굽힐 줄 모르는 성질이 있었다. 그리하여 고조의 그 불손한 태도를 보자 노하여 말했다.

「우리 임금은 너무나 나약하셔.」

그리고 조왕에게 말했다.

「이제 천하는 호걸이 연이어 일어나서 능력이 있는 사람이 먼저 임금이 되는 때입니다. 지금 임금께서는 공손을 다 하셔서 고조를 섬기는데도 고조는 조금도 예의를 차리지 않으십니다. 임금을 위하여 황제를 죽이고 말겠습니다.」

그러자 장오는 자신의 손가락을 깨물어서 피를 내어 두 마음이 없음을 맹세했다.

「그대들은 무슨 말을 하고 있는 거요. 선왕께서는 나라를 잃으셨을 때 고조(高祖)의 힘을 의지하여 잃었던 나라를 회복할 수가 있었으며, 그 은혜는 우리들 자손에게까지 미치게 되었소.

꾸는 것이 옳다.

한대의 망루

우리들이 가지고 있는 털끝만한 것도 모두 고조께서 주신 것이오. 모쪼록 그대들은 두 번 다시 그런 말을 입에 올리지 마오.」

관고와 조오 등 십여 명은 모두 입을 모아 이렇게 말했다.

「이것은 우리가 잘못 생각했던 것이다. 우리 임금은 온후한 장자(長子)로서 덕의에 배반할 사람이 아니다. 그러나 우리의 의(義)로써 한다면 임금이 모욕을 당하는 것을 가만히 보고만 있을 수는 없다. 고조가 우리 임금을 모욕하는 것을 원망하며 고조를 죽이려고 하는 것이 어찌하여 임금의 덕을 더럽히는 일이 되겠는가? 일이 성공되면 공을 임금에게 돌리고, 일이 실패로 돌아가면 우리들 스스로가 죄를 받는 것뿐이다.」

한나라 8년, 고조는 동원(東垣 : 하북 정정)에서 돌아오는 도중에 조나라를 지나게 되었다. 관고 등은 박인(柏人 : 하북 당산의 서쪽)의 숙사 이중벽 안에 사람을 숨겨 두어 대기하다가 고조를 죽이려고 했다. 고조는 이 곳을 통과할 때 숙박할 마음이 생겨 물었다.

「이곳 현 이름을 무엇이라고 하느냐?」

「박인이라고 합니다.」

「박인(柏人 : 柏과 迫은 음이 같다)이란, 사람을 핍박한다는 뜻이 아니냐?」

고조는 불길한 생각을 하고 숙박을 하지 않았다. 그리고 바로 떠나갔다. 한나라 9년, 관고와 원한이 있는 사람이 그때의 음모를 알아차리고 밀고를 했다. 고조는 조나라 왕을 위시하여 관고 등 모두를 일제히 체포했다. 수십 명이 앞을 다투어 스스로 목을 찔러 죽었는데 관고만은 홀로 노하여 꾸짖었다.

「그대들에게 이러한 음모를 시킨 사람이 누구인가? 우리들 자신이 아닌가? 임금은 이 음모에 털끝만큼도 가담한 일이 없건만 지금 함께 잡힌 몸이 되었거늘, 그대들이 모두 죽어 가면 도대체 누가 임금의 무고함을 입증할 것인가!」

이렇게 하여 관고와 조나라 왕은 수인거(囚人車)에 밀폐된 채 도읍 장안(長安)으로 옮겨졌다. 고조는 장오의 죄를 다스리려고 이런 조칙을 내렸다.

「조나라의 군신(群臣) 빈객 중에 만약 왕을 따르는 자가 있으면 족주(族誅 : 일족을 모두 죽임)한다.」

관고와 그의 빈객 맹서(孟舒) 등 10여 명은 모두 스스로 머리를 깎고 큰 칼을 쓴 채 왕가(王家)의 노비 신분으로 따라왔다. 관고는 장안에 도착하자 취조관에게 이렇게 진술했다.

「단지 우리들끼리 꾸민 계략일 뿐 왕은 아무것도 몰랐던 일이오.」

그러자 관리는 자백을 시키기 위하여 매질을 하기 수천 번, 쇠침으로 찌르기도 하여 이미 전신은 상처투성이가 되었다. 그래서 이제 더 때리려고 해도 때릴 곳이 없었고, 끝내 아무 말도 하지 않았다.

여후(呂后 : 고조의 황후)는 딸 노원공주가 장왕(張王 : 장오)의 후(后)이니 그러한 음모에 가담했을 리 없다고 몇 번이나 말했지만 고조는 노하여 그 말을 받아들이지 않았다.

「만약 장오가 천하를 차지한다면 어찌 당신 딸과 같은 사람이 한둘이겠소?」

옥관(獄官)이 관고를 취조한 전말을 아뢰자, 고조가 말했다.

「대단한 장사로다. 누가 그를 아는 자가 없느냐? 사사로운 정리로써 물어보도록 하라.」

중대부(中大夫) 설공(泄公)이 말했다.

「그는 저와 한 고장 사람으로 지난날부터 잘 알고 지내는 처지이옵니다. 본래 이름을 세우고 의(義)를 지켜 남에게 능욕을 받지 않으며, 사나이다움을 중하게 여기는 인물입니다.」

고조는 설공으로 하여금 황제의 부절(符節)[10]을 들려서 관고를 방문케 했다. 대나무 가마를 타고 관고의 면전에 가자, 관고는 올려다보며 말했다.

「설공인가?」

설공은 그의 고통을 위로하며 평생의 친분으로 말하기를, 장왕에게 과연 음모의 혐의가 있었는지 그 여부를 물었다. 관고가 말했다.

「인정으로서 누가 자기 부모처자를 사랑하지 않는 자가 있으리오. 이제 우리 삼족(三族)은 모두 사형을 논고 받고 있는데, 아무리 임금을 위해서라지만 어찌 나의 육친을 돌아보지 않으랴. 임금께서는 전혀 모반할 마음이 없었고, 단지 우리들만의 계략이었던 거요.」

그리고 음모를 하게 된 원인과 왕이 이를 관여치 않았을 뿐 아니라 알지도 못했던 사정을 자세히 설명했다. 설공은 궁중에 들어가서 자세하게 보고했다. 고조는 조나라 왕을 사면하고 또

---

10) 부절(符節)…대나무 조각에 글을 쓰고 낙관을 찍은 후에 두 쪽으로 쪼개어 한 조각은 상대에게 주고, 다른 한 조각은 자기가 보관했다가 나중에 서로 맞추어 징표로 삼는다.

관고의 사람 됨됨이가 사나이다움을 중히 여겨 설공을 보내서 이렇게 통고했다.

「장왕(張王)은 이미 석방되었노라. 또한 관고도 용서한다.」

관고는 기뻐하여 물었다.

「우리 임금은 틀림없이 석방되었소?」

설공이 틀림없다고 대답하고 다시 말을 이었다.

「폐하께서는 그대의 의기를 장하다 하시고, 그 때문에 그대도 용서한 것이라오.」

그러자 관고가 말했다.

「내가 전신에 성한 살이 없이 되면서도 죽으려고 하지 않았던 것은 장왕께서 무고하심을 밝히고 싶은 일념에서였다오. 이제 임금이 석방되셨으니 나의 책임은 이미 완수한 것인즉 죽어도 한이 없소이다. 그리고 백성으로서 찬살(簒殺)의 오명을 입었던 이상 무슨 면목으로 다시 임금을 섬길 수 있겠소. 비록 임금이 나를 용서하더라도 나와 내 마음에 부끄러워 어찌 견딜 수 있겠소.」

그러고 나서 관고는 경동맥을 끊어 마침내 자살했다. 당시 그의 이름은 천하에 널리 퍼졌다.

장오는 사면된 뒤 노원공주의 배우자라는 점에서 다시 선평후(宣平侯)에 봉해졌다. 고조는 또 장왕의 여러 빈객이 큰 칼을 쓰고 노예가 되면서까지 장왕을 따라 함곡관에 들어왔던 것을 현명하다 하여 모두 제후의 재상이나 군수에 임명했다. 혜제(惠帝)·고후(高后)·문제(文帝)·경제(景帝) 때에 이르러 장왕의 빈객들 자손은 모두 봉록 2천 석의 관직에 앉게 되었다.

장오는 고후(高后) 6년에 죽었고, 그의 아들 언(偃)이 노(魯)나라 왕이 되었다. 어머니가 여후의 딸이었기 때문에 여후가 노나라 왕을 삼았던 것이다. 노나라 왕은 허약한 데다가 형제가 적었기 때문에 장오의 첩의 아들 두 사람이 봉(封)함을 받았는데, 수(壽)는 낙창후(樂昌侯)가 되었고, 치(侈)는 신도후(信都侯)가 되었다.

고후가 붕어한 다음, 여씨(呂氏) 일족[11]이 무도했으므로 대신들은 이들을 주살하고 노나라 왕과 낙창후 · 신도후도 폐했다. 문제가 즉위하자 다시 먼저의 노나라 왕 언(偃)을 봉하여 남궁후라 했고 장씨를 존속시켰다.

태사공은 말한다.

「장이 · 진여는 현인(賢人)으로서 세상에 칭송되어 전해졌다. 그의 빈객 · 용인(庸人)까지도 천하의 준수(俊秀) · 호걸이 아닌 자가 없었고, 각기 거주한 나라에서 대신 · 재상의 자리를 얻지 않은 자가 없었다. 그런데도 장이와 진여는 빈천했을 때 서로 친하고 서로 믿으며 죽음조차 마다하지 않았으며, 두 사람 사이에는 아무런 거리낌도 없는 터였다. 그런데 각기 나라를 세워 권력을 다투게 되자 마침내 서로가 멸망을 하고 말았다. 전에는 서로 경모하고 신용하는 사이였던 친구가 후에는 서로 배신하고 불신하는 사이가 된 것은 무엇 때문일까? 그것은 사리사욕 때문이 아니겠는가? 명예가 아무리 높고 빈객이 아무리 많다 하더라도 이 두 사람이 걸은 길은 오(吳)의 태백(太伯)이나 연릉(延陵)의 계자(季子)가 나라를 서로 양보했던 도(道)와는 너무나도 차이가 심하다.」

---

11) 여씨(呂氏) 일족…여후의 조카인 여산(呂產)과 여록(呂祿) 등을 말한다. 여후가 살아 있을 때에 그들은 군정 대권을 장악하였는데, 여후가 죽은 후에 대신 주발(周勃), 진평(陳平) 등과 날카롭게 대립하다가 그들에게 살해되었다.

위표·팽월 열전 제30

위표(魏豹)는 본래 위(魏)나라 여러 공자 중 한 사람이다. 그의 종형(從兄) 위구(魏咎)는 옛 위나라 시대에 영릉군(寧陵君)에 봉해졌는데, 진(秦)나라가 위나라를 멸망시켰을 때 위구를 서민으로 격하시켰다.

진승(陳勝)이 궐기하여 왕이 되자, 위구는 그를 찾아가 섬겼다. 진왕(陳王 : 진승)은 위나라 사람 주불(周市)로 하여금 위나라 땅을 순행케 하고 영(令)을 내려 백성들이 따르게 했다. 위나라가 평정되자 국민들은 상의하여 주불을 위나라 왕으로 받들려고 했다. 그러자 주불이 말했다.

「천하가 어지러워지면 충신이 나타난다고 하는데, 지금 천하는 통틀어 진나라를 배반하고 있소. 의(義)로써 위나라 왕의 후예로 왕을 세우는 게 좋을 것이오.」

제나라와 조나라에서도 각기 수레 50승을 보내 주불을 위나라 왕으로 세우려고 했으나 주불은 사퇴하고 수락하지 않았다. 그리고 위구를 영입하기 위하여 진(陳)과의 사이에 사신이 다섯 번이나 왕복했다. 진왕(陳王)도 하는 수 없이 위구를 세워 위나라 왕을 삼았다.

장한(章邯)은 진왕을 깨뜨리고 군사를 몰아 위나라 도읍 임제(臨濟 : 하남 진류)에서 위왕을 공격했다. 위나라 왕은 주불을 제나라와 초나라로 보내 구원을 청했다. 제나라와 초나라에서는 항타(項它) · 전파(田巴) 등의 군사를 주불에게 따르도록 하여 위나라를 구하고자 했는데, 장한은 마침내 주불 등을 깨뜨리고 임제를 포위했다.

위구는 백성을 구하기 위해 항복을 약정하고, 약정(투항 조건으로 내세웠던 것)이 성립되자 자신은 불 속으로 몸을 던져 죽었다. 그의 종제(從弟)인 위표는 초나라로 도망갔는데, 초나라 회왕(懷王)은 위표에게 수천의 군사를 주어 다시 위나라를 공략하게 했다. 그 때 항우는 이미 진나라를 깨뜨리고 장한에게 항복을 받았다. 위표는 위나라의 20여 성을 공략하고 위나라 왕위에 올라 정병을 이끌고 항우를 따라서 함곡관에 입성했다.

한나라 원년, 항우는 제후들을 봉하고 자신은 양(梁 : 위나라 땅)나라 땅을 차지하고 싶어 했다. 그래서 위나라 왕 위표를 하동(河東)으로 옮겨 평양(平陽 : 산서 임분)에 도읍을 하게 한 다음 서위왕(西魏王)이라 했다.

백구과극(白駒過隙)

한왕이 삼진(三秦 : 관중)을 평정하고 되돌아오는 길에 임진(臨晋 : 섬서 조읍의 동북쪽)에서 황하를 건너게 되었는데, 위왕 위표는 나라를 들어 한왕에게 귀의하고 마침내 한왕을 따라 초나라의 도읍 팽성(彭城)을 쳤다.

한나라 군사가 패하여 형양까지 퇴각했을 때 위표는 어머니의 간병을 핑계로 귀국할 것을 청하고 본국에 돌아오자 바로 황하의 나루를 차단하고 한나라에 반기를 들었다. 한왕은 위표가 반란을 일으켰다는 소식을 들었으나 동쪽으로 초나라라는 대적(大敵)을 두고 있는 형편이었기 때문에 위표를 칠 겨를이 없었다. 그래서 역생(酈生)[1]에게 이렇게 말했다.

「그대가 가서 위표를 설득하여 귀순시키면 그대를 1만 호의 읍에 봉하겠소.」

역생이 위표를 찾아가서 설득을 해보았으나 위표는 거절하며 이렇게 말했다.

「인생은 천지 사이에 흰 망아지가 작은 문틈으로 달려 지나가는 것과 같은 잠깐 동안에 지나지 않는 것이오〔人生天地之間 若白駒之過隙 忽然而已〕. 지금 한왕은 사람을 업신여기고 제후・군신(群臣)을 꾸짖기를 노예와 같이 하며, 상하의 예의가 조금도 없소. 나는 그러한 꼴을 두 번 다시 볼 수가 없소.」

그래서 한왕은 한신(韓信)을 파견하여 위표를 치게 했다. 한신은 위표를 하동(河東)에서 붙잡아 역마로 형양에 보내고, 위표의 나라를 한나라의 군(郡)으로 만들었다. 한왕은 위표에게 형양을 지키도록 했다. 그러나 초나라가 형양을 포위하여 위급해지자 마침내 위표는 한나라 어사대부 주가(周苛)에게 죽음을 당했다.

두 마리의 용이 싸우는 형국

팽월은 창읍(昌邑 : 산동 금향의 서북쪽) 사람이다. 자를 중(仲)이라 했다. 일찍이 거야(鉅野)의 소택(沼澤)에서 어업에 종사

---

1) 역생(酈生)…한(漢)나라 초기의 책사(策士) 역이기(酈食其)를 가리킨다. 고양(高陽) 사람으로 고조(高祖)를 위해서 제(齊)나라에 가서 유세하여 70여 개의 성을 항복받았는데, 그 직후에 한신(韓信)이 이끄는 대군이 제나라를 공략하자, 대노한 제나라 왕은 그를 끓는 물에 넣어 죽였다.

하고 또 때로는 무리를 지어 도둑질을 일삼았다. 진승 · 항량(項梁)이 거병을 하자 지방청년들은 팽월에게 말했다.

「제후 호걸은 모두 일어나서 진(秦)나라를 배반하고 있소. 당신도 그들을 따라 일어서시오.」

그러자 팽월이 말했다.

「진(秦)나라와 진(陳)나라, 곧 두 마리의 용이 지금 싸우고 있는 거야. 조금만 기다리게.」

1년여가 지나자 호수 근처에 사는 청년 백여 명이 모여서 팽월을 찾아왔다. 그리고 자기들의 수령이 되어달라고 청했다.

팽월이 말했다.

「나는 제군들과 함께 일을 할 수가 없네.」

그러나 청년들의 간곡한 청에 못 이겨 하는 수 없이 승낙했다. 그리하여 다음날 아침 해뜨는 시간을 기하여 회합을 하기로 하고 그 시간에 늦는 자는 참죄(斬罪)에 처하기로 약속했다. 이튿날 해뜰 무렵이 되었을 때 10여 명이 늦었고, 그 중에는 점심때가 되어서야 겨우 온 자도 있었다. 이에 팽월은 단호하게 말했다.

「나는 나이가 많아서 사퇴했었으나 제군들의 강권에 못 이겨서 수령이 되었다. 그런데 지금 약속을 해놓고도 그 시간에 늦은 자 모두를 죽일 수도 없으니 가장 늦은 자 한 사람만 베겠다.」

그리고는 그 무리의 대장에게 목을 베라고 명령했다. 일동은 웃으면서 말했다.

「그렇게까지 하실 필요가 있겠습니까. 다음부터는 절대로 늦지 않겠습니다.」

그러나 팽월은 용서치 않고 한 사람을 끌어내어 목을 베고, 제단을 만들어 제사를 지낸 다음 일동에게 명령을 내리니 모두

유 방

놀라서 팽월을 무서워하며 쳐다보려고 하는 자도 없었다. 팽월은 가는 곳마다 땅을 공략하고 여러 군데 흩어져 있는 군사를 거두어 천여 명을 얻었다.

패공(沛公)이 탕(湯 : 강소)에서 북진하여 창읍(昌邑)을 쳤을 때 팽월은 패공을 도왔다. 그러나 창읍이 좀처럼 함락되지 않자, 패공은 군사를 이끌고 서쪽으로 진격했다. 이에 팽월도 다시 군사를 이끌고 거야의 택지(澤地)에 있으면서 위(魏)나라의 흐트러진 군사를 손안에 거두었다.

항적(項籍 : 항우)은 함곡관으로 들어가서 제후를 왕으로 삼고, 모든 왕은 각기 영지(領地)에 취임했는데, 팽월은 중병(衆兵) 1만여 명을 가지고 있으면서도 귀속할 곳이 없었다.

한나라 원년 가을, 제나라 왕 전영(田榮)이 초나라 항우에게 반기를 들었다. 한나라는 사신을 보내 팽월에게 장군의 인수를 내리고 제음(濟陰 : 산동의 서남부 지방)을 남하하여 초나라를 치라고 명했는데, 초나라는 소공(簫公) 각(角)에게 군대를 이끌고 팽월을 치라고 명령했다. 그러나 팽월이 초나라 군사를 크게 깨뜨렸다.

한나라 2년 봄, 한왕은 위나라 왕 위표 및 제후와 함께 동쪽의 초나라를 쳤고, 팽월은 수하 군사 3만여 명을 이끌고 외황(外

黃)에서 한나라에 귀순했다. 한왕이 말했다.

「팽장군은 위나라 땅을 거두어 10여 성(城)을 얻자, 서둘러 위나라 왕의 자손을 임금으로 세우려 하고 있소. 그런데 서위(西魏) 의 왕 위표도 위나라 왕 위구의 종제(從弟)이니 틀림없는 위나라의 후손이오.」

그리하여 팽월을 위나라 상국으로 삼아 수하 병사를 이끌고 양(梁)나라 땅을 공략케 했다. 그러나 한왕이 팽성에서 패전하고 군사를 해산한 다음 서쪽으로 몰락해 버리니 팽월이 공략했던 성(城)도 다 잃게 되었으므로, 팽월은 수하 군사를 이끌고 북상하여 하상(河上)에 머물렀다.

한나라 3년, 팽월은 끊임없이 각지에 출몰하여 한나라의 유격병으로서 초나라 군사를 쳤고, 또 양(梁)나라에서 초나라 군사의 후방 보급로를 끊었다.

한나라 4년 겨울, 항왕(項王 : 항우)과 한왕이 형양에서 싸우고 팽월은 수양(睢陽 : 하남 상구) · 외황 등 17성을 함락시켰다. 항왕은 이 말을 듣자 조구(曹咎)에게 명하여 성고(成皐 : 하남 사수)를 지키게 하고, 자신은 동쪽으로 나아가서 팽월이 공략했던 성을 빼앗고 그것을 다시 초나라 영지로 만들었다. 팽월은 군사와 함께 북쪽에 있는 곡성(穀城 : 산동 동아)으로 도망쳤다. 동년 가을, 항왕이 남쪽의 양하(陽夏 : 하남 태강)로 달려가니, 팽월은 다시 창읍 일대에 있는 20여 성을 빼앗고 곡물 10여만 곡을 얻어 이것을 한왕의 군량미로 공급했다.

한왕은 자주 사자를 보내 팽월을 부르고 힘을 모아 초나라를 치려고 했으나 팽월은 응하지 않았다.

「위나라 땅은 이제 겨우 평정되었을 뿐으로 백성들은 아직도 초나라를 두려워하고 있습니다. 다시 이 곳을 떠날 수는 없습니다.」

팽월과 한신에게 땅을 떼어주어 마음을 얻어야

한왕은 초나라 군사를 추격했지만 오히려 고릉(固陵 : 하남 회양)에서 패했다. 그리하여 유후(留侯 : 장량張良)에게 말했다.

「제후의 군사는 내 명령에 따르려고 하지 않소. 어떻게 했으면 좋겠소?」

유후가 대답했다.

「제나라 왕 한신이 왕위에 오른 것은 원래 주상의 뜻에 의한 것이 아니었고, 한신 역시 그 지위가 견고하다고 여기지 않습니다. 또 팽월은 원래 양(梁)나라 땅을 평정한 공로가 많았음에도, 당시 주상께서는 위표 때문에 팽월을 위나라 재상으로 삼으셨습니다. 이제 위표가 죽고 그 후사가 없으니 팽월도 왕이 되기를 바라고 있는데, 주상께서는 전혀 왕으로 세우려고 하지 않으십니다. 이제 제(齊)·위(魏) 양국을 그들에게 준다고 약속하신다면 바로 초나라를 이길 수 있을 것입니다. 수양에서 북쪽 곡상(穀上)에 이르기까지를 모두 팽 재상에게 주어 왕으로 삼고, 진(陳)에서 동쪽 바다에 이르기까지를 제나라 왕 한신에게 주는 것이 좋으리라 생각합니다. 한신의 옛 집은 초나라에 있는 까닭에 그 또한 향읍(鄕邑)을 얻고자 하는 마음이 있을 것임에 틀림없습니다. 주상께서 만약 땅을 주시겠다면 지금이라도 바로 두 사람을 초치할 수 있으나, 만약 그렇게 하실 수 없다면 일의 향방은 예측할 수 없습니다.」

한왕은 유후의 책략을 받아들여 사자를 팽월에게 보냈다. 사자가 도착하자 팽월은 수하 군사를 모두 이끌고 해하(垓下)에서

장 량

회전(會戰)하여 마침내 초나라를 깨뜨렸다.

한나라 5년, 항적이 패사(敗死)하자, 그 해 봄 팽월을 세워 양왕(梁王)으로 삼았으며, 정도(定陶)에 도읍을 하도록 했다.

한나라 6년, 양왕은 진(陳)나라에서 한왕에게 참조(參朝)했고, 9년과 10년에는 장안에 내조(來朝)했다. 10년 가을, 진희(陳豨)가 대(代) 땅에서 반란을 일으켰다. 고조는 친히 정벌하여 한단으로 가서 군사를 양왕으로부터 징발하려고 했다. 양왕은 병을 핑계로 부하 장수에게 군사를 내주어 한단으로 가게 했다. 고조는 노하여 사람을 보내 양왕을 문책했다. 양왕이 두려워하여 몸소 사과하러 나가려 하자, 장수 호첩(扈輒)이 말했다.

「주상께서는 처음부터 가지 아니하시고 문책을 받은 다음에야 가시려고 하나, 지금 가시면 포로가 되실 겁니다. 이제 할 수 있는 일은 군사를 움직여 반역하는 도리밖에 없습니다.」

양왕은 이 말에 귀를 기울이지 않고 여전히 칭병하고 있었다. 때마침 양왕이 태복(太僕)의 죄에 노하여 목 베려고 하자 태복은 한나라로 도망을 쳐서 밀고했다.

「양왕과 호첩은 모반을 꾀하고 있습니다.」

한왕은 사자를 보내 양왕을 불의에 치게 했다. 예측하지 않고 있던 양왕은 붙잡혀 낙양(雒陽)에 감금되었다. 관리가 조사해 보니 모반한 흔적이 확실했기 때문에 법에 따라 처벌하려고 했으나, 한왕은 양왕을 용서하고 서민으로 강등시켜 역마로 촉(蜀)의 청의(靑衣 : 사천 아안)로 보내 그곳에 있게 했다.

양왕이 서쪽에 있는 정(鄭 : 섬서 화현) 땅에 이르렀을 때, 장안에서 낙양으로 가던 여후(呂后)와 마주쳤다. 팽왕은 눈물을 흘리면서 무죄함을 호소하고 고향인 창읍에서 살기를 청했다. 여후는 이 말을 받아들여 그를 데리고 동쪽 낙양으로 왔다. 여후는 황제에게 이렇게 말했다.

「팽왕은 장사인데 이제 촉으로 옮기는 것은 일부러 만들어서 두고두고 화근을 남기는 일이 됩니다. 죽여 버리는 것이 오히려 낫겠습니다. 저는 그렇게 생각하고 데리고 왔습니다.」

한편 여후는 팽월의 사인을 시켜 팽월이 다시 모반을 꾀하고 있다고 말하도록 했다. 정위(廷尉) 왕염개(王恬開)는 팽왕의 일족을 근절해야 한다고 주청했고 한나라는 이것을 재가했다. 그리하여 마침내 팽왕의 일족은 모두 죽고 그 나라도 멸망했다.

천리의 땅을 자리 말 듯하다

태사공은 말한다.

「위표·팽월은 원래 비천한 몸이었는데, 천리의 땅을 자리 말 듯하자〔席卷〕, 남면(南面)하여 제후라 자칭하고, 유혈을 밟고 승세를 타서 날로 명성이 올라갔다. 그러나 팽월은 반역의 의도를 품었고, 실패하자 자결도 하지 않고 붙잡혀 형륙(刑戮)을 당한 것은 어인 일인가? 보통 사람조차 이런 비겁한 일을 부끄러워하는데, 하물며 왕자(王者)라는 자의 행위로는 어울리지 않는다. 그러나 이런 일은 달리 까닭이 있는 것이 아니라 단지 지략

(智略)에 뛰어난 사람이 자기의 몸만을 온전히 못할까 걱정한 데 그치고, 조그마한 권세라도 잡게만 되면 무리지어 붙기를 구름이 일 듯하고, 몸이 흥하기를 용(龍)으로 화하는 것같이 하여 시기의 운을 타려고 한 것에 지나지 않는다. 그렇다면 갇히는 몸이 되더라도 한탄할 것이 없다고 하리라.」

경포 열전 제31

경포(黥布)는 육(六 : 안휘 육안) 사람으로 성은 영씨(英氏)이고 진(秦)나라 시대에는 서민이었다. 젊었을 때 한 나그네가 그의 관상을 보고 말했다.

「그대는 형벌을 받게 될 것이고, 그 다음에는 왕이 될 상이오.」

장년이 된 다음 남의 죄에 연좌되어 경형(黥刑)을 받게 되자, 경포는 흔연히 웃으면서 이렇게 말했다.

「어떤 사람이 내 관상을 보고 형벌을 받은 다음에 왕이 될 상이라고 했는데, 바로 이것이로구나.」

이 말을 듣고 있던 사람들은 모두 희롱하며 웃었다. 판결을 받고 여산(麗山)으로 호송되었는데, 여산에는 수십만 명의 죄수가 있었다. 경포는 그 중 반장·호걸들과 사귀었다. 얼마 후에 경포는 친한 사람들을 이끌고 도망하여 양자강 가에 가서 군도(群盜)를 모아 도둑질을 일삼았다. 진승(陳勝)이 궐기하자 경포는 파군(番君)[1]을 만나서 그 무리와 함께 진(秦)나라에 반기를 들고

---

1) 파군(番君)…파양(番陽)의 수령 오예(吳芮)를 말한다. 오예는 뒤에 진나라를 배반하고 반란군에 몸을 담게 되는데, 항우는 그를 형산왕(衡山

군사 수천 명을 모았다. 파군은 자기의 딸을 영포에게 시집보냈다.

진의 장수 장한(章邯)이 진승을 무찌르고 여신(呂臣)의 군사를 깨뜨리자, 경포는 군사를 이끌고 북상하여 진나라 좌교위(左校尉)·우교위[2]를 청파(靑波)에서 깨뜨리고 다시 군사를 이끌고 동쪽으로 향했다. 때마침 초나라의 항량이 강동 회계를 평정하고 양자강을 건너 서진 중이란 말을 듣고, 진영(陳嬰)은 항씨가 몇 대째 내려오는 초나라 장군이었다는 점에서 군사를 이끌고 항량에게 귀순하여 회남(淮南)으로 건너가니, 영포(英布)[3]와 포장군(蒲將軍) 등도 모두 군사를 이끌고 항량에게 귀속했다.

항량이 회수를 건너 서쪽으로 진군해서 경구(景駒)·진가(秦嘉)[4] 등을 쳤을 때, 영포의 무공은 늘 중군(衆軍)에서 제일이었다. 항량은 설(薛 : 산동 등현의 서남쪽)에 가서 진왕(陳王)이 죽었을 것이란 말을 듣자, 초나라 회왕(懷王)을 옹립했다. 그리고 항량을 봉하여 무신군(武信君)이라 하고 영포를 당양군(當陽君)이라 했다.

항량이 싸움에 져 정도(定陶)에서 죽자 회왕은 도읍을 팽성으로 옮기고 여러 장수들과 영포도 팽성에서 모여 수비를 굳게 했다. 이때 진(秦)나라가 별안간 조나라를 포위했기 때문에 조나라

王)으로 봉했다. 그는 또 한나라 초기에 장사왕(長沙王)으로 봉해진다.

2) 좌교위·우교위…장군 다음가는 직위로 간사한 행동을 바로잡거나 병마를 책임지는 무관.

3) 영포(英布)…경포의 본래 이름이다. 일찍이 죄를 짓고 얼굴에 먹물을 넣는 형벌(黥刑)을 받았기 때문에 그 뒤로 경포로 불려지게 되었다.

4) 경구(景駒)·진가(秦嘉)…경구는 초나라 귀족의 후손이고, 진가는 능현(凌縣) 사람으로 진승의 봉기에 영향을 받아 진나라에 반기를 들었다. 진가는 경구를 초왕(楚王)으로 세우고 스스로 대사마(大司馬)가 되었다.

는 계속 사자를 보내 구원해 주기를 청했다. 회왕은 송의(宋義)를 상장(上將)으로 하고 범증(范增)[5]을 말장(末將)으로, 항적을 차장(次將)으로 하고 영포·포장군을 각각 부장으로 하여 송의의 통솔 하에 북쪽 조나라를 구원토록 시켰다. 그 후 항적이 황하 가에서 송의[6]를 죽이자 회왕은 항적을 세워서 상장군으로 삼고 모든 장군을 항적의 지휘 하에 있게 했다.

항적은 우선 영포에게 명하여 황하를 건너 진나라를 치도록 했다. 영포가 여러 차례 승리를 거두자, 항적 자신도 전군을 이끌고 황하를 건너 영포를 뒤따라가 마침내 진나라 군사를 깨뜨리고 장한 등의 군사를 항복시켰다. 초나라 군사는 싸우면 항상 이겨 진나라를 깨뜨린 공로는 제후들 중에서 으뜸이었다. 그래서 제후의 군사는 모두 초나라에 복속(服屬)했는데, 그것은 영포가 적은 군사로 자주 대군을 깨뜨렸기 때문이다.

항적은 군사를 이끌고 신안(新安 : 하남 면지의 동쪽)에 도착하자, 다시 영포에게 명하여 장한을 야습케 하여 진나라 군사 20여만을 구덩이에 묻어 죽였다. 항적은 함곡관에서 쉽사리 입관(入關)하게 되지 못하자, 다시 영포에게 샛길을 따라 함곡관 부근에 있는 적군을 깨뜨리고 들어가게 하여 마침내 진나라 수도 함양에 도달할 수 있었다. 영포는 언제나 선봉이었다. 항왕은 제후를 봉함에 있어 영포를 세워 구강왕(九江王)이라 했고, 육(六)

---

5) 범증(范增)…거소(居鄛) 사람으로 처음에는 초 회왕(懷王)의 말장(末將)이었다가 후에 항우의 중요한 모사(謀士)가 되었다. 항우는 그를 존경하여 아부(亞父 : 아버지 다음으로 존경하고 친애하는 사람이라는 뜻으로, 군주가 자신을 보좌하는 공신을 부르는 존칭)라고 불렀다.

6) 송의(宋義)…송의는 항우와 불화하자, 아들 송양(宋襄)을 보내 제(齊)나라를 보좌하도록 하였는데, 항우는 그에게 다른 계책이 있다고 의심하여 반초(反楚) 죄명으로 안양(安陽)의 군영에서 그를 살해하였다.

에 도읍을 하도록 했다.

한나라 원년 4월, 제후는 모두 항우의 휘하를 떠나 각기 봉국(封國)에 취임했다. 항왕은 회왕을 세워 의제(義帝)라 했고, 장사(長沙)로 천도시키면서 한편으로는 은밀히 구강왕 영포 등에게 명하여 의제를 습격하게 했다. 그 해 8월, 영포는 부장(部將)을 보내 의제를 치고 추격하여 침현까지 쫓아가 죽였다.

한나라 2년, 제나라 왕 전영(田榮)[7]이 초나라를 배반했기 때문에 항왕은 제나라로 출격하여 구강에서 군사를 징발했는데, 구강왕 영포는 병을 핑계로 나가지 않았으며, 단지 부장에게 수천 명의 군사를 인솔케 하여 파견했다.

한나라가 초나라를 팽성에서 깨뜨렸을 때도 영포는 역시 병을 핑계로 초나라를 구원하지 않았다. 항왕은 이 때문에 영포를 원망하면서 자주 사자를 보내 문책하고 다시 불러오라고 했으나, 영포는 더욱 더 두려워 가려고 하지 않았다. 당시 항왕은 북쪽으로는 제나라와 조나라의 걱정이 있고, 서쪽으로는 한나라의 걱정이 있었는데, 자기편으로 믿을 만한 것은 구강왕뿐이었다. 더구나 구강왕 영포의 재능을 중시했고 그를 가까이 두고 써야겠다는 생각에서 영포를 치지 않았다.

한나라 3년, 한왕은 초나라를 치기 위해 팽성에서 크게 싸웠는데 별 이득이 없자 양(梁)나라 땅을 나와서 우(虞 : 하남 우성)로 퇴각하면서 좌우에 있는 신하들에게 말했다.

「너희 같은 자들과는 천하 일을 함께 도모할 수가 없다.」

알자(謁者 : 빈객을 맞거나 문서를 전달하는 관리) 수하(隧河)

---

7) 전영(田榮)…일찍이 항우는 제나라를 제왕 전도(田都), 교동왕(膠東王) 전시(田市), 제북왕(濟北王) 전안(田安)에게 나누어 주었는데, 뒤에 전영이 이들을 모두 죽이고 3제를 통일하여 스스로 제나라 왕이 되었다.

가 나아가서 말했다.

「폐하[8]께서 하신 말씀의 뜻을 잘 알 수가 없습니다.」

한왕이 다시 말했다.

「누가 나를 위해 회남(구강)에 가서 영포로 하여금 출병하고 초나라를 배반케 할 자는 없느냐. 그렇게 하여 항왕을 제나라에 몇 달 동안만 붙들어 놓을 수 있다면 내가 천하를 차지하는 것은 백에 하나의 실수도 없으리라.」

그러자 수하가 말했다.

「원컨대 제가 그 임무를 해내고 싶습니다.」

그래서 수하는 20명의 종자(從者)와 함께 회남으로 떠났다. 그는 구강에 도착하자 태재(太宰 : 수라를 맡은 관리)의 집에 머물렀는데, 사흘이 지나도록 구강왕을 만날 수가 없었다. 그래서 수하는 태재에게 말했다.

「대왕께서 저를 인견하지 않는 것은 초나라가 강하고 한나라가 약하다고 생각하시기 때문임이 틀림없습니다. 그렇기 때문에 제가 사신으로 온 것입니다. 모쪼록 제가 대왕을 뵐 수 있도록 주선해 주십시오. 만일 제 말이 옳다고 생각하시면 그것은 대왕께서 듣고자 원하는 바이며, 만약 그렇지 못하다고 생각하시면 우리들 20명을 회남의 광장에서 부질형(鈇鑕刑[9])에 처하시어 대왕께서 한나라를 등지고 초나라와 한편임을 분명히 하심이 좋을 것입니다.」

태재가 이 말을 왕에게 아뢰자, 왕은 수하를 인견하기로 했다. 왕을 알현하자 수하가 말했다.

---

8) 폐하…신하의 제왕(帝王)에 대한 존칭인데, 여기서는 유방(劉邦)이 아직 황제가 아니므로 마땅히 대왕이라고 해야 한다.

9) 부질형(鈇鑕刑)…도끼와 모루로 죄인의 목을 치는 형벌.

「한왕은 저에게 명하여, 삼가 서한을 대왕의 측근에 올리게 했는데, 대왕께서는 초나라 왕과 어떤 친분 관계가 있으신 것입니까?」

회남왕 영포가 말했다.

「나는 북면(北面)하여 신하의 도리로써 초왕을 섬기오.」

수하가 말했다.

「대왕과 항왕은 똑같은 제후의 지위에 계시는 터입니다. 그런데도 북면하여 항왕을 섬기는 것은 반드시 초나라가 강하기 때문에 나라의 안전을 의지할 수 있다고 생각해서겠지요. 항왕이 제나라의 전영을 쳤을 때 항왕 자신이 판축(板築)을 등에 지고 병졸들의 선두에 섰습니다. 따라서 대왕도 회남의 군사를 동원하여 솔선하여 초나라 군사의 선봉에 서야 할 것인데도 불구하고 다만 4천 명의 군사를 내어 초나라를 도운 데 불과합니다. 북면하여 신하의 예로써 섬기시는 도리가 실로 이것으로 족할 수 있겠습니까? 또한 한나라 왕이 팽성에서 초나라 군사와 싸웠을 때, 대왕께서는 항왕이 아직 제나라에 나오기 전에 회남의 군사를 총동원하여 회수를 건너서 밤낮으로 팽성의 성 밑에서 싸워야만 했을 터인데도, 대왕은 수만 명의 대군을 가지고 있으면서 누구 한 사람 회수를 건너는 자가 없이 팔짱을 낀 채 형세만 관망하고 있었습니다. 나라의 안전을 남에게 의지하려고 하면서 이래도 좋은 것입니까? 이처럼 대왕께서 초나라에 거는 명분은 공허한 것이면서 스스로 기대하는 바가 크십니다. 이것은 제가 생각할 때 대왕께서 취할 바 도리가 아니라고 말씀드리고 싶습니다. 대왕께서 초나라를 반역하지 못하는 것은 한나라가 약하다고 생각하시기 때문입니다. 초나라의 군사가 강하기는 하지만 온 천하가 초나라에게 의롭지 못하다는 이름을 덮어씌우고 있습니다. 맹약[10]을 저버리고 의제(義帝)를 죽였기 때문입니다. 그런데도 초나라 왕은 싸움에 이긴 것을 자랑하고 스스로 강하다고 생각하고 있습니다. 그 반대로 한왕은 제후를 통솔하여 성고·형양을 지키고 파촉·한중(漢中)의 양곡을 실어내어 도랑을 깊이 파고 성채를 튼튼히 하며 군사들을 배치하여 변경을 감시하고 성채를 수비하고 있습니다. 초나라는 군사를 돌리려고 해도 양(梁)나라 땅을 사이에 두고 적지에 깊이 들어가기 8, 9백 리, 싸우려고 하여도 싸우기 어렵고, 성을 공격하려 하여도 힘이 모자라며, 노약자들은 양곡을 천 리 먼 곳에서 운반하고 있습니다. 초나라의 군사가 형양·성고를 공격하여도 한나라가 단단히 지키고 움직이지 않으면 초나라는 진격과 후퇴가 어려운 형편입니다. 그러므로 초나라의 군사는 믿을 것이 없다고 말씀드릴 수 있습니다. 만일 초나라가 한나라를 이긴다면 제후들은 스스로 위험을 느끼고 한나라를 구하려 할 것입니다. 초나라가 강하다는 것은 도리어 천하의 군사를 결속시켜 초나라를 공격케 하는 결과가 될 뿐입니다. 그러므로 초나라가 한나라에 미치지 못한다는 것은 쉽사리 알 수 있는 당연한 도리입니다. 이제 대왕께서는 만전을 갖춘 한나라와 손잡지 않고, 스스로 위험한 초나라와 결탁하심은 대왕의 계책으로서는 판단하기 어렵다고 생각됩니다. 그렇다고 회남의 병력으로 초나라를 멸망시킬 수 있다고 생각하지는 않습니다. 대왕께서 군사를 동원하여 초나라에 반기를 들면 항왕은 틀림없이 제(齊)나라에 머물게 될 것입니다. 항왕을 몇 달만 머물게 한다면 한나라가 천하를 차지하게 될 것은 만에

10) 맹약…항우가 초 회왕(懷王)과 제후들하고 「먼저 함곡관에 들어가는 자가 왕이 된다」 라고 한 약속을 위반하고 유방을 한왕(漢王)으로 봉한 것을 말한다.

한대의 청동제 술병

하나도 어긋남이 없을 것입니다. 청컨대 신이 대왕을 모시고 칼을 차고 한나라로 돌아가게 해주십시오. 그러면 한왕은 반드시 땅을 갈라 대왕을 봉할 것이며, 더욱이 회남은 말할 것도 없이 대왕의 소유가 될 것입니다. 그런 뜻에서 한왕은 삼가 저를 보내 왕께 어리석은 계책을 드리게 한 것입니다. 원컨대 왕께서는 선처가 있으시기 바랍니다.」

회남왕이 말했다.

「말씀에 따르겠소.」

회남왕은 은근히 초나라를 배반하고 한나라의 편이 되어야겠다고 생각했으나, 아직 밖으로는 드러내지 않았다. 때마침 초나라 사신이 회남왕의 측근에 있으면서 영포에게 출병을 재촉하고 있었는데, 수하는 직접 그곳으로 들어가 초나라 사신보다 윗자리에 앉아 이렇게 말했다.

「구강왕(九江王 : 회남왕)께서는 이미 한나라 편이 되셨습니다. 초나라로서는 군사를 징발할 수 없습니다.」

영포는 깜짝 놀랐다. 사신은 자리에서 일어났다. 수하는 영포에게 설명했다.

「일은 이미 벌어졌습니다. 어찌 되었건 초나라의 사신을 죽이고 서둘러 한나라에 협력하도록 하십시오.」

영포가 말했다.

「그대의 가르침대로 출병하여 칠 수밖에 없겠소.」

이렇게 하여 초나라 사신을 죽이고 군사를 내어 초나라를 쳤다. 초나라에서는 항성(項聲)과 용저(龍且)[11]를 보내 회남을 치게 하고, 항왕은 머물러 있으면서 하읍(下邑)을 공격했다. 몇 달이 지나서 용저가 회남을 쳐서 영포의 군사를 깨뜨렸다. 영포는 군사를 거두어 한나라로 가려고 했으나, 초나라 왕의 공격이 두려워 수하와 함께 샛길로 한나라에 이르렀다.

회남왕이 도착했을 때 마침 한왕은 의자에 몸을 기대고 발을 씻기고 있었는데, 그대로 영포를 불러서 인견했다. 영포는 그 무례함에 심히 노하고 한나라에 온 것을 후회하며 자살하려고 했다. 그러나 물러 나와서 숙사에 와 보니 장막과 의복, 그리고 수레의 화려하기가 꼭 한왕의 거실과 다를 바가 없었다. 영포는 이와 같은 특별한 대우에 매우 기뻐했다.

영포가 사자를 구강(九江)으로 몰래 들여보냈을 때, 초나라에서는 이미 항백(項伯)에게 명하여 구강의 군사를 수중에 넣었으며, 영포의 가족을 모두 죽인 후였는데, 영포의 사자는 영포의 옛 친구와 총신들을 다수 규합하고 수천 명을 인솔하여 한나라로 귀순했다. 한나라는 군사를 증원함과 동시에 북쪽으로 올라가 병사를 징발하면서 성고에 도달했다.

천하를 다스리는 데 어찌 썩은 선비를 등용하겠는가?

한나라 4년 7월, 영포를 세워 회남왕으로 삼고 함께 항적을 쳤다. 영포는 사자를 구강으로 몰래 보내 부근의 몇 현을 손에

---

11) 항성(項聲)과 용저(龍且)…항성과 용저는 모두 초나라 항우의 장수들로서, 용저는 나중에 한신에게 살해된다.

넣었다. 영포는 유고(劉賈 : 유방의 사촌)와 함께 구강에 들어가서 대사마(大司馬) 주은(周殷)을 설득했다. 주은은 마침내 초나라를 배반하고 구강의 군사를 모두 동원하여 한나라와 함께 마침내 해하에서 초나라 군사를 깨뜨렸다.

마침내 항적은 패사(敗死)했고 천하는 평정되었다. 축하연이 벌어지자 한왕은 수하의 공로를 깎아내려 이렇게 말했다.

「수하는 쓸모없는 썩은 선비에 불과하다. 천하를 다스리는 데 어찌 썩은 선비를 등용할 것인가?」

수하는 무릎을 꿇고 말했다.

「그렇다면 폐하께서 군사를 이끌고 팽성을 치고, 초나라 왕이 아직 제나라를 떠나지 않았을 때, 폐하는 보병(步兵) 5만, 기병(騎兵) 5천으로 회남을 공략할 수 있었겠습니까?」

「할 수 있었지.」

「폐하께서는 20명의 종자와 함께 저를 회남에 보내시고, 저는 회남에 가서 폐하의 뜻대로 일을 해냈습니다. 이 점에서 볼 때 신의 공은 보병 5만, 기병 5천보다 나은 것입니다. 그런데도 폐하께서는『수하는 썩은 선비에 지나지 않는다. 천하를 다스리는 데 어찌 썩은 선비를 등용할 것인가?』라고 말씀하심은 어찌 된 일입니까?」

「내 그대의 공로를 생각해 보겠소.」

한왕은 수하를 호군중위(護軍中尉 : 장수들의 상호관계를 조절하는 무관)로 임명했다. 영포는 마침내 할부(割符)를 쪼개 받고 회남왕이 되었으며 육(六)에 도읍을 했다. 구강 · 여강(廬江) · 형산 · 예장의 모든 군은 영포의 영지가 되었다.

한나라 7년, 회남왕은 한왕을 알현했고, 8년에는 낙양(雒陽)에서, 9년에는 장안에서 참조(參朝)했다. 11년, 고후(高后 : 여후)

가 회음후 한신을 주살했으므로 영포는 두려워했다. 그 여름, 한나라는 양왕(梁王) 팽월을 주살하고 그 시체를 소금에 절여 그릇에 담아 두루 제후에게 보냈는데, 회남왕에게도 도달했다. 때마침 회남왕은 사냥을 하고 있었는데, 이 인육 자반을 보자 크게 두려움을 느끼고 은밀하게 군사들에게 위급한 사태에 대비하도록 했다.

영포에게는 총애하는 미희(美姬)가 있었는데 병에 걸려 의원에게 진찰을 받게 되었다. 의원의 집안은 중대부(中大夫) 비혁(賁赫)의 집 맞은편에 있었으므로 미희는 자주 의원의 집에 드나들었다. 비혁은 본래 영포의 시중(侍中)이었던 관계로 그녀에게 선물을 정중하게 바치고 의원의 집에서 함께 술을 마셨다. 미희는 영포에게 이런저런 이야기를 하던 도중에 비혁의 사람됨을 칭찬하자, 회남왕은 노하여 말했다.

「그대는 그를 어디서 알게 되었소?」

미희가 자세히 설명을 하자, 왕은 비혁이 미희와 밀통을 하지 않았는가 하여 의심했다. 비혁은 겁을 집어먹고 병을 핑계로 나오지 않았다. 왕은 더욱 노하며 비혁을 체포하려고 했다. 비혁은 한왕에게 영포가 반란을 꾀하고 있다는 사실을 밀고하려고 역마를 달려 장안으로 갔다. 영포는 사람을 보내 추격시켰으나 잡지 못했으며, 비혁은 장안에 도착하자 글을 올려 말했다.

「영포가 모반을 꾀하고 있음은 이미 증거가 확실하오. 일을 시작하기에 앞서 주살해야 할 것입니다.」

한왕이 이 글을 읽고 상국 소하(蕭何)에게 의논하자, 상국이 말했다.

「영포만큼은 그럴 리가 없을 줄 압니다. 아마 원한 때문에 무고하는 것이 아닌가 생각됩니다. 비혁의 신병을 잡아두시고 사자를 보내 은밀하게 회남왕을 조사해 보십시오.」

회남왕 영포는 비혁이 죄를 짓고 도망하여 변고를 아뢰었을 것으로 생각하니 필시 나라의 비밀을 폭로했을 것으로 의심되었다. 그러던 차에 한왕으로부터 사자가 와서 조사를 한다는 이야기를 들었다. 영포는 마침내 비혁의 일족을 멸하고 군사를 일으켜 한나라를 배반했다. 그에 앞서 자세한 보고서를 받은 한왕은 비혁을 석방하여 장군으로 삼았다.

고조는 장군을 불러 모아 말했다.

「영포가 모반했소. 어찌해야 좋겠소?」

장수들이 말했다.

「출병하여 그를 잡아서 구덩이에 매장하는 것뿐, 그 밖에 무슨 방법이 있겠습니까.」

여음후(汝陰侯) 등공(滕公)[12]이 전에 초나라 영윤(令尹 : 승상에 상당함)이던 자를 불러서 이 일에 대해서 물으니, 영윤이 이렇게 대답했다.

「영포가 모반한 것은 당연한 일입니다.」

등공이 또 물었다.

「황상께서 땅을 나누어주어 임금이 되고 벼슬을 갈라 받아서 존귀한 신분으로 남면하여 만승의 군주가 되었는데, 모반하는 것은 무슨 까닭인가?」

「한나라는 앞서 팽월을 죽이고, 또 한신을 죽였습니다. 영포와 함께 그들 세 사람은 동공일체(同功一體)의 사람입니다. 그러므로 화가 장차 자기 자신에게도 미치리란 것을 두려워하여 모

---

12) 여음후 등공(滕公)…유방의 고향 친구 하후영(夏侯嬰)이다. 초나라 사람들은 영(令)을 공(公)으로 불렀는데, 하후영이 일찍이 등현의 현령으로 있었기 때문에 등공이라고 부른 것이다.

반을 한 것일 뿐입니다.」

그리하여 등공은 이 말을 황상에게 아뢰었다.

「저의 빈객 중 전에 초나라 영윤이었던 설공(薛公)이란 자가 있는데, 그는 계략의 지혜가 있습니다. 자문을 받아보시는 것이 어떻겠습니까?」

황상이 설공을 인견하고 묻자 설공이 대답했다.

「영포가 모반을 한 것은 의심할 일이 아닙니다. 영포 쪽에서 상책(上策)을 써서 나온다면 산동은 한나라 영유가 되지 못할 것입니다. 만약 중책을 써서 나온다면 승패는 미지수일 것이며, 하책을 써서 나온다면 폐하께서는 베개를 높이 베고 주무실 수 있게 될 것입니다.」

「어떻게 하는 것이 그들의 상책이란 것이오?」

「동쪽으로 오(吳)나라를 취하고 서쪽으로 초나라를 취한 다음, 제(齊)나라를 병합하고 노(魯)나라를 무찌르며 격문을 연(燕)·조(趙)나라에 띄우고 굳게 그곳을 지킨다면 산동은 한나라의 영유가 될 수 없습니다.」

「어떻게 하는 것이 그들의 중책이란 것이오?」

「동쪽으로 오나라를 취하고 서쪽으로 초나라를 취한 다음, 한(韓)나라를 병합하고 위나라를 무찌르며, 오창(敖倉)[13]의 양곡을 확보하고, 성고의 들머리를 막는다면 승패는 미지수가 될 것입니다.」

「어떻게 하는 것이 그들의 하책이란 것이오?」

「동쪽으로 오나라를 취하고, 서쪽으로 하채(下蔡)를 취하며, 치중(輜重)을 월(越)나라로 돌리고, 자신은 장사(長沙)로 돌아간

---

13) 오창(敖倉)…진한(秦漢) 시대에 성고 서북쪽 형양(滎陽) 오산(敖山)에 세운 대규모의 곡식 저장창고이다.

다면 폐하께서는 편히 주무실 수가 있고, 한나라는 무사안일하게 될 것입니다.」

「그는 어떤 계책으로 나올 것 같소?」

「아마 하책으로 나올 것입니다.」

「어찌하여 상책, 중책을 버리고 하책으로 나올 것이라 판단하는 것이오?」

「영포는 본디 여산의 도둑 무리였습니다. 자력으로 만승(萬乘)의 임금이 되었지만, 모든 일이 자기 일신을 위하여 한 일이지 후세의 백성 만대를 위하여 한 일은 아닙니다. 그런 까닭에 하책을 가지고 나올 것으로 생각됩니다.」

그래서 황상은 설공을 천 호에 봉하고, 황자(皇子) 유장(劉長)[14]을 세워 회남왕으로 했다. 황상은 마침내 출병하여 몸소 군사를 이끌고 동쪽으로 향하여 영포를 공격했다.

제후는 자기 영토 안에서 싸우기를 꺼린다

영포는 처음에 모반을 일으키면서 부하 장군에게 이렇게 말했었다.

「황상은 나이가 많기 때문에 싸움을 싫어할 것이며, 반드시 친정(親征)하지 않고 장수들을 파견하여 싸울 것이다. 장수들 중에 회음(淮陰 : 한신)과 팽월 두 사람을 두려워했는데, 두 사람 모두 이미 죽고 말았다. 그 밖의 장수는 두려워할 것이 못 된다.」

그리고 마침내 반란을 일으켰다. 설공이 예측했던 것처럼 과

14) 유장(劉長)…유방의 일곱 번째 아들로 문제(文帝) 6년에 모반을 하려다가 폐위되어 좌천되어 가던 중 굶어죽었다.

연 동쪽 형(荊 : 나라 이름. 오나라 땅)을 쳤는데, 형왕(荊王) 유고는 부릉(富陵 : 안휘 우태의 동북쪽)으로 도망쳤다가 패사했다. 영포는 형군을 무찌르고 회수를 건너 초나라를 쳤다. 초나라는 출병하여 서(徐 : 강소 서주)·동(僮 : 서주의 서쪽) 두 현 사이에서 싸웠다. 초나라는 군사를 셋으로 나누어 서로 도우면서 기이한 꾀로 대처하려고 하는데, 어떤 사람이 초나라 장수에게 말했다.

「영포는 용병(用兵)에 능하여 백성들은 본래부터 그를 두려워하고 있습니다. 또 손자(孫子)의 병법에는 『제후는 자기의 영토 안에서 싸우는 것을 산지(散地)[15]라 하여 기피한다』 고 하였습니다. 지금 군사를 셋으로 나누었는데, 만약 적이 우리 일군(一軍)을 깨뜨린다면 나머지 두 군대는 모두 패주하고 말 것입니다. 어찌 서로 도울 수가 있겠습니까?」

그러나 초나라 장수는 이 말을 듣지 않았다. 과연 영포가 일군을 깨뜨리자 다른 이군(二軍)은 풍비박산하여 도망쳤다. 마침내 한왕의 군사와 기(蘄 : 안휘 기춘)의 서쪽에 있는 회추(會甀)에서 만나 싸웠다. 영포의 군사는 매우 뛰어난 정예부대였다. 황상은 용성(庸城 : 안휘 숙현의 서쪽)에 방벽을 쌓고 그 위에서 영포의 군사를 바라보니 그 포진법이 항적의 군진(軍陣)과 방불했다. 황상은 이를 미워하여 멀리서 영포를 바라보며 소리 질러 말했다.

「무엇이 괴로워서 모반했는가?」

영포가 대답했다.

「황제가 되려는 것뿐이다!」

---

15) 산지(散地)… 《손자(孫子)》 구지(九地) 편에 나오는 말로, 군졸의 진퇴와 함께 도망가기 쉬운 땅. 이것은, 병사들은 자신들의 땅에서 싸움을 하게 되면 집을 그리워하게 되어 마음이 흐트러지게 된다는 뜻이다.

황상은 노하여 꾸짖고 마침내 격전이 벌어졌다. 영포의 군사는 달아나서 회수를 건넜고, 여러 번 멈추어 싸웠으나 소득이 없자, 영포는 부하 백여 명과 함께 강남(江南)으로 달아나고 말았다. 일찍이 영포는 파군(番君)의 딸에게 장가를 들었다. 그런 까닭에 오예(吳芮)의 아들 장사왕 오신(吳臣)이 사람을 시켜 영포를 속여 함께 월(越)나라로 도망치자고 꾀었다. 영포는 이 말을 믿고 그를 따라 파양(番陽 : 강서 파양의 동쪽)으로 갔다. 파양 사람은 자향(玆鄕)의 민가에서 영포를 죽였다. 이렇게 하여 한나라는 마침내 영포를 멸하고 비혁을 봉하여 기사후(期思侯)로 삼았다. 모든 장수는 군공에 따라 봉함을 받고 영지를 받았다.

태사공은 말한다.

「《춘추(春秋)》에 영포의 선조는『초나라가 영(英)·육(六)을 멸하다』라고 되어 있는데, 바로 그 영씨로서 고요(皐陶)[16]의 자손이 아닐는지? 몸은 형벌을 입으면서 그 출세함이란 얼마나 빨랐던가! 항씨(項氏 : 항우)가 구덩이에 묻어 죽인 사람은 천만을 헤아리는데, 영포는 항상 그같이 잔학한 일을 하는 우두머리가 되어, 그 군공이 제후 중에서 으뜸이었다. 그렇게 했던 만큼 왕이 되었던 것이며, 나중에는 그 자신 또한 세상의 살육을 면할 수가 없었던 것이다. 그 화는 애첩으로부터 생기게 되었고, 질투에 의해 환란을 불렀으며 마침내는 그 나라를 멸망시키고 말았다.」

---

16) 고요(皐陶)…순(舜)임금의 신하로, 자는 정견(庭堅)이다. 사헌(司憲), 즉 옥관(獄官)의 장(長)을 지냈으며, 영(英)·육(六) 등의 나라는 그의 후대라고 한다.

회음후 열전 제32

회음후(淮陰侯) 한신(韓信)은 회음(淮陰 : 강소) 사람이다. 아직 평민으로 있을 때 가난하고 방종하여 관리가 되고자 해도 추천을 받지 못하고, 또 장사를 해서 생업을 이어나갈 재간도 없었으므로 늘 남의 집에 얹혀서 얻어먹고 있었다. 그리하여 그를 아는 사람은 누구나 그를 싫어했다.

그는 일찍이 회음의 시골 남창(南昌)의 정장(亭長)[1] 집에서 자주 기식(寄食)을 했는데, 때로는 몇 달씩 계속 머물러 있는 수도 있어 정장의 아내는 한신을 아주 싫어했다. 어느 날 아침, 그녀는 일찌감치 밥을 지어 이불 속에서 혼자 먹어치웠다. 식사 때가 되어 한신이 가자 식사 준비를 하지 않았다. 그래서 한신도 그 기미를 눈치 채고 화가 나서 마침내 그 집과 발을 끊기로 하고 떠나가 버렸다.

한신이 성 밑의 회수(淮水)에서 낚시질을 하고 있는데, 몇 명의 노파가 무명 바래는 일을 하고 있었다. 그 중 한 노파가 한신

---

1) 정장(亭長)…진한(秦漢) 시대에는 10리마다 정(亭)을 두고 그 우두머리를 정장이라고 했다. 정장은 그곳의 치안을 맡았고, 나그네의 숙소로도 이용되었다.

한 신

의 굶주린 모습을 보고 그에게 밥을 주었다. 이런 일이, 무명 바래는 일이 끝나기까지 수십 일간 계속되었다. 한신은 기뻐하며 그 노파에게 말했다.

「내 언젠가는 은혜를 보답하겠습니다.」

그러자 노파가 화를 내면서서 말했다.

「대장부가 자기 힘으로 먹지도 못하는 주제에 무슨 말을 하는 거요. 나는 그저 젊은이가 가엾어서 밥을 준 것뿐인데, 보답은 무슨 보답이오.」

과하지욕(袴下之辱)

회음의 푸줏간 패들 가운데 젊은이 한 사람이 한신을 같잖게 보고 놀려댔다.

「너는 덩치는 커가지고 늘 칼을 차고 다니지만, 실속은 겁쟁이일 게다.」

구경꾼들이 모여들자, 그는 한신의 면전에서 욕까지 해댔다.

「네가 나를 죽이고 싶거든 그 칼로 나를 찔러 보아라. 만약 죽일 수 없다면 내 가랑이 밑으로 지나가거라.」

한신은 그를 물끄러미 바라보다가 이슥고 허리를 굽히고 땅바닥에 배를 깔고 엎드려서 그의 가랑이 밑으로 기어서 빠져 나갔다〔韓信出袴下〕. 시장바닥 사람들은 모두 한신을 겁쟁이라며 비웃었다.

항량(項梁[2])이 회수를 건널 때 한신은 칼 한 자루에 의지하여 항량을 따라 그의 휘하에 들어왔는데, 아직 이름은 알려지지 않았다. 항량이 패사(敗死)했기 때문에 이번에는 항우(項羽) 밑으로 갔다. 한신은 낭중(郎中)에 임명되었고, 자주 책략을 건의하여 항우에게 중용되기를 힘썼으나, 항우는 그의 계략을 채용하지 않았다.

한왕(유방)이 촉(蜀)에 들어오자 한신은 초나라로 도망쳐서 한나라로 귀순하였으나 별로 알려지지 않았기에 연오(連敖 : 곡식창고를 맡은 관리)라는 보잘 것 없는 벼슬을 받았다. 한번은 법을 어겨 처형을 당하게 되었는데, 같이 처형되는 열세 명의 목이 잘리고 한신의 차례가 되었다. 한신이 고개를 들어 하늘을 쳐다보다가 우연히 등공(滕公) 하후영(夏侯嬰)과 눈이 마주쳤다. 한신이 말했다.

「주상께서는 천하의 대업을 이루기를 바라지 아니하시고, 어찌하여 장사들을 죽이시는 겁니까?」

등공은 이 말을 기이하게 여기고 그의 얼굴이 비범하다고 생각되어 죄를 용서하여 목을 베지 않았다. 그리고 한신과 이야기를 나누어 보니 마음에 들어 왕에게 아뢰었다.

왕은 한신을 치속도위(治粟都尉 : 곡화穀貨를 맡은 속관)에 임명했지만, 아직도 한신을 비범한 인물로 여기지는 않았다. 그러나 한신과 자주 이야기를 나눈 소하(蕭何)는 그가 기걸(奇傑)임을 알았다.

---

2) 항량(項梁)…초나라의 장군 항연(項燕)의 아들. 항우의 숙부로 항우와 함께 진나라에 반기를 들고 초나라 회왕의 손자를 왕으로 세워서 초왕(楚王)이라 하고 스스로 무신군(武信君)이라 일컬었다.

국사무쌍(國士無雙)

한나라 원년, 남정(南鄭 : 섬서 한중)에 도읍을 하기로 했는데, 여러 장수 중에는 그곳에 가는 것을 싫어하여 가는 도중에 도망치는 자가 수십 명이나 되었다. 한신도 소하 등이 몇 번 추천해 주었건만 왕이 등용해 주지 않는 것이리라 생각하고 역시 도망했다. 소하는 한신이 도망쳤다는 말을 듣자 왕에게 아뢰지도 않고 한신의 뒤를 쫓았다. 어떤 사람이 왕에게 말했다.

「승상 소하가 도망했습니다.」

한왕은 크게 노하며 좌우 양 팔을 다 잃은 것처럼 낙담했다. 며칠이 지나자 소하가 돌아와서 문안을 드렸다. 왕은 기쁜 한편 화를 내며 소하를 꾸짖었다.

「도망을 치다니, 어찌 된 일이오?」

소하가 대답했다.

「저는 도망을 했던 것이 아닙니다. 도망간 사람을 뒤쫓아 갔던 것입니다.」

왕이 물었다.

「누구를 뒤쫓았단 말이오?」

소하가 대답했다.

「한신입니다.」

왕은 다시 꾸짖으며 말했다.

「장수 중에 도망친 자가 수십 명이나 되는데, 그대는 아무도 뒤쫓아 간 적이 없었소. 그런데 한신을 뒤쫓았다는 것은 거짓말이오.」

소하가 대답했다.

한신을 뒤쫓는 소하를 새긴 석각

「다른 장수들을 얻기는 쉬운 일입니다. 그러나 이 나라에서 한신과 같은 인물에 견줄 만한 사람은 없습니다〔至如信者 國士無雙〕. 임금께서 언제까지나 한중(漢中)의 왕으로 만족하신다면 한신을 쓸 필요는 없겠지만, 꼭 천하를 쟁취하려고 하신다면 한신을 빼고 다르게 일을 도모할 자는 없습니다. 임금의 방책이 어떻게 결정될 것인지 지금은 그것만이 문제입니다.」

「나도 동쪽으로 뻗어나가서 천하를 다투고 싶소. 어찌 갑갑하게 이곳에 오래 머무르고 있을 수가 있겠소.」

「임금의 방책이 꼭 동쪽으로 진출하시는 일이라면 아무래도 그 한신을 등용하십시오. 그러면 한신은 머물러 있을 것입니다. 그러나 등용하지 않으면 그는 결국 떠날 것입니다.」

「그렇다면 그대의 의견에 따라 그를 장수로 삼겠소.」

「장수로 삼을지라도 한신이 꼭 머문다고는 볼 수 없습니다.」

그러자 왕이 말했다.

「그러면 대장군으로 임명하겠소.」

그러자 소하가 말했다.

「참으로 잘 하셨습니다.」

이리하여 왕은 한신을 불러 대장군으로 임명하려고 하자, 소하가 또 말했다.

「왕께서는 본래 오만하시어 평소에 예를 차리지 않으십니다. 이제 적어도 대장군을 임명하시는 데도 마치 어린아이를 부르듯 하신다면 그것이야말로 한신을 잃는 이유가 됩니다. 왕께서 한신을 꼭 임명하려 하신다면 길일을 택하여 재계(齋戒)하신 연후에 단장(壇場 : 장수를 임명하는 곳)을 설치하고 충분한 예를 갖추시는 것이 좋을 것 같습니다.」

왕이 이를 승낙하자, 장수들은 기뻐하면서 자신이 대장군으로 임명되지나 않나 하여 기대에 부풀어 있었다. 그러나 당일 대장군을 배명(拜命)한 사람은 한신이었기 때문에 전군(全軍)은 이 뜻밖의 일에 깜짝 놀랐다. 임명의 배례(拜禮)가 끝나고 자리에 앉자, 왕이 한신에게 말했다.

「승상 소하는 자주 장군을 천거했는데, 장군은 어떠한 계략을 나에게 가르쳐 주겠소?」

한신은 왕의 은혜에 감사하고 물음에 대답했다.

「이제 동쪽으로 향하여 천하의 정권을 다툴 상대는 아무래도 항왕(項王)이 되지 않겠습니까?」

왕이 과연 그렇겠다고 말하자 한신이 말했다.

「왕께서는 스스로 생각하실 때 용감하고 어질고 굳센 점에서 항왕과 비교해서 어느 편이 낫다고 생각하십니까?」

한왕은 잠시 묵묵히 있다가 말했다.

「항왕에게는 미치지 못하오.」

한신은 재배하고 한왕이 자신을 올바로 알고 있음을 칭송하며 이렇게 말했다.

「저 역시 왕께서 미치지 못하실 것으로 생각하고 있습니다. 그러나 저는 일찍이 항왕을 섬긴 일이 있는데, 그 사람 됨됨이를 말씀드려 보겠습니다. 항왕이 노기를 띠고 꾸짖을 때는 천 사람이 엎드리지만, 현장(賢將)을 믿고 일을 맡기지 못하는 까닭에 그것도 필부(匹夫)의 만용에 불과합니다. 또 항왕은 사람을 인견할 때 그 태도는 공손하고 인정이 많으며 말씨도 부드럽습니다. 사람이 병에 걸리면 눈물을 흘리며 음식을 나누어 먹을 정도이지만, 사람을 써서 공로가 있을 때 봉작(封爵)을 주어야 할 경우가 되면 인수(印綬) 내리기를 아까워 인수가 닳아 없어질 때까지 만지작대며 선뜻 내주지를 않습니다. 이것은 이른바 아녀자의 인(仁)일 뿐입니다.

또 항왕은 천하에 패(覇)를 외치며 제후들을 신하로 삼았지만 관중(關中)에 머무르지 않고 팽성에 도읍을 정했습니다. 그런가 하면 의제(義帝)와의 약속을 저버리고[3] 제후를 왕으로 세우는데 사정(私情)을 가지고 처리함으로써 공평치가 않습니다. 제후들은 항우가 의제를 옮겨 강남으로 쫓아내는 것을 보자, 모두 자기 나라로 돌아가서 그들의 임금을 내쫓고 좋은 땅을 골라 스스로 왕이 되었습니다. 항왕이 지나간 지방에는 잔혹한 학살이 없었던 곳이 없어 천하 사람은 그를 원망하는 자가 많고 백성은 그를 받들지 않으며 단지 그 위력에 눌려 있을 뿐입니다. 그러므로 패자(覇者)란 이름만 있을 뿐 실은 천하의 인심을 잃고 있습니다. 그런 까닭에 그의 위세는 날로 약화시키기 쉽다고 할 수

---

3) 의제(義帝)는 전국시대 초나라 회왕의 손자 웅심(熊心)으로, 진승(陳勝)이 죽은 뒤에 항량이 그를 초 회왕으로 옹립하였다. B.C. 204년 항우가 서초패왕(西楚霸王)으로 자립하면서 표면상으로 그를 의제라고 존중하였다. 그 후 항우는 의제를 암살하였다. 또 약속을 어겼다는 것은, 초 회왕(의제)이 가장 먼저 입관(入關)하는 장수를 관중의 왕으로 삼겠다고 약속하였으나, 항우는 유방이 입관하자 이 약속을 깨고 진나라의 세 항장(降將 : 장한 · 사마흔 · 동예)에게 관중을 나누어준 사실을 말한다.

있습니다.

지금 왕께서는 항왕의 이런 정책과는 달리 천하의 용맹한 사람들을 믿고 일을 맡기신다면 왕에게 그 어떤 상대가 있겠습니까. 또 천하의 성읍(城邑)을 공신(功臣)에게 주실 수 있다면 그 누가 마음으로 따르지 않겠습니까. 싸우는 명분이 올바른 위에 동쪽으로 가고 싶어 하는 병사를 거느리면 그 어디에 흩어져 달아나지 않을 적이 있겠습니까.

약법 삼장(約法三章)

삼진(三秦)의 왕들(장한·사마흔·동예)은 본래 진(秦)나라 장수로서, 진나라의 자제를 이끌고 몇 년 동안에 살육한 인명(人命)은 헤아릴 수 없을 정도입니다. 또 수많은 그의 부하 군사를 속여 제후에게 항복하고 신안(新安)에서는 항왕에게 속아서 진나라 군사의 항복한 자 20여만을 구덩이에 묻어 죽게 했는데, 단지 장한(章邯)·사마흔(司馬欣)·동예(董翳)[4]만이 죽음을 모면할 수 있었습니다. 그런 까닭에 이 세 사람에 대한 진나라 부형들의 원한은 골수에 사무치고 있습니다. 지금 초나라는 강력한 위세를 가지고 이 세 사람을 각기 삼진의 왕으로 삼았지만, 진나라 사람들은 누구도 이 사람들에게 호감을 가지고 있지는 않습니다.

이에 반하여 왕께서 무관(武關)으로 들어가셨을 때는 조금도 백성을 해치신 일이 없고, 진나라의 가혹한 법령을 폐기하여 진

4) 장한·사마흔·동예…이 세 사람은 본래 진(秦)나라 장수인데 항우에게 투항하였다. 항우가 관중으로 들어와 그곳을 나누어 세 사람에게 봉해주고 왕으로 삼았다.

한고조 입관도

나라 백성과 단 3장의 법〔約法三章〕[5]을 약속하셨을 뿐입니다.

진나라 백성 가운데 왕을 진나라의 왕으로 모시기를 바라지 않는 사람은 없습니다. 제후들끼리의 약속에 따르면 관중으로 먼저 들어가는 자가 왕이 되기로 한 것이므로, 대왕께서 당연히 관중(關中)의 왕이 되셔야 했습니다. 관중의 백성들은 모두 이것을 알고 있습니다. 그러기 때문에 왕께서 항왕으로 인해 정당한 처우[6]를 받지 못하고 한중(漢中)으로 들어오시게 되자 진나라 백성들은 누구나가 원통해 하고 있었습니다. 이러한 실정이므로 이제 왕께서 병사를 이끌고 동정(東征)을 하신다면 삼진의 땅은 격문을 돌리기만 해도 평정될 것입니다.」

이 말을 듣고 한왕은 크게 기뻐하며 한신을 늦게 만난 것을 후회했다. 한왕은 한신의 계책을 받아들이고, 모든 장군들에게 공격할 부서를 정했다.

---

5) 3장의 법… 유방은 관중(關中)에 들어간 후에 진(秦)나라의 가혹한 법을 폐하고 진나라 부로(父老)들에게 3장(章)의 법(法)을 약속하였다. 그것은 ① 사람을 죽인 사람은 죽는다(殺人者死). ② 사람을 상케 한 사람과 도둑질한 사람은 죄를 받는다(傷人反盜抵罪). ③ 나머지 진나라의 법은 모두 없애버린다(餘悉除去秦法).

6) 정당한 처우…유방이 관중(關中)의 왕이 되지 못하고 한(漢)나라 왕으로 봉해진 것을 가리킨다.

한나라 원년 8월, 한왕은 군사를 일으켜 동쪽의 진창(陳倉 : 섬서 보계의 동쪽)으로 나아가 삼진의 땅을 평정했다.

한나라 2년, 함곡관을 나와 위(魏)나라의 하남지방을 손에 넣었는데, 한(韓)나라 · 은(殷)나라 왕이 모두 항복했다. 또 제(齊)나라 · 조(趙)나라 군사를 병합하고 함께 초나라를 쳤다. 4월, 팽성을 쳤는데 한나라 군사가 패하고 돌아오자 한신은 군사를 정돈하고 한왕과 형양에서 만나 경(京)과 색(索) 사이에서 초나라를 깨뜨렸다. 이 때문에 초나라 군사는 마침내 서진(西進)할 수 없게 되었다.

한왕이 팽성에서 패퇴했을 때 새왕(塞王) 흔(欣)과 적왕(翟王) 동예는 한나라에서 도망쳐 초나라에 항복했고, 제나라와 조나라도 또 한나라를 배반하고 초나라와 화친했다.

6월, 위(魏)나라 왕 표(豹)는 어버이의 병을 문병한다는 명목으로 휴가를 청하여 귀국하자 곧바로 포진관(蒲津關 : 산서 영제)을 차단하여 한나라를 배반하고 초나라와 화평을 약속했다. 한왕은 역생(酈生)을 보내 표를 설득하려고 했으나 듣지 않았으므로, 8월 한신을 좌승상으로 임명하여 위나라를 치게 했다. 위나라 왕은 포판(蒲坂 : 산서 영제)에 군사를 집중시키고 강 맞은편 임진(臨晋 : 섬서 조읍의 동북쪽)을 폐쇄했다. 한신은 대군이 있는 것처럼 보이게 하고 배를 줄로 이어 임진을 건너는 시늉을 하는 한편, 하양(夏陽)으로부터 나무로 만든 항아리[7]를 연결시킨 뗏목에 숨겨 강을 건너게 한 다음 안읍(安邑)을 기습했다. 위나라 왕 표는 놀라 군사를 이끌고 한신의 군사를 맞아 싸웠다.

---

7) 나무로 만든 항아리…나무로 만든 통으로, 입구가 좁고 배가 불룩한 모양을 하고 있다. 이 나무통에 물을 담아 여러 개를 한 줄로 묶은 뒤 그 위에 판자를 깔아 강을 건널 때 사용했다.

한신은 마침내 표를 사로잡고 위나라를 평정하여 하동군(河東郡)으로 만들었다.

한왕은 장이(張耳)를 보내 한신과 함께 군사를 이끌고 동북으로 나아가 조(趙)·대(代)를 치도록 했다.[8] 윤(閏) 9월, 대의 군사를 깨뜨리고 하열(夏說 : 대代의 재상)을 알여(閼與 : 산서 화순)에서 사로잡았다. 한신이 위나라를 항복시키고 대를 깨뜨리자 한왕은 사자를 파견하여 그들 정예병을 수중에 모으고 형양으로 옮겨서 초나라 군사를 막도록 했다.

한신은 장이와 함께 병력 1만을 이끌고 동진하여 정형(井陘)으로 내려가서 조나라를 치려고 했다. 조나라 왕과 성안군(成安君) 진여(陳餘)는 한나라 군사가 쳐들어온다는 말을 듣자 곧바로 군사를 정형구(井陘口)로 집결하도록 했는데, 그 병력이 20만이라고 했다. 광무군 이좌거(李左車)가 성안군에게 말했다.

「한나라 장군 한신은 서하(西河 : 황하)를 건너서 위나라 왕을 사로잡고 하열을 생포했으며, 또 알여에서 싸워 유혈(流血)을 밟았다는 이야기를 들었습니다. 지금 한신은 장이의 보좌를 받아 우리 조나라를 쳐부수려 하고 있는데, 이것은 승세를 타고 고

---

8) 조(趙)와 대(代)는 조왕 헐(歇)과 대왕 진여(陳餘)를 말한다. 장이(張耳)와 진여는 모두 대량(大梁) 사람이다. 장이는 원래 위(魏)나라의 유명한 유생(儒生)이었다. 뒤에 조헐을 조왕으로 삼고 장이는 스스로 재상을 맡았고, 진여는 대장군을 맡았다. 진나라가 망한 후 항우는 장이를 상산왕에 봉하고 조(趙) 땅에서 왕 노릇하게 하였다. 조헐을 대왕(代王)으로 옮겨 봉하고 남피(南皮) 주위의 세 현을 진여에게 주었다. 진여는 항우가 자기를 왕으로 봉하지 않은 것에 원한을 품고 조헐을 조 땅으로 맞아들였다. 조헐은 진여를 대왕(代王)으로 삼고 성안군(成安君)이라고 칭하였다. 진여는 조왕의 세력이 약하기 때문에 대(代) 땅에 가지 않고 조나라에 남아서 조나라의 재상이 되었다. 대신 하열(夏說)이 상국(相國)의 신분으로 대(代)나라를 지키도록 파견하였다. 그러므로 조(趙)와 대(代)는 실은 하나의 나라이다. ☞「장이·진여열전」

국을 떠나 멀리서 싸우는 것으로 그들의 예봉을 당해내지 못할 것입니다. 저는 『천 리 먼 곳에서 군사의 양식을 실어 보내게 되면, 수송이 곤란한 탓으로 싸우는 군사의 얼굴에 굶주린 빛이 나타나게 되고, 섶을 줍고 풀을 베어 밥을 짓게 되어서는 배불리 식사할 수 없다』는 말을 들었습니다. 지금 정형으로 통하는 길은 수레를 나란히 세워서 지나갈 수가 없고, 기마(騎馬)는 열을 지어 지나갈 수도 없습니다. 그러므로 행군하기 수백 리에 미치게 되면 자연히 물자 보급은 늦어져 훨씬 후방에 있게 됩니다. 바라건대 3만의 군사를 기습부대로 하여 저에게 빌려 주십시오. 저는 샛길로 해서 적의 보급로를 끊어 버리고 말겠습니다. 상공께서는 도랑을 깊이 파고, 벽을 높이 쌓아 굳게 지키며 적과 대전하지 말아 주십시오. 적은 나와서 싸우려고 해도 싸울 수가 없고 퇴각하려고 해도 퇴각할 수가 없습니다. 그 사이에 우리 기병(奇兵 : 불의에 치는 군사)이 적의 후방을 절단하여 적에게 약탈할 장소를 주지 않는다면 열흘이 되지 않아서 두 장수의 목을 휘하에 들고 올 수 있습니다. 모쪼록 제가 말씀드린 계책에 유의해 주십시오. 그렇지 않으면 상공께서는 그 두 장군의 손에 사로잡히고 말 것입니다.」

성안군은 유자(儒者)였으므로 언제나 정의의 싸움을 표방했으며 사모기계(詐謀奇計)를 쓰는 일이 없었기 때문에 이렇게 말했다.

「병법에는 『병력이 열 배가 되면 적을 포위하고, 병력이 배가 되면 적과 싸우라』고 되어 있는 듯한데, 지금 한신의 군사는 수만이라고 하지만 실은 수천에 지나지 않소. 또 천 리 먼 곳에서 와 우리를 치는 것이니, 이제 극도로 지쳐 있을 것이오. 이러한 적인데도 피하면서 치지 않을 것 같으면 앞으로 대적이 왔을 때 어떻게 대처하겠소? 만일 제후가 우리 편을 비겁하다고 볼 것 같으면 깔보고 쉽사리 우리를 치게 될 것이오.」

멸차조식(滅此朝食)

그리하여 광무군의 건의는 받아들여지지 않았다. 한신은 사람을 보내 내정을 살펴보게 하였는데, 돌아와서 광무군의 계책을 쓰지 않게 되었다고 보고했다. 한신은 크게 기뻐하며 감연히 군사를 이끌고 정형의 좁은 길로 내려가 정형구에서 30리 못 미친 곳에 머물러 야영하고, 그날 밤에 군령을 전하여 가볍게 무장한 기병(奇兵) 2천 명을 뽑아 저마다 붉은 깃발을 들려 샛길로 가서 산에 숨어 있되 조나라 군영(軍營)을 바라보며 대기해 있으라고 했다. 출발할 때 이렇게 훈시했다.

「조나라는 우리 본대가 패주하는 것을 보면 틀림없이 성벽을 비워 두고 우리 군사를 추격할 것이다. 그 때에 그대들은 재빠르게 조나라 성벽으로 들어가 조나라 깃발을 빼내고 우리 한나라의 붉은 깃발을 세우도록 하라.」

한편 부장(副將)에게 명하여 가벼운 식사를 나누어 주어 병졸들에게 먹인 다음 한신이 말했다.

「오늘은 조나라 군사를 깨뜨린 다음 모두 함께 회식을 하자〔滅此朝食〕.」

모든 장수는 누구도 이 말을 믿지 않았지만, 알겠다는 듯이 응답했다.

「예, 알겠습니다.」

한신은 다시 군리(軍吏)를 향하여 말했다.

「조나라 장수는 지형(地形)의 이점을 살려서 이미 누벽(壘

壁)을 쌓고 있다. 게다가 그들은 우리 군사가 패주하더라도 우리 대장군의 깃발을 보기 전에는 우리의 선봉을 치려 들지 않을 것이다. 그것은 우리 군대가 좁고 험한 지점에까지 왔다가 중도에서 퇴각할지도 모르겠다고 생각하기 때문이다.」

배수진(背水陣)

한신이 배수진을 쳤던 미수

이리하여 한신은 군사 1만을 선발시켜 강을 뒤로 하고 진을 치게 했다〔背水陣〕.9) 조나라 군사는 이것을 바라보더니 그 어리석음을 비웃어 크게 웃었다. 날이 밝을 무렵, 한신은 대장군의 깃발을 세우고 북을 쳐대며 정형구를 나섰다. 조나라 군사는 성문을 열고 출격하여 맞아 싸웠다. 잠시 격전을 벌인 다음, 한신·장이는 거짓으로 패배한 양 북과 깃발을 버리고 강가에 있는 군진(軍陣)으로 도망치자 군진에서는 진을 열고 이들을 받아들였다.

다시 격전이 시작되었다. 과연 조나라 군사는 성벽을 비워둔 채 한나라 군사의 북과 깃발을 차지하려고 앞을 다투어 한신과 장이를 추격했다. 두 장군이 강기슭에 있는 군진으로 들어가자

9) 이것을 「배수진(背水陣)」이라고 한다. 배수열진(背水列陣)의 뜻으로, 여기서 수(水)는 면만수(綿蔓水 : 강 이름)를 가리킨다.

한나라의 전군은 죽기를 각오하고 싸웠다. 그런 까닭에 조나라 군사는 한나라 군사를 깨뜨리지 못하였다. 한신이 수배해 두었던 기병(奇兵) 2천 기는 조나라가 성벽을 비우고 한신・장이를 추격한 틈을 타서 조나라 성벽으로 달려들었다. 그들은 조나라 깃발을 모두 뽑아버리고 한나라의 붉은 깃발 2천 개를 꽂았다.

조나라 군대는 이기지도 못하고 한신 등을 잡을 수도 없었기 때문에 성으로 퇴각하려고 했다. 그러나 성벽 위는 모두 한나라의 붉은 깃발이 가득히 꽂혀 있었다. 깜짝 놀란 그들은 이미 한나라가 조나라 장수들을 모두 사로잡은 것으로 알고 마침내 뿔뿔이 흩어져 도망치고 말았다. 조나라 장수는 도망치는 병사를 잡아 목 베었으나 패세(敗勢)를 어찌할 수는 없었다. 이리하여 한나라 군사는 조나라 군사를 협공하여 크게 깨뜨리고 포로로 잡았으며, 저수(泜水) 기슭에서 성안군을 목 베고 조나라 왕 헐(歇)을 생포했다. 이 때 한신은 군중에 다음과 같은 영을 내렸다.

「광무군을 죽여서는 안 된다. 그를 생포한 자에게는 천 금의 상을 내리리라.」

그러자 광무군을 사로잡아 온 자가 있었다. 한신은 그 묶은 줄을 풀고 동향해서 앉은 다음 몸소 서쪽을 향하여 대좌하고 그를 스승으로 모셨다.

죽을 땅에 빠뜨린 뒤라야 살 길이 생긴다

모든 장수들은 적병의 목과 포로를 내놓으며 전승을 축하했다. 이때 한신에게 이렇게 물었다.

「병법에는 『산과 언덕을 오른쪽으로 하여 등지고 못과 강은 앞으로 하여 왼쪽에 두라』고 되어 있습니다. 그런데 이번에 장군께서는 우리에게 명하시되 이것과 정반대로 강을 등에 지고 포진케 했으며 『조나라를 깨뜨린 다음 다 같이 회식을 하자』 고 말씀하셨습니다. 저희들은 마음속으로 받아들이지 않았습니다. 그러나 결국은 이겼습니다. 이것은 어떤 전법입니까?」

「이것도 병법에 있는 것인데, 생각건대 여러 장군들이 보지 못했을 뿐이오. 『죽을 땅에 빠뜨린 뒤라야 살 길이 생긴다〔陷之死地而後生〕, 망하게 된 처지에 선 다음에야 비로소 멸망하지 않게 된다』 란 말이 병법에 있지 아니하오. 나는 평소부터 사대부들을 길들여 따르게 할 수 있었던 것이 아니고, 시장바닥에 있는 사람들을 내몰아서 싸움을 시키는 것과 같았소. 그러므로 그들을 죽을 자리에 놓아두어 나가서 싸움을 하게 한 것이오. 그들에게 살아날 수 있는 틈을 주었다면 모두 도망했을 것이오. 그렇게 되어 가지고는 무슨 일을 할 수 있겠소.」

싸움에 패한 장수는 용맹을 말해서는 안된다

모든 장군들은 다 감복하여 말했다.

「과연 그렇겠습니다. 저희들로서는 감히 미칠 바가 못 됩니다.」

그리고 한신은 광무군에게 이렇게 물었다.

「나는 북쪽으로 연나라를, 그리고 동쪽으로 제나라를 치고자 하는데, 어떻게 해야 성공하겠소?」

광무군이 대답했다.

「신이 듣기로 『싸움에 패한 장수는 용맹을 말해서는 안 되며, 나라를 망친 신하는 나라를 보존하는 일을 꾀해서는 안된다〔臣聞 敗軍之將不可以言勇 亡國之大夫 不可以圖存〕』 고 들었습니다. 지금 저는 패망의 포로로서 어찌 대사를 의논할 수 있겠습니까.」

한신이 말했다.

「나는 이런 말을 듣고 있습니다. 『백리해가 우(虞)나라에 있을 때는 우나라가 망했으나, 진(秦)나라에 가서는 진나라를 패자(覇者)로 만들었다』고 말입니다. 백리해가 우나라에서는 어리석은 자였다가 진나라에 가서는 지혜로운 자가 된 것은 결코 아닙니다. 단지 그를 등용한 것과 등용치 않은 것, 그의 계략을 받아들인 것과 받아들이지 않은 것의 차이입니다. 성안군이 만약 공의 계략을 받아들였다고 하면 나 역시 이미 포로가 된 몸이었겠으나, 공의 말을 듣지 않았기 때문에 내가 공에게 가르침을 청할 수 있게 된 것이 아니겠습니까.」

천려일실(千慮一失)

그리고 한신은 다시 말했다.

「나는 모든 것을 믿고 가르침을 따르겠으니 모쪼록 사양하지 마십시오.」

그러자 광무군이 대답했다.

「나는 『지혜 있는 사람도 천 번 생각하여 한 번은 실수가 있고, 어리석은 사람도 천 번 생각하여 한 번은 맞는 수가 있다〔智者千慮 必有一失 愚者千慮 必有一得〕』는 말을 들었습니다. 그런 까닭에 『미치광이의 말일지라도 성인(聖人)은 이를 골라서 쓴다』고 했습니다. 저의 계략은 아마 쓰시기에 합당치 않은 것일지도 모르겠습니다만, 어리석은 충성을 다하여 말씀드리겠습니다. 그 성안군은 백전백승의 계략이 있으면서 하루아침에 실패하여 군사는 호(鄗 : 하북 백향)의 성 밑에서 패하였고, 몸은 저수(泜水) 변두리에서 죽어 갔습니다. 지금 장군은 서하(西河)를 건너 위나라 왕을 사로잡고 하열을 알여에서 생포한 다음, 일거에 정형을 내려와 일순에 조나라 20만 대군을 깨뜨리고 성안군을 주살하여 그 명성은 천하에 떨치고, 그 위력은 천하에 진동하고 있습니다. 농부들은 머지않아서 나라가 망할 것으로 생각하고 경작을 중지했으며, 괭이를 버리고 아름다운 옷에 맛있는 음식을 먹으며 귀를 기울여 장군의 명령을 기다리지 않는 자가 없습니다. 이러한 일은 장군에게 유리한 점입니다.

그러나 아무래도 장군의 병졸들은 지칠 대로 지쳐 있어 실제로는 그다지 도움이 되지 못합니다. 그런데 지금 장군은 지치고 시달린 군사를 이끌고 이들을 다시 연나라의 견고한 성 밑에서 싸운다 하더라도 짐작건대 오래 끌게 되어 힘으로는 적의 성을 함락시킬 수 없고, 이쪽의 지쳐 있는 실정이 밖으로 드러나 형세는 날로 불리해지게 되고, 헛되이 나날을 보내는 사이에 군량미마저 떨어지게 될 것입니다. 약한 연나라마저 굴복하지 않게 되면 제나라는 틀림없이 국경의 방비를 갖추고 버텨 나갈 방법을 강구하게 될 것입니다.

연나라와 제나라가 서로 버티면서 항복을 하지 않게 되면 유방과 항우의 싸움은 어느 쪽이 이기고 어느 쪽이 질지 알 수 없게 됩니다. 이러한 일은 장군에게 불리한 점입니다. 그러므로 지금 연나라와 제나라를 치는 것은 저의 어리석은 판단으로는 잘못된 것으로 생각합니다. 군사를 잘 쓰는 사람은 이쪽의 단점을 가지고 적의 장점을 치지 않으며, 이쪽의 장점을 가지고 적의 단점을 치는 법입니다.」

먼저 소리를 지르고 진짜 싸움은 뒤로 한다

한신이 물었다.

「그렇다면 어떤 방책을 가지고 나가는 것이 좋겠습니까?」

광무군이 대답했다.

「이제 장군을 위한 계책으로는 군사를 거두어 휴식케 하고, 조나라를 어루만져 전몰자의 유아(遺兒)를 위로하고, 백 리 이내의 땅에서는 매일같이 쇠고기와 술을 갖추어 사대부에게 향응을 베풀고, 병사들에게 먹인 다음 북쪽에 있는 연나라로 향하는 것이 가장 좋은 방법입니다. 그렇게 한 다음에 변사(辯士)를 보내 짤막한 편지를 띄우되 우리 편의 유리함을 연나라에 보여주면 연나라는 틀림없이 복종하지 않을 수 없을 것입니다. 연나라가 복종케 되면 변사를 동쪽에 있는 제나라로 보내 이 사실을 알립니다. 그렇게 되면 제나라도 틀림없이 복종할 것입니다. 비록 지혜가 있다는 사람도 제나라를 위한 다른 묘책을 세울 수는 없을 것입니다. 이렇게만 된다면 천하는 모두 공략할 수가 있는데, 원래 병법에 『먼저 소리를 지르고 진짜 싸움은 뒤로 한다』라는 것은 이러한 일을 가리켜 한 말입니다.」

한신은 좋다고 대답하고 그 계책에 따라 사자를 연나라에 파견하자, 연나라는 풀이 바람에 따라 휩쓸리듯 복종해 왔다. 그리하여 사신을 보내 한왕에게 보고하는 한편 장이를 세워 조왕으로 삼고 그 나라를 진무해야겠다고 청했다. 한왕은 이를 허락하여 장이를 조나라 왕으로 삼았다.

초나라는 여러 차례 기병(奇兵)을 보내서 황하를 건너 조나라를 쳤다. 조나라 왕 장이와 한신은 여러 곳을 쫓아다니며 조나라를 원조했고, 그리하여 가는 곳마다 조나라 성읍을 평정하고, 병사를 한나라로 보내 한나라의 부족한 병력을 보충했다.

초나라 군사는 한나라를 급습하여 한나라 왕을 형양에서 포위했다. 한나라 왕은 남쪽으로 나와서 원(宛)·섭(葉)의 사이에 이르러 영포의 군사를 얻어 성고(成睾)로 도망했다. 초나라는 또 다시 급습을 가해 성고를 포위했다. 6월, 한왕은 성고를 나와 동쪽으로 가서 황하를 건너고 등공(滕公)과 함께 장이의 군사 뒤를 따라 수무(脩武)에 도착하여 여사(旅舍)에 머물렀다.

다음날 아침, 스스로 한나라 사자라 칭한 한왕은 조나라 성벽으로 들어갔다. 장이와 한신은 아직 일어나지 않았다. 한왕은 그 침실에 들어가서 대장군의 인수(印綬)를 빼앗고 모든 장수들을 소집한 다음 인사의 경질을 단행했다.

한신과 장이는 일어나서 비로소 한왕이 온 것을 알고 크게 놀랐다. 한왕은 두 사람이 지휘하는 군사를 빼앗은 다음, 장이에게 명하여 조나라 땅을 수비케 하고 한신을 조나라 상국(相國)으로 임명했다. 그리고 아직 징발하지 않은 조나라 군사를 모아 제나라를 치게 했다.

세 치 혀로 제나라 70여 성을 항복시키다

한신은 군사를 이끌고 동쪽으로 향했으나, 평원진(平原津 : 산동)에서 황하를 건너기 전에 한왕이 역이기(酈食其)를 제나라로 보내 설득시켜 제나라가 이미 항복했다는 말을 듣고 제나라를 치는 일을 멈추려고 했다.

이 때 범양(范陽)의 책사(策士) 괴통(蒯通)[10]이 한신을 설득하여 이렇게 말했다.

「장군은 왕의 조명을 받아 제나라를 치려고 하는데, 한왕은 다시 별도로 밀사를 보내 제나라를 항복케 한 것입니다. 왕으로서는 일단 명령을 내린 이상 어떻게 다시 조명을 내려 장군을 멈추게 하실 수 있겠습니까? 또한 장군도 어찌 가지 않을 수 있겠습니까? 더구나 역생(酈生)은 일개 선비이면서 수레의 가로나무에 기대어 세 치 혀를 놀려 제나라의 70여 성을 항복시켰는데, 장군은 수만의 군사를 이끌고 1년여를 소비하여 겨우 조나라의 50여 성을 항복시킨 데 지나지 않습니다. 장군이 된 지 수년에 일개 시골 선비의 공로에도 미치지 못한다면 말이 되겠습니까?」

한신은 이 말을 옳다고 생각하고 괴통의 계략에 따라 마침내 황하를 건넜다. 제나라에서는 이미 역생의 말을 받아들이고 그를 머무르게 하여 크게 술자리를 벌이며 한나라에 대한 방비를 하지 않고 있었다. 그리하여 한신은 제나라 역하(歷下 : 산동 역성의 서쪽)의 군사를 습격하고 마침내 도읍인 임치에 육박했다. 제나라 왕 전광(田廣)은 역생이 자기를 속인 것으로 여겨 그를 삶아 죽이고 고밀(高密 : 산동 고밀)로 도망하여 초나라에 사신을 보내 구원을 청했다.

한신은 임치를 평정하자 동쪽으로 전광을 쫓아 고밀 서쪽으로 갔다. 초나라도 제나라를 구원하기 위해 용저(龍且)를 장군으로 임명했는데, 그 병력은 20만이나 되었으며 제나라 왕 전광의 군사와 연합하여 한신과 싸우게 되었다. 접전에 앞서 용저에게 이렇게 말하는 사람이 있었다.

---

10) 괴통(蒯通)…진나라가 한나라로 바뀌는 과도기에 활동한 이름 있는 변사 괴철(蒯徹)인데, 저자 사마천이 한무제 유철(劉徹)의 이름인 철(徹)을 쓰지 않기 위해서 통(通)이라고 했다. 이것을 피휘(避諱)라고 한다.

궁사도(한대의 장원에서 활쏘기를 하는 그림)

「한나라 군사는 고국에서 멀리 떨어져 싸우는 것이니 힘이 있는 한 싸울 것인즉, 그 예봉과 맞서 싸울 수는 없는 일입니다. 제나라와 초나라는 우리나라 땅에서 싸우는 것이므로 군사는 패산(敗散)하기 쉬운 일입니다. 그러니 성벽을 높이 쌓고 제나라 왕으로 하여금 그가 신임하는 사신을 보내 항복한 성의 군사를 모아들이도록 하는 것보다 좋은 계책이 없을 줄 압니다. 항복한 성에서는 제나라 왕이 아직도 건재해 있고, 초나라 군사도 구원하러 온 것을 알게 되면 반드시 한나라를 배반할 것입니다. 한나라 군사는 고향을 떠나 2천 리 밖에 있으니 제나라 성이 모두 한나라를 배반하면 양곡을 얻을 수 없게 될 것인즉 싸우지 않고도 항복시킬 수 있을 것입니다.」

용저가 말했다.

「나는 평소부터 한신의 사람됨을 알고 있는데, 그는 상대하기 쉬운 인물이오. 또한 제나라를 구원하러 온 처지에 싸움도 하지 않고 적을 항복시킨다면 도대체 나에게 무슨 공로가 있겠는가. 이제 싸워서 이긴다면 제나라 땅의 절반은 나의 것이 될 텐데, 어찌 가만히 있을 수 있단 말이오.」

마침내 싸우기로 하고 유수(濰水)를 사이에 두고 한신과 대진했다. 한신은 밤에 1만여 개나 되는 자루를 만들고 그것에 모래를 넣어 유수 상류를 막도록 했다. 그리고는 군사를 이끌고 강을 절반쯤 건너 용저를 치는 척하다가 되돌아서서 도망을 치자, 용저는 예상한 대로 기뻐하며 말했다.

「전부터 한신이 겁쟁이인 것을 알고 있었다.」

마침내 용저는 강을 건너 한신을 추격하기 시작했다. 한신은 막아두었던 모래자루를 터뜨렸다. 그러자 강물이 세차게 흘러 용저의 군사 중 태반은 강을 건너지 못했다. 그 때 한신은 급습해서 용저를 죽였다. 용저가 죽자 동쪽 기슭에 있던 군사는 풍비박산하여 패주했고 제나라 왕 전광도 도망쳤다. 한신은 북쪽으로 추격하여 성양(城陽 : 산동)에서 초나라 군사를 모두 사로잡았다.

한나라 4년, 한신은 마침내 제나라 성을 모두 함락시키고 제나라를 평정했다. 그리고 사자를 보내 한왕에게 말했다.

「제나라는 거짓과 속임수가 많고 변절을 잘하며 늘 번복하는 나라입니다. 더구나 남쪽으로는 초나라와 국경을 이루고 있기 때문에 가왕(假王 : 임시 왕)을 세워 진정하지 않으면 형세가 안정되지 못합니다. 바라옵건대 저를 가왕으로 임명해 주시기 바랍니다. 그것이 상책일 것입니다.」

이 때 마침 초나라는 한나라 왕을 급습하여 다시 형양에서 포위했다. 한신의 사자가 도착해서 편지를 내놓으니 한왕은 크게 노하여 꾸짖었다.

「나는 이 곳에서 고전을 하고 있으면서 아침저녁으로 그대가 와서 구원해 주기만 기다리는데, 그대는 자립해서 왕이 되겠다는 말인가?」

장량(張良)[11]과 진평(陳平)[12]이 일부러 한왕의 발을 밟으며 눈짓하고 왕의 귀에다 속삭였다.

「한나라의 형세는 지금 불리합니다. 이러한 때에 한신이 왕이 되는 것을 어찌 금할 수 있겠습니까? 그가 원하는 대로 왕으로 세우시고 대우를 잘해 주면서 한나라를 위하여 제나라 땅을 지키게 하는 것이 좋겠습니다. 그렇게 하지 않으면 사변이 일어날지도 모릅니다.」

한왕도 그렇겠다고 깨닫고 다시 호통을 쳤다.

「대장부가 제후를 평정한 다음에는 진왕(眞王)이 되는 것이 지당한 일이다. 어찌 가왕(假王)이 되겠다는 것인가!」

항왕과 한왕의 승패는 족하의 향배에 달려있다

그리하여 장량을 보내 한신을 제나라 왕으로 세우고 그 군사를 징발해서 초나라를 치게 했다.

용저를 잃자 겁을 먹은 항왕(項王)은 우이(盱眙) 사람 무섭(武涉)을 보내 제나라 왕 한신을 설득했다.

「천하는 모두 진(秦)나라에게 고통을 받은 지 오래되었습니다. 그래서 모두 힘을 합쳐서 진나라를 쳤던 것입니다. 진나라가 패하자 각기 공로에 따라 땅을 쪼개어 왕이 되었고 군사를 휴양시켰습니다. 그런데 지금 한왕은 다시 군사를 일으켜 동진(東進)

---

11) 장량(張良)…장량은 성부(城父) 사람으로 조부와 아버지가 모두 한(韓)나라의 재상을 지냈다. 진(秦)나라가 한(韓)나라를 멸망시킨 후 진시황을 저격한 적이 있으나 실패하였다. 그 후 농민반란의 와중에 유방에게 귀순하여 유후(留侯)에 봉해졌다.

12) 진평(陳平)…진평은 양무(陽武) 사람이다. 진승(陳勝)이 봉기할 때 위구(魏咎)에게 몸을 의지하였고, 그 후에 항우 밑에서 도위 벼슬을 지내다가 유방에게 투신해왔다. 유방의 중요 모사로 곡역후(曲逆侯)에 봉해졌다. 혜제(惠帝)와 여후 때에 승상을 지냈다.

하여 남의 영지를 침범하여 빼앗았으며, 삼진(三秦)을 깨뜨리고 병사를 이끌고 함곡관을 나와서 제후의 병사를 수중에 넣고 다시 동쪽으로 초나라를 치고 있습니다. 그 마음은 천하를 모두 병합하지 않으면 멈추지 않을 것입니다. 만족할 줄 모르는 행위는 이렇게 혹심한 것입니다. 게다가 한왕은 신용을 할 수 없는 인물입니다. 그의 몸은 자주 항왕의 장중(掌中)에 있었고, 살리는 것도 죽이는 것도 항왕의 뜻대로였던 것을 항왕은 가련하게 보고 죽이지는 않았습니다. 그런데도 위기를 벗어나자 약속을 배신하고 항왕을 쳤던 것입니다. 한왕과 깊은 교제를 하기 어렵고 그를 믿기 어려움은 이 정도입니다.

지금 족하[13]께서는 한왕과 두텁게 사귀고 있다고 생각하고 그를 위해 힘을 다하며 군사를 원조하고 있지만, 결국은 그에게 사로잡히고 말 것은 뻔한 일입니다. 족하가 오늘날까지 무사할 수 있었던 것은 항왕이 건재해 있기 때문입니다. 이제 항왕과 한왕 두 왕의 승패는 족하의 향배에 달려 있습니다. 족하가 우측에 붙으면 한왕이 이길 것이고, 좌측에 붙으면 항왕이 이길 것입니다. 항왕이 이제 멸망하게 되면 그 다음 차례는 족하의 차례입니다. 족하는 항왕과 옛정이 있으신데 어찌하여 한나라를 배반하고 초나라와 단합하여 천하를 삼분(三分)하여 그 하나를 차지하여 왕이 되려 하지 않으십니까? 이제 이 호기를 잃고 자진해서 한나라를 믿고 초나라를 공격하는 것이 어찌 지혜로운 사람이 취할 바라 할 수 있겠습니까?」

한신은 이 건의를 사절하며 이렇게 말했다.

「나는 일찍이 항왕(項王)에게 벼슬을 했었지만 그 관직은 낭

---

13) 족하(足下)…같은 또래 사이에서 상대편을 높여 이르는 말. 흔히 편지를 받아 보는 사람의 이름 아래에 쓴다.

중(郎中 : 궁정을 지키는 무관)에 지나지 않았고, 지위는 집극(執戟)[14]에 불과하였소. 내가 한 건의는 받아들여지지 않았고, 나의 계획은 채용되지 않았소. 그런 까닭에 초나라를 배반하고 한나라를 섬기게 된 것이오. 한왕은 나에게 대장군의 인수를 내렸고 수만의 군사를 주었으며, 자기의 옷을 벗어 나에게 입혀 주고 먹을 것을 권하여 나에게 먹여 주었으며, 건의하는 것을 받아들이고 계획을 채용해 주었소. 그렇기 때문에 나는 오늘의 신분이 된 것이오. 이토록 그가 나를 깊이 신뢰하고 있는데 내가 그를 배신하는 것은 좋지 못하오. 죽는 한이 있더라도 내 절의(節義)는 변하지 않을 것이오. 내 대신 그대가 항왕에게 가서 모쪼록 잘 말하여 거절해주기 바라오.」

봉후(封侯)에 머무를 상(相)

무섭이 떠나간 다음 제나라 사람 괴통이 천하 대권의 향방이 한신에게 있음을 알아차리고 기책(奇策)으로 한신의 마음을 움직이려고 했다. 그리하여 그는 관상을 볼 줄 안다고 하면서 한신을 설득시키려고 이렇게 말했다.

「저는 일찍이 관상술을 배운 일이 있습니다.」

한신이 물었다.

「그대의 관상은 어떤 방법으로 보는 것이오?」

괴통이 대답했다.

「사람의 귀천은 골상(骨相)에 있으며, 기쁨과 근심은 얼굴 모양과 빛깔에 있고, 성공과 실패는 결단력에 달려있습니다. 이

---

14) 집극(執戟)…戟은 고대 병기의 하나로, 집극이란 곧 한신이 항우 밑에서 극을 들고 궁정을 지키는 직분을 맡았다는 말이다.

것을 모두 합쳐서 생각해 보면 만에 하나도 적중하지 않는 것이 없습니다.」

한신이 말했다.

「과연 그렇겠군요. 그런데 선생은 나의 관상을 어떻다고 보오?」

괴통이 말했다.

「주위 사람들을 물려주십시오.」

한신은 좌우의 사람을 물린 다음 말했다.

「이제 아무도 없소이다. 선생의 말을 듣고 싶소.」

괴통이 말했다.

「대왕의 관상을 보자 하니, 지위는 봉후(封侯)에 머무르고, 더구나 위험하고 안온치가 못합니다. 그러나 대왕의 등을 보니 참으로 존귀하여 입으로는 말을 할 수가 없습니다.」

한신이 말했다.

「그것은 무슨 의미요?」

괴통이 말했다.

「천하가 소란하기 시작했을 때 영웅호걸이 스스로 왕후를 칭하며 한 번 외치자 천하의 선비는 구름처럼 안개처럼 모였고 비늘처럼 서로 섞여 불꽃 튀듯 바람이 일 듯했습니다. 당시에 그들이 뜻하는 바는 오로지 진(秦)나라를 쳐부수는 것만이 공통된 일념이었으나, 이제 초(楚)・한(漢)이 분쟁을 하게 되자, 천하의 죄 없는 백성으로 하여금 그 간과 쓸개로 땅바닥을 바르게 하고, 아비와 자식들의 해골을 벌판에 드러나게 한 것이 얼마인지 헤아릴 수 없을 정도입니다.

항우는 팽성에서 일어나 전전(轉戰)하고 도망치는 자를 추격하여 형양에 이르러 승세를 타고 자리를 말 듯 각지를 차지하니 그 위력은 천하에 떨치고 있습니다. 그러면서도 경(京)・색(索) 사이에서 고전하며 서산(西山)에 가로막혀 앞으로 나아가지 못한 지 3년에 이르고 있습니다. 한왕은 수십만의 군사를 이끌고 공(鞏)과 낙(雒)에서 험준한 산과 강을 방패삼아 의지하고 있지만, 하루에 몇 번 싸워도 촌척(寸尺)의 공도 없습니다. 좌절하고 패배해도 구원해주는 사람이 없어 형양에서 패하는가 하면 성고에서 상처를 입고 끝내는 원(宛)과 섭(葉) 사이로 패주했습니다. 이것이 이른바 슬기로운 한왕과 용맹스런 항왕이 함께 고통을 받는다는 것입니다.

하늘이 주는데도 받지 않으면 재앙을 받는다

그런가 하면 예기(銳氣)는 험한 장애물에 꺾이고 양곡은 바닥이 났으며, 백성은 지쳐서 원망하고 의지할 곳을 찾지 못하고 있습니다. 제가 판단하기에는 이런 형세로 있는 한, 천하의 성현(聖賢)이 아니고서는 도저히 천하의 환란을 그치게 할 도리가 없습니다. 지금 항왕과 한왕의 승패 운명은 족하 한 몸에 달려 있습니다. 족하가 한나라를 위한다면 한나라가 이길 것이고, 초나라를 위한다면 초나라가 이기게 됩니다. 저는 제 속마음을 털어놓고 충성을 다하여 어리석은 계략을 다 해보고 싶습니다만, 족하가 쓰지 않을 것이 두려울 뿐입니다. 만약 진실로 저의 계략을 받아들인다면 두 왕을 양립시켜 천하를 삼분(三分)시킴으로써 솥발처럼 족하와 함께 우뚝 서게 될 것입니다. 그렇게 하면 그 세력으로 보아 그 누구도 감히 먼저 움직여 나올 자는 없을 것입니다.

족하의 현성(賢聖)을 가지고 수많은 무장한 병사를 이끌고 강대한 제나라에 의거하여 연나라 조나라를 복종시키고 주인 없는 땅으로 나아가서 한나라 초나라의 후방을 제어하며, 백성의 바람을 따라 서쪽을 향하여 백성을 위해 한·초나라의 싸움을 그치게 함으로써 병졸의 생명을 구해 내시면 천하는 바람이 일어 소리를 일으키듯 할 것이니 그 누가 감히 족하의 명령을 듣지 않겠습니까.

이렇게 해서 대국을 나누고 강국을 약하게 만든 다음 제후를 세우는 것이 좋으리라 생각합니다. 제후가 서게 되면 천하는 복종하여 은덕을 제나라로 돌릴 것입니다. 족하께서는 제나라의 본래 영지를 유지하면서 교(膠 : 산동 교현지방)·사(泗 : 산동 사수지방)의 지방을 영유하고, 덕으로써 제후를 감싸주며 궁중 깊이에서 팔짱을 끼고 의례를 정중하게 하시면 천하의 제후는 서로 이끌어 제나라에 참조(參朝)할 것입니다. 『하늘이 주는데도 이를 받지 않으면 오히려 그 재앙을 받고, 때가 이르렀건만 행하지 않으면 오히려 화를 입는다〔天與不取 反受其咎 時至不行 反受其殃〕』는 말이 있습니다. 바라건대 족하께서 깊이 생각하십시오.」

한신이 말했다.

「한왕은 나를 대우하기를 심히 후하게 하여 자기 수레에 나를 태웠고, 자기 옷을 나에게 입혀 주었으며, 자기가 먹을 것을 나에게 먹여주었소. 『남의 수레에 타는 사람은 함께 그 사람의 걱정을 태우고, 남의 옷을 입는 사람은 함께 그 사람의 근심을 안으며, 남의 먹을 것을 먹는 사람은 함께 그 사람과 죽는다』는 말을 들었는데, 내가 어찌 이익을 좇아 의리를 저버릴 수 있겠소.」

공로가 천하를 덮는 자는 상을 받지 못한다

괴통이 말했다.

「족하께서는 스스로 한왕과 친밀하다고 생각하고 만세불멸의 공업(功業)을 세우려 하시지만, 제가 생각해 볼 때 그것은 잘못된 것입니다. 일찍이 상산왕(常山王 : 장이)과 성안군(成安君 : 진여)이 서민이었을 때 두 사람은 함께 생사를 같이하는 교분이 있었지만, 장염(張黶)과 진택(陳澤)의 일로 싸운 다음에는 서로 원망하게 되었습니다. 상산왕은 항왕을 배반하고 항영(項嬰)의 목을 베어 들고 한왕에게로 도망쳤고, 장이는 한왕의 군사를 빌어 동쪽으로 내려가 성안군을 저수(泜水) 남쪽에서 죽이니, 그의 머리와 다리가 떨어져나가 마침내 천하의 웃음거리가 되었습니다.

상산왕과 성안군이 천하에 둘도 없을 만큼 다정한 사이였지만 결국 서로가 죽이게 된 것은 무엇 때문이겠습니까? 환난은 욕심이 많은 데서 생겨났고, 그리고 사람의 마음은 헤아리기 어려운 것이기 때문입니다. 지금 족하께서는 충신(忠信)을 다하시어 한왕과 가까이 하려고 해도 상산왕과 성안군 두 사람 사이보다 더 친밀하지는 못합니다.[15] 더구나 족하와 한왕 사이에 가로

15) 상산왕 장이와 성안군 진여는 원래 절친한 사이였다. B.C. 208년 장이와 조왕(趙王) 헐은 거록성에서 진(秦)나라 장수 장한의 공격을 받아 위급하게 되었다. 이때 진여는 성 북쪽에 있으면서 수만의 군사를 거느리고 있었으나 불리하다 판단하여 그들을 구원하는 것을 주저하고 있었다. 장이는 장염과 진택을 보내 진여를 책망하였다. 이에 진여는 그들에게 군사 5,000명을 주어 진나라 군을 공격하게 하였으나 모두 전사하였다. 후에 항우의 군대로 인해서 위기를 넘긴 장이는 진여를 추

놓인 일은 장염·진택의 일보다도 많고 큽니다. 그러므로 족하께서도 한왕이 결코 자신을 위태롭게 하지 않을 것으로 생각하는 것 또한 잘못된 일이라고 생각합니다.

옛날 대부(大夫) 종(種)과 범려(范蠡)는 멸망해 가는 월(越)나라를 부흥시키고 구천(句踐)을 패자로 만들어 공을 세우고 이름을 높였지만 그 몸은 죽었습니다.[16] 들짐승이 다 없어지면 사냥개는 삶겨진다고 했는데, 족하와 한왕과의 사이는 우정으로 볼 때 장이와 성안군에 미치지 못하고, 충신(忠信)으로 볼 때 대부 종과 범려가 구천에 대한 것에 미치지 못하십니다. 이 두 가지의 예를 각각 관찰하시면 참고가 될 것입니다.

바라건대 족하께서는 깊이 생각하십시오. 또한 저는 『무용(武勇)과 지략(智略)이 군주를 진동시키는 자는 그 몸이 위태롭고, 공로가 천하를 덮는 자는 상을 받지 못한다』란 말을 들었습니다. 이제 대왕의 공업과 지략을 말씀드리자면, 대왕께서는 서하(西河)를 건너 위(魏)나라 왕을 포로로 잡았고, 하열(夏說)을 생포했으며, 군사를 이끌고 정형으로 내려가 성안군을 죽이고 조나라 땅을 빼앗은 다음, 연(燕)나라를 위협하고 제나라를 평정했

궁하며 두 사람의 소식을 물었다. 진여가 사실대로 말하였으나 장이는 믿지 않았다. 이에 진여는 성을 내며 장군의 인수를 장이에게 던지고 떠났는데, 장이는 그대로 진여의 군대를 자신이 거두었다. 이후 두 사람은 원수가 되었다. ☞「장이·진여열전」

16) 대부 종(種)은 문종(文種)을 가리킨다. 문종과 범려는 춘추시대 월왕 구천의 신하로서, 오왕 부차가 월나라 군을 공격해서 월나라가 멸망의 위기를 맞자 이들은 구천을 도와 나라를 일으키고 오히려 오나라를 패망시킨다. 그러나 구천은 참소만 믿고 문종을 자살케 하였고, 이를 본 범려는「월나라 임금의 사람됨이, 목이 길고 입이 까마귀처럼 생겼다〔長頸烏喙〕. 환난은 같이할 수 있어도 즐거움은 같이 할 수가 없다」하고는 월나라를 탈출해서 제나라의 거상(巨商)이 되었다.

으며, 남쪽의 초나라 군사 20만을 쳐부수고 마침내 용저를 죽인 다음 한왕에게 복명하셨습니다. 이것은 다시 말해서 『그 공로는 천하에 둘이 없고, 지략은 세상에 다시없다』는 것이 되겠습니다.

이와 같이 지금 족하께서는 군주를 떨게 할 만한 위세를 지녔고, 상을 받을 수 없는 공업을 지니고서는 초나라에 귀속한다 하더라도 초나라 사람〔항우〕에게서 신용을 받을 수 없을 것이며, 한나라에 귀속하더라도 한나라 사람〔유방〕이 두려워할 뿐일 것입니다. 그렇다면 족하께서는 이런 공업과 지략을 가지고 어디에 귀속하시겠습니까? 남의 신하된 위치에 있으면서 주상(主上)을 두렵게 만드는 위력이 있고 그 이름이 천하에 드높다니, 저는 은근히 족하를 위하여 근심이 되어서 참을 수가 없습니다.」

한신이 사례하며 말했다.

「선생은 잠시 쉬십시오. 나도 이 일을 생각해 보지요.」

며칠이 지나 괴통은 다시 한신을 설득했다.

「무릇 사람의 말을 받아들이는 것은 일의 성패의 조짐이며, 계획을 세우는 것은 일의 성패의 기틀이 됩니다. 남의 말을 잘못 듣고 시기를 잃으면 오랫동안 평안하게 지내기란 힘든 것입니다. 진언을 분별하여 일의 한두 가지도 실수하지 않으면 말로써 그의 마음을 어지럽게 할 수가 없으며, 계책의 전말을 잃지 않는 자는 말로써 그 일을 헝클어뜨릴 수가 없습니다. 대체로 나무를 하고 말먹이를 주는 사람은 만승(萬乘)의 천자가 될 만한 권위를 잃고, 한두 섬의 징록(徵祿)에 연연하는 자는 대신・재상의 자리에 어울리는 자격을 잃는 것입니다. 그러므로 결단은 이지(理智)의 판단이며, 의심은 사업의 방해가 될 뿐입니다. 터럭 같은 작은 계획을 자세히 따지고 있으면 천하의 대세를 잊어버립니다. 지혜로는 잘 알아차리면서 결연히 행치 못하는 것은 모든 일의 화근입니다. 그러므로 『아무리 날랜 호랑이도 주저할 때는 사람을 쏘는 벌에 미치지 못하고, 아무리 준마라 하더라도 주춤거릴 때는 짐 싣는 말이 걷는 것에 미치지 못하며, 용감한 맹분(孟賁 : 옛날 용사의 이름)도 여우처럼 의심만 하고 있으면 범인(凡人)의 결행(決行)에 따르지 못하고, 순임금이나 우임금의 지혜가 있더라도 입을 다물고 있을 때는 벙어리의 손짓만 못하다』 고 하는데, 이것은 실행을 귀히 여기는 의미입니다. 무릇 사업은 성공하기는 어렵지만 실패하기는 쉽고, 기회는 얻기는 어렵지만 잃기는 쉬운 법입니다. 지금이야말로 기회입니다. 기회는 두 번 다시 오는 것이 아닙니다. 바라건대 족하께서는 깊이 생각하십시오.」

한신은 한나라를 배반하기가 어려워 주저했다. 또 스스로 자기에게는 공로가 많으니 한나라에서는 제나라를 빼앗을 리가 없다고 생각했다. 그래서 마침내 괴통이 권하는 것을 사절했다. 괴통은 자기의 계략이 받아들여지지 않자, 거짓으로 미친 척하고 무당이 되었다.

한왕이 고릉(固陵 : 하남 회양의 서북쪽)에서 초나라 군사와 싸워 고전했을 때 장량(張良)의 계략을 써서 제나라 왕 한신을 불렀다.[17] 한신은 군사를 이끌고 나아가 해하에서 한왕과 만났

---

17) 항우와 유방은 홍구를 경계로 해서 동쪽을 항우의 초나라로 하고, 서쪽을 유방의 한나라로 하기로 결정을 보아 천하를 반분했다. 그러나 유방은 군대를 몰아 항우를 공격하였다. 그런데 약속대로 한신 등의 군사가 오지 않아 유방은 항우에 대패하여 고릉 남쪽에서 방어하고 있었다. 이에 장량은 유방에게 계책을 내어, 한신에게 진(陳)의 동쪽부터 연해 지역을 한신(韓信)에게 주겠다고 하여 한신을 불러들였다.

다. 항우를 깨뜨리자 한왕은 서둘러서 제나라 왕 한신의 군사를 빼앗았다.[18)]

한나라 5년 정월, 제나라 왕 한신을 옮겨 초나라 왕을 삼고 하비(下邳 : 강소 비현)에 도읍을 하도록 했다. 한신은 영국(領國)에 부임하자, 일찍이 음식을 주었던 무명 바래던 노파를 찾아내어 천금을 상으로 내렸다. 그리고 회음의 시골 남창 정장(亭長)에게는 백 전(百錢)을 주며 말했다.

「그대는 소인이다. 은덕을 베풀다가 도중에서 그만두었어.」

또 자기에게 모욕을 주면서 가랑이 밑으로 빠져나가도록 한 그 젊은이를 찾아내 초나라 중위(中尉)에 임명하고 모든 장수와 대신들에게 이렇게 말했다.

「이 사람은 장사요. 일찍이 나를 모욕했을 때 내가 죽일 수 없었던 것은 아니었소. 단지 이런 사람을 죽여 보았자 명예가 되는 것이 아니었기에 참아냈고, 그리하여 오늘의 공업을 성취할 수 있었던 것이오.」

그런데 앞서 항왕에게서 도망해온 장수 종리매(鍾離昧)의 집은 이려(伊廬 : 강서 여릉)에 있었다. 본래 한신과는 친했으며, 항왕이 죽은 다음에는 한신에게 귀속해 있었는데, 한왕은 종리매에게 원한이 있었으므로 종리매가 초나라에 있다는 말을 듣고 초나라에 종리매를 체포하라는 조서를 내렸다. 그 무렵 한신은 영국(領國)에 갓 취임했을 뿐이어서 현읍의 순행이나 출입할 때에는 군사를 따르게 하여 경호하도록 했다.

한나라 6년, 어떤 사람이 글을 올려 말했다.

「초나라 왕 한신이 모반을 했습니다.」

---

18) 유방은 항우를 멸한 뒤 정도(定陶)로 회군하여 한신의 군권을 빼앗았다.

고조는 진평(陳平)의 계략에 따라 천자(天子)의 순수(巡狩)[19]를 핑계 삼아 제후를 모아 회합하기로 했다. 남쪽에 운몽(雲夢)이라는 호수가 있었다. 고조는 사자를 보내 제후들에게 통보했다.

「진(陳)으로 모이라. 내가 운몽으로 순행하리라.」

실은 한신을 습격하려는 것이었지만, 한신은 이를 알지 못했다.

토사구팽(兎死狗烹)

드디어 고조가 초나라에 이를 무렵, 한신은 군사를 들어 모반을 할까 생각하기도 했지만, 스스로 죄가 없다고 여겨 한고조를 알현하려고 생각했다. 그러면서도 다른 한편으로 생각하면 사로잡히게 될지도 모르겠다 생각하며 갈팡질팡했다. 그때 한 사람이 한신에게 말했다.

「종리매의 목을 베어 황상을 알현하면 황상은 틀림없이 기뻐할 것이니, 걱정할 필요가 없을 것입니다.」

그래서 한신은 종리매를 불러서 의논했다. 종리매가 말했다.

「한나라가 초나라를 치지 않는 것은 공의 휘하에 내가 있기 때문입니다. 만약 공이 나를 잡아 한나라에 잘 보이려고 한다면 나는 오늘이라도 죽겠습니다만, 공 또한 뒤따라 망할 것이오.」

그리고 한신에게 호통을 쳤다.

「공은 장자(長者)가 아니오!」

종리매는 한신을 꾸짖고 마침내 스스로 목을 찔러서 죽었다. 한신은 그 목을 가지고 진(陳)에서 고조에게 알현했다. 그러자

---

19) 순수(巡狩)…고대에 천자가 제후들의 영토를 직접 살피는 것을 순수라고 하였다. 고례(古禮)에 따르면 천자가 이르는 곳에 제후가 모두 와서 알현해야 하였다.

고조는 무사에게 명하여 한신을 묶게 하고 자기의 뒷수레에 태웠다.

한신이 말했다.

「과연 사람의 말대로 『날랜 토끼가 죽으면 사냥개는 삶기게 되고, 높이 나는 새가 없어지면 좋은 활도 처박히게 되며〔狡兎死 走狗烹 高鳥盡 良弓藏〕, 적국을 깨뜨린 다음에는 모신(謀臣)이 죽게 된다』 고 했던가. 이미 천하가 평정되었으니 내가 삶겨지는 것도 당연한 일이지!」

한고조가 말했다.

「어떤 사람이 공의 모반을 밀고했기 때문이오.」

마침내 한신의 손발에 차꼬를 채웠다. 낙양(雒陽)에 도착하자 한신의 죄를 용서하고 지위를 깎아 회음후로 내렸다. 그러나 한신은 한나라 왕이 자기의 재능을 두려워하여 미워하는 것을 알고, 그 후 늘 병을 핑계로 참조하지도 않고 순행길에도 따르지 않았으며, 밤낮으로 한왕을 원망하며 강후(絳侯) 주발(周勃)·관영(灌嬰)[20]과 한 반열에 서는 것을 부끄러워했다.

많으면 많을수록 좋다〔多多益善〕

언젠가 한신이 번쾌(樊噲) 장군의 집을 찾았을 때 번쾌는 무릎을 꿇고 배례하며 몸소 송영(送迎)하면서 신(臣)이라 칭하며 이렇게 말했다.

「대왕께서 신의 집에 왕림해 주시다니……」

20) 주발(周勃)·관영(灌嬰)…모두 진나라 말 유방을 따라 봉기하였던 인물로서, 이때 공을 세워 주발은 강후로 봉해졌다가 뒤에 태위(太尉)와 승상을 지냈고, 관영은 거기장군(車騎將軍)과 태위, 승상을 지냈다. 공적이나 명성에 있어서는 한신에 미치지 못했다.

한신은 문을 나서며 웃으면서 말했다.

「내가 살아서 결국 번쾌 따위와 같은 신세가 되었구나〔羞與噲伍〕……」

언젠가 고조는 조용히 한신과 더불어 모든 장군의 재(才), 부재(不才)의 품계를 정하고 각각 등급을 매긴 적이 있었다. 고조가 물었다.

「나 같은 사람은 얼마나 되는 군사를 거느릴 수 있겠소?」

「폐하는 10만의 군사를 거느리실 수 있겠습니다.」

「그럼 그대는 어떻소?」

「신은 많으면 많을수록 좋습니다〔臣多多而益善耳〕.」

고조는 웃으며 말했다.

「많으면 많을수록 좋다면서 어찌하여 내게 묶인 몸이 된 거요?」

「폐하는 병사의 장수는 되실 수 없습니다만, 장수의 장수가 될 수 있습니다. 이것이 제가 폐하에게 묶여 있는 이유입니다. 폐하의 재능은 이른바 하늘이 주신 것으로 사람의 힘으로는 미칠 바가 아닙니다.」

진희(秦豨)가 거록(鉅鹿 : 하북 평향)의 태수를 배명하고 회음후 한신에게 작별인사를 하러 왔다. 회음후는 그의 손을 잡고 좌우의 사람을 물리친 다음 함께 정원을 걸으며 하늘을 우러러 탄식하면서 말했다.

「그대는 나의 상담 상대가 되어 주겠소? 그대와 상의하고 싶은 것이 있는데……」

「단지 장군의 지시에 따를 뿐입니다.」

「그대가 태수로 부임하는 곳은 천하의 정병이 모여 있는 곳이오. 더구나 그대는 폐하의 신임이 두터운 총신이기도 하오. 남들이 그대가 모반을 했다고 하더라도 폐하는 반드시 그 말을 믿지 않을 것이오. 그러나 두 번 밀고를 하게 되면 폐하는 의혹을 살 것이오. 그리고 세 번 밀고를 받으면 폐하는 친정(親征)할 것임에 틀림없소. 그렇게 될 경우 내가 그대를 위해서 내응(內應)하여 일어나면 천하는 틀림없이 수중에 들어올 것이오.」

진희는 평소부터 한신의 재능을 알고 있었으므로 그 말을 믿고 말했다.

「삼가 명령에 따르겠습니다.」

한나라 10년, 진희는 과연 모반을 했고, 고조가 친정(親征)했다. 한신은 병을 핑계로 종군을 하지 않고 비밀리에 사자를 진희에게 보내 말했다.

「전념해서 군사를 일으키시오. 나는 여기서 그대를 도울 것이오.」

한신은 모략을 써서 밤중에 가신과 함께 어명이라 속이고 각 관아의 죄수들과 관노를 사면하고 군사를 풀어 여후(呂后)와 태자를 습격하려고 했다. 준비가 모두 끝나고 단지 진희로부터의 회답만 기다리고 있었다. 이때 한신의 사인(舍人) 가운데 한신에게 죄를 지은 자가 있어 붙잡아다 죽이려고 하자, 그 사인의 동생이 여후에게 사변을 아뢰고 한신이 모반을 기도하고 있다는 것을 밀고했다.

여후는 한신을 불러들이려 했으나, 부름에 응하지 않을지도 모르므로 상국 소하와 의논하여 고조로부터의 사자인 양 사람을 꾸며서 한신에게 보냈다.

「진희는 이미 죽었습니다. 제후들과 뭇 신하는 모두 이를 축하하고 있습니다.」

소상국이 다시 한신을 속여 말했다.

「병중이기는 하지만, 부디 조회에 참석하여 경하하도록 하시오.」

한신이 조회에 참석하자, 여후는 무사에게 명하여 한신을 묶고 장락궁(長樂宮) 안 종실(鐘室 : 종을 달아 놓은 방)에서 목을 베도록 했다. 한신은 죽으면서 이렇게 말했다.

「나는 괴통의 계략을 쓰지 않은 것이 참으로 안타깝다. 아녀자에게 속은 것, 이 또한 천명이 아니겠는가!」

이렇게 해서 마침내 한신은 그 삼족이 멸망했다.

고조는 진희의 군사를 평정하고 개선했다. 도읍에 돌아와서 한신의 죽음을 알게 되자, 한편으로 기뻐하고 한편으로 가엾게 여기며 죽을 때 한신이 무어라 말하더냐고 물었다.

여후가 말했다.

「한신은 괴통의 계략을 쓰지 않았던 것이 못내 안타깝다고 했습니다.」

고조가 말했다.

「그는 제나라의 변사(辯士)다.」

중원축록(中原逐鹿)

제나라에 조서를 내려 괴통을 잡아들이라고 했다. 괴통이 잡혀오자, 고조가 물었다.

「네가 회음후에게 모반하라고 부추겼느냐?」

괴통이 대답했다.

「그렇습니다. 제가 그렇게 가르쳤습니다. 그러나 그 못난이는 저의 계책을 쓰지 않았기 때문에 스스로 죽음을 부른 결과가 되었습니다. 만약 그 못난이가 저의 계책을 썼던들 폐하께서 어찌 그를 죽일 수 있었겠습니까?」

고조가 노하여 말했다.

「이놈을 삶아서 죽여라!」

그러자 괴통이 말했다.

「삶아 죽이다니, 원통합니다.」

「너는 한신에게 모반을 가르치지 않았느냐! 그런데 어찌 원통하단 말이냐?」

괴통이 대답했다.

「진(秦)나라가 그 사슴〔鹿 : 정권〕을 잃은지라 온 천하가 다 함께 이를 쫓았습니다〔中原逐鹿〕. 그 결과 솜씨가 뛰어나고 발이 빠른 사람이 먼저 얻게 된 것입니다〔捷足先得〕. 도척(盜跖)[21] 같은 도둑놈의 개도 요임금을 보면 짖습니다〔跖之狗吠堯〕. 요임금이 어질지 않아서가 아니라, 개는 원래 그 주인이 아니면 짖기 때문입니다. 당시 신은 다만 한신을 알고 있었을 뿐 폐하는 알지 못했습니다. 또 천하에는 무기를 날카롭게 갈면서 폐하가 한 일을 흉내 내려고 하는 사람이 수없이 많지만, 힘이 모자라 못할 뿐입니다. 그들을 또 다 잡아 삶을 작정이십니까?」

고조가 말했다.

「죽이지 마라!」

고조는 괴통의 죄를 용서했다.

태사공은 말한다.

「내가 회음에 갔을 때, 회음 사람들은 나에게 말하기를, 한

---

21) 도척(盜跖)…춘추시대 유하혜(柳下惠)의 동생으로 9천 명을 이끌고 천하를 어지럽힌 도적으로 알려져 있다. 이름이 척(跖)이다. 일설에는 황제(黃帝)시대의 도적이라고도 한다.

신은 일개 평민이었을 때부터 이미 그 뜻이 범인(凡人)과는 달랐다고 한다. 그는 어머니가 죽었을 때 가난해서 장사도 지내지 못했지만, 그는 높고 넓은 땅에 무덤을 만들어 그 부근에 1만 호의 집이 들어앉을 수 있도록 했다고 한다. 나는 그 어머니의 묘를 보았는데 정말로 그대로였다. 만약 한신이 도리를 배워 겸손하고 자기의 공로를 자랑하지 않았더라면 한나라에 대한 공훈은 주(周)나라의 주공(周公)·소공(召公)·태공망(太公望) 등에 비할 수 있었을 것이며, 후세에 국가의 원훈으로 제향(祭享)을 받았을 것이다. 이런 도리에 열중하지 않고 천하가 평정된 때에야 반역을 꾀하였으니 일족이 절멸한 것도 당연한 일이 아니겠는가?」

한신 · 노관 열전 제33

한왕(韓王) 신(信)은 본래 한(韓)나라 양왕(襄王)의 서손(庶孫)으로 그 키가 8척 5촌[1]이나 되었다. 항량(項梁)이 초나라 왕의 후예인 회왕(懷王)을 세워 초나라 왕을 삼았을 때, 연(燕) · 제(齊) · 조(趙) · 위(魏)에도 각기 이미 왕이 있었는데, 다만 한나라만 후계할 왕이 없었다. 그리하여 항량은 한나라 공자 중 횡양군(橫陽君) 성(成)을 세워 한나라 왕을 삼고 한나라의 옛 땅을 회유, 안정시키려고 했다.

그런데 항량은 정도(定陶) 싸움에서 져 죽었기 때문에 성(成)은 달아나서 회왕에게로 갔다. 패공(沛公 : 한왕 유방)은 군사를 이끌고 양성(陽城 : 하남 등봉)을 치고 장량(張良)을 시켜, 한나라 사도(司徒)였던 연고를 이용하여 한나라의 옛 땅을 항복시켰는데, 이때 장량은 신(信)을 얻어 한나라 장군으로 삼고, 그 군사를 이끌어 패공을 따라 무관(武關)에서 관중으로 들어갔다. 패공이 일어서서 한왕(漢王)이 되자 한신(韓信 : 한왕 신)은 왕을 따라 한

1) 8척 5촌…우리 치수로 6척 정도. 한대(漢代)에 여덟 자 다섯 치면 아주 큰 키라고 할 수 있다. 참고로 항우는 여덟 자가 조금 넘었고, 유방은 일곱 자 여덟 치였다.

중으로 들어가 한왕에게 이렇게 설명했다.

「모든 장군이 왕으로 봉해져서 도읍 가까이에 있는데, 대왕 혼자서만 멀리 이 곳에 계신 것은 좌천입니다. 사졸은 모두 관동 사람, 너나없이 모두 발돋움을 하여 고향 하늘을 바라보고 있습니다. 군사의 예봉을 동쪽으로 돌려 시기를 잡는다면 능히 그들도 천하를 다툴 수 있을 것입니다.」

그래서 한왕은 퇴각하여 삼진(三秦 : 관중)의 땅을 평정하고 한신을 한나라 왕으로 임명하겠다고 허락했다. 이보다 앞서 한신을 한(韓)나라 태위(大尉 : 군의 우두머리)로 임명하고 군사를 이끌게 하여 한(韓)나라 땅을 공략케 했다.

항적(項籍 : 항우)이 모든 왕을 봉했을 때, 왕들은 모두 봉국에 부임했는데, 한왕(韓王) 성(成)은 항적의 입관(入關)에 따르지 않고, 또 각별한 공로도 없었기 때문에 봉국을 받아 나가지 못하고 다시 열후가 되었다. 그래서 이제 한(漢)나라가 한신을 시켜서 한(韓)나라 땅을 공략시킨다는 말을 듣자, 항적은 지난 날 오(吳)나라에 유력(遊歷)했을 때 그곳의 현령이었던 정창(鄭昌)을 세워 한(韓)나라 왕으로 삼고 한(漢)나라 군사를 막아 싸우도록 했다.

한나라 2년, 한신은 한(韓)나라의 10여 성을 평정했다. 한왕이 하남에 도착하니 한신은 한왕(韓王) 창(昌)을 양성(陽城)에서 급습하여 이를 항복받았다. 그리하여 한(漢)나라에서는 한신을 세워 한왕(韓王)을 삼고 한신은 그 이후 항상 한(韓)나라 군사를 이끌고서 한왕(漢王)을 좇았다.

한나라 3년, 한왕이 형양을 나오자, 한왕(韓王) 신(信)과 주가(周苛) 등이 형양을 지켰다. 초나라가 형양을 깨뜨리자 신(信)은 초나라에 항복했다가 얼마 후에 도망쳐 한(漢)나라에 복귀했는데, 한(漢)나라는 다시 그를 세워 한왕(韓王)을 삼았다. 그리고 마침내 한왕을 따라서 항적을 깨뜨리자 천하가 평정되었다. 5년 봄, 한(漢)나라는 할부(割符)를 신(信)에게 주어 한왕(韓王)으로 했고, 영천(潁川 : 하남)에 도읍을 했다.

이듬해 봄, 주상은 한왕 신이 재능이 있고 무용이 있으며 또 그가 다스리는 땅이 북쪽은 공(鞏)과 낙(洛)에 가깝고, 남쪽은 원(宛)과 섭(葉)에 가까우며, 동쪽에 회양(하남)이 있어 모두 천하의 정병이 있는 곳이었으므로, 곧 영을 내려 한왕 신을 옮겨 태원(太原 : 산서)의 왕으로 삼고 북쪽을 지켜 오랑캐 흉노를 막게 했으며, 진양(산서 태원)에 도읍을 하도록 했다. 신은 상소하여 아뢰었다.

「우리나라는 변경에 치우쳐 있어서 흉노가 자주 침입합니다. 진양은 변경 요새에서 너무 먼 곳에 있어 불편하오니 도읍을 마읍(馬邑 : 산서 삭현)으로 옮기도록 해 주십시오.」

고조는 이를 허락했다. 한신은 도읍을 마읍으로 옮겼다. 그 해 가을, 흉노의 묵돌(冒頓)[2] 선우(單于)가 대거 한신을 포위했다. 신은 자주 오랑캐에게 사신을 보내 화해를 청했다. 한(漢)나라는 군사를 파견하여 신을 구원했는데, 흉노에 사신을 자주 보낸 점에서 신이 두 마음을 가진 것이 아닌지 의심되어 다시 사자를 보내 신을 문책했다. 신은 주살당할 것이 두려워 흉노와 약속하고 함께 한(漢)나라를 치기로 약속하고 한(漢)나라에 반기를 들었다. 신은 마읍을 흉노에게 내주어 항복하고 태원(太原)을 쳤

2) 묵돌(冒頓)…한대 흉노 선우(單于) 두만(頭曼)의 아들. 그는 자기 아버지를 죽이고 스스로 선우가 되어 동호(東胡)와 월지(月氏)를 무찌른 뒤 남쪽으로 내려와 한고조 유방을 백등산(白登山)에서 포위하기도 했지만, 결국에는 한나라와 화친을 맺고 공물을 바쳤다.

다.

7년 겨울, 고조는 친정(親征)하여 신의 군사를 동제(銅鞮 : 산서 심현)에서 깨뜨리고 그 장수 왕희(王喜)를 참수하니 신은 흉노로 도망을 쳤다. 그 장수인 백토(白土 : 섬서 유림) 사람 만구신(曼丘臣)·왕황(王黃) 등은 조나라 왕의 후예인 조리(趙利)를 세워 왕을 삼고, 다시 신의 패잔병을 모아서 신과 묵돌과 함께 한(漢)나라를 칠 계략을 짰다. 흉노는 좌현왕(左賢王)과 우현왕(右賢王)[3]에게 1만여 기(騎)를 인솔케 하여 왕황 등과 함께 광무(廣武 : 산서 대현)에 주둔하고 다시 남하하여 진양으로 내려와 한(漢)나라 군사와 싸우게 하였다. 한나라 군사는 그들을 크게 깨뜨리고 이석(離石)까지 추격하여 다시 이를 깨뜨렸다.

흉노가 다시 군사를 누번(樓煩 : 산서 순현)의 서북에 집결시키자, 한(漢)나라는 전차와 기병을 동원하여 흉노를 치게 했다. 흉노는 싸울 때마다 패주했고, 한나라는 승세를 타고 북쪽으로 달아나는 적을 계속 추격했다. 묵돌이 대곡(代谷 : 산서 대현의 서북쪽)에 있다는 말을 듣자, 진양에 있던 고조는 사람을 보내 상황을 정찰시켰다. 사자가 돌아와서 보고했다.

「치는 것이 좋을 것 같습니다.」

고조는 마침내 평성(平城 : 산서 안문)에까지 북상하여 백등산(白登山)으로 나왔다. 흉노의 기병이 고조를 포위했다. 거기서 고조는 사람을 보내 선우의 처인 연지(閼氏)에게 선물을 후하게 보냈다. 그러자 연지는 묵돌에게 이렇게 말했다.

「지금 한(漢)나라 땅을 얻어 보았자 그 곳에서 살 수는 없는

---

3) 좌현왕(左賢王)과 우현왕(右賢王)…현왕은 흉노족의 우두머리인 선우(單于) 바로 아래의 최고기관. 賢의 발음은 흉노 말로 도기(屠耆)의 뜻을 가지고 있어 도기왕(屠耆王)이라고도 한다.

일입니다. 그리고 두 나라 임금이 서로 괴롭혀야 할 까닭도 없지 않습니까?」

7일이 지나자 겨우 흉노의 기병이 퇴각했다. 때마침 짙은 안개가 끼었는데, 한나라에서는 사람을 오가게 해보았으나 흉노는 눈치 채지 못했다. 호군중위(護軍中尉) 진평(陳平)이 고조에게 말했다.

「오랑캐는 병졸의 손상을 바라지 않습니다. 우리 편에서 강한 쇠뇌에 쌍화살을 매겨 이것을 적에게 향하면서 포위망을 빠져 나가는 것이 좋을 것 같습니다.」

한나라 군사들은 천천히 포위망을 빠져 나가서 평성으로 들어갔다. 또 한나라 구원군도 도착했으므로 흉노의 기병은 마침내 포위를 풀고 떠나갔으며, 한나라 군사도 싸움을 그치고 후퇴했다. 한신(韓信)은 흉노를 위하여 군사를 이끌고 변경을 오가면서 한나라 군사를 공격했다.

한나라 10년, 신(信)은 왕황 등을 파견하여 진희를 설득시켜 모반을 하게 했는데, 진희는 사로잡히는 몸이 되었다. 11년 봄, 한왕(韓王) 신은 다시 흉노의 기병과 함께 침입하여 삼합(參合 : 산서 양고)에서 한나라 군사를 막았다. 한나라에서는 시장군(柴將軍 : 시무柴武)에게 이를 치라고 명령했다. 장군은 신에게 편지를 보내 이렇게 말했다.

「폐하께서는 관대하시어 배반하고 도망쳤던 제후더라도 복귀해 오면 본래 위계(位階) 칭호로 복귀시켜 주고 주살하지 않습니다. 이것은 대왕도 알고 계시는 그대로입니다. 대왕은 싸움에 패하여 군사를 잃었으므로 흉노로 도망을 하셨을 뿐, 달리 큰 죄가 있는 것은 아닙니다. 서둘러 돌아오십시오.」

세 가지 죄

한왕(韓王) 신은 이 편지에 답하여 이렇게 말했다.

「폐하께서는 나를 여항(閭巷)에서 뽑아 일으켜서 남면(南面)하여 제후라 칭하게 하셨소. 이것은 저에게 있어서 다행이라 하겠소. 그런데 형양의 싸움에서 나는 죽지 못하고 항적에게 사로잡힌 몸이 되었소. 이것이 나의 첫 번째 죄요. 그 뒤 도둑이 마읍에 쳐들어왔을 때, 나는 이것을 굳게 지키지 못하고 성을 들어 적에게 항복을 하고 말았소. 이것이 나의 두 번째 죄요. 그리고 지금 그 도둑을 위하여 군사를 이끌고 장군과 목숨을 걸고 싸우고 있소. 이것이 나의 세 번째 죄요. 그 옛날 대부(大夫) 종(種)과 범려(范蠡)는 한 가지의 죄도 없었건만 그 몸은 죽었소. 지금 나는 폐하께 세 가지 죄를 지었습니다. 그러고도 아직 세상에 살아남고자 바란다면, 오자서가 오(吳)나라에서 쓰러져 죽은 까닭과 같은 것이오.[4] 지금 나는 산골짜기에 숨어 살면서 아침저녁으로 오랑캐에게 구걸하고 있소. 내가 귀국하고 싶어 하는 것은 앉은뱅이가 일어나고 싶어 하는 것을 잊지 못하고, 소경이 보는 것을 잊지 못하는 것과 마찬가지요. 그러나 아무리 가고 싶어도 형세가 그렇지 못하구려.」

그리고는 마침내 싸워서 시장군은 삼합을 함락시키고 한왕(韓王) 신(信)을 참했다.

신은 흉노 땅에 들어갈 때 태자 적(赤)과 함께 갔다. 퇴당성(頹當城 : 흉노에 있는 지명)까지 갔을 때 아들을 낳아 이름을 퇴

4) 오자서가 오왕 부차에게 죄를 지었지만, 차마 떠나지 못하고 마침내 오나라에서 스스로 목숨을 끊었다. ☞ 「오자서열전」

당이라 지었다. 태자도 또 아들을 낳았는데 영(嬰)이라 이름 지었다. 문제(文帝) 14년에 퇴당과 영은 부하를 이끌고 한(漢)나라에 귀순했다. 한나라에서는 퇴당을 궁고후(弓高侯)에 봉했고, 영을 양성후(襄城侯)에 봉했다.

오초칠국(吳楚七國)의 난 때, 궁고후의 훈공은 여러 장수 중 으뜸이었다. 그는 그 봉국(封國)을 아들에 전했고 손자에 이르렀는데, 손자는 아들이 없어 후의 신분을 잃었다. 퇴당의 서손(庶孫) 한언(韓嫣)은 황제에게 총애를 받아 이름과 부(富)로써 당세에 드러났다. 그 동생 열(說)은 다시 제후에 봉함을 받고 자주 장군의 직책을 맡았는데 마침내 안도후(案道侯)가 되었다. 그 아들이 뒤를 이었으나 1년 남짓하여 법에 연좌되어 죽었다. 그 후 1년여에 열(說)의 증손은 용액후(龍額侯)에 봉함을 받아 열의 뒤를 이었다.

노관(盧綰)은 풍(豊 : 강소 풍현) 사람이다. 고조와 한 고향으로 그의 아버지는 고조의 아버지 태상황(太上皇)과 친교가 있었다. 두 사람은 한날 똑같이 아들〔후에 고조와 노관〕을 낳았다. 마을 사람들은 양고기와 술을 가지고 와서 두 집안을 축복했다. 고조와 노관은 자라면서 함께 글을 배웠고 또 서로 친했다. 마을 사람들은 두 집안이 친하고 같은 날에 아들을 낳았으며 그 아들들이 커서도 친한 것을 축하하여 또 다시 양고기와 술을 가지고 와서 두 집안을 축하해 주었다.

고조가 아직 평민이었을 때 죄를 짓고 숨어 있었는데 노관은 늘 그와 함께 행동했다. 고조가 처음으로 패(沛)에서 진(秦)나라에 반기를 들고 군사를 일으켰을 때 노관은 빈객의 자격으로 그를 따랐으며, 한중에 입성한 다음에는 장군이 되어 항상 궁중에서 시종했다. 고조를 따라 동정(東征)에 나서서 항적을 쳤을 때는 태위로서 늘 따라다녔고, 침실까지도 자유로이 출입했다. 의복이나 음식 그 밖에 상도 많이 받았고, 군신(群臣)들은 감히 노관과 같은 총애를 바라지 않았다. 소하와 조삼(曹參)은 직무상 남다른 예우를 받았지만, 신임하고 총애하는 면에서는 노관에 미치지 못했다. 노관은 장안후(長安侯)에 봉함을 받았다. 장안이라 칭하는 것은 그 봉읍이 본래 진나라 도읍 함양이었기 때문이다.

한나라 5년 겨울, 항적을 깨뜨린 다음, 노관은 별장(別將)으로 임명되어 유고(劉賈)와 함께 임강왕(臨江王) 공위(共尉 : 공오의 아들)를 쳐서 이를 깨뜨렸다. 7월에 돌아왔고, 고조를 따라 연(燕)나라 왕 장도(藏荼[5])를 쳐서 이를 항복시켰다. 고조가 천하를 평정했을 때 제후 가운데 황실 출신이 아닌 사람으로 왕이 된 사람이 일곱 명[6] 있었다. 고조는 노관도 왕으로 삼고 싶었으나, 뭇 신하들의 원망을 사지 않을까 하여 두려워했다.

장도를 사로잡은 다음 뭇 신하 중에서 고조는 모든 장상(將相) · 제후에게 명하여 군신 중에 공로가 있는 사람을 뽑아 연나라 왕을 삼겠다고 했다. 군신은 주상이 노관을 왕으로 삼고 싶어하는 것을 알고 있었기 때문에 모두가 이렇게 말했다.

「태위 장안후 노관은 항상 폐하를 따라 천하를 평정했습니다. 그 공로가 대단하니 연나라 왕으로 삼는 것이 적합할 것입니

5) 장도(藏荼)…본래는 연나라 장군으로, 항우에 의해서 연나라 왕이 되었지만, 초나라와 한나라의 싸움에서 한나라 편에 섰다가 뒤에 반역을 했으나 사로잡혔다.

6) 초왕 한신(韓信) · 한(韓)왕 한신(韓信) · 형산왕(衡山王) 오예(吳芮) · 회남왕(淮南王) 영포(英布) · 양왕(梁王) 팽월(彭越) · 조왕(趙王) 장이(張耳) · 연왕(燕王) 장도(藏荼)를 말한다.

다.」

그리하여 이를 허락하고, 한(漢)나라 11년 8월, 노관을 세워 연나라 왕을 삼았다. 제후와 왕 가운데 총애받기를 연나라 왕에 미치는 사람이 없었다.

한나라 11년 가을, 진희가 대(代) 땅에서 배반했다. 고조는 한단으로 가서 진희의 군사를 쳤고, 연나라 왕 노관도 대의 동북쪽에서 이를 쳤다. 그 때 진희는 왕황(王黃)을 흉노에게로 보내서 구원을 청했다. 연나라 왕 노관 역시 신하 장승(張勝)을 흉노에게 보내 이렇게 말했다.

「진희의 군사는 격파되었다.」

장승이 오랑캐 땅에 도착하자, 본래 연왕이었던 장도의 아들 장연(張衍)이 도망을 하여 그곳에 망명해 있다가 장승을 보고 말했다.

「공이 연나라에서 중용되는 것은 오랑캐의 일을 잘 알고 있기 때문입니다. 연나라가 오래 존속하는 것은 제후가 자주 반란을 일으키며 서로 군대를 합쳐 승패가 정해지지 않았기 때문입니다. 지금 공은 연나라를 위해 서둘러 진희를 멸망시키려고 하는데, 만약 진희가 멸망당하게 되면 이번에는 연나라 차례가 될 것이니, 공들도 머지않아 포로가 되고 말 것입니다. 공은 연나라로 하여금 아직 진희를 치는 일을 잠시 늦추어 주고 오랑캐와 더불어 화친하여 일을 너그럽게 처리하면 길이 연나라에서 왕 노릇을 할 수 있을 것입니다. 즉 한(漢)나라에 위급한 일이 생기면 그 때문에 연나라는 편안해질 수 있는 것입니다.」

장승은 과연 그렇겠다 싶어 은밀히 흉노를 설득하여 진희를 도와 연나라를 치도록 했다. 연나라 왕 노관은 장승이 오랑캐와 공모하여 연나라를 배반하는 것으로 의심하고 상소하여 장승의 삼족을 주살할 것을 청했다. 그러나 장승이 귀국하여 그렇게 행동한 사정을 자세히 말하자 연나라 왕도 깨닫는 바가 있었다. 그래서 거짓으로 다른 사람의 일인 양 꾸며 장승의 가족들을 무사히 벗어나게 하고 장승으로 하여금 흉노의 첩자로 활동하게 했다. 한편, 비밀리에 범제(范齊)를 진희에게 보내 진희가 될 수 있는 한 싸움을 오래 끌어 승패를 짓지 못하도록 했다.

유씨가 아닌 자로 왕이 된 사람

한나라 12년, 고조는 동쪽으로 가서 영포(英布 : 黥布)를 쳤다. 진희는 당시 군사를 이끌고 대(代)에 있었다. 한나라는 번쾌에게 명하여 진희를 쳤고 진희를 참했다. 항복한 진희의 비장은 연나라 왕 노관이 범제를 시켜 진희와 공모했었음을 자백했다. 고조는 사신을 보내 노관을 불렀으나 노관은 병을 핑계로 응하지 않았다. 고조는 다시 벽양후(辟陽侯) 심이기(審食其)와 어사대부 조요(趙堯)에게 명하여 연나라 왕을 맞아 오도록 하면서 노관의 좌우 사람들에게 사실 여부를 물어보도록 했다. 노관은 더욱 겁이 나서 문을 닫고 숨어 있으면서 그의 총신을 불러 말했다.

「유씨(劉氏)가 아닌 자로 왕이 된 사람은 단지 나와 장사왕(長沙王 : 오예의 아들 오신)뿐이다. 작년 봄 회음후를 족멸(族滅)하고, 여름에는 팽월을 목 베었다. 이것은 모두 여후(呂后)의 모략이다. 지금 주상은 병이 들어 국정을 여후에게 맡기고 있는데, 여후는 아녀자이기 때문에 오로지 성이 다른 왕과 공로가 많은 대신을 죽이는 일을 일삼고 있다.」

그리고 끝내 칭병하며 응하지 않았다. 좌우 근시는 모두 도망해 숨었고 노관의 말도 외부로 누설되는 일이 많았다. 벽양후는 이 말을 듣고 돌아와서 자세히 보고했다. 고조는 점점 더 노했다. 또 흉노로부터 한나라에 투항한 자가 있었는데, 그는 이렇게 말했다.

「장승이란 자가 도망하여 흉노에 와 있는데, 이 사람은 연나라의 사신입니다.」

그러자 고조가 말했다.

「노관은 틀림없이 모반을 한 것이야.」

그리고는 번쾌를 보내 연나라를 치게 했다. 연나라 왕 노관은 궁인(宮人)·낭당(郞黨)·기병(騎兵) 수천을 이끌고 장성 아래에 머물러 있으면서 정세를 살폈다. 그는 고조의 병이 나으면 스스로 참내하여 사과해야겠다고 생각했다. 그런데 4월에 고조가 붕어했기 때문에 노관은 마침내 그 무리를 이끌고 흉노로 도망쳤다. 흉노는 노관을 동호(東胡)의 노왕(盧王)으로 삼았다. 그러나 노관은 다른 오랑캐들로부터 침략과 약탈을 당하게 되자, 마음속으로는 언제나 고국으로 돌아가기를 염원하며 1년여를 살다가 그만 오랑캐 땅에서 죽었다.

고후(高后 : 여후) 때 노관의 처자들은 흉노에서 달아나 한나라에 항복했다. 때마침 고후가 병상에 있었기 때문에 알현치 못하고 연나라 왕의 저택에 머물게 되었다. 고후는 그 일행을 위하여 잔치를 베풀고 만나보고 싶어 했으나 끝내 이루지 못하고 죽었다. 그리고 노관의 처 역시 병들어 죽었다.

경제(景帝) 6년, 노관의 손자 타지(他之)는 동호왕(東胡王)으로서 한(漢)나라에 항복해 왔다. 한나라는 그를 아곡후(亞谷侯)로 봉했다.

진희(陳豨)는 원구(宛朐 : 산동 하택의 서남쪽) 사람이다. 처음에 어떻게 해서 고조를 섬기게 되었는지 확실치 않다. 고조 7년 겨울, 한왕 신(信)이 모반하여 흉노에 들어가자 고조는 평성에 갔다가 돌아와서 진희를 열후〔양하후〕에 봉했다. 진희가 대(代)의 재상으로 있을 때부터 그를 장군으로 하여 대(代)의 군사를 통솔 감독시켰는데, 변경의 군사는 모두 그에게 소속되어 있었다.

일찍이 진희가 휴가를 얻어 귀향하던 도중 조(趙)나라에 들른 적이 있다. 조나라 대신 주창(周昌)은 진희를 따르는 빈객의 수레가 천여 승(乘)이나 되고, 한단의 여관이 모두 만원이 된 일과, 진희가 빈객을 대우하는 태도가 포의(布衣)의 사귐과 같고, 언제나 빈객에게 겸손히 대하는 것을 눈여겨보았다. 주창은 고조에게 뵙기를 청하여 자세히 말했다.

「진희의 빈객이 지나칠 만큼 많습니다. 외지에서 몇 해 동안 군대를 마음대로 휘둘렀기 때문에 변란이라도 일어날까 두렵습니다.」

고조는 사자를 보내 대에 거주하는 진희의 빈객들 재산과 모든 불법 사건에 대하여 철저하게 조사시킨 바 그 대부분이 진희와 관련이 되어 있었다. 진희는 두려워하여 은밀하게 빈객을 왕황(王黃)·만구신(曼丘臣)[7]에 보내 내통케 했다.

고조 10년 7월, 태상황이 붕어했다. 사자를 보내 진희를 불렀으나 진희는 중병이라 칭하고 오지 않았고, 9월 마침내 왕황 등과 함께 모반하고 자립하여 대왕(代王)이 되었으며, 조(趙)와 대(代)를 위협했다. 고조는 이 말을 듣고 조·대의 관리와 백성들로 진희의 위협과 유혹에 못 이겨 끌려든 자는 모두 그 죄를 용

---

7) 왕황·만구신…모두 한왕 신(信)의 무장(武將).

서한다고 하고, 진희를 토벌하기 위해 몸소 한단까지 갔다. 그리고 적군의 배치를 보고 기뻐하며 이렇게 말했다.

「진희는 남쪽으로 장수(漳水)를 의지하지 않았고, 북쪽으로는 한단을 지키지 않았군. 이렇게 해가지고 무슨 일을 한단 말인가?」

이 때 조나라 재상 주창(周昌)은 상산(常山 : 하북 정정 일대)의 군수와 군위(郡尉)를 목 베어 마땅하다고 했다.

「상산군 25성 가운데 진희의 모반으로 20성을 잃었습니다.」

고조가 말했다.

「군수와 군위도 모반했는가?」

주창이 대답했다.

「그들은 배반하지 않았습니다.」

「그렇다면 그들은 힘이 모자랐기 때문이다.」

고조는 그들을 용서하고 다시 군수, 군위로 임명했다. 고조가 주창에게 물었다.

「조나라에는 장군이 될 만한 장사가 있는가?」

그러자 주창이 대답했다.

「네 명 있습니다.」

주창이 말한 네 사람이 고조를 알현하자, 고조는 그들을 무시하면서 꾸짖었다.

「이런 어린 것들이 장군이 될 수 있느냐?」

네 사람은 부끄러워서 그 자리에 엎드렸다. 그러나 고조는 그들에게 각기 천 호의 봉읍을 주고 장군으로 임명했다. 좌우의 사람들이 간하여 말했다.

「임금을 따라 파촉(巴蜀)・한중(漢中)으로 들어가고 혹은 초나라를 쳐서 공을 세운 사람의 논공행상조차 아직 충분히 하지 못하고 있는 마당에 지금 그 네 사람은 어떤 공로가 있어 봉하시는 겁니까?」

고조가 말했다.

「그대들이 알바가 아니오. 진희가 모반하여 한단 이북은 모두 진희의 영지가 되었소. 나는 격문을 띄워 천하의 군사를 불렀건만 아직 아무도 오지 않아 지금 내 수중에 있는 것은 한단 성중에 있는 군사뿐이오. 그런즉 어찌 4천 호가 아깝겠소. 이 네 사람을 봉한 것은 조나라 자재들의 마음을 사려는 것이오.」

듣고 있던 사람은 모두 납득했다.

고조가 다시 물었다.

「진희의 장군은 누구인가?」

「왕황과 만구신이란 자인데, 모두 장사꾼 출신입니다.」

고조가 말했다.

「나도 그들을 안다.」

그리고 천 금의 상을 걸고 왕황과 만구신을 잡아오게 했다.

11년 겨울, 한나라 군사는 진희의 군사를 쳤고 그 장수 후창(侯敞)을 곡역(曲逆 : 하북 완현)에서 목 베고 장수 장춘(張春)을 요성(聊城 : 산동)에서 깨뜨린 다음 적군의 목 1만 여를 베었다. 태위 주발(周勃)이 태원(太原) · 대(代)로 들어가서 그 땅을 평정했다.

12월, 고조는 몸소 동원(東垣 : 하북 정정)을 쳤는데 쉽사리 떨어뜨리지 못했고, 오히려 병졸들이 고조에게 욕을 했다. 그리하여 동원을 떨어뜨린 다음, 욕을 했던 병졸은 목 베고, 욕을 하지 않은 자는 이마에 먹물을 넣는 형벌에 처했다. 그리고 동원의 이름을 바꾸어 진정(眞定)이라고 했다.

왕황·만구신 등은 고조가 걸어놓은 현상금을 탐낸 부하들에 의해 생포되어 한나라로 인도되었다. 이렇게 하여 진희의 군사는 마침내 패하고 말았다. 고조는 낙양(洛陽)에 개선한 다음 이렇게 말했다.

「대는 상산(常山) 북쪽에 있다. 조(趙)는 상산 남쪽에 있으면서 이를 다스리기는 너무 멀다.」

그리고는 아들 항(恒)을 세워 대왕(代王)으로 삼고 중도(中都 : 산서 평요)에 도읍을 하도록 했다. 대(代)·안문(雁門)은 모두 대(代)나라에 소속시켰다.

12년 겨울, 번쾌의 군사는 진희를 영구(靈丘 : 산서)에서 추격하여 목 베었다.

태사공은 말한다.

「한신(韓信)과 노관은 원래 그 선조가 덕을 쌓고 선을 쌓은 배경을 가지고 왕후가 된 것이 아니다. 단지 일시적인 권모를 잘 썼고 사술(詐術)과 폭력을 가지고 성공했다. 한(漢)나라가 막 천하를 평정했을 때 만났기 때문에 땅을 갈라 받고 남면(南面)하여 자칭 제후라 한 것에 지나지 않는다. 그러나 안으로는 너무 강대해졌기 때문에 의심을 받았고, 밖으로는 오랑캐의 도움을 받았기 때문에 날로 고조에게 미움을 샀고, 자신들도 위험함을 느꼈다. 일이 궁지에 몰리고 지혜 또한 막히게 되자, 마침내는 흉노로 달려갔으니 어찌 슬픈 일이 아니겠는가? 진희는 양(梁)나라 사람이다. 젊었을 때 자주 위(魏)나라 공자(公子)[8]를 칭찬하고 그 사람 됨됨이를 흠모했다. 그 때문에 군사를 이끌고 변경을 지키

8) 위(魏)나라 공자(公子)…전국시대 위공자(魏公子 : 신릉군) 무기(無忌)를 가리킨다. 영웅호걸과 사귀기를 좋아하여 식객이 수천 명이었다.

게 되었는데, 빈객을 불러 모으고 선비에게는 스스로 몸을 낮추어 겸손하게 행동했던 것인데, 그의 명성이 실제보다 지나치게 되었다. 주창(周昌)이 이를 의심함으로써 그의 흠이 드러나게 되었는데, 화가 몸에 미칠 것을 두려워한 나머지 간사한 자의 꾐에 빠져 급기야는 무도한 길로 빠지고 말았으니, 실로 슬픈 일이다. 무릇 계책의 성숙(成熟)과 미숙, 성공과 실패는 인간의 운명에 있어 실로 심각한 것이다.」

전담 열전 제34

전담(田儋)은 적현(狄縣 : 산동 고원) 사람으로 옛 제(齊)나라 왕 전씨의 후손이다. 전담의 사촌동생 전영(田榮), 전영의 동생 전횡(田橫)은 모두 덕망과 위세가 있고 집안은 강성하여 인심을 얻을 수 있었다.

진섭(陳涉 : 진승)이 처음에 일어나 초(楚)나라 왕이 되었을 때 주불(周市)로 하여금 위(魏)나라 땅을 치게 했는데, 북쪽 적(狄)에까지 육박했다. 적이 성문을 굳게 닫고 지키자, 전담은 거짓으로 자기의 종을 묶고 젊은이들을 대동하여 관이로 가서 종을 죽이는 시늉을 하여 현령과 만나고 그 자리에서 현령을 쳐 죽였다.[1] 그리고는 세력 있는 관리의 자제들을 불러놓고 이렇게 말했다.

「제후들은 모두 진(秦)나라를 배반하고 자립했다. 제(齊)나라의 건국은 오래 되었으며, 나는 전씨(田氏)의 일족이니 제나라 왕이 될 사람이다.」

---

1) 고대에 노비는 권력자의 개인 소유물에 불과하여 주인이 그의 생사를 결정지었지만, 반드시 사전에 관아에 보고하도록 되어 있었다. 전담은 본래 적현(狄縣)의 현령을 살해한 뒤 군사를 일으키기 위하여 노비 살해에 관한 보고를 가장하여 현령을 혼란에 빠뜨리려고 하였던 것이다.

그리고 마침내 자립하여 제나라 왕이 되었으며, 출병하여 주불(周市)을 쳤다. 주불의 군사가 돌아가자, 전담은 군사를 이끌고 동쪽 제나라 땅을 평정했다. 이 때 진나라 장군 장한(章邯)이 위나라 왕 구(咎)를 그 도읍 임제(臨濟 : 하남 진류)에서 포위하여 사태는 자못 급박해졌다. 위나라 왕이 제나라에 구원을 청하자, 제나라 왕 전담은 군사를 이끌고 위나라를 구원하려고 했다. 장한의 군사는 나뭇가지를 입에 물고 접근하여 제나라와 위나라 군사를 크게 깨뜨리고 전담을 임제의 성 밑에서 죽였다. 전담의 동생 전영은 전담의 잔병을 모아 동쪽에 있는 동아(東阿 : 산동 양곡)로 달아났다.

제나라 사람들은 전담이 죽었다는 소식을 듣자, 원래 제나라 왕이었던 건(建)의 동생인 전가(田假)를 세워 제나라 왕을 삼았고, 전각(田角)을 재상으로 전간(田間)을 장군으로 삼아 제후들의 침입에 맞서도록 했다.

독사에게 물린 손은 잘라버린다

전영이 동아로 달아나자 장한은 추격하여 동아를 포위했다. 항량(項梁)은 전영이 위급하다는 말을 듣자 군사를 이끌고 장한의 군사를 동아의 성 밑에서 깨뜨렸다. 장한은 서쪽으로 달아났고 항량은 이를 추격했다. 그런데 전영은 제나라가 전가를 세워 왕을 삼은 것에 노하여 곧바로 군사를 이끌고 제나라 왕 전가를 쳐서 몰아냈다. 전가는 초나라로 달아났다. 제나라 재상 전각은 조나라로 도망했고, 전각의 동생 전간은 이에 앞서 조나라로 구원병을 청하러 갔다가 그대로 조나라에 머무른 채 돌아오려고 하지 않았다. 그래서 전영은 전담의 아들 전불(田市)을 세워 제나라 왕을 삼았고 자신은 재상이 되었으며, 전횡은 장군이 되어 제나라 땅을 평정했다.

항량은 장한을 뒤쫓았지만, 장한이 차츰 병력을 강성하게 하여 반격했기 때문에 사자를 조나라와 제나라로 보내 함께 장한을 치자고 했다.

전영이 말했다.

「초나라가 전가를 죽이고, 조나라가 전각(田角)과 전간을 죽인다면 출병하여 장한을 치겠다.」

초나라 회왕(懷王)이 말했다.

「전가는 동맹국의 왕으로 궁지에 몰려 나에게 몸을 의지하러 온 이상 그를 죽이는 것은 의로운 일이 아니다.」

조나라도 또한 전각과 전간을 죽여 제나라의 환심을 사려 하지 않았다. 제나라 왕이 말했다.

「독사에게 손을 물리면 손을 자르고 발을 물리면 발을 자른다. 만약 자르지 않을 경우 온몸을 해치기 때문이다. 지금 전가·전각·전간이 초나라와 조나라를 해치는 것은 단지 손과 발의 근심 정도가 아니다. 왜 죽이지 않는단 말인가? 그리고 진(秦)나라가 다시 천하 사람들의 마음을 얻게 되면 군사를 일으켜 정권을 장악했던 자는 자신의 일신만 해칠 뿐 아니라, 선조의 무덤까지 파헤쳐지게 될 것이다.[2)]」

이와 같이 초나라와 조나라에서는 제나라의 뜻을 받아들이지 않았고, 제나라도 또한 노하여 끝내 출병하지 않았다. 장한은 마침내 초나라 군사를 깨뜨리고 항량을 죽이니 초나라 군사는

---

2) 진(秦)나라가 다시 뜻을 얻으면 일신이 모욕을 당하는 것뿐 아니라, 무덤도 파헤쳐질 것이라는 말로서, 마치 오자서가 초 평왕(平王)의 묘를 파헤쳐 시체에 채찍질을 한 것과 같다.

동쪽으로 패주하고 말았다. 장한은 다시 황하를 건너 조나라 군사를 거록에서 포위했다. 그래서 항우가 달려가 조나라를 구원했는데, 이 일로 항우는 전영을 원망하게 되었다.

항우는 조나라를 구하고 장한의 항복을 받아낸 뒤에 서쪽 함양을 쳐서 진나라를 멸망시키고 제후들을 왕에 봉했다. 이 때 제나라 왕 전불을 옮겨 교동(膠東)의 왕을 삼고 즉묵(卽墨 : 산동)에 도읍을 하도록 했다.

제나라 장군 전도(田都)는 군사를 이끌고 항우와 함께 조나라를 구원한 뒤 그 길로 함곡관으로 들어갔다. 그래서 그 공에 의하여 제나라 왕으로 세우고 임치에 도읍을 하도록 했다. 원래 제나라 왕 전건의 손자 전안(田安)은 항우가 황하를 건너 조나라를 구원하려고 할 때, 제북의 몇 성을 내놓고 군사를 이끌어 항우에게 항복했다. 이 일로 인하여 전안을 세워 제북의 왕을 삼았고 박양(博陽 : 산동 장청)에 도읍을 하도록 했다. 전영은 항량의 뜻에 배반하고 군사를 내어 초나라·조나라를 도와 진나라를 치지 않았기 때문에 왕이 되지 못했다. 조나라 장군 진여(陳餘) 또한 직책을 잃고 왕이 될 수 없었기 때문에 이 두 사람은 모두 항왕을 원망했다.

항왕이 자기 나라로 돌아가자, 제후들도 각기 자기 봉지로 부임했다. 그러자 전영은 사람을 시켜 군사를 이끌고 초나라로 가게 하여 진여를 도와 모반을 일으키게 했고, 또 전영 자신도 군사를 이끌고 제나라 왕 전도(田都)를 쳤다. 전도는 초나라로 달아났다. 전영이 제나라 왕 전불을 붙들어 놓고 교동의 영지로 가지 못하게 하자, 전불의 곁에 있던 신하들이 이렇게 말했다.

「항왕은 강포한 사람이니 왕께서는 교동으로 부임하시는 것이 좋겠습니다. 만약 군사를 이끌고 영국(領國)으로 가지 않으시면 틀림없이 위태로워질 것입니다.」

전불은 두려워 몰래 도망쳐 자기 나라로 갔다. 전영은 노하여 추격해서 제나라 왕 전불을 즉묵에서 죽이고 돌아오다가 제북왕 전안을 공격하여 죽였다.

이렇게 하여 전영은 자립해서 제나라 왕이 되었고, 차례로 삼제(三齊)[3]의 땅을 모두 병합시켰다. 항왕은 이 말을 듣자 크게 노하여 북쪽에 있는 제나라를 쳤다. 제나라 왕 전영의 군사는 평원(平原 : 산동)으로 패주했고, 전영은 평원의 백성에게 죽음을 당했다. 항왕은 제나라 성곽을 불태워 버리고 지나는 곳마다 백성들을 마구 죽였기 때문에 제나라 백성들은 서로 힘을 합쳐 항왕에 맞섰다. 전영의 동생 전횡은 뿔뿔이 흩어진 제나라 군사 수만 명을 다시 모아 성양(城陽 : 산동 거현)에서 항우를 맞아 싸웠다.

한편 한왕은 제후를 이끌어 초나라를 깨뜨리고 평성에 입성했다. 항우는 이 말을 듣자, 제나라를 포기하고 곧바로 한나라 군사를 치기 위하여 팽성으로 되돌아갔다. 그리고 한나라와 줄곧 싸워 형양에서 서로 대치하게 되었다. 전횡은 다시 제나라의 성읍을 손에 넣게 되었고, 전영의 아들 전광을 세워 제나라 왕을 삼고 자신은 재상이 되어 국정을 도맡았다. 나라의 정치적인 일은 크고 작고 간에 모두 재상에 의해 처리되었다.

전횡이 제나라를 평정하고 난 지 3년 후, 한왕은 역생(酈生 : 역이기)을 제나라 왕 전광과 재상 전횡에게 보내 항복하라고 설득했다. 전횡은 역이기의 말이 옳다고 생각하고 역하(歷下 : 산동 역성)에 있던 군사를 해산시켰다. 때마침 한(漢)나라 장군

---

3) 삼제(三齊)…항우는 진나라 땅을 3분하여 세 사람에게 책봉하였는데, 전불(田市)을 교동왕(膠東王)에, 전도(田都)를 제왕(齊王)에, 전안(田安)을 제북왕(濟北王)에 책봉하였기 때문에 삼제라고 부른다.

조 삼

한신은 군사를 이끌고 동쪽으로 가서 제나라를 쳤다.

이보다 앞서 제나라는 화무상(華毋傷)과 전해(田解)에 명하여 역하에 주둔하면서 한나라 침공에 대비하게 했는데, 한나라 사신이 이르자, 방비를 풀고 크게 잔치를 벌여 술을 많이 마시며 곧 사신을 한나라로 보내 화친을 맺고자 했다.

그 때 한나라 장군 한신은 조나라와 연나라를 평정하고 괴통의 계략을 받아들여 평원진(平原津)에서 황하를 건너 제나라 역하를 급습하여 그 군사를 깨뜨리고 그 길로 임치에 입성했다. 제나라 왕 전광과 재상 전횡은 노하여 역생이 한신과 공모하여 자기들을 속였다면서 그를 삶아 죽였다.

제나라 왕 전광은 동쪽 고밀(高密)로 달아나고, 재상 전횡은 박(博 : 산동 태안)으로 달아났으며, 재상 전광은 성양으로 달아났고, 장군 전기(田旣)는 교동(산동 평탁)에 진을 쳤다. 초나라는 용저(龍且)를 보내 제나라를 구원했는데, 제나라 왕은 이들과 연합하여 함께 고밀에서 만나 진을 쳤다. 한나라 장군 한신은 조삼(曺參)과 함께 용저를 무찔러 죽이고 제나라 왕 전광을 사로잡았다. 한나라 장군 관영(灌嬰)은 제나라 임시 재상 전광을 사로잡고 박양으로 진격했다.

전횡은 제나라 왕이 죽었다는 말을 듣자 자립하여 제나라 왕이 되어 관영을 쳤다. 관영은 전횡의 군사를 영(嬴 : 산동 내무)의 성 밑에서 깨뜨렸다. 전횡은 양(梁)으로 달아나서 팽월에 귀속했다. 당시 팽월은 양나라에 있으면서 중립을 지키며, 한편으로는 한나라를 돕고 다른 한편으로는 초나라를 돕고 있었다. 한신은 용저를 죽인 다음, 승세를 타고 조삼의 군사를 진격시켜 전기를 교동에서 무찔러 죽였으며, 또 관영을 보내 제나라 장군 전흡(田吸)을 천승(千乘 : 산동 고원)에서 무찔러 죽였다.

이렇게 해서 한신은 마침내 제나라를 평정하고 자립하여 제나라의 가왕(假王 : 임시 왕)이 되고 싶다고 요청하였다. 그러자 한나라에서는 한신을 세워 제나라 왕을 삼았다.

천자가 된 한왕과 망명객이 된 전횡

그리고 1년쯤 후에 한나라는 항적(項籍)을 멸망시키고, 한나라 왕은 스스로 서서 황제가 되었으며, 팽월로 양나라 왕을 삼았다. 양나라에 있던 전횡은 주살당할 것이 두려워서 부하 5백 명과 함께 바다로 도망하여 섬으로 들어가 살았다.

고조는 이 말을 듣자, 이렇게 생각했다.

「전횡 형제는 원래 제나라를 평정했으므로 제나라의 현인(賢人)이 많이 따르고 있다. 지금은 섬에 있지만 이대로 귀순하지 못하게 되면 앞으로 무슨 난을 일으키게 될지 모르지.」

그래서 사자를 보내 전횡의 죄를 용서하고 오라고 불렀다. 전횡은 사양하면서 이렇게 말했다.

「저는 폐하의 사자 역생을 삶아 죽였습니다. 이제 듣자 하니 그 동생 역상(酈商)은 한나라 장군으로 있다 하며, 더구나 현인이라 합니다. 폐하께는 황송하오나 어명을 받들 수가 없습니다. 바라건대 섬이나 지키며 평민으로 살게 해 주십시오.」

사자가 돌아와서 보고하자, 고조는 위위(衛尉) 역상에게 명하여 이렇게 말했다.

「만약 제나라 왕 전횡이 돌아왔을 때, 그대의 인마(人馬)·종자 중에 망동하는 자가 있으면 그 일족을 주살하리라.」

그리하여 다시 사자에게 할부(割符)를 주어 전횡에게 보내고 역상에게 명한 상황을 자세히 설명케 했다.

「만약 전횡이 온다면 전횡을 왕으로 삼고 그 부하는 제후로 삼을 것이려니와, 만약 오지 않는다면 출병하여 주살할 것이다.」

그리하여 전횡은 자기의 빈객 두 사람과 함께 역마를 번갈아 타고 낙양(雒陽)으로 향했다. 그러나 낙양에서 30리 떨어진 시향역(尸鄕驛)에 도달했을 때 전횡은 사자에게 말했다.

「신하 된 자로 천자를 알현하는데 목욕을 하지 않으면 안 되오.」

그리고는 그 곳에 머물렀다. 전횡이 빈객들에게 말했다.

「나는 처음에 한왕(漢王)과 같이 남면하여 스스로 제후가 되었었는데, 이제 한왕은 천자가 되었고 나는 망명객이 되었으며 북면하여 그를 섬기게 되었소. 이 치욕은 정말 참기가 어렵구려. 그리고 나는 남의 형을 삶아 죽였는데, 그 동생과 어깨를 나란히 하여 주군을 섬기게 되면, 비록 그가 천자의 명령을 지켜 감히 나를 해치지 않는다 하더라도 어찌 부끄럽지 않겠소. 또 폐하가 나를 인견하려고 하는 것은 단지 내 얼굴을 한 번 보고 싶어 하는 것뿐인데, 폐하는 지금 낙양에 있소. 지금 내가 목을 베어 낙양까지 30리 길을 들고 달려간다면 얼굴 모습은 변하지 않을 것이니 내 얼굴은 알아볼 수 있을 것이오.」

전횡은 끝내 목을 찔러 죽었고, 빈객은 그 목을 받쳐 들고 사자와 함께 달려가서 고조에게 바쳤다.

고조는 눈물을 흘리며 말했다.

「아아, 한낱 평민에서 몸을 일으켜 삼형제가 모두 왕이 되었던 것도 모두 까닭이 있었구나. 얼마나 어진 사람이냐!」

그리고 두 빈객을 도위로 임명하고 군사 2천 명을 동원시켜 왕자의 예로써 전횡을 장사지냈다. 장례가 끝나자 두 빈객은 묘지 옆에 구덩이를 파고 두 사람 모두 주군을 따라 죽었는데, 스스로 목을 찔러 구덩이 속에 몸을 묻었다. 고조는 이 말을 듣자 크게 놀랐고, 전횡의 빈객들은 모두 현사(賢士)일 것이라며 전횡의 부하 5백 명이 있는 섬에 사자를 보내 그들을 불렀다. 그들이 도착하여 전횡의 죽음을 듣고는 그들 모두 스스로 목숨을 끊었다. 이것으로 전횡 형제가 선비들의 마음을 얼마나 얻고 있었는지 알게 되었다.

태사공은 말한다.

「괴통(蒯通)의 꾀는 그 얼마나 눈부신 것이었던가? 제나라를 어지럽히고, 회음후를 교만하게 만들었으며, 결국은 그 두 사람을 멸망케 했다. 괴통은 자유자재로운 변설의 재주를 가지고 있어 전국시대의 권모술수를 논하여 81편의 글을 지었다. 괴통은 제나라 사람 안기생(安期生)과 친했고, 안기생은 일찍이 항우에게 벼슬을 청했으나 그의 계책은 채용되지 않았다. 그 후 항우는 두 사람을 봉하려고 했지만 두 사람 모두 끝내 받지 않고 도망했다. 전횡은 참으로 지조가 높은 사람으로 빈객들은 그의 의기를 사모한 나머지 그를 따라 죽었으니 어찌 현명의 극치라 아니할 것인가. 그래서 나는 이 일을 이 전(傳)에 쓰게 된 것이다. 그러나 5백 명의 부하가 모두 지현(至賢)이 있으며 계책을 잘 짜는 사람이 없지 않았을 텐데, 나라의 존속을 꾀할 수 없었던 것은 어찌된 일인가?」

번·역·등·관 열전 제35

무양후(舞陽侯) 번쾌(樊噲)는 패현 사람이다. 개백정을 생업으로 했고 일찍이 유방과 함께 몸을 숨기고 산 적이 있었다.[1] 처음에 유방을 따라 풍현에서 군사를 일으켜 패현을 공격해서 항복받았다. 유방이 패공(沛公)이 되자 번쾌를 사인으로 삼았다.

그는 패공을 따라 호릉(胡陵 : 산동 어태)과 방여(方與 : 어태의 북쪽)를 치고 돌아와서 풍읍을 지키면서 사수(泗水)의 군감(郡監)을 풍의성 밑에서 쳐 깨뜨렸다. 다시 동쪽으로 가서 패를 평정했고, 사수의 군수를 설(薛 : 산동 등현) 서쪽에서 깨뜨렸다. 사마이(司馬尸)를 탕현(碭縣) 동쪽에서 싸워 무찌르고 열다섯 명의 수급을 베었으며, 그 공로로 국대부(國大夫)[2]의 작위를 받았다.

그는 항상 패공을 따라 장한의 군사를 복양(濮陽 : 산동)에서 치고 성을 공략할 때도 선두에 서서 먼저 성 위로 올라가 적군

---

1) 번쾌는 진 2세 황제 원년에 유방과 함께 망산(芒山)과 탕산(碭山) 일대에서 은둔하며 지냈다.

2) 국대부(國大夫)…관대부(官大夫)를 말한다. 진한(秦漢)시대 20등급의 작위 중에서 여섯 번째 등급의 벼슬.

스물세 명의 목을 베어 열대부(列大夫[3])의 작위를 받았다. 그 후에도 늘 패공을 따라 우선 성양(城陽)을 치고 선두에 서서 호유(戶牖 : 하남 난봉의 동북쪽)를 무찔렀으며, 이유(李由)의 군사를 깨뜨리고 열여섯 명의 목을 베어 상간(上間)의 작[4])을 받았다. 이어서 동도(東都)를 공략하여 군수·군위를 성무(成武 : 하남 활현의 동쪽)에서 포위하고 적을 물리쳐 열네 명의 목을 베고 열한 명을 포로로 잡아 오대부(五大夫[5])의 작위를 받았다. 패공을 따라 진(秦)나라 군사를 쳐서 박(亳 : 하남 언사) 남쪽으로 내몰고 강리(杠里)에 진을 친 하간(河間)의 군수를 깨뜨렸으며, 또 조분(趙賁)의 군사를 개봉(開封) 북쪽에서 쳐 물리치고 선두에 서서 적의 척후병 한 명과 예순여덟 명의 목을 베었으며, 스물일곱 명을 포로로 잡음으로써 경(卿)의 작위를 받았다. 다시 패공을 따라 양웅(楊熊)의 군사를 곡우(曲遇)에서 깨뜨리고 원릉(宛陵)을 공격함에 선두에 서서 여덟 명의 목을 베고 마흔네 명을 포로로 잡아 현성군(賢成君)의 봉함을 받았다.

또 패공을 따라가 장사(長社)와 환원관(轘轅關 : 하남 언사에 있는 관명)을 공격하고 하진(河津)을 건너 동진해서 시향(尸鄕) 남쪽에서 진을 치고 있던 진나라 군사를 공략했으며, 남쪽으로 주(犨 : 하남 노산)에서 진을 치고 있던 진나라 군사를 공격했다. 남양 군수 기(齮)를 양성(陽城) 동쪽에서 깨뜨렸으며, 원성을 선두에 서서 공략하고 서쪽 역(酈 : 하남 내향)에 이르러서 적을 물

---

3) 열대부(列大夫)…공대부(公大夫)를 말한다. 진나라의 일곱 번째 등급의 작위.

4) 상간(上間)의 작…20등급의 작위 안에 없는 특별한 작위 이름으로, 상문작(上聞爵)이라고도 한다.

5) 오대부(五大夫)…진나라의 아홉 번째 등급의 작위.

리치고 적군 스물네 명의 목을 베고 마흔 명을 포로로 잡아 봉록을 더하게 되었다. 또 무관(武關)을 치고 패상(覇上)에 이르러 도위(都尉) 한 명과 적 열 명을 목 베었으며 1백 46명을 포로로 잡고, 2천 9백 명의 병졸을 항복시켰다.

죽음도 사양하지 않을진대, 어찌 한잔 술쯤이야

이 때에 항우는 희하(戲下)에 있으면서 패공을 공격하려 하고 있었다. 패공은 백여 기를 거느리고 항백(項伯)[6]의 주선으로 직접 항우와 만나 항우의 입관(入關)을 막기 위해 함곡관을 닫은 일이 없다고 해명했다. 항우는 병사들에게 주연을 베풀었다. 술자리가 한창 무르익을 무렵 아보(亞父)[7]는 항장(項莊)에게 명해 연회석에서 칼춤을 추게 하여 기회를 보아 패공을 찔러 죽이려고 했다.

홍문연

그러나 위급한 순간마다 항백은 자신의 어깨로 패공을 보호했다. 패공은 단지 장량과 두 사람만이 연회석에 와 있었고 번쾌는 진영 밖에

6) 항백(項伯)…항우의 숙부로서 일찍이 초나라 군의 좌윤(左尹)을 지냈다. 홍문에서 유방이 탈출하는 것을 도왔기 때문에 한나라 초기에 사양후(射陽侯)에 봉해졌다.

7) 아보(亞父)…아버지에 버금가는 중요한 사람을 부르는 말로, 여기서는 항우의 모신 범증(范增)을 가리키며 그는 항우의 주요한 참모이다.

있었는데, 사태가 위급하다는 말을 듣자 철퇴를 들고 진영에 들어갔다. 보초가 제지하자 번쾌는 밀어붙이고 장막 앞에 가서 우뚝 섰다. 항우가 보고 누구냐고 물었다. 장량이 대답했다.

「패공의 참승(驂乘)[8] 번쾌입니다.」

항우가 말했다.

「장사로다.」

그러면서 항우는 번쾌에게 술 한 말과 돼지다리 하나를 내렸다. 번쾌는 술을 단숨에 들이마신 다음 칼을 빼서 고기를 잘라 모두 먹었다.

항우가 말했다.

「더 마실 수 있겠는가?」

번쾌가 대답했다.

「저는 죽음도 사양하지 않는데, 어찌 한잔 술을 사양하겠습니까〔巵酒安足辭〕? 패공께서는 맨 먼저 무관(武關)에 들어와서 함양(咸陽)을 평정하고 군사를 패상(霸上)에 세워 둔 채 대왕을 기다리고 있었습니다. 그런데 대왕께서는 오늘에야 겨우 도착하시고 소인배들의 말을 곧이듣고 패공과의 사이에 틈이 생겼다고 하는데, 이렇게 되면 천하의 인심이 대왕을 떠나게 되고 대왕에 대해 의심을 품지 않을까 염려됩니다.」

항우는 묵묵히 있었다. 이윽고 패공은 변소에 가는 척하면서 번쾌를 손짓으로 불러내 그 자리를 떴다. 군영에서 나오자 패공은 따라온 수레와 기병들을 그대로 남겨 둔 채 혼자 말에 올라타

---

8) 참승(驂乘)…혹은 배승(陪乘)이라고도 한다. 고대에는 수레를 탈 때, 말을 모는 자가 수레 가운데 앉고 임금은 그 왼쪽에 앉았으며, 오른쪽에 또 한 사람을 태워 수레의 균형을 잡아주었다고 한다. 이때 수레 오른쪽에 타는 사람은 임금의 남다른 신뢰를 받는 신하인데 그를 참승이라고 한다.

고, 번쾌 등 네 사람은 걸어서 그 뒤를 따라 샛길로 산마루를 달려 패상의 군영으로 돌아왔다. 그리고 장량을 시켜 항우에게 사과하도록 했다. 그렇게 되자, 항우 역시 생각을 고쳐 패공을 죽일 마음이 없어졌다. 이 날 만약에 번쾌가 영내로 달려들어 항우를 책망하지 않았더라면 패공의 목숨은 위험했을 것이다.

이튿날, 항우는 함양에 들어가서 성안 사람들을 도륙하고 패공을 세워 한왕(漢王)으로 삼았다. 한왕은 번쾌에게 작을 내려 열후를 삼고 임무후(臨武侯)로 봉했으며, 낭중(郎中)으로 천임(遷任)시켜 한왕을 따라 한중으로 들어갔다.

한왕이 돌아와서 삼진(三秦)[9]을 평정할 무렵, 번쾌는 한왕과 떨어져서 백수(白水) 북쪽에서 서현의 승(丞)을 공격하였고, 옹왕(雍王 : 장한)의 경기병을 옹(雍)의 남쪽에서 깨뜨렸다. 그리고 한왕을 따라 옹의 태성(斄城 : 섬서 무공)을 앞장서서 공격하고 장평(章平)의 군사를 호치(好畤)에서 쳤으며, 그 성을 칠 때 선봉에 나섰고 적진을 떨어뜨려 현령·현승 각 한 명과 적군 열한 명을 목 베고 스무 명을 포로로 잡았다. 그 공으로 낭중기장(郎中騎將)이 되었고, 한왕을 따라 진나라 기병을 양(壤)의 동쪽에서 쳐 물리치고 장군이 되었다. 조분을 공격하여 미(郿)·괴리(槐里)·유중(柳中)·함양(咸陽)을 항복시켰으며, 폐구(廢丘)를 수공(水攻)하였는데, 그 공훈은 군사 중 으뜸이었다. 역양(櫟陽)에 이르러 식읍으로서 두현(杜縣)의 번향(樊鄕)을 받았다. 다시 한왕을 따라 항우를 공격하여 자조(煮棗)를 무찌르고, 왕무(王武)·정처(程處)의 군사를 외황(外黃)에서 깨뜨렸으며, 추(鄒)·노(魯)·하구(瑕

9) 삼진(三秦)…항우가 진(秦) 왕조의 관중(關中) 지역을 삼분하여 장한(張邯)을 옹왕(雍王), 사마흔(司馬欣)을 새왕(塞王), 동예를 적왕(翟王)에 봉했는데, 이 세 제후국을 합쳐 삼진이라고 불렀다.

丘)・설(薛)을 공략했다.

항우는 한왕을 팽성에서 깨뜨리고, 또 차례로 노(魯)・양(梁)의 땅을 빼앗았다. 번쾌는 되돌아와서 형양으로 갔고 식읍으로 평음(平陰 : 하남 맹진)의 2천 호를 더 받았으며, 장군이 되어 광무(廣武)를 수비했다. 1년 뒤 항우는 군사를 이끌고 동쪽으로 향했다. 번쾌는 고조를 따라 항우를 치고 양하(陽夏)로 내려와 초나라 주장군(周將軍)의 군사 4천 명을 사로잡았다. 항우를 진(陳)에서 포위하여 이를 크게 깨뜨리고 호릉(胡陵)을 무찔렀다.

항우가 죽은 다음 한왕은 제(帝)가 되었다. 번쾌는 지키기를 견고히 하고 싸움에 공이 있었기 때문에 식읍 8백 호를 더 받았다. 번쾌는 고조를 따라 모반한 연나라 왕 장도(臧荼)를 사로잡고 연나라를 평정했다. 초나라 왕 한신(韓信)이 모반을 하자, 번쾌는 고조를 따라 진(陳)에 가서 한신을 사로잡고 초나라를 평정했다. 이 일로 다시 열후에 봉해졌고 제후와 할부를 대대로 물리도록 허락받았으며, 식읍으로 무양(舞陽 : 하남)을 받고 무양후가 되었으며 앞서 받은 식읍은 모두 반납했다.

번쾌는 장군으로서 고조를 따라 모반을 한 한왕(韓王) 신(信)을 대(代)에서 공격하여 강후(絳侯 : 주발) 등과 함께 곽인(霍人 : 산서 대현)에서 운중(雲中)에 이르기까지를 평정했는데, 그 공으로 식읍 1천 5백 호를 더 받았다. 이어서 진희를 치고 만구신의 군사와 양국(襄國)에서 싸워 박인(柏人 : 하북 당산)을 깨뜨리고, 선봉에 서서 청하(淸河)・상산 등 무려 27현을 평정했고 동원현을 쑥대밭으로 만들었다. 천임되어 좌승상이 되었고 기모공(綦毋卬)・윤번(尹潘)의 군사를 무종(無終)・광창(廣昌)에서 깨뜨리고 진희의 별장(別將)으로 흉노족 왕황의 군대를 대(代) 남쪽에서 깨뜨렸다. 이어서 한왕 신의 군사를 삼합(參合)에서 무찔렀고, 번쾌가 이끄는 부장이 한왕 신의 목을 베었다.

진희가 이끄는 흉노의 기병을 횡곡(橫谷)에서 깨뜨리고 그 장군 조기(趙旣)를 목 베었으며, 대(代)의 승상 풍양(馮梁), 태수 손구(孫奮), 대장군 왕황, 태복(太僕 : 황제나 제후의 거마를 관리하는 벼슬) 해복(解福) 등 열 명을 포로로 잡고 여러 장군과 함께 대(代)의 향읍 일흔세 개를 평정했다.

그 후 연나라 왕 노관이 모반을 하자, 번쾌는 상국(相國)으로서 노관을 치고, 그 승상 저(抵)를 계(薊) 남쪽에서 깨뜨리고 연나라 땅을 무려 18현 51향읍이나 평정했다. 그 공으로 식읍 1천 3백 호를 더 받았고, 다시 무양의 5천 4백 호를 영유하게 되었다.

번쾌는 고조를 따라서 적군 176명의 목을 베고, 288명의 적병을 사로잡았으며, 군대를 깨뜨리기 일곱, 성을 떨어뜨리기 다섯, 군(郡)을 평정하기 여섯, 현을 평정하기 쉰둘, 승상 한 명, 장군 열세 명, 2천 석[10] 이하 3백 석의 고관 열한 명을 사로잡았다.

번쾌는 황후인 여후(呂后)의 동생 여수(呂須)를 아내로 맞아 아들 항(航)을 낳았다. 그런 까닭에 여러 장군 중에서 가장 총애를 받게 되었던 것이다. 앞서 경포가 모반을 했을 때, 고조는 병이 무거웠기 때문에 사람을 만나기 싫어하고 호위병에게 명하여 신하들을 들어오지 못하게 하여 주발(周勃)·관영(灌嬰) 등은 10여 일 동안 궁중에 들어가지 못했다. 이 때 번쾌는 궁중의 작은 문을 열고 들어갔는데 대신들도 그 뒤를 따라 들어갔다. 고조는 한 환관의 무릎을 베고 혼자 누워 있었다. 번쾌는 주상을 보자

10) 2천 석…한대(漢代) 관리들의 봉급은 100석에서 1만 석까지 모두 열다섯 등급으로 나뉘어졌다. 여기서 2천 석이라는 것은 수도와 각 지방의 정치를 담당하는 3등급 관리의 봉급이고, 300석은 작은 현을 관리하는 11등급 관리의 봉급이다.

눈물을 흘리면서 말했다.

「일찍이 폐하께서는 저희들과 함께 풍(豐)과 패(沛)에서 군사를 일으켜 천하를 평정하셨습니다. 그 때는 얼마나 의기충천하시었습니까. 그런데 이제 천하가 평정되었는데 어찌 기력이 쇠해지시는 겁니까. 어쨌든 폐하의 병환이 무겁게 되고 대신들은 두렵기 그지없는데, 폐하께서는 저희들을 만나셔서 일을 의논하려 하시지 않고 일개 환관을 상대로 하시며 세상사를 멀리하려고 하시는 것은 어인 일이옵니까. 폐하께서는 저 진나라 환관 조고(趙高)[11]의 일을 알고 계시지 않으십니까?」

고조는 웃으며 일어났다.

그 후 노관이 모반을 했기 때문에 고조는 번쾌에게 명하여 상국의 자격으로 연나라를 치게 했다. 그때 고조의 병은 점점 무거워졌다. 어떤 사람이 번쾌를 참소했다.

「번쾌는 외척 여씨(呂氏)의 도당으로 일단 주상께서 세상을 떠나시면 그는 군사를 이끌고 주상의 총희 척씨(戚氏)와 그의 아들인 조왕(趙王) 여의(如意 : 고조의 아들)의 일족을 죽일 것입니다.」

고조는 이 말을 듣자 크게 노하여 진평(陳平)에게 명하여 강후(絳侯)에게 수레를 타고 가서 번쾌와 교체시킨 다음, 군중에서 번쾌를 참하려고 했다. 그러나 진평은 여후를 겁내 번쾌를 잡아 죽이지 않고 묶어서 장안으로 향했는데, 도착하자 고조는 붕어했다. 여후는 번쾌를 풀어주고 그의 작읍을 본래대로 복원시켰

---

11) 조고(趙高)…진(秦) 왕조의 환관으로, 진시황이 죽자 이사와 함께 유조(遺詔)를 날조하여 태자 부소(扶蘇)를 죽이고 호해(胡亥)를 황제로 세웠다가 뒤에 호해를 죽이고 다시 자영(子嬰)을 진왕으로 세웠으나, 끝내는 자영에게 피살되었다.

다.

혜제(惠帝) 6년, 번쾌는 죽었고 무후(武侯)의 시호가 내려졌다. 그의 아들 항(伉)이 이어서 후가 되었고, 항의 어머니 여수(呂須)도 또한 임광후가 되었다. 항은 고후(高后) 때 정치에 관여했고, 항이 아버지에 이어 후가 된 지 9년 후 고후가 서거했다. 대신들은 외척 여씨 일족과 여수의 권속을 죽이고 이어서 항(伉)을 주살했다. 무양후는 뒤가 끊어진 지 몇 달 후 문제(文帝)가 즉위한 뒤에 번쾌의 서자(庶子) 불인(市人)을 봉하여 무양후로 삼았고 본래 작읍을 복원시켰다. 불인은 후가 된 지 29년 만에 죽었고, 황후(荒侯)의 시호가 내려졌다. 그 아들 타광(他廣)이 뒤를 이어 후가 되었다. 6년 뒤에, 무양후 집안의 사인이 타광에게 죄를 짓고 벌을 받자 이에 원한을 품고 상소했다.

「황후 불인은 병으로 인하여 부부의 도를 행할 수 없어 자기 부인을 동생과 밀통시켜 타광을 낳게 한 것입니다. 타광은 사실 황후의 아들이 아니니 황후를 이을 후사가 될 수 없습니다.」

이리하여 조서를 내려 이 사건을 형리에게 조사하게 했다. 그 결과 경제(景帝) 6년, 타광은 후를 박탈당하여 서민이 되었고 봉국을 빼앗겼다.

곡주후(曲周侯) 역상(酈商)은 고양(高陽 : 하남 기현) 사람이다. 진승이 군사를 일으켰을 때, 역상은 젊은이를 모으고 동서사방으로 쫓아다니며 부하 수천 명을 얻었다. 6개월여 후 패공이 공격을 계속하여 진류(陳留)에 왔을 때, 역상은 장졸 4천 명과 함께 기(岐)에서 패공에 귀속했다. 패공을 따라 장사(長社)를 칠 때 선봉에 섰는데, 그 공으로 작을 받아 신성군(信成君)에 봉해졌다. 다시 패공을 따라 구지(緱氏 : 하남 언사)를 치고 황하 나루를 끊은 다음, 진나라 군사를 낙양의 동쪽에서 깨뜨렸다. 또 패공을 따라 원(宛)·양(穰)을 쳐서 열일곱 현을 평정하고 따로 군대를 이끌고 순관(旬關)을 치고 한중을 평정했다.

항우는 진나라를 멸망시키고 패공을 세워 한왕을 삼았다. 한왕은 역상에게 신성군 작위를 내리자 역상은 장군의 직위를 지닌 채 농서도위(隴西都尉)가 되었다. 또 역상은 독자적인 군대를 이끌고 북지·상군을 평정하였다. 옹왕(雍王)의 장수를 언지(焉氏)에서, 장수 주류(周類)를 순읍(栒邑)에서, 장수 소장(蘇駔)을 이양(泥陽)에서 깨뜨렸다. 그 공에 따라 식읍으로서 무성(武成)의 6천 호를 받았다. 또 농서도위로서 한왕의 군사를 따라 항우를 공격하고 5월에는 거야(鉅野 : 산동)를 출발하여 종리매(鍾離眛)와 싸워 격전했다. 이 공으로 양나라 상국의 인수를 받고 식읍 4천 호를 더 받았다. 양나라 상국의 신분으로 장군이 되어 한왕을 따라 항우를 치기 2년, 3월에 호릉을 공격했다.

항우가 죽고 한왕은 황제가 되었다. 그 해 가을, 연나라 왕 장도가 모반했는데, 역상은 장군이 되어 고조를 따라 장도를 치고, 용탈(龍脫 : 하북 역현의 서남쪽)에서 싸웠고, 선봉이 되어 적을 함락시키고 장도의 군사를 역(易 : 하북)의 성 밑에서 격퇴했다. 그 공으로 천임되어 우승상이 되었으며, 열후의 작위를 받았고 제후와 부절을 나누어 갖고 대대로 물릴 수 있게 허락되었다. 식읍으로 탁군(涿郡)의 5천 호를 받았고 탁후(涿侯)로 봉해졌다.

우승상으로서 상곡(上谷)을 평정하고 그 기회에 대(代)를 쳐 조(趙)나라 상국의 인수를 받았다. 역상은 우승상 겸 조나라 상국으로서 강후와 함께 대(代)의 안문을 평정하고, 대의 승상 정종(程縱), 임시 재상 곽동(郭同), 장군 이하 6백 석까지의 고관 열아홉 명을 사로잡아 귀환했다. 장군으로서 태상황 궁의 위병장이 되기 1년, 7월 우승상으로서 진희를 치고 동원(東垣)을 쑥대밭으로 만들었다.

또 우승상으로서 고조를 따라 경포를 쳐서 적의 선봉을 공략하여 두 개의 진을 무너뜨림으로써 경포의 군사를 격파할 수 있었다. 이렇게 하여 다시 식읍으로 곡주(曲周 : 하북)의 5천 1백 호를 받았고 그 이전에 받았던 봉읍은 반납했다. 무려 군대를 깨뜨리기 셋, 군(郡)을 항복받고 평정하기 여섯, 현은 일흔셋, 승상·수상(守相)·대장군 각 한 명, 소장군 두 명, 2천 석 이하 6백 석까지의 고관을 사로잡기 열아홉이었다.

역상은 혜제를 섬겼는데, 고후(高后) 때에는 병이 들어 공무를 맡을 수 없었다. 그 아들 기(寄)는 자를 황(況)이라 했으며 여록(呂祿)[12]과 사이가 좋았다. 고후가 붕어하자 대신은 여씨의 일족을 주살하려고 했으나, 여록은 장군이 되어 북군에 진을 치고 있었기 때문에 태위 주발(周勃)은 북군으로 들어갈 수가 없었다. 그래서 사자를 보내 역상을 위협하고, 그의 아들 역황에게 여록을 속여 꾀어내도록 했다. 여록이 역황을 믿고 함께 나오자, 그 틈에 태위 주발이 들어가서 북군을 손에 넣음으로써 마침내 여씨 일족을 주살할 수 있었다. 이 해에 역상은 죽었고 경후(景侯)란 시호가 내려졌다. 아들 기(寄)가 대신 후가 되었다. 세상 사람들은 역황이 친구를 팔았다고 비평을 했다.

경제(景帝) 전원(前元) 3년에 오·초·제·조나라가 모반[13]

---

12) 여록(呂祿)…여후의 조카로, 여후가 집정했을 때 조나라 왕으로 봉해졌다가 뒤에 주발에게 피살되었다.

13) 모반…오왕 유비(劉濞), 초왕 유무(劉戊), 조왕 유수(劉遂), 교서왕(膠西王) 유앙(劉卬), 교동왕(膠東王) 유웅거(劉雄渠), 치천왕(菑川王) 유현(劉賢), 제남왕(濟南王) 유벽광(劉辟光) 등 7명의 제후가 연합하여 일으킨 반란을 말한다.

한대의 군사 둔전 곡물창고 유적

했다. 황제는 역황을 장군으로 임명하여 조성(趙城 : 산서 곽현의 서남쪽)을 치게 했는데, 10개월이 걸려도 항복을 시키지 못했다. 유후(兪侯) 난포(欒布)가 제나라를 평정하고 돌아와서 도와주었기 때문에 조성을 무찌르고 조나라를 멸망시켰다. 조나라 왕은 스스로 목숨을 끊고 나라는 멸망했다.

경제 중원 2년, 역황은 황후의 어머니인 평원군(平原君 : 이름은 장아臧兒)을 맞아 부인을 삼으려고 했으나 경제의 노여움을 사서 역황은 형리에게 넘겨져 유죄 판결을 받고 후의 신분을 박탈당했다. 경제는 역상의 다른 아들 역견(酈堅)을 세워 목정후(穆靖侯)로 봉하여 역씨의 뒤를 잇게 했다. 목정후가 죽자, 그의 아들 강후(康侯) 수성(遂成)을 세웠고, 수성이 죽자 그의 아들 회후(懷侯) 세종(世宗)을 세웠으며, 세종이 죽자 그의 아들 종근(終根)이 후로 세워졌다. 그는 태상(太常)이 되었으나 법에 저촉되어 영지가 없어지고 말았다.

여음후(汝陰侯) 하후영(夏侯嬰)은 패현 사람이다. 패현의 구사어(廏司御 : 마부)로 있었는데 사자와 손님들을 태워 보내고 돌아오는 길이면 언제나 패현의 사상역정(泗上驛亭)[14]에 들러 온종일 유방과 이야기를 나누곤 했다. 그 후 영은 시험에 합격해서 현의 관리로 채용이 된 뒤에도 여전히 고조와는 사이가 좋았다.

하루는 유방이 장난을 치다가 영에게 상처를 입혔는데 그 일로 유방을 고소한 사람이 있었다. 당시 유방은 정장(亭長)으로 있었는데, 남에게 상처를 입히면 보통 사람보다 죄가 무거웠기 때문에 영에게 상처를 입힌 일이 없다고 반소(反訴)했고, 영은 이를 증언했다. 그 후 이 옥사가 번복되어 재심을 받게 되자, 영은 유방의 사건에 위증죄로 연루되어 1년 남짓 옥살이를 했으며, 수백 대의 매를 맞았는데 끝내 자백하지 않았으므로 유방의 죄는 사면되었다.

처음에 유방이 도당과 함께 패를 치려고 할 때 영은 패현의 영리(令吏 : 문서를 관장하는 관리)로서 유방을 위하여 심부름을 했다. 유방은 패를 하루 만에 항복시켰다. 유방은 패공이 되자 영에게 칠대부(七大夫)의 작을 내리고 태복에 임명했다. 영은 패공을 따라 호릉(胡陵)을 치고 소하와 함께 사수의 군감 평(平)을 무찔렀는데 평은 호릉을 들어 항복했다. 이 공으로 영에게 오대부의 작이 내려졌다.

영은 또 패공을 따라 진나라 군사를 탕(碭)의 동쪽에서 치고 제양(濟陽)을 공략하여 호유(戶牖)를 항복시켰고, 이유(李由)의 군사를 옹구(雍丘)의 성 밑에서 깨뜨렸다. 전차를 가지고 급습하

14) 사상역정(泗上驛亭)…즉 사수정(泗水亭). 강소성 패현 동쪽에 위치한다. 유방은 사수정장으로 있었는데, 하후영은 그와 교분을 가져 항상 찾아갔다.

여 무찌른 공으로 집백(執帛)의 작이 내려졌고 항상 태복의 자격으로 패공의 수레를 몰았다.

한왕의 두 공주를 구한 하후영

패공을 따라 장한(章邯)의 군사를 동아(東阿)·복양(濮陽)의 성 밑에서 치고 전차를 몰아 급습하여 이를 깨뜨렸다. 이 공으로 집규(執珪 : 집백의 바로 위 직위)의 작을 받고 또다시 항상 패공의 수레를 봉시했다. 패공을 따라 조분(趙賁)의 군사를 개봉(開封)에서, 양웅(楊熊)의 군사를 곡우(曲遇)에서 치고 영은 예순여덟 명을 포로로 하고, 졸병 850명을 항복시켰으며, 인장(印藏) 한 상자를 빼앗았다.

또 다시 패공의 수레를 몰고 진나라 군사를 박양 동쪽에서 치고, 전차를 가지고 급습하여 무찔렀다. 이 공으로 봉읍을 받고 등공(滕公 : 산동 등현의 현령)이 되었다. 또 다시 패공의 수레를 봉시하면서 패공을 따라 남양(南陽)을 치고 남전(藍田)·지양(芷陽)에서 싸웠으며, 전차를 가지고 공격하여 패상(霸上)에 육박했다. 항우가 와서 진나라를 멸망시키고 패공을 세워 한나라 왕으로 삼았다. 한왕은 영에게 열후의 작위를 내리고 소평후(昭平侯)로 봉했다. 또다시 태복이 되었으며, 패공을 따라 촉한에 들어갔다가 되돌아 나와서 삼진(三秦)의 땅을 평정했다.

영은 다시 패공을 따라 항우를 쳤는데, 팽성에 이르러 항우에게 크게 패했다. 한왕은 형세가 불리하자 달아나다가 도중에 효혜(孝惠 : 후에 혜제가 됨)와 노원(魯元 : 공주) 두 자녀를 만나서 수레에 태웠는데, 너무나 급히 달린 나머지 말은 지쳤고 추격병은 뒤를 바싹 따라붙었다. 한왕은 다급해지자 두 자녀를 발로 차서 수레 밖으로 떨어뜨리려고 했다. 이 때 영이 끌어안아서 그 자녀를 끝까지 수레에 태우고 천천히 수레를 몰았다. 한왕은 노하여 도중에서 10여 차례 이상이나 영의 목을 베려고 했으나, 용케 추격에서 벗어났고, 효혜와 노원을 풍(豐)으로 보낼 수 있었다.

한왕은 형양에 도착하자 흩어진 병사를 규합하여 다시 세력을 길렀다. 영에게는 식읍으로 기양(祈陽)을 내리고, 영은 다시 한왕의 수레를 항상 봉시했다. 종군하여 항우를 치고 추격하여 진(陳)에 이르렀으며`마침내 초나라를 평정하고 노(魯)로 돌아왔다. 식읍으로 자지(玆止 : 산서 분양)가 더 내려졌다.

한왕은 마침내 황제가 되었다. 그 해 가을, 연나라 왕 장도(臧荼)가 모반하자 영은 태복으로서 황제를 따라 장도를 쳤다. 이듬해, 황제를 따라 진(陳)에 이르러 초나라 왕 한신을 사로잡았다. 이 공으로 다시 식읍 여음(汝陰)을 더 받았고, 부절을 나누어 받아 대대로 물릴 수 있도록 허락받았다. 다시 태복으로서 황제를 따라 대(代)를 쳤는데 무천(武泉)·운중(雲中)에까지 이르렀고, 그 공로로 식읍 1천 호를 더 받았다.

또 황제를 따라 한왕 신(信)에 소속하는 흉노의 기병(騎兵)을 진양 부근에서 쳐서 크게 깨뜨리고 추격하여 평성(平城)에 이르렀는데, 이 곳에서 오히려 흉노에게 포위당하여 7일 동안 아군과 연락조차 할 수가 없었다. 고조는 사신으로 하여금 연지(閼氏)에게 선물을 후히 보내자, 묵돌 선우가 한쪽 포위망을 풀어주었다. 이 때 고조는 급히 포위망을 벗어나 달아나려고 했으나 영은 일부러 천천히 걸으면서 모두에게 쇠뇌를 밖으로 향하여 힘껏 당기게 하여 고조를 보호함으로써 마침내 탈출에 성공했다. 고조는 영에게 세양(細陽 : 하남 태화)의 천 호를 식읍으로 더 내렸다.

영은 다시 태복으로서 황제를 따라 흉노의 기병을 구주산(句注山 : 안문산) 북쪽에서 쳐 크게 깨뜨렸다. 그리고 흉노의 기병을 남쪽에서 쳐 세 번씩이나 적진을 함락시켰다. 전공이 많았으므로 탈취한 읍 5백 호를 내렸다. 또 태복으로서 진희·경포의 군사를 쳐서 그 진(陣)을 함락시키고 적을 물리쳤으므로 이 공으로 식읍 천 호가 내려졌는데, 다시 여음(汝陰)의 6천 9백 호를 식읍으로 하고 이전의 식읍은 반납했다.

영은 고조가 처음 패에서 일어난 이후 붕어하기까지 시종 태복으로 일관했는데, 다시 태복으로서 혜제까지 섬겼다. 혜제와 고후(高后)는 영이 효혜·노원을 하읍(下邑 : 강소 탕산)에서 구해낸 것을 덕이라 하여 궁전 가까이에 있는 북관(北關)의 제1급 저택을 내리고 그 집 이름을 「근아(近我)」라고 하였다. 이것은 그를 각별히 존중하는 것을 의미한다.

혜제가 붕어하자 영은 태복으로서 고후를 섬겼다. 고후가 붕어하고 대왕(代王 : 효문제)이 오기로 되자, 영은 동모후(東牟侯 : 흥거興居)와 함께 청궁(淸宮 : 천자가 노니는 궁전의 이름)으로 들어가 소제(少帝)[15]를 폐위시킨 다음, 천자의 법가(法駕)를 가지고 대왕(代王)의 저택으로 마중을 나갔고, 대신과 더불어 대왕을 맞아들여 모시니 그가 효문황제(孝文皇帝)다.

영은 다시 태복이 되었는데, 8년 후에 죽었고, 문후(文侯)의 시호가 내려졌다. 그의 아들 이후(夷侯) 조(竈)가 뒤를 이었고, 7년 후에 죽자 그의 아들 공후(共侯) 사(賜)가 뒤를 이었으며, 31년 후에 죽었다. 그의 아들인 파(頗)는 평양공주(平陽公主)를 맞아 뒤를 이은 지 19년인 원정(元鼎) 2년에 아버지의 첩과 간통한 죄

15) 소제(少帝)…한나라 제4대 황제로 유홍(劉弘). 효혜제의 아들로 여후가 황제로 세웠다. 여후가 죽은 뒤 대신들에게 살해되었다.

에 연루되어 스스로 목숨을 끊었고 영지도 없어지고 말았다.

영음후(潁陰侯) 관영(灌嬰)은 수양(睢陽 : 하남 상구)의 비단장수였다. 고조가 패공이 되어 각지를 공략하여 옹구(雍丘)에 이르렀을 때 장한은 항량의 군대를 무찌르고 그를 죽였다. 패공은 군사를 되돌려 탕현에 진을 쳤다. 관영은 당초에 중연(中涓 : 내시의 벼슬)으로서 패공을 따라 동군(東郡)의 군위를 성무(成武)에서 격파하고, 진나라 군사와 강리(杠里)에서 격렬하게 싸웠는데, 그 공에 따라 칠대부의 작위가 내려졌다. 다시 패공을 따라 진나라 군사를 박(亳) 남쪽 개봉·곡우에서 공격하여 역전했는데, 이 공으로 집백(執帛)의 작이 내려졌고 선릉군(宣陵君)에 봉해졌다.

다시 패공을 따라 양무(陽武) 이서(以西) 낙양에 이르기까지를 공격하여 진나라 군사를 시(尸) 북쪽에서 깨뜨리고, 북쪽 황하 나루터를 차단하여 남쪽에 있는 남양군수 여의를 양성 동쪽에서 깨뜨렸으며 마침내 남양군을 평정했다. 또 서쪽의 무관(武關)으로 들어가 남전(藍田)에서 격렬하게 싸워 패상에 이르렀다. 이 공으로 집규의 작위를 받았으며 창문군(昌文君)에 봉해졌다.

마침내 패공이 일어나 한왕이 되자 관영을 낭중에 임명했다. 한왕을 따라 한중으로 들어갔으며, 그 해 10월 중알자(中謁者 : 황제 곁에서 접견을 관장하는 관리)에 임명되었다. 또 한왕을 따라 되돌아와서 삼진(三秦)을 평정하고, 역양을 무찔러 새왕(塞王)에게 항복을 받고, 다시 되돌아서 장한을 폐구(廢丘)에서 포위했는데 떨어뜨리지는 못했고, 한왕을 따라 동쪽 임진관을 나와 은왕(殷王)을 항복시키고 그 땅을 평정했다.

항우의 장군 용저와 위(魏)나라 재상 항타(項他)의 군사를 정도(定陶) 남쪽에서 치고 격전하여 이를 깨뜨렸다. 이 공으로 열후가 되어 창문후(昌文侯)로 봉해졌으며, 식읍으로 두(杜)의 평향(平鄕)이 주어졌다. 다시 중알자로서 한왕을 따라 탕(碭)으로부터 서쪽 팽성에 이르는 지방을 항복받았다.

항우가 한왕을 크게 깨뜨리자, 한왕이 서쪽으로 도망했는데, 이때 관영은 왕을 따라 되돌아와서 옹구(雍丘)에 진을 쳤다. 왕무(王武)와 위공(魏公) 신도(申徒)가 모반을 하자, 한왕을 따라 이를 격파하고 공략하여 외황을 항복받고 서쪽으로 가서 군사를 정비하여 형양에 주둔했다.

초나라 기병(騎兵)의 대군이 쳐들어오자, 한왕은 기병대의 장수가 될 만한 인물을 군중에서 뽑았는데, 모두 본래 진나라의 기사로 중천(重泉 : 섬서 포성) 사람 이필(李必)과 낙갑(駱甲)이 기마에 능숙하고 지금은 교위로 있지만, 그들을 기병 장수로 쓰는 것이 좋겠다고 추천했다. 한왕이 이 두 사람을 임명하려고 하자, 이필과 낙갑이 이렇게 말했다.

「저희들은 본래 진나라 사람입니다. 그런즉 아마도 군사들이 저희를 신뢰하지 않을 것입니다. 대왕의 근신(近臣) 중에서 기마에 능한 사람을 골라 장수로 삼으시고 저희들은 그 휘하에 있게 해주십시오.」

그리하여 연소하기는 했지만 관영이 역전의 용사였으므로 관영을 중대부(中大夫)로 하고 이필과 낙갑을 좌우 교위로 삼았다. 그래서 관영은 낭중(郎中 : 친위親衛)의 기병을 이끌고 형양 동쪽에 있던 초나라 기병을 쳐서 크게 깨뜨렸다.

또 명을 받고 다른 초나라 군사 후방을 쳐서 양무(陽武)에서 양읍(襄邑)에 이르는 식량 보급로를 끊었다. 항우의 장군 항관(項冠)을 노(魯)의 성 밑에서 깨뜨리고 부하 병졸이 적의 우사마와 기병대장 각 한 명씩을 목 베었다. 또 자공(柘公 : 자현柘縣의

令) 왕무(王武)의 군사를 남연(南燕) 서쪽에서 깨뜨리고 부하 병졸이 누번(樓煩)[16]의 기병대장 다섯 명과 연윤(連尹 : 초나라의 벼슬. 대부) 한 명을 목 베었다.

관영은 또 왕무의 별동대장 환영(桓嬰)을 백마현(하남 활현)의 성 밑에서 깨뜨리고, 부하 병졸이 도위 한 명을 목 베었다. 또 기마병을 이끌고 황하를 건너 남쪽 낙양으로 가는 한왕을 전송하고, 사신으로 북쪽 한단에 이르러 상국 한신의 군대를 맞아들인 다음 귀환하여 오창으로 돌아와 어사대부로 천임되었다.

그로부터 3년 뒤, 열후로서 두현(杜縣)의 평향(平鄕)을 식읍으로 받았다. 어사대부 자격으로 명을 받아 낭중의 기병을 이끌고 동진하여 상국 한신의 휘하에 소속해서 제나라 군사를 역하(歷下)에서 격파했다. 부하 병졸이 거기장군(車騎將軍) 화무상(華毋傷) 및 장사군리(將士軍吏) 마흔여섯 명을 포로로 잡았다. 임치를 항복받고 제나라 수상(守相) 전광을 사로잡았으며, 제나라 재상 전횡을 추격하여 영(嬴)·박(博)에 이르러 그 기병을 깨뜨렸다. 부하 병졸이 기마대장 한 명을 목 베고 네 명을 사로잡았으며, 계속 공격하여 영·박을 항복시키고 제나라 장군 전흡(田吸)을 천승(千乘 : 산동 고원)에서 깨뜨렸다. 부하 병졸이 전흡을 목 베었다. 다시 동쪽으로 나아가 한신을 따라 용저와 유공(留公) 선(旋)을 고밀(高密)에서 공격했다. 부하 병졸이 용저를 목 베고 우사마·연윤(連尹) 각 한 명과 누번의 장수 열 명을 생포했으며, 관영 자신은 적의 부장 주란(周蘭)을 생포했다.

---

16) 누번(樓煩)…춘추시대 말기에 지금의 하북성 서북부, 산서성 북부와 내몽고 등지에 살았던 부족으로, 말 타기와 활쏘기에 뛰어났기 때문에 군중에서 기마와 활쏘기에 능한 사람을 누번이라고 한다.

제나라 땅을 평정하자, 한신은 자립하여 제나라 왕이 되었다. 한왕은 관영을 별동대장으로 삼아 초나라 장군 공고(公杲)를 치게 했는데, 노(魯)의 북쪽에서 깨뜨렸다. 되돌아 남쪽 설(薛)의 군장(郡長)을 깨뜨리고 관영 자신이 적의 기마대장 한 사람을 포로로 잡았다. 다시 부양(傅陽)을 치고 나아가 하상(下相)과 그 동남쪽 동(僮)·취려(取慮)·서(徐) 일대를 평정하고, 회수를 건너 차례로 부근의 성읍을 항복시키고 광릉에 이르렀다.

항우는 항성(項聲)·설공(薛公)·담공(郯公)을 보내 다시 회수 북쪽을 평정하게 하였다. 이에 관영은 회수를 건너 북쪽 항성과 담공을 하비에서 깨뜨리고 설공을 목 벤 다음 하비를 항복시켰다. 또 초나라 기병을 평양에서 깨뜨리고 마침내 평성을 떨어뜨린 다음, 주국(柱國 : 관명) 항타를 포로로 잡고, 유(留)·설(薛)·패(沛)·찬(酇 : 하남 영성)·소(蕭)·상(相)을 항복시킨 다음, 고(苦)·초(譙)를 치고 다시 적의 부장 주란을 사로잡았다. 한왕과 고현(苦縣)의 이향(頤鄕)에서 만나 한왕을 따라 항적의 군사를 진(陳)의 성 아래서 쳐서 깨뜨리고 부하 병졸이 누번의 장수 두 명을 목 베고 기마대장 여덟 명을 포로로 잡았다. 이 공으로 식읍 2천 5백 호를 더 받았다.

항우가 해하에서 패주하자, 관영은 어사대부로서 명을 받아 기마병을 이끌고 별도로 항적을 추격하여 동성(東城)에서 이를 깨뜨렸다. 부하 병졸 다섯 명이 항적을 목 베고 각기 열후에 올랐다. 관영은 적의 좌우 사마 각 한 명, 병졸 1만 2천을 항복시키고 그 장사군리(將士軍吏)를 차례로 손에 넣은 다음, 동성과 역양(歷陽)을 항복시켰다. 장강(長江)을 건너 오군(吳郡)의 군장을 오나라의 성 아래서 깨뜨리고 군수를 사로잡아 마침내 오군·예장군(豫章郡)·회계군을 평정했다. 돌아와서 회수 북쪽을 공략

강후 주발

하여 무려 쉰두 개의 현을 평정했다.

한왕이 황제가 되자 관영에게 식읍 3천을 더 내렸다. 그 해 가을, 관영은 거기장군으로서 황제를 따라 연나라 왕 장도를 쳤다. 이듬해 황제를 따라 진(陳)에 이르러 초나라 왕 한신을 사로잡았다. 돌아와서 황제는 관영에게 부절을 쪼개 주어 대대로 물릴 수 있도록 허락했고, 식읍으로 영음(穎陰)의 2천 5백 호를 내렸으며 영음후로 봉했다.

관영은 거기장군으로서 황제의 명을 받아 모반한 한왕(韓王) 신(信)을 대(代)에서 치고 마읍(馬邑)으로 갔다. 또 명을 받고 별도로 누번 이북의 여섯 현을 항복시키고 대(代)의 좌상을 목 베었으며, 흉노의 기병을 진양(晋陽)의 성 밑에서 깨뜨렸다. 또 황제를 따라 한왕 신의 흉노 기마병을 무천(武泉)에서 깨뜨렸다. 부하 병졸이 흉노 백제(白題 : 흉노의 종족 이름)의 장수 한 명을 목 베었다. 관영은 다시 황제의 명을 받고 연(燕)·조(趙)·제(齊)·양(梁)·초(楚)의 전차와 기마병을 아울러 이끌고 흉노의 기마병을 사석(硰石)에서 격파했다. 평성에 이르러 흉노에게 포위당했으나 황제를 따라 회군하여 동원(東垣)에 진을 쳤다.

관영이 다시 황제를 따라 진희를 쳤다. 또 명령을 받고 별도로 진희의 좌승상인 후창(侯敞)의 군사를 곡역(曲逆)의 성 밑에서 깨뜨렸다. 부하 병졸이 후창과 특장(特將)[17] 다섯 명을 목 베었다. 곡역 · 노노(盧奴) · 상곡양(上曲陽) · 안국(安國) · 안평(安平)을 항복시키고 동원을 공략하여 함락시켰다.

경포가 모반을 하자, 거기장군으로서 먼저 출격하여 경포의 별동대장을 상(相)에서 깨뜨리고, 누번의 부장 세 명을 목 베었다. 다시 진격하여 경포의 상주국(上柱國 : 관명)의 군사 및 대사마의 군사를 깨뜨리고, 더 나아가서 경포의 별동대장인 비주(肥誅)를 깨뜨렸다. 관영 자신은 좌사마 한 명을 생포하고 부하 병졸은 적의 소장(小將) 열 명을 목 베었다. 도망치는 적군을 추격하여 회수 근처까지 뒤쫓았다. 그 공으로 식읍 2천 5백 호가 더 내려졌다. 경포를 무찌른 다음 고조는 귀환하여 관영에게 식읍으로서 영음의 5천 호를 내리고 종래 식읍은 환수했다.

왕이 될 수 없는 자

이상 관영이 황제를 따라가 올린 전과는 무려 2천 석의 고관을 사로잡기 두 명, 별도로 군대를 깨뜨리기 열여섯, 성(城)을 함락시킨 것이 마흔여섯, 나라를 평정한 것이 하나, 군(郡)은 둘, 현은 쉰둘에 이르렀다. 또 장군을 사로잡은 것이 두 명, 주국(柱國)과 상국(相國) 각 한 명과 2천 석의 고관 열 명이었다.

관영이 경포를 물리치고 돌아오자 고조는 붕어했다. 관영은 열후로서 혜제와 여태후를 섬겼다. 태후가 죽자, 여록(呂祿) 등은 조왕의 자격으로 스스로 군사를 이끌고 장안에 진을 치고 반란을 일으키려고 했다. 제나라의 애왕(哀王)은 이 소식을 듣자, 군사를 이끌고 관(關)으로 들어와서 왕이 될 수 없는 자[18]라며 여

17) 특장(特將)…한대(漢代)에 군대를 통솔하거나 작전을 시행할 때, 단독으로 군대의 일부분을 책임지는 장수를 말한다.

씨를 주살하려고 했다. 이 말을 들은 상장군 여록 등은 관영을 대장군으로 삼아 제나라를 치려고 했으나, 관영은 형양으로 가서 강후 등과 의논하고 군사를 형양에 머무르게 한 다음, 제나라 왕에게 여씨를 주살할 뜻을 은근히 비쳤으므로 제나라 왕은 더 이상 진군하지 않았다. 강후 등이 여씨 일족을 주살하자, 제나라 왕은 귀국했으며, 관영도 다시 형양에서 돌아와 강후 진평(陳平)과 함께 대왕(代王)을 옹립해 효문황제로 세웠다. 이에 황제는 관영에게 식읍 3천을 더 내리고 황금 천 근을 내렸으며 태위로 임명했다.

그로부터 3년 뒤, 강후 주발이 승상의 자리에서 물러나 봉국으로 돌아가자, 관영이 승상이 되었으며 태위 직을 내놓았다. 그 해 흉노가 대거 북지(北地)와 상군(上郡)으로 침입했다. 황제는 승상 관영을 시켜 기병 8만 5천을 이끌고 가서 흉노를 치도록 명령했다. 흉노는 물러갔지만, 제북(濟北) 왕이 반란을 일으키자 명을 내려 관영의 군사를 귀환시켰다.

한 해 남짓 후에 관영은 승상의 자리에 있을 때 죽고 의후(懿侯)의 시호가 내려졌다. 그의 아들 평후(平侯) 하(何)가 대를 이어 후가 되었다. 28년 후에 하가 죽자 그의 아들 강(彊)이 대를 이어 후가 되었다. 13년 후 강이 죄를 지어 후의 작위가 2년 동안 끊어졌다가, 원광(元光) 3년 천자는 관영의 손자 현(賢)을 임여후(臨汝侯)에 봉하여 관씨(灌氏) 후대를 잇게 했다. 8년 뒤 현이 수뢰의 죄에 연좌되어 영지를 내놓게 되었다.

태사공은 말한다.

---

18) 왕이 될 수 없는 자…고조의 제서(制書)에 유씨(劉氏)가 아닌 자는 왕이 될 수 없다고 하였다.

「나는 풍(豐)과 패(沛)에 가서 그 곳의 옛 노인들을 찾아 소하 · 조삼 · 번쾌 · 등공(滕公)의 집을 보고, 그들의 평소 행장을 들었는데, 세상에 전해 내려오는 것과 아주 다른 점이 있었다. 그들이 혹은 칼을 두드리고 혹은 개를 잡으며, 혹은 비단을 팔았을 당시 어떻게 자신들이 기미(驥尾)[19]에 매달려 이름을 한나라 조정에 드리우고 덕을 자손에게까지 내려갈 것을 알 수 있었겠는가. 나는 번타광(樊他廣 : 번쾌의 손자)과 교제가 있었고, 그는 나를 위하여 고조의 공신들이 일어났을 때의 사정을 이와 같이 말해 주었다.」

19) 기미(驥尾)…천리마의 꼬리란 말로, 천리마는 고조(高祖)를 가리킨다.

부록(《사기》의 명언 · 명구)

《사기》의 명언 · 명구(上) 차 례

桀犬吠堯 걸견폐요

임금 桀 개 犬 짖을 吠 임금 堯

《사기》 회음후열전

【개는 선악을 불문하고 저마다 그 주인에게만 충성을 한다.】

「걸(桀)의 개가 요(堯)임금을 보고도 짖는다.」

즉 「걸견폐요」란 말은 후세에 와서 바뀌게 된 것으로, 《사기》 회음후열전에는 도척의 개가 요임금을 보고 짖는다〔跖之狗吠堯〕로 되어 있다. 결국 개는 주인만을 알고 그 이외의 사람에게는 사정을 두지 않는다는 뜻이다.

책사(策士) 괴통이 한신에게 이렇게 권유했다.

「지금 항우는 남쪽을 차지하고 유방은 서쪽을 차지하고 있습니다. 지금 동쪽인 제나라를 차지하고 있는 대왕이 어느 쪽에 가담하느냐에 따라 천하대세가 좌우됩니다. 한왕이 대왕을 제나라 왕으로 봉한 것은 남쪽으로 초나라 항우를 치기 위한 부득이한 조처로 실은 대왕을 속으로 몹시 꺼리고 있습니다. 항우가 망하게 되는 날 대왕의 신변은 위태롭게 됩니다. 지금 항우가 바라고 있듯이 이 기회에 천하를 셋으로 나누어 동쪽을 대왕이 차지하고 대세를 관망하는 것이 가장 현명한 길입니다.」

한신은 며칠을 두고 고민하던 끝에 결국은 괴통의 꾀를 받아들이지 못하고 말았다. 천하가 통일되자, 유방은 괴통의 말대로 한신을 없애려는 생각으로 꽉 차 있었다. 초나라 왕으로 봉해졌던 한신은 역적의 누명을 쓰고 장안으로 잡혀오게 되었고, 이렇다 할 증거를 잡을 수 없자, 그를 초왕에서 회음후로 작을 깎았다.

그 뒤 정말 역적으로 몰려 여후(呂后)의 손에 죽게 되자, 한신은 이런 말을 남겼다.

「나는 괴통의 꾀를 듣지 않고 아녀자에게 속은 것을 후회한다. 어찌 운명이 아니겠는가?」

한신의 말을 전해들은 한고조 유방은 곧 괴통을 잡아들이게 했다.

「네가 회음후에게 반역하라고 시킨 일이 있느냐?」

고조의 물음에 괴통은 태연히 대답했다.

「그렇습니다. 신이 반역하라고 일러 주었습니다. 그 철부지가 신의 꾀를 쓰지 않았기 때문에 스스로 몸을 망치고 만 것입니다. 만일 그 철부지가 신의 계책을 썼던들 폐하께서 어떻게 그를 죽일 수 있었겠습니까?」

화가 치민 고조는 괴통을 기름 가마에 넣으라고 명령했다.

「슬프고 원통하다, 내가 삶겨 죽다니!」

괴통은 하늘이 원망스럽다는 듯이 부르짖었다.

「네가 한신을 반하라 시켰다면서 뭐가 원통하단 말이냐?」

「진(秦)나라가 그 사슴〔鹿 : 정권〕을 잃은 때문에 온 천하가 모두 함께 이를 쫓았습니다. 그 결과 솜씨가 뛰어나고 발이 빠른 사람이 먼저 얻게 된 것입니다. 도척 같은 도둑놈의 개도 요임금을 보면 짖습니다〔跖之狗吠堯〕. 요임금이 어질지 않아서가 아니라, 개는 본래 자기 주인이 아니면 짖기 때문입니다. 당시 신은 다만 한신만을 알고 있었을 뿐 폐하는 알지 못했습니다. 또 천하에는 폐하가 한 것과 같은 일을 하고 싶어 하는 사람이 많지만, 다만 힘이 모자라 못할 뿐입니다. 그들을 또 다 잡아 삶을 작정이십니까?」

말 한 마디로 천 냥 빚을 갚는다는 말처럼, 화가 치밀었던 고

조도 괴통의 말이 과연 옳다 생각되어 그를 곱게 놓아 보냈다.

鷄口牛後 계구우후

닭鷄 입口 소牛 뒤後

《사기》 소진열전

【큰 단체의 꼴찌가 되어 붙좇기보다는 작은 단체의 우두머리가 돼라.】

「차라리 닭의 머리가 될지언정 소 엉덩이는 되지 말라」라고 하는 것이 「영위계구(寧爲鷄口)언정 무위우후(無爲牛後)하라」는 말이다. 예부터 내려오는 속담을 소진(蘇秦)이 인용한 말이다.

주(周)의 연왕(燕王) 35년(B.C. 334), 소진은 6국이 연합해서 진나라에 대항해야 한다는 합종(合縱)의 외교정책을 들고 연나라와 조나라 임금을 설득시킨 다음, 조나라 숙후(肅侯)의 후원을 얻어 한나라로 가게 되었다.

소진은 한(韓)나라 선혜왕(宣惠王)을 먼저 이렇게 달랬다.

「한나라는 지형이 천연적인 요새로 되어 있고 훌륭한 무기들을 생산하고 있으며, 군사들은 용감하기로 이름나 있습니다. 이러한 유리한 조건과 대왕의 현명한 자질로써 공연히 진나라의 비위만 맞추려 한다면 천하의 웃음거리밖에 될 것이 없습니다.」

선혜왕은 소진의 말에 다소 자신감이 생겼다. 그런 기미를 본 소진은 끝에 가서 이렇게 부추겼다.

「대왕께서 서쪽으로 진나라를 섬기면 진나라는 한나라에 땅을 요구하게 될 것입니다. 금년에 요구를 들어 주면 명년에 또 요구를 하게 될 것입니다. 이렇게 주다 보면 나중에는 줄 땅이 없게 되고, 주지 않으면 지금까지 준 것이 아무 소용이 없이 화를 입게 될 것이 아닙니까? 또 대왕의 땅은 끝이 있지만, 진나라의 요구는 끝이 없습니다. 끝이 있는 땅을 가지고 끝이 없는 요구를 들어 주지 못하면 이것이 이른바 『원한을 사서 화를 맺는다』는 것으로, 싸우기도 전에 땅부터 먼저 주게 되는 것입니다. 신이 듣건대, 속담에 이르기를 『차라리 닭의 주둥이가 될지언정 소 엉덩이는 되지 말라〔寧爲鷄口 無爲牛後〕』고 했습니다. 대왕의 현명하심으로 강한 한나라의 군사를 가지고 계시면서 소 엉덩이의 이름을 갖는다는 것은, 대왕을 위해 부끄러운 일이 아닐 수 없습니다」

이 말에 선혜왕은 소진이 예기했던 대로 분연히 안색을 변하며, 발끈 성이 나서 눈을 부릅뜨고 손을 뻗어 칼을 어루만지며 하늘을 우러러보고 탄식하여 말했다.

「과인이 아무리 못났지만 진나라를 섬기는 일은 하늘이 무너져도 있을 수 없다.」

어쨌든 간에 이와 같이 하여 이해가 상반되는 6국을 일시적이나마 결합시킨 것은 소진의 꿈이라 아니할 수 없다. 그러나 이것이 도리어 진의 책동을 초래하여 「합종」 성립의 이듬해에 제나라와 위나라가 진나라의 사주를 받아 조를 쳐 파탄을 가져오게 했다.

「계구우후(鷄口牛後)」의 계구는 닭의 머리, 우후는 소의 꼬리를 말하는데, 「닭의 머리는 작으나 존귀하고, 소의 꼬리는 크나 비천하다」 즉 「작은 것의 머리가 될지언정 큰 것의 꼬리가 되지 말라」라는 뜻이다.

堅白同異 견백동이

堅 단단할 견 白 흴 백 同 같을 동 異 다를 이

《사기》 맹자·순경열전

【是를 非라 하고 非를 是라 하며 同을 異라 하고 異를 同이라 하는 것과 같은 억지논리. 궤변.】

전국시대 조(趙)나라의 학자 공손룡(公孫龍)이 「견백동이(堅白同異)」 논리를 폈다.

「단단한 흰 돌을 눈으로 보아서는 흰 것을 알 수 있으나 단단한지는 모르며, 손으로 만져 보았을 때는 그 단단한 것을 알 뿐 빛이 흰지는 모르므로 단단한 돌과 흰 돌과는 동일물이 아니다.」

공손룡은 장자와 같은 시대 사람으로, 당시 사상가들과 마찬가지로 봉건 제후들에게 조언을 하고 제자들에게 논리학적 훈련을 시키는 일을 하였는데, 어떤 삶을 살았는지는 상세한 기록을 볼 수 없다. 다만 그가 조나라 평원군(平原君)의 문객으로서 「무장 폐지〔偃兵〕론」을 주장했으며, 현재 전해 오는 그의 저작으로는 《공손룡자(公孫龍子)》 한 권이 있다는 것만 알 수 있다.

공손룡의 대표적인 학설은 「견백론(堅白論)」과 「백마비마설(白馬非馬說)」이다.

「견백론(堅白論)」이란 견(堅)과 백(白)이 분리될 수 있다는 것이다. 즉 「『견(堅)과 백(白) 석(石)은 셋이라고 할 수 있을까?』 『할 수 있다.』 『둘이라고 할 수 있을까?』 『할 수 있다.』 『왜 그런가?』 『굳은 것을 얻지 못하고 흰색만을 얻고서 굳은 것과 돌을 함께 들어서 말하면 둘이 된다. 흰색을 얻지 못하고 굳은 것만을 얻고서 굳은 것과 돌을 함께 들어서 말하면 곧 둘이 될 것이다. ……보아서 굳은 것은 얻을 수 없으나 흰 것을 얻을 수 있으니 굳은 것은 없는 셈이다. 어루만져서 그 흰 것은 얻을 수 없으나 그 굳은 것은 얻을 수 있으니 그 굳음은 얻고 흰 것은 없는 것이다.』」

그리고 「백마비마설(白馬非馬說)」은, 「말이란 것은 형체를 명명하려는 것이며, 백(白)이란 것은 색채를 명명하는 것이다. 색채를 명명하는 것은 형체를 명명하는 것이 아니다. 그러므로 백마는 말이 아니다.」라는 것이다. 즉 「희다」라는 형용어로 인해 「흰 말」은 더 이상 「말」이라는 일반 개념과는 일치하지 않는다는 것이다. 이처럼 공손룡은 구체적인 개념들이란 서로 범주가 다르기 때문에 하나로 통합될 수 없다는 논리를 내세웠다.

鷄鳴狗盜 계명구도

鷄 닭 계 鳴 울 명 狗 개 구 盜 도적 도

《사기》 맹상군열전

【아무리 천한 재주라도 쓰일 데가 있다. 또는 행세하는 사람이 배워서는 안 될 천한 기능.】

전국시대 말기에는 집도 절도 없이 떠돌아다니는 유랑객들이 판을 치던 시대이기도 하다. 그들은 그들대로의 조직과 의리라는 것을 가지고 있어서 모든 정보를 서로 알려 주는 한편, 한번 남의 신세를 지면 목숨도 아끼지 않는 의기를 보여주곤 했다. 그들은 보통 식객(食客)이란 이름으로 세도 있고 돈 많은 귀족 집에 얹혀살고 있었는데, 당시 식객이 3천 명을 넘은 귀족이 넷이었다 해서 사군시대(四君時代)라 불리기까지 했다.

이 4군 중에서도 가장 유명한 사람이 맹상군(孟嘗君) 전문(田文)이었다. 맹상군은 비록 죄를 짓고 도망쳐온 사람이라도 그가 무엇이든 남다른 재주가 있기만 하면 반겨 식객으로 맞이했다. 말하자면 전과자들의 지상낙원과도 같은 것이었다.

맹상군이 아버지의 뒤를 이어 제나라 재상으로 있을 때, 진(秦)나라 소왕(昭王)이 그를 국빈으로 초청한 일이 있었다. 소왕은 맹상군이 하도 훌륭하다니까 그를 재상으로 임명할 생각을 혼자 품고 있었다.

소왕의 초청을 받아들이느냐 거절하느냐 하는 문제로 조정은 조정대로 식객은 식객대로 설왕설래가 많았지만, 결국 남의 호의를 거절하기가 거북하다 해서 그대로 길을 떠나게 되었다.

맹상군을 재상으로 임명할 생각이었던 진의 소왕은, 맹상군이 아무래도 진나라보다는 제나라를 먼저 생각하지 않겠느냐는 말에 끌려, 이왕 내가 못 쓸 바엔 돌려보내지 않으리라 마음먹고 맹상군 일행을 연금상태에 두게 했다.

이렇게 되자 맹상군은 식객들과 상의 끝에 소왕의 총희(寵姬)에게 도움을 청하기로 했다. 그러자 총희는 이런 제의를 했다.

「나에게 호백구(狐白裘)를 주신다면 어떻게 힘써 보겠습니다.」

맹상군은 진나라에 들어왔을 때 왕에게 선물로서 호백구 하나를 선사한 일이 있었다. 이 호백구는 여우의 겨드랑이밑털로, 곱고 길고 부드럽고 흰 사방 한 치 남짓한 곳을 끊어 이어 붙여서 만든 것으로 그 값이 천금에 해당한다고 한다. 왕은 그것을 입고 총희의 방에 들어가 한바탕 자랑을 했기 때문에 총희는 이 기회에 그것을 얻고 싶어 했던 것이다. 그러나 호백구는 진왕에게 준 그 하나밖에는 없었다. 어디서 어떻게 구해야 한단 말인가?

맹상군이 물었다.

「누구 호백구를 구해 올 사람 없소?」

그러면서 식객들의 얼굴을 살폈으나 아무도 대답하는 사람이 없었다.

그 때 맨 아랫자리에 있던 한 사람이 벌떡 일어서면서 말했다.

「제가 호백구를 구해 오겠습니다.」

그는 그 전부터 개 껍질을 쓰고 개 흉내를 내며 남의 집에 숨어 들어가 있다가 적당한 틈을 보아 물건을 훔쳐내 오기로 유명한 사람이었다. 그는 그날 밤 개로 둔갑을 한 다음 진나라 대궐 창고 속으로 들어가 드디어 호백구를 훔쳐내는 데 성공했다.

호백구를 받은 총희는 진왕의 앞에서 눈물을 흘리며 맹상군을 놓아 보내 줄 것을 호소했다. 천하에 어질기로 이름이 높은 맹상군을 임금의 이름으로 초청을 해놓고는 아무 이유 없이 그를 붙들어 두고 돌려보내지 않는다면 앞으로 인재라는 인재는 다 진나라를 등지게 될 것이며, 진나라를 등진 그들이 힘을 합쳐 진나라에 적대해 온다면 장차 이 나라 운명이 어떻게 될지 아마 첩이 임금을 모실 날도 오래지 못할 것 같다면서 울먹였던 것이다.

듣고 보니 과연 그럴 것 같았다. 소왕은 그 날로 당장 맹상군 주위를 지키던 사람들을 모두 철수시켰다. 맹상군은 여권을 위조하여 성명을 고쳐 쓴 다음 부랴부랴 성문을 빠져 나갔다.

말을 채찍질해 전속력으로 함곡관(函谷關)까지 왔을 때는 마침 한밤중이었다. 함곡관을 빨리 벗어나야만 살아날 수 있었다. 뒤에는 곧 추병이 달려오는 것만 같았다. 그러나 관문이 열리려면 아직도 멀었다. 첫닭이 울기 전에는 관문은 굳게 닫혀져 있어 행인의 왕래가 철저히 금지되어 있었다.

그 때, 돌연 식객들 가운데서 닭의 울음소리가 낭랑하게 들려왔다. 닭울음소리를 흉내 내는 식객이 있었던 것이다. 그러자 주위에 있는 모든 닭들이 따라 울었다.

관문지기는 여권을 한 번 보고는 문을 활짝 열어 주었다.

소왕은 맹상군을 놓아 준 것을 곧 후회하고, 군대를 보내 그의 뒤를 쫓게 했다. 그러나 함곡관에 다다랐을 때는 닭이 아닌 사람의 소리에 의해 이미 문이 활짝 열린 뒤였다. 이미 멀리 갔을 거라는 관문지기의 말에 되돌아오고 말았다.

처음 맹상군이 이 개 도둑질하고 닭 울음 우는 사람을 식객으로 맞아들였을 때는, 다른 식객들은 그들 두 사람과 한자리에 있게 된 것을 몹시 수치스럽게 여겼다. 그러나 그들도 진나라에서의 어려운 고비를 이들 두 사람에 의해 벗어나게 되자, 비로소 맹상군의 혜안에 탄복하게 되었다.

이「계명구도」란 말은 아무리 천한 재주라도 다 쓰일 데가 있다는 뜻으로 쓰이지만, 역시 천한 재주임에는 틀림이 없다.

맹상군이 진나라에서의 어려움을 벗어나게 된 것도 다 손님을 차별 없이 대우한 덕이라고 좋게 평가하고 있었는데, 이에 대해 송(宋)나라 왕안석(王安石)은 반대로 혹평을 내리고 있다.

3천 명이나 되는 식객 가운데 한 사람도 주인을 위험한 곳으로 들어가지 못하도록 말린 사람이 없고, 겨우 죽게 된 마당에 개 도둑질이나 하고 닭 울음이나 우는 그런 무리들에 의해 목숨을 건지게 되었으니 맹상군은 다만「계명구도」의 영웅일 뿐이라는 것이다.

지금은 왕안석의 해석을 기발하고 옳은 평으로 보고 있다.

枯株朽木 고목후주

枯 마를 고 株 그루터기 주 朽 썩을 후 木 나무 목

《사기》 노중련·추양열전

【마른 나무나 썩은 그루터기와 같다는 뜻으로, 자신을 낮추어 겸손하게 표현할 때 쓰는 말.】

한경제 때 오왕 유비(劉濞)의 수하에 추양(鄒陽)이라는 사람이 있었는데, 유비가 반란을 꾀하려 하자 그는 양효왕 유무의 수하로 들어가게 되었다. 그러나 양효왕은 양승 등과 같은 간신들의 말을 듣고 추양을 옥에 가두고 말았다. 추양은 「옥중에서 양효왕에게 올리는 글〔獄中上 梁孝王書〕」을 지어 자신의 무고함을 상소하였는데, 이 글에 「고목후주」라는 말이 나온다.

「명월주(明月珠)라든가 야광벽(夜光璧)도 어두운 길을 걷는 사람에게 던지면〔明珠暗投〕 칼을 잡고 노려보지 않는 사람이 없을 것이다. 아무런 인연도 없는데 눈앞에 날아왔기 때문이다. 마구 꼬인 나무뿌리가 너무 굽어 있어 아무 소용없을 것 같지만, 만승의 군주 그릇이 되는 것은 좌우에 있는 사람이 우선 그 뿌리를 조각하고 장식을 하여 군주에게 바쳤기 때문이다』라는 말을 들었습니다만, 아무 인연도 없는데 눈앞에 날아오면 수후주(隋侯珠)·야광벽일지라도 원한을 살 뿐 덕이 될 수는 없습니다. 이와 반대로 누군가가 먼저 소개를 해주면 마른 나무나 썩은 등걸〔枯木朽株〕을 바치더라도 공로가 있다 하여 잊혀지지 않는 법입니다. ……」

여기에서 추양은 자신을 명월주와 야광벽에 비기고 양승 같은 사람들을 고목후주에 비기면서 신세타령을 늘어놓은 것이다.

이 밖에 한무제 때의 문인 사마상여(司馬相如)가 한무제에게 올리는 「간렵소(諫獵疏)」라는 글에서 고목후주라는 말을 쓰고 있는데, 고주후목(枯株朽木)이라고도 한다.

高枕安眠 고침안면

高 높을 고 枕 베게 침 安 편안할 안 眠 잘 면

《사기》 장의열전

【베개를 높이 하고 편안히 잔다는 뜻으로, 근심 없이 편히 잠을 잘 수 있을 만큼 안심할 수 있는 상태라는 말.】

전국시대 소진(蘇秦)과 장의(張儀)는 종횡가(縱橫家)로서 유명한데, 소진은 합종(合縱), 장의는 연횡(連衡)을 주장했다. 합종이란 진(秦)나라 이외의 여섯 나라, 곧 한(韓)·위(魏)·조(趙)·연(燕)·제(齊)·초(楚)가 동맹하여 진나라에 대항하는 것이다. 이러한 소진의 합종책을 뒤집어 진나라로 하여금 유리한 위치에 서게 한 사람이 바로 장의였다. 장의의 연횡이란 여섯 나라가 각각 진나라와 손잡는 것이지만 실은 진나라에 복종하는 것이었다.

장의는 본래 진나라 혜문왕(惠文王)의 신임을 받았다. 소진보다 악랄했던 장의는 진나라의 무력을 배경으로 이웃 나라를 압박해 나갔다. 진나라 혜문왕 10년(B.C. 328)에는 장의 자신이 진나라 군사를 이끌고 위나라를 침략했다. 그 후 위나라의 재상이 된 장의는 진나라를 위해 위나라 애왕(哀王)에게 합종을 탈퇴하고 연횡에 가담할 것을 권했으나 받아들여지지가 않았다. 그러자 진나라는 본보기로 한(韓)나라를 공격하고 8만에 이르는 군사를 몰살시켰다. 이 소식을 전해들은 애왕은 밤잠을 이루지 못했다.

일이 이렇게 되자 위의 애왕뿐만 아니라 다른 제후들도 위협을 느껴 불안에 떨었다. 이 기회를 포착한 장의는 애왕에게 이렇게 말했다.

「위나라는 영토도 좁고 병사도 적습니다. 그런데 사방으로 초나라와 한나라 같은 강력한 제후들이 핍박하고 있습니다. 위나라는 열국의 통로가 될 가능성이 많습니다. 남은 초(楚), 서는 한(韓), 북은 조(趙), 동은 제(齊)와 국경을 이웃해서 그 어떤 나라와 동맹을 맺어도 다른 나라의 원한을 삽니다. 또, 진이 위와 조의 길을 끊고 한나라를 설득해서 위를 공격한다면 어떻게 되겠습니까. 진나라를 섬기는 것이 최상입니다. 만일 진나라를 섬기게 되면 초나라나 한나라가 감히 공격하지 못할 것입니다. 초나라와 한나라로부터의 재앙만 없다면 대왕께서는 베개를 높이 하고 몸을 뉘어 편안히 잘 수가 있을 것이고 나라에도 근심이 없을 것입니다〔然以事秦 則楚韓不敢動 無楚韓之患 則大王高枕而臥安眠 國必無憂矣〕.」

여기에다 진의 목적이 초에 있으므로 진과 위가 함께 초를 공격하여 초를 나누어 갖자는 미끼까지 던져 꾀었다. 결국 위나라 애왕은 합종에서 빠져나와 진나라와 우호동맹조약을 맺었다. 장의는 이 일을 시작으로 나머지 다섯 나라를 차례로 설득하여 마침내 주(周)나라 난왕(赧王) 4년(B.C. 311)에 연횡을 성립시켰다. 그러나 이는 6국을 진에 헌상하려는 장의의 계책에 불과할 뿐이었다.

고침무우(高枕無憂)라고도 한다.

狡兎三窟 교토삼굴

狡 교활할 교 兎 토끼 토 三 석 삼 窟 구멍 굴

《사기》 맹상군열전

【꾀 많은 토끼가 굴을 세 개나 가지고 있었기 때문에 죽음을 면할 수 있었다는 뜻으로, 교묘한 지혜로 위기를 피하거나 재난이 발생하기 전에 미리 준비를 해야 한다는 말.】

풍환(馮驩)은 제(齊)나라의 재상(宰相)인 맹상군의 식객(食客)이었다. 맹상군은 왕족인 정곽군(靖郭君) 전영(田嬰)의 아들로 이름은 전문(田文)이고, 맹상군은 그의 호이다. 풍환은 본디 거지였는데 맹상군이 식객을 좋아한다는 말에 짚신을 신고 먼 길을 걸어왔던 자다. 맹상군은 그의 몰골이 하도 우스워 별 재주는 없어 보였지만 받아주었다.

그러나 그는 괴짜였다. 맹상군은 그를 3등 숙소(宿所)에 배치했는데 고기반찬이 없다고 늘 투덜댔다. 그래서 2등 숙소로 옮겨 주었는데 이번에는 수레가 없다고 불평을 하는 것이 아닌가. 마지막으로 1등 숙소로 옮겨 주자 그럴 듯한 집이 없다며 투덜댔다.

당시 맹상군은 설(薛 : 현재 山東省 동남지방)에 1만 호의 식읍을 가지고 있었다. 3천 명의 식객을 부양하기 위해 식읍 주민들에게 돈놀이를 하고 있었는데 도무지 갚을 생각을 하지 않았다. 누구를 보내 독촉할까 궁리하고 있는데 1년간 무위도식(無爲徒食)으로 일관했던 풍환이 자청했으므로 그를 보내기로 했다.

출발할 때 그는 물었다.

「빚을 받고 나면 무엇을 사올까요?」

맹상군이 말했다.

「무엇이든 좋소. 여기에 부족한 것을 부탁하오.」

풍환은 설로 가서 맹상군의 돈을 빌린 사람들을 불러 이자 10만 전을 받았다. 풍환은 그 돈으로 술을 많이 빚고 살찐 소를 사놓은 다음, 채무자가 모두 모이도록 해놓고 이렇게 공고했다.

「이자를 낼 사람은 모두 오시오. 이자를 낼 수 없는 사람도 오시오.」

모인 사람은 모두 차용증서를 손에 들고 일일이 꾸어 준 쪽의 문서와 대조해 보고 모두 다시 회합할 날을 정했다. 그 날은 소를 잡고 술을 걸러서 주연을 베풀었다.

술자리가 한창 벌어졌을 때, 증서를 내어 앞서와 마찬가지로 맞추어보고 이자를 낼 만한 사람과는 서로 의논하여 원리금 반제할 기한을 정하고, 가난해서 이자를 낼 수 없는 사람에게는 그 차용증서를 불태워 버린 다음 이렇게 말했다.

「맹상군이 자기 영토의 백성들에게 돈을 꾸어 주었던 것은 자금이 없는 사람에게 자금을 주어 본업(本業)을 경영하도록 하기 위함이었소. 또 이자를 받는 것은 빈객을 대접할 자금이 모자랐기 때문이오. 이제 여러분이 본 바와 같이 부유한 사람에게는 반제할 기한을 약속 받았고, 가난한 사람의 증서는 불태워 버렸소. 여러분, 실컷 마시고 먹도록 하시오. 이런 군주가 있는데 어찌 그 뜻을 저버릴 수 있겠소!」

앉아 있던 사람들이 모두 일어나서 재배(再拜)했다.

설에서 돌아온 풍환에게 맹상군이 물었다.

「선생은 무엇을 사오셨소?」

풍환이 말했다.

「당신에게 지금 부족한 것은 은혜와 의리입니다. 차용증서를 불살라 당신을 위해 돈 주고 사기 힘든 은혜와 의리를 사가지고 왔습니다〔此時馮驩曰 君之不足則恩義也 以燒借書爲君賣恩義來〕.」

이 말을 들은 맹상군은 매우 마땅찮은 기색이었다.

1년 후, 맹상군이 제나라의 새로 즉위한 민왕(泯王)에게 미움을 사서 재상 직에서 물러나자, 3천 명의 식객들은 모두 뿔뿔이 떠나버렸다. 풍환은 그에게 잠시 설에 가서 살라고 권유했다. 맹상군이 실의에 찬 몸을 이끌고 설에 나타나자 주민들이 환호하며 맞이했다. 맹상군이 풍환에게 말했다.

「선생이 전에 은혜와 의리를 샀다고 한 말뜻을 이제야 겨우 깨달았소.」

풍환이 말했다.

「교활한 토끼는 구멍을 세 개나 뚫지요〔狡兎三窟〕. 지금 공께서는 한 개의 굴을 뚫었을 뿐입니다. 따라서 아직 베개를 높이 베고 근심 없이 잠을 잘〔高枕無憂〕 수는 없습니다. 공을 위해 나머지 두 개의 굴도 마저 뚫어드리지요.」

그래서 그는 위(魏)나라의 혜왕(惠王)을 설득하여 맹상군을 등용하면 부국강병(富國强兵)을 실현할 것이며, 동시에 제나라를 견제하는 힘도 될 수 있다고 역설했다. 마음이 동한 위의 혜왕이 금은보화를 준비하여 세 번이나 맹상군을 불렀지만, 그 때마다 풍환은 맹상군에게 응하지 말 것을 은밀히 권했다.

이 사실은 제나라의 민왕에게 알려지게 되었고, 아차 싶었던 민왕은 그제야 맹상군의 진가를 알아차리고 맹상군에게 사신을 보내 자신의 잘못을 사과하고 다시 재상의 직위를 복직시켜 주었다. 두 번째의 굴이 완성된 셈이다.

두 번째의 굴을 파는 데 성공한 풍환은 세 번째 굴을 파기 위해 제민왕을 설득, 설 땅에 제나라 선대의 종묘를 세우게 만들어 선왕(先王) 때부터 전승되어 온 제기(祭器)를 종묘에 바치도록 했다. 선대의 종묘가 맹상군의 영지에 있는 한 설혹 제왕의 마음이 변심한다 해도 맹상군을 함부로 대하지 못할 것이라는 계산에서였다.

「이것으로 세 개의 구멍이 되었습니다. 이제부터 주인님은 고침안면 하십시오.」

이리하여 맹상군은 재상에 재임한 수십 년 동안 별다른 화를 입지 않았는데 이것은 모두 풍환이 맹상군을 위해 세 가지 보금자리를 마련한 덕이다. 이 고사는 불안한 미래를 위해 미리 준비를 해야 한다는 말로, 완벽한 준비 뒤에는 뜻하지 않는 불행은 찾아오지 않는다.

骨鯁之臣 골경지신

骨 뼈 골 鯁 생선뼈 경 之 갈지 臣 신하 신

《사기》 자객열전

【목구멍에 걸린 생선가시처럼 듣기에 괴로운 직언(直言)을 하는 강직한 신하를 비유하는 말.】

《사기》 자객열전(刺客列傳)에 등장하는 자객 전제(專諸)에 대한 이야기에서 나온 말이다.

전제는 오나라 당읍(堂邑 : 강소 육합) 사람이다. 오자서는 초나라에서 도망쳐 오나라에 갔을 때 전제의 재능을 알았다. 오자서가 오나라 왕 요(僚)를 알현하고 초나라를 치는 것이 유리함을 설명하자, 공자(公子) 광(光)이 왕에게 말했다.

「그 오운(伍員 : 오자서)은 아버지도 형도 모두 초나라에 의해 죽음을 당했습니다. 오운이 초나라를 치자고 말하는 것은 자기의 원수를 갚고자 하는 것이지, 오나라를 위한 계략이 아닙니다.」

그래서 오나라 왕은 초나라를 치는 것을 그만두었다. 오자서는 공자 광이 오나라 왕 요(僚)를 죽이려 하는 것을 알아차리고 이렇게 생각했다.

「저 광(光)은 나라 안에서 난을 일으키려는 야심이 있으니 초나라를 치는 이야기를 해서는 안 되겠다.」

그리고는 전제를 공자 광에게 추천하여 후일의 일에 대비했다. 광의 아버지는 오왕(吳王) 제번(諸樊)이다. 제번에게는 세 명의 동생이 있었는데, 바로 밑의 동생은 여제(余祭), 그 다음이 이매(夷昧), 막내동생이 계자찰(季子札)이다. 제번은 계자찰이 현명한 것을 알고 태자를 책봉하지 않고 차례로 동생들에게 왕위를 물려받게 하여 결국 나라를 계자찰에게 물려주려고 했다.

제번이 죽은 뒤 여제가 왕위에 올랐고, 여제가 죽은 뒤 이매가 이었으며, 이매가 죽었기 때문에 계자찰이 이어받아야 했는데, 그는 왕이 되는 것이 싫어서 도망을 했다. 그래서 오나라에서는 이매의 아들 요(僚)를 세워 임금을 삼았다. 공자 광은 이렇게 말했다.

「형제의 순서로 왕이 된다면 계자찰이 왕위에 올라야 하고, 아들의 순서대로 왕위에 올라야 한다면 나야말로 진짜 후사로서 당연히 왕위를 이어받아야 할 것이다.」

그런 까닭에 광은 평소부터 은근히 심복의 모신(謀臣)을 길러 자신이 왕위를 차지하려는 방법을 찾고 있었다. 그런 차에 전제를 얻자 빈객으로 후하게 대우했다. 9년 뒤에 초나라 평왕(平王)

이 죽었다. 그 해 봄 오나라 왕 요는 초나라가 상중임을 기화로 초나라를 치기로 하고, 아우인 공자(公子) 개여(蓋餘)와 촉용(屬庸)을 장군으로 하여 초나라 잠(潛 : 안휘 곽산)을 포위하고 연릉(延陵)의 계자(季子)를 진(晋)나라에 파견하여 제후의 움직임을 관찰시켰다. 초나라는 출병하여 오나라 장군 개여와 촉용의 퇴로를 끊었으므로 오나라 군사는 귀환할 수 없게 되었다. 그러자 공자 광이 전제에게 말했다.

「이 시기를 놓쳐서는 안 되오. 구하지 않는다면 무엇을 얻을 수 있겠소. 나는 참다운 왕의 후사이지 않소. 왕위에 오르는 것은 당연한 일이오. 계자찰이 돌아온다 해도 나에게 이론(異論)은 없을 것이오.」

그러자 전제가 말했다.

「왕 요(僚)를 죽일 때입니다. 그 어머니는 연로했고 그 아들은 나이가 어리며, 더구나 두 동생은 병사를 이끌고 초나라를 치고 있는데, 그 후방은 끊어졌습니다. 지금이야말로 오나라는 밖으로는 초나라에 고통을 당하고, 안으로는 병력이 비었으며 직언하는 강직한 신하도 없습니다〔方今吳外困于楚 而內無骨鯁之臣〕. 이런 상황에서는 우리 편을 어떻게도 할 수 없을 것입니다.」

공자 광은 머리를 조아리면서 말했다.

「나의 몸은 곧 그대의 몸이오.」

요왕 12년 4월 병자일, 광은 무장병을 지하실에 매복시키고 술을 준비하여 왕 요를 초대했다. 왕은 연도에 경계병을 늘어세우고 궁전을 나와 광의 저택으로 왔다. 문과 계단 좌우에 늘어선 사람들도 모두 왕 요의 심복 친척들이었고, 왕을 에워싸고 서 있는 사람은 모두 긴 자루의 칼을 손에 들고 있었다.

술자리가 무르익자, 공자 광은 거짓으로 다리가 아프다며 지하실에 들어가 전제에게 명하여 뱃속에 비수를 감춘 생선구이를 내오도록 했다. 왕 앞으로 가자 전제는 생선의 배를 찢고 비수를 꺼내 왕 요(僚)를 찔렀다. 왕은 그 자리에서 죽었다. 전제 역시 좌우에 있는 사람들에 의해 죽임을 당했다. 왕의 수행자들은 큰 소동을 일으켰으나, 공자 광은 매복해 두었던 군사를 풀어 왕 요의 무리를 쳐서 모두 섬멸하고 마침내 자립하여 왕이 되었다. 이 사람이 합려(闔閭)이다. 합려는 전제의 아들을 봉하여 상경(上卿)을 삼았다.

여기에서 유래하여 「골경지신」은 목숨을 걸고 임금이 듣기에 괴롭고 거북한 직언을 서슴지 않는 신하를 비유하는 말로 사용된다.

過猶不及 과유불급

過 지나칠 과 猶 오히려 유 不 못할 불 及 미칠 급

《사기》 중니제자열전

【지나침은 미치지 못함과 같다.】

여러 가지 면에서 깊은 뜻이 있는 말이다. 경우에 따라서는 지나침이 미치지 못함만 못할 수도 있다. 지나치지도 않고 모자람도 없는 중용(中庸)의 문제를 거론한 것이다.

속담에 「박색 소박은 없어도 일색 소박은 있다」 고 했다. 얼굴이 너무 예쁜 것보다는 못난 편이 낫다는 결론이 된다.

이 말은 원래 《논어》 선진편(先進篇)에 나오는 말로서 《사기》 중니제자열전에 인용하고 있다.

자공(子貢)이 공자에게 물었다.

「사(師 : 子張의 이름)와 상(商 : 子夏의 이름)은 누가 어집니까?」

공자가 대답했다.

「사는 지나치고 상은 미치지 못한다.」

자공이 다시 물었다.

「그럼 사가 낫단 말씀입니까?」

그러자 공자가 말했다.

「지나침은 미치지 못함과 같다〔過猶不及〕.」

자장과 자하는 《논어》의 기록을 통해 볼 때 퍽 대조적인 인물이었다. 자장은 기상이 활달하고 생각이 진보적이었는 데 반해, 자하는 만사에 조심을 하며 모든 일을 현실적으로만 생각했다.

친구를 사귀는 데 있어서도, 자장은 천하 사람이 다 형제라는 주의로 모든 사람을 동등하게 대했는데, 자하는 「나만 못한 사람을 친구로 삼지 말라」고 제자들에게 가르쳤다.

그러나 공자가 말한 「과유불급」은, 굳이 두 사람에게 국한된 것이 아니고 일반적인 원칙을 말한 것이다. 그러면 그 지나치다, 혹은 미치지 못한다 하는 표준은 어디에 두어야 할 것인가? 그것은 한 마디로 중용(中庸)인 것이다. 미치지 못하지도 않고 지나치지도 않은 중용이란 말은 다시 시중(時中)이란 말로 표현된다. 시중은 그때그때 맞게 한다는 뜻이다.

어제의 중용이 오늘에도 중용일 수는 없다. 이것이 꼭 옳다, 이렇게 하는 것이 영원불변의 진리다 하는 것은 있을 수 없는 것이다. 그것은 손으로 만져 쥐어 보일 수도 없는 것이다. 모든 것을 환히 통해 아는 성인이 아니고서는 이 시중을 행할 수 없는 것이다. 그러기에 공자는 말하기를, 「천하도 바로잡을 수 있고, 벼슬도 사양할 수 있고, 칼날도 밟을 수 있지만, 중용만은 할 수 없다」 고 했다.

「과유불급」 이란 말과 중용이란 말을 누구나 입으로 말하고 있지만, 공자의 이 참뜻을 안 사람은 드물다. 공자를 하늘처럼 받들어 온 선비란 사람들이 고루(古陋)한 형식주의와 전통주의에 빠져 시대를 그릇 인도하고 나라를 망치게 한 것도 이 과유불급과 중용의 참뜻을 이해하지 못한 때문이었다.

袴下之辱 과하지욕

袴 사타구니 과 下 아래 하 之 어조사 지 辱 욕되게 할 욕

《사기》 회음후열전

【기어서 가랑이 밑을 빠져 나갔다는 말로서, 굴욕을 참는 일, 큰 뜻을 품은 사람은 쓸데없는 일로 승강이하지 않음을 비유하는 말.】

인욕(忍辱), 치욕(恥辱)을 참는다는 뜻으로 큰일을 위해서는 목전의 작은 이익에 현혹(眩惑)되어서도 안 되지만 굴욕 또한 참고 견뎌낼 줄 알아야 한다는 뜻이기도 하다.

유방(劉邦)이 항우(項羽)를 이기고 한(漢)나라를 세우는 데 가장 큰 공헌을 한 이를 꼽는다면 회음후(淮陰侯) 한신(韓信)을 빼고는 이야기할 수가 없을 것이다.

한신이 아직 평민으로 있을 때, 가난하고 방종하여 관리가 되고자 해도 추천을 받지 못하고, 또 장사를 해서 생업을 이어나갈 재간도 없었으므로 늘 남의 집에 얹혀서 얻어먹고 있었다. 그

리하여 그를 아는 사람은 누구나 그를 싫어했다.

그는 일찍이 회음의 시골 남창(南昌)의 정장(亭長) 집에서 자주 기식(寄食)을 했는데, 때로는 몇 달씩 계속 머무르는 수도 있어 정장의 아내는 한신을 싫어했다. 그녀는 어느 날 아침 일찍 밥을 지어 이불 속에서 먹어치웠다. 식사 때가 되어 한신이 가자 식사 준비를 하지 않았다. 그래서 한신도 그 뜻을 눈치 채고 노하여 마침내 그 집과 발을 끊기로 하고 떠나가 버렸다.

그의 고향 회음(淮陰)에서 있었던 일이다. 어렵게 지내고 있었으므로 다들 그를 보면 업신여기거나 놀려대곤 했다. 한번은 회음의 푸줏간 패거리들 가운데 젊은이 한 사람이 한신을 같잖게 보고 놀려댔다.

「너는 덩치는 커가지고 늘 칼을 차고 다니지만, 실속은 겁쟁이일 게다.」

구경꾼들이 모여들자, 그는 한신의 면전에서 욕까지 해댔다.

「네가 나를 죽이고 싶거든 그 칼로 나를 찔러 보아라. 만약 죽일 수 없다면 내 가랑이 밑으로 지나가거라.」

한신은 그를 물끄러미 바라보다가 이윽고 허리를 굽히고 땅바닥에 배를 깔고 엎드려서 그의 가랑이 밑으로 기어서 빠져 나갔다〔韓信出袴下〕. 시장바닥 사람들은 모두 한신을 겁쟁이라며 비웃었다.

이 일로 해서 온 장바닥 사람들은 다들 그를 겁쟁이라고 비웃었다. 하지만 그는 기개가 남달랐다.

그 후 이 점을 정확하게 꿰뚫어 보았던 이가 소하(蕭何)였다. 그를 유방에게 적극 추천했을 뿐만 아니라 대장군(大將軍)에 임명토록 함으로써 한신은 비로소 역사의 무대에 등장한다.

管鮑之交 관포지교

管 대롱 관 鮑 절인어물 포 之 갈지 交 사귈 교

《사기》 관·안열전

【친구 사이의 매우 다정하고 허물없는 교제.】

관포(管鮑)는 춘추시대 제나라의 관중(管中)과 포숙아(鮑叔牙) 두 사람의 성을 따서 한 말인데, 이 두 사람의 우정은 우리가 본받아야 할 위대한 점을 지니고 있다.

관중과 포숙아는 젊었을 때부터 친구였다. 처음에는 둘이서 장사를 했다. 포숙아는 자본을 대고, 관중은 경영을 담당했다. 포숙아는 모든 것을 관중에게 일임하고 일체 간섭하는 일이 없었다. 기말 결산에 이익 배당을 할 때면 관중은 언제나 훨씬 많은 액수를 자기 몫으로 차지하곤 했다. 포숙아는 많다 적다 한 마디 말하는 법이 없었다.

그 당시의 관례로서는 자본주가 더 많이 차지하거나, 아니면 똑같이 분배하는 것이 보통이었다. 그런데 관중은 월급은 월급대로 받고, 용돈은 용돈대로 써 가며 이익 배당은 자기 앞으로 더 큰 몫을 돌려놓는 것이었다. 밑에 일 보는 사람들이 속으로 불평을 하는 것도 당연했다. 그들은 포숙아의 너무도 무관심한 태도가 안타까웠다. 그래서 간부 몇 사람이 포숙아를 찾아가 관중의 처사가 틀렸다는 것을 흥분해 가며 늘어놓았다. 그러나 포숙아는 아무렇지도 않게 말했다.

「그 사람은 나보다 가족이 많다. 그리고 어머님이 계신다. 그만한 돈이 꼭 필요해서 그러는 것이 아니겠는가. 내가 일일이 신경을 써 가며 보살피기보다는 그가 필요한 대로 알아서 쓰는 것이 얼마나 서로 편리한 일인가. 그 사람이 만일 돈에 욕심이 있어서 그런다면 내가 트집을 잡으려고 해도 잡을 수 없게끔 얼마든지 돈을 가로챌 수 있을 것이다.」

포숙아의 관중에 대한 이해와 아량도 놀라운 일이지만, 포숙아의 그 같은 속마음을 환히 들여다보며 이렇다 할 말 한 마디 없이 제 돈 쓰듯 하는 관중의 태도도 보통 사람으로서는 할 수 없는 일이다. 그 뒤 관중은 독립해서 여러 가지 일을 시작해 보았으나 번번이 실패를 거듭할 뿐이었다. 사람들은 관중의 무능함을 비웃었다. 그러나 그때마다 포숙아는 관중을 이렇게 변명해 주었다.

「그것은 관중이 지혜가 모자라서 그런 것이 아니다. 아직 운이 없어서 그런 것이다.」

그 뒤 관중은 포숙아와 함께 벼슬길로 들어가게 되었다. 그러나 관중은 그때마다 사고를 저지르고 그 자리에서 물러나지 않으면 안 되었다. 사람들이 관중을 모자라는 사람으로 수군거리면 포숙아는 또 이렇게 변명을 해 주었다.

「관중이 무능해서 그런 사고를 저지르는 것이 아닐세. 아직도 때를 만나지 못한 때문이야.」

그 뒤 관중은 포숙아와 함께 장수로서 전쟁터에 자주 나가곤 했다. 그런데 관중은 진격할 때면 언제나 뒤에 처지고, 패해 달아날 때면 누구보다 앞장서곤 했다. 사람들이 관중을 겁쟁이라고 손가락질을 하면 포숙아는 또 이렇게 그를 변명해 주었다.

「관중이 겁이 많아 그런 게 아닐세. 늙은 어머님이 계시기 때문이야.」

그 뒤 제나라는, 양공(襄公)의 문란한 정치로 언제 무슨 일이 일어날지 알 수 없는 상태로 변해 갔다. 관중은 포숙아에게 이렇게 말했다.

「제나라에 변이 일어났을 때 뒤를 이어 임금이 될 만한 인물은 공자(公子) 규(糾)와 공자 소백(小白)뿐이다. 우리 각각 한 사람씩 맡아 외국으로 망명해 있으면서 기회를 기다리도록 하자.」

이리하여 관중은 공자 규를 데리고 노나라로 피했고, 포숙아는 공자 소백을 데리고 거(莒)나라로 가 피해 있었다. 그 뒤 제나라에 내란이 일어나 임금이 계속 둘이나 비명에 죽고, 그 뒤를 이을 마땅한 공자를 물색하게 되었다. 이리하여 관중과 포숙아는 각각 자기가 모시고 있는 공자를 데리고 제나라를 향해 앞다투어 길을 재촉했다.

관중은 포숙아가 앞에 갔다는 말을 듣자, 단신 말을 달려 밤을 새워 추격을 했다. 포숙아 일행이 막 점심을 먹고 있는데, 관중이 단신 나타나 활로 공자 소백을 쏘았다. 가슴을 맞은 소백은 피를 흘리며 수레에서 넘어졌다. 소백이 피를 쏟으며 넘어지는 것을 본 관중은 유유히 돌아와 공자 규와 함께 마음 놓고 제나라로 향해 떠났다.

그러나 소백은 죽지 않았다. 천명으로 관중의 화살이 그의 띠 갈구리에 와 맞는 순간, 관중의 다음 화살이 두려워 얼른 혀를 깨물어 피를 뿜어 보이며 죽은 듯이 넘어져 있었던 것이다. 먼저 들어가 임금이 된 소백은 곧 제나라 군대를 보내 관중 일행을 막았다. 관중은 싸움에 패해 노나라로 다시 도망을 쳤다가 거기서 포로가 되어 제나라로 끌려오게 되었다. 임금이 된 소백은 관중을 손수 목을 치려고 벼르고 있었다.

그러나 포숙아의 설득으로 관중의 죄를 용서하고 그를 스승으로 맞아들이는 한편 임금의 권한을 대행하는 재상으로 임명했다. 포숙아가 자기가 차지할 재상의 자리를 굳이 사양하고 관중에게 넘겨 준 것이다. 관중은 마침내 환공을 도와 천하의 패자가 되게 하고, 그의 품은 포부를 실천에 옮겨 위대한 정치가 · 경제가 · 외교가 · 군략가로서 역사에 이름을 남기게 되었다.

그 뒤 관중이 병으로 죽게 되었을 때 환공은 그의 후계자로 포숙아를 썼으면 하고 말했다. 그러나 관중은 이렇게 말했다.

「포숙아는 천성이 착한 사람을 좋아하고 악한 사람을 미워합니다. 착한 사람을 좋아하는 것은 좋은 일이지만, 악한 사람을 너무 미워하면 큰일을 하는 데 많은 방해를 받게 됩니다.」

그리고는 대신 습붕(濕朋)을 추천했다.

이 내막을 아는 행신(幸臣)들이 포숙아에게 잘 보일 생각으로 관중의 배은망덕한 처사를 일러바쳤다. 그러나 포숙아는 섭섭해 하기는커녕 오히려 당연한 듯 이렇게 말하며 그들을 호되게 꾸짖었다.

「관중이 아니면 어찌 그런 말을 할 수 있겠느냐. 관중의 말대로 내가 재상이 되면 너희 같은 소인들부터 모조리 조정에서 몰아내고 말 것이다. 너희 같은 무리들이 그동안 부귀를 누린 것은 모두 관중의 너그러운 덕 때문인 줄 알아라.」

그러기에 관중도 일찍이 이렇게 말했다고 한다.

「나를 낳은 이는 부모지만, 나를 아는 이는 오직 포숙아다〔生我者父母 知我者鮑子也〕.」

이 관포의 우정을 어찌 한낱 우정으로만 말할 수 있겠는가. 개인의 영달보다도 국가와 천하를 더 소중히 아는 대인군자가 아니고서는 한갓 우정만으로 이 같은 사귐을 가질 수는 없는 것이다.

膠柱鼓瑟 교주고슬

膠 아교 교 柱 기둥 주 鼓 두드릴 고 瑟 큰거문고 슬

《사기》 염파·인상여열전

【규칙에 얽매여 융통성이 없음. 고집불통.】

고집불통인 사람을 보고 「교주고슬(膠柱鼓瑟)」이라고 한다. 거문고 줄을 가락에 맞추어 타려면 줄을 받치고 있는 기둥을 이리저리 옮겨야만 된다. 그런 것을 한 번 가락에 맞추었다 해서 아예 기둥을 아교풀로 꽉 붙여버리면 다시는 가락에 맞는 소리를 낼 수가 없다.

아무리 혼자 「틀림없이 가락에 맞추어 두었는데……틀림없이 제대로 소리가 날 텐데……」 하고 중얼거려 보았자, 제 소리가 날 리 만무다.

이와 같이 한번 무슨 일에 성공했다고 해서 언제나 그 방법이 성공하는 길인 줄 알고, 때와 장소에 따라 뜯어고칠 줄을 모르면 영영 다시는 성공의 가망이 없는 것이다. 그거야말로 기둥을 풀로 붙여 놓고 거문고를 타는 격이다. 고(鼓)는 북이란 뜻이 아니고 여기서는 탄다는 뜻이 된다.

조나라 명장 조사(趙奢)의 아들 괄(括)에 대한 이야기다. 그는 어릴 때부터 병서(兵書)에 밝아 가끔 아버지와 용병(用兵)에 관해 토론을 하면 아버지가 이론이 몰리곤 했다. 조사의 부인이 아들이 그같이 총명한 것을 보고 장군의 집에 장군이 났다면서 기뻐하자, 조사는 부인에게 이렇게 타일렀다.

「전쟁이란 죽고 사는 마당이오〔兵死地也〕. 이론만으로 승부가 결정되는 것은 아니요. 그런 것을 철없이 이론만 가지고 가볍

게 이러니저러니 하는 것은 장수로서 가장 삼가야 할 일이오. 앞으로 괄이 대장이 되는 날 조나라는 망하는 변을 당하게 될 것이오. 부디 대장이 되는 일이 없도록 하시오.」

그 뒤 진나라가 조나라를 침략해 왔다. 명장 염파가 나아가 싸웠으나 자주 싸움이 불리했다. 염파는 힘이 모자라는 것을 알자 진지를 굳게 다지고 방어에만 힘을 썼다. 진나라는 어떻게 해볼 도리가 없어 반간(反間 : 첩자)을 들여보내 헛소문을 퍼뜨렸다.

「진나라 사람은 조사의 아들 조괄이 조나라 대장이 되면 어쩌나 하고 겁을 먹고 있다. 염파는 이제 늙어서 싸움을 회피만 하고 있기 때문에 조금도 두렵지가 않다.」

이 반간의 헛소문에 귀가 솔깃해진 조나라 왕은 염파 대신 조괄을 대장에 임명하려 했다. 그때 인상여가 이렇게 반대했다.

「왕께서 이름만 듣고 조괄을 쓰려 하시는 것은 마치 기둥을 아교로 붙여 두고 거문고를 타는 것과 같습니다〔王以名使括 若膠柱而鼓瑟耳〕. 괄은 한갓 그의 아비가 전해준 책을 읽었을 뿐 때에 맞추어 변통할 줄을 알지 못합니다.」

그러나 임금은 인상여의 말을 듣지 않고 조괄을 대장에 임명했다.

조괄은 대장이 되는 그날로 자기가 배워 알고 있는 병서의 가르침에 따라서 전부터 내려오는 군령들을 모조리 뜯어고쳤다. 그리고 참모들이 말하는 작전 의견을 하나하나 병법을 들어 반박하고 자기주장대로 밀고 나갔다.

이리하여 실전 경험이 전혀 없는 조괄은 이론만의 작전을 감행한 끝에 40만이란 대군을 몰살당하는 중국 역사상 최악의 참패를 가져오고 말았다. 학벌이나 지식을 뽐내는 애송이 상관을 모시는 실제 경험자들의 고충이 바로 이런 것일 게다.

九死一生 구사일생

九 아홉 구 死 죽을 사 一 한 일 生 날 생

《사기》 굴원 · 가생열전

【여러 차례 죽을 고비를 가까스로 넘기고 살아남.】

전국시대 초(楚)나라의 시인이자 정치가인 굴원은 학식과 재주가 뛰어났으나, 그만큼 주위의 모략 또한 만만치 않았다.

《사기》 굴원 · 가생열전(屈原賈生列傳)에 이런 말이 있다.

「굴원은 임금이 신하의 말을 가려 분간하지 못하고, 참언과 아첨하는 말이 임금의 지혜를 가리고, 간사하고 왜곡된 언사가 임금의 공명정대함에 상처를 내서 행실이 방정한 선비들이 용납되지 못하는 것을 미워하였다. 그래서 그 근심스런 마음을 담아 『이소(離騷)』 한 편을 지었다.」

이렇게 시어신 「이소」에 있는 구절이다.

「긴 한숨을 쉬며 눈물을 감춤이여, 백성들 힘든 삶이 서럽기 때문이지. 내 비록 고결하고 조심하려 했지만, 아침에 바른 말 하여 저녁에 쫓겨났네. 혜초(蕙草)를 둘렀다고 나를 버리셨는가. 나는 구리 띠까지 두르고 있었네. 그래도 내게는 아름다운 것이기에, 비록 아홉 번 죽어도 후회하지 않으리라〔雖九死其猶未悔〕.」

여기서 「구사(九死)」에 대해서 유양(劉良)은 다음과 같은 해설을 달고 있다.

「아홉은 수의 끝이다. 충성과 신의와 정숙과 고결함이 내 마음이 착하고자 하는 바이니, 이런 재앙을 만남으로써 아홉 번 죽어 한 번도 살아남지 못한다 해도 아직 후회하고 원한을 품기에 족한 것은 아니다.」

「구사일생」은「아홉 번 죽어 한 번도 살아남지 못한다」는 말에서 유래된 말로서, 지금은 유양의 해설과는 달리「죽을 고비를 여러 차례 넘기고 간신히 살아난다」는 뜻으로 흔히 쓰이고 있다.

求仁得仁 구인득인

求 구할 구 仁 인자할 인 得 얻을 득 仁 인자할 인

《사기》 백이열전

【인(仁)을 구하여 인(仁)을 얻음.】

자신이 원하는 것을 얻었음을 뜻한다. 은(殷)나라의 고죽군(孤竹君)은 세상을 떠나면서 왕위를 큰아들인 백이(伯夷)보다도 지도력이 있다고 생각되는 막내인 숙제(叔齊)에게 물려주려고 하였다. 그렇지만 숙제는 장남인 형이 왕위를 계승해야 된다며 사양하였고, 백이는 부왕의 유언을 따르는 것이 자식된 자의 도리라며 그대로 궁궐을 나왔다. 이 사실을 알게 된 숙제 역시 그 나라를 떠났다.

그러던 어느 날, 백이와 숙제는 서백(西伯) 창(昌)이 늙은이들을 잘 보살핀다는 말을 듣고 주(周)나라에 가서 서백에게 의탁하려고 했다. 그런데 주나라에 가 보니 서백은 이미 죽었고, 이어서 왕위에 오른 무왕(武王)은 선왕의 시호를 문왕(文王)이라 일컬으며 나무로 만든 위패를 수레에 싣고 동쪽에 있는 은(殷)나라 주왕(紂王)을 치려고 하는 판이었다.

백이와 숙제는 왕의 말을 붙잡아 세우고 간했다.

「부왕께서 돌아가시어 아직 장례도 모시기 전에 무기를 드는 것은 효(孝)라 할 수 없습니다. 신(臣)의 몸으로 군(君)을 죽이려고 하는 것은 인(仁)이라 할 수 없습니다.」

그렇지만 무왕은 자신의 계획을 포기할 수 없었으므로 군사의 출정(出征)을 명했다. 그러자 백이와 숙제는 그 앞을 가로막았다. 무왕은 노하여 이들을 죽이려고 하였다. 그때 마침 강태공(姜太公 : 여상)이 나서 말했다.

「이 사람들은 의인(義人)이니라.」

그리고는 그들을 살려서 돌려보냈다. 그 뒤 무왕은 은나라를 평정하여 천하는 주나라를 종주(宗主)로 했는데, 백이·숙제는 이것을 부끄럽게 여기고 신의(信義)를 지키기 위하여 주나라 녹속(祿粟)을 먹지 않고 수양산(首陽山)에 숨어서 채약(採藥)으로 고비를 캐먹고 살다가 굶어죽었다.

공자는 이들의 행동을 두고 이렇게 말했다.

「백이와 숙제는 지나간 잘못을 염두에 두지 않았다〔不念舊惡〕. 그래서 원망이 적었다. 그들은 인(仁)을 구함으로써 인을 얻었다〔求仁得仁〕. 또 무엇을 원망하리오?」

國士無雙 국사무쌍

國 나라 국 士 선비 사 無 없을 무 雙 쌍 쌍

《사기》 회음후열전

【한 나라에 둘도 없는 훌륭한 인물. 천하제일의 인물.】

「국사(國士)」란 나라의 선비, 즉 전국을 통한 훌륭한 인물을 말한다. 이 말은 소하(蕭何)가 한신을 가리켜 말한 데서 비롯된 것이다. 한신은 회음(淮陰 : 강소성) 사람으로, 젊었을 때는 집이 몹시 가난한데다가 농사일이나 글공부 같은 데는 별로 관심이 없이 하늘을 날고 싶은 큰 뜻만을 품고 다녔기 때문에 생활이 말이 아니었다.

언젠가는 한신이 강가에서 낚시를 하고 있는데, 한신의 배고픈 기색을 본 한 무명 바래는 일을 하는 노파가 자기가 먹으려고 싸가지고 온 점심을 그에게 주었다. 그 노파는 무명을 바래러 나올 때마다 수십여 일을 두고 매일같이 한신에게 점심밥을 나눠 주었다. 한신이 감격한 나머지 이렇게 말했다.

「언젠가는 이 은혜를 갚을 날이 반드시 있을 겁니다.」

그러자 노파는 성난 얼굴로 핀잔하듯 말했다.

「대장부가 스스로의 힘으로 밥을 먹지 못하는 것이 딱해서 그랬을 뿐, 뒷날 덕을 보려고 그런 것은 아니니, 아예 그런 말은 마시게.」

언젠가는 또 한신이 회음 읍내를 거닐고 있는데, 읍내 푸줏간의 한 젊은이가 갑자기 그의 앞을 가로막으며 이렇게 말했다.

「이봐, 자넨 덩치도 크고 제법 칼까지 차고 다니지만, 실상은 겁이 많은 녀석일 게야. 죽는 게 두렵지 않거든, 어디 그 칼로 나를 찔러 봐. 만일 그럴 용기가 없거든 내 바지가랑이 밑을 기어서 지나가야 해.」

한신은 난처했다. 한참 바라보던 끝에 엎드려 철부지 녀석의 다리 밑으로 슬슬 기어 나갔다. 온 장바닥 사람들이 한신의 겁 많은 행동을 보고 크게 웃었다.

뒷날, 한신은 초나라 왕이 되어 돌아왔을 때, 무명 바래던 노파에게는 천금을 주어 옛 정에 감사하고, 옛날의 그 젊은이에게는 중위(中尉)라는 수도경비관 벼슬을 내리고는, 여러 장수들을 보며 이렇게 말했다.

「이 사람은 장사(壯士)다. 그 때 나를 모욕했을 때, 내가 어찌 죽일 수 없었겠는가. 다만 죽일 만한 명분이 없었기 때문에 참고 따랐을 뿐이다.」

이것은 한신이 지난 날 자기에게 설움을 준 사람들의 불안한 마음을 없애 주기 위한 하나의 계책일 수도 있었을 것이다. 또 일단은 무슨 조치가 있어야만 할 일이었기 때문에 이왕이면 자신의 아량을 보여 주는 길을 택했던 것이리라. 실상 천하를 상대하는 한신으로서는 그런 철부지 소년의 탈선행위가 깜찍스럽게도 보였을 것이다.

이것은 뒷날 이야기이고, 한신이 처음 벼슬을 한 것은 항우 밑에서였다. 기회 있을 때마다 항우에게 의견을 말해 보았으나, 전연 상대조차 하려 하지 않았다. 항우는 자기 힘만 믿고 인재를 구할 생각이 없었으며, 또 그만한 눈도 없었다.

한신은 항우 밑에서 도망쳐 멀리 유방을 찾아 한나라로 들어갔다. 한나라 장군 하후영(夏侯嬰)에게 인정을 받아 군량을 관리하는 치속도위(治粟都尉)에 임명되었는데, 이 때 승상인 소하와 알게 되었다. 소하는 한신을 한고조 유방에게 여러 번 추천했으나 써 주지 않았다. 역시 사람 보는 눈이 없었던 것이다. 이윽고 항우의 세에 밀려 유방이 남정(南鄭)으로 떠나게 되자, 군대와 장수들이 실망 끝에 자꾸만 빠져 달아났다. 이에 한신도 더 바랄 것이 없어 그들 뒤를 따랐다.

승상 소하는 한신이 도망갔다는 말을 듣자, 유방에게 미처 말할 사이도 없이 허둥지둥 한신의 뒤를 좇았다. 소하까지 도망쳤다는 소문이 유방의 귀에 들어갔다. 유방은 두 팔을 잃은 기분으로 어쩔 줄 몰랐다. 소하를 누구보다도 신뢰하고 있었기 때문이다. 이틀 뒤 소하가 한신을 데리고 돌아왔다. 고조는 한편 반갑고 한편 노여웠다.

「어찌하여 도망을 했는가?」

「도망친 것이 아니라, 도망친 사람을 붙들러 갔던 겁니다.」

「누구를 말인가?」

「한신입니다.」

「거짓말. 수십 명의 장수가 달아나도 뒤쫓지 않던 그대가, 한신을 뒤쫓을 리가 있는가?」

그러자 소하는 이렇게 대답했다.

「다른 장수라면 얼마든지 보충할 수 있습니다. 그러나 한신만은 국사로서 둘도 없는 사람입니다〔至如信者 國士無雙〕. 왕께서 한중(漢中)의 왕으로 영영 계실 생각이라면 한신 같은 사람은 필요가 없습니다. 그러나 천하를 놓고 겨룰 생각이시면 한신을 빼고는 상의할 사람이 없습니다.」

이리하여 한신은 소하의 강력한 추천으로 대장군에 임명되어 마침내 항우를 무찌르고 천하를 통일하는 공을 세웠던 것이다.

掘墓鞭屍 굴묘편시

掘 팔 굴 墓 무덤 묘 鞭 채찍 편 屍 주검 시

《사기》 오자서열전

【묘를 파헤쳐 시체에 매질을 한다는 뜻으로, 통쾌한 복수나 가혹한 행동을 일컫는 말.】

간신의 농간으로 충신을 역적으로 몰아 오자서의 아버지와 형을 죽인 초나라 평왕(平王)이 죽은 뒤 오자서에 의해 그의 무덤이 파헤쳐지고 시체가 채찍을 받게 되었다.

「굴묘편시」란 통쾌한 복수의 뜻으로도 쓰이지만, 좀 지나친 행동의 경우를 말할 때도 쓰인다. 아무튼 신하로서 임금의 무덤을 파서 그 시체에 매질을 했다는 것은 놀라운 사실이 아닐 수 없다.

오자서는 이름을 운(員)이라 했다. 자서는 그의 자(字)다. 오자서의 아버지 오사(伍奢)는 초평왕의 태자 건(建)의 태부로 충신이었는데, 같은 태자 건의 소부(少傅)였던 비무기의 음모에 의해 억울한 죽음을 당하게 되었다.

오사를 죽이는 데 성공한 비무기(費無忌)는 다시 평왕을 시켜 오사의 아들 오상(伍尙)과 자서를 죽일 음모를 꾸민다. 그러나 오상만이 아버지를 따라 죽고 자서는 그 음모를 미리 알아차리고 망명길을 떠나게 된다.

왕은 오자서를 잡기 위해 전국에 영을 내려 길목을 지키게 하고, 거리마다 오자서의 화상을 그려 붙이고 많은 현상금과 무시무시한 형벌로 아무도 오자서를 숨겨주지 못하게 했다. 오자서는 키가 열 자에 허리가 두 아름이나 되었고, 쟁반만한 얼굴에 두 눈은 샛별처럼 빛나고 있었기 때문에 변장으로 사람의 눈을 피할 수는 없었다. 그는 낮에는 산 속에 숨고 밤에만 오솔길을 찾아 도망을 해야 했다.

이렇게 천신만고 끝에 오나라로 망명한 오자서는 마침내 뜻을 이루어 오나라의 강한 군사를 거느리고 초나라로 쳐들어가게 되었다. 초나라는 여지없이 패해 수도가 오나라 군사 손에 떨어지고, 평왕은 이미 죽고 그의 아들 소왕(昭王)은 태후와 왕비마저 버린 채 간신히 난을 피해 도망을 치게 된다.

소왕을 놓쳐버린 오자서는 평왕의 무덤을 찾았다. 그러나 평왕은 오자서의 복수가 두려워 그의 무덤을 깊은 못 속에 만들고, 일을 다 끝낸 뒤 일에 동원된 석공 5백 명을 모조리 물 속에 수장시켜 버렸다. 수십 리에 걸친 못에는 물만 출렁거릴 뿐 어느 곳에 묻혀 있는지 위치마저 짐작할 길이 없었다.

오자서는 죽은 아버지와 형, 그리고 자신이 망명해 나올 때 겪은 고초 등을 회상하며 땅이 꺼질 듯한 한숨을 내쉬며 몇몇 날을 두고 못 둑을 오르내렸다. 그렇게 애쓰며 전전긍긍하던 어느 날 저녁 무렵, 백발이 성성한 한 늙은이가 오자서의 앞으로 다가오며 이렇게 물었다.

「장군은 선왕의 충신 오태부의 아들 자서가 아닙니까?」

자서가 말했다.

「그렇습니다만, 노인은 누구시오?」

노인이 말했다.

「장군은 지금 죽은 평왕의 시체가 묻힌 곳을 찾고 있지 않습니까?」

「아, 네. 그렇습니다만?」

반가워서 다그쳐 묻는 자서의 말에 노인이 대답했다.

「시체가 묻힌 곳은 내가 알고 있습니다. 나는 무덤을 만들기 위해 징발되어 온 5백 명의 석공 중 한 사람입니다. 5백 명이 다 물 속에서 죽고 나만이 어떻게 살아남게 되었습니다. 장군의 복수도 복수지만, 나도 장군의 힘을 빌려 억울하게 죽은 내 동지들의 원수를 갚으려는 것입니다.」

이리하여 이튿날, 노인의 지시에 따라 장롱 같은 돌로 만들어진 물속의 무덤을 하나하나 뜯어내기 시작했다. 못 바닥 몇 길 밑에 들어 있는 돌무덤을 열고 엄청나게 무거운 석곽을 들어올렸다. 그러나 그 속에서 평왕의 시체는 볼 수 없었다.

그것은 사람의 눈을 속이기 위한 가짜 널이었다. 다시 한 길을 파내려가니 진짜 널이 나왔다. 수은으로 채워진 널 속에 들어 있는 평왕의 시체는 살아 있을 때 모습 그대로였다. 순간 오자서의 복수심은 화약처럼 폭발했다. 왼손으로 평왕의 목을 조르고 무릎으로 그의 배를 누른 다음 오른 손가락으로 그의 눈을 잡아 뽑으며 욕을 했다.

「충신과 간신을 구별 못하는 네놈의 눈을 뽑아 버리겠다……」

그리고는 그의 아홉 마디 철장(鐵杖)으로 시체를 옆에 뉘어 놓고 3백 대를 쳤다. 뼈와 살이 흙과 함께 뒤범벅이 되었다.

오자서의 둘도 없는 친구 신포서(申包胥)는 이 소식을 듣자, 사람을 보내 오자서에게 이렇게 일렀다.

「그대의 그런 복수 방법은 너무 지나치지 않은가?」

그 말에 오자서도 할 말이 없었든지 이렇게 전해 보냈다.

「나는 날이 저물고 길이 멀어서, 그렇기 때문에 거꾸로 걸으며 거꾸로 일을 했다〔吾日暮途遠 吾故倒行而逆施之〕.」

여기서 또 「일모도원(日暮途遠)」이란 말과 「도행역시(倒行逆施)」란 말이 생겨났다.

奇貨可居 기화가거

奇 기이할 기 貨 재화 화 可 옳을 가 居 있을 거

《사기》 여불위열전

【진기한 물건이나 사람은 당장 쓸 곳이 없다 하여도 훗날을 위하여 잘 간직하는 것이 옳다는 말.】

「기화(奇貨)」란 기이한 보화란 뜻이다. 그러나 지금은 본래의 뜻과는 달리 흔히 죄를 범한 사람이 그 죄를 범할 수 있은 좋은 기회를 말한다. 검찰관이 피의자의 논고에 흔히 쓰는 말로 「이를 기화로 하여」란 말이 자주 나온다.

이 말의 유래는 「여불위열전」에서 찾아볼 수 있다.

여불위는 한(韓)나라 수도 양적(陽翟)의 큰 장사꾼이었다. 각국을 돌아다니며 물건을 싸게 사다가 비싼 값으로 넘겨 수천 금의 재산을 모았다.

진소왕(秦昭王) 40년에 소왕의 태자가 죽고, 42년에 소왕은 둘째아들 안국군(安國君)을 태자로 책봉했다.

안국군에게는 20여 명의 아들이 있었다. 또 그에게는 대단히 사랑하는 첩이 있어서 그녀를 정부인으로 세우고 화양부인(華陽夫人)이라 부르게 했는데, 그녀에게는 아들이 없었다. 안국군의 많은 아들 중에 자초(子楚)라는 아들이 있었는데, 그의 어머니 하희(夏姬)는 안국군의 사랑을 받지 못하고 있었다. 자초는 전국 말기에 흔히 있던 인질로 조나라에 가 있게 되었다. 인질이란 서로 침략하지 않겠다는 약속의 증거로 서로 교환되는 사람으로, 대개 왕자나 왕손들이 인질로 가 있었다.

그런데 진나라가 약속과는 달리 자꾸만 조나라를 침략해 왔기 때문에 자초에 대한 조나라의 대우는 갈수록 나빠져만 갔다. 감시가 심해질 뿐만 아니라 일상생활마저 어려워져 가는 형편이었다.

그럴 무렵, 여불위가 조나라 수도 한단(邯鄲)으로 장사차 들어오게 되었다. 그는 우연히 자초가 있는 집 앞을 지나치다가 자초의 남다른 행색을 보고 이상히 여겨 주위 사람들에게 그 내력을 물었다.

얘기를 다 듣고 난 여불위는 매우 딱한 생각을 하며, 타고난 장사꾼의 기질로 문득 혼자 이런 말을 던졌다.

「진기한 보물이다. 차지해야 한다(此奇貨 可居).」

이 때, 자초는 이인(異人)이란 이름을 쓰고 있었다.

그리하여 여불위는 자초를 만나 그를 갖은 방법으로 도와주고 위로하고 하여, 마침내는 그와 뒷날을 굳게 약속한 다음, 그를 화양부인의 아들로 입양을 시켜 안국군의 후사를 잇게 하는 데 성공했다.

그가 자초의 환심을 사고 화양부인을 달래기 위한 교제비로 천금의 돈을 물 쓰듯 했다. 그러나 여불위는 약속 외에 무서운 음모를 품고 있었다. 그것은 그가 한단에서 돈을 주고 산, 얼굴이 기막히게 예쁘고 춤과 노래에 뛰어난 조희(趙姬)란 여자를 자초의 아내로 보내 준 것이다.

그녀의 뱃속에는 이미 여불위의 자식의 씨가 들어 있었다. 그것이 요행히 사내아이일 경우 진나라를 자기 자식의 손으로 남모르게 넘겨주겠다는 음모였다.

과연 아들을 낳았고, 조희는 정부인이 되었다. 이 아들이 뒤에 진시황이 된 여정(呂政)이었는데, 결국 여불위는 자기 아들의 손에 의해 목숨을 잃게 된다.

그러나 한 장사꾼으로서 불행 속에 있는 자초를 기화로 삼아 일거에 진나라 승상이 되어 문신후(文信侯)란 이름으로 10만 호의 봉록에, 천하에 그의 이름과 세력을 떨쳤으니, 장사꾼의 출세로서는 그가 아마 첫손에 꼽히고도 남을 것이다.

오늘날에는 「물실호기(勿失好機)」라는 뜻으로도 사용된다.

囊中之錐 낭중지추

囊 주머니 낭 中 가운데 중 之 갈 지 錐 송곳 추

《사기》 평원군 · 우경열전

【재능이 뛰어난 사람은 숨어 있어도 사람에게 알려짐의 비유.】

진나라의 군대가 조나라 서울 한단(邯鄲)을 포위하자, 조나라는 급히 평원군을 초나라로 보내 구원병을 청하게 했다. 평원군은 길을 떠날 때 문무를 겸한 문객 스무 명을 뽑아 데리고 가기로 하고 인선에 들어갔으나 열아홉 명밖에 뽑지 못했다. 더 고를 만한 사람이 없었던 것이다. 이에 자청해서 나선 것이 모수(毛遂)였다.

평원군이 모수를 보고 이것저것 물어보니, 그는 식객으로 들어온 지도 3년이나 되었다고 하는데 그의 눈에 들지 않았다는 사실로 보아 별다른 재주가 있는 것 같지 않았다.

「어떤 사람에게 재주가 있다면 마치 주머니 속 송곳처럼 당장 비어져 나왔을 거요〔譬若錐地處囊中 其末立見〕. 그대는 3년 동안이나 내 집에 있었으면서도 아무런 재주도 보여주지 못했으니 안 되겠소.」

평원군이 못미덥다는 듯 이렇게 말하자, 모수는 벌떡 일어서며 말했다.

「제가 저를 스스로 천거하려는〔毛遂自薦〕 것은 바로 군께서 지금 나를 주머니 속에 넣어 달라는 뜻입니다. 일찌감치 저를 주머니 속에 넣었더라면 벌써 비어져 나왔을 게 아니겠습니까?」

평원군은 모수의 말도 그렇겠다 싶어 마침내 그를 20번째 수행원으로 발탁했다.

결국 모수의 큰 활약으로 초나라로부터 구원병을 얻는 데 성공한 평원군은 모수를 가리켜 이렇게 칭찬했다.

「모선생의 세 치 혀가 백만의 군사보다도 더 강하다〔三寸之舌 强于百萬之師〕.」 ☞ 「**毛遂自薦**(모수자천)」

怒髮衝冠 노발충관

怒 성낼 노 髮 터럭 발 衝 찌를 충 冠 갓 관

《사기》 염파 · 인상여열전

【노여움으로 격렬한 분노에 곤두선 머리털이 갓을 추켜올릴 만큼 몹시 성이 난 모습으로, 격노함을 이르는 말】

「노발충천(怒髮衝天)」이라고도 한다.

중국 전국시대(戰國時代) 조(趙)나라의 혜문왕(惠文王)이 화씨벽(和氏璧)이라는 귀중한 보물을 갖게 되었다. 이 소문을 듣고 명옥(名玉)에 탐이 난 진(秦)나라 소양왕(昭襄王)이 혜문왕에게 15개의 성(城)과 그 보물을 맞바꾸자고 하여 혜문왕은 인상여를 진나라에 사신으로 보냈다.

진의 소양왕은 큰 나라의 위세를 부리며 성을 내주지 않고 인상여가 가져간 화씨벽을 빼앗으려 하자 인상여는 진나라 소양왕의 무례한 행동을 크게 꾸짖었는데, 「매우 분노하여 머리카락이 곤두서 갓이 벗어질 정도였다〔怒髮上衝冠〕」고 전해진다.

머리털이 갓을 찌를 만큼 곤두서 있다는 뜻에서, 격렬하게 화가 난 모양을 비유하는 말이다.

累卵之危 누란지위

累 포갤 누 卵 알 난 之 갈 지 危 위태로울 위

《사기》 범수 · 채택열전

【쌓아올린 새알처럼 몹시 아슬아슬한 위기.】

「누란(累卵)」은 높이 쌓아올린 알이란 뜻이다. 조금만 건드리거나 흔들리거나 하면 와르르 무너지고 만다. 이보다 더 무너지기 쉬운 것은 없을 것이다. 그래서 아주 위험한 상태에 있는 것을「누란지위」라고 한다. 이 말의 출전인「범수 · 채택열전」에는,「알을 쌓아올린 것보다 더 위험하다〔危於累卵〕」고 되어 있다.

「원교근공(遠交近攻)」의 대외정책으로 그 이름이 알려진 범수(范雎)는, 그의 조국 위(魏)나라에서 억울한 죄명으로 자칫 죽을 뻔한 끝에 용케 살아나 장록(張祿)이란 이름으로 행세하며, 마침 위나라를 다녀서 돌아가는 진나라 사신 왕계(王季)의 도움으로 진나라로 망명을 하게 된다.

이때 왕계는 진나라 왕에게 이렇게 보고했다.

「위나라에 장록이란 천하에 뛰어난 변사가 있습니다. 그가 말하기를『진나라는 지금 알을 쌓아둔 것보다도 더 위험하다. 나를 얻으면 안전하게 될 수 있다. 그러나 이것을 글로는 전할 수 없다〔秦王之國 危於累卵 得臣則安 然不可以書傳也〕』고 하는 터라 신이 데리고 왔습니다.」

그러나 범수가 진왕을 만나 실력을 발휘하게 된 것은 이로부터 다시 1년이 지난 뒤였다. 마침내 진소왕(秦昭王)을 만나 당면한 문제와「원교근공」의 외교정책 등을 말함으로써 일약 현임 재상을 밀어내고 진나라의 재상이 된다.

能言之者 未必能行 능언지자 미필능행

能 능할 능 言 말씀 언 未 아닐 미 必 반드시 필 行 갈 행

《사기》 손자 · 오기열전

【말 잘하는 사람이 반드시 실천가는 아님을 이르는 말.】

사마천은 손자와 오기를 평해서 이렇게 말했다.

「항간에 군사를 논하는 사람은 《손자(孫子)》 13편을 운운하고, 또 《오기병법》 도 세상에 많이 전해지고 있다. 그러므로 여기서는 그것들은 논하지 않고, 두 사람의 행적과 시행 설계의 사적을 논했다. 옛말에 이르기를, 『말 잘하는 자가 반드시 능히 행하는 자는 아니다〔能言之者 未必能行〕』라고 했다. 손빈이 방연을 속여서 죽인 것은 사실이다. 그러나 자신이 형벌을 당할 것을 미리 방지하지는 못했다. 오기는 무후(武侯)에게 산하의 험준함이 덕에는 미치지 못한다고 설명하면서도 자신이 초나라에서 행한 정치는 각박하고 몰인정한 것이었다. 그 때문에 그는 자신의 몸을 잃었다. 이 얼마나 슬픈 일인가!」

多多益善 다다익선

多 많을 다 益 더할 익 善 좋을 선

《사기》 회음후열전

【많으면 많을수록 좋다.】

한신이 초왕(楚王)으로 있다가 잡혀와 회음후로 내려앉은 뒤의 이야기다. 어느 날, 조용한 틈을 타서 고조는 여러 장수들의 능력에 대해 한신과 의견을 교환하고 있었다. 이야기가 끝날 무렵 고조가 한신에게 물었다.

「그럼 나는 어느 정도의 군사를 거느릴 수 있다고 보는가?」

「폐하께선 고작 10만 명 정도밖에 거느릴 수 없을 것입니다.」

「그럼 그대는 어느 정도인가?」

「신은 많으면 많을수록 더욱 좋습니다〔臣多多而益善耳〕.」

그러자 한고조는 어이가 없다는 듯이 웃고 나서 다시 이렇게 물었다.

「그렇게 다다익선(多多益善)인 그대가 어떻게 해서 내 밑에 있단 말인가?」

「폐하께선 군사를 거느리는 데는 능하지 못하지만, 장수는 잘 거느리십니다. 이것이 신이 폐하의 휘하에 있게 된 까닭입니다. 그리고 폐하의 경우는, 이른바 하늘이 주신 것으로, 사람의 힘은 아닙니다.」

談天彫龍 담천조룡

談 말씀 담 天 하늘 천 彫 새길 조 龍 용 룡

《사기》 맹자 · 순경열전

【전국시대 제(齊)나라의 추연(騶衍)과 추석(騶奭)의 고사에서, 천상(天象)을 이야기하고 용을 조각한다는 뜻으로, 변론이나 문장이 원대(遠大)하고 고상함의 비유.】

圖窮匕見 도궁비현

圖 꾀할 도 窮 떨어질 궁 匕 비수 비 見 나타날 현

《사기》 자객열전

【일이 탄로 나다. 음모가 폭로되다.】

전국시대 연나라는 진(秦)나라의 침범을 자주 받곤 하였는데, 태자 단(丹)까지 인질로 진나라에 잡혀간 일조차 있었다.

단은 훗날 본국으로 돌아온 뒤 늘 복수를 꿈꾸면서 진왕 정(政 : 뒷날의 진시황)을 암살할 계획을 꾸미던 중에 형가(荊軻)라는 자객을 만나게 되었다. 형가는 원래 위(衛)나라 사람이었다. 나중에 연나라에 와서 고점리 등 협객들과 사귀면서 뜻을 키우고 있었다.

그때 태자 단은 원한을 갚을 마음이 간절했기 때문에 자신의 스승 국무를 통해 형가를 만나게 되었고, 세 사람이 함께 복수할 방도를 상의하게 되었다.

이리하여 형가는 그때 진왕에게 미움을 받아 연나라에 피신해 있던 진나라 장수 번오기(樊於期)의 머리를 베어 가지고 연나라의 남부 지방인 독항의 지도와 함께 칼날에 독을 바른 비수를 지도 안에 넣어 가지고 연나라의 사신으로 진나라에 파견되었다.

연나라 사신의 선물을 받은 진왕은 기뻐서 어쩔 줄을 몰라 했다. 진왕은 번오기의 머리를 한쪽에 밀어 놓고는 천천히 지도를 펼쳐 보았다. 돌돌 말린 지도가 풀리자 그때 시퍼런 비수가 뎅그렁 하고 땅에 떨어졌다〔秦王發圖 圖窮而匕首見〕.

이때 형가는 재빨리 비수를 집어 들고 진왕에게 다가갔으나 성공하지 못하고 도리어 자신이 잡혀 살해되고 말았다.

盜糧 도 량

盜 훔칠 도 糧 양식 량

《사기》 범수 · 채택열전

【곡식을 훔치다. 자신을 이롭게 하려고 했던 일이 오히려 경쟁 상대방을 돕는 결과를 빚을 때 쓰는 말.】

위(魏)나라에서 달아나 진(秦)나라에 와서 소왕(昭王)을 만난 범수는 이렇다 할 직책도 없이 숙소에 머물면서 1년이라는 세월을 허송하였다. 이때의 진나라 정치는 소왕에게는 아무 실권도 없고, 권력은 선태후(宣太后)와 그녀의 동생인 양공(穰公)의 손아귀에 쥐어 있었다.

생각다 못해 간절한 내용을 담은 상소문을 올려 간신히 소왕과의 알현을 허락받았다. 범수는 장안(長安)의 이궁(離宮 : 왕이 임시로 머무는 궁실)에서 왕을 알현하게 되었는데, 그 때 그는 짐짓 길을 모르는 체하며 후궁들이 드나드는 영항(永巷 : 궁중 깊이에 있는 곳)으로 들어갔다. 때마침 왕이 나타나자, 환관은 노하여 말했다.

「왕께서 납신다!」

그러면서 범수를 내쫓으려고 했다. 범수는 시치미를 떼고 말했다.

「진나라에 무슨 왕이 있단 말이오? 진나라에는 태후와 양후만이 있을 뿐이오.」

범수의 이 말은 물론 소왕을 노엽게 만들기 위함이었다. 소왕은 다가와 범수가 환관과 말다툼하는 것을 듣고 곧 그를 궁중으로 청해 들였다. 그 자리에서 범수는 그간 진나라가 썼던 「원공근교(遠攻近交)」의 외교술이 잘못되고 이를 「원교근공(遠交近攻)」으로 바꾸어야 함을 극구 간언하였다.

즉 먼 곳을 공격해서 승리를 거둬 봐야 직접 다스릴 수가 없어 주변 나라만 이롭게 만들었다는 것이다. 그러면서 옛날 제(齊)나라 민왕(湣王)의 이야기를 끄집어내면서 이렇게 결론지었다.

「그러므로 제나라가 크게 패배한 까닭은 초나라를 정벌해서 한나라와 위나라를 살찌게 했기 때문이었습니다. 이것은 이른바 적의 군대를 빌려 도둑에게 식량을 준 꼴이라고 하겠습니다〔此所謂借敵兵齊盜糧者也〕.」

수고는 혼자 다 했지만 실속은 엉뚱한 사람이 차지했다는 말이다.

道不拾遺 도불습유

道 길 도 不 아닐 불 拾 주울 습 遺 잃을 유

《사기》 공자세가, 상군열전

【선정이 베풀어져 세상이 잘 다스려지고, 백성들의 도덕심이 높음의 형용.】

진(秦) 효공이 상앙(商鞅)을 등용하여 신법을 만들었다. 그러나 신법령은 만들어졌는데, 아직 공포하지는 않았다. 백성이 믿지 않을 것을 두려워했던 까닭이다. 그리하여 한 방책을 생각해 냈는데, 높이 세 발 되는 나무를 성중 저자의 남문에 세우고 표면에 이렇게 써 놓았다.

「이 나무를 북문으로 옮기는 사람에게는 10금(金)을 준다.」

그러나 누구나 이상하다고 생각했던지 옮기려는 사람이 없어서 다시 이렇게 썼다.

「이 나무를 북문으로 옮기는 사람에게는 50금(金)을 준다.」

그러자 어떤 사람이 이 나무를 북문으로 옮겼다. 그는 그 즉시로 50금을 받았다. 이렇게 해서 백성을 속이지 않고 약속은 반드시 지킨다〔徙木之信 ☞〕는 굳은 믿음을 갖게 한 다음 법령을 공포했다. 그러나 이 법령이 시행되자, 1년 사이에 진(秦)나라 서울에 나와서 신법령의 불편을 호소한 백성이 천 명에 이를 정도였다. 그러는 동안에 태자가 법을 범했다. 상앙은 이렇게 말했다.

「법이 제대로 지켜지지 않는 것은 윗사람부터 법을 범하기 때문이다.」

그는 법에 따라 태자를 처벌하려고 했다. 그러나 태자는 임금의 뒤를 이을 사람인 까닭에 처벌하기 곤란하다 하여 태자의 태부(太傅)인 공자 건(虔)을 처벌하고, 스승인 공손고(公孫賈)를 자자형(刺字刑 : 이마에 글자를 넣는 형)에 처했다. 그 이튿날부터 진나라 사람들은 모두 법을 따랐다.

법을 시행한 지 10년, 진나라 백성들은 크게 기뻐했으며, 길 위에 떨어진 유실물조차 주우려는 자가 없었다〔道不拾遺〕. 산속에도 도둑이 없었으며, 집집마다 생활이 넉넉했고, 사람마다 만족했다. 또 백성들은 나라를 위한 싸움에 용감했고, 사사로운 싸움에는 겁을 냈으며, 향읍(鄕邑)도 잘 다스려졌다. 일찍이 법령에 불만을 호소했던 사람들 중에는 이제 법령의 편리함을 상소하러 온 사람도 있었다.

《사기》 공자세가에 이런 이야기가 있다.

공자가 노나라 정승으로 석 달 동안 정치를 하게 되자, 송아지나 돼지를 팔러 가는 사람이 아침에 물을 먹이는 일이 없고,

길에 떨어진 것을 줍는 사람이 없었다고 전한다.

또 정나라 재상 자산(子産)은 공자가 형처럼 대했다는 훌륭한 정치가였는데, 그는 정승이 되자 급변하는 정세를 잘 파악하여 국내의 낡은 제도를 개혁하는 한편, 계급의 구별 없이 인재를 뽑아 쓰고, 귀족에게 주었던 지나친 특권을 시정하여 위아래가 다 같이 호응할 수 있는 적당한 선에서 모든 정책을 이끌어 나갔기 때문에 나라가 태평을 이루어 도적이 자취를 감추고 백성들이 길에 떨어진 것을 줍지 않게 되었다고 한다.

倒行逆施 도행역시

倒 거꾸로 도 行 행할 행 逆 거스를 역 施 행할 시

《사기》 오자서열전

【차례를 거슬러서 행한다는 뜻으로, 사리에 어긋나게 행동하는 것을 비유하는 말.】 ☞ 「**掘墓鞭屍**(굴묘편시)」

杜口裹足 두구과족

杜 닫을 두 口 입 구 裹 쌀 과 足 발 족

《사기》 범수·채택열전

【입을 다물고 발을 싸맨다는 뜻으로, 시류에 따라 바뀌는 세상 사람들의 각박한 마음을 일컫는 말.】

마음속으로는 반감이 있으면서도 의견을 말하지 않고 무슨 일이든 함께 하려고도 하지 않는 태도를 비유하는 말.

범수가 진(秦) 소왕(昭王)을 만나니, 소왕이 세 번이나 무릎을 꿇고 가르침을 청하였다. 소왕이 네 번째로 무릎을 꿇고 청하자, 범수는 여러 가지 간언(諫言)을 하면서 이렇게 말했다.

「만약 제가 기자(箕子)와 같은 행동을 해서라도 어진 군주에게 보탬이 된다면, 이는 저에게 더없는 영광입니다. 무엇을 부끄러워하겠습니까? 다만 제가 두려워하는 것은 제가 죽은 뒤에 천하 사람들이 충성을 다하고도 죽임을 당하는 모습을 보고, 그로 인해서 입을 다물고 발을 싸맨 채〔因以是杜口裹足〕 아무도 진나라로 오려 하지 않을까 하는 것뿐입니다.」

「두구과족」은 여기서 유래하였다. 입을 막고 발을 싼다(발길을 끊는다)는 뜻이다. 함부로 말하다가 화를 당할 수도 있는 까닭에 입 밖에 내기를 꺼리고, 자주 찾아가던 사이에도 발길을 뚝 끊어버리니, 세상인심이 이렇듯 각박하게 돌변하기도 한다.

권세가 있을 때는 찾아오는 사람들로 들끓었으나, 세력이 약해지자 방문객들의 발길이 뚝 끊어졌다는 「문전작라(門前雀羅☞)」라는 말과 뜻이 통한다.

杜門不出 두문불출

杜 막을 두 門 문 문 不 아니 불 出 날 출

《사기》 상군열전, 염파·인상여열전, 사마상여열전

【문을 닫아걸고 집 안에만 틀어박혀 밖으로 나다니지 않음. 세상과 인연을 끊고 출입을 하지 않음.】

《사기》 상군열전(商君列傳)에 있는 이야기다.

상앙(商鞅)과 진나라의 숨어사는 선비 조양(趙良)이 논쟁하는 장면이 나오는데, 조양이 다음과 같이 상앙을 책하고 있다.

「《시경》에 『쥐에게도 예의가 있는데 사람이면서 예의가 없네. 사람이면서 예의가 없다면 어찌 속히 죽지 않는가』 라는 구절이 있거니와, 이 시구에서 보더라도 상군께서 하시는 일은 천수를 누릴 수 없을 것입니다. 공자 건(虔)은 코를 잃은 것을 부끄럽게 생각하며 문을 닫고 밖에 나오지 않기〔杜門不出〕 8년에 이르렀습니다.」

《사기》 염파·인상여열전에는, 조(趙)나라 북쪽 변방을 지키던 이목(李牧)이라는 장군의 일화가 실려 있다.

이목은 흉노가 쳐들어오면 성안으로 물러나 싸우지 않아, 흉노는 이목을 겁쟁이라 하였고, 조나라 병사들마저도 장군을 비겁하다고 생각하였다. 조나라 왕은 화가 나서 이목을 불러들이고 다른 사람을 장군으로 삼았다. 이로부터 일년 남짓한 동안에 흉노가 쳐들어올 때마다 조나라 군대는 나가 싸웠지만 그때마다 불리하여 잃는 것이 많았고, 변방을 지키는 백성들은 농사를 짓거나 가축을 기를 수 없었다. 조나라 왕이 다시 이목을 불렀지만, 이목은 문을 걸어 닫고 나오지 않으며〔杜門不出〕 병을 핑계로 완강히 사양했다. 조나라 왕이 다시 강제로 그를 조나라 군대의 장군으로 임명했다. 이목이 말했다.

「왕께서 저를 꼭 기용하신다면 저는 앞서의 방침을 바꾸지 않는다는 조건으로 명령에 따르겠습니다.」

왕은 그렇게 하도록 허락했다.

《사기》 사마상여열전에는, 사마상여와 탁문군(卓文君)이 눈이 맞아 혼인하려 하자, 탁문군의 아버지인 탁왕손(卓王孫)이 반대하는 대목이 나오는데, 사마상여는 탁문군과 임공으로 도망가서 말과 수레를 모두 팔아 선술집을 열고 술장사를 한다. 문군에게는 노(鑪 : 사방을 흙으로 에워싸고 가운데 술항아리를 두어

술을 데울 수 있게 만든 화로)에 앉아 술을 팔도록 하고, 상여 자신은 독비곤(犢鼻褌)을 입고 머슴들과 함께 허드렛일을 하고 저잣거리에서 술잔을 닦았다. 탁왕손은 이 소문을 듣고 부끄러워 문을 닫아걸고 나가지 않았다〔杜門不出〕.

明珠暗投 명주암투

明 밝을 명 珠 구슬 주 暗 어두울 암 投 던질 투

《사기》 노중련·추양열전

【귀한 보물도 남에게 예를 갖추어 전달하지 않으면 도리어 반감을 산다.】

제(齊)나라 사람인 추양이 양(梁)나라에 가서 출셋길을 열어 보려고 하다가 시기하는 자들의 모함으로 양나라 임금 효왕(孝王)의 미움을 받아 옥에 갇히고 처형될 위기에 처하게 되었다. 옥에 갇힌 추양은 자기의 결백을 주장하는 장문의 글을 올렸다.

「저는 듣기에, 『명월주(明月珠)라든가 야광벽(夜光璧)도 어두운 길을 걷는 사람에게 던지면〔明珠暗投〕 칼을 잡고 노려보지 않는 사람이 없을 것이다. 아무런 인연도 없는데 눈앞에 날아왔기 때문이다. 마구 꼬인 나무뿌리가 너무 굽어 있어 아무 소용없을 것 같지만, 만승의 군주 그릇이 되는 것은 좌우에 있는 사람이 우선 그 뿌리를 조각하고 장식을 하여 군주에게 바쳤기 때문이다』라는 말을 들었습니다만, 아무 인연도 없는데 눈앞에 날아오면 수후주(隋侯珠)·야광벽일지라도 원한을 살 뿐 덕이 될 수는 없습니다. 이와 반대로 누군가가 먼저 소개를 해주면 마른 나무나 썩은 등걸〔枯木朽株〕을 바치더라도 공로가 있다 하여 잊혀지지 않는 법입니다. 오늘날 포의곤궁(布衣困窮)한 선비로서 그 신분이 빈천한 사람은 비록 요순의 도(道)를 알고, 이윤(伊尹)·관중의 말재주를 지니고, 용봉(龍逢 : 夏나라의 충신)·비간(比干)의 뜻을 품고 당시의 임금에게 충성을 다하려고 해도, 나무뿌리를 장식하여 임금에게 바치듯 천거해 주는 사람이 없고, 마음과 생각을 다하여 임금의 통치를 보필하려고 해도 임금은 칼을 잡고 노려보는 경향이 있습니다. 이런 일은 포의의 선비를 마른 나무나 썩은 등걸만도 못하게 만드는 것입니다. 그러므로 성군이 세상을 거느리고 풍속을 바로잡을 때는 저 도공(陶工)이 녹로반(轆轤盤) 위에서 진흙으로 모양을 만들 듯이 뜻대로 세상을 교화시키고, 비천하고 혼탁한 말에 이끌리거나 근거 없는 참언에 마음을 빼앗기지 않는 것입니다.」

이 글을 보고 효왕도 느끼는 바가 있어서 추양을 석방했다.

滅此朝食 멸차조식

滅 멸할 멸 此 이 차 朝 아침 조 食 밥 식

《사기》 회음후열전

【눈앞의 적들을 섬멸한 다음 아침식사를 하겠다는 뜻으로, 원수를 멸하겠다는 절박한 심정과 결의를 비유해서 이르는 말.】

한나라의 한신은 장이와 함께 병력 1만을 이끌고 동진하여 정형(井陘)으로 내려가서 조나라를 치려고 했다. 조나라 왕과 성안군(成安君) 진여(陳餘)는 한나라 군사가 쳐들어온다는 말을 듣자 곧바로 군사를 정형구(井陘口)로 집결하도록 했는데, 그 병력이 20만이라고 했다.

한신은 감연히 군사를 이끌고 정형의 좁은 길로 내려가 정형구에서 30리 못 미친 곳에 머물러 야영하고, 그날 밤에 군령을 전하여 가볍게 무장한 기병(奇兵) 2천 명을 뽑아 저마다 붉은 깃발을 들려 샛길로 가서 산에 숨어 있되 조나라 군영(軍營)을 바라보며 대기해 있으라고 했다. 출발할 때 이렇게 훈시했다.

「조나라는 우리 본대가 패주하는 것을 보면 틀림없이 성벽을 비워 두고 우리 군사를 추격할 것이다. 그 때에 그대들은 재빠르게 조나라 성벽으로 들어가 조나라 깃발을 빼내고 우리 한나라의 붉은 깃발을 세우도록 하라.」

한편 부장(副將)에게 명하여 가벼운 식사를 나누어 주어 병졸들에게 먹인 다음 한신이 말했다.

「오늘은 조나라 군사를 깨뜨린 다음 모두 함께 회식을 하자〔滅此朝食〕.」

모든 장수는 누구도 이 말을 믿지 않았지만, 알겠다는 듯이 응답했다.

「예, 알겠습니다.」

한신은 다시 군리(軍吏)를 향하여 말했다.

「조나라 장수는 지형(地形)의 이점을 살려서 이미 누벽(壘壁)을 쌓고 있다. 게다가 그들은 우리 군사가 패주하더라도 우리 대장군의 깃발을 보기 전에는 우리의 선봉을 치려 들지 않을 것이다. 그것은 우리 군대가 좁고 험한 지점에까지 왔다가 중도에서 퇴각할지도 모르겠다고 생각하기 때문이다.」

이리하여 한신은 군사 1만을 선발시켜 강을 뒤로 하고 진을 치게 했다〔背水陣〕. 조나라 군사는 이것을 바라보더니 그 어리석음을 비웃어 크게 웃었다. 그러나 마침내 한나라 군사는 조나라 군사를 협공하여 크게 깨뜨렸다.

모든 장수들은 적병의 목과 포로를 내놓으며 전승을 축하했다. 이때 한신에게 이렇게 물었다.

「병법에는 『산과 언덕을 오른쪽으로 하여 등지고 못과 강은 앞으로 하여 왼쪽에 두라』 고 되어 있습니다. 그런데 이번에 장군께서는 우리에게 명하시되 이것과 정반대로 강을 등에 지고 포진케 했으며 『조나라를 깨뜨린 다음 다 같이 회식을 하자』 고 말씀하셨습니다. 저희들은 마음속으로 받아들이지 않았습니다. 그러나 결국은 이겼습니다. 이것은 어떤 전법입니까?」

「이것도 병법에 있는 것인데, 생각건대 여러 장군들이 보지 못했을 뿐이오. 『죽을 땅에 빠뜨린 뒤라야 살 길이 생긴다〔陷之死地而後生〕, 망하게 된 처지에 선 다음에야 비로소 멸망하지 않게 된다』 란 말이 병법에 있지 아니하오. 나는 평소부터 사대부들을 길들여 따르게 할 수 있었던 것이 아니고, 시장바닥에 있는 사람들을 내몰아서 싸움을 시키는 것과 같았소. 그러므로 그들을 죽을 자리에 놓아두어 나가서 싸움을 하게 한 것이오. 그들에게 살아날 수 있는 틈을 주었다면 모두 도망했을 것이오. 그렇게 되어 가지고는 무슨 일을 할 수 있겠소?」

毛遂自薦 모수자천

毛 터럭 모 遂 수행할 수 自 스스로 자 薦 추천할 천

《사기》 평원군 · 우경열전

【스스로 자신을 추천하다. 자진해서 나서다.】

진나라가 조나라 서울 한단(邯鄲)을 포위하자 조나라는 평원군을 초나라로 보내 구원병을 청하게 했다.

평원군은 길을 떠날 때 문무를 겸한 문객 스무 명을 뽑아 데리고 가기로 하고 인선에 들어갔으나 겨우 열아홉 명밖에 뽑지 못했다. 더 고를 만한 사람이 없었던 것이다. 이에 자청해서 나선 것이 모수였다.

평원군이 모수를 보고 이것저것 물어보니 그는 식객으로 들어온 지도 3년이나 되었다고 하는데 그의 눈에 들지 않았다는 사실로 보아 별다른 재주가 있는 것 같지 않았다.

「어떤 사람에게 재주가 있다면 마치 주머니 속 송곳처럼 당장 비어져 나왔을 걸세〔譬若錐地處囊中 其末立見〕. 그대는 3년 동안이나 내 집에 있었으면서도 아무런 재주도 보여주지 못했으니 안 되겠네.」

평원군이 못미덥다는 듯 이렇게 말하자, 모수는 벌떡 일어서며 말했다.

「제가 저를 스스로 천거하려는 것은 바로 군께서 지금 나를 주머니 속에 넣어 달라는 뜻입니다. 일찌감치 저를 주머니 속에 넣었더라면 벌써 비어져 나왔을 게 아니겠습니까?」

평원군은 모수의 말도 그렇겠다 싶어 마침내 그를 스무 번째 수행원으로 발탁했다. 평원군은 20명의 문객을 거느리고 초나라 왕과 초나라 궁정에서 회담을 갖게 되었다. 그러나 마음이 착하기만 한 평원군과 진나라가 두렵기만 한 초왕과의 회담은 아침부터 시작해서 대낮이 기울도록 결정을 못보고 있었다.

보다 못한 문객들은 모수를 보고 올라가라고 했다. 모수는 칼을 한 손으로 어루만지며 성큼성큼 계단을 올라가 평원군에게 말을 건넸다.

「구원병을 보내는 것이 좋으냐 아니냐 하는 것은 두 마디로 결정될 일인데, 해가 뜰 때부터 시작된 이야기가 한낮이 되도록 결정을 보지 못하는 것은 무엇 때문입니까?」

그러자 초왕이 평원군을 보고 물었다.

「저 손은 뭐하는 사람입니까?」

「이 사람은 신의 문객입니다.」

그러자 초왕은 호통을 쳤다.

「어서 내려가지 못할까! 내가 너의 주인과 말하고 있는데, 네가 감히 무슨 참견이냐?」

그러자 모수는 칼을 잡고 앞으로 나아갔다.

「대왕께서 이 모수를 꾸짖으시는 것은 초나라 군대가 있기 때문입니다. 그러나 지금 대왕과 나는 열 걸음 안에 있으므로 초나라 군대가 아무 소용이 없습니다. 대왕의 목숨은 이 모수의 손에 달려 있습니다. 우리 주인이 앞에 있는데 나를 꾸짖는 것은 무엇 때문입니까. 그리고 옛날 탕임금은 70리 땅으로 천하를 통일하고, 문왕은 백 리의 땅으로 제후들을 신하로 만들었습니다. ……지금 초나라는 땅이 사방 5천 리에 무장한 군대가 백만에 이르고 있습니다. ……그런데 백기(白起)란 어린 것이 수만의 군대를 거느리고 초나라와 싸워, 한 번 싸움에 언영(鄢郢)을 함락시키고 두 번 싸움에 이릉(夷陵)을 불사르고 세 번 싸움에 왕의 선인(先人)을 욕되게 했습니다. 이 백 세의 원한을 조나라도 부끄러워하고 있는데, 대왕께서는 미워할 줄을 모르고 계십니다. 두 나라의 연합은 실상 초나라를 위한 것이지 우리 조나라를 위한 것이 아닙니다. 우리 주인이 앞에 있는데 나를 꾸짖는 것은 무엇 때문입니까?」

초왕은 서슬이 시퍼런 모수의 기세에 겁을 먹고, 또 진나라 백기에 당한 지난날의 일을 생각하니 복수의 감정이 치받기도 했다.

「선생의 말을 듣고 보니 과연 그렇소. 삼가 나라로써 선생을 따르겠소.」

「그럼 출병은 결정된 것이옵니까?」

「그렇소.」

그러자 모수는 초왕의 좌우에 있는 사람들을 시켜 맹약에 쓸 피를 가져오게 하고, 피가 담긴 구리쟁반을 자기가 받아 든 다음, 무릎을 꿇고 초왕 앞에 들이밀며 말했다.

「대왕께서 마땅히 먼저 피를 마시고 맹약을 정하십시오. 그 다음은 저의 주인이요, 그 다음은 이 모수가 하겠습니다.」

이렇게 궁전 위에서 맹약을 끝마치자, 모수는 왼손에 피 쟁반을 들고 오른손으로 열아홉 명을 손짓해 말했다.

「당신들은 함께 이 피를 대청 아래에서 받으시오. 당신들은 녹록한 사람들로 이른바 남으로 인해 일을 이룩하는 사람들입니다〔公相與歃此血於堂下 公等錄錄 所謂因人成事者也〕.」

이리하여 초나라로부터 구원병을 얻는 데 성공한 평원군은 모수를 가리켜 이렇게 칭찬했다.

「모선생의 세 치 혀가 백만의 군사보다도 더 강하다〔三寸之舌 强于百萬之師〕.」

毛羽未成 모우미성

毛 털 모 羽 깃 우 未 아직 미 成 이룰 성

《사기》 소진열전

【어린 새가 아직 깃이 다 나지 않아 날지 못한다는 뜻으로,

사람이 아직 어림을 이르는 말.】

소진(蘇秦)은 동주(東周)의 낙양(雒陽) 사람이다. 동쪽에 있는 제(齊)나라에 가서 스승을 찾아 귀곡(鬼谷)선생에게서 배웠다. 그는 장서를 꺼내 두루 훑어보다가 그 중에서 주서(周書)의 음부(陰符 : 병서의 이름)를 찾아내어 책상에 머리를 파묻고 읽었다. 1년 만에 췌마술(揣馬術)을 터득한 그는 이렇게 말했다.

「이 술(術)만 가지고 있으면 당대의 군주를 설득시킬 수 있을 것이다.」

그리고는 우선 주나라의 현왕(顯王)에게 설명하려고 했으나, 현왕의 측근들은 원래 소진을 잘 알고 있었던 까닭에 경멸하고 아무도 상대해 주지 않았다. 그래서 그는 서쪽에 있는 진(秦)나라로 갔다. 진나라의 효공은 이미 죽고 난 다음이어서, 왕위를 이어받은 혜왕을 만나서 말했다.

「진은 사방이 험한 요새로 둘러싸인 나라로, 산으로 둘러싸이고 위수(渭水)가 막고 있으며, 동쪽으로는 관(關)·하(河)가 있고, 서쪽에는 한중, 남쪽에는 파·촉, 그리고 북쪽에는 대(代)·마(馬)가 있어 천부의 땅입니다. 이곳에 거하면 천하를 병합하고 제호(帝號)를 드날리게 될 것입니다.」

진왕이 대답했다.

「새라 하더라도 깃털이 자라기 전에는〔毛羽未成〕 높이 날 수가 없는 법이오. 내 나라의 문교(文敎)와 정치가 갖추어지기까지는 다른 나라의 병합 따위는 생각조차 할 수 없는 일이오.」

진에서는 이때 상앙을 죽이고 세객(說客)들을 미워하고 있던 때인지라 소진을 등용하지 않았다. 그래서 그는 동쪽에 있는 조(趙)나라로 갔다. 이렇게 해서 소진은 6국을 유세하며 합종책을 설파하고 6국의 재상 자리에 오르게 된다.

木梗之患 목경지환

木 나무 목 梗 인형 경 之 어조사 지 患 근심 환

《사기》 맹상군열전

【나무 인형의 근심이라는 뜻으로, 타향에서 죽어 고향으로 돌아가지 못하거나 자기 본래의 모습으로 돌아가지 못함을 가리키는 말.】

맹상군(孟嘗君)은 제(齊)나라의 공족(公族)이며, 전국시대 말기 「사군(四君)」의 한 사람으로, 이름은 전문(田文)이다. 선왕(宣王)의 서제(庶弟)인 아버지 전영(田嬰)의 뒤를 이은 다음, 귀천의 구분 없이 천하의 인재들을 모아 후하게 대접하였다. 그래서 식객이 수천 명이나 되었으며, 어질다는 소문을 천하에 떨치게 되었다.

맹상군이 진(秦)나라 소왕(昭王)의 초빙으로 진나라로 들어가려 했을 때의 일이다. 여러 빈객들이 반대했으나 그는 간언을 물리치며 이렇게 말하였다.

「인간 세상의 일로 나를 간한다면 그것은 내가 전부 아는 일이며, 만약 귀신의 일을 빌려 나를 간한다면 나는 그를 죽일 것이다.」

그때 소대(蘇大 : 소진의 동생)라는 빈객이 들어와 그에게 말하였다.

「오늘 아침에 내가 이곳으로 올 때, 목우인(木偶人 : 나무인형)과 토우인(土偶人 : 찰흙인형)이 이야기하는 것을 들었소. 목우인이 토우인을 보고 말하기를, 『비가 오면 너는 당장에 무너져 버릴 것이다』 라고 하니, 토우인이 이렇게 말하였소. 『나는 원래 흙으로 만들어졌으니 무너지면 흙으로 돌아갈 뿐이지. 너는 이제 비가 와서 흘러 떠내려가면 어디까지 갈 것이냐?』 지금 진나라는 천하를 노리는 강한 나라이고, 호랑이나 이리〔虎狼〕와 같은 마음을 가지고 있습니다. 당신이 그래도 진나라로 들어간다면 혹 나무인형의 화를 입게 되지 않을까 두렵습니다.」

이 말을 듣고 맹상군은 진나라에 가지 않기로 했다.

「목경지환」 은 나무 인형이 화를 당하면 본래의 나무로 돌아갈 수 없듯이, 본래의 자기 모습을 잊고 함부로 행동해서는 돌이킬 수 없다는 뜻으로 쓰이는 말이다. 또 타향에서 죽어 고향으로 돌아오지 못하는 것을 말하기도 한다.

無可奈何 무가내하

無 없을 무 可 옳을 가 奈 어찌 나 何 어찌 하

《사기》 범수·채택열전

【가히 어찌할 수 없다는 말.】

범수가 진(秦)나라 재상이 되었을 때 왕계라는 사람이 있었다. 그는 일찍이 범수를 도와준 적도 있고, 또 범수를 진나라에 데려온 사람이기도 했지만, 벼슬은 한번도 승진을 하지 못해서 아직도 원래의 관직에 머물러 있었다.

이에 왕계는 범수에게 이렇게 말했다.

「알 수 없는 일이 세 가지가 있으며, 어찌할 수 없는 일도 세 가지가 있습니다〔事有不可知者三 有不可奈何者亦三〕. 그 알 수 없는 일 중 하나는 임금이 어느 날 갑자기 붕어하는 것이고, 둘째는 혹시 재상께서 갑자기 세상을 떠나는 것이며, 셋째는 내가 어느 날 산골짜기에서 죽을지 알 수 없는 것입니다. 그리고 세 가지 어찌할 수 없는 일이란, 임금이 붕어할 때 나를 원망해도 할 수 없고〔君雖恨于臣 無可奈何〕, 재상께서 세상을 떠날 때 나를 원망해도 할 수 없으며, 내가 갑자기 죽게 되어 재상께서 나를 원망해도 그 역시 할 수 없는 일이지요.」

이 말을 듣고 범수는 매우 불쾌해서 진소왕 앞에 나가 왕계의 관직을 올려줄 것을 상주해 왕계는 그제야 비로소 하동수(河東守)로 진급되었다고 한다.

이 말은 《사기》 이전에 《장자》 인간세편에도 나온다.

공자가 말했다.

「어찌할 수 없다는 것을 운명에 결정된 대로 편안히 행하는 것이 지극히 덕스런 품성이다〔知其不可奈何而安之若命 德之至也〕.」

墨翟之守 묵적지수

墨 먹 묵 翟 꿩 적 之 갈 지 守 지킬 수

《사기》 노중련·추양열전

【잘 지켜 조금도 굴하지 않음, 낡은 규칙을 끝까지 고수함, 낡은 틀에 얽매여 있음.】

묵자(墨子)는 이름은 적(翟)이라 하고, 송(宋)의 대부로 방전술(妨電術)에 능하며, 경제의 절약을 역설하였는데, 공자와 같은 시대의 사람인지 그 후의 사람인지 불명하다고 씌어 있다. 오늘날 남아 있는 《묵자》는 그의 생각을 기술한 것으로 「겸애설(兼愛說)」을 주창하여 자타(自他)의 구별을 세우지 않고 자기를 사랑하는 마음으로 남을 대하라고 주장한다. 분명히 하층계급을 위해 논한 곳이 있으며, 그 사상은 현실적이고 비판적이다.

그런데 그 묵자가 제(齊)나라에서 급히 초(楚)나라로 떠나 밤낮으로 열흘을 걸려 초나라의 수도인 영(郢 : 호북성 강릉현)에 도착했다. 그것은 공수반(公輸盤)이 초나라를 위해 운제계(雲梯械 : 사다리를 성벽에 기대어 높이 올라가는 기구)를 만들어 송나라를 공격하려고 한다는 소리를 들었기 때문이다. 묵자는 공수반을 방문했다.

「북방에 나를 경멸하는 자가 있어 당신의 힘으로 죽여주시기를 바라오만……」

공수반은 불쾌한 낯으로 대답했다.

「나는 의(義)를 생각하는 마음에서 사람을 죽일 수는 없소이다.」

묵자는 공손히 절을 하면서 말했다.

「초나라는 땅이 넓은 데 반해서 사람이 모자랄 정도입니다. 그런데 영지가 부족한 송나라를 공격해도 좋습니까? 더구나 아무 죄도 없는 송나라를 말입니다. 한 사람을 죽이지 않는 것이 의(義)라면 송나라의 많은 사람을 죽이는 것이 의라 할 수 있을까요?」

공수반은 묵자에게 공박을 당하자, 묵자의 청을 들어 초왕에게 안내했다. 묵자는 다시 예를 들어 말했다.

「아주 화려하게 꾸민 수레의 주인이 옆에 있는 하찮은 수레를 훔치려고 하거나, 비단옷을 입은 사람이 옆집의 누더기 옷을 훔치려고 하거나, 진수성찬을 먹는 사람이 옆집의 술지게미를 훔치려고 든다면, 그것을 어떻게 생각하십니까?」

「아마도 도벽이 있는 사람이겠지요.」

「그럼 5천 리 사방이나 되고 수어(獸魚)가 풍부하고 큰 수목이 많은 초나라가 5백 리 사방밖에 되지 않고 식량이 부족하고 큰 나무도 없는 송나라를 공격하는 것은 이와 같지 않습니까?」

초왕이 이 질문에 궁한 대답을 했다.

「아니, 나보다 공수반의 재주를 살려 볼까 해서 그랬소.」

그래서 공수반이 얼마나 머리가 좋은지를 보아야겠다고, 초왕의 면전에서 아주 기묘한 승부를 하게 되었다. 묵자는 허리띠를 풀어 성책(城柵)같이 하고, 작은 나뭇조각을 방패 대용의 기계로 만들었다. 공수반은 아홉 번에 걸쳐 임기응변의 장치를 만들어 공격했으나, 묵자는 아홉 번을 다 굳게 지켰다.

공수반의 공격무기는 바닥이 났으나 묵자의 수비에는 아직도 여유가 있었다. 마침내 공수반은 손을 들고 말았다.

刎頸之交 문경지교

刎 목벨 문 頸 목 경 之 갈 지 交 사귈 교

《사기》 염파·인상여전

【생사를 같이하여 목이 떨어져도 두려워 않을 만큼 친한 사이.】

문경(刎頸)은 목을 벤다는 뜻이다. 「문경지교」는 곧 서로 죽음을 같이할 수 있는 의기가 상통하는 사이를 말한다.

조나라 혜문왕(惠文王)이 화씨벽(和氏壁)이란 구슬을 얻게 되자, 진나라 소왕(昭王)이 그 화씨벽과 진나라 열다섯 성(城)을 서로 교환하자고 제의해 왔다. 진나라의 청을 거절할 수는 없다. 그러나 진나라가 구슬을 차지한 뒤에 성을 줄 것 같지가 않았다. 결국 제 것 주고 바보 되는 그런 꼴이 될까 걱정이 되었다.

대신들을 모아 놓고 상의를 해 보았으나 모두 얼굴만 마주 볼 뿐이었다. 이때 환자령(宦者令) 무현(繆賢)이 인상여를 천거했다.

인상여는 화씨벽을 가지고 진나라로 갔으나, 진나라 왕은 구슬만 받아 들고 성을 줄 눈치는 보이지도 않았다. 인상여는 진나라에 속은 것을 알고 교묘한 말과 재치 있는 행동으로 구슬을 도로 받아낸 다음, 진나라 왕과 다시 만나기로 약속한 날이 미처 오기 전에 구슬을 사람을 시켜 조나라로 되돌려 보내는 데 성공했다. 진왕은 인상여를 죽여 보았자 자기에게 욕밖에 돌아올 것이 없는 것을 알고 그를 후히 대접해 돌려보냈다.

인상여가 돌아오자 조왕은 그를 상대부(上大夫 : 대신급)에 임명했다. 벼락출세를 한 것이다. 진나라는 그 뒤 조나라를 여러 차례 친 끝에 사신을 보내 조나라와 화친을 맺고 싶다면서 양국 국경 가까이 있는 면지(澠池)에서 만나자고 통고를 해 왔다. 조왕은 어떤 불행이 기다리고 있을 것만 같은 생각에 이를 거절하려 했다. 그러나 장군 염파와 인상여는 이렇게 말했다.

「왕께서 가시지 않으면 조나라가 약하다는 것을 보여 주게 됩니다.」

이리하여 인상여가 조왕을 수행하고 염파가 나라를 지키기로 한 다음 염파는 왕을 국경까지 호송하고 작별에 앞서 이렇게 말했다.

「왕복 한 달이면 돌아오실 수 있습니다. 그때까지 돌아오시지 않을 때는 태자를 왕위에 올려 진나라의 야심을 사전에 막았으면 합니다.」

왕은 승낙했다. 모두 최악의 사태를 각오하고 떠나는 길이었다. 면지에서 회견이 끝나고 술자리가 베풀어졌을 때, 진왕은 조왕에게 거문고를 한 곡 켜 달라고 청했다. 조왕이 마지못해 한 곡을 마치자, 진나라 어사가 앞으로 나와 이렇게 기록했다.

「아무 해, 아무 달, 아무 날 진왕이 조왕과 만나 술을 마시며 조왕에게 거문고를 타게 했다.」

조왕에게 모욕을 주려는 계획된 행동이었다.

그러자 인상여가 앞으로 나아가 말했다.

「서로 주고받는 것이 예의이니, 이번에는 진왕께서 우리 임금을 위해 진나라 음악을 한번 들려주십시오.」

그리고는 분부(盆缻)를 진왕에게로 내밀었다.

진왕은 얼굴에 노기를 띠고 응하지 않았다. 인상여는 다시 분부를 진왕의 코앞에 바짝 들이밀고 청했다. 진왕은 여전히 부를 칠 뜻이 없었다. 인상여는 말했다.

「지금 대왕과 나 사이는 불과 다섯 걸음밖에 안됩니다. 나는 내 목의 피로 대왕의 옷을 물들일까 합니다. 어서 치십시오.」

내 손에 죽을 수도 있다는 위협이었다. 진왕을 모시고 있던 시신들이 인상여를 칼로 치려했다. 인상여는 눈을 부릅뜨고 소리쳐 꾸짖었다. 그들은 겁에 질려 옆으로 피했다. 진왕도 기가 꺾여 마지못해 부를 치며 한 곡을 치는 둥 마는 둥 끝냈다. 인상여는 조나라 어사를 불러 말했다.

「아무 해, 아무 달, 아무 날, 진왕이 조왕을 위해 부를 쳤다.」

하고 기록하게 했다. 진나라 신하들은 멋쩍은 태도로 말했다.

「조나라에 열다섯 성을 바치고 진왕의 장수를 베십시오.」

그러자 인상여는 얼른 받아넘겼다.,

「진나라 함양(咸陽 : 수도)을 바치고 조왕의 장수를 베십시오.」

진왕은 끝내 조나라를 누를 수가 없었다. 무력으로 어떻게 해볼까도 생각했으나, 조나라에서 이미 만일에 대비한 모든 준비가 되어 있는 것을 알자 감히 손을 대지 못했다.

귀국하자 조왕은 인상여가 너무도 고맙고 훌륭하게 보여서 그를 상경(上卿)에 임명했다. 그렇게 되자 염파보다 지위가 위가 되었다. 염파는 화가 치밀었다.

「나는 조나라 장군으로서 성을 치고 들에서 싸운 큰 공이 있는 사람이다. 인상여는 한갓 입과 혀를 놀림으로써 나보다 윗자리에 오르다니 이는 용납할 수 없는 일이다.」

하고 다시 이렇게 말했다.

「상여를 만나면 반드시 모욕을 주고 말겠다.」

이 소문을 들은 인상여는 될 수 있으면 염파를 만나지 않으려 했다. 조회 때가 되면 항상 병을 핑계하고 염파와 자리다툼하는 것을 피했다. 언젠가 인상여가 밖으로 나가다가 멀리 염파가 오는 것을 보자 옆 골목으로 피해 달아나기까지 했다.

이런 광경을 본 인상여의 부하들은 인상여의 태도가 비위에 거슬렸다. 그들은 상의 끝에 인상여를 보고 말했다.

「우리들이 이리로 온 것은 대감의 높으신 의기를 사모해서였습니다. 그런데 염장군이 무서워 피해 숨는다는 것은 못난 사람들도 수치로 아는 일입니다. 저희들은 이만 물러가겠습니다.」

인상여는 그들을 달랬다.

「공들은 염장군과 진왕 중 어느 쪽이 더 대단하다고 생각하는가?」

「그야 진왕과 어떻게 비교가 되겠습니까?」

「그 진왕의 위력 앞에서도 이 인상여는 그를 만조백관이 보는 앞에서 꾸짖었다. 아무리 내가 우둔하기로 염장군을 무서워할 리가 있겠는가. 진나라가 우리 조나라를 함부로 넘보지 못하는 것은 염장군과 내가 있기 때문이다. 두 호랑이가 맞서 싸우면 하나는 반드시 죽고 마는 법. 내가 달아나 숨는 것은 나라 일을 소중히 알고, 사사로운 원한 같은 것은 뒤로 돌려버리기 때문이다.」

그 뒤 이 소식을 전해들은 염파는 자신의 못남을 뼈아프게 느꼈다. 웃옷을 벗어 매를 등에 지고 사람을 사이에 넣어 인상여의 집을 찾아가 무릎을 꿇고 사죄했다.

「못난 사람이 장군께서 그토록 관대하신 줄을 미처 몰랐습니다.」

이리하여 두 사람은 다시 친한 사이가 되어 죽음을 함께 해도 마음이 변하지 않는 그런 사이가 되었다〔卒相與驩 爲刎頸之交〕.

인상여도 위대하지만, 자기의 잘못을 뉘우치고 순식간에 새로운 기분으로 돌아가 깨끗이 사과를 하는 염파의 과감하고 솔직한 태도야말로 길이 우리의 모범이 아닐 수 없다.

聞一知十 문일지십

聞 물을 문 一 한 일 知 알 지 十 열 십

《사기》 중니제자열전

【하나를 듣고 열을 미루어 앎. 곧 지극히 총명함.】

이 말은 원래 《논어》 공야장편(公冶長篇)에 나오는 말이다.

공자가 자공(子貢)을 불러 물었다.

「너와 안회(顔回) 둘 가운데 누가 낫다고 생각하느냐?」

공자의 제자가 3천 명이나 되었고, 후세에 이름을 남긴 제자가 72명이나 되지만, 당시 재주로는 자공을 첫손에 꼽고 있었다. 실상 안회는 자공보다 월등 나은 편이었지만, 그는 공자가 말했듯이 통 아는 기색을 내보이지 않는 바보 같은 사람이기도 했다.

공자는 안회와 자공을 다 같이 사랑했지만, 안회를 나무란 일은 한 번도 없었다. 항상 꾸중을 듣는 자공이 실상 속으로는 안회를 시기하고 있었을 것으로 보는 사람들도 있다.

그래서 공자는 스스로 재주를 자부하고 있는 자공이 안회를 어떻게 보고 있는가가 궁금하기도 했다. 자공은 서슴지 않고 이렇게 대답했다.

「사(賜 : 자공의 이름)가 어찌 감히 회(안회)를 바랄 수 있습니까. 회는 하나를 들으면 열을 알고, 사는 하나를 들으면 둘을 알 뿐입니다〔賜也何敢望回 回也聞一以知十 賜也聞一以知二〕.」

하나를 들으면 열을 안다는 것은, 한 부분만 들으면 전체를 다 안다는 뜻으로 후세 사람들은 풀이하고 있다. 하나를 들으면 둘을 안다는 것은 반쯤 들으면 결론을 얻게 되는 그런 정도라고나 할까.

공자는 자공의 대답에 만족했다. 역시 자공은 알고 있구나 하는 생각이 들었다. 그래서 이렇게 말했다.

「네가 안회만은 못하다. 나도 네 말이 옳다고 생각한다.」

尾生之信 미생지신

尾 꼬리 미 生 날 생 之 갈 지 信 믿을 신

《사기》 소진열전

【너무 고지식해서 융통성이 없는 신의.】

너무 고지식하기만 한 것을 가리켜 「미생지신」 이라고 한다. 미생이란 사람의 옛이야기에서 생긴 말이다. 「소진열전」에 보면, 소진(蘇秦)이 연(燕)나라 왕의 의심을 풀기 위해 하는 이야기 가운데 이런 것이 나온다.

소진은 연왕을 보고 말했다.

「대왕께서 나를 믿지 않는 것은 필시 누가 중상하는 사람이 있기 때문일 것입니다. 실상 나는 증삼(曾參) 같은 효도도 없고, 백이 같은 청렴도 없고, 미생(尾生) 같은 신의도 없습니다. 그러나 대왕께선 증삼 같은 효도와 백이 같은 청렴과 미생 같은 신의〔尾生之信〕가 있는 사람을 얻어 왕을 섬기도록 하면 어떻겠습니까?」

「만족합니다.」

「그렇지 않습니다. 효도가 증삼 같으면 하룻밤도 부모를 떠나 밖에 자지 않을 텐데, 대왕께서 어떻게 그를 걸어서 천릿길을 오게 할 수 있겠습니까? 백이는 무왕의 신하가 되는 것이 싫어 수양산에서 굶어죽고 말았는데, 어떻게 그런 사람을 천 리의 제나라 길을 달려가게 할 수 있겠습니까. 신의가 미생 같다면, 그가 여자와 다리 밑에서 만나기로 약속을 해두고 기다렸으나, 여자는 오지 않고 물이 불어 오르는지라 다리 기둥을 안고 죽었으니, 이런 사람을 대왕께서 천 리를 달려가 제나라의 강한 군사를 물리치게 할 수 있겠습니까? 나를 불효하고 청렴하지 못하고 신의가 없다고 중상하는 사람이 있지만, 그렇기 때문에 나는 부모를 버리고 여기까지 와서 약한 연나라를 도와 제나라를 달래서 빼앗긴 성을 다시 바치게 한 것이 아니겠습니까?」

대충 이런 내용으로 연왕의 의심을 풀고 다시 후대를 받게 되었다는 이야기인데, 미생이란 사람은 다리 밑에서 만나기로 약속한 그것만을 지키느라 물이 불어 오르는데도 그대로 자리를 지키다가 죽었으니 얼마나 고지식하고 변통을 모르는 바보 같은 사람인가.

다리 밑이면 어떻고 다리 위면 무슨 상관이 있겠는가. 결국 「미생지신」은 하나만 알고 둘은 모르는 바보 같은 신의를 말한다.

傍若無人 방약무인

傍 곁 방 若 같을 약 無 없을 무 人 사람 인

《사기》 자객열전

【남의 입장을 생각지 않고 거리낌 없이 함부로 행동함.】

전국시대도 거의 진(秦)의 통일로 돌아가 시황제의 권위가 군성(群星)을 눌렀을 때의 일이다. 위(衛)나라 사람으로 형가(荊軻)라는 자가 있었나. 선소는 제(齊)나라 사람이었으나, 그는 위(衛)로 옮겨 살며, 거기서 경경(慶卿)이라 불리었다. 책을 읽는 것과 칼을 쓰는 것을 즐겨했다. 국사에도 마음을 쓰고 있었으므로 위의 원군(元君)에게 정치에 대한 의견을 말했으나 채택되지 않았고, 그 후로는 제국을 표박(漂迫)하며 돌아다닌 듯하다. 사람 됨됨이 침착하여 각지에서 현인, 호걸과 사귀었다. 그 유력(遊歷)하는 동안의 이야기로서 다음과 같은 것이 전해진다.

산서(山西)의 북부를 지날 때, 개섭(蓋聶)이라는 자와 칼에 대해 논했다. 개섭이 화를 내고 노려보자, 형가는 곧 일어나 떠나가 버렸다. 어떤 이가 개섭에게 형가하고 다시 한번 논하면 어떻겠느냐고 하자 이렇게 말했다.

「아니야, 여관에 가 보게나, 벌써 떠나고 없을 테니까.」

그래서 사람을 시켜 여관에 가 보니 과연 형가는 떠나버린 뒤였다. 이 말을 들은 개섭이 말했다.

「물론 그렇겠지. 방금 내가 노려보아 위협을 주었으니까.」

또 형가가 한단(邯鄲)에 갔을 때다. 노구천(魯句踐)이란 자와 쌍륙(雙六) 놀이를 하여 승부를 다투었다. 노구천이 화를 내며 소리치자 형가는 말없이 도망쳐 다시는 돌아오지 않았다고 한다.

그는 연(燕)나라로 갔다. 거기서 사귄 것이 전광(田光)과 축(筑)의 명수인 고점리(高漸離)였다. 축은 거문고와 비슷한 악기로서 대나무로 만든 현을 퉁겨서 소리를 낸다. 이 두 사람과 형가는 날마다 큰 길거리로 나가 술을 마셨다. 취기가 돌면 고점리는 축을 퉁기고 형가는 거기에 맞추어 노래하며 함께 즐겼다. 감상이 극에 달하면 함께 울기도 했다. 마치 곁에 아무도 없는 것 같았다〔傍若無人〕.

「방약무인」이란 말은 《사기》 자객열전에 나오는 것이 처음이다. 곁에 아무도 없는 것같이 남의 눈도 생각하지 않고 제멋대로 행동하는 것이다. 그 때의 사람들은 대개가 형가의 이 행동을 그렇게 생각하고 있었겠지만, 「방약무인」 하면 제 고집만을 주장하는 무례함을 가리키는 수가 많다. 열심히 골몰해서 「방약무인」 한 것과 그저 품성에 따라 그런 것과 사람에 따라 각각 다르다.

형가는 나중에 연나라 태자 단(丹)의 부탁을 받고 진왕(秦王)을 쓰러뜨리기 위해 죽음을 다짐한 길을 떠난다. 배웅하는 사람들 틈에 고점리도 있었는데, 그들은 마침내 역수(易水) 가에서 작별하게 되었다. 이때 고점리는 축을 퉁기고 형가는 화답해서 저 「풍소소혜역수한(風蕭蕭兮易水寒)……」의 노래를 불렀다.

이 두 사람, 형가는 끝내 성사시키지 못한 채 죽고, 고점리는 뒤에 장님이 되면서도 친구의 원수를 갚으려고 진왕을 노리다가 역시 실패하여 형가의 뒤를 따라가게 된다. 그리하여 앞서 말한 노구천은 형가에 대한 자기의 불명(不明)을 부끄럽게 생각했다고 한다. 그러나 이 역수에서 이별할 때, 두 사람은 그와 같은 일을 알 턱이 없었다. 한 사람은 축을 퉁기고 한 사람은 노래하며 마치 곁에 아무도 없는 듯했었을 것이다.

背水陣 배수진

背 등 배 水 물 수 陣 진 진

《사기》 회음후열전

【죽을 각오로 싸움에 임하는 경우의 비유.】

「배수진」은 물을 뒤에 등지고 진 진을 말한다. 「배수진을 쳤다」하는 말은, 죽을 각오로 마지막 승부에 임하는 것을 말한다. 이 배수진을 쳐서 최초로 성공한 사람은 한신(韓信)이다. 이때부터 배수진이란 말이 전해지게 되었다. 한신이 조나라를 칠 때 이야기다. 한신은 작전을 짜 놓고 부하 장수들에게 이렇게 말했다.

「우리 주력부대는 퇴각을 한다. 그것을 보면 적은 진지를 비우고 우리를 추격해 올 것이다. 그러면 제군들은 재빨리 조나라 진지로 들어가 조나라 기를 뽑아 버리고 한나라의 붉은 기를 세워라.」

그런 다음 부관들에게 가벼운 식사를 시키고 나서는 모든 장수들에게 이렇게 전하게 했다.

「오늘 아침은 조나라를 이기고 난 다음 모여서 잘 먹기로 하자〔滅此朝食〕.」

장수들은 알았다고 대답만 할 뿐 속으로는 코웃음을 쳤다. 한신은 군리(軍吏)들에게 이렇게 말했다.

「조나라 군사는 유리한 곳을 점령하여 진을 치고 있기 때문에 싸움을 서두르지 않을 것이다. 그리고 적은 우리 쪽 대장기를 보기 전에는 나와 싸우려 하지 않을 것이다.」

이리하여 한신은 1만의 군사를 먼저 가게 하여 물을 등지고 이른바 「배수진」을 치게 했다. 조나라 군사들은 이것을 바라보며 병법을 모르는 놈들이라고 크게 웃었다. 날이 밝자, 한신은 대장기를 세우고 산길을 빠져나갔다. 조나라 군사는 진문을 열고 나와 맞아 싸웠다. 잠시 격전을 계속한 끝에 한신은 거짓 패한 척하며 기를 버리고 강 근처에 배수진을 치고 있는 군사와 합류했다.

조나라 군사는 이를 보는 순간, 과연 진지를 텅 비워 두고 앞다투어 한신의 군사를 쫓았다. 그러나 한신의 군사는 결사적인 반격으로 적을 물리쳤다. 이 사이에 한신이 산속에 매복시켜 놓았던 기마부대가 조나라 진지로 달려가 조나라 기를 뽑고 한나라 기를 세워 두었다.

한신을 추격해서 이기지 못하고 돌아오던 조나라 군사는 붉은 기를 바라보는 순간 이미 진지가 적의 수중에 든 줄 알고 당황하기 시작했다. 여기에 한신의 군사가 뒤를 다시 덮치고 들자 앞뒤로 적을 맞은 조나라 군사는 싸울 용기를 잃고 뿔뿔이 흩어져 버렸다. 그리하여 대장은 죽고 왕은 포로가 되었다.

승리를 축하하는 술자리에서 모든 장수들은 한신에게 물었다.

「병법에는 산을 등지고 물을 앞으로 진을 치라고 했는데, 장군께선 물을 등지고 진을 쳐서 이겼습니다. 그리고 조나라를 이기고 나서 아침을 먹자고 하시더니 과연 말대로 되었습니다. 이것은 무슨 전법입니까?」

그러자 한신은 대답했다.

「이것은 병법에 있는 것이다. 제군들이 미처 몰랐을 뿐이다. 병법에 『죽을 땅에 빠뜨려 두어야 사는 길이 있다〔陷之死地而後生〕』고 하지 않았는가. 그리고 우리 군사는 아직 오합지졸이다. 이들을 결사적으로 싸우게 하려면 죽을 곳을 뒤에 두지 않으면 안된다.」

모든 장수들은 탄복했다.

兵死地也 병사지야

兵 군사 병 死 죽을 사 地 땅 지 也 어조사 야

《사기》 염파 · 인상여열전

【전쟁은 죽느냐 사느냐가 걸린 곳이다.】

병(兵)은 여러 가지 뜻이 있다. 군대란 뜻과 무기란 뜻, 전쟁이란 뜻도 있다. 여기서는 전쟁이란 뜻이 강하다. 그러나 전부를 합친 것으로 보는 것도 좋을 것 같다. 그것이 한자의 특색이다. 즉 군대니 전쟁이니 하는 것은 죽느냐 사느냐 하는 문제가 걸려 있는 곳이란 뜻이다.

전국시대 말기 조(趙)나라에 조사(趙奢)라는 명장이 있었다. 조사는 원래 세무관리였다. 식객을 3천이나 거느린 유명한 사군(四君) 중의 한 사람인 평원군(平原君)이 세금을 내지 않았다. 조사가 독촉을 했으나 아랫사람이 평원군의 세도를 믿고 이를 거부했다. 조사는 법으로 그들을 다스렸다. 국법을 어기고 조세를 횡령했다는 죄목으로 아홉 사람을 처형했다. 왕의 친동생이었고 또 재상이었던 평원군은 조사의 방약무인한 태도에 분노를 참을 수가 없어 당장 조사를 잡아다가 물고를 내려고 했다.

조사는 성난 평원군에게 태연한 모습으로 이렇게 말했다.

「조나라의 공자이신 군께서 나라의 법을 시행치 않는다면 법은 곧 그 권위를 잃게 됩니다. 법이 권위를 잃으면 나라는 곧 약해지고 맙니다. 나라가 약해지면 제후들이 곧 침략해 올 테니 그때는 조나라는 없어져버립니다. 그때 군께서는 오늘의 부귀를 어떻게 누릴 수 있겠습니까?」

원래 도량이 넓기로 유명한 평원군은 곧 잘못을 사과하고, 그를 나라의 세금을 맡아 다스리는 장관으로 추천했다. 조사가 장관이 되는 그 날로 권문세가의 탈세행태가 일소되고, 가난한 백성들에 대한 세금이 훨씬 가벼워지며 국고 수입은 훨씬 늘게 되었다. 그 뒤 진나라가 한나라를 치기 위해 조나라 알여(閼與)로 침입해 왔다. 조왕은 염파를 비롯하여 많은 대장 대신들을 모아 놓고 차례로 알여를 구원할 수 있느냐고 물었다. 모두 길이 멀고 좁고 험해서 구원하기 어렵다고 대답했다. 그러나 조사만은 이렇게 대답했다.

「길이 멀고 좁고 험하다는 것은 비유하면 두 쥐가 구멍 안에서 싸우는 것과 같은 것으로 용맹한 쪽이 이기기 마련입니다.」

그래서 왕은 조사를 대장으로 임명하여 알여를 구원하게 했다. 조사는 여기에서 강한 진나라 군사를 맞아 크게 승리를 거둠으로써 일약 천하에 명성을 떨치게 되었고, 돌아와 재상과 동급인 지위에 오르게 되었다. 그런데 조사에게는 조괄(趙括)이라는 아들이 있었다. 어릴 때부터 병서를 좋아해서 아버지 조사와 병법을 놓고 토론을 하면 조사가 항상 이론에 밀리곤 했다. 그러나 한번도 아들을 칭찬하는 일이 없었다. 그 부인이 까닭을 묻자, 조사는 이렇게 말했다.

「전쟁은 죽는 곳이다. 그런데 괄은 그것을 쉽게 말하고 있다〔兵死地也 而括易言之〕. 조나라로 하여금 괄을 대장으로 임명하지 않도록 하면 다행이거니와, 만일 기어코 대장으로 임명한다면 조나라 군사를 패하게 만들 사람은 괄이 될 것이다.」

조사가 죽고 진나라가 다시 침략해 왔을 때, 조나라 왕은 조괄의 어머니의 반대 호소를 듣지 않고 그를 대장으로 임명했다. 과연 괄은 조사의 예언대로 크게 패했다. 조나라 군사 40만이 떼죽음을 당하고 조나라는 멸망의 길을 재촉하게 되었다. 책에서 배운 지식을 가지고 아는 체하는 사람 치고 실질적인 사업 면에 어둡지 않은 사람이 없는 것도 이런 이치에서일 것이다.

付驥尾 부기미

付 붙을 부 驥 천리마 기 尾 꼬리 미

《사기》 백이열전

【큰 인물에게 인정을 받은 뒤에야 비로소 참된 가치가 드러남. 큰 인물의 힘을 빌려 출세하거나 능력을 발휘함.】

기(驥)는 기(騏)·화(驊)·유(騮)와 같이 어느 것이나 하루에 천리를 달린다는 명마(名馬)를 말한다. 따라서 명마의 꼬리에 붙는다는 것이 「부기미」다.

「백이열전」에 이런 이야기가 있다.

「백이와 숙제는 현인이지만, 공자의 붓으로 인하여 그 이름이 점차 드러났고, 안연은 학문에 충실하였지만, 파리가 천리마의 꼬리에 붙어 천리를 갈 수 있는 것처럼〔蒼蠅附驥尾而致千里〕 공자의 기미(驥尾)에 붙음으로써 그 품행이 더욱 나타나게 되었던 것이다.」

대체로 어떠한 인물이라도 큰 인물이 뒤를 받쳐 주지 않으면 후세에 남지 못한다고 말하고 있다.

그래서 후세 사람은 저자인 사마천 자신이 이《사기》의 가치를 알고 그것을 찬양해 줄 인물을 후세에 기대하고 있는 것이라고 생각하는가 하면, 또 백이를 열전의 처음에 앉힌 것은 백이를 빌미로 삼아 역사적 인물, 나아가서는 인간의 운명이라는 것을 암시하고 싶었던 것이 아닌가 하고 보는 사람도 있다. 그러나 잘 생각해 보면 사마천 자신이「기미(驥尾)」에 붙고 싶었던 것이 아닌가 하고도 말할 수 있을 것 같다.

이와 같이《사기》에서는「부기미」란 성어가 대인물에게 인정되어 참된 가치가 비로소 세상에 밝혀진다는 뜻으로 쓰였으나, 지금은 도리어 다음의 고사(故事)에서 오는 연상(連想)이 더 살아 있다.

《후한서》에 있는 이야기다.

전한 말의 사람으로 장창(張敞)이 그 편지에 이렇게 말했다.

「파리는 열 걸음〔十步〕 거리밖에 날지 못하나 기(騏)나 기(驥)와 같은 발이 빠른 말꼬리에 붙으면 천릿길도 쉽게 갈 수 있다. 그러면서도 말에는 조금도 폐를 끼치지 않고 파리는 다른 것들을 훨씬 멀리 떼어 놓을 수가 있다.」

여기서 그저 세상에 알려진다는 뜻 이외에 큰 인물의 힘을 빌려 출세한다, 또는 능력을 발휘한다, 라는 뜻이 생겨「기미(驥尾)

에 탁(託)한다」 고도 한다.

負荊請罪 부형청죄

負 질 부 荊 가시나무 형 請 청할 청 罪 죄 죄

《사기》 염파 · 인상여열전

【다른 사람에게 자신의 잘못을 인정하고 처벌을 요청함.】

「육단부형(肉袒負荊)」 이라고도 한다. ☞ 「**刎頸之交**(문경지교)」

焚書坑儒 분서갱유

焚 불사를 분 書 책 서 坑 구덩이 갱 儒 선비 유

《사기》 이사열전, 진시황본기

【책을 불사르고 유생(儒生)들을 산 채로 구덩이에 묻어 죽임. 상황을 고려하지 않고 발본색원하는 폭정을 비유하여 일컬음.】

진시황 34년 시황은 함양궁에서 술자리를 베풀었다. 이때 군현제도를 찬양하는 복야(僕射) 주청신(周靑臣)과 봉건제도의 부활을 주장하는 박사 순우월(淳于越)이 시황 앞에서 대립된 의견을 놓고 싸웠다. 시황은 이 문제를 신하들에게 토의하게 했다. 승상 이사(李斯)는 순우월의 의견을 몹시 못마땅하게 생각했다. 진시황의 독재 뒤에는 이사의 이기적인 칼날이 언제나 빛나고 있었다. 이사는 선비들의 그런 태도는 임금의 권위를 떨어뜨리고 당파를 조성하는 결과를 가져오므로 일절 금해야 한다고 주장하고, 구체적으로 이 같은 안을 제시했다.

「사관(史官)이 맡고 있는 진나라 기록 이외의 것은 모두 태워 없앤다. 박사가 직무상 취급하고 있는 것 이외에 감히 시서(詩書)나 백가어(百家語) 들을 가지고 있는 사람은 모두 고을 수령에게 바쳐 태워 없앤다. 감히 시서를 말하는 사람이 있으면 모두 시장바닥에 끌어내다 죽인다. 옛것을 가지고 지금 것을 비난하는 사람은 일족을 모두 처형시킨다. 관리로서 이를 알고도 검거하지 않는 사람도 같은 죄로 다스린다. 금령이 내린 30일 이내에 태워 없애지 않는 사람은 이마에 먹물을 넣고 징역형에 처한다. 태워 없애지 않는 것은 의약(醫藥)·복서(卜筮)·농사〔種樹〕에 관한 책들이다. 만일 법령을 배우고자 할 때는 관리에게 배워야 한다.」

시황은 이사의 말을 채택하여 실시케 했다. 이것이 「분서(焚書)」다. 당시의 책은 오늘날과 같이 종이에 인쇄하여 대량으로 생산하는 것이 아니고, 대쪽〔竹片〕에 붓으로 써 놓은 것이며, 한 번 잃으면 또다시 복원할 수 없는 것도 많았다. 여하튼 인간의 문화에 대한 반역으로서 단연코 용서할 수 없는 일이다.

이듬해인 35년에는, 진시황이 불로장생을 원한 나머지 신선술을 가진 방사(方士)들을 불러 모았다. 그 중에서도 특히 우대를 한 것이 후생(侯生)과 노생(盧生)이었다. 그런데 그들은 진시황의 처사에 불안을 느꼈는지 시황을 비난하고 자취를 감추어 버렸다.

격노한 시황에게 정부를 비난하는 수상한 학자가 있다는 보고가 들어왔다. 시황은 어사를 시켜 학자들을 모조리 잡아다가 심문했다. 사실상 학자들은 비난한 일이 없지도 않은 터라 서로 책임전가를 하며 자기만 빠지려 했다.

그 결과 법에 저촉된 사람이 460여 명이나 되었다. 이들은 모두 함양 성 안에 구덩이를 파고 묻게 했다. 널리 천하에 알려 다시는 임금이나 정부가 하는 일을 비판하는 일이 없도록 하기 위해서였다. 이것이 「갱유(坑儒)」다. 왕정의 기초를 공고히 하려는 시황제의 가법혹정(苛法酷政)은 「분서」나 「갱유」 같은 사상 드물게 보는 폭거를 저지른 것이다.

그러나 이 「분서갱유」를 대단치 않은 사건으로 보는 학자도 있다. 죽은 사람은 460명뿐이었고, 책들은 사실상 참고를 위해 몇 벌씩 정부 서고에 보관되어 있었다. 그것을 불살라 버린 것은 실상 항우였다.

不念舊惡 불념구악

不 아닐 불 念 생각할 념 舊 옛 구 惡 악할 악

《사기》 백이열전

【지나간 잘못을 염두에 두지 않는다.】

지나간 잘못을 염두에 두지 않는다는 것이 「불념구악(不念舊惡)」이다. 지나간 일을 탓하지 않는 것을 「기왕불구(旣往不咎)」라고 한다. 이 말과 약간 일맥상통하는 점이 있기는 하나 뜻은 다르다.

백이숙제(伯夷叔齊)가 지나치게 결백한 나머지 불의로 천하를 얻은 주나라의 곡식마저 먹을 수 없다 하여 수양산에 들어가 고사리를 캐먹다가 굶주려 죽었다는 이야기는 너무나 유명하다.

그 백이에 대해 맹자가 이런 구체적인 사례를 들고 있다. 즉 《맹자》 공손추(公孫丑) 상에서 맹자는 이렇게 말하고 있다.

「백이는 그 임금이 아니면 섬기지 않고, 그 벗이 아니면 사귀지 않았으며, 악한 사람의 조정에 서지도 않고, 악한 사람과는 함께 말도 하지 않았다. 악한 사람의 조정에 서거나, 악한 사람과 함께 말하는 것은, 마치 예복을 이고 예모를 쓴 채 시궁창이나 숯검정 위에 앉는 것처럼 여겼다. 이러한 악한 것을 미워하는 마음을 확대시켜 시골 사람들과 같이 섰을 때, 그 사람의 갓이 비뚤어졌으면 뒤도 돌아보지 않고 가버렸다. 마치 더러운 것이라도 묻은 것처럼 생각했다. 그러니 제후들 중에 좋은 말로 그를 모시러 오는 사람이 있어도 이를 거절했다.」

이것으로 보아, 백이가 얼마나 결백하고 남을 포용하는 마음이 좁았는가를 알 수 있다. 그러나 맹자는 그를 성인(聖人)이라고 했다. 다만 성인 가운데 깨끗한 사람〔淸者〕이라고 했다.

그런데 그 백이에게도 반대의 일면이 있었던 것이다. 그것이 바로 여기에 나오는 「불념구악」이다.

《사기》 백이열전에서 공자는 이렇게 말하고 있다.

「백이와 숙제는 옛 악을 생각지 않았다. 그래서 원망이 적었다〔伯夷叔齊 不念舊惡 怨是用希〕.」

그토록 결백하고 까다로운 백이와 숙제도 지나간 날의 잘못을 염두에 두지 않았기 때문에 사람들은 그의 지나친 결백을 그다지 원망스럽게 생각지 않았다는 뜻이다.

어제 아무리 보기 흉한 짓을 한 사람이라도 오늘 좋은 모습으로 나타나면 반갑게 맞아주는 백이 숙제였기 때문에 사람들은 그들을 어려워는 했을망정 미워할 필요는 없었던 것이다.

「기왕불구」가 의식적인 노력에서 나오는 아량이라면, 이 「불념구악」은 그야말로 「명경지수(明鏡止水)」와 같은 성자의 초연한 심정에서일 것이다. 지나간 일을 놓고 콩이야 팥이야

따지는 태도도 삼가야겠지만, 한번 밉게 본 사람을 언제나 같은 눈으로 대하는 것은 더욱 삼가야 할 일이다.

徙木之信 사목지신

移 옮길 이 木 나무 목 之 어조사 지 信 믿을 신

《사기》 상군열전

【속이지 않는다는 것을 밝히는 일.】

위정자가 나무 옮기기로 백성들을 믿게 한다는 뜻으로, 남을 속이지 않거나 약속을 반드시 지킨다는 말.

진(秦) 효공(孝公)에게는 상앙(商鞅)이라는 재상이 있었다. 상앙은 위(衛)나라의 공족(公族) 출신이었으며 법률에 밝았다. 상앙이 표방한 것은 법치주의를 바탕으로 한 강력한 부국강병책이었는데, 이것은 훗날 시황제가 천하통일을 할 수 있었던 기틀이 되었다.

상앙이 한번은 법을 제정해 놓고 공포를 하지 않았다. 백성들이 믿지 않을 것을 염려했기 때문이다. 상앙은 백성들의 불신을 없애기 위한 계책을 세웠다. 상앙은 3장 되는 높이의 나무를 남문 저잣거리에 세우고 표지에 이렇게 써 놓았다.

「이 나무를 북문으로 옮기는 사람에게는 10금(金)을 준다.」

그러나 누구나 이상하다고 생각했던지 옮기려는 사람이 없어서 다시 이렇게 썼다.

「이 나무를 북문으로 옮기는 사람에게는 50금(金)을 준다.」

그러자 어떤 사람이 이 나무를 북문으로 옮겼다. 그는 그 즉시로 50금을 받았다. 이렇게 해서 백성을 속이지 않고 약속은 반드시 지킨다〔徙木之信〕는 굳은 믿음을 갖게 한 다음 법령을 공포했다. 그러나 이 법령이 시행되자 1년 사이에 진(秦)나라 서울에 나와서 신법령의 불편을 호소한 백성이 천 명에 이를 정도였다. 그러는 동안에 태자가 법을 범했다. 위앙은 이렇게 말했다.

「법이 제대로 지켜지지 않는 것은 윗사람부터 법을 범하기 때문이다.」

그는 법에 따라 태자를 처벌하려고 했다. 그러나 태자는 임금의 뒤를 이을 사람인 까닭에 처벌하기 곤란하다 하여 태자의 태부(太傅)인 공자 건(虔)을 처벌하고, 스승인 공손고(公孫賈)를 자자형(刺字刑 : 이마에 글자를 넣는 형)에 처했다. 그 이튿날부터 진나라 사람들은 모두 법을 따랐다.

법을 시행한 지 10년, 진나라 백성들은 크게 기뻐했으며, 길 위에 떨어진 유실물조차 주우려는 자가 없었다〔道不拾遺〕. 산속에도 도둑이 없었으며, 집집마다 생활이 넉넉했고, 사람마다 만족했다.

인간관계에서 중요한 덕목 가운데 하나가 바로 신의이다. 부부 사이, 친구 사이에 신의가 지켜져야만 관계가 원만하게 이루어질 수 있다. 반대 되는 말은 「식언(食言)」이다.

四分五裂 사분오열

四 넉 사 分 나눌 분 五 다섯 오 裂 찢어질 렬

《사기》 장의열전

【갈기갈기 찢어지다. 의견이나 지역이 여러 갈래로 갈라져 통일이 되지 못하다.】

춘추전국시대 때 장의(張儀)는 연횡책(連衡策)을 주창하면서, 위(魏)·조(趙)·한(韓)나라 등 동서(橫)로 잇닿은 6국을 설득, 진(秦)나라를 중심으로 하는 동맹관계를 맺게 하였다.

이때 진나라의 재상 장의(張儀)는 위나라에 가서 위나라의 불리한 처지를 이리저리 설파하면서 이렇게 말했다.

「위나라의 영토는 사방 천 리에 미치지 못하고, 병사는 30만에 지나지 않습니다. 남쪽으로는 초나라와 경계하고, 서쪽으로는 한나라와 경계를 이루었으며, 북쪽으로는 조나라와 경계하고, 동쪽은 제나라와 경계를 이루고 있는 까닭에, 사방을 지키면 성채를 지킬 군사는 10만도 안됩니다. 위나라의 형세는 참으로 싸움터가 되기에 알맞습니다. 위나라가 남쪽의 초나라와 결탁하여 제나라와 손을 잡지 않으면 제나라는 위나라의 동쪽을 공격할 것입니다. 만약에 동쪽의 제나라와 결탁하여 조나라와 손을 잡지 않으면 조나라는 위나라의 북쪽을 공격할 것입니다. 한나라와 결탁하지 않으면 한나라는 위나라의 서쪽을 공격할 것이며, 초나라와 맺지 않으면 초나라는 위나라의 남쪽을 침범할 것입니다. 이것은 이른바 사분오열의 대세라고 하는 것입니다〔此所謂四分五裂之道也〕.」

四時之序 사시지서

四 넉 사 時 때 시 之 갈지 序 차례 서

《사기》 범수·채택열전

【공을 이루고 명성을 얻은 자는 춘하추동의 계절이 차례로 바뀌어 가듯이, 깨끗이 그 자리를 후진에게 물려주어야 한다는 뜻.】

「사시지서(四時之序)」란 춘하추동이 변함없이 돌고 도는 것을 말한다. 봄은 제 할 일 다 하고 나면 여름에게 넘겨준다. 여름도 제 역할을 다 하면 가을에게 양보한다. 가을과 겨울도 그 주역의 자리를 그렇게 하고 사라진다. 자연의 순환이요 우주의 섭리이다.

진나라 시황제가 등장하기 얼마 전 이야기이다. 진나라 재상 범수(范雎)는 내정(內政)과 외교에 업적이 컸다. 왕의 신임도 돈독해서 절정에 있으니 득의만만할 때였다. 그 때 채택(蔡澤)이라는 중신이 범수에게 은퇴를 종용하면서 이렇게 말한다.

「공은 어찌 그것을 아직도 모르신단 말입니까. 네 계절이 바뀌는 것처럼 공로를 이룬 사람은 차례로 교체되는 법입니다〔凡夫四時之序成功者去〕. 무릇 사람이 태어나서 오체(五體)가 건강하고 수족이 말을 잘 들으며, 눈·귀가 밝고, 마음이 성스럽고 지혜로운 것이 선비 된 사람의 소원이 아니겠습니까?」

「옳은 말씀이오. 나도 『욕심을 부리며 그칠 줄 모르면 그 욕심 부린 것을 잃고, 가지고도 만족할 줄 모르면 그 가진 것도 잃는다』란 말을 들었는데, 다행히도 나는 선생으로부터 가르침을 받았으니 삼가 그 말에 따르리다.」

그 후 범수는 초야에 묻혀 편안한 노후를 보냈다. 자신의 역할을 다 했으면 과감하게 그 무대에서 물러나는 지혜로움이 유구한 역사에 회자되고 있는 전설 같은 이야기이다. 우리들 세인들은 어떠한가? 잇속이 생기는 자리에 앉으면 대를 이으려고 한다. 그 놈의 욕심이 무지하고 무지하다. 공을 이루면 사계절이 돌고 돌듯이 미련 없이 떠나야 지혜로운 사람이라 선인은 일러준다.

三令五申 삼령오신

三 석 삼 令 명령할 령 五 다섯 오 申 말할 신

《사기》 손자 · 오기열전

【세 번 호령하고 다섯 번을 거듭 말함. 곧 군대에서 되풀이하여 자세히 명령함.】

춘추전국시대 오(吳)나라의 제24대 왕 합려(闔閭)는 손무(孫武)의 《손자병법(孫子兵法)》을 읽고 나서 아낌없는 찬사를 보냈다. 그래서 합려는 손무에게 한번 시범을 보여 달라고 요청하였다. 손자는 궁녀 180명을 모아 놓고 두 편으로 나누었으며, 궁녀들 가운데 합려가 가장 총애하는 두 명을 각각 대장에 임명하였다.

손무는 군령을 펴고 형벌용 부월(斧鉞)을 준비한 뒤 세 번 군령을 내리고 다섯 번 거듭 말했다〔三令五申〕. 그리고 북을 치며 구령을 내렸다.

「우로!」

그러자 부인들은 크게 웃었다. 손무가 말했다.

「군령이 명료하지 못하고 구령이 철저하지 못한 것은 장군된 자의 죄이다.」

그는 다시 세 번 군령을 내리고 다섯 번 이를 설명했다. 그리고 북을 치면서 구령을 내렸다.

「좌로!」

그러자 부인들은 또 크게 웃었다.

손무가 말했다.

「군령이 명료하지 못하고 구령이 철저하지 못한 것은 장군

된 자의 죄이다. 그러나 군령이 이미 명료한데도 규정대로 되지 않는 것은 대장(隊長)의 죄이다.」

그리고는 좌우 두 사람의 대장을 참하려고 했다. 오왕은 대(臺) 위에서 보고 있다가, 손자가 당장에 자기의 총회를 참하려 들자 놀라서 즉시 전령을 보내 뜻을 전했다.

「나는 장군이 용병에 뛰어난 사람임을 벌써 알았소. 나에게는 이 두 부인이 없으면 무엇을 먹어도 맛있을 것 같지가 않구려. 참하는 것만은 참아주시오.」

그러나 손무는 단호하게 말했다.

「신은 이미 명령을 받은 장군입니다. 장군 된 자는 진중(陣中)에 있는 한 군명(君命)이라 할지라도 듣지 않는 수가 있습니다.」

마침내 두 명의 대장을 베어 모두에게 본보기로 보인 다음, 임금이 그 다음으로 사랑하는 두 부인을 세워 대장을 삼았다. 그리고 또 북을 치자, 부인들은 왼쪽이건 오른쪽이건, 앞이건 뒤건, 꿇어앉는 것이건 서는 것이건 모두 규정된 법대로 하였고, 목소리 하나 들리지 않았다. 그러자 손무는 전령을 시켜 왕에게 보고했다.

「이미 군사의 훈련은 끝났습니다. 왕께서는 시험삼아 대(臺) 아래로 내려오셔서 보시도록 하십시오. 왕께서 보내고 싶다고 생각만 하신다면 그곳이 비록 물 속이건 불 속이건 따르지 않는 자가 없을 것입니다.」

「삼령오신」은 중요한 일일수록 반복해서 말할 필요가 있으며, 기강이 해이해져서는 절대 안 되는 군대에 어울리는 말이다.

三寸之舌 삼촌지설

三 석 삼 寸 마디 촌 之 갈 지 舌 혀 설

《사기》 평원군 · 우경열전

【세 치 길이밖에 안되는 사람의 짧은 혀지만 그 위력은 실로 대단하다.】

「세 치의 혀가 백만 명의 군대보다 더 강하다」는 말을 「삼촌지설(三寸之舌)이 강어백만지사(彊於百萬之師)」라고 한다. 백만 군대의 위력으로도 되지 않을 일을 말로써 상대를 설복시켜 뜻을 이룬다는 뜻이다. ☞ 「**毛遂自薦**(모수자천)」

席 卷 석 권

席 자리 석 卷 말 권

《사기》 위표 · 팽월열전

【어느 부분을 자신의 손아귀에 넣어 좌지우지함.】

자리를 만다는 말이 「석권」이다. 자리를 말 듯이 한쪽에서부터 토지를 공격해 전체를 차지하는 것을 말한다.

초나라의 항우와 한나라 유방이 천하를 두고 다투고 있을 무렵 위표(魏豹)와 팽월(彭越)이라는 사람이 있었다.

위표는 처음에는 항우로부터 위왕(魏王)으로 봉해졌는데, 나중에 항우를 배신하고 유방에게 붙어 팽성(彭城)을 함락시켰다. 그러나 유방이 패배하자 다시 배신을 했는데, 화가 난 유방은 한신에게 토벌케 하여 포로로 잡았다가 주가(周苛)에게 명령을 내려 죽이게 하였다.

팽월은 원래 유방의 부하였는데, 유방이 진희(陳豨)의 반란을 평정하기 위해 출병을 마무리했지만 머뭇거리다가 반란의 혐의가 씌워져 오히려 체포를 당하고 말았다. 그 뒤 그도 역시 여후(呂后)의 건의로 죽음을 당했다.

이를 두고 사마천은 이렇게 말했다.

「위표와 팽월은 비천한 집안 출신으로 천리의 땅을 석권(席卷)한 인물이다……그 명성이 날로 높아졌지만, 반란을 도모하다가 패하자 스스로 목숨을 끊지 않고 포로가 되어 죽음을 당한 것은 무슨 까닭인가? 그것은 두 사람이 모두 지략이 뛰어나 몸만 무사하면 후일 다시 큰일을 도모할 기회가 올 것이라고 기대해서 포로가 되는 것도 마다하지 않았기 때문이다.」

成功者退 성공자퇴

成 이룰 성 功 공 공 者 사람 자 退 물러날 퇴

《사기》 범수·채택열전

【공을 이룬 사람은 때를 알고 물러나야 걱정이 없다.】

공을 이룬 사람은 물러나야 한다는 것이 「성공자퇴」다. 보다 구체적인 표현이 「공성신퇴(功成身退)」다. 그러나 이 말의 원 말은 「성공자거(成功者去)」다. 사람만이 아니고 모든 사물은 일단 목적을 달성한 뒤에는 다음 오는 것에게 그 자리를 물려주고 가버린다는 뜻이다.

수가의 모함을 받아 거의 죽을 뻔한 범수는 나중에 이름도 장록(張祿)으로 고쳐 진(秦)나라에 가서 신임을 얻어 재상이 되었다. 그는 정치를 훌륭하게 하여 마침내 진나라를 강국으로 만들었다.

그러나 진나라 승상이 된 범수(范睢)도 차츰 실수를 저지르기 시작했다. 게다가 진소왕(秦昭王)의 신임마저 날로 엷어져 가고 있었다. 이 소문을 들은 채택(蔡澤)이 그의 뒤를 물려받을 생각으로 진나라로 향하게 된다. 그는 진나라에 도달하기 전 도중에 도둑을 만나 가지고 있던 여행 도구까지 다 도난당하고 말았다.

함양에 도착한 채택은 소문을 퍼뜨려 범수의 귀에 들어가게 한다.

「연나라 사람 채택은 천하의 호걸이요 변사다. 그가 한번 진왕을 뵙게 되면 왕은 재상의 자리를 앗아 채택에게 주게 될 것이다.」

범수는 채택을 불러들여 불쾌한 태도로 물었다.

「당신이 날 대신해 진나라 승상이 된다고 했다는데, 그게 사실이오?」

「그렇습니다.」

「어디 그 이야기를 한번 들어 봅시다.」

이리하여 채택은 이론을 전개하기 시작했다.

「공은 어찌 그것을 아직도 모르신단 말입니까. 네 계절이 바뀌는 것처럼 공로를 이룬 사람은 차례로 교체되는 법입니다〔凡夫四時之序成功者去〕. 무릇 사람이 태어나서 오체(五體)가 건강하고 수족이 말을 잘 들으며, 눈·귀가 밝고, 마음이 성스럽고 지혜로운 것이 선비 된 사람의 소원이 아니겠습니까?」

채택은 마침내 범수를 설득시켜 그로 하여금 그 자리를 물러나야 되겠다는 것을 느끼게 했다. 범수의 추천으로 진나라의 재상이 된 채택은 몇 달이 다 가지 않아 자기를 모략하는 사람이 있자, 자기가 범수에게 권했듯이 곧 병을 핑계로 자리를 내놓는다. 그리하여 진나라에서 편안히 여생을 보내며, 가끔 사신으로 외국에 다녀오곤 했다.

聲名狼藉 성명낭자

聲 소리 성 名 이름 명 狼 이리 랑 藉 깔개 자

《사기》 몽염열전

【명성이 사방에 자자하다. 그러나 그 명성은 악명을 말하는 것이니, 결국 명성이 땅에 떨어지거나 훼손되어 버린 것을 뜻한다.】

「명성은 이리의 깔개」라는 뜻으로, 악명으로 평판이 나빠져서 명성이 땅에 떨어진 것을 말한다.

중국 진(秦)나라 때 전공을 세워 시황제(始皇帝)의 신임을 얻은 장군 몽염(蒙恬)과 몽의(蒙毅) 형제는, 진시황이 죽은 뒤 그의 아들 호해(胡亥)가 2세 황제로 즉위하자 승상 이사(李斯)와 조고(趙高)의 흉계로 호해의 명령에 따라 자살하였다.

죽기 전에 몽의는 이렇게 말했다.

「진나라 목공(穆公)은 충신이었던 침호(針虎)와 엄식(奄息) 등을 죽이고, 소양왕(昭襄王)은 백기(白起)를 죽였다. 초(楚)나라의 평왕(平王)은 오사(伍奢)를 죽였으며, 오(吳)나라 왕 부차(夫差)는 오자서(伍子胥)를 죽였던 것이다. 이 군주들은 어질고 착한 신하들을 죽여서 비난을 받아 명성이 사라졌으므로 왕에게 죄 없는 신하들을 죽이지 말라고 전해주십시오.」

몽의의 말을 따르지 않은 호해는 몽의와 몽염이 자결하게 하였는데, 이것에 관하여 《사기》 색은(索隱)에는 「좋지 않은 평판이 이리들이 깔던 풀과 같이 여러 나라에 널리 퍼져나갔다〔惡聲狼藉布于諸國〕」라고 기록되어 있다.

成也蕭何敗也蕭何 성야소하패야소하

成 이룰 성 也 어조사 야 蕭 맑은 대쑥 소 何 어찌 하 敗 패할 패

《사기》 회음후열전

【일을 성사시키는 이나 그릇되게 만드는 이나 같은 사람이라는 뜻이다. 일의 성패를 한 손에 쥐고 있음을 비유하는 말.】

한신(韓信)은 젊어서 생활이 구차하여 갖은 수모를 겪었지만, 뒤에 유명한 장군이 되어 중원을 통일하는 데 이바지한 사람이다. 진(秦)나라 말기 각지에서 진시황의 폭정에 항거하는 반란이 일어나자, 한신은 처음에는 항우의 수하에 들어갔다. 그러나 항우가 그를 인정해 주지 않았기 때문에 그곳을 떠나 유방(劉邦) 아래서 일하게 되었다. 그렇지만 유방도 그의 재능을 의심해서 그를 잘 써주지 않고 군량을 관리하는 자그마한 직무만 맡아보게 하였다.

그러던 어느 날, 소하(蕭何)가 그와 이야기를 나누다가 그에게 탁월한 군사적 재능이 있음을 발견하게 되었다. 당시 유방은 한왕(漢王)에 봉해져서 한중 일대를 다스리고 있었는데, 그의 부하들 중에는 고향 생각이 나서 달아나는 자들이 속출하고 있었다. 이때 한신도 유방이 자신을 등용하지 않자 도망치고 말았다.

이에 놀란 소하는 그를 뒤쫓아 가서 몸소 한신을 설득해 유방에게 소개하였다. 소하는 극구 그를 천거하였다.

「천하를 얻으려면 이 사람이 아니면 안 되니 대장군으로 삼아야 합니다.」

소하의 말이라면 팥으로 메주를 쑨다고 해도 곧이듣는 유방은 그의 말대로 날짜를 정해 한신을 대장군으로 삼고, 그와 이야기를 나누어 본 결과 과연 소하의 말대로 국사적 재능이 비상한 사람임을 확인하였다.

그리하여 유방은 한신으로 하여금 군사를 지휘해서 동진케 하여 위나라와 조나라를 무찌르고 연나라를 항복시킨 뒤 제나라를 정복한 다음 마지막으로 초패왕 항우를 격파하고 한나라를 세우기에 이르렀다.

이에 천하를 통일한 유방은 한나라의 개국 황제(즉 한고조)가 되고 소하는 승상이 되었다. 그러나 유방은 일단 황제가 되자 재주가 남다른 한신이 걱정이 되어 잠을 이룰 수가 없었다. 그리하여 유방은 먼저 한신의 군사 지휘권을 박탈하고 초왕에 봉했다가 다시 회음후에 봉하더니, 나중에는 황후인 여후와 승상인 소하 등과 짜고 한신을 입궐케 한 뒤 죽여 버리고 말았다.

이와 같이 한신이 한때 잘된 것도 소하 때문이었고 나중에 목숨을 잃게 된 것도 소하 때문이었다. 그래서 「성야소하패야소하」라는 말이 나오게 된 것이다.

孫龐鬪智 손방투지

孫 손자 손 龐 어지러울 방 鬪 싸울 투 智 지혜 지

《사기》 손자 · 오기열전

【대등한 재능을 지닌 사람들이 지모를 다하여 경쟁하는 것을 비유.】

「손빈과 방연(龐涓)이 지혜를 다투다」 라는 뜻으로, 대등한 재능을 지닌 사람들이 지모를 다하여 경쟁하는 것을 비유하는 말이다. 중국 전국시대의 손빈과 방연의 고사(故事)에서 유래되었다.

손빈과 방연은 귀곡자(鬼谷子)의 문하에서 함께 병법을 배웠다. 방연은 위(魏)나라 혜왕(慧王)에게 기용되어 부근의 약소국가들을 정벌하는 공을 세웠다. 제나라 사람인 손빈은 그 재능이 방연보다 한 수 위였다. 혜왕도 손빈의 명성을 듣고 있었으므로, 동문수학한 방연에게 그를 초빙하도록 하였다.

방연은 손빈의 재능을 시기하여, 혜왕에게 손빈이 제나라와 밀통한다고 모함하였다. 손빈은 빈형(臏刑 : 무릎을 잘리는 형벌. 빈은 그런 때문에 붙여진 이름이다)을 당하고, 얼굴에는 죄수임을 나타내는 문자가 새겨졌다. 얼마 뒤 손빈은 위나라를 방문한 제나라 사신들에게 구출되어 제나라로 돌아왔다. 제나라의 대장 전기(田忌)는 위왕(威王)에게 손빈을 천거하였다.

위나라가 조(趙)나라를 공격하자, 조나라는 제나라에 도움을 요청하였다. 위왕은 전기와 손빈을 각각 대장과 군사(軍師)로 삼아 군대를 파견하였다. 손빈은 조나라를 공격하는 데 병력을 투입하여 방비가 허술해진 위나라의 수도 대량(大梁)을 공격하였다. 그리고는 방연이 조나라 공격을 중단하고 철수하는 길목을 지키고 있다가 공격하여 대승하였다. 「위위구조(圍魏救趙 : 위나라를 포위하여 조나라를 구하다)」 라는 고사성어는 여기서 유래되었다.

위나라는 다시 한(韓)나라를 침공하였다. 제나라 선왕(宣王)은 한나라의 구원 요청을 받고 전기와 손빈을 파견하였다. 손빈은 이번에도 한나라를 구하러 가지 않고 위나라를 공격하였다. 위나라가 대군을 보냈을 때 제나라 군대는 이미 물러간 뒤였다. 방연이 제나라 군대가 머물렀던 곳을 살펴보니 병사들이 솥에 밥을 지어 먹은 흔적이 족히 10만 명은 되는 것 같았다. 그런데 이튿날에는 솥의 숫자가 5만 명으로 줄어 있었고, 그 다음 날에는 2만 명으로 줄어 있었다.

방연은 제나라 병사들이 탈영하여 줄어든 것이라 믿고, 이 틈에 제나라를 섬멸하기 위하여 군대를 이끌고 추격하였다. 그래서 보병을 따로 떼어 놓고 가볍게 장비한 정예 기병만을 이끌고 이틀 가야 할 거리를 하루에 달려 제나라 군사를 바짝 뒤따랐다. 손빈은 방연의 행정(行程)을 계산해 보고 바로 저녁때쯤에는 마릉(馬陵 : 산동 박현의 동북쪽)에 도착할 것으로 추정했다. 마릉은 길이 좁고 양쪽에는 험한 산이 많아서 복병을 두기에 안성맞춤인 곳이었다. 손빈은 큰 나무를 골라서 그 껍질을 벗긴 다음 흰 부분에 이렇게 써 놓았다.

「방연은 이 나무 아래서 죽을 것이다.」

방연은 즉시 후퇴하려 하였으나 사방에서 제나라 군대가 공격해 왔다. 제나라 군대의 솥 숫자가 줄어든 것은 방연이 경계심을 풀고 공격해 오도록 유도한 손빈의 책략이었던 것이다. 방연은 퇴로가 끊기자 자결하였다. 죽음에 임하여 방연은 이렇게 술회했다.

「기어코 그 녀석〔손빈〕의 이름을 떨치게 만들었구나.」

제나라 군사는 승세를 몰아서 위나라 군사를 전멸시키고 위나라 태자 신(申)을 사로잡아 가지고 돌아왔다. 손빈의 이름은 이 일로 인하여 천하에 드러났고 그 병법은 세상에 전해졌다.

여기서 유래하여 「손방투지」는 재능이 비슷한 사람이 계책을 써서 기량을 겨루거나, 어제의 친구가 오늘은 원수가 되어 생사를 다투는 일을 비유하는 성어로 사용된다.

羞與噲伍 수여쾌오

羞 부끄러울 수 與 더불 여 噲 목구멍 쾌 伍 다섯 사람 오

《사기》 회음후열전

【용렬한 사람과 같은 위치에 있는 것을 수치스러워한다는 뜻.】

한(漢)나라의 한신(韓信)이 한고조 유방(劉邦)의 휘하에서 자기보다 못한 번쾌와 어깨를 나란히 하게 됨을 탄식하여 자조(自嘲)한 고사에서 나온 말로, 벗으로서 사귀는 것을 부끄럽게 여김을 이르는 말이다.

한(漢)나라의 개국공신 한신(韓信)의 고사에서 유래되었다.

「수여위오(羞與爲伍)」라고도 한다. 한신은 처음에는 초(楚)나라의 항우 밑에서 말단 군관을 지내다가 인정받지 못하자 한나라 유방에게 귀순하였다. 한신은 대장군으로 중용되어 한나라가 초나라를 멸하고 중원을 통일하는 데 큰 공을 세움으로써 초왕(楚王)에 봉해졌다.

그러나 고조(高祖)가 된 유방은 한신의 능력을 두려워하여 병권(兵權)을 박탈하고 회음후(淮陰侯)로 격하시켰다. 한신은 병을 핑계로 조정에 나아가지 않고 우울해하며, 자신이 주발이나 관영 등과 같은 지위에 놓이게 된 것을 수치스럽게 여겼다. 주발과 관영은 각각 강후와 영음후에 봉해진 인물들이다.

번쾌는 유방이 아직 야인으로 있을 때 개를 잡는 일을 생업으로 삼던 사람이다. 유방이 군대를 일으키자, 번쾌는 항상 유방을

수행하며 여러 차례 공을 세웠다. 홍문연(鴻門宴)에서 유방이 항우와 만났을 때, 항우의 모사(謀士) 범증(范增)이 유방을 죽이라는 지시를 내렸으나 번쾌가 칼을 들고 뛰어들어 이를 저지하였다. 나중에 번쾌는 무양후(舞陽侯)에 봉해졌다.

어느 날, 한신이 번쾌의 집 앞을 지나가게 되었는데, 번쾌가 나와 무릎을 꿇고 절을 하며 맞이하였다. 얼마 뒤 한신은 그의 집을 나서며 이렇게 자조 섞인 말을 하였다.

「내가 결국 번쾌와 같은 신세가 되고 말았구나〔生乃與噲等爲伍〕.」

여기서 유래하여 「수여쾌오」는 졸렬하고 속된 사람들과 동렬(同列)이 되는 것을 수치스럽게 여기는 것을 비유하는 말로 사용된다.

市道之交 시도지교

市 살 시 道 길 도 之 어조사 지 交 사귈 교

《사기》 염파·인상여열전

【이해득실(利害得失)만의 사귐.】

시도(市道)는 시장에서 거래하는 장사치의 도리라는 뜻으로, 이해득실에 따라 변하는 진실치 못한 사귐을 시도지교라 한다.

전국시대 조(趙)나라의 명장 염파(廉頗)에게는 식객(食客)이 많았다. 싸움에 나갔다 하면 이기고 돌아오곤 하여 왕으로부터 하사받은 땅과 재물(財物)이 넉넉하여 곧잘 식객들에게 술자리를 베풀고 어울려 놀았다. 왕의 절대적인 신임을 받던 그가 진(秦)나라와의 일전(一戰)때 왕의 오해(誤解)를 사게 되어 벼슬에서 쫓겨났다. 그러자 그의 식객들이 염파를 떠나버렸다.

조나라는 염파를 위문(尉文 : 읍명)에 봉하고 신평군(信平君)이란 호를 내리고 임시 재상에 임명했다. 앞서 염파가 장평에서 소환되어 세력을 잃었을 때 그전부터 있던 식객들은 모두 가버렸는데, 이제 임용되어 다시 장군이 되자 식객들은 또다시 모여들었다. 그리고 전처럼 염파에게 아첨을 하며 구차스러운 짓을 하는 것이었다〔阿諛苟容〕.

염파가 식객들을 보고 모두 가라고 하자, 그 중 한 사람이 말했다.

「상공은 아직도 이 이치를 깨닫지 못하셨습니까? 원래 천하 사람들은 모두 장삿속으로 교제하고 있는 것입니다〔市道之交〕. 상공에게 세력이 있으면 상공을 따르고, 상공에게 세력이 없으면 상공에게서 떠나는 것이 당연한 이치가 아니겠습니까. 떠났다 하여 원망할 것이 무엇이 있겠습니까?」

「시도지교」와 반대되는 말로는「관포지교(管鮑之交)」「금석지교(金石之交)」「문경지교(刎頸之交)」가 있다.

心腹之疾 심복지질

心 마음 심 腹 배 복 之 갈지 患 근심 환

《사기》 오자서열전

【쉽게 치료하기 어려운 질병 또는 없애기 어려운 근심이나 병폐를 비유하는 말.】

「가슴과 배에 생긴 병」이라는 뜻으로, 쉽게 치료하기 어려운 질병 또는 없애기 어려운 근심이나 병폐를 비유하는 말이다.

춘추시대에 오(吳)나라 왕 합려(闔閭)는 월(越)나라 왕 구천(勾踐)과 싸우다 상처를 입어 죽었다. 합려의 아들 부차(夫差)는 군사력을 키워 월나라를 정벌함으로써 아버지의 원한을 갚았다. 부차가 제(齊)나라를 공격하려 할 때, 구천이 신하들을 이끌고 와서 부차와 대신들에게 재물을 바쳤으므로 오나라 대신들이 모두 기뻐하였다. 그러나 오자서(伍子胥)만은 월나라의 그러한 행동이 오나라의 경계심을 늦추게 하려는 속셈임을 간파하였다.

오자서는 부차에게 이렇게 간언했다.

「제나라는 우리에게 쓸모없는 자갈밭과 마찬가지이니 공격하는 것이 아무런 의미가 없습니다. 그러나 월나라는 우리에게 가슴이나 배에 생긴 질병과 같은 존재입니다〔越在我, 心腹之疾也〕. 월나라가 지금은 겉으로 복종하는 척하지만, 실제로는 우리나라를 집어삼킬 계책을 도모하고 있을 것입니다. 왕께서 빨리 월나라를 멸하여 후환을 없애지 않고, 도리어 제나라를 공격하려는 것은 참으로 지혜로운 일이 아닙니다.」

그러나 부차는 이 말을 듣지 않았고, 결국 오나라는 나중에 월나라에게 멸망당했다.

阿諛苟容 아유구용

阿 언덕 아 諛 아첨할 유 苟 구차히도 구 容 얼굴 용

《사기》 염파 · 인상여열전

【남에게 아첨해 구차스럽게 굶.】

☞「**市道之交**(시도지교)」

餓虎之蹊 아호지혜

餓 주릴 아 虎 범 호 之 갈 지 蹊 지름길 혜

《사기》 자객열전

【굶주린 호랑이가 다니는 길이란 뜻으로, 아주 위험한 곳을 이르는 말.】

진(秦)나라에 인질로 가 있던 연나라 태자 단(丹)이 연나라로 도망해 온 사건이 일어났다. 태자 단은 일찍이 조(趙)나라에 인질로 갔던 일이 있었는데, 조나라에서 태어난 진(秦)나라 왕 정(政)은 어려서부터 태자 단과 사이가 좋았다. 정이 즉위하여 진나라 왕이 되었을 때 단은 다시 진나라에 인질로 갔다. 그런데 진나라 왕이 연나라 태자 단에 대한 대우가 좋지 않았다. 그래서 단은 이를 원망하고 도망쳐 돌아온 것이다.

연나라로 돌아온 단은 누군가 진나라 왕에게 보복해줄 사람을 찾았으나, 나라가 작아서 힘이 미치지 못했다.

이 때 마침 진나라 장군 번오기(樊於期)가 진나라 왕에게 죄를 짓고 연나라로 도망해 오자, 태자는 번오기를 받아들여서 관사에 머무르도록 했다. 그러자 국무가 말했다.

「그것은 좋지 않습니다. 그렇지 않아도 포학한 진나라 왕은 갖가지 노여움을 연나라에 품고 있어 한심한 지경인데, 그 위에 번장군이 연나라에 있다는 사실을 들으면 어떤 일을 저지를지 모를 일입니다. 마치 굶주린 호랑이가 다니는 길〔餓虎之蹊〕에 고기를 두는 것과 마찬가지니, 화를 부르게 될 것은 뻔한 일입니다.」

「번장군은 천하에 몸을 둘 곳이 없어 궁한 나머지 내게로 몸을 의지하러 온 것이오. 아무리 강한 진나라가 위협을 해 오더라도 애련한 정을 버리고 그를 내줄 수는 없소.」

그런데 결국은 번오기가 자살을 하자 그의 목을 가지고 진왕을 암살하려고 형가를 진왕에게 보냈으나 실패하고 만다.

睚眦必報 애자필보

睚 흘겨볼 애 眦 흘길 자 必 반드시 필 報 갚을 보

《사기》 범수 · 채택열전

【남이 눈 한 번 흘긴 것도 잊지 않고 기억했다가 나중에 원수를 갚는다는 뜻으로, 도량이 좁은 것을 비유하는 말.】

범수(范雎)는 위나라 사람으로 자(字)를 숙(叔)이라 했다. 제후들을 유세(遊說)하고 싶었으나 집이 가난한 탓으로 여비가 없어 길을 떠나지 못하고, 위나라 왕을 섬길 생각이었으나 그마저 통할 길이 없어 우선 중대부(中大夫) 수가(須賈)의 밑에서 일을 보고 있었다.

어느 해, 수가가 위나라 소왕(昭王)의 명령으로 제나라에 사신으로 가는 길에 범수도 함께 따라가게 되었다.

제왕과 회담하는 자리에서 수가가 미처 대답을 못해 당황하면 범수가 대신 대답을 하곤 했다. 제왕은 범수의 재주를 아껴 그를 제나라에 머물러 있게 하고 싶었으나 사신으로 따라온 사람이라 그럴 수도 없고, 뒷날을 약속하는 고기와 술과 금 열 근을 보내 왔다. 범수는 금은 사양하고 술과 고기만을 받았다.

이 사실을 안 수가는 귀국하자 위제(魏齊)에게 범수가 수상하다고 일러바쳤다. 성질이 급한 위제는 당장 범수를 잡아들였다.

무슨 비밀을 제나라에 일러주었느냐고 문초하기 시작했다.

범수는 맞아 이가 부러지고 갈비뼈가 부러졌다. 범수가 죽은 시늉을 하고 있자 거적에 싸서 헛간에 놓아두고 술 취한 손들을 시켜 범수의 시체 위에 오줌을 누게 했다. 범수는 자기를 지키고 있는 사람을 매수해서, 위제의 승낙을 얻어 들판에 갖다 버리게 한 다음, 친구 정안평(鄭安平)의 집으로 가 숨어 있었다.

얼마 후 진나라 사신으로 온 왕계(王稽)의 도움으로 몰래 진나라로 들어온 다음, 마침내 진소왕(秦昭王)을 만나 당면한 문제와 「원교근공(遠交近攻)」의 외교정책 등을 말함으로써 일약 현임 재상을 밀어내고 진나라의 재상이 된다.

범수는 재상이 된 뒤 진소왕에게 위나라를 치도록 권하였다. 이에 당황한 위나라에서는 수가를 진나라에 파견하여 군사를 거두어 줄 것을 교섭하게 하였다. 이때 범수는 거지 모양을 해가지고 수가가 투숙한 빈관으로 찾아갔다. 범수를 알아본 수가는 그를 불쌍히 여겨 비단옷 한 벌을 선사하였다.

얼마 후 범수가 다름 아닌 진나라 승상이라는 것을 알게 된 수가는 웃통을 벗은 채 꿇어앉아 사죄하였다. 그러나 범수는 그 자리에서 수가에게 성대한 연회를 베풀어 놓고 각국 사신들 앞에서 수가의 죄악을 일일이 따져 물었다. 동시에 위나라의 재상 위제의 머리를 베어 오지 않는다면 위나라의 국토마저 짓밟아 버리겠다고 위협하였다. 이에 위제는 여러 나라로 피신했으나 아무도 그를 받아 주는 곳이 없자 할 수 없이 자결하고 말았다는 것이다.

이처럼 범수는 개인의 이득을 위해 조국을 배신한 사람이었지만, 당시 사람들은 그를 가리켜 「사랑과 증오가 분명한 사람」이라고 칭찬하였다.

그리고 범수는 「밥 한 술 얻어먹은 자그마한 은혜도 잊지 않고 반드시 갚으며 남이 눈 한 번 흘긴 자그마한 원수도 잊지 않고 반드시 갚는다〔一飯之德必償 睚眦之怨必報〕」고 하였다.

여기에서 나온 성구가 「일반지은(一飯之恩)」과 「애자필보」다.

良賈深藏 양고심장

良 어질 량 賈 상인 고 深 깊을 심 藏 감출 장

《사기》 노자 · 한비열전

【어진 사람은 학식과 덕행을 감추고 자랑하지 않음을 비유하는 말.】

장사를 잘하는 사람은 좋은 물건을 밖에 너저분하게 벌여 놓지 않고 깊이 간직한다는 뜻이다.

공자가 주나라에 갔을 때 노자와 만나서 예(禮)에 대하여 물으니, 노자는 이렇게 말했다.

「당신이 흠모하는 옛날의 성인도 그 몸은커녕 뼈까지 썩어 빠져서 지금은 다만 덧없이 그 말만이 남아 있을 뿐이오. 아무튼 군자란 때를 만나게 되면 수레를 타는 귀한 몸이 되지만, 때를 만나지 못하면 하잘것없는 몸이 되오. 『훌륭한 장사치는 물건을 깊이 간직하여 밖에서 보기에는 아무것도 없는 것 같고〔良賈深藏若虛〕, 군자는 훌륭한 덕(德)을 몸 속 깊이 간직하여 외모는 어리석은 것처럼 보인다〔君子盛德容貌若愚〕』는 말을 들었소이다. 당신의 고만(高慢)함과 다욕(多欲)함과 산만한 생각은 모두 버리시오. 그것들은 당신에게 아무런 이익도 없는 것이오. 내가 당신에게 말하고 싶은 것은 단지 이것뿐이오.」

공자는 돌아가서 제자들에게 말했다.

「새라면 잘 날고, 물고기라면 잘 헤엄치며, 짐승이라면 잘 달린다는 것은 나도 잘 알고 있다. 달리는 것은 그물을 쳐서 잡고, 헤엄치는 것은 실을 담가 낚고, 나는 것은 주살을 가지고 맞춰서 떨어뜨릴 수가 있다. 그러나 용(龍)에 이르러서는 바람과 구름을 타고 하늘에 오른다고 하니 나로서는 그 실체를 알 길이 없다. 나는 오늘 노자를 만났는데, 마치 용 같다고나 할까, 전혀 잡히는 바가 없더라.」

이처럼 「양고심장(良賈深藏)」은 학덕이 깊으면서도 겉으로 드러내지 않음을 비유한 말이다.

逆鱗 역 린

逆 거스를 역 鱗 비늘 린

《사기》 노자 · 한비열전

【임금의 노여움.】

거슬러 난 비늘이 「역린」이다. 용(龍)의 턱밑에 있는 이 비늘을 건드리기만 하면 사람을 죽이기 때문에 임금의 노염을 사는 것을 「역린에 부산친다」고 했다.

이 말은 원래 《한비자》 세난편(說難篇)에 나오는 말이다. 세난은 남을 설득시키기가 어렵다는 뜻으로 한비자는 이 편에서 다음과 같은 말을 하고 있다.

「상대가 좋은 이름과 높은 지조를 동경하고 있는데, 이익이 크다는 것으로 그를 달래려 하면, 상대는 자기를 비루하고 지조가 없는 사람으로 대한다 하여 멀리할 것이 틀림없다.

반대로 상대가 큰 이익을 원하고 있는데, 명예가 어떻고, 지조가 어떻고 하는 말로 이를 달래려 하면, 이쪽을 세상 물정에 어두운 사람이라 하여 상대를 해주지 않을 것이 뻔하다.

상대가 속으로는 큰 이익을 바라고 있으면서 겉으로만 명예와 지조를 대단해 하는 척할 때, 그를 명예와 지조를 가지고 설득하려 하면 겉으로는 이쪽을 대우하는 척하지만 속으로는 멀리하게 될 것이며, 그렇다고 해서 이익을 가지고 이를 달래면 속으로는 이쪽 말만 받아들이고, 겉으로는 나를 버리고 말 것이다……」

한비자는 이렇게 남을 설득시키기 어려운 점을 말하고 나서 맨 끝에 가서 이렇게 말하고 있다.

「용이란 짐승은 잘 친하기만 하면 올라탈 수도 있다. 그러나 그의 목 아래에 붙어 있는 직경 한 자쯤 되는『역린』을 사람이 건드리기만 하면 반드시 사람을 죽이고 만다. 임금도 또한 역린이 있다. 말하는 사람이 임금의 역린만 능히 건드리지 않을 수 있다면 목적을 달성할 수 있을 것이다」

여기에서 임금의 노여움을「역린」이라 하게 되었는데, 임금이 아닌 경우라도 절대적인 권한을 가진 사람이면 이 말을 쓸 수 있다.

吮疽之仁 연저지인

吮 빨 연 疽 등창 저 之 갈 지 仁 어질 인

《사기》 손자·오기열전

【순수한 의도에서 우러나온 선행이 아니라, 뭔가 목적을 달성하기 위한 가면적인 선행을 뜻함.】

연저(吮疽)는 종기를 입으로 빠는 것을 말한다. 「연저지인」은 남의 종기를 입으로 빠는 것 같은 비정상적인 착한 행동을 말하는 것으로, 그것이 정상적인 성의에 의한 것이 아니고 어떤 목적을 달성하기 위한 가면적인 것을 뜻한다.

오기(吳起)는 공자의 제자 증자에게 배운 일이 있다. 그러나 그의 어머니가 죽었다는 소식을 듣고도 집에 돌아가지 않자 증자는 그를 쫓아버렸다. 그 뒤로 그는 병법을 공부했다. 그가 노나라에서 벼슬을 하고 있을 때 제나라가 노나라를 침략해 들어왔다. 노나라 대신들 중에는 오기를 대장으로 추천한 사람도 있었으나, 그의 아내가 제나라 귀족의 딸이란 점에서 반대하는 편이 더 많았다.

그러자 오기는 자기 손으로 아내의 목을 베어 두 마음이 없다는 것을 보였다. 이리하여 노나라 대장이 된 오기는 제나라와 싸워 교묘한 수법으로 한번 싸움에 큰 승리를 거두었다. 그러나 그를 모함하는 사람에 의해 노나라를 탈출해야만 했던 그는 다시 위나라 문후(文侯)에게로 가서 벼슬을 하게 되었다.

위나라 장군이 된 오기는, 신분이 가장 낮은 졸병들과 함께 생활을 했다. 말을 타는 일도 없고 양식을 몸소 메고 갔다. 병졸 가운데 종기를 앓는 사람이 있자 오기는 입으로 종기의 고름을 빨아낸 다음 손수 약을 발라 주곤 했다.

그러자 이 소문을 들은 그 병졸의 어머니가 통곡을 하는 것이 었다. 사람들이 의아해 하며 물었다.

「아드님은 병졸에 불과합니다. 장군께서 몸소 종기를 빨아 주었으니 얼마나 영광된 일입니까. 그런데 왜 우십니까?」

그러자 그 어머니는 이렇게 대답했다.

「그런 게 아닙니다. 지나간 해에도 오장군이 그 애 아버지의 종기를 빤 일이 있었는데, 그 애 아버지는 싸움터에서 돌아오지 못하고 마침내 적에게 죽고 말았습니다. 오장군이 이번에 또 그 자식을 빨았으니 나는 그 애가 언제 어디서 죽게 될지 알 수가 없습니다. 그래서 우는 것입니다.」

결국 종기를 빨아 준 「연저지인」에 감격한 나머지 병졸들은 목숨을 아끼지 않고 장군을 위해 싸워 죽었다는 이야기다.

曳尾塗中 예미도중

曳 끌 예 尾 꼬리 미 塗 진흙 도 中 가운데 중

《사기》 노자 · 한비열전

【부귀로 인해 속박받기보다는 차라리 가난을 즐기며 자유롭게 사는 편이 낫다.】

「예미도중」은 꼬리를 진흙 속에 끌고 다닌다는 뜻이다. 부귀로 인해 속박 받기보다는 차라리 가난을 즐기며 자유롭게 사는 편이 낫다는 것을 비유해서 쓰는 문자다.

초나라의 위왕(威王)은 장주(莊周 : 장자)의 현명함을 듣고 사신을 보내 예물을 후히 하여 그를 맞아 재상 자리에 모셔도 좋다고 말했다. 장주는 웃으면서 초나라의 사신에게 말했다.

「천금이라고 하면 거금이며, 재상이라고 하면 높은 벼슬자리요, 그대는 교제(郊祭 : 고대의 제왕이 매년 동짓달에 도성의 남쪽 교외에서 하늘에 제사를 지내는 의식)에 제물로 드리는 희생의 소를 모르고 있지는 않을 것이오. 몇 년씩이나 걸려서 기르고 무늬가 있는 옷을 입히지만 결국에는 태묘(太廟)에 바치게 되는 것이오. 그 때가 되어 새끼돼지를 부러워해 본들 어쩔 수 없는 것이 아니겠소. 그대는 빨리 돌아가시오. 나를 더럽히지 마시오. 더럽혀질 바에야 나는 차라리 살아서 더러운 진흙 속에서 꼬리를 끌고 다니겠소〔寧其生而 曳尾塗中〕. 나라의 주권자에게 구속을 받고 싶지는 않소이다. 종신토록 벼슬자리에 나아가지 않고, 내 뜻대로 쾌적하게 지내고 싶을 뿐이라오.」

吾舌尙在 오설상재

吾 나 오 舌 혀 설 尙 아직 상 在 있을 재

《사기》 장의열전

【몸은 비록 망가졌어도 혀만 있으면 희망이 있다.】

「오설상재」란 말은 내 혀가 아직 성하게 남아 있느냐는 뜻이다.

장의(張儀)가 벽옥(碧玉)을 훔쳤다는 도둑의 혐의를 입고 매를 맞아 반쯤 죽어서 돌아왔을 때, 그의 아내를 보고 「내 혀가 아직 있느냐?」 고 물은 데서 비롯된 말이다. 혀만 성하면 그까짓 팔다리쯤 병신이 되어도 그리 걱정될 건 없다는 뜻이다. 그래서 사업에 실패했을 때, 자기가 가장 소중히 아는 한 가지만이라도 남아 있으면 그것에 자기의 희망을 걸고 스스로 위로하는 뜻으로 쓰이곤 한다.

전국(戰國)의 세상도 한창인 기원 전 4세기 말의 일이다. 위(魏)나라에 장의라는 가난한 사람이 있었다. 비록 가난하기는 했으나 남보다 뛰어난 재능과 수완과 완력을 가진 사람이었다. 그 당시는 지혜 있는 사람이면 누구나 출세할 수 있는 기회가 얼마든지 있었다. 그것은 어느 나라고 뛰어난 인물을 등용하여 나라를 부강케 하고 타국을 꺾어버리려 하고 있었기 때문에 이 가난뱅이 장의도 입신출세의 야망을 품고 있었다. 그런 까닭에 귀곡자(鬼谷子)라는 권모술수에 능한 선생에게 글을 배웠는데, 장의의 영민함은 다른 제자들의 혀를 말 정도로 뛰어났다.

그의 라이벌 소진(蘇秦)이 막 득세를 했을 당시, 그는 아직 뜻을 얻지 못하고 초나라 재상 소양(昭陽)의 집에서 문객노릇을 하며 지내고 있었다. 그때 소양은 위나라와 싸워 크게 이긴 공로로 위왕(威王)으로부터 유명한 화씨벽(和氏璧)을 하사받았는데 그는 그 구슬을 언제나 가지고 다녔다.

어느 날, 소양이 적산(赤山) 밑에 있는 연못가의 누대에서 사방에서 찾아온 귀한 손님들과 수행원 등 백 명 가까운 사람을 데리고 술자리를 베푼 일이 있었다. 이때 손님들은 소양에게 화씨벽을 구경시켜 달라고 청했다.

소양은 흥이 한창 나 있는 참이라 구슬상자를 가져오게 해서 구경을 시켰다. 한창 구경들을 하며 칭찬을 하고 있는데, 못에서 큰 고기가 물 위로 높이 뛰어올랐다. 소양과 뭇사람들의 시선이 그리로 쏠리고 있는 순간 어느 누구의 짓인지 구슬이 온데간데없이 사라지고 말았다. 그래서 결국 가장 의복이 허름하고 평소에 남과 잘 어울리지 않는 장의가 누명을 쓰고 죽도록 매를 맞게 되었다.

장의가 거의 죽게 되자, 그제야 하는 수 없이 집으로 돌려보내 주었다. 옷이 피투성이가 되어 업혀 돌아온 장의를 아랫목에 눕힌 아내는 눈물을 흘리며 이렇게 말했다.

「당신이 글을 읽고 유세만 하지 않았던들 이런 욕을 당했겠소?」

그러자 장의는 아내를 보고 말했다.

「내 혀를 보오. 아직 그대로 있는가〔視吾舌 尙在下〕?」

아내가 어이가 없어 웃으며 말했다.

「혀야 있지요.」

「그럼 됐소.」

이야기의 앞부분은 《동주열국지》에서 옮긴 것이고, 아내와의 대화는 《사기》 장의열전에 있는 것을 그대로 옮긴 것이다. 이것을 마지막 고비로 장의는 비로소 혀의 위력을 발휘하게 된다.

完璧 완 벽

完 온전할 완 璧 구슬 벽

《사기》 염파 · 인상여열전

【결점이 없이 훌륭함. 완전무결함.】

「완벽」의 벽(璧)은 고리 모양으로 다듬어 낸 질이 좋은 옥(玉), 따라서 「완벽」이란 티끌만한 흠도 없는 훌륭한 옥의 상태이며, 「벽(璧)을 온전히 함」이라는 뜻으로, 훌륭한 것을 그대로 무사히 보전한다는 뜻이기도 하다. 나아가서 결점이 없는 훌륭한 것을 말하기도 하고, 완전무결하다는 형용사로도 쓰인다. 여기서 완벽은 「구슬을 온전히 하여 조나라로 돌아오다(完璧歸趙)」의 준 말이다. ☞

이 완벽이란 말을 처음으로 쓴 사람은 전국시대 말기 조(趙)나라의 인상여(藺相如)란 사람이었다.

조나라 혜문왕은 당시 천하의 제일가는 보물로 알려져 있던 화씨벽(和氏璧)을 우연히 손에 넣게 되었다. 그러자 이 소문을 전해들은 진나라 소양왕(昭陽王)이 열다섯 개의 성(城)을 줄 테니 화씨벽과 맞바꾸자고 사신을 보내 청해 왔다.

진나라의 속셈은 뻔했다. 구슬을 먼저 받아 쥐고는 성은 주지 않을 작정이었다. 그러나 조나라로서는 그렇다고 이를 거절하면 거절한다고 진나라에서 트집을 잡을 것이 또한 분명했다.

이럴 수도 저럴 수도 없어 중신회의에서도 결론을 내리지 못하고 있을 때, 환자령(宦者令) 유현이 그의 식객으로 있는 인상여를 추천했다. 혜문왕은 인상여를 불러 대책을 물었다. 그러자 그는 이렇게 말했다.

「조나라가 거절하면 책임은 조나라에 있고, 진나라가 속이면 책임은 진나라에 있습니다. 이를 승낙하여 책임을 진나라에 지우는 것이 옳을 줄 아옵니다.」

「그럼 어떤 사람을 사신으로 보내면 좋을는지?」

「마땅한 사람이 없으면 신이 구슬을 가지고 가겠습니다. 성이 조나라로 들어오면 구슬을 진나라에 두고, 성이 들어오지 않으면 신은 구슬을 온전히 하여 조나라로 돌아올 것을 책임지고 말씀드리겠습니다〔……城不入 臣請完璧歸趙〕.」

이리하여 인상여는 화씨벽을 가지고 진나라로 가게 되었다.

소양왕은 구슬을 보고 크게 기뻐하며 좌우 시신들과 후궁의 미인들에게까지 돌려가며 구경을 시켰다. 인상여는 진왕이 성을 줄 생각이 없는 것을 눈치 채자 곧 앞으로 나아가 말했다.

「그 구슬에는 티가 있습니다. 신이 그것을 보여 드리겠습니다.」

인상여는 구슬을 받아 드는 순간 뒤로 물러나 기둥을 의지하고 서서 왕에게 이렇게 말했다.

「조나라에서는 진나라를 의심하고 구슬을 주지 않으려 했었습니다. 그런 것을 신이 굳이 진나라 같은 대국이 신의를 지키지 않을 리 없다고 말하여 구슬을 가져오게 된 것입니다. 구슬을 보내기에 앞서 우리 임금께선 닷새를 재계(齋戒)를 했는데, 그것은 대국을 존경하는 뜻에서였습니다. 그런데 대왕께선 신을 진나라 신하와 같이 대하며 모든 예절이 정중하지 못했을 뿐만 아니라, 구슬을 받아 미인에게까지 보내 구경을 시키며 신을 희롱하셨습니다. 신이 생각하기에, 대왕께선 조나라에 성을 주실 생각이 없으신 것 같습니다. 그러므로 신은 다시 구슬을 가져가겠습니다. 대왕께서 굳이 구슬을 강요하신다면 신의 머리는 이 구슬과 함께 기둥에 부딪치고 말 것입니다.」

머리털이 거꾸로 하늘을 가리키며 인상여는 구슬을 들어 기둥을 향해 던질 기세를 취했다. 구슬이 깨어질까 겁이 난 소양왕은 급히 자신의 경솔했음을 사과하고 담당관을 불러 지도를 가리키며 여기서 여기까지 열다섯 성을 조나라에 넘겨주라고 지시했다.

그러나 모두가 연극이란 것을 알고 있는 인상여는 다시 이렇게 말했다.

「대왕께서도 우리 임금과 같이 닷새 동안을 목욕재계한 다음 의식을 갖추어 천하의 보물을 받도록 하십시오. 그렇지 않으면 신은 감히 구슬을 올리지 못하겠습니다.」

이리하여 진왕이 닷새를 기다리는 동안 인상여는 구슬을 심복 부하에게 주어 샛길로 조나라로 돌아가도록 했다. 감쪽같이 속은 진왕은 인상여를 죽이고도 싶었지만, 점점 나쁜 소문만 퍼질 것 같아 인상여를 후히 대접해 돌려보내고 말았다. 결국 인상여는 「구슬을 온전히 하여 조나라로 돌아온〔完璧歸趙〕」 것이다.

遠交近攻 원교근공

遠 멀 원 交 사귈 교 近 가까울 근 攻 칠 공

《사기》 범수 · 채택열전

【먼 나라와 친교를 맺고 가까운 나라를 공격함.】

「원교근공」은 멀리 떨어진 나라와는 친하게 지내고, 가까이 이웃하고 있는 나라는 이를 침략해 들어가는 외교정책을 말한다. 이것은 범수(范雎)가 진나라를 위해 창안한 외교정책이었는데, 강대국들이 흔히 사용하는 정책이다.

범수는 위나라 사람으로 자(字)를 숙(叔)이라 했다. 제후들을 유세(遊說)하고 싶었으나 집이 가난한 탓으로 여비가 없어 길을 떠나지 못하고, 위나라 왕을 섬길 생각이었으나 그마저 통할 길이 없어 우선 중대부(中大夫) 수가(須賈)의 밑에서 일을 보고 있었다.

어느 해, 수가가 위나라 소왕(昭王)의 명령으로 제나라에 사신으로 가는 길에 범수도 함께 따라가게 되었다.

제왕과 회담하는 자리에서 수가가 미처 대답을 못해 당황하면 범수가 대신 대답을 하곤 했다. 제왕은 범수의 재주를 아껴 그를 제나라에 머물러 있게 하고 싶었으나 사신으로 따라온 사람이라 그럴 수도 없고, 뒷날을 약속하는 고기와 술과 금 열 근을 보내 왔다. 범수는 금은 사양하고 술과 고기만을 받았다.

이 사실을 안 수가는 귀국하자 위제(魏齊)에게 범수가 수상하다고 일러바쳤다. 성질이 급한 위제는 당장 범수를 잡아들였다. 무슨 비밀을 제나라에 일러주었느냐고 문초하기 시작했다.

범수는 맞아 이가 부러지고 갈비뼈가 부러졌다. 범수가 죽은 시늉을 하고 있자 거적에 싸서 헛간에 놓아두고 술 취한 손들을 시켜 범수의 시체 위에 오줌을 누게 했다. 범수는 자기를 지키고 있는 사람을 매수해서, 위제의 승낙을 얻어 들판에 갖다 버리게 한 다음, 친구 정안평(鄭安平)의 집으로 가 숨어 있었다. 얼마 후 진나라 사신으로 온 왕계(王稽)의 도움으로 몰래 진나라로 들어온 다음, 마침내 진소왕(秦昭王)을 만나 당면한 문제와 「원교근공」의 외교정책 등을 말함으로써 일약 현임 재상을 밀어내고 진나라의 재상이 된다.

범수가 「원교근공」을 말한 대목을 소개하면 이렇다.

「……왕께선 멀리 사귀고 가까이 치는 것보다 좋은 방법은 없습니다. 한 치를 얻어도 왕의 한 치 땅이 되고, 한 자를 얻어도 왕의 한 자 땅이 됩니다. 이제 이를 버리고 멀리 공략을 한다면 어찌 틀린 일이 아니겠습니까〔……王不如遠交而近攻 得寸則王之寸也 得尺亦王之尺也. 今釋此而遠攻 不亦繆乎〕.」

원수는 외나무다리에서 만난다고, 얼마 후 범수는 수가를 만나 통쾌한 복수를 하게 되는데, 그 이야기가 또 유명하다.

圓鑿方枘 원조방예

方 모 방 枘 장부 예 圓 둥글 원 鑿 구멍 조

《사기》 굴원 · 가생열전

【일이 어긋나서 잘 맞지 않음의 비유.】

원조(圓鑿)는 끌로 뚫은 둥근 구멍. 방예(方枘)는 네모난 나무로 끼우는 것. 네모난 나무를 둥근 구멍에 끼우려고 해도 들어가지 않는 것. 충신과 간신이 서로 의견일치가 이루어지지 않는 것을 말한다.

전국시대(戰國時代) 진(秦)나라는 천하를 통일하려고 초(楚)나라를 위협하였다. 초나라 회왕(懷王) 때 정치가이자 시인인 굴원(屈原)은 제(齊)나라와 동맹하여 진나라의 공격에 대항할 것을 주장하였는데, 정적(政敵)들의 중상모략으로 왕의 미움을 받아 관직을 박탈당하고 유배되었다.

굴원의 제자인 초나라의 궁정시인 송옥(宋玉)은 스승 굴원에 대한 동정심과 왕에 대한 억울한 마음을 《초사(楚辭)》에 수록된 「구변(九辯)」에서 나타냈다. 이 시(詩)에 나오는 「둥근 구멍과 네모난 장부는 예로부터 서로 맞지 않는다는 것을 안다〔圓鑿而方枘兮我固知其而難入〕」라는 구절에서 유래한 성어(成語)이다. 둥근 구멍에는 네모난 장부보다 둥근 장부를 끼워야 들어맞는데, 굴원의 충성스런 정치적 식견과 간사한 신하들의 의견이 본질적으로 서로 맞지 않아 화합할 수 없다는 것을 비유하는 말이다.

危若朝露 위약조로

危 위태할 위 若 같을 약 朝 아침 조 露 이슬 로

《사기》 상군열전

【위태롭기가 마치 해가 뜨면 곧 말라 없어질 아침 이슬과도 같음. 인생의 무상을 비유하여 이르는 말.】

전국시대 위(衛)나라 왕의 소실(小室)에게서 태어난 공손앙(公孫鞅)이라는 유명한 정치가가 있었는데, 사람들은 그를 위앙(衛鞅)이라 불렀다.

그는 진(秦) 효공(孝公)에 의해 상국(相國)에 임명되었다. 그는 10년 동안 재임하면서 신법(新法)을 추진하여 진나라의 세력을 크게 강화시켰다. 공손앙의 업적을 표창하기 위해, 진효공은 상(商)지방의 땅 15읍을 그에게 하사하고, 그를 상군(商君)으로 호칭하였다. 이 때문에 그를 상앙(商鞅)이라 부르기도 한다.

상군이 진나라 재상에 오른 지 10년이 되었다. 왕실의 일족이나 외척 중에는 상군을 원망하는 자가 많았다. 이 무렵 조양(趙良)이라는 사람이 상군을 찾아왔다. 상군이 그에게 말을 꺼냈다.

「나는 당신과 교제하기를 원하는데 어떠하오?」

조양이 대답하였다.

「저는 굳이 사귀기를 원치 않습니다. 저는 불초하여 재상의 명령을 따를 수 없습니다.」

「그렇다면 그대는 나의 진(秦)나라 통치를 마땅치 않게 생각하는 거요?」

조양은 요순(堯舜)의 도(道)와 주나라 무왕의 경우를 예로 들면서 상군에게 충고를 하였다.

「《시》에도『인심을 얻는 자는 흥하되 인심을 잃는 자는 붕괴한다』는 구절이 있습니다만, 상군께서 저지른 몇 가지 사건은 아무래도 인심을 얻을 수 없습니다. 상군은 외출을 할 때 후차(後車) 수십 대, 종차(從車)에는 갑옷 입은 병사를 태우고 그 위에 힘센 종자들을 함께 태우며, 창을 들고 극(戟)을 든 자의 호위 속에 달리십니다. 이 가운데 한 가지라도 갖추어지지 않으면 상군께서는 절대로 외출을 하지 않으려고 하십니다. 《서경(書經)》에『덕을 의지하는 자는 번영하되, 힘을 의지하는 자는 멸망한다』는 구절이 있습니다만, 상군의 목숨은 정말로 아침이슬과 같이 위험합니다〔朝露之危〕. 그렇지만 더 살고 천수를 다하고 싶으시다면 오(於)·상(商)의 15읍을 반납하고 시골에 묻혀 은거하며 전원(田園)에서 물을 대는 생활을 하지 않으시렵니까?」

그러나 상군은 조양의 충고를 듣지 않았다. 결국 상앙은 일족이 멸족당하는 화를 입고 자신은 거열형(車裂刑)에 처해지고 만다.

圍魏救趙 위위구조

圍 둘레 위 魏 나라이름 위 救 구할 구 趙 나라 조

《사기》 손자·오기열전

【위나라의 포위 속에서 조나라를 구한다는 뜻으로, 적의 포위망 속에 든 아군을 구할 때 직접적인 방법보다 적의 약점을 찔러 아군 스스로 돌파하도록 함을 이르는 말.】

전국시대인 기원 전 353년, 위나라의 대장 방연(龐涓)이 지휘하는 대군이 질풍 같은 기세로 조나라를 침공하여 서울 한단(邯鄲)을 포위했다. 깜짝 놀란 조나라 임금은 제(齋)나라에 구원을 요청하기로 작정하고 사신을 급파했다. 적의 포위망을 뚫고 달아나 제나라 서울 임치에 도착한 조나라 사신은 위왕(威王)을 배알하고 자국의 어려운 사정을 호소하고 도움을 청했다. 그래서 위왕은 군사(軍師) 손빈(孫臏)을 대장으로 하여 구원군을 출병시키려고 서둘렀다.

이 손빈이란 인물은 손자병법으로 유명한 손무(孫武)의 손자로서 그 역시 상당한 병법가였는데, 그와 적장 방연 사이에는 숙명적인 인연이 있었다.

두 사람은 원래 귀곡선생(鬼谷先生) 밑에서 같이 공부한 친구였다. 그러다가 방연이 먼저 위나라 혜왕(惠王)을 섬기게 되었고, 손빈 역시 뒤따라 혜왕의 신하가 되었는데, 방연은 자기 재능이 도저히 손빈을 따르지 못함을 알고는 그에게 죄를 씌워 빈형(臏刑 : 무릎 뼈를 잘라내는 형벌)에다 이마에 먹글씨를 새기는 형까지 받게 했다. 그 후 제나라 사신이 위나라를 예방했을 때, 사신은 몰래 손빈을 자기 수레에 태워 제나라로 데려갔다. 그로부터 손빈은 제나라 신하가 되었고, 방연에 대해서는 철천지 원한을 품어 복수의 기회를 노렸던 것이다.

임금으로부터 출전 명령을 받은 손빈은 이렇게 말했다.

「불구인 신이 어떻게 대장의 막중한 임무를 맡을 수 있겠습니까. 신은 그저 참모로 참전하여 대장을 보필하는 것으로 족하다고 생각합니다.」

그것은 자기 존재를 가능한 한 숨겨 방연에게 경각심을 불어넣지 않겠다는 계산이 깔려 있는 말이었다. 그래서 제나라군 대장은 전기(田忌)가 맡았고, 손빈은 몰래 참모로서 참전하게 되었나. 서울을 출발하자마자 전기는 곧바로 한단으로 직행하여 위나라군과 격돌하려고 서둘렀으나, 손빈이 침착하게 만류했다.

「그것은 현명한 방책이 아닙니다. 헝클어진 실타래는 실마리를 찾아 잡아당겨야 끝까지 잘 풀리는 법이지요. 지금 위나라의 군세는 몽땅 조나라에 투입되어 있기 때문에 국내에는 노약병들밖에 남아 있지 않습니다. 따라서 우리가 위나라 서울 대량(大梁)을 공격하는 척하면 방연은 조나라를 함락시키는 것보다 자기 나라를 구하는 게 급하므로 허겁지겁 철수할 테지요. 그걸 노려 중간에서 급습하면 승리는 장군의 호주머니에 이미 들어와 있는 것이나 다름없습니다.」

전기는 기막힌 작전이라며 기뻐했다.

승리를 눈앞에 두고 한단성 공략에 박차를 가하던 방연은 제나라 군이 급작스럽게 위나라를 침공한다는 보고를 받고 깜짝 놀랐다. 그래서 급히 군대를 수습하여 귀국길에 올랐다.

이 때 조금 앞서서 위나라로 진격해 들어가던 손빈은 원수 방연을 패망시키기 위한 계략을 구사했다. 첫날에는 10만 명분의 솥을 걸어서 밥을 지은 자리를 남겨 놓고 진군하고, 다음날은 5만 명 분, 그리고 사흘째는 2만 명분 하는 식으로 솥을 걸었던 자리의 숫자를 점점 줄여 간 것이다.

이것을 본 방연은 크게 기뻐했다.

「제나라 군병들이 오합지졸들이란 것은 알고 있었지만, 정말 형편없는 놈들이로군. 우리나라에 쳐들어와서 이제 겨우 사흘인데, 도망한 군사가 절반이 훨씬 넘었으니.」

그는 자신만만해서 밤낮없이 제나라 군을 뒤쫓았다. 적군의 행군 속도를 계산해 본 손빈은 그 날 해질 무렵이면 그들이 지금의 산동성에 속하는 마릉(馬陵)에 도착하리라 짐작했다. 그 곳은 험한 두 산 사이의 협곡이어서 복병을 숨기기에 알맞은 곳이었다. 손빈은 길 옆 큰 나무의 껍질을 벗기고 거기에 이렇게 써 놓았다.

「방연, 이 나무 아래에서 죽다.」

그런 다음 병사들을 길 양쪽에 매복시키고 이렇게 명령했다.

「해질 녘에 불빛이 보이면 화살을 퍼부어라!」

아니나 다를까, 방연이 거느린 위나라 군은 해질 녘에 마릉에 이르렀다. 그런데 큰 나무 밑을 지나가다 보니 뭔가 씌어져 있으므로, 방연은 불을 밝히고 말 위에서 목을 쭉 빼고 그것을 쳐다보았다. 바로 그 순간, 불빛을 본 제나라군은 손빈의 명령대로 일제히 활을 쏘았다. 그 바람에 위나라군은 금방 대오가 흐트러져 아비규환을 연출하고 말았다.

「아하, 내 기어코 그 더벅머리 아이놈에게 이름을 얻게 했구나!」

이렇게 탄식한 방연은 이게 마지막이구나 생각하고 스스로 목을 찔러 죽었다. 손빈이 위나라 군을 격퇴하고 개선하자, 위왕은 몹시 기뻐하며 손빈을 크게 치하하고 높은 벼슬을 주려 했다. 그러나 손빈은 정중히 사양하고 이렇게 말했다.

「신은 보시다시피 걷지도 못하고, 얼굴은 온통 글자를 떠서 보기 흉한 폐인입니다. 그렇건만 그 동안 전하의 은덕으로 분에 넘치는 높은 벼슬자리를 누렸습니다. 이제 전하의 은혜를 갚았고 신의 원수도 갚았으니 더 무엇을 바라겠습니까. 그러니 산야에 숨어 글이나 읽고 쓰는 생활을 할 수 있도록 선처해 주시면 고맙겠습니다.」

위왕은 몇 번 말리다가 안 되자 하는 수 없이 손빈의 청을 받아들였다. 그리하여 시골의 산 하나를 얻은 손빈은 은거하여 비전(秘傳)으로 《손자병법》 13편을 집대성해 위왕에게 바쳤다.

恩讎分明 은수분명

恩 은혜 은 讎 원수 수 分 구별할 분 明 밝을 명

《사기》 범수 · 채택열전

【사소한 원한이나 은혜에 대해 반드시 앙갚음함을 이르는 말.】

범수가 진나라의 재상이 되자, 범수를 진왕에게 천거한 왕계

가 범수에게 말했다

「일에는 장래를 예측할 수 없는 것이 세 가지 있으며, 어찌 할 수 없는 것도 세 가지 있습니다〔事有不可知者三 有不可奈何者亦三〕. 임금이 언제 돌아가실지 모르는 것이 예측할 수 없는 한 가지입니다. 상공이 갑자기 관사를 버리고 세상을 뜰지 모르는 것이 곧 예측할 수 없는 두 번째의 일입니다. 그리고 내가 언제 돌연히 구렁텅이에 빠져서 죽을지 모르는 것이 예측하기 어려운 세 번째의 일입니다. 임금이 돌아가신 다음에는 공이 나를 임금에게 추천하지 못한 것을 후회해도 어찌할 수 없는 일입니다〔君雖恨于臣 無可奈何〕. 또 공이 갑자기 세상을 뜬 다음에는 나에게 대한 후회를 해 보아도 이미 어찌할 수가 없습니다. 그리고 내가 갑자기 죽은 후에도 내게 대한 똑같은 후회를 해도 역시 어찌할 수 없는 일입니다.」

범수는 이 말을 듣고 불쾌했지만, 궁중에 들어가서 왕에게 말했다.

「만약 왕계의 충성이 없었더라면 저는 함곡관 안에 들어오지 못했을 것입니다. 또 만약 대왕의 현성(賢聖)이 없었더라면 저는 존귀한 자리에 오를 수 없었을 것입니다. 지금 저의 벼슬은 재상이며, 저의 작(爵)은 열후인데, 왕계의 벼슬은 아직도 알자(謁者)에 머물러 있습니다. 이것은 왕계가 저를 진나라에 데려온 본의가 아닐 것입니다.」

소왕은 왕계를 불러서 하동(河東)의 태수에 임명했다. 그러나 3년이 되어도 행정에 관한 보고서를 제출하지 않았다. 범수가 또 정안평(鄭安平)을 추천하자, 소왕은 정안평을 장군에 임명했다. 범수는 다시 자기 집 재산을 뿌려서 일찍이 곤궁했을 때에 진 신세를 갚았다. 그 때 단 한 끼의 밥을 대접받았더라도 반드시 이를 갚았고, 눈 한 번 흘긴 원한도 반드시 앙갚음을 했다〔一飯之德必償 睚眦之怨必報〕.

범수(范雎)가 「한 끼 밥을 신세진 정도의 작은 은혜도 반드시 갚고, 눈을 흘긴 정도의 사소한 원한도 반드시 보복하였다〔一飯之德必償 睚眦之怨必報〕」는 데서 이 고사가 나왔다.

意氣揚揚 의기양양

意 뜻 의 氣 기운 기 揚 날릴 양 揚 날릴 양

《사기》 관·안열전

【득의(得意)한 마음이 얼굴에 나타나는 모양.**】**

의기양양(意氣洋洋)이라고 써도 된다. 「의기가 드날리다」라는 뜻으로, 바라던 대로 이루어져 매우 자랑스러워하며 뽐내는 모양을 비유하는 말이다. 중국 춘추시대 제(齊)나라의 안영은 영공(靈公)과 장공(莊公), 경공(景公)의 3대를 섬기면서 근검절약하고 군수를 잘 보좌하여 명재상으로 존경받았다.

안영이 하루는 외출을 하게 되었는데, 마부의 아내가 문틈으로 내다보니 그의 남편이 재상의 마부로서 커다란 일산을 받쳐 들고 네 마리의 말에 채찍을 가하며 의기양양하게 흐뭇한 모습이었다〔意氣揚揚 甚自得也〕. 얼마 뒤에 남편이 집에 돌아오자, 그 아내는 남편에게 이혼을 하자고 했다. 남편인 마부가 사연을 물으니 아내가 대답했다.

「안자는 그 키가 6척도 안 되건만 그의 몸은 제나라 재상으로서 제후 사이에도 이름이 높소이다. 그렇지만 아까 그가 외출하는 모습을 내가 보니 매우 침착하고 모든 사람에게 겸손합디다. 그런데 당신은 키가 8척이나 되면서 남의 마부가 되었고, 거기에다 만족스런 모습입니다. 제가 당신 곁을 떠나고 싶다는 것은 이 때문입니다.」

그 일이 있은 후로, 마부는 자신을 억제하여 겸손한 사람이 되었다. 안자가 이상하게 여겨 그 마부에게 물으니, 마부가 사실대로 말했다. 안자는 느낀 바 있어 그를 천거하였는데, 그는 대부(大夫)가 되었다.

衣食足而知禮節 의식족이지예절

衣 옷 의 食 밥 식 足 족할 족 而 마 이을 이 禮 예절 예 節 마디 절

《사기》 관 · 안열전, 화식열전

【입고 먹는 것이 넉넉해야 예의니 체면을 알게 된다.】

「……창고가 차 있으면 예절을 알고 의식이 족하면 영욕을 안다〔倉廩實則知禮節 衣食足則知榮辱〕」고 한 말이, 앞뒤 것이 각각 반씩 합쳐져서 생겨난 말이다.

결국 같은 내용의 긴 말을 보다 쉽고 짧게 만들었다는 점에서 이 말이 널리 보급된 것으로 볼 수 있다.

원래 이 말은《관자》에 있는 말인데,《관자》는 관중(管仲)이 지은 것으로 되어 있지만 실상은 그의 사상적 계통을 이은 사람들에 의해 훨씬 뒤에 된 것으로 보고 있다. 그러나 이《관자》속에 나오는 기록들은 그가 실제로 한 말과 행한 일들이 많이 수록되어 있다고 보아 좋을 것이다.

아무튼 모든 정치적 기반을 경제에 둔 관중은 이론가로서 또 실제 정치인으로서 후대에 미친 영향이 컸다.

내 배가 고프면 남의 배고픈 것을 동정할 여지가 없고, 먹고 입는 문제를 해결하지 못하면 명예 같은 것이 그다지 중요하게 느껴질 리가 없다. 《맹자》에도 「떳떳한 생활이 없으면 떳떳한 마음을 가질 수 없다」 고 했다. 입고 먹는 것이 넉넉해야 예의니 체면이니 하는 것을 알게 된다고 한 이 말은 참으로 불변의 진리를 잘 나타낸 말이라 할 수 있다.

以暴易暴 이포역포

以 써 이 暴 사나울 포 易 다스릴 역

《사기》 백이열전

【폭력으로 폭력을 다스린다는 말로, 정치를 함에 있어 덕으로 하지 않고 힘으로 다스림.】

백이와 숙제는 고죽국(孤竹國) 군주의 아들인데, 그들의 아버지는 셋째아들 숙제로 하여금 왕위를 잇게 하라는 유언을 남겼다. 그러나 숙제는 맏아들인 백이가 왕위를 잇는 것이 옳다고 하면서 양보하려고 했다. 그러자 백이는 아버지의 유언을 어겨서는 안 된다고 하면서 역시 고사하였다. 이렇게 두 사람이 서로 사양하다가 나중에는 두 사람 다 고죽국을 떠나버리고 둘째아들이 왕위를 잇게 되었다.

백이와 숙제는 주문왕(周文王)이 노인들을 우대한다는 소식을 듣고 주나라의 수도인 풍읍으로 갔다. 그러나 주문왕은 얼마 전 세상을 떠났고 그의 아들 무왕(武王)이 새로 즉위한 터였다. 그런데 주무왕은 왕위에 오르자마자 포악무도한 은나라의 주왕(紂王)을 토벌할 준비를 하고 있었다.

이때 백이와 숙제는 주무왕이 제후국 임금으로서 천자인 주를 치는 것과, 아직 아버지의 상중에 군사를 일으키는 것은 불충불효이며 대역무도(大逆無道)라고 하면서 이를 제지하였다. 그러나 무왕은 그들을 물리쳤다.

그들은 무왕의 군사들이 출정하는 날까지도 전차를 막아서서 군대의 진군을 제지했다. 그러자 무왕의 곁에 있던 신하들이 그들의 목을 베려고 했다. 그때 강태공(姜太公)이 「이들은 의로운 사람이다」 해서 말리지 않았다면 목숨을 잃을 뻔했다.

무왕의 군사들은 목야의 일전에서 주의 군사를 격파하고 은나라의 도읍지 조가(朝歌)까지 밀고 들어갔다. 이에 주는 자결하고 상나라는 멸망하게 되었다. 그러나 그때까지도 백이와 숙제는 그들의 주장을 고집하고 무왕의 전쟁을 포악한 행위로 치부하면서 주나라의 도읍지에서 살지 않고 수양산(首陽山)에 들어가 숨어 살았고, 주나라의 곡식을 입에 대지 않으려고 산나물을 캐먹다가 죽었다는 것이다.

백이와 숙제가 수양산에 숨어 살 때 손수 지은 노래를 「채미가」라고 하는데 여기에서 「이포역포」라는 성구가 나온다.

저 서산(西山 : 수양산)에 올라〔登彼西山兮〕
고사리를 캐도다〔采其薇矣〕.
포악한 것으로 포악한 것을 바꾸고도〔以暴易暴兮〕
그 그릇됨을 알지 못하더라〔不知其非矣〕.
신농·우·하의 시대는 홀연히 지나갔으니〔神農虞夏〕,
나는 어디로 돌아갈 거나〔忽焉沒兮〕?
아아, 슬프다. 이젠 가리라〔我安適歸矣 于嗟徂兮〕.
목숨도 이미 지쳤거니〔命之衰矣〕!

因人成事 인인성사

因 의지할 인 人 사람 인 成 이룰 성 事 일 사

《사기》 평원군 · 우경열전

【남의 힘을 빌려 일을 성취한다는 뜻. 사회생활을 하는 인간은 혼자 힘으로는 되는 일이 없다.】

「인인성사(因人成事)」는 남을 의지해서 일이 이뤄진다는 뜻이다. 현재에는 사회생활 속에 있는 인간은 혼자 힘으로는 되는 일이 없다는 뜻으로 널리 쓰이고 있다. 그러나 본래의 뜻은 상호 의존적인 그런 의미가 아니고 「원님 덕에 나팔 분다」 식의 가벼운 뜻으로 쓰였다.

「세 치 혀가 백만의 군사보다 강하다〔三寸之舌〕」고 한 고사에서 언급된 모수(毛遂)의 입을 통해 나온 말이다. ☞ 「**毛遂自薦**(모수자천)」

日暮途遠 일모도원

日 날 일 暮 저물 모 途 길 도 遠 멀 원

《사기》 오자서열전

【날은 저물고 갈 길은 멀다. 곧 할 일은 많은데 시간이 없음의 비유.】

춘추시대 말기 오(吳)나라는 초(楚)를 평정하고 급격히 그 세를 불려 한때는 중원의 패권을 넘보기까지에 이르렀다. 오나라가 이렇게 강대해진 것은 초나라에서 망명해 온 오자서 때문이었다. 오자서의 아버지 오사(伍奢)는 초평왕의 태자 건(建)의 태부였다. 평왕 2년 소부(小傅)인 비무기(費無忌)의 참언으로 아버지 오사와 형 오상(伍尙)이 죽음을 당하자, 오자서는 초를 도망쳐 나와 아버지의 원수를 갚기 위해 이를 갈고 있었다.

오왕 요(僚)와 공자 광을 알현한 오자서는 공자 광이 왕위를 은근히 탐내며 자객을 구하고 있는 것을 알고 전제(專諸)라는 자객을 구해서 공자 광에게 보내고 자신은 농사일에 전념하면서 공자 광이 목적을 달성하는 날만을 기다렸다.

오왕 요의 12년(B.C 512년), 초평왕이 죽고 비무기가 평왕에게 바친 진녀(秦女)의 몸에서 태어난 진(軫 : 소왕)이 왕위에 올랐다. 당연히 비무기의 전횡은 극에 달했다. 그러나 1년이 못 가서 내분이 일어나 비무기는 살해되었다.

오자서는 자기가 해치워야 할 원수 둘을 계속 잃게 되었다. 하지만 초나라로 쳐들어가 아버지와 형의 원수를 갚겠다는 일념은 조금도 식지 않았다.

비무기가 살해되던 해, 오왕 요는 초나라의 내분을 틈타 단숨에 이를 치고자 대군을 초나라로 출병시켰다. 그런데 또 그 틈을 타서 공자 광은 자객 전제를 시켜 왕 요를 살해하고 스스로 왕위에 올랐다. 그가 바로 오왕 합려(闔閭)이다.

그로부터 오자서는 손무(孫武 : 손자)와 함께 합려를 도와 여러 차례 초나라로 진격해 마침내 합려왕 9년(B.C 506) 초의 수도 영(郢)을 함락시켰다. 오자서는 아버지와 형의 원수를 갚으려고 소왕(昭王)을 찾았으나 소왕은 이미 운(鄖)으로 도망쳐 목적을 달성하지 못했다. 그래서 평왕의 무덤을 파고 그 시체에 3백 대의 매질을 하여 오랜만에 한을 달랬다.

오자서가 초에 있을 때 친교가 있던 신포서(申包胥)라는 사람은 이때 산속에 피해 있었으나, 오자서의 그런 행태를 전해 듣고 사람을 통해 오자서의 보복이 너무나도 심한 것을 책망하고 그 행위를 천리(天理)에 어긋난다고 말했다. 그에 대해서 오자서가 신포서에게 보낸 답신에 있는 말이 바로 이 성구인 것이다.

「나를 대신해서 신포서에게 고맙다는 말을 전해주게. 나는 지금 해는 지고 갈 길은 멀다. 그래서 나는 사리에 어긋나게 복수를 할 수밖에 없었네〔爲我謝申包胥 我日暮途遠 我故倒行而逆施之〕.」

즉 자신은 나이가 들고 늙어 가는데 할 일은 많다. 그래서 이치에 따라서 행할 겨를이 없다는 말이다. 여기에서 「차례를 바꾸어서 행한다」는 뜻으로 「도행역시(倒行逆施)」라는 성구도 나왔다.

그 후 신포서는 진(秦)나라의 도움을 받아 초나라를 부흥시켰고, 오자서는 도리어 오왕 부차에게 살해되고 말았다.

一字千金 일자천금

一 한 일 字 글자 자 千 일천 천 金 돈 금

《사기》 여불위열전

【아주 훌륭한 글씨나 문장의 비유.】

전국시대 말엽, 천하의 제패를 노리는 열국(列國)의 제후들은 일예일능(一藝一能)에 뛰어난 자들을 객(客)으로서 다투어 불러 모았다. 이것이 소위 식객인 것이다. 그 중에서도 제(齊)나라의 맹상군은 수천, 초(楚)나라의 춘신군은 3천, 조(趙)나라의 평원군은 수천, 위(魏)나라의 신릉군은 3천이라 하여 서로 식객 수를 자랑했다.

그러나 이 식객들은 누구나 한 가지 심상치 않은 재주와 고집을 지니고 있는 인간으로, 제후들도 그들을 자기 곁에 잡아두기 위해 적지 않은 신경을 써야 했다.

예를 들어 가산(家產)을 탕진하면서 식객을 슬하에 모아 놓고 「천하의 선비를 동나게」 했다는 말까지 듣던 맹상군은 귀천의 구별 없이 전부 자기와 동등하게 대우하고, 또 그들과 이야기를 할 때는 언제나 서기를 병풍 뒤에 숨겨, 그들과 이야기하는 동안에 알려지는 그들 친척들의 거처를 적게 한 다음 나중에 사람을 시켜 선물을 보내 주었다고 한다. 또 이런 이야기도 있다.

조(趙)나라의 평원군이 식객을 외교사절로서 초(楚)나라의 춘신군에게 보냈다. 평원군의 식객은 자기가 초나라에서 얼마나 우대를 받고 있는지를 자랑하고자 일부러 대모잠(玳瑁簪 : 거북이 등껍질로 만든 비녀)을 만들고, 패도(佩刀)에는 주옥을 상감(象嵌 : 무늬를 파서 그 속에 금·은·주옥 같은 것을 넣어 채우는 것)케 하여 화려한 옷차림으로 춘신군의 식객에게 대면을 청했다. 그런데 나타난 상대를 한번 본 순간 그는 앗! 소리와 함께 얼굴이 홍당무가 되고 말았다. 그 까닭은 춘신군의 식객들은 하나같이 주옥으로 상감한 신을 신고 있었던 것이다.

그런데 그 무렵, 제후에게 질세라 열을 올려가며 식객을 끌어모은 또 하나의 사나이가 있었다. 한낱 상인으로서 몸을 일으켜 이제는 강국 진(秦)의 상국(相國 : 총리대신)이 되어 어린 왕인 정(政 : 뒤의 시황제)을 조종하여 정권을 손아귀에 쥐고 위세를 떨치고 있는 여불위(呂不韋 : 실은 시황제의 친아버지다)가 바로 그 사람이었다.

시황제의 아버지 장양왕(莊襄王)이 첩의 소생인 탓에 조(趙)나라에 볼모로 붙잡혀 있었기 때문에 용돈에 궁한 생활을 하고 있는 것을 보고, 「진기한 보물이다. 차지해야 한다〔此奇貨 可居〕」하고 눈독을 들여 막대한 투자를 하고 마침내 오늘의 영화를 획득한 여불위다.

신릉군·춘신군·평원군·맹상군이 부지런히 식객을 모아들여 그 수효를 자랑하고 있는 것을 듣고서 가만히 보고만 있을 수가 없었다.

「강대국인 우리 진(秦)나라가 이런 일에서 그놈들에게 얕보여서야 될 말인가?」

원래가 상인이라 돈을 물 쓰듯 해서 식객을 모았으므로 각처에서 모여든 자의 수가 3천에 달했다. 이쯤 되면 그의 욕심은 더욱더 부푼다. 이 무렵, 각국에서 현자들이 저서를 냈는데, 특히 제(齊)·초(楚)에 벼슬을 한 유학자 순경(荀卿 : 순자) 등이 탁세(濁世)를 한탄하여 수만 어의 책을 발간했다는 말을 듣자, 「어디 두고 보자. 나도 한번 해보고 말겠다」하는 생각이 들었다. 그래서 식객들에게 명하여 만든 것이 20여만 어로 된 대작이다.

「어떠냐? 전지만물 고금의 일은 전부 이 안에 들어 있다. 이런 큰 사업을 내가 아니고 누가 할 수 있겠는가!」

기고만장한 그는 이 대작을 자기가 편집한 것으로 하여 《여씨춘추(呂氏春秋)》라 이름 붙였다.

더욱 흥미를 끄는 것은 그 후의 그의 처사였다. 여불위는 이 《여씨춘추》를 수도 함양의 성문 앞에 진열시켜 놓고 그 위에 천금을 걸어두고서는 다음과 같은 광고판을 세웠다.

「능히 한 글자라도 이것을 보태고 빼고 하는 사람이 있으면 천금을 준다〔有能增損一字者 予千金〕」

즉 이 책의 문장을 첨삭(添削)할 수 있는 자에게는 한 자에 대해 천금의 상금을 주겠다는 것이다. 그야말로 사람을 무시해도 이만저만이 아니지만, 이것도 실은 상술에 밝은 여불위의 식객 유인책이었던 것은 말할 나위도 없다.

여기서 한 가지 대조적으로 여불위의 실제 아들인 진시황의 행패를 들지 않을 수 없다. 그것은 그 후 승상 이사(李斯)의 말만을 듣고 의약 · 복서(卜筮) · 농경에 관한 책을 제외하고는 모두 불살라 버렸다는 사실이다. 참으로 아이러니컬한 일이라 하겠다.

一寒如此 일한여차

一 한 일 寒 찰 한 如 같을 여 此 이 차

《사기》 범수 · 채택열전

【가난함을 개탄하는 말.】

극도로 빈궁한 상태에 이르게 된 것을 비유하는 말이다.

중국 전국시대 위(魏)나라의 범수(范雎)는 수가(須賈)를 수행하여 제(齊)나라에 사신으로 갔다. 제나라 왕은 범수를 높이 평가하여 수가를 제쳐두고 융숭하게 대접하였다. 이 일로 범수에게 앙심을 품은 수가는 귀국한 뒤에 범수가 제나라와 밀통한다고 모함하였다. 그로 인해 범수는 모진 고문을 받고 변소에 버려졌다가 구사일생으로 살아나 진(秦)나라로 도망친 뒤에, 이름을 장록(張祿)이라고 바꾸고는 재상의 자리에까지 올랐다.

위나라에서는 진나라가 한(韓)나라와 위나라를 공격할 것이라는 소식을 듣고 수가를 진나라에 사신으로 파견하였다. 수가는 재상 장록을 만나 위나라를 공격하려는 뜻을 거두어달라고 교섭할 요량이었다. 범수는 수가가 진나라에 왔다는 소식을 듣고, 거지나 다름없는 초라한 행색으로 그의 앞에 나타났다.

수가는 범수를 보고 놀라면서도 그 동안 잘 지냈는지, 무슨 일을 하면서 지내는지 물었다. 범수는 진나라로 도망쳐 온 뒤로 남의 집 머슴살이를 하면서 살아가노라고 대답하였다. 수가는 범수의 처지를 애석해하며, 자기 자리에 앉게 하여 음식을 대접하였다. 수가는 범수를 위로해 말했다.

「범숙이 이렇게까지 곤궁하게 되었구려〔范叔一寒如此哉〕.」

그러면서 두꺼운 명주 솜옷을 주었다.

나중에 수가는 범수가 곧 장록임을 알고 잘못을 빌었다. 범수는 수가가 그래도 옛정을 잊지 않고 가난해 보이는 자신을 동정하여 솜옷을 준 일을 생각하여 그를 용서하였다.

慈母敗子 자모패자

慈 사랑 자 母 어미 모 有 있을 유 敗 패할 패 子 아들 자

《사기》 이사열전

【무른 어머니에게는 응석받이 자식이 길러진다. 과보호는 아이들을 잘못되게 만든다는 것.】

「자애로움이 지나친 어머니 밑에서는 몹쓸 자식이 나온다」라는 뜻으로, 자식에 대한 사랑이 지나치면 그 자식이 방자하고 버릇없는 사람이 됨을 비유하는 말이다.

〈이사열전(李斯列傳)〉에 이런 말이 있다.

「그런 까닭에 한비자는 『자애로운 어머니에게 방탕한 자식은 있지만, 엄한 집안에 거역하는 종은 없다〔故韓子曰, 慈母有

敗子而嚴家無格虜者〕』라고 하였으니, 왜 그렇겠습니까? 바로 벌을 줄 만한 일은 반드시 벌을 주기 때문입니다.」

이 말들은 원래 엄격한 법치(法治)를 주장하기 위하여 인용된 것이다. 가풍이 엄격한 집안에는 이를 거스르는 사나운 종이 있을 수 없지만, 어머니가 지나치게 사랑을 쏟으면 그 자식은 응석받이가 되어 점점 버릇없고 방자하게 자라 결국에는 집안을 망치게 될 수도 있다.

요즈음 말로 하면 과잉보호로 키운 자식이 패가망신(敗家亡身)에 이르는 격이다. 옛날에는 엄부자모(嚴父慈母)를 이상적인 부모상으로 삼기도 하였으나, 자애로움이 지나치면 자식을 망치게 된다. 그래서 「자모패자」는 이를 경계하는 뜻으로 사용된다.

作法自斃 작법자폐

作 지을 작 法 법 법 自 스스로 자 斃 죽을 폐

《사기》 상군열전

【제가 만든 법에 제가 걸려 죽는다는 뜻으로, 「제가 놓은 덫에 제가 치인다」는 속담과 같다.】

상앙은 원래 위(衛)나라 사람이었으나, 진(秦)나라 효공(孝公)에게 등용되어 2차례의 변법(變法)을 실행하였다. 상앙은 효공의 지지를 받아 귀족의 세습 특권을 폐지하고 군공(軍功)의 크고 작음에 따라 작위를 수여하는 제도를 시행하였고, 연좌법을 시행하였으며, 정전제 폐지, 토지매매 허가제, 도량형 통일 등의 정책을 시행하였다.

새로운 법령이 시행된 지 1년 만에 백성들 사이에 불편하다고 호소하는 자들이 많았다. 이때 태자가 법을 어기는 행위를 하였다. 상앙이 말했다.

「법이 지켜지지 않는 것은 위에서부터 법을 어기기 때문이다.」

그리고는 태자를 처벌하려 하였으나, 태자는 효공의 뒤를 이을 신분이었으므로 차마 형벌을 내릴 수는 없었다. 그 대신 태자의 태부(太傅)인 공자 건(虔)을 처벌하고 스승인 공손고(公孫賈)를 자자형(刺字刑 : 이마에 글자를 넣는 형)에 처했다. 이로부터 백성들이 두려워하여 모두 새 법령을 따르게 되었다.

상앙의 부국강병책에 힘입어 진나라는 경제적 번영을 이루고 강대국의 기초를 닦게 되었다. 그러나 이 과정에서 세습 귀족들의 이익을 침해하여 원성을 많이 사게 되었다. 효공이 죽고 혜왕(惠王)이 뒤를 잇자 귀족들은 상앙이 반란을 꾀한다고 모함하였다. 혜왕은 상앙을 체포하라는 명령을 내렸다. 상앙은 도망치다가 어느 객사에 이르러 묵으려고 하였는데, 상앙을 알아보지 못하는 주인은 신분이 불확실한 사람을 숙박시켰다가는 상앙이 제정한 연좌죄를 범하게 되어 처벌받는다며 거절하였다. 이에 상앙은 이렇게 탄식했다.

「아, 신법(新法)의 피해는 급기야 내 몸에까지 미쳤구나〔作法自斃〕!」

결국 상앙은 거열형(車裂刑)에 처해졌다. 「자승자박(自繩自縛)」 「자업자득(自業自得)」과 비슷한 뜻이며, 「제가 놓은 덫에 제가 먼저 걸려든다」라는 속담과도 비슷하다.

壯士一去不復還 장사일거불복환

壯 씩씩할 장 士 선비 사 去 갈 거 復 갈 복 還 돌아올 환

《사기》 자객열전

【장사는 한번가면 다시 오지 못한다.】

춘추전국시대에는 적국의 왕후(王侯)를 암살하기 위하여 한 자루의 비수(匕首)에 생명을 걸고 적지에 들어가는, 소위 자객(刺客)이 특히 많았다. 그 중 가장 유명한 것이 형가(荊軻)이다. 형가는 위(衛)나라 태생이었지만, 조국에서 등용되지 못하고 여러 나라를 편력하다가 연(燕)에 이르렀다. 그곳에서 항간에 인망이 높았던 임협지사(任俠之士) 전광(田光)의 지우(知遇)를 받게 되었다.

그는 또한 축(筑 : 거문고와 비슷한 대로 만든 악기)의 명수 고점리(高漸離)와 의기가 맞아 두 사람은 항상 술을 마시고 취하면 고점리는 축을 켜고, 형가는 그에 답하여 노래를 불러 「방약무인(傍若無人)」한 행동을 취하는가 하면 혼자서 독서도 하고 또한 칼을 가는 일도 게을리하지 않았다.

진(秦)이 차츰 천하통일을 진척시키고 있을 무렵이었다. 한(韓)을 멸하고 조(趙)를 망하게 한 진(秦)은 조(趙)와 연(燕)의 국경을 흐르는 역수(易水)에 이르러 장차 연으로 쳐들어갈 태세를 갖추고 있었다.

연의 태자 단(丹)이 그 때, 진왕 정(政 : 후의 시황제)을 암살할 자객으로 선발해 놓은 것이 전광이었다. 그러나 전광은 자기의 노령을 생각하여 형가를 천거하고 그 결의를 격려하기 위하여 스스로 목을 베어 죽었다. 대사(大事)의 명을 받고서도 이루지

못하는 노골(老骨)의 몸으로 태자를 위하여 할 수 있는 유일한 길이라고 생각하였던 것이다.

그 무렵, 진에서 번오기(樊於期)라는 장군이 연으로 도망와서 태자 단에게 몸을 숨기고 있었다. 형가는 진왕이 막대한 상금을 걸고 번오기의 목을 구하고 있다는 것을 알자, 그 목과 연의 독항(督亢 : 연에서 가장 비옥한 땅)의 지도를 가지고 가면 진왕은 마음을 놓고 인견해 주리라 생각하고 그 일을 태자 단에게 간곡하게 설득했다.

태자 단은 형가를 일각이라도 빨리 진에 보내고자 초려(焦慮)하면서도 번오기를 차마 벨 마음이 내키지 않았다. 형가는 그것을 알아차리고 스스로 번오기를 만나 죽어 달라고 요청하였다. 그것이 진왕에 대한 번오기의 원한을 풀고 태자 단에 대한 보은(報恩)도 되며 또한 연나라의 우환(憂患)도 제거하는 길이라고 설득하였던 것이다. 번오기 역시 전광이 한 것과 같이 형가의 앞에서 스스로 목을 베어 죽었다.

번오기의 목과, 독항의 지도 외에 형가는 같이 갈 우인을 기다리고 있었다. 태자 단이 진무양(秦舞陽)이라는 젊은 부사(副使)를 붙여 주었으나, 형가는 진무양이 믿음직한 사람이 못 된다고 생각하였다. 우인은 먼 곳에 있었기 때문에 좀처럼 오지 않았다. 태자 단은 이미 출발 준비가 다 되었음에도 불구하고 형가가 떠나지 않는 것을 보고 더욱 초조하여, 진무양 한 사람만이라도 먼저 보내려 하였다. 형가도 할 수 없이 우인을 기다리지 못하고 떠나기로 하였다. 진무양을 혼자 보낸다는 것이 위험하다고 생각하였기 때문이다. 거기다 시기도 절박하였고 태자의 초조함도 모르는 바가 아니었다.

태자 단을 비롯하여 사정을 잘 아는 몇 사람만이 상복으로 갈아입고 역수 강가에까지 바래주러 나갔다. 이제 서로 헤어지는 마당이다. 고점리는 축을 켜고, 형가는 그에 답하여 노래를 불렀다. 역수의 바람은 차서 살을 에는 듯하였으며, 고점리의 축을 켜는 소리와 형가의 노랫소리는 사람들의 마음을 비장하게 흔들어 놓았다.

진에 가면 아마도 살아서는 돌아오지 못하리라. 이것이 형가를 보는 마지막이라고 생각하자, 고점리는 암연히 눈물을 지어 축을 켜며 친구를 보냈다. 형가도 노래를 불렀다.

> 바람은 쌀쌀 불고 역수는 찬데〔風蕭蕭兮易水寒〕
> 장사 한번 가면 다시 못 오리〔壯士一去不復還〕.

그 소리는 사람들의 폐부를 에는 듯했다. 사람들은 모두 눈을 부릅떠 진 쪽을 노려보고, 성난 머리카락은 충천하여 관(冠)을 뚫을 듯하였다〔怒髮衝冠〕. 형가는 떠났다. 그 모습은 멀리 사라지고 말았다. 진에 도착한 형가는 번오기의 목과 독항의 지도를 가지고, 진왕 정(政) 가까이 가 비수 일섬(一閃)을 날렸으나 진왕은 날래게 몸을 피하고, 형가의 손에는 단지 왕의 소매 한쪽만이 남았다. 뒤에서 왕을 꽉 부둥켜안기로 한 진무양은 힘도 써보지 못하고 사람들에게 찍혀 눌리고 말았던 것이다. 형가는 마침내 뜻을 이루지 못하고 스스로 자기 가슴을 펴 진왕에게 찌르도록 하였다. 진왕 정 20년 연왕 희 28년, 기원 전 228년의 일이었다. 진이 천하를 통일하여 시황제라고 일컬은 것은 그로부터 7년 후이다.

여기서 「바람은 쌀쌀 불고 역수는 찬데(風蕭蕭兮易水寒)」 하는 명구도 나왔다.

長袖善舞多錢善賈 장수선무다전선고

長 길 장 袖 옷소매 수 善 잘하다 선 舞 춤출 무 多 많을 다 錢 돈 전 善 잘하다 선 賈 장사 고

《사기》 범수 · 채택열전

【소매가 길면 춤을 잘 추고, 돈이 많으면 장사를 잘한다는 뜻으로, 무슨 일이든지 조건이 나은 사람이 큰 성과를 거둔다는 것을 비유한 말.】

이 말은 원래 《한비자(韓非子)》 오두편에 나오는 말이다. 한비는, 당시의 정세를 논하는 사람들이 나라를 보존하기 위해 합종(合從) 또는 연횡(連衡)을 택하거나 다른 나라의 힘을 비는 것, 이 모두가 틀린 방법임을 지적하며 다음과 같이 말하였다.

「지금 안에서는 법령을 시행하고 밖으로는 지혜로운 사람을 섬기지 않는다면 다스림이 강화되지 않을 것이다. 속담에 이르기를, 「소매가 길면 춤을 잘 추고, 돈이 많으면 장사를 잘한다」고 했다. 이는 자본이 풍부하면 일을 처리하기가 용이하다는 뜻이다. 때문에 강국을 다스릴 때는 도모하기가 쉽고 약하고 어지러운 나라에서는 계획을 세우기가 어려운 것이다. 그러므로 진나라와 같은 나라에서 쓰이는 사람은 열 번 계획을 바꾸어도 실패하는 일이 드물다. 그러나 연나라와 같은 작은 나라에서 쓰이는 사람은 한 번만 바꾸어도 성공하기가 힘들다. 이런 차이가 나는 것은 진나라에서 쓰이는 사람은 지혜롭고 연나라에서 쓰이는 사람은 어리석기 때문이 아니다. 대개 나라가 잘 다스려지고 있는가 아니면 어지러운가의 차이일 뿐이다. 그래서 주(周)나라는 진나라를 떠나 합종한 지 1년 만에 멸망하였고, 위(衛)나라는 위

(魏)나라를 떠나 연횡한 지 반년 만에 망하였다.」

즉, 얼마만큼 준비되고 풍부한가에 따라 그 미래가 결정된다는 말이다.

《사기》 범수·채택열전에서 사마천은 이렇게 말한다.

「《한비자(韓非子)》에 『소매가 길면 춤을 잘 추고 돈이 많으면 장사를 잘한다〔長袖善舞 多錢善賈〕』는 말이 있는데, 이 말은 참된 말이다. 범수와 채택은 세상에서 말하는 이른바 변사(辯士)이면서 백발이 성성하기까지 제후에게 유세했으나, 임금을 만나지 못했던 것은 그들의 계책이 서툴러서가 아니라 그들의 주장을 받아들이기에는 나라의 힘이 약했기 때문이다. 따라서 두 사람이 나그네의 몸으로 진나라에 입국하자마자 서로 뒤를 이어 대신(大臣) 재상의 자리를 차지하고 공적을 천하에 이루어 놓은 것은 진나라와 열국(列國)의 강약세(强弱勢)가 달랐기 때문이었다. 그런데 이 두 사람도 만약 곤궁하지 않았더라면, 어찌 이렇게 발분할 수 있었겠는가?」

長鋏歸來乎 장협귀래호

長 길 장 鋏 칼 협 歸 돌아올 귀 來 올 래 乎 인가 호

《사기》 맹상군열전

【유능한 인재가 의외의 박대를 당함.】

「장협귀래호」는 「장검아 돌아갈거나?」라는 뜻이다. 전국시대 제(齊)나라의 재상 맹상군이 식객(食客)을 좋아하여 천하의 선비들이 모여들었는데, 그 중에는 죄가 있는 자, 도망 중인 자까지 섞여 있었다.

어느 날, 멀리서 맹상군을 찾아온 풍환(馮驩)이라는 사나이가 있었다. 짚신을 신고 남루한 옷차림이었다. 맹상군은 그를 전사(傳舍)라는 3등 숙사에 머무르게 하였다. 열흘쯤 지나 풍환이 어떻게 지내는지 궁금해 숙사의 사감에게 넌지시 물어보았더니 풍환은 그가 가지고 있는 단 하나인 장검(長劍)의 칼집을 두드리면서 이렇게 노래하고 있다는 것이다.

「장검아, 돌아갈거나 이곳 식사엔 고기도 없구나〔長鋏歸來乎 食無魚〕.」

이 말을 들은 맹상군은 풍환을 한층 격이 높은 행사(幸舍)라는 숙사에 바꾸어 들게 하였다. 이곳 밥상에는 고기가 딸려 나왔다. 그것으로서 만족하고 있는 줄 알았더니, 닷새쯤 지나서 풍환은 또다시 장검의 칼집을 두드리면서 노래하고 있다는 것이었다.

「장검아, 돌아갈거나 바깥에 나가려도 마차가 없구나〔長鋏歸來乎 出無車〕.」

그래서 맹상군은 풍환을 최상급인 대사(代舍)라는 숙사로 옮겨 주었다. 이곳은 외출하는 데 탈것이 딸려 있으므로 이번에야 풍환도 만족하겠지 하고 생각하였는데, 그렇지가 않아 닷새가 지나자 또다시 풍환은 장검을 두드리며 노래하고 있다는 것이었다.

「장검아, 돌아갈거나. 처자(妻子)도 없고 집도 없구나〔長鋏歸來乎 無以爲家〕.」

식객의 신분으로서는 이는 다소 분에 넘치는 태도였을 것이다. 맹상군도 이에는 불유쾌한 얼굴을 하고 그대로 내버려두었다.

그건 그렇고, 식객삼천(食客三千)이라 일컫는 맹상군인지라,

그 비용을 염출하는 데만도 큰일이었다. 그 때문에 채읍(采邑)인 설(薛)의 영민(領民)에게 돈을 대부하여 그 이자로 치다꺼리하려 했으나, 1년이 지나도 이자는 고사하고 원금도 제대로 돌아오지 않았다. 그래서 사감의 추천으로 앞서 말한 풍환이 그 돈의 징수원이 되어 떠나게 되었다.

설(薛)로 떠난 풍환은 차용주를 모조리 초대하여 모아들인 10만 전(錢)의 이자로 술을 사고 살찐 소를 잡아 잔치를 베풀었다. 잔치가 한창일 무렵, 한 사람 한 사람 차용증서와 대조하고 나서 지불에 대한 기일과 방법을 절충해 나갔다. 절충이 잘 되어가는 축도 있었으나 그 중에는 갚을 길이 막연한 자도 많았다.

풍환은 이자를 치를 수 있는 자와는 기일을 약정하고, 아무래도 치르지 못할 자에게서는 차용증서를 곁에 있는 화롯불에 던져 태워버렸다. 한자리에 있던 사람들이 모두들 깜짝 놀라고 있을 때 풍환은 일어서서 이렇게 말했다.

「맹상군이 여러분에게 돈을 대부한 것은 생업(生業)의 밑천으로 여러분의 생활의 안정을 도모코자 한 것이며, 또 이자를 받는 것은 식객의 뒤치다꺼리를 할 비용에 쓰기 위해서였습니다. 지금 여유가 있는 사람들한테서는 지불 기일을 약속받았고, 곤궁한 사람들에 대해서는 그 증서를 불태워버렸습니다. 이것이 우리 주군의 참뜻에 이바지하는 방법입니다. 아무쪼록 이 점을 이해하시고 오늘은 마음껏 드신 다음 내일부터는 한층 더 생업에 힘써 주시기를 바랍니다.」

맹상군이 이 말을 듣고 불끈 화를 내며 풍환을 불러들였으나 풍환은 이렇게 말했다.

「받을 수 없는 자에게서는 10년을 기다려도 한푼도 받을 수 없습니다. 그런 쓸데없는 증서는 태워버리고 돈 대신 주군의 의

도하시는 바를 영민들에게 납득시켜 주군의 명예나마 높이고자 한 것이옵니다. 이것이 어째서 나쁘다 하겠습니까.」

그 말을 듣고 맹상군은 당장에 노여움을 거두고는 도리어 풍환에게 감사의 치사를 했다는 것이다. 훗날 재상의 지위를 물러나게 된 맹상군이 실의에 빠져 설(薛)로 돌아갔더니 영민들은 경계에까지 마중을 나와 맹상군을 위로해 주었다. 3천 명이나 되는 식객들은 모두 그곳을 떠났지만 풍환 한 사람만은 마지막까지 머물러 있었으며, 후에 제왕(齊王)을 설득하여 맹상군을 또다시 재상의 지위에 오르게 했다.

在德不在險 재덕부재험

在 있을 재 德 덕 덕 不 아니 불 險 험할 험

《사기》 손자 · 오기열전

【나라가 안전한 것은 임금의 덕에 달려 있지 산천이 험한 것에 있지 않다는 말.】

오기(吳起)는 위(衛)나라 사람으로 용병의 술을 좋아했다. 일찍이 증자(曾子)에게서 배우고, 노(魯)나라 임금을 섬겼다. 나중에 오기는 위문후(魏文侯)를 섬기게 되어, 서하(西河) 태수로 있으면서 많은 전공을 세웠다. 그러다가 문후가 죽자 다시 문후의 뒤를 이은 무후(武侯)를 섬기게 되었다.

어느 날 무후는 오기와 함께 서하에 배를 띄우고 좌우 산천을 구경하며 내려갔다. 한 중간쯤 가서 무후는 오기를 돌아보며 이렇게 말하며 못내 자랑스러워했다.

「참 아름답구려. 산과 물이 이토록 천험의 요새를 이루고 있으니 이야말로 위나라의 보배가 아니겠소?」

그러자 오기가 말했다.

「나라의 보배는 임금의 덕에 있지 산천의 험한 것에 있는 것이 아닙니다〔在德不在險〕.」

그리고는 옛날 역사를 들어 모든 나라들이 망한 것은 지리가 험하지 않아서가 아니라 임금이 백성을 사랑하지 않고 정치를 올바로 하지 않았기 때문이란 것을 설명했다. 그러고 나서 다시 이렇게 말했다.

「이런 것으로 보아도 나라의 보배는 임금의 덕에 있는 것이지 험준한 요새에 있는 것이 아님을 알 수 있습니다. 만약 임금이 덕을 쌓지 않으신다면 이 배 안에 있는 사람들도 모두 적국인이 되는 것입니다〔舟中敵國〕.」

무후는 오기의 이 말에 크게 감명을 받고 그를 다시 서하태수로 임명했다는 것이다. 그러나 실상 오기는 덕이 있는 사람은 아니었다.

積羽沈舟 적우침주

積 쌓을 적 羽 깃 우 沈 가라앉을 침 舟 배 주

《사기》 장의열전

【새털도 많이 쌓이면 배를 가라앉힌다는 뜻으로, 여럿의 힘이 모이면 큰 힘을 발휘함을 이르는 말.】

전국시대, 동주(東周)는 나날이 쇠퇴해지고 있었다. 이에 여러 제후들은 천하를 다투기 시작하였는데, 이들 가운데 진(秦)나라의 세력이 가장 강했다. 이러한 상황 속에서 약소국들이 연합하여 진나라에 대항하자는 합종책과 진나라를 따라 다른 약소국을 정복하자는 연횡책이 등장하였다.

진나라의 상국(相國)인 장의(張儀)는 제(齊)·초(楚)·연(燕)·조(趙)·한(韓)·위(魏) 등 여섯 나라의 합종 맹약이 매우 견고한 것을 알았다. 장의는 곧 재상의 직을 사직하고 위나라에 가서 합종 연맹을 탈퇴하도록 위나라 왕을 설득하려고 하였다.

장의는 위나라에 온 이듬해 위나라의 상국에 임명되었다. 그의 몸은 위나라에 있었지만, 마음은 진나라에 있었으므로, 줄곧 연횡책으로써 진나라로 하여금 천하를 차지하게 하려는 생각뿐이었다. 장의는 위왕에게 진나라와 연합하여 제나라나 초나라 등을 정벌하라고 권하였다. 그러나 위나라 왕은 진나라의 야심을 알고 장의의 말을 듣지 않았다.

진나라 왕은 이 소식을 듣고 크게 노하여 대군(大軍)을 보내 위나라를 공격하는 한편, 비밀리에 사람을 보내 장의에게 보물을 보냈다. 장의는 보물을 받았으나 보답을 하지 못하여 부끄러운 마음이 들었다. 위나라 양왕(襄王)이 죽자, 그는 위나라 애왕(哀王)에게도 진나라를 받들 것을 권하였다가 거절당하였다.

장의는 암암리에 진나라가 위나라를 정벌해주기를 원하였다. 위나라는 전쟁에서 패한 뒤, 일 년후에는 다시 제나라의 침범을 받아 패하였다. 이 틈을 노려 진나라는 다시 위나라를 공격하여, 먼저 한(韓)나라 대장 신차(申差)의 군대를 섬멸하였는데, 죽은 자가 8만 2천에 달하였다.

장의는 위나라의 거듭되는 패전으로 합종에 분열이 일어나자, 이 상황을 이용하여 위나라의 애왕에게 권하였다. 장의는 위나라의 지세와 병력 상황 등을 분석하며, 현재 처해 있는 상황과 합종의 취약함 등 불리한 조건들을 말했다.

「합종론자는 어느 누구를 막론하고 큰 소리를 치는 자가 많아서 믿을 만한 것이 되지 못합니다. 제후 한 사람을 설득하면 봉후(封侯)가 되는 까닭에 천하의 유세자는 밤낮으로 팔을 걷고 눈을 부릅뜨며 이를 악물고 합종의 이로움을 말하고 군주를 설득하고 다닙니다. 군주가 그 변설을 현명한 것이라고 그 말에 끌려서는 현혹됨을 면할 수 없습니다. 『쌓아서 겹치면 가벼운 깃털일지라도 배를 가라앉힐 수 있고, 지나치게 많이 실으면 가벼운 것일지라도 수레바퀴의 축(軸)을 부러뜨리며, 뭇사람의 입은 무쇠도 녹이고, 여러 사람이 헐뜯으면 뼈까지도 녹인다〔臣聞之 積羽沈舟 羣輕折軸 衆口鑠金 積毁銷骨〕』고 했습니다. 대왕께서는 계책을 신중하게 결정하시기 바라며, 그리고 신은 얼마 동안 휴가나 얻어서 위나라를 떠나고자 생각합니다.」

위나라 왕은 합종에서 탈퇴하기로 동의하고 진나라에 연횡을 청하였다. 여기서 「군경절축(羣輕折軸)」 「중구삭금(衆口鑠金)」 「적훼소골(積毁銷骨)」 같은 성어들이 탄생했다.

前倨後恭 전거후공

前 앞 전 倨 오만할 거 後 뒤 후 恭 공손할 공

《사기》 소진열전

【처음에는 우쭐거리다가 나중에는 굽실거린다는 뜻으로, 권세 앞에서 아부함을 가리키는 말.】

소진(蘇秦)은 동주(東周)의 낙양(雒陽) 사람이다. 동쪽에 있는 제(齊)나라에 가서 스승을 찾아 귀곡(鬼谷)선생에게서 배웠다. 방랑하기 몇 년, 크게 곤궁을 당하다가 고향에 돌아왔다. 형제자매,

처첩들은 은근히 조소(嘲笑)하며 말했다.

「주나라의 관습으로는 전지(田地)를 경작하거나 상공업에 힘을 써서 십이(什二 : 2할割)의 이익을 좇는 것이 사람의 할 일로 되어 있는데, 지금 당신은 본업을 버리고 혀끝의 이론에나 힘을 쓰고 있으니, 그렇게 하고 곤궁하게 지내는 것은 당연한 일이지 않습니까?」

소진이 이 말을 듣고 부끄럽고 한심스런 생각이 들어 방문을 닫고 틀어박혔다. 그리고 자기의 장서를 꺼내 두루 훑어보다가 그 중에서 주서(周書)의 음부(陰符 : 병서의 이름)를 찾아내어 책상에 머리를 파묻고 읽었다. 1년 만에 췌마술(揣馬術 : 남의 마음을 미루어 헤아려서 그 뜻을 번롱하여 자기 수중에 도입하는 술)을 터득한 그는 이렇게 말했다.

「이 술(術)만 가지고 있으면 당대의 군주를 설득시킬 수 있을 것이다.」

소진은 연(燕)과 조(趙)로 가서 제(齊)·초(楚)·연(燕)·조(趙)·한(韓)·위(魏)의 여섯 나라가 연합하여 진에 대항하는 「합종책(合從策)」을 건의했다. 그래서 여섯 나라는 합종의 맹약을 하고 힘을 합치게 되었다. 소진은 합종의 맹약의 장(長)이 되어 여섯 나라의 재상을 겸했다. 북쪽의 조왕에게 경위를 보고하기 위하여 가는 도중 낙양을 통과했다. 소진을 따르는 일행의 행렬이 임금에 비길 만하게 성대했다. 주나라의 현왕(顯王)은 이 소식을 듣고 도로를 청소하고 사자를 교외에까지 보내 위로하게 했다.

소진의 형제, 처, 형수는 곁눈으로 볼 뿐 감히 쳐다보지도 못했다. 소진이 웃으며 형수에게 말했다.

「어찌하여 전에는 우쭐대시더니 지금은 이토록 공손하시오〔前倨後恭〕?」

형수는 떨리는 몸을 구부리고 엎드려서 얼굴을 땅에 대고 사과했다.

「계자(季子 : 소진의 자)의 지위가 높아졌고 부자가 된 것을 보았기 때문이랍니다.」

소진은 탄식하면서 말했다.

「똑같은 한 사람이건만 부귀하게 되면 친척까지도 우러러보고 빈천해지면 업신여기는도다. 하물며 남이야 오죽하겠는가. 만약 나에게 낙양의 성곽 가까이에 비옥한 밭 두 이랑만 있었던들 오늘날 내 어찌 여섯 나라 재상의 인수(印綬)를 찰 수 있었으리요!」

그리고는 1천금을 뿌려 일족과 벗들에게 나누어 주었다.

轉禍爲福 전화위복

轉 구를 전 禍 재화 화 爲 될 위 福 복 복

《사기》 소진열전

【화(禍)가 바뀌어 복(福)이 됨.】

「화가 바뀌어 복이 되고, 실패한 것이 오히려 공이 된다〔轉禍爲福 因敗爲功〕」고 한 말에서 나왔다.

전국시대 때 가장 활약이 뛰어난 종횡가(縱橫家)로는 장의와 소진을 꼽는다. 장의는 연횡책(連橫策 : 連衡策)으로, 소진은 합종책(合縱策)으로 유명하다. 그 중 소진은 이런 말을 한 적이 있다.

「옛날에 일을 잘 처리했던 사람은 『화를 바꾸어 복을 만들고, 실패를 바꾸어 공으로 만들었다』고 한다.」

전화위복이란 실패했다고 포기하고 마는 것이 아니라 그것을 새로운 성공의 계기로 삼아 분연히 일어날 것을 당부할 때 흔히 쓰이는 말이다. 즉 어떤 사람이 한때의 실패로 의기소침해 있을 때 그의 어깨를 두드리며 이렇게 말한다.

「인생만사 새옹지마(塞翁之馬)라고 하지 않던가. 이번 일을 전화위복의 계기로 삼아 용기를 내보게.」

竊符救趙 절부구조

竊 훔칠 절 符 부신 부 救 구할 구 趙 나라 조

《사기》 위공자열전

【병부를 훔쳐 조나라를 구하다.】

병부를 훔쳐 조나라를 구했다는 말이다. 맹상군(孟嘗君)과 함께 전국사군(戰國四君)으로 손꼽히는 신릉군(信陵君)의 고사에서 나온 말이다.

신릉군이 조나라의 위급함을 구하기 위해 임금의 병부를 훔쳐내어 위나라 군사를 이끌고 진나라 군사를 물리친 사건은 너무도 유명한 이야기다. 그러나 여기에는 여러 가지 문제점이 있다.

첫째, 신하의 신분으로 임금을 속였으니 그것은 불충부덕한 일이다 하는 주장이 될 수 있다. 그러나 그것이 나라를 위하는 길이요, 이웃을 위하는 길이요, 침략자를 응징하는 길이었으니 보다 큰 목적을 위해서는 그런 형식적인 도덕 같은 건 지키지 않아도 된다 하는 이론이 될 수도 있는 것이다. 그러면 이 내용을 간단히 더듬어 보기로 하자.

신릉군 위무기(魏無忌)는 위소왕(魏昭王)의 작은아들이었고 안희왕(安釐王)의 배다른 동생이었다. 소왕이 죽고 안희왕이 즉위하자 그를 신릉군에 봉했다. 신릉군은 덕이 있고 지혜가 있고 또 사람을 보는 눈이 있었다. 그는 이문(夷門)을 지키는 후영(侯嬴)이란 늙은 문지기를 스승처럼 위했고, 백정인 주해(朱亥)를 귀한 손님처럼 받아들였다. 안희왕 20년에 조나라 군사를 장평(長平)에서 크게 깨뜨린 진나라는 다시 조나라 수도 한단(邯鄲)을 포위했다.

신릉군의 자형인 조나라 평원군은 조나라 혜문왕(惠文王)의 아우였다. 혜문왕과 평원군은 각각 안희왕과 신릉군에게 거듭 사람을 보내 구원을 요청했다. 안희왕은 진비(晋鄙)에게 10만의 군사를 주어 조나라를 구하게 했다. 그러자 진나라에서 위협해 왔다. 제후들로서 조나라를 구원하는 사람이 있으면 조나라를 깨뜨린 다음에는 군데를 그 곳으로 옮기겠다는 것이었다.

안희왕은 겁이 났다. 곧 사람을 보내 진비를 국경선을 넘지 못하도록 했다. 그러자 평원군에게서 거듭 신릉군을 책망하는 편지를 보내왔다. 신릉군은 그때마다 왕에게 간청을 넣었으나 왕은 진나라가 무서워 허락을 하지 않았다. 마침내 신릉군은 백여 대의 수레에 손들을 태우고 진나라 군대와 싸워 죽을 결심을 하게 된다.

가는 도중 이문을 지나며 후영을 만나 가게 된 동기와 죽을 결심을 말했다. 후생은 담담한 표정으로 이렇게 말했다.

「수고가 많으시겠습니다. 늙은 몸은 공자를 따라갈 수가 없습니다.」

얼마를 가던 신릉군은 후영의 태도가 아무래도 마음에 걸렸다.

「내가 그를 그토록 성의껏 대했는데 죽으러 가는 마당에 이렇게 보낼 수가! 내게 무슨 잘못이라도 있단 말인가?」

그는 다시 후영에게로 돌아갔다. 그러자 후영은 이렇게 말했다.

「공자께서 다시 오실 줄 알았습니다.」

하면서 무모한 죽음은 어리석은 일밖에 될 것이 없다면서 조용한 곳으로 가 그에게 조나라를 구할 수 있는 꾀를 일러 주었다. 그것이 병부를 훔쳐 조나라를 구하는 일이었다.

안희왕의 총희 여희(如姬)는 자기 아버지를 죽인 원수를 잡으려 했으나 왕의 힘으로도 3년이 되도록 범인을 잡지 못했다. 여희의 청을 받은 신릉군이 범인을 잡아 목을 베어 여희에게 보내주었다. 여희는 신릉군의 은혜를 목숨으로라도 갚겠다는 약속을 했다.

한편 진비가 가지고 있는 호부(虎符)의 한쪽은 안희왕의 침실 깊숙이 감춰져 있었다. 그것을 훔쳐 내기만 하면 진비의 군대를 앗아 조나라를 구할 수가 있다. 그러나 안희왕의 침실에서 그것을 훔쳐 낼 수 있는 사람은 여희 이외에 아무도 없었다.

신릉군은 후생의 꾀에 따라 여희를 통해 호부를 훔쳐낸 다음, 또 후생의 권고로 주해를 데리고 밤을 새워 진비가 있는 국경으로 달려갔다. 진비는 예상한 대로 병부를 대조해 보고도 신릉군을 의심하여 순순히 지휘권을 넘겨주려 하지 않았다. 사태가 원만하게 수습될 수 없는 것을 알아차린 주해는 소매 속에서 40근 철퇴를 꺼내 진비의 머리를 내려쳤다.

진비의 군대를 손에 넣은 신릉군은 즉시 군중에 영을 내려 부자가 같이 와 있는 아버지, 형제가 같이 와 있는 형, 형제가 없는 외아들은 전부 돌려보내고 남은 8만의 군대로 진나라 군대를 쳐서 크게 승리를 거두었다.

신릉군은 그 길로 조나라에서 10년을 지내게 된다. 안희왕이 그를 부르지 않았기 때문이다. 그러다가 진나라가 위나라를 침략해 오게 되었다. 안희왕은 다급한 나머지 신릉군에게 어서 돌아와 달라고 애원을 했다. 무심했던 왕이 다급한 이제야 그를 필요해서 불렀던 것이다. 그러나 결국은 새로 사귄 모공(毛公)과 설공(薛公)의 권유로 위나라로 돌아가 진나라를 크게 이기고 함곡관까지 쳐들어가 시위를 하고 돌아온다.

그러나 안희왕은 다시 진나라 간첩들의 모략에 넘어가 신릉군을 멀리하게 되고 신릉군은 망해 가는 조국의 모습이 안타까워 어서 죽기 위한 타락된 여생을 보내게 된다.

이 「절부구조」란 말은 보다 큰 목적을 위해서는 사소한 의리 같은 것은 버려도 된다는 뜻으로 쓰인다.

綈袍戀戀 제포연연

綈 깁 제 袍 솜옷 포 戀 사모할 연

《사기》 범수 · 채택열전

【옛 친구에 대한 배려와 동정이 두터움의 비유.】

위(魏)나라의 중대부(中大夫) 수고(須賈)는 소왕(昭王)의 명을 받아 제나라에 사신으로 갔는데, 범수도 수행하였다. 수고는 제나라에 머무르기 몇 달이나 되었건만 아직도 제나라 왕으로부터 회답을 얻지 못했다. 그 사이에 제나라 양왕(襄王)은 범수가 변설(辯舌)에 능하다는 말을 듣고 범수에게 사람을 보내 금 10근과 쇠고기와 술을 내렸다. 그러나 범수는 금은 사양하고 쇠고기와 술만 받았다. 수고는 이 사실을 알고 크게 노했다. 그것은 범수가 위나라의 비밀을 제나라에 알려주었기 때문에 선물을 보내온 것으로 의심했기 때문이다.

귀국한 다음에도 수고는 내심 이 일에 대하여 노기를 가라앉히지 않고 끝내는 재상에게 보고했다. 위나라의 재상은 위나라의 여러 공자(公子) 가운데 한 사람인 위제(魏齊)였는데, 이 말을 듣자 또 크게 노하였다. 그래서 가신(家臣)에게 명하여 범수를 태형(笞刑)에 처하게 했다. 범수는 심한 매를 맞아서 갈비뼈가 부러지고 이가 빠졌다.

죽을 고비를 넘기고 간신히 살아난 범수는 진(秦)나라로 도망쳤다. 범수는 이름을 장록(張祿)이라 바꾸고 출중한 재능을 발휘하여 재상의 지위에까지 올랐다. 얼마 후에 진나라가 위나라를 공격하려 하자, 위나라는 수고를 사신으로 파견하여 화친을 교섭하도록 하였다.

수고가 진나라에 도착하자 범수는 남루한 하인의 행색으로 가장하여 그를 만났다. 수고는 범수를 동정하며 솜옷을 한 벌 건네주고는, 재상 장록과 친한 사람이라도 알고 있느냐고 물었다. 범수는 자신이 모시는 주인과 잘 아는 사이라고 하면서 만남을 주선해 보겠다고 말하였다.

범수는 수고와 함께 재상의 관청에 가서 잠시 기다리라고 하고는 안으로 들어갔다. 한참이 지나도 범수가 나오지 않자 수고는 문지기에게 물어보고 나서야 범수가 바로 장록임을 알게 되었다. 이윽고 범수가 나타나자 수고는 엎드려 머리를 조아리며 용서를 구하였다.

범수가 물었다.

「너의 죄는 어느 정도나 되는지 네가 알고 있느냐?」

「저의 머리털을 뽑아 잇는다 해도 제가 지은 죄의 길이에는 미치지 못합니다〔擢賈之髮 以續賈之罪 尙未足〕.」

그러자 범수가 꾸짖었다.

「너의 죄는 꼭 세 가지가 있다. 옛날 초나라 소왕(昭王) 때, 신포서(申包胥)가 초나라를 위해 오(吳)나라 군사를 격퇴시켰다. 초나라 왕은 그에게 봉읍 5천 호를 주려고 했지만, 포서는 사양하고 받지 않았다. 그것은 조상의 묘가 형(荊)나라, 곧 초나라에 있었기 때문에 적을 그 땅에서 몰아낸 것에 지나지 않기 때문이다. 이와 마찬가지로 나의 조상 묘지가 위나라에 있기 때문에 내가 위나라에 대하여 두 마음을 품을 까닭이 없었을 것이다. 그런데도 너는 지난 날 나를 가리켜 제(齊)나라와 내통한다고 위나라 재상 위제(魏齊)에게 고자질했다. 이것이 네 죄의 하나다. 그리고 위제가 나를 변소 속에 집어넣고 욕을 보일 때, 너는 이를 말리지 않았지. 이것이 너의 두 번째 죄다. 그러자 위제의 손님들이 술에 취해 번갈아 나에게 오줌을 누었다. 그러나 너는 이것도 모르는 체했다. 이것이 너의 세 번째 죄다. 그런데도 네가 죽음을 당하지 않게 되는 것은, 네가 명주 두루마기를 나에게 주면서 옛정을 못 잊어 하는 태도가〔綈袍戀戀〕 있었기 때문이다. 그래, 용서해 주마.」

그리고 수고를 용서해 주고는 이렇게 말했다.

「너는 나를 대신하여 위나라 왕에게 가서 이렇게 전하라. 『당장 위제의 목을 가지고 오라. 그렇지 않으면 당장에 대량(大梁)을 짓밟을 것이다』 라고.」

朝露之危 조로지위

朝 아침 조 露 이슬 로 之 갈지 危 위태할 위

《사기》 상군열전

【아침 이슬과 같은 위험이라는 뜻으로, 위험에 처한 불확실한 삶을 비유한 말.】 ☞ 「**危若朝露**(위약조로)」

舟中敵國 주중적국

舟 배 주 中 가운데 중 敵 대적할 적 國 나라 국

《사기》 손자 · 오기열전

【배 안에 적국이 있다. 곧, 군주가 덕을 닦지 않으면 같은 배를 타고 운명을 같이하는 사람도 곧 적이 됨을 비유하는 말.】

전국시대의 병법가 오기(吳起)의 고사(故事)에서 유래되었다.

문후는 오기가 용병에 능할 뿐 아니라, 청렴하고 공평하여 유능한 사람이라면 누구나 기용해서 병졸들에게 인망을 얻고 있는 것을 알아차리자, 그를 서하(西河 : 섬서의 동쪽) 태수로 임명하고 진(秦)나라와 한(韓)나라를 막게 했다. 위나라의 문후가 죽은 다음 오기는 그의 아들 무후(武侯)를 섬겼다. 어느 땐가 무후가 서하에 배를 띄우고 중류에까지 내려왔을 때 오기를 돌아보고 말했다.

「참으로 아름답구려. 이 험준한 산하(山河)야말로 위나라의 보배로구려.」

그러자 오기가 대답했다.

「나라의 보배는 임금의 덕망에 있는 것이지 험준한 산하에 있는 것은 아닙니다〔在德不在險〕. 옛날 삼묘씨(三苗氏)의 나라는 동정(洞庭)을 왼쪽으로 끼고 팽려(파양)를 오른쪽에 끼고 있었지만 임금이 덕을 쌓지 못했기 때문에 우(禹)에게 멸망했습니다. 하(夏)나라의 걸왕(桀王)이 도읍한 곳은 하(河) · 제(濟)를 왼쪽에 끼고 태(泰) · 화(華)를 오른쪽에 끼고 이궐(伊闕)이 그 남쪽에 있으며, 양장이 그 북쪽에 있었습니다. 그러나 정치가 불인(不仁)했기 때문에 은(殷)나라 탕왕(湯王)에게 쫓겨났습니다. 은나라 주왕(紂王)의 나라는 맹문(孟門)을 왼쪽에 끼고 태행(太行)을 오른쪽에 끼고 상산(常山 : 항산)이 북쪽에 있었으며, 대하(大河 : 황하)가 남쪽에 돌고 있건만 정치가 부덕하였던 까닭에 주(周)나라 무왕(武王)에게 죽었습니다. 이런 것으로 보아도 나라의 보배는 임금의 덕에 있는 것이지 험준한 요새에 있는 것이 아님을 알 수 있습니다. 만약 임금이 덕을 쌓지 않으신다면 이 배 안에 있는 사람들도 모두 적국인이 되는 것입니다〔若君不修德, 舟中之人盡爲敵國也〕.」

여기서 유래하여「주중적국」은 군주가 덕을 닦아 올바른 정치를 펴지 않으면 자기편도 적으로 변할 수 있음을 비유하는 성어로 사용된다.

中原逐鹿 중원축록

中 가운데 중 原 근원 원 逐 쫓을 축 鹿 사슴 녹

《사기》 회음후열전

【중원의 사슴을 쫓는다는 뜻으로, 제위를 놓고 다툼을 비유하는 말.】

「중원축록」은 사슴을 쫓는다는 말이다. 「각축(角逐)」도 같은 말이다. 여기서 중원이라 함은 정권을 다투는 무대를 말한다. 녹(鹿)은 사슴, 곧 정권·권력을 일컫는 말로 쓰인다.

한고조 때 조(趙)나라 재상 진희(陳狶)가 대(代) 땅에서 반란을 일으키자 고조가 군사를 이끌고 진압에 나섰다. 그 틈에 진희와 내통하고 있던 회음후 한신이 한나라의 도읍인 장안에서 다시 반란을 일으키려 했으나, 사전에 기밀이 누설되어 잡혀 죽고 말았다.

진희의 반란군을 평정하고 돌아온 고조는, 한신이 「괴통(蒯通)의 말을 듣지 않은 것이 분하다」라고 말하고 죽었다는 말을 듣고는 당장 괴통을 잡아들이라고 명했다. 괴통은 앞서 고조 유방이 항우와 천하를 다투고 있을 때 제왕(齊王)이었던 한신에게 자립할 것을 권했던 인물이다. 이윽고 고조 앞에 끌려온 괴통은 고조의 문초에 당당히 말했다.

「그 때 한신이 저의 책략에 따랐다면 오늘 폐하의 힘으로도 그를 당해내지 못했을 것입니다.」

고조는 크게 노해서 그를 당장에 끓는 물에 집어넣으라고 명령했다. 그러자 괴통은 굴하지 않고 대꾸했다.

「폐하, 저는 죽을 만한 죄를 짓지 않았습니다. 진(秦)나라의 기강이 무너지자 산동(山東)이 소란스러워지고 각지에서 영웅호걸들이 무리를 지어 일어났습니다. 진나라가 사슴(鹿 : 제위)을 잃었기 때문에 천하가 모두 이를 쫓았던 것입니다. 그런데 그 중 가장 뛰어난 폐하께서 이를 잡으셨던 것입니다. 옛날 도척(盜跖)의 개가 요(堯)임금을 보고 짖었다〔跖之狗吠堯〕고 했거니와, 요임금이 악인이라 짖은 것이 아니요, 원래 주인이 아니면 누구라도 짖는 것이 개이기 때문입니다. 말하자면 당시 신은 오직 한신만 알고 폐하를 알지 못했기 때문에 한신 편에 서서 짖었던 것입니다. 천하가 어지러워지면 이를 통일하여 왕이 되고자 하는 영웅호걸은 수없이 많지만, 힘이 모자라 폐하께서 하신 일을 이룩할 수 없었을 따름입니다. 천하가 평정된 지금 앞서 난세에 폐하와 마찬가지로 천하를 도모했다고 해서 일일이 삶아 죽이려 하십니까?」

이 거침없고 사리에 맞는 항변에 고조는 벌린 입을 닫지 못하고 괴통을 그대로 놓아줄 수밖에 없었다. 제위를 「사슴〔鹿〕」에 비긴 것이다.

衆醉獨醒 중취독성

衆 무리 중 醉 취할 취 獨 홀로 독 醒 깰 성

《사기》 굴원·가생열전

【세상의 모든 사람들이 불의와 부정을 저지르고 있는 가운데 홀로 깨끗한 삶을 사는 것을 비유하는 말.】

「모두 취하여 있는데 홀로 깨어 있다」는 뜻으로, 전국시대 초(楚)나라의 애국시인 굴원(屈原)의 고사에서 유래되었다.

굴원은 처음에는 왕의 신임을 얻어 삼려대부〔三閭大夫 : 소(昭)·굴(屈)·경(景) 세 귀족 집안을 다스리던 벼슬〕라는 고위 관작에까지 올랐다. 그러나 나라를 위하여 여러 차례 충간(忠諫)하였다가 왕과 동료 신하들의 미움을 사서 결국 관직을 박탈당하였다.

굴원은 강수(江水) 가에 가서 산발할 머리를 흐트러뜨린 채 물가를 노래를 읊으며 방황하고 있었다. 얼굴빛은 초췌하고 그 모습은 여위어서 마치 마른 나무와 같았다. 그 때 한 어부가 지나가다가 물었다.

「혹시 삼려대부(三閭大夫)가 아니십니까? 어찌하여 이런 곳에 오셨습니까?」

「세상이 모두 혼탁한데 나 혼자만 깨끗하고, 뭇 사람이 모두 취해 있는데 나 혼자만이 깨어 있었기 때문에 쫓겨났다오〔擧世皆濁我獨淸, 衆人皆醉我獨醒, 是以見放〕.」

「성인이란 사물에 구애받지 않고 시세를 따라 잘 처세한다고 하던가요. 세상이 모두 혼탁해 있으면 어찌하여 그 흐름을 따라 그 물결을 타지 않았습니까. 뭇 사람이 모두 취해 있다면 어찌하여 그 지게미를 먹지 않았습니까. 어찌하여 아름다운 옥처럼 고결한 뜻을 가지셨으면서도 스스로 추방을 자초하셨습니까?」

굴원이 대답했다.

「『새로 머리를 감은 사람은 반드시 관(冠)의 먼지를 털어서 쓰고, 새로 목욕을 한 사람은 반드시 의복의 먼지를 털어서 입는다』고 하였소. 사람이라면 그 누가 자신의 깨끗한 몸에 때와 먼지를 묻히려 하겠소. 차라리 몸을 장강(長江)에 던져서 물고기 뱃속에 장사를 지내는 편이 나을 것이오. 또 어찌하여 희고 흰 결백한 몸으로 세속의 검은 먼지를 뒤집어쓰는 것을 참아내겠소.」

《초사(楚辭)》의 한 편인 「어부사(漁父辭)」의 내용이다. 여기서 유래하여 「중취독성」은 불의와 부정이 만연한 혼탁한 세상에 물들지 않고 자신의 덕성을 지키려는 자세, 또는 그러한 사람을 가리키는 성어로 사용된다.

曾參殺人 증삼살인

曾 일찍 증 參 석 삼 殺 죽일 살 人 사람 인

《사기》 저리자 · 감무열전

【증삼이 사람을 죽였다는 뜻으로, 사실이 아닌데도 사실이라고 말하는 자가 많으면 진실이 됨을 비유한 말.】

이 말은 원래 《전국책(戰國策)》 진책(秦策)에 나오는 이야기다.

증자(曾子)가 노(魯)나라의 비(費)라는 곳에 있을 때의 일이다. 노나라 사람에 증삼과 동성동명인 사람이 있었는데, 그가 사람을 죽였다. 어떤 사람이 증삼의 어머니에게 달려와 말했다.

「증삼이 사람을 죽였다〔曾參殺人〕!」

그렇지만 어머니는 태연하게 베만 짜고 있었다. 조금 후에 다시 한 사람이 와서 말했다.

「증삼이 사람을 죽였다!」

그래도 어머니는 태연하게 베만 짰다. 얼마 후에 또 한 사람이 달려와서 말햇다.

「증삼이 사람을 죽였다!」

그제야 어머니는 베틀의 북을 집어던지고 베틀에서 내려와 담을 넘어 달아났다. 증삼의 현덕(賢德)과 그 어머니의 신념은 대단했지만, 세 사람이나 의심을 하자 그 어머니도 마음이 동하여 두려움을 가졌던 것이다.

혼자서 아무리 진실하더라도 여론이 그렇지 않으면 어쩔 수 없이 그 사람은 여론의 인물이 되어 버린다. 역사상의 마녀사냥이나, 우화 속의 외눈박이 나라의 사람과 일견 통하는 이야기이다.

指鹿爲馬 지록위마

指 가리킬 지 鹿 사슴 녹 爲 할 위 馬 말 마

《사기》 이사열전, 진시황본기

【억지를 써서 남을 궁지로 몰아넣다. 윗사람을 농락하여 권세를 휘두름.】

「사슴을 가리켜 말이다」 라는 뜻으로, 누구나 아는 사실을 옳다거나 아니라고 고집을 하며 남을 궁지로 몰아넣는 것을 말한다. 또 이 말이 처음 생겨나게 된 고사에 따라 윗사람을 농락하여 권세를 마구 휘두르는 방자한 행동을 가리켜 말하기도 한다.

진시황 37년 7월, 시황제는 순행 도중 사구(沙丘)의 평대(平臺)에서 죽는다. 시황은 죽기에 앞서 만리장성에 가 있는 태자 부소(扶蘇)를 급히 서울로 불러올려 장례식을 치르라는 조서를 남겼다. 그러나 이 조서를 맡은 내시 조고(趙高)가 시황을 따라온 후궁 소생 호해(胡亥)를 설득시키고 승상 이사(李斯)를 협박하여 시황의 죽음을 비밀에 붙이고 서울 함양으로 들어오자, 거짓 조서를 발표하여 부소를 죽이고 호해를 보위에 앉힌다. 이것이 2세 황제다.

2세 황제 밑에서 순식간에 출세하여 진의 실권을 잡은 것이 조고이다. 사람들로부터 천대받는 거세자(去勢者)인 환관이었다. 호해는 즉위하자마자, 「짐은 천하의 모든 쾌락을 다하면서 일생을 보내고 싶다」 라고 말한 인물이다. 조고는 이 말에 만족한 웃음을 띠면서 대답했다.

「참으로 훌륭한 말씀이십니다. 그러기 위해서는 먼저 법을 엄하게 하고 형벌을 가혹하게 하여 법의 무서움을 알리는 것이 첫째입니다. 다음에는 선왕 이래의 구신(舊臣)을 모두 제거하고 폐하의 마음에 드는 새 사람을 등용하시면 그들은 폐하를 위해 분골쇄신 정치에 힘을 쓸 것입니다. 그렇게 되면 폐하께서는 마음 놓고 즐기실 수 있을 것입니다.」

「옳거니, 그렇겠구려.」

호해는 대답했다. 이렇게 해서 조고는 라이벌 이사를 죽이고 선제 이래의 대신, 장군, 그리고 왕자까지도 살육하고 승상자리에 올라 실권을 잡았다.

그리고 마침내는 호해를 폐하고 제위에까지 오르려는 음모를 꾸몄다. 그러나 그렇게 하려면, 궁정에 있는 자들이 아직도 호해를 따르고 있는지, 아니면 자기를 따르는지 확인을 해볼 필요가 있었다. 그리고 만약 자기를 따르지 않으면 좋지 않다는 것을 보일 필요가 있었다. 이 목적을 위해 조고는 실로 괴상야릇한 시위 방법을 생각해 낸 것이다. 조고가 말했다.

「이것이 말이옵니다.」

그러자 2세는 웃으며 말했다.

「승상이 실수를 하는구려. 사슴을 보고 말이라고 하니?」

「아닙니다, 말이옵니다.」

2세는 좌우에 있는 시신들에게 물었다. 어떤 사람은 잠자코 있고, 어떤 사람은 조고의 편을 들어 말이라고 하고, 혹은 정직하게 사슴이라고 대답하기도 했다. 그러자 조고는 사슴이라고 말한 사람은 모조리 법률로 얽어 감옥에 넣고 말았다. 그 뒤로 모든 신하들은 조고가 무서워 그가 하는 일에 다른 의견을 말하지 못했다는 것이다.

그러나 이때는 이미 온 천하가 반란 속에 물 끓듯 하고 있을 때였다. 조고는 2세를 더는 숨길 수 없게 되자, 그를 죽이고 부소의 아들 자영(子嬰)을 임시 황제 자리에 앉혔다. 그러나 조고는 자영에게 죽고 만다.

불에 싸인 집안에서 권력다툼을 하는 소인의 좁은 생각은 그것이 남을 해칠 뿐만 아니라 자신을 해치는 것인 줄을 알 리가 없었다. 이래서 억지소리로 남을 몰아세우는 것을 「지록위마」라고 하게 된 것이다.

紙上談兵 지상담병

紙 종이 지 上 위 상 談 말씀 담 兵 군사 병

《사기》 염파 · 인상여열전

【종잇장 위에서 병법을 말한다는 뜻으로, 실제를 떠난 공리공담(空理空談)을 이르는 말.】

조사(趙奢)는 조(趙)나라의 유명한 장군으로 조괄(趙括)이라는 아들이 있었다. 조괄은 젊었을 때부터 병법을 공부하고 병사(兵事)를 논하며, 천하에 자기 이상인 사람은 없다고 자부해 왔다. 일찍이 아버지와 병사를 논했을 때, 조사는 논박할 수는 없었지만, 그렇다고 옳다고는 말하지 않았다. 조괄의 어머니가 그 까닭을 묻자 조사는 말했다.

「전쟁은 목숨을 거는 것이오. 그런데 괄은 그것을 쉽게 말하고 있소〔兵死地也 而括易言之〕. 조나라로 하여금 괄을 대장으로 임명하지 않도록 하면 다행이거니와, 만일 기어코 대장으로 임명한다면 조나라 군사를 패하게 만들 사람은 괄이 될 것이오.」

조괄의 아버지가 죽고, 얼마 후에 진(秦)나라가 쳐들어왔다. 조나라의 조정에서는 마땅한 인물을 고르지 못해 조괄을 대장으로 삼았다. 조괄의 어머니가 조정으로 달려가 괄은 그럴 만한 인물이 되지 못하니 철회해 달라고 간청하였다. 재상이던 인상여(藺相如)마저 간청하였으나 왕은 듣지 않았다.

조괄이 장군 염파와 교체하자, 지금까지의 군령을 모조리 뜯어고치고 군리(軍吏)를 경질했다. 진나라 장군 백기(白起)는 이 말을 듣자 기병(奇兵)을 풀어 거짓 달아나는 시늉을 해보이고 조나라 군사의 양도(糧道)를 끊어서 조나라 군사를 분단시켜 둘로 만들었다.

조나라 군사는 사기가 떨어졌고 40여 일이나 굶었다. 조괄은 정병을 내어 몸소 싸웠으나 진나라 군사의 화살을 맞고 죽었다. 이렇게 해서 조나라 군사는 패했고, 수십만의 병사들은 마침내 진나라에 항복했다. 진나라는 이들을 모두 구덩이에 묻어 죽였다. 이 싸움 전후로 조나라가 잃은 병력은 무려 43만에 이르렀다.

이 고사는 자신의 지식만 믿고 나섰다가 낭패를 당한 경우이다. 결국 어설픈 지식은 한 번의 경험보다 못할 수도 있다는 것을 가르쳐 준다.

采薇歌 채미가

采 캘 채 薇 고비 마 歌 노래 가

《사기》 백이열전

【고사리를 캐는 노래라는 뜻으로, 절의지사(節義之士)의 노래를 이르는 말.】

백이와 숙제는 고죽(孤竹)의 임금의 아들이다. 아버지는 막내인 숙제를 후사(後嗣)로 삼으려고 했으나, 아버지가 죽은 다음 숙제는 형인 백이에게 양보하려고 했다. 백이는 아버지의 명령을 따르지 않을 수 없다며 임금의 자리를 받지 않고 마침내는 나라 밖으로 도망을 쳤다. 숙제도 또한 군주 자리에 앉지 않고 형의 뒤를 따랐던 까닭에 나라 백성들은 둘째아들을 세워 임금을 삼았다.

그리하여 백이·숙제는 서백(西伯) 창(昌)이 늙은이들을 잘 보살핀다는 말을 듣고 주(周)나라에 가서 서백에게 의탁하려고 했다. 그런데 주나라에 가 보니 서백은 이미 죽었고, 이어서 왕위에 오른 무왕(武王)은 선왕의 시호를 문왕(文王)이라 일컬으며 나무로 만든 위패를 수레에 싣고 동쪽에 있는 은(殷)나라 주왕(紂王)을 치려고 하는 판이었다.

백이와 숙제는 무왕의 말고삐를 잡고 이렇게 간(諫)하였다.

「아버지의 장례도 치르지 않고 바로 전쟁을 일으키는 것은 효(孝)라 할 수 없습니다. 신하된 자로서 군주를 시해하려는 것을 인(仁)이라고 할 수 있겠습니까?」

그러나 무왕은 끝내 은을 평정하여 주(周)의 천하를 이루었다. 따라서 천하가 주 왕실을 종주로 섬겼으나, 백이와 숙제는 그 백성이 되는 것을 치욕으로 여겼다. 지조를 지켜 주나라의 양식을 먹으려 하지 않고, 수양산(首陽山)에 들어가 고사리(薇)를 꺾어 배를 채웠다. 그들이 굶주려 죽을 무렵 노래를 지었다.

저 서산(西山 : 수양산)에 올라 고사리를 캐도다〔登彼西山兮采其薇矣〕.

모진 것으로 모진 것을 바꾸고도〔以暴易暴兮〕,

그 잘못을 알지 못한다〔不知其非矣〕.
신농과 우(虞), 하(夏)의 시대는 가고〔神農虞夏忽然沒兮〕,
나는 장차 어디로 돌아갈 것인가〔我安適歸矣〕?
아아, 슬프다. 이젠 가리라〔于嗟徂兮〕,
운명의 기박함이여〔命之衰矣〕!

그리고 마침내 수양산에서 굶어 죽었다. 이 시로 미루어 볼 때 과연 원망이 없었다고 볼 수 있겠는가. 혹은 또 말하기를, 「하늘은 항상 착한 사람의 편을 든다」고 한다. 그렇다면 백이 숙제는 과연 착한 사람일 수 있겠는가?

이상이 사마천의 백이 숙제에 대한 비평이다. 여기에는 사마천 자신의 세상에 대한 울분이 깃들어 있다.

尺短寸長 척단촌장

尺 자 척 短 짧을 단 寸 마디 촌 長 길 장

《사기》 백기 · 왕전열전

【사람이나 물건은 장점도 있고 단점도 있음을 비유하는 말.**】**

「자〔尺〕도 짧을 때가 있고, 치〔寸〕도 길 때가 있다」라는 뜻으로, 이 말은 원래 초(楚)나라의 굴원(屈原)이 지은 《초사(楚辭)》 복거(卜居)에서 유래되었다.

굴원은 한때 왕의 총애를 받아 고위 관직에 오르기도 하였으나, 주위의 시기와 참언으로 관직을 박탈당하고 유배생활을 하였다. 그는 태복(太卜) 정첨윤(鄭詹尹)에게 답답한 심정을 토로하면서 끝까지 충정을 지키는 것이 좋은지, 아니면 뜻을 굽히는 것이 좋은지 점을 쳐 달라고 부탁하였다.

정첨윤은 이렇게 대답하여, 점을 쳐서 알 수 있는 일이 아니라고 일렀다.

「무릇 자도 짧을 때가 있고, 치도 길 때가 있으며, 물건도 부족할 때가 있고, 지혜도 밝지 못할 때가 있으며, 점복도 미치지 못하는 것이 있고, 신령함도 통하지 못하는 것이 있습니다〔夫尺有所短 寸有所長 物有所不足 智有所不明 數有所不逮 神有所不通〕.」

《사기》 백기·왕전열전에서 사마천은 이렇게 말하고 있다.

「속담에 『자〔尺〕도 짧을 때가 있고 치〔寸〕도 길 때가 있다〔尺短寸長〕』고 했다. 백기는 적의 힘을 헤아려 사변(事變)과 적응한 기계(奇計)를 짜내어 씀으로써 그 이름을 천하에 떨쳤다. 그러나 그것으로도 응후(應侯)와의 사이를 좋게 만들지는 못했다. 왕전은 진나라의 장군이 되어 여섯 나라를 평정했다. 당시 왕전은 진나라의 노련한 장수로서 시황제조차도 그를 스승으로 받들었다. 그러나 진시황을 보필하여 덕을 세우고 나라의 기틀을 튼튼하게는 할 수 없었고, 단지 구차스럽게 진시황의 뜻에 맞추어 그의 환심을 사가며 한평생을 마치는 데 지나지 않았다. 그의 손자 왕이에 이르러 항우에게 잡힌 몸이 된 것도 이유가 없는 것은 아니었다. 그들에게는 각각 단점이 있었던 것이다.」

1촌은 약 3.3센티미터이며, 1척은 10촌이므로 약 33센티미터다. 척은 촌에 비하면 10배나 길지만 실제의 용도에서는 오히려 짧아서 모자라는 경우도 있고, 촌은 척에 비하면 10분의 1에 불과하지만 실제의 용도에서는 충분히 사용하고도 길이가 남는 경우도 있다.

이와 마찬가지로 지혜로운 사람도 어떤 일에는 어리석은 사람보다 쓸모가 없고, 어리석은 사람도 어떤 일에는 지혜로운 사람보다 더 쓸모가 있는 경우도 있다는 뜻이다. 여기서 유래하여 「척단촌장」은 사람이나 물건에는 저마다 장단점이 있으며, 일의 종류나 상황의 변화에 따라 장단점이나 우열이 다르게 나타날 수 있음을 비유하는 말로 사용된다.

天道是非 천도시비

天 하늘 천 道 길 도 是 옳을 시 非 아닐 비

《사기》 백이열전

【하늘이 가진 공명정대함을 한편으로 의심하면서 한편으로 확신하는 심정 사이의 갈등을 드러내는 말.】

하늘의 뜻이 과연 옳으냐, 그르냐. 이는 곧 옳은 사람이 고난을 겪고, 그른 자가 벌을 받지 않는 것을 보면서 과연 하늘의 뜻이 옳은가, 그른가 하고 의심해 보는 말이다.

《노자》 제70장에 보면 「하늘의 도는 친함이 없어서 항상 선한 사람의 편을 든다〔天道無親 常與善人〕」는 말이 있다.

이 말은 아무리 악당과 악행이 판을 치는 세상이라 해도 진정한 승리는 하늘이 항상 선한 사람의 손을 들어 준다는 뜻이다. 물론 이것은 일정 정도 정당한 논리이지만, 현실 속에서는 그렇지 못한 것을 우리는 비일비재하게 보아 왔다.

《사기》를 쓴 사마천(司馬遷)은 한(漢)나라 무제 때 인물이다. 그는 태사령(太史令)으로 있던 당시 장수 이능(李陵)을 홀로 변호했다가 화를 입어 궁형(宮刑 : 거세당하는 형벌)에 처해졌다.

「이능의 화(禍)」라고 하는데, 전말은 이렇다.

이능은 용감한 장군으로, 5천 명의 병력을 이끌고 흉노족을 정벌하다가 중과부적(衆寡不敵)으로 부대는 전멸하고 자신은 포로가 된 사람이다. 그러자 조정의 중신들은 황제를 위시해서 너나없이 이능을 배반자라며 비난했다.

그때 사마천은 이능의 억울함을 알고 분연히 일어나 그를 변호하였다. 이 일로 해서 사마천은 투옥되고 사내로서는 가장 치욕적인 형벌인 궁형을 당했던 것이다. 그러나 사마천은 여기에 좌절하지 않고 치욕을 씹어가며 스스로 올바른 역사서를 쓰리라고 결심하였다. 그리하여 마침내 완성한 130권에 달하는 방대한 역사서가 《사기》이다.

그는 《사기》 속에서, 옳은 일을 주장하다가 억울하게 형을 받게 된 자신의 울분을 호소해 놓았는데, 이것이 바로 「백이열전」에 보이는 유명한 명제 곧 「천도는 과연 옳은가, 그른가〔天道是耶非耶〕」이다. 그는 이렇게 말한다.

「흔히 『하늘은 정실(情實)이 없으며 착한 사람의 편이다』라고 말한다. 그러나 이는 인간이 부질없이 하늘에 기대를 거는 이야기에 지나지 않는다. 이 말대로 진정 하늘이 착한 사람의 편이라면 이 세상에서 선인은 항상 영화를 누려야 할 것이다. 그러나 실상은 그렇지가 않으니 어쩐 일인가?」

이렇게 말한 그는 다음과 같은 예를 들었다.

「백이 숙제가 어질며 곧은 행실을 했던 인물임은 세상이 다 아는 일이다. 그런데 그들은 수양산에 들어가 먹을 것이 없어 끝내는 굶어죽고 말았다. 공자의 70제자 중에서 공자가 가장 아꼈던 안연(顔淵)은 항상 가난에 쪼들려 쌀겨조차 배불리 먹지 못하다가 결국 젊은 나이에 죽고 말았다. 이런데도 하늘이 선인의 편이었다고 할 수 있는가? 한편 도척은 무고한 백성을 죽이고 온갖 잔인한 짓을 저질렀건만, 풍족하게 살면서 장수하고 편안하게 죽었다. 그가 무슨 덕을 쌓았기에 이런 복을 누린 것인가?」

이렇게 역사 속에서 억울하게 죽어간 사람들의 이야기를 하고 나서 사마천은 그 처절한 마지막 질문을 던진다.

「과연 천도(天道)는 시(是)인가, 비(非)인가?」

과연 인과응보(因果應報)란 있는 것인가? 사마천이 궁형을 당한 덕택에 결국 《사기》라는 대저술을 남기게 됨으로써 역사에 이름을 남기게 되었으니, 그것이 하늘이 그에게 보답을 한 것이라고 말할 수 있을까?

千慮一失 천려일실

千 일천 천 慮 생각할 려 一 한 일 失 잘못할 실

《사기》 회음후열전

【지혜로운 사람도 많은 생각 가운데는 혹 실책이 있을 수 있다.】

「천려일실」은 천 번 생각에 한 번 실수란 말인데, 「지자천려 필유일실(知者千慮 必有一失)」이 약해진 말이다. 즉 아무리 지혜가 있는 사람이라도 여러 가지 생각을 하다 보면 한두 가지 미처 생각지 못하는 점이 있다는 말이다. 「원숭이도 나무에서 떨어질 때가 있다」는 우리 속담과 비슷한 뜻이다.

이것과 반대되는 말에 「천려일득(千慮一得)」이 있다. 여러 번 생각을 하다 보면 한 번쯤 맞는 수도 있다. 이 말 역시 「우자천려 필유일득(愚者千慮 必有一得)」이란 말이 약해져서 된 말이다. 즉 아무리 어리석은 사람도 이 생각 저 생각 하다 보면 한 두 번쯤 맞는 수가 있다는 이야기다.

회음후 한신이 조나라를 치게 되었을 때, 광무군 이좌거(李左車)는 성안군(城安君)에게 3만의 군대를 자기에게 주어 한신이 오게 될 좁은 길목을 끊게 해달라고 요구했다. 그러나 성안군은 이좌거의 말을 듣지 않고, 한신의 군대가 다 지나오기만을 기다리고 있다가 패해 죽고 말았다.

이좌거의 말대로 했으면 한신은 감히 조나라를 칠 엄두조차 낼 수 없었다. 한신은 반간을 보내 이좌거의 계획이 뜻대로 이뤄지지 않은 것을 알고 비로소 군대를 전진시켰던 것이다. 한신은 조나라를 쳐서 이기자 장병에게 영을 내려 광무군 이좌거를 죽이지 말 것과, 그를 산 채로 잡아오는 사람에게 천금의 상을 줄 것을 약속했다.

이리하여 이좌거가 포박을 당해 한신 앞에 나타나자, 한신은 손수 그를 풀어 상좌에 앉히고 스승으로 받들었다. 그리고 그가 사양하는 것도 불구하고, 굳이 앞으로 어떻게 하면 좋겠는가를 물었다. 그러자 그는 이렇게 말했다.

「나는 『지혜 있는 사람도 천 번 생각하여 한 번은 실수가 있고, 어리석은 사람도 천 번 생각하여 한 번은 맞는 수가 있다〔智者千慮 必有一失 愚者千慮 必有一得〕』는 말을 들었습니다. 그런 까닭에 『미치광이의 말일지라도 성인(聖人)은 이를 골라서 쓴다』고 했습니다. 저의 계략은 아마 쓰시기에 합당치 않은 것일지도 모르겠습니다만, 어리석은 충성을 다하여 말씀드리겠습니다.」

그리고 한신으로 하여금 연나라와 제나라를 칠 생각을 말고 장병들을 쉬게 하라고 권했다.

결국 한신은 이 이좌거의 도움으로 크게 성공을 하게 된다.

「천려일실」은 너무 안다고 자신하지 말라는 교훈도 되고, 또 실수에 대한 변명이나 위로의 말로 쓰이기도 한다.

天與不取反受其殃 천여불취반수기앙

與 줄 여 取 취할 취 反 도리어 반 受 받을 수 其 그 기 殃 재앙 앙

《사기》 회음후열전, 장이·진여열전

【하늘이 주는 것을 받지 않으면 도리어 그로 인한 화를 받게 된다는 뜻.】

이 말은 《사기》 회음후열전에 나오는 말로, 옛날부터 이런 말이 전해지고 있는 것을 괴통(蒯通)이 한신(韓信)을 달래기 위해 인용한 것이다.

한신이 조나라를 깨뜨린 다음 다시 동으로 향해 제나라 전체를 평정하고 제나라 왕이 되자 전세가 차츰 불리해진 것을 느낀 항우는 사람을 보내 한신에게 중립을 지키는 것이 유리한 점을 설득시키려 했다.

그러나 한신은 한왕(漢王)을 배신까지 해가며 자기 이익만을 꾀할 생각은 없었다. 한신의 오늘의 성공은 모두 한왕이 준 것이기 때문이다. 항우의 사신 무섭이 떠나간 다음 제나라 사람 괴통이 천하 대권의 향방이 한신에게 있음을 알아차리고 기책(奇策)으로 한신의 마음을 움직이려고 했다. 그리하여 그는 관상을 볼 줄 안다고 하면서 한신을 설득시키려고 이렇게 말했다.

「저는 일찍이 관상술을 배운 일이 있습니다.」

한신이 물었다.

「그대의 관상은 어떤 방법으로 보는 것이오?」

괴통이 대답했다.

「사람의 귀천은 골상(骨相)에 있으며, 기쁨과 근심은 얼굴 모양과 빛깔에 있고, 성공과 실패는 결단력에 달려있습니다. 이것을 모두 합쳐서 생각해 보면 만에 하나도 적중하지 않는 것이 없습니다.」

한신이 말했다.

「과연 그렇겠군요. 그런데 선생은 나의 관상을 어떻다고 보오?」

괴통이 말했다.

「주위 사람들을 물려주십시오.」

한신은 좌우의 사람을 물린 다음 말했다.

「이제 아무도 없소이다. 선생의 말을 듣고 싶소.」

괴통이 말했다.

「대왕의 관상을 보자 하니, 지위는 봉후(封侯)에 머무르고, 더구나 위험하고 안온치가 못합니다. 그러나 대왕의 등을 보니 참으로 존귀하여 입으로는 말을 할 수가 없습니다.」

한신이 말했다.

「무슨 말씀이신지?」

그래서 괴통은, 항우와 유방이 맞붙어 싸우고 있는 현시점에서는 한신이 어느 쪽에 가담하느냐에 따라 승부가 결정된다는 점과, 그러므로 한신 스스로 자립하여 천하를 셋으로 나눠 각각 차지하고 있는 것이 유리하다는 점, 그리고 한·초 양쪽에 대해서로 싸움을 중지할 것을 요구하면, 그것은 전쟁에 시달리고 있는 백성들의 공통된 소망으로 아무도 이를 반대할 사람이 없을 것이며, 온 천하의 기대와 여망이 다 제나라 왕인 한신에게로 모이게 될 것이라는 것을 강조한 다음, 끝으로 이렇게 결론을 내린다.

「대개 말하기를 『하늘이 주는데도 이를 받지 않으면 오히려 그 재앙을 받고, 때가 이르렀건만 행하지 않으면 오히려 화를 입는다〔天與不取 反受其咎 時至不行 反受其殃〕』는 말이 있습니다. 바라건대 족하께서 깊이 생각하십시오.」

결국 「천여불취 반수기앙」이란 문자는 이 말 전체의 처음과 끝을 합친 것으로, 시기가 왔는데도 실행하지 않는 것까지를 포함해서 하나로 묶은 듯한 느낌을 준다. 그러나 시기가 왔다는 것이 곧 하늘이 준다는 뜻이므로 같은 내용을 달리 표현한 것밖에 더 될 것이 없다.

현재의 어감으로는 「시지불행 반수기앙(時至不行 反受其殃)」이란 말이 더 적합한 말일 것 같다. 아무튼 시기를 놓치지 않는다는 것, 즉 기회를 포착하는 것이 성공의 핵심이 되는 것만은 틀림없는 사실이다.

千人之諾諾不如一士之諤諤 천인지낙낙불여일사지악악

諾 승낙할 낙 如 같을 여 士 선비 사 諤 곧은 말 할 악

《사기》 상군열전

【천 명의 아부하는 소리가 한 명의 정직한 충고만 못하다는 뜻.】

이것은 《사기》 상군열전(商君列傳)에 나오는 조양(趙良)이 상앙(商鞅)에게 한 이야기 가운데 나오는 말이다.

상앙은 위(衛)나라 임금의 후궁 소생으로 공손(公孫)으로 행세

했고, 조국을 떠난 뒤부터는 위앙(衛鞅)으로 행세를 했다. 그 뒤 진효공(秦孝公)의 재상으로 크게 공을 세워 상군(商君)에 봉해짐으로써 상앙이라 부르게 되었다.

상앙이 임금의 신임 아래 일인독재를 10년 동안 계속하자, 살얼음 같은 공포 분위기 속에서도 나라는 부강해지고 있었다.

하루는 옛날 친구의 소개로 알게 되었던 조양(趙良)이란 사람이 찾아왔다. 상앙은 자기의 공로를 자랑하며 백리해(百里奚)와 비교해서 어느 쪽이 나으냐고 물었다. 백리해는 진목공(秦穆公)을 도와 패천하를 한 어린 재상이다.

조양은 이렇게 대답했다.

「1천 마리의 양가죽이 있더라도 한 마리 여우의 겨드랑이 밑 가죽만 못하고, 1천 명의 순순한 복종도 한 선비의 직언에는 미치지 못합니다〔千羊之皮 不如一狐之腋 千人之諾諾不如一士之諤諤〕. 주(周)의 무왕은 신하의 직언에 의해 번영했고, 은(殷)의 주왕은 신하의 순순한 맹종에 의해 멸망했습니다. 당신께서 만약 무왕을 비난하지 않을 수 있다면 내가 온종일 당신에게 직언하더라도 그 불손함을 처벌하지 않기 바랍니다.」

그러면서 그의 잘못된 정치와 그릇된 망상을 낱낱이 지적하고, 곧 선후책을 강구하여 머지않아 밀어닥칠 화를 미연에 방지하라고 충고했다. 그러나 상앙은 조양의 충고대로 벼슬과 봉지를 나라에 도로 바칠 생각은 없었다.

조양의 다녀간 다섯 달 후에 효공이 죽고 태자가 뒤를 잇자 원수진 사람들이 상앙을 반역자로 고발했다. 이리하여 그는 함양 시가에서 다섯 마리 소가 끄는 수레에 머리와 사지가 찢기어 죽는 참혹한 거열형(車裂刑)에 처해져 최후를 마치게 된다.

捷足先得 첩족선득

捷 빠를 첩 足 발 족 先 먼저 선 得 얻을 득

《사기》 회음후열전

【행동이 재빠른 사람이 먼저 목적지에 도달한다는 뜻.】

「발이 빠른 자가 먼저 얻는다」 라는 뜻으로, 행동이 신속한 사람이 가장 먼저 목적을 달성하는 것을 비유하는 말이다.

한(漢)나라 때 한신(韓信)의 모사(謀士)인 괴통의 고사(故事)에서 유래되었다.

한신은 유방(劉邦)에게 대장군으로 등용되어 많은 공을 세웠다. 한신이 제왕(齊王)에 봉해지는 등 세력이 커지자, 제나라 출신의 모사인 괴통은 한신에게 자립하여 유방·항우와 함께 천하를 삼분(三分)하라고 조언했다. 괴통은 하늘이 준 기회를 놓치면 도리어 화를 입게 될 것이라고 덧붙였다. 그러나 한신은 유방을 배반할 수 없어 그 말을 듣지 않았다.

나중에 유방은 항우를 누르고 중원을 통일하고 나자, 한신의 세력을 경계해 병권(兵權)을 빼앗고 회음후(淮陰侯)로 강등했다. 결국 한신은 유방의 황후인 여후(呂后)와 소하(蕭何)의 계략에 말려 체포되어 처형당했다. 한신은 죽기 전에 괴통의 계책을 받아들이지 않은 일을 후회하는 말을 남겼다.

유방은 제나라에 조서를 내려 괴통을 잡아들이라고 했다. 괴통이 잡혀오자, 고조가 물었다.

「네가 회음후에게 모반하라고 부추겼느냐?」

괴통이 대답했다.

「그렇습니다. 제가 그렇게 가르쳤습니다. 그러나 그 못난이는 저의 계책을 쓰지 않았기 때문에 스스로 죽음을 부른 결과가 되었습니다. 만약 그 못난이가 저의 계책을 썼던들 폐하께서 어찌 그를 죽일 수 있었겠습니까?」

고조가 노하여 말했다.

「이놈을 삶아서 죽여라!」

그러자 괴통이 말했다.

「삶아 죽이다니, 원통합니다.」

「너는 한신에게 모반을 가르치지 않았느냐! 그런데 어찌 원통하단 말이냐?」

괴통이 대답했다.

「진(秦)나라가 그 사슴〔鹿 : 정권〕을 잃은지라 온 천하가 다 함께 이를 쫓았습니다〔中原逐鹿〕. 그 결과 솜씨가 뛰어나고 발이 빠른 사람이 먼저 얻게 된 것입니다〔捷足先得〕. 도척(盜跖) 같은 도둑놈의 개도 요임금을 보면 짖습니다〔跖之狗吠堯〕. 요임금이 어질지 않아서가 아니라, 개는 원래 그 주인이 아니면 짖기 때문입니다. 당시 신은 다만 한신을 알고 있었을 뿐 폐하는 알지 못했습니다. 또 천하에는 무기를 날카롭게 갈면서 폐하가 한 일을 흉내 내려고 하는 사람이 수없이 많지만, 힘이 모자라 못할 뿐입니다. 그들을 또 다 잡아 삶을 작정이십니까?」

이에 유방은 괴통의 말이 일리가 있다고 여겨 그를 풀어 주었다. 여기서 유래하여 「첩족선득」은 행동이 민첩한 사람이 목적을 먼저 달성하거나 바라는 물건을 먼저 얻는 경우를 비유하는 말로 사용된다.

靑雲之志 청운지지

靑 푸를 청 雲 구름 운 之 갈지 志 뜻 지

《사기》 백이열전

【높은 지위에 올라가고자 하는 뜻.】

「청운(靑雲)」은 푸른 구름을 말한다. 푸른 구름과 같은 뜻이 「청운지지」다. 푸른 구름은 사람들이 잘 볼 수 없는 귀한 구름이다. 신선이 있는 곳이나 천자가 될 사람이 있는 곳에는 푸른 구름과 오색구름이 떠 있었다고 한다.

그래서 「청운에 뜻을 둔다」 하면 남보다 훌륭하게 출세할 뜻을 가지고 있다는 말이 된다. 이제 막 일을 시작하려는 사람이 원대한 이상을 품고 이를 이루어 나가겠다는 의지를 비유하는 말이다. 장구령(張九齡)의 시를 소개한다.

그 옛날 청운의 뜻이〔宿昔靑雲志〕
이루지 못한 백발의 나이에〔蹉跎白髮年〕
뉘가 알리오, 밝은 거울 속〔唯知明鏡裏〕
얼굴과 그림자가 절로 서로 안타까워함을〔形影自相憐〕.

장구령은 현종 때 어진 재상으로 이임보(李林甫)의 모략에 밀려나 초야에서 여생을 보낸 사람이다. 이 시는 재상의 자리를 물러났을 때의 감회를 읊은 것이다.

「그 옛날 푸른 꿈을 안고 재상이 되어 나라를 위해 있는 힘을 다했으나 뜻대로 되지 못하고 늙은 나이에 미끄러져 물러나고 말았다. 거울 속에 비친 그림자와 서로 마주보며 서글퍼하는 마음을 그 누가 알아 줄 사람이 있으리오」 하는 내용이다.

그러나 옛날에는 「청운」 이란 말이 꼭 출세의 뜻으로만 쓰인 것은 아니었다.

《사기》 백이열전에서 태사공(太史公)은 이렇게 말하고 있다.

「민간에 있는 사람들이 덕을 닦아 이름을 세우고자 청운의 선비〔靑雲之士〕의 힘을 빌지 않으면 어떻게 후세에 그 이름을 전할 수 있겠는가?」

즉 백이 숙제 같은 사람도 공자 같은 성인이 그를 위대하게 평해 주지 않았으면 그 이름이 세상에 전해질 수 없었다는 것을 개탄한 것으로 여기서는 공자가 청운지사로 지적된 것이다.

주석에는 청운지사를 귀하고 위대한 사람이라고 풀이하고, 또 「청운지사」 에는 세 가지 뜻이 있어서, 덕이 높은 사람, 지위가 높은 사람, 뜻이 높은 사람에게 두루 쓰인다고 했다. 결국 푸른 뜻이니, 푸른 꿈이니 하는 것은 무엇이 됐든 높고 크게 한번 되어 보겠다는 원대한 포부의 뜻으로 풀이될 수 있을 것 같다.

왕발(王勃)의 「등왕각서(滕王閣序)」 에도 청운지지란 말이 장구령의 시에 나오는 것과 같은 출세의 뜻으로 쓰고 있다. 왕발도 같은 시대의 사람이다. 당시는 「청운」 의 뜻이 지금과 같이 출세의 뜻으로 쓰이고 있었던 것 같다.

焦脣乾舌 초순건설

焦 태울 초 脣 입술 순 乾 마를 건 舌 혀 설

《사기》 중니제자열전

【말을 많이 함. 생각을 많이 하며 잠을 이루지 못함.】

「초순건설」 은 입술이 타고 혀가 마른다는 뜻이다. 입술이 타고 혀가 마르도록 말을 많이 하는 것을 말한다. 그러나 생각을 많이 하여 잠을 이루지 못해 입술이 타고 혀가 마를 경우에도 이 말을 쓴다. 무슨 특별한 다른 뜻이 있는 것이 아니고 단지 사실 그대로의 현상을 과장해서 말한 것에 불과하다.

자공(子貢)이 공자의 부탁을 받아 노나라를 침략해 오는 제나라 군사를 물리치기 위해서, 제 · 오 · 월 · 진(晋)나라 등 각 국을 돌아다닌 일이 있다. 그가 오나라를 거쳐 월나라로 갔을 때의 일이다. 월왕 구천(句踐)이 자공을 뜰 밖에까지 나와 맞으며 먼 길을 찾아와 준 것에 치하하자, 자공은 월왕의 심중에 있는 말을 지적해 내며 그의 마음을 격동시켜 주었다.

그러자 월왕 구천은 머리를 조아려 절을 하며 말했다.

「내 일찍이 힘을 헤아리지 못하고 오나라와 싸워 회계(會稽)에서 패하고 이로 인한 굴욕과 고통이 골수에까지 사무쳐 낮이나 밤이나 입술을 타게 하고 혀를 마르게 하며, 그저 오왕과 함께 죽기가 소원입니다〔孤嘗不料力 乃與吳戰 因於會稽 痛入於骨髓 月夜焦脣乾舌 徒欲與吳王接踵而死 孤之願也〕」하고 말했다.

여기서 「초순건설」 이란 말은 「노심초사(勞心焦思)」 와 같은 뜻으로 풀이될 수 있다. 그러나 「입술이 타고 혀가 마르도록 타일러도 말을 듣지 않는다」 고 할 때와 같은 뜻으로 많이 쓰이고 있다.

忠臣不事二君 충신불사이군

忠 충성 충 臣 신하 신 不 아니 불 事 섬길 사 君 임금 군

《사기》 전단열전

【충신은 두 임금을 섬기지 않는다.】

「충성된 신하는 두 임금을 섬기지 않고 절개가 있는 여자는 두 남편을 섬기지 않는다〔忠臣 不事二君 烈女 不更二夫〕」라는 말은 너무도 잘 알려져 있는 말이다.

이 말은 전국시대 제나라 충신 왕촉(王燭)이 옛날부터 전해 내려온 말을 인용해서 자기의 뜻을 밝힌 것인데, 이것이 뒷날 왕권과 남자의 지배권이 확립되면서 신하들과 여자들을 두고 강조된 나머지 마침내는 꼭 지켜야 할 가장 중요한 신조(信條)처럼 되고 말았다. 실상 공자나 맹자의 말씀에는 이 같은 도덕률이 지적되어 있는 곳이 전혀 없는 것에 주목해야 한다.

공자는 반란을 일으킨 사람과 손을 잡아 세상을 바로잡아 보려 한 일도 있었고, 맹자는 제선왕이 묻는 말에, 임금이 바른 말로 간해도 듣지 않으면 버리고 갈 수 없는 사람의 경우라면 임금을 갈아 치울 수도 있다는 말을 해서 선왕의 노여움을 산 내용이 《맹자》에 나와 있다. 권력을 쥔 지배자들이 자기들에게 유리한 도덕률이면 무조건 공자 맹자가 가르친 것으로 내세운 탓으로 공자 맹자에 대한 생각이 달라진 경우도 적지 않다.

그러나 왕촉의 경우는 조금 달랐다. 제나라를 침략한 연나라 장군 악의(樂毅)가 그를 포섭하여 정치적으로 이용하려 했기 때문에 그것을 모면하기 위해 이 말을 인용했고, 결국은 자살에까지 이르고 말았던 것이다.

卮酒安足辭 치주안족사

卮 잔 치 酒 술 주 安 편안할 안 足 족할 족 辭 사양할 사

《사기》 번·역·등·관열전

【죽음도 사양하지 않을 터인데, 그깟 한 잔 술쯤은 사양하고

말고 할 것조차 없다.】

「치주(巵酒)」는 큰 잔에 가득 찬 한 잔의 술이란 뜻이다. 「치주안족사」는 한 잔 술쯤은 사양하고 말고 할 것조차 없다는 뜻이다.

이 말은 홍문연(鴻門宴) 잔치에서 번쾌(樊噲)가 항우를 보고 한 말이다.

「죽음도 사양치 않을진대 한 잔 술쯤 사양하고 말고가 뭐겠느냐」고 기염을 토한 다음, 항우가 패공(沛公)을 죽이려고 하는 생각이 잘못된 것임을 위압적으로 지적하는 극적인 장면을 연출하게 된다.

홍문연을 그린 소설과 연극에서 가장 극적인 장면이 이 「치주안족사」의 앞 뒤 장면이다. 말이 큰 잔이지 아마 몇 대접이 들어갈 만한 큰 잔이었던 것 같다.

장량(張良)에게 패공의 신변이 위급하다는 말을 들은 번쾌가 들어가지 못하게 가로막는 수위장교들을 한 팔로 밀어붙이고 장막을 들고 항우 앞에 썩 나타나자, 항우는 그를 장사라고 칭찬한 다음 큰 잔의 술과 돼지 한쪽 어깨를 주게 했다. 잔을 쭉 들이켠 번쾌는 칼을 쑥 뽑아 고기를 썰어 다 먹어치운다.

그러자 항우가, 「더 마실 수 있겠는가?」하고 묻자, 번쾌는 앞에 말한 그 같은 대답을 하고, 항우의 그릇된 생각을 타이르듯 지적하는 것이다.

이 말은 술꾼들이 억지로 권하는 잔을 받아 마실 때나 혹은 권할 때 흔히 쓰는 문자다.

漆身呑炭 칠신탄탄

漆 옻칠할 칠 身 몸 신 呑 삼킬 탄 炭 숯 탄

《사기》 자객열전

【은인을 위해서 아무리 어려운 일도 서슴지 않고 감행하는 충정.】

「칠신탄탄」은 몸에 옻칠을 하고 숯덩이를 삼킨다는 말이다. 은인을 위해서는 아무리 어려운 일이라도 서슴없이 강행하는 충정을 비유하는 말이다.

춘추시대 말기 진(晉)의 왕실은 왕년의 패자의 면목을 완전히 잃고 나라의 실권은 지백(知伯)·조(趙)·한(韓)·위(魏) 등의 공경에게로 옮아갔다. 그리하여 공경들은 세력다툼에 정신이 없었다. 그 중에서도 가장 강력한 것은 지백씨, 한·위 양가와 손을 잡고 조가(趙家)를 멸망시키고자 전쟁을 일으켰다.

그때 조가의 주인이었던 양자(襄子)는 진양(晋陽)에 웅거하여 힝복하지 않았나. 바침내 지백은 진양성을 수공(水攻)으로 괴롭혔으나, 함락 직전에 한·위 양군이 반기를 들어 오히려 주멸되고 말았다. 이때의 싸움은 수많은 춘추시대의 전쟁 중에서도 이상한 것으로서 유명하다.

그런데 지백의 신하로 예양(豫讓)이란 자가 있어 주가(主家)의 멸망 후 원수를 갚으려고 조양자의 목숨을 노렸다. 처음 예양은 죄수로 몸을 떨어뜨려 궁전의 미장이로 섞여 들어갔으며 양자가 변소로 들어갔을 때 찌르려고 하다가 잡히고 말았다. 그런 폭거를 감행한 이유를 묻자, 예양은 이렇게 대답했다.

「지백은 나를 국사(國士)로서 대해 주었다. 그래서 나도 국사로서 보답하는 것이다.」

양자는 충신의사라고 용서했으나, 예양은 그 후에도 복수의 화신이 되어 양자를 계속 노렸다.

예양은 상대가 자기를 알아보지 못하도록 하기 위해서 몸에 옻칠을 하여 문둥이가 되고 숯을 삼켜 벙어리가 되었는데(몸에 옻칠을 하면 옻이 올라 문둥병환자처럼 되고 숯을 삼키면 목소리가 나오지 않아 벙어리같이 된다), 거리에서 구걸을 하며 상대의 동정을 살피고 있었다. 그의 처까지도 그 모습을 알아차리지 못했다고 한다.

오직 한 사람, 옛날 친구가 그것을 알아보고는 예양을 불러서 이렇게 권했다.

「원수를 갚으려면 달리 더 좋은 방법도 있지 않은가. 예를 들어 양자(襄子)의 신하로 들어가 좋은 기회를 노릴 수도 있지 않은가?」

그러자 예양은 이렇게 말했다.

「그것은 두 마음을 갖는 것이 된다. 자기가 하려고 하는 일이 아무리 어렵더라도 후세 사람들에게 두 마음을 갖지 않는다는 것이 어떤 것인가를 보여주고 싶다.」

그러면서 계속 그 기회를 노리고 있었다.

어느 날, 다리 밑에 엎드려 그 곳을 지나치게 될 양자를 기다리고 있었다. 양자가 다리에 이르자, 타고 있던 말이 걸음을 멈추고 가지 않았다. 수상쩍게 생각하고 수행원에게 주위를 살펴보게 한 즉 거기에는 거지꼴을 한 예양이 있었다. 양자가 말했다.

「그대는 이미 구주(舊主)에 대하여 할 일을 다 했다. 또 나도 그대에게 충분히 예를 다했다. 그런데 아직도 나를 노리는 것은 용서할 수 없다.」

그러면서 부하를 시켜 죽이라고 명령하자, 예양은 최후의 소원이라고 하면서 양자에게 그 입고 있던 옷을 빌려 들고 자기 품안에서 비수를 빼들자 그 옷을 향해 덤벼들기 세 번, 「지백님이시여, 이제 복수를 했습니다!」 하고 외치고 나서 비수로 자기 배를 찌르고 엎드려 죽었다.

擢髮難數 탁발난수

擢 뽑을 탁 髮 터럭 발 難 어려울 난 數 셈 수

《사기》 범수 · 채택열전

【일일이 뽑아내서 헤아리기 어렵다. 곧 지은 죄가 헤아릴 수 없이 많은 것을 비유하여 이르는 말.】

전국시대 때 위(魏)나라의 중대부(中大夫) 수고(須賈)는 범수(范雎)를 대동하고 제(齊)나라에 사신으로 갔다. 제나라 양왕(襄王)은 수고보다 범수의 달변과 학식을 높이 평가하여 극진하게 예우하였다.

이로 인하여 분개한 수고는 귀국한 뒤에 재상인 위제(魏齊)에게 범수가 제나라와 밀통하여 나라를 팔아먹으려 한다고 음해하였다. 위제는 범수를 체포하여 혹독하게 고문을 하였고, 범수가 매질을 견디지 못하고 늘어지자 죽은 것으로 생각하여 변소에 버리게 하였다.

그러나 범수는 간신히 살아나 진(秦)나라로 도망쳤다. 범수는 이름을 장록(張祿)이라 바꾸고 출중한 재능을 발휘하여 재상의 지위에까지 올랐다. 얼마 후에 진나라가 위나라를 공격하려 하자, 위나라는 수고를 사신으로 파견하여 화친을 교섭하도록 하였다.

수고가 진나라에 도착하자 범수는 남루한 하인의 행색으로 가장하여 그를 만났다. 수고는 범수를 동정하며 솜옷을 한 벌 건네주고는, 재상 장록과 친한 사람이라도 알고 있느냐고 물었다. 범수는 자신이 모시는 주인과 잘 아는 사이라고 하면서 만남을 주선해 보겠다고 말하였다.

범수는 수고와 함께 재상의 관청에 가서 잠시 기다리라고 하고는 안으로 들어갔다. 한참이 지나도 범수가 나오지 않자 수고는 문지기에게 물어보고 나서야 범수가 바로 장록임을 알게 되었다.

이윽고 범수가 나타나자 수고는 엎드려 머리를 조아리며 용서를 구하였다.

「저는 공께서 입신출세하셨음을 전연 모르고 있었습니다. 저는 이제 두 번 다시 천하의 글을 읽지 않을 것이며, 천하의 일에 관여하지 않겠습니다. 저에게는 솥에서 삶아져 죽음을 당할 정도의 큰 죄가 있는 까닭에 스스로 호락(胡貉 : 북적北狄)의 땅에 은퇴하고 싶습니다만, 살리는 것도 죽이는 것도 단지 상공의 뜻에 있을 뿐이십니다.」

「너의 죄는 어느 정도나 되는지 네가 알고 있느냐?」

「저의 머리털을 뽑아 잇는다 해도 제가 지은 죄의 길이에는 미치지 못합니다〔擢賈之髮 以續賈之罪 尙未足〕.」

그러자 범수가 꾸짖었다.

「너는 나를 대신하여 위나라 왕에게 가서 이렇게 전하라. 『당장 위제의 목을 가지고 오라. 그렇지 않으면 당장에 대량(大梁)을 짓밟을 것이다』 라고.」

여기서 유래하여 탁발난수는 헤아릴 수 없이 많은 죄악을 비유하는 말로 사용된다.

彈丸之地 탄환지지

彈 탄알 탄 丸 알 환 之 갈 지 地 땅 지

《사기》 평원군·우경열전

【작은 땅, 얼마 안 되는 땅을 이르는 말.】

탄환은 새를 잡는 데 쏘는 탄알을 말하는 것으로, 아주 작은 것에 비유된다.

전국시대, 6국이 서로 다투어 전쟁이 그치지 않았다. 진(秦)나라는 장평에서 조(趙)나라를 물리친 후 조나라의 여섯 성을 요구하였다. 조나라 왕은 결단을 내리지 못하고, 진나라에서 온 누완(樓緩)에게 도움을 청하였다.

누완은 수차례 사절하였지만, 조왕이 계속 부탁을 해오자, 먼저 공보문백(公甫文伯)의 어머니 이야기를 하면서, 사람의 신분이 다르면 효과도 다르다는 이치를 설명하였다.

조나라 대신 우경(虞卿)은 누완의 이야기를 전해 듣고, 조나라 왕에게 날카롭게 말했다.

「이것은 누완이 진실을 감추는 궤변입니다.」

우경은, 진나라가 장평에서 승리를 거둔 후 지쳐서 돌아갔으므로, 만약 조나라가 여섯 성을 주어 버린다면 이는 진나라의 힘이 미치지 못한 것을 얻게 되는 것이라고 생각하였다.

조나라 왕이 우경의 말을 누완에게 전하자, 누완이 말했다.

「우경은 진나라의 힘이 어느 정도인지를 정말로 알고 있을까요? 만약 정말로 진나라 힘의 한계를 안다면 탄환만한 작은 땅도 떼어줄 필요는 없겠지요〔此彈丸之地 猶不予也〕. 그러나 만일 내년에 다시 진나라가 임금을 공격해 온다면 이번에는 내지(內地)를 떼어주고라도 강화를 하지 않고는 견디지 못할 것입니다.」

조왕이 물었다.

「그렇다면 그대의 의견에 따라 땅을 떼어준다면 그대는 내년에 다시 진나라가 우리를 치지 않는다고 보증할 수 있겠소?」

「그것은 제가 말씀드릴 수 있는 것이 못됩니다. 일찍이 삼진(三晋)은 진(秦)나라와 서로 사이가 좋았습니다. 그런데 지금 진나라가 한(韓) · 위나라와 친하면서도 임금을 공격하는 것은 임금께서 진나라를 섬기는 것이 한나라와 위나라에 미치지 못하기 때문입니다. 이제 제가 임금을 위하여, 그동안 화친을 저버린 때문에 일어난 사태를 수습하고, 관소(關所)를 열어 무역을 하며 국교를 한나라 · 위나라와 평등하게 하더라도 내년이 되어 임금만이 진나라로부터 공격을 받으신다면 이것은 역시 임금께서 진나라를 섬기는 방법이 좋지 않기 때문입니다. 이 점 저로서는 보증할 수 있는 일이 못됩니다.」

兎死狗烹 토사구팽

兎 토끼 토 死 죽을 사 狗 개 구 烹 삶을 팽

《사기》 회음후열전

【필요할 때 요긴하게 쓰던 사람이나 물건이 필요 없어지면 버려짐의 비유.】

「날랜 토끼가 죽으면 좋은 개가 삶기고, 높이 나는 새가 없어지면 좋은 활이 들어간다〔狡兎死 良狗烹 高鳥盡 良弓藏〕」는 한신의 말에서 나온 성구다.

「물을 건너면 지팡이를 버린다」는 말이 있다. 필요할 그때만 지나면 고마운 줄을 모르는 사람의 척박한 심정을 단적으로 나타내는 말이다. 같은 뜻으로 중국에서는 옛날부터, 「날랜 토끼가 죽으면 사냥개는 삶긴다」는 말이 전해 오고 있다.

유방과 항우의 이른바 초한전(楚漢戰)에서, 한고조 유방이 항우를 무찌르고 천하를 차지하는 데 가장 큰 무공을 세운 것은 한신이었다.

그러나 이미 항우가 죽고 난 뒤의 한신은 한고조에게는 둘도 없는 두려운 존재였다. 그 무서운 항우를 능히 쳐서 이긴 한신이 한번 딴 마음을 먹게 되면 천하는 다시 유씨의 손에서 다른 사람의 손으로 넘어가게 될 가능성이 크다.

한신의 공로도 공로지만, 그의 비위를 건드릴 수가 없어 우선 초왕(楚王)이라는 엄청난 자리로 멀리 보내 두었다. 하지만, 언제 반기를 들고 일어날지 잠시도 마음이 놓이지 않는 한고조였다.

그런 판에, 지난 날 항우의 부하로서 한고조를 몹시 괴롭힌 바 있는 종리매(鍾離昧)란 장수가, 옛날 친구인 한신에게 몸을 의탁하고 있었다. 그 소식을 전해들은 고조는 즉시 한신에게 종리매를 체포하라는 명령을 내렸다. 한신은 차마 옛 친구를 배반할 수 없어 명령에 따르지 않았다.

고조의 속마음을 잘 알고 있는 사람들은 이것을 구실로 한신이 반란을 꾀하고 있다는 고변상소를 올렸다. 고조가 이 문제를 놓고 어전회의를 열었을 때, 장군들은 군대를 거느리고 내려가 한신을 잡아오겠다고 했다. 그러나 진평(陳平)이 말했다.

「초나라는 군사가 날랠 뿐만 아니라, 아무도 한신을 당해 낼 수는 없습니다. 섣불리 손을 쓰면 도리어 큰일을 저지르게 됩니다. 그보다도 폐하께서 운몽(雲夢)으로 행차를 하시어 제후들을 초나라 서쪽 국경인 진(陳)으로 모이도록 명령하십시오. 그러면 한신도 자연 그리로 나오게 될 것입니다. 나라를 벗어나 있는 한신을 잡기란 별 어려움이 없을 것입니다.」

모이라는 명령을 전해 받은 한신은 일이 심상치 않다는 것을 직감했다. 그래서 군대를 일으켜 반란을 꾀해 볼까도 했지만, 죄를 저지른 일이 없으니 고조를 만나 보는 것이 좋을 것도 같았다.

이렇게 망설이며 고민하고 있는데, 그때 한 사람이 한신에게 말했다.

「종리매를 체포하지 않은 것 때문이니, 그의 목을 베어 폐하를 뵈면 반드시 기뻐하실 것입니다.」

그래서 한신은 종리매를 불러서 의논했다. 종리매가 말했다.

「한나라가 초나라를 치지 않는 것은 왕의 휘하에 내가 있기 때문입니다. 만약 왕께서 나를 잡아 한나라에 잘 보이려고 한다면 나는 오늘이라도 죽겠습니다만, 초나라 또한 뒤따라 망할 것이오.」

그리고 한신에게 호통을 쳤다.

「왕은 장자(長者)가 아니오!」

종리매는 한신을 꾸짖고 마침내 스스로 목을 찔러서 죽었다. 한신은 그 목을 가지고 진(陳)에서 고조에게 알현했다. 그러자 고조는 무사에게 명하여 한신을 묶게 하고 자기의 뒷수레에 태웠다.

한신이 말했다.

「과연 사람의 말대로 『날랜 토끼가 죽으면 사냥개는 삶기게 되고, 높이 나는 새가 없어지면 좋은 활도 처박히게 되며〔狡兎死 走狗烹 高鳥盡 良弓藏〕, 적국을 깨뜨린 다음에는 모신(謀臣)이 죽게 된다』고 했던가. 이미 천하가 평정되었으니 내가 삶겨지는 것도 당연한 일이지!」

「교토사이주구팽(狡兎死而走狗烹)」을 줄여서 「토사구팽」이라고 말한다. 그런데 「과연 사람의 말과 같다」고 한 것은 옛날부터 전해 내려오는 말을 뜻하는 것이다. 훨씬 연대를 거슬러 올라가, 춘추 말기 월(越)나라 범려가 대부 종(鍾)에게 보낸 편지에 이런 말이 있다.

「나는 새가 다하면 좋은 활이 들어가고, 날랜 토끼가 죽으면 달리는 개가 삶긴다〔飛鳥盡 良弓藏狡兎死 走狗烹〕. 월나라 임금의 사람됨이, 목이 길고 입이 까마귀처럼 생겼다〔長頸烏喙〕. 환난은 같이할 수 있어도 즐거움은 같이할 수가 없다. 그대는 어찌하여 떠나가지 않는가?」

범려는 월왕 구천(句踐)을 도와 오나라를 멸한 남방의 패자 소리를 듣게 되자 즉시 사표를 내고 제나라로 가서 살고 있었다. 거기서 그는 대부 종에게 이런 편지를 보낸 것이다. 대부 종은 설마 하고 있다가 결국 월왕 구천에 의해 억울한 죽음을 당하고 말았다.

敗軍之將不言勇 패군지장불언용

敗 패할 패 軍 군사 군 將 장수 장 言 말씀 언 勇 날랠 용

《사기》 회음후열전

【아무리 용기가 있다 해도 싸움에 진 이상 자랑할 조건이 되지 못한다.】

「패군지장 불언용」이란 말은 싸움에 패한 장수는 용기에 대해 이야기해서는 안된다는 뜻이다.

아무리 용기가 있어도 싸움에 진 이상 자랑할 조건이 되지 못한다. 「종로에서 뺨 맞고 한강에 가서 눈 흘긴다」는 식이 되고 말기 때문이다. 이 말은 《사기》 회음후열전에 있는 광무군 이좌거(李左車)가 인용한 말이다.

한신(韓信)이 조나라를 쳐서 이긴 뒤 조나라의 뛰어난 모사였던 이좌거를 스승으로 모시고 그에게 앞으로 취해야 할 방법을 가르쳐 달라고 청하자, 이좌거는 이를 사양하여 이렇게 말했다.

「신이 듣기로 『싸움에 패한 장수는 용맹을 말해서는 안 되며, 나라를 망친 신하는 나라를 보존하는 일을 꾀해서는 안된다〔臣聞 敗軍之將不可以言勇 亡國之大夫 不可以圖存〕』고 들었습니다. 지금 저는 패망의 포로로서 어찌 대사를 의논할 수 있겠습니까.」

이 말은 이좌거가 만들어 낸 것이 아니고 옛날부터 내려오는 교훈을 인용해서 자기의 처지를 밝힌 것이다. 그리고 그는 한신을 도와 좋은 꾀를 일러주게 된다.

偏聽生姦 편청생간

偏 치우칠 편 聽 들을 청 生 날 생 姦 간사할 간

《사기》 노중련 · 추양열전

【두 사람 중 한쪽의 말에만 귀를 기울이는 것은 불공평하여 나쁜 결과를 가져오게 하는 원인이 된다는 말.】

추양(鄒陽)은 제나라 사람이다. 양(梁)나라에 유력(遊歷)했고,

글을 올려 양승(羊勝)·공손궤(公孫詭) 등과 함께 양나라 효왕(孝王)의 문객이 되었다. 그런데 양승의 무리가 추양을 시기하여 효왕에게 참언했다. 효왕은 노하여 옥리에게 추양을 넘겨주어 죽이려고 했다. 추양은 남의 나라에서 유세하던 중에 남의 중상을 받아 죽은 후까지도 오명을 쓰게 될 것이 두려워 옥중에서 왕에게 편지를 올렸다.

「임금과 신하가 서로 마음이 통하고 행동이 일치되면 아교나 옻칠보다도 더 굳게 맺어져, 가령 형제간이라 할지라도 그 사이를 갈라놓을 수는 없습니다. 하물며 뭇 사람들의 말에 현혹이 될 리 있겠습니까? 그러므로 한쪽 말만 들으면 간계(姦計)가 생기게 되고, 한 사람에게만 정사를 맡기면 반란을 불러오게 되는 것입니다〔偏聽生姦 獨任成亂〕. 옛날 노(魯)나라 왕이 계손씨(季孫氏)의 말을 받아들였기 때문에 공자(孔子)는 노나라를 떠났고, 송나라 왕이 자한(子罕)의 꾀를 믿었기 때문에 묵적(墨翟)을 가두었습니다. 공자와 묵적의 변설로써도 참언과 아첨에서 빠져나올 수가 없었던 것입니다. 그 까닭인즉 『뭇 사람의 입은 무쇠도 녹이고, 쌓이는 욕은 뼈라도 녹일 수 있기〔衆口鑠金 積毁銷骨〕』 때문입니다.」

여기서 「편청생간」은 한쪽 말만 듣는다면 간사한 이들에게 득세할 기회를 주기가 쉽다는 말이다.

布衣之交 포의지교

布 베 포 衣 옷 의 之 갈 지 交 사귈 교

《사기》 염파·인상여열전

【필부의 교제를 일컫는 말.】

조나라 혜문왕 때, 왕은 초(楚)나라 화씨벽(和氏璧)을 손에 넣었다. 진나라 소왕(昭王)이 이 말을 듣자 사신을 파견하여 조나라 왕에게 말했다.

「청하건대 열다섯 개의 성과 화씨벽을 바꾸고 싶습니다.」

조나라 왕은 대장군 염파와 뭇 신하를 모아놓고 상의했는데, 진나라에 화씨벽을 주더라도 아마 열다섯 성을 얻을 수 없을 것이며, 그렇다고 주지 않게 되면 진나라의 공격을 받을 우려가 있으므로 좀처럼 방침을 세울 수가 없었다. 또 진나라에 회답을 보낼 만한 사신을 찾았건만 적임자가 좀처럼 나타나지 않았다. 그 때 환관령 무현이 인상여를 추천하여 인상여는 화씨벽을 가지고 진나라로 가게 되었다.

그러나 이야기 끝에 진왕이 화씨벽과 맞바꾸자는 열다섯 성은 아무래도 조나라에 줄 것 같지 않다고 생각한 인상여는 진왕에게 이렇게 말했다.

「그 구슬에는 작은 흠이 하나 있는데, 대왕께 그것을 보여드리겠습니다.」

왕이 구슬을 건네주자, 인상여는 구슬을 손에 쥐고 뒤로 물러나서 기둥을 등지고 일어나 노한 얼굴로 진나라 왕을 꾸짖었는데, 그 때 인상여는 머리카락이 곤두서 갓이 벗어질 정도였다〔怒髮上衝冠〕.

「대왕은 구슬을 손에 넣으려고 조나라 왕에게 편지를 보냈습니다. 조나라 왕은 뭇 신하를 불러놓고 의논을 했습니다. 그러자 모두 『진나라는 욕심이 많은데다가 나라의 힘을 믿고 거짓말을 한 것인즉 성을 주지는 않을 것이다』 라고 말했습니다. 그래서 모두의 의견은 진나라에 구슬을 주지 말자는 데로 기울었지만, 저는 『필부(匹夫)의 교제에도 거짓은 없는 법입니다. 하물며 대국의 교제에 그런 일이 있겠습니까〔布衣之交 尙不相欺 況大國乎〕? 어쨌든 조나라로서는 구슬 한 개로 강한 진나라를 거역하지 말아야 하며, 그 환심을 손상시키지 말아야 합니다』라며 반대했습니다. 그리하여 조나라 왕은 재계(齋戒)하기 닷새, 저에게 명하여 구슬을 바치게 하고 편지를 진나라 조정에 드리도록 했습니다. 그렇게 한 것은 대국의 위광(威光)을 두려워하여 경의를 표하려는 뜻이 있기 때문입니다. 그런데 이제 와서 보니 대왕은 뭇 신하와 함께 저를 인견하시고, 그 의례는 심히 오만하셨습니다. 더구나 구슬을 손에 넣으시자마자 이것을 미인(美人 : 女官의 관명)들 손에 건네주시고 희롱하며 노셨습니다. 저로서는 대왕께서 그 구슬의 값으로 성을 떼어 조나라 왕에게 주시려는 생각이 없으심을 알아차리게 되었기 때문에 다시 구슬을 돌려받은 것입니다. 만약 대왕께서 끝까지 저를 강박하시면서 구슬을 빼앗으려고 하신다면 제 머리는 지금 이 구슬과 함께 기둥에 부딪쳐 깨져버리고 말 것입니다.」

결국 인상여는 보물을 온전히 하여 조나라로 돌아왔다〔完璧歸趙〕.

風蕭蕭兮易水寒 풍소소혜역수한

風 바람 풍 蕭 퉁소 소 兮 어조사 혜 易 바꿀 역 寒 찰 한

《사기》 자객열전

【바람은 쌀쌀 불고 역수는 차다.】

형가가 태자 단을 도와 진시황을 암살하기 위해 연나라를 떠나 역수 가에 도달해서 태자 단과 헤어지는 장면이다. 고점리는

축을 켜고, 형가는 그에 답하여 노래를 불렀다. 역수의 바람은 차서 살을 에는 듯하였으며, 고점리의 축과 형가의 노랫소리는 사람들의 마음을 비장하게 흔들어 놓았다.

진에 가면 아마도 살아서는 돌아오지 못하리라. 이것이 형가를 보는 마지막이라고 생각하자, 고점리는 암연히 눈물을 지어 축을 켜며 친구를 보냈다. 형가도 노래를 불렀다.

> 바람은 쌀쌀 불고 역수는 찬데〔風蕭蕭兮易水寒〕
> 장사 한번 가면 다시 못 오리〔壯士一去不復還〕.

그 소리는 사람들의 폐부를 에는 듯했다. 사람들은 모두 눈을 부릅떠 진 쪽을 노려보고, 성남 머리카락은 충천하여 관(冠)을 뚫을 듯하였다〔怒髮衝冠〕. 형가는 떠났다. ☞「**壯士一去不復還**(장사일거불복환)」

河海不擇細流 하해불택세류

河 강 하 海 바다 해 擇 가릴 택 細 가늘 세 流 흐를 류

《사기》 이사열전

【강이나 바다가 작은 흐름을 받아들여 큰 강이나 바다가 되듯이, 도량을 크게 가져 남의 하찮은 의견에도 귀를 기울이고, 더욱더 식견을 높여야만 큰 인물이 될 수 있음을 비유하여 이르는 말.**】**

이사(李斯)는 초(楚)나라 상채(上蔡 : 하남 상채) 사람으로, 순경(荀卿 : 순황)에게 사사하여 제왕(帝王)의 술(術)을 배웠다. 학

업을 마치자, 초나라 왕은 섬길 만한 인물이 못되고, 또 육국(六國)을 둘러보니 모두 약소하여 스스로 공업(功業)을 세울 여지가 적다고 생각되어 서쪽에 있는 진(秦)나라로 들어갔다. 그리고는 마침내 진나라 왕은 이사를 종묘(宗廟)에 배례하게 하고 객경(客卿 : 타국인의 대신)을 삼았다.

그런데 때마침 한(韓)나라의 수공(水工)인 정국(鄭國)이 진나라에 들어와서 진나라를 교란시킬 목적으로 왕에게 권하여 관개용(灌漑用) 운하를 만들려고 했다. 이 음모가 발각되자 진나라의 종실과 대신들은 모두 입을 모아 말했다.

「열국에서 들어와 진나라를 섬기는 사람은 대개 이전의 임금을 위하여 유세를 하고, 진나라 군신(君臣)을 이간시키려고 할 뿐입니다. 모쪼록 외객(外客)을 모두 추방하시기 바랍니다.」

그리하여 축객령(逐客令 : 외국인 추방령)이 내려지고 이사도 논의의 대상이 되어 추방자 명단에 올라 있었다. 이사는 글을 올려 진나라 왕에게 이렇게 말했다.

「저는 『땅이 넓으면 곡식이 많고, 나라가 크면 백성이 많으며, 군사가 강하면 병사가 용감하다』는 말을 들었습니다. 마찬가지로 태산(泰山)은 한 개의 흙덩어리의 흙도 양보하지 않았기에 그 크기까지 이룰 수 있었으며, 강과 바다는 가는 물줄기도 가리지 않았기에 깊으며〔泰山不壤土壤 故能成其大 河海不擇細流 故能就其深〕, 왕자는 한 사람의 인간이더라도 버리지 않아야만 덕이 빛나는 것입니다. 따라서 왕의 땅에는 사방의 구별이 없고, 왕의 백성에는 이국(異國)의 차별이 없으며, 네 계절이 조화되어 각기 아름다움이 충만해야만 귀신도 성대(聖代)를 칭송하여 행운을 내리는 법입니다. 이런 것들이 오제 삼왕에게 적이 없었던 이유입니다.」

이 글을 읽은 진나라 왕은 축객령을 해제하고 이사를 복직시켰으며, 그의 계책을 썼고 그를 정위(廷尉 : 옥獄을 다스리는 관리)로 임명했다. 그 후 20여 년 만에 마침내 천하는 통일되었고, 왕을 받들어 황제(皇帝)로 했으며, 이사를 정승자리에 앉혔다. 군현에 있는 성벽을 허물고 무기를 녹여 두 번 다시 사용하지 않을 것을 보여 주었다. 진나라가 한 자의 땅도 남에게 봉해주는 일이 없었고, 황제의 자제를 세워 왕을 삼거나, 공신을 봉하여 제후를 삼거나 하지 않은 것은 뒷날 전쟁의 근심을 없애기 위함이었다.

割鷄焉用牛刀 할계언용우도

割 나눌 할 鷄 닭 계 焉 어찌 언 用 쓸 용 牛 소 우 刀 칼 도

《사기》 중니제자열전

【작은 일을 처리하는 데 굳이 큰 힘을 빌릴 필요가 없음의 비유.】

「할계(割鷄)에 언용우도(焉用牛刀)리오」라고 해서 「닭을 잡는 데 어떻게 소 잡는 칼을 쓸 수 있겠느냐?」하는 말이다. 작은 일을 처리하는 데 위대한 사람의 힘을 빌릴 필요는 없다는 비유로 쓰인 말이다.

이 말은 원래 《논어》 양화편(陽貨篇)에 있는 공자와 공자의 제자 자유(子遊)와의 사이에 오고 간 말 가운데 나오는 말이다.

자유가 무성(武城) 원으로 있을 때다. 공자는 몇몇 제자들과 함께 무성으로 간 일이 있다. 고을로 들어서자 여기저기서 음악소리가 들려 왔다. 그 음악소리가 아주 공자의 마음을 흡족하게 해주었던 모양이다. 자유는 공자에게 무위자연(無爲自然)의 정

치사상을 배운 사람이기도 했다. 《예기》 예운편(禮運篇)에 나오는 공자의 대동사상(大同思想)도 공자가 자유에게 전한 말이다.

예(禮)는 자연의 질서를 말한다. 인간사회의 질서를 법으로 강요하지 않고, 자연의 도덕률에 의해 이끌어 나가는 것이 예운(禮運)이다. 자유는 음악으로 사람의 마음을 순화시켜 자발적으로 착한 일에 힘쓰게 만드는 그런 정책을 쓰고 있었던 것 같다. 공자는 제자들을 돌아보고 그 음악 소리에 만족스런 미소를 띠며 이렇게 말했다.

「닭을 잡는 데 어찌 소 잡는 칼을 쓰리오〔割鷄焉用牛刀〕?」

이 말은, 조그만 고을 하나를 다스리는 데 나라와 천하를 다스리기에도 충분한 예악(禮樂)을 쓸 것까지야 없지 않느냐는 뜻으로 재주를 아까워하는 한편, 그를 못내 자랑스럽게 생각한 데서 나온 말이다.

자유가 공자의 이 말이 농담인 줄을 몰랐을 리는 없다. 그러나 스승의 말씀을 농담으로만 받아넘길 수도 없는 일이다. 그래서 자유는 이렇게 말했다.

「선생님께서 일찍이 말씀하시기를, 『군자는 도를 배우면 사람을 사랑하게 되고, 소인은 도를 배우면 부리기가 쉽다』 고 하셨습니다.」

하며 비록 작은 고을이나마 최선을 다하는 것이 도리일 줄 안다는 뜻을 말했다.

군자나 소인에게나 다 같이 도가 필요하듯이, 큰 나라나 작은 지방이나 다 그 나름대로 예악이 필요하지 않겠습니까 하는 대답이다. 공자도 자유가 그렇게 나오자, 농담이었다는 것을 말하지 않을 수 없었다. 그래서 제자들을 다시 돌아보며 말했다.

「자유의 말이 옳다. 아까 한 말은 농담이었느니라.」

陷地死地 함지사지

陷 빠질 함 地 땅 지 死 죽을 사

《사기》 회음후열전

【죽을 마당에 이르러야 용기를 내서 다시 살아나게 된다.】

함지사지는 「함지사지이후생(陷地死地而後生)」의 줄인 말로서, 죽을 마당에 이르러야 용기를 내서 다시 살아나게 된다는 뜻이다. 사람이 세상을 살아가는 데는 무엇보다 용기와 결심과 노력이 필요하다. 그러나 참다운 용기와 결심과 노력은 죽느냐 사느냐 하는 최후 단계에서 볼 수 있는 것이다.

불리한 외형적인 조건을 극복하려면, 이를 타개해 나갈 수 있는 정신력만이 필요하다. 그것을 유발할 수 있는 동기는 「이제 꼼짝없이 죽었구나」 하는 막다른 골목에 다다랐을 때에 이루어지는 것이다. 「함지사지이후생」은 바로 이 원리를 말한 것이다.

한신(韓信)이 인용한 병법에 있는 말이다. 한신은 얼마 안되는 군사로 조나라의 20만 대군을 맞아 싸울 때 「배수진(背水陣)」을 이용하여 승리를 거두게 되었다. 이때 부하 장수들이 한신에게 물었다.

「병법에 말하기를, 산과 언덕을 뒤로 하고 물과 들을 앞으로 하라고 했는데, 지금 장군께선 배수진으로 조나라 군사를 깨뜨렸으니 이것은 도대체 무슨 전법입니까?」

그러자 한신이 말했다.

「이것도 병법에 있는 것인데, 생각건대 여러 장군들이 보지 못했을 뿐이오. 『죽을 땅에 빠뜨린 뒤라야 살 길이 생긴다, 망하게 된 처지에 놓인 다음에야 비로소 살아난다〔陷之死地而後生置之亡地而存〕』란 말이 병법에 있지 아니하오. 나는 평소부터 사대부들을 길들여 따르게 할 수 있었던 것이 아니고, 시장바닥에 있는 사람들을 내몰아서 싸움을 시키는 것과 같았소. 그러므로 그들을 죽을 자리에 놓아두어 나가서 싸움을 하게 한 것이오. 그들에게 살아날 수 있는 틈을 주었다면 모두 도망했을 것이오. 그렇게 되어 가지고는 무슨 일을 할 수 있겠소.」

이 말에 모든 장수들은 탄복을 했다.

「과연 그렇겠습니다.」

전쟁만이 아니고 세상 모든 일에 이 원리가 적용되고 있는 것이다.

合縱連衡 합종연횡

合 합할 합 縱 세로 종 連 이을 연 衡 가로 형(횡)

《사기》 소진열전, 장의열전

【소신의 합종책과 장의의 연횡책, 일종의 공수동맹(攻守同盟).】

소진은 장의와 더불어 전국시대 중엽의 중국 전토를 세 치의 혀〔舌〕와 두 다리를 가지고 뒤흔든 큰 책사이며, 큰 사기사(詐欺士)이다. 세 치의 혀라 함은 말할 수 없을 정도의 능변(能辯), 두 다리라 함은 주름잡고 돌아다닌 나라가 소위 당시의 7국(연·제·조·한·위·초·진)에 걸친 것을 뜻한다.

이 두 사람은 귀곡선생(鬼谷先生 : 백반百般의 지식에 통하며, 점복占卜도 하고, 《귀곡자》라는 책을 남긴 수수께끼의 인물)에게 배운 동문이다. 귀곡선생이 살고 있던 곳은 낙양에서 150리 정도 동남의 귀곡이라는 산중이었다.

소진은 이곳에서 오랜 수업을 쌓고 산에서 내려왔다. 여기서 무엇을 배우고 내려와, 어디로 가서 무엇을 하였는지 후세의 우리들에게는 전연 알 도리가 없으나, 하여튼 소진은 이곳저곳 방랑한 끝에, 어느 날 낙양에 있는 자기 집에 불쑥 나타났다. 역사서는 여기서부터의 소진의 행동에 대하여 자세하게 쓰고 있다.

비렁뱅이 꼴을 하고 문간에 선 소진에 대하여, 아내는 짜고 있던 베틀에서 내려오지도 않았고, 형수는 밥도 내다 주지 않았다. 그리고 팔리지도 않는 말재주를 팔고 다니니, 고생하는 것도 당연하다고 상대도 해주지 않았다.

집에 머물러 있기를 약 1년, 소진은 또다시 집을 뛰쳐나와 주(周)나라를 찾았으나 상대도 해주지 않았다. 다음으로 진(秦)나라를 찾았으나 역시 상대를 해주지 않았다. 조(趙)나라에도 가 보았으나 거기서도 허탕, 그래서 멀리 북쪽에 있는 연(燕)나라로 갔다. 여기서는 그의 변설이 주효하여 거마와 금백(金帛)의 선물을 받았다.

소진이 연왕에게 진언한 정책을「합종(合縱)」이라 한다.「세로로 합한다」라는 뜻으로, 연(燕)·조(趙)·제(齊)·위(魏)·한(韓)·초(楚)가 세로(縱)로, 즉 남북으로 손을 잡고, 강국 진(秦)나라에 대항하자는 것이다.

이 6국은 당시 급격히 강대해지는 진을 극도로 두려워하고 있었다. 소진은 이 공포심을 잘 이용하여, 만약 차제에 6국이 손을 잡지 않고 고립한다면 각각 진에 먹히고 말 것이다. 기필코 합종하여 공동방위를 취하지 않으면 안된다, 그 주선 역할을 자기가 맡겠다고 나선 것이다.

연왕으로부터 합종의 성취를 위임받자, 다음으로 조나라를 찾아 이번에는 대성공. 거마 백승(百乘)에 백벽(白璧)·금수(錦繡)를 합종의 준비 비용으로 받았다. 한·위·제·초의 순으로 돌아다닌 소진은 교묘하게 왕들을 설득하여 6국의 재상 직을 한 몸에 겸하고, 자신은 종약장(從約長)이 되어 6국의 왕들이 모인 자리에서 합종의 맹주로서 행세하게 되었다.

남쪽 초(楚)에서 조(趙)로 돌아가는 도중 소진은 낙양을 지났다. 그 때 그의 행렬, 거마 치중(輜重)은 족히 왕후에 필적했고, 낙양에 자리 잡은 주왕(周王)도 칙사로 하여금 영접케 할 정도로 호화스러웠다. 형제도 아내도 형수도 이제는 소진을 정면으로 마주보지를 못했다. 식사 시중을 들 때도 얼굴을 숙인 채였다.

소진은 형수에게 물었다.

「어찌하여 전에는 우쭐대시더니 지금은 이토록 공손하시오〔前倨後恭〕?」

그러자 형수는 머리를 조아리며 말했다.

「서방님의 벼슬이 높아지시고, 이렇게 큰 부자가 되신 것을 보면 누구든지 저절로 이렇게 되지요.」

소진은 벼슬과 돈이 이렇게도 인간을 달라지게 하고, 또한 자기에게 만약 얼마 안 되는 전답이라도 있었더라면, 일생 그것으로 만족하고 오늘과 같은 부귀를 누릴 수 없었으리라는 것을 개탄하여 친족 붕우(朋友)들에게 천금을 헐어 나누어주었다.

소진이 조나라에 체류 중 장의가 갑자기 찾아왔다. 동문인 소진이 재상이 되었다는 것을 듣고 천거를 부탁하러 온 것이었다. 소진은 엿새째에 가서야 마지못해 면회를 허락하였을 뿐 아니라, 자기는 당상에 장의는 당하에 앉게 하고 하인에게나 먹일 정도의 식사를 대접하여 쫓아버렸다.

장의는 이를 갈며 분에 못 이겼다. 그리고는 두고 보자는 듯이 그 길로 진나라를 향해 떠났다.

그런데 그 여행에 같이 따라가며 장의를 돌보아준 인물이 있다. 여인숙 비용은 물론, 진나라에서 벼슬을 하자면 의복도 필요하리라 하고 시중을 들어주며 진나라에까지 같이 따라왔다. 당시로 말하면, 장차 큰 인물이 되리라고 촉망되는 야인(野人)에게 친절을 베풀어 장래 이용해 먹으려는 상인이 드물지 않았기 때문에 아마 그런 따위일 것이라고 장의는 생각하고 있었다.

그 상인은 장의가 진에 입경(入京)하여 객경(客卿)에 오르는 것을 보자, 장의에게 작별인사를 하러 왔다. 장의는 자기로부터 아무 보상도 요구하지 않는 상인을 이상하게 여기고 그 이유를 물은 즉, 상인은 이렇게 말했다.

「당신을 아는 사람은 제가 아닙니다. 소군(蘇君)이야말로 당신의 지기(知己)이십니다. 소군은 진나라가 조나라를 치고 종약(縱約)을 깰까 두려워하는데, 당신이라면 진나라의 권력을 자유롭게 휘두를 수 있을 것으로 보고 당신을 분발케 한 다음, 저에게 명하여 은밀하게 자금을 제공하게 한 것입니다. 모든 것은 소군의 배려에 의한 것인데, 이제 당신은 등용되었으니 저는 돌아가서 소군에게 복명토록 해 주십시오.」

「아아, 이것은 내가 배운 술책 가운데 있었던 것인데, 나는 그것을 미처 깨닫지 못했구려. 나는 분명히 소진에 미치지 못하는 사람이오. 이렇게 되어서는 조나라에 등용된 것이나 마찬가지이니 내 어찌 조나라를 모해할 수 있겠소. 돌아가거든 나를 위해 소군에게 이렇게 말해 주오. 『소군이 살아 있는 동안에는 내가 무슨 말을 할 수 있겠소. 또 소군이 있는 한 이 장의가 무슨 일을 해낼 수 있겠소』 라고.」

장의는 진에 머무르면서 재완(才腕)을 인정받고, 객경에서 재상으로 출세하였다. 그는「연횡책」을 획책하였다. 다시 말해서 6국의 어느 한 나라와 동맹을 맺어 합종을 깨뜨리고, 6국을 산산조각으로 고립시켜, 고립된 나라들을 개별적으로 격파 혹은 위압하고, 진에 대하여 신하의 예를 취하도록 하게 하며, 그러고 나서 병탄(倂呑)해 버리자는 책략이다.

진과 다른 나라와 동맹을 맺는 것은,「가로(衡=橫 : 동서)로 연합하는」형태가 되기 때문에「합종」에 대하여「연횡」이라고 하는 것이다. 장의는 후에 소진이 성취한「합종」을 완전히 붕괴시키고 말았다.

전국(戰國) 백 년의 역사는 이 합종과 연횡이 되풀이된 역사라고 해도 좋을 정도로 두고두고 말썽이 되어 왔다. 그래서 제자백가(諸子百家) 중 외교무대에서 세 치 혀로 활약하는 사람들을 가리켜 종횡가(縱橫家)라고 한 것도 이「합종연횡」이란 말에서 나온 이름이었다.

亢龍有悔 항룡유회

亢 오를 항 龍 용 룡 有 있을 유 悔 뉘우칠 회

《사기》 범수・채택열전

【적정한 선에서 만족할 줄 모르고 무작정 밀고 나가다가 오히려 실패를 가져오게 됨의 비유.】

「항룡」은 하늘 끝까지 올라간 용이란 뜻이다. 너무 자꾸만 올라가다가 하늘 끝에 가 닿아서 후회를 하게 된다는 것이「항룡유회」다.《주역(周易)》건괘(乾卦) 맨 위에 있는 육효(六爻)의 효사(爻辭)에 있는 말이다.

주역의 64괘(卦)는 각각 여섯 개의 효(爻)로 되어 있는데, 괘 전체에 대한 괘사(卦辭)가 있고, 각 효마다 「효사」가 있다. 맨 아래 있는 효는 지위가 가장 낮다든가, 일을 처음 시작한다든가 하는 뜻이고, 맨 위에 있는 효는 극도에까지 미친 것을 말한다.

채택은 연(燕)나라 사람이다. 여러 곳에 유학하였고, 벼슬을 얻기 위해 무수한 제후를 찾아다녔으나 뜻을 이루지 못했다. 그래서 당거(唐擧 : 위나라의 관상쟁이)라는 사람에게서 관상을 보기로 했다. 당거는 채택을 자세히 살펴보더니 웃으면서 말했다.

「선생은 코가 위를 향했고, 폭이 넓은데다가 얼굴에 위엄이 있고 비근(鼻筋)이 좁소. 게다가 다리는 활처럼 휘었소이다. 『성인(聖人)은 관상을 볼 수가 없다』 고 했는데, 아마 선생과 같은 분을 가리키는 말일 것이오.」

채택은 당거가 농담을 한다고 생각되어 이렇게 말했다.

「부귀는 내가 본래부터 가지고 있는 거요. 내가 모르는 것은 수명뿐입니다. 그것이나 좀 봐주시구려.」

그러자 당거가 말했다.

「선생의 수명은 앞으로 43년입니다.」

채택은 웃으며 예를 하고 그 자리를 떠나 마부에게 말했다.

「좋은 밥에 고기를 먹고, 말을 몰아 뛰어다니며, 황금 관인(官印)을 가슴에 품고, 보라색 인대를 허리에 찬 그런 부귀한 생활이라면 앞으로 43년으로도 충분하다.」

그 당시 앞서 응후(범수)가 추천했던 정안평과 왕계 두 사람 모두 진나라에 중죄를 범하였으므로 응후가 내심 불안해 있다는 말을 듣자, 채택은 진나라로 갔다. 소왕을 알현하기 위해 채택은 우선 응후를 격분시켜야겠다고 생각해서 응후를 만나 이렇게 말했다.

「공은 어찌 그것을 아직도 모르신단 말입니까. 네 계절이 바뀌는 것처럼 공로를 이룬 사람은 차례로 교체되는 법입니다〔凡夫四時之序成功者去〕. 무릇 사람이 태어나서 오체(五體)가 건강하고 수족이 말을 잘 들으며, 눈·귀가 밝고, 마음이 성스럽고 지혜로운 것이 선비 된 사람의 소원이 아니겠습니까? 지금 공께서는 이미 남에게 받은 원한과 은혜는 갚을 만큼 갚았으며 바라는 바를 성취했습니다. 그런데도 아직 변화에 따르려고 하지 않는 것은 공을 위해 제가 찬성할 수 없는 일입니다. 자리를 떠나는 것이 아까워서 결단을 내리지 못하신다면, 틀림없이 저 네 사람과 같은 화가 있을 것입니다. 《역경(易經)》에 『끝까지 올라간 용(龍)은 후회할 것이다〔亢龍有悔〕』라고 했습니다. 이것은 올라가기만 할 뿐 내려올 수가 없고, 펴기만 할 뿐 굽힐 줄 모르며, 가기만 할 뿐 돌아올 줄 모르는 사람을 가리키는 말입니다. 공께서 깊이 생각하시기 바랍니다.」

마침내 범수는 재상의 자리를 채택에게 물려주고 은퇴했다.

그러나 채택 역시 진나라 재상이 되고 난 후 몇 달 만에 자기를 참언하는 사람이 있었으므로, 주살당할 것을 두려워하여 병이라 칭하고 재상의 인수를 돌려주었다.

行不由徑 행불유경

行 갈 행 不 아닐 불 由 말미암을 유 徑 지름길 경

《사기》 백이열전, 중니제자열전

【길을 가는 데 지름길이나 뒤안길을 취하지 않고 큰길로 간다는 뜻으로, 행동을 공명정대하게 함을 비유하여 이르는 말.】

「행불유경」은 길을 가는데 지름길로 가지 않는다는 말이다. 지름길은 거리로는 가깝지만 여러 가지 문제가 따를 수 있는 올바르지 못한 길이다.

우리가 무슨 일을 할 때도 정당한 방법을 쓰지 않고 우선 급한 대로 임시 편법을 쓰게 되면 항상 뒷말이 따르기 마련이다. 설사 그런 일이 없다 하더라도 그것은 정당한 일이 될 수 없다.

곡예사 같은 수완가를 세상에서는 박수갈채로 환영하는 버릇이 있다. 열 번 쾌감을 맛본다 해도 한 번 실수하면 그만 끝장인 것이다. 교통사고의 거의가 이 「행불유경」을 지키지 않은 때문이다. 모든 범법행위도 이 「행불유경」의 교훈을 지키지 않기 때문이다.

이 말은 원래 《논어》 옹야편(雍也篇)에 있는 자유(子游)의 말이다. 자유가 무성(武城) 고을 장관이 되었을 때, 공자는 무성으로 가서 자유를 보고 물었다.

「네가 훌륭한 일꾼을 얻었느냐?」

그러자 자유는 이렇게 대답했다.

「담대멸명(譚臺滅明)이란 사람이 있는데, 다닐 때 지름길로 가지 않고〔行不由徑〕, 공사가 아니면 일찍이 제 방에 들어온 일이 없습니다.」

지름길로 가지 않는 그는 공적인 사무가 아니면 장관의 방에도 가지 않았다. 그것은 그가 얼마나 자기 맡은 일에 충실했는지를 말해 주고 있는 것이다. 사사로운 청을 하거나 남이 알지 못하는 비밀을 속삭일 필요가 없는 그였기 때문이다. 이 두 가지 일로 보아 그가 훌륭하다고 말한 자유도 그가 하는 일이 공명정대했기 때문이다.

공자는 담대멸명을 제자로 삼았다. 그는 공자의 제자 가운데 얼굴이 가장 못생긴 사람이었다. 얼굴을 보고 사람을 택할 수 없다는 것을 공자는 담대멸명을 예로 들어 말한 일이 있다.

虎狼之國 호랑지국

虎 범 호 狼 이리 랑 之 갈 지 國 나라 국

《사기》 소진열전, 굴원·가생열전

【범이나 이리와 같이 포학한 나라라는 뜻으로, 전국시대 때 강대국이었던 진(秦)나라를 가리키는 말.】

전국시대에 진나라를 비롯하여 제(齊)·초(楚)·연(燕)·위(魏)·한(韓)·조(趙)의 7국이 패권을 놓고 대립하였다. 진나라는 그 가운데 가장 강력한 나라로서 나머지 6국을 위협하였다. 초(楚)나라는 여러 차례 진나라에 기만당하였으며, 싸움에서 패배하였다. 굴원(屈原)은 초나라 회왕(懷王)에게 제나라와 연합하여 진나라에 대항하여야 한다고 간언하였지만 받아들여지지 않았다.

이 때 진나라 소왕(昭王)은 초나라와 인척관계가 있었으므로 초나라 회왕과 만나기를 청했다. 회왕이 가려고 하자 굴원이 간했다.

「진나라는 호랑이와 이리의 나라로서, 신용하시면 안 됩니다. 가시지 않는 편이 낫겠습니다〔秦虎狼之國 不可信 不如毋行〕.」

그러나 회왕은 이 말을 듣지 않고 진나라로 갔다가 억류되어 그 곳에서 죽었다.

또 같은 전국시대에 소진(蘇秦)은 6개국을 돌아다니며 힘을 합쳐 진나라에 대적하여야 한다는 합종책(合從策)을 유세하였다. 그는 초나라에 가서 초왕에게 이렇게 설득했다.

「무릇 진나라는 호랑이와 이리와 같은 나라로서 천하 합병의 야심을 가지고 있습니다 진나라는 천하의 원수입니다.〔夫秦虎狼之國也 有呑天下之心 秦天下之仇讐也〕. 연횡론자들은 모두 제후로 하여금 토지를 쪼개 진나라를 섬기려 하는데, 이것은 『원수를 길러 원수를 받든다〔養仇而奉讎〕』는 결과가 됩니다.」

여기서 유래하여 호랑지국은 무력으로 다른 나라를 괴롭히는 포학한 강대국을 비유하는 성어로 사용된다.

火牛計 화우계

火 불 화 牛 소 우 計 꾀 계

《사기》 전단열전

【쇠꼬리에 불을 붙여 적을 공격한 계책.】

전국시대 말기 제나라 전단(田單)이 쓴 전법에 「화우계」란 것이 있었다. 쇠꼬리에 불을 붙여 어두운 밤중에 잠들어 있는 적의 진지를 습격해 들어가 적을 혼란에 빠뜨림으로써 멸망 직전에 있던 제나라를 구출한 전무후무한 전법이었다.

연소왕(燕昭王)은 악의(樂毅)를 총대장으로 이웃나라의 도움을 빌어 제나라 70여 성을 다 함락시키고 망명간 제민왕(齊湣王)을 죽게 만든 다음, 오직 즉묵(卽墨)과 거(莒) 두 성을 남겨둔 채 항복하기만을 기다리고 있었다. 그러자 소왕이 죽고, 즉묵에는 새 지도자로 민중들의 추대를 받아 전단이 등장하게 된다.

전단은 연나라를 이길 방법은 계략을 써서 악의를 제거하지 않으면 안 된다고 생각하고, 먼저 반간(反間 : 간첩)을 보내 새로 즉위한 연혜왕(燕惠王)으로 하여금 악의를 해임시키고 기겁(騎劫)이란 장수를 총대장으로 임명하게 한다.

전단은 다시 반간 공작에 의해 기겁으로 하여금 제나라 민중들을 흥분 단결시키는 무모한 짓을 하게 만든다. 그런 다음 곧 항복한다는 헛소문을 퍼뜨리며 성 안에 있는 부자들을 시켜 입성한 뒤에 잘 봐달라는 뇌물을 기겁에게 바치게 한다.

포위군은 총대장서부터 전 장병이 승리감에 도취되어 즉묵의 부자들이 보낸 소와 술로 마냥 마시며 밤늦게까지 즐겼다. 전단이 최후 돌격을 감행할 시간이 온 것이다.

전단은 미리 성 밑을 파서 적의 진지로 돌격할 수 있는 지하도를 여러 곳에 만들어 두고 있었다. 천여 마리의 소를 붉은 비단으로 옷을 만들어 입히고, 거기에 오색 용(龍) 그림을 그린 다음, 양쪽 뿔에 칼을 붙들어 매고 꼬리에는 기름이 묻은 갈대를 매달았다.

적이 술에 취해 깊은 잠에 빠졌을 한밤중에, 신장(神將)처럼 꾸민 장사 5천 명이 칼을 들고 소의 뒤를 따랐다. 성 밑 지하도를 통해 적의 진지 가까이로 가자 일제히 쇠꼬리에 불을 붙였다. 소는 꼬리가 뜨거워지자 성이 나서 미친 듯이 연나라 진지로 향해 달렸다.

요란한 소리에 겨우 잠이 깬 연나라 군사는 넋을 잃고 말았다. 쇠꼬리의 횃불이 눈이 부시게 빛나며 평생 듣도 보도 못한 용처럼 생긴 괴물이 칼 달린 뿔을 휘두르며 들이닥치는 것이다.

대항할 생각도 못하고 뿔에 스치기만 하면 죽거나 상하거나 했다. 신장처럼 생긴 5천 명 장사들은 입에 물나무를 문 채 허둥지둥 달아나는 적의 뒤를 치고 들어갔다.

성 안에서는 북소리와 함성이 요란하게 울려오고 늙은이와 아이들은 징과 꽹과리와 구리 그릇들을 들고 나와 두들겨대며 소리를 질렀다. 온통 천지가 뒤집히는 것만 같았다. 이리하여 연나라 총대장인 기겁은 제나라 군사에 의해 죽고 말았다.

이렇게 되자 적에게 항복했던 70여 성읍들이 일제히 전단에 가담하여 적군을 내몰았다. 이 이야기는 《사기》와 그 밖의 여러 역사적 기록에 나와 있는 유명한 대사건이요, 기적 같은 성공담이기도 하다.

朽木糞墻 후목분장

朽 썩을 후 木 나무 목 糞 똥 분 墻 담 장

《사기》 중니제자열전

【이미 자질이나 바탕이 그릇됐다면 그 위에 가르침을 베풀 수 없다.】

「후목분장」은 썩은 나무는 새기기가 어렵고, 분토로 쌓은 담은 흙손질을 할 수 없다는 말이다.

이 이야기는 원래 《논어》 공야장편에 나오는 이야기다.

일찍이 공자는 제자인 재여(宰予)를 썩은 나무에 비유하면서 책망한 일이 있었다. 어느 날, 재여가 낮잠을 자고 있는 것을 본 공자는 역정을 내면서 이렇게 말했다.

「썩은 나무로는 조각을 할 수가 없고 분토로 쌓은 담벼락은 흙손질을 할 수가 없다. 재여에 대해서는 뭐라 꾸짖을 나위도 없지 않겠느냐〔朽木不可雕也 糞土之墻 不可杇也 于予與何誅〕?」

후목(朽木)은 썩은 나무, 분토지장(糞土之墻)은 거름흙으로 쌓은 담장이란 뜻이다. 이렇게 썩은 나무니 거름흙 담이니 하는 심한 말로 재여를 꾸짖은 것은 공자가 평소 성실하지 못한 재여의 행실을 매우 싫어했다는 것을 알 수 있게 하는 일화다.

공자는 이어서 또 이렇게 말했다.

「전에 나는 그 사람의 말만 듣고 그의 사람됨을 믿었지만, 지금 그의 말도 듣거니와 그의 행동도 보고 있다. 나의 이 같은 태도는 재여 자신 때문에 바뀐 것이다.」

재여가 평소 말은 잘했으나 행실이 따르지 못하였기 때문에 공자가 이런 말을 한 것이다. 「후목불가조(朽木不可雕)」라고도 한다.

사기열전 史記列傳

上

☆

초판 발행일 / 2009년 1월 25일

3쇄 발행일 / 2017년 11월 15일

☆

지은이 / 사마천

옮긴이 / 이상옥

펴낸이 / 김동구

펴낸데 / **明文堂**

창립 1923. 10. 1

서울특별시 종로구 윤보선길 61(안국동)

우체국 010579-01-000682

☎ (영업) 733-3039, 734-4798

(편집) 733-4748 FAX. 734-9209

H.P. : www.myungmundang.net

e-mail : mmdbook1@hanmail.net

등록 1977. 11. 19. 제 1-148호

☆

ISBN 978-89-7270-903-9 04910

ISBN 978-89-7270-905-3 04910 set

☆

낙장이나 파본은 구입하신 서점에서 교환해 드립니다.

☆

값 25,000원